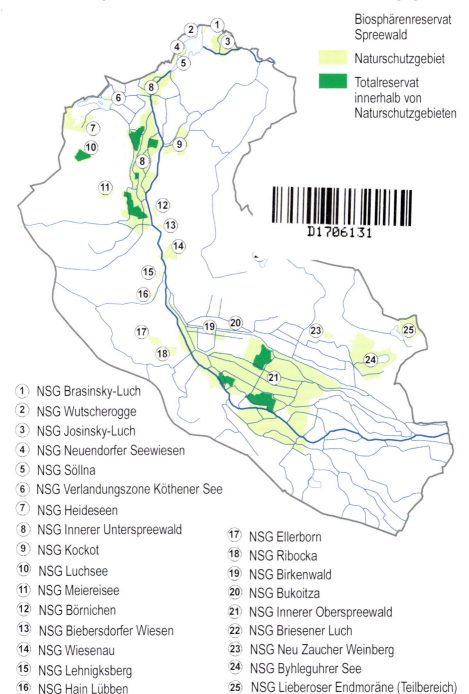

Wolfgang Petrick • Hubert Illig • Helmut Jentsch
Sven Kasparz • Gunther Klemm • Volker Kummer

Flora des Spreewaldes

Verzeichnis der wild wachsenden Farn- und Samenpflanzen
sowie ausgewählter Kulturpflanzen im Biosphärenreservat
Spreewald und einiger Randgebiete

– Mit Angaben zu volkstümlichen deutschen
und niedersorbischen/wendischen Volksnamen –

Unter Mitarbeit von Heinz-Dieter Krausch, Jens Martin
und Frank Zimmermann

mit 122 Abbildungen
70 Fotos
51 Verbreitungskarten
15 Tabellen

Natur & Text

Impressum

Flora des Spreewaldes

Herausgeber
Förderverein für Naturschutz im Spreewald e. V. (FÖNAS)
Botanischer Verein von Berlin und Brandenburg, gegr. 1859 e. V.
Landesamt für Umwelt, Gesundheit und Verbraucherschutz Brandenburg – LUGV (ehem. Landesumweltamt Brandenburg – LUA)
Gefördert durch das Ministerium für Umwelt, Gesundheit und Verbraucherschutz des Landes Brandenburg aus der Konzessionsabgabe Lotto und durch den Landkreis Dahme-Spreewald.

Landesamt für Umwelt, Gesundheit und Verbraucherschutz

Zitiervorschlag
PETRICK, W. et al. (2011): Flora des Spreewaldes. Rangsdorf, 536 S.

Fotoautoren
Uwe Bielagk (Cottbus), Jürgen Borries (Lübben), Steffen Butzeck (Burg), Ralf Hegewald (Cottbus), Ines Heinrich (Lübben), Isabell Hiekel (Byleguhre), Hubert Illig (Luckau), Jürgen Illig (Luckau), Helmut Jentsch (Zinnitz), Sven Kasparz (Lübben), Heinz-Dieter Krausch (Potsdam), Volker Kummer (Glindow), Susanne Leber (Byleguhre), Fritz Nakonzer (Burg), Anke Reimer (Bergen b. Luckau), Arnulf Weingardt (Lübben)

Erarbeitung der Karten (außer Verbreitungskarten)
Katrin Lehmann (LUGV Brandenburg, GIS-Zentrale)
Manfred Werban (Burg, Karte der Bodentypen)

Lektorat, Redaktion und Umschlaggestaltung: Kerstin Koch, Natur & Text in Brandenburg GmbH
Layout und Satz: Doreen Volsdorf (Berlin)
Titelbild: Feuchtgrünland mit Sumpf-Dotterblume bei Schlepzig, Jürgen Borries (Lübben)
Druck und Bindung: Druckhaus Berlin-Mitte GmbH

Die Deutsche Bibliothek – CIP Einheitsaufnahme
Ein Titeldatensatz für diese Publikation ist bei der Deutschen Bibliothek erhältlich.

Das Werk ist urheberrechtlich geschützt. Jede Verwertung ist ohne Zustimmung des Verlages unzulässig. Das gilt insbesondere für Vervielfältigungen, Übersetzungen, Mikroverfilmungen sowie die Einspeicherung in und die Verarbeitung durch elektronische Systeme.

ISBN 978942062-00-8
© Natur und Text, Rangsdorf 2011

Inhalt

Vorwort 5

1. **Die floristisch-vegetationskundliche Erforschung des Untersuchungsgebietes** 7
   1.1 Historischer Überblick 7
   1.2 Die Entstehungsgeschichte der „Flora des Spreewaldes" 16
   1.3 Danksagung 17
   1.4 Verzeichnis der Beobachter 19

2. **Einführung in das Untersuchungsgebiet** 23
   2.1 Abgrenzung des Untersuchungsgebietes 23
   2.2 Landschaftsgenese und Oberflächenbeschaffenheit 23
   2.3 Naturräumliche Gliederung 25
   2.4 Klima 33
   2.5 Böden und Grundwasserverhältnisse 35
   2.6 Gewässer 38
     2.6.1 Fließgewässer 38
     2.6.2 Stillgewässer 40
   2.7 Moore 41
   2.8 Der Einfluss des Menschen auf die Pflanzenwelt 42
     2.8.1 Siedlungsentwicklung 42
     2.8.2 Die Niederungslandschaft des Spreewaldes und ihre anthropogene Beeinflussung ... 45
     2.8.3 Bodennutzung durch Land- und Forstwirtschaft 48
   2.9 Naturschutzgebiete, Totalreservate und FFH-Gebiete (Frank Zimmermann) 54
   2.10 Vegetation 60
     2.10.1 Potentielle natürliche Vegetation 60
     2.10.2 Kurzbeschreibung ausgewählter Pflanzengesellschaften 62
   2.11 Pflanzengeographische und standörtliche Besonderheiten 81

3. **Volkstümliche Pflanzennamen** 85
   3.1 Niedersorbische/wendische Pflanzennamen des Untersuchungsgebietes (Jens Martin) 85
   3.2 Deutsche Pflanzennamen des Untersuchungsgebietes und ihre Beziehungen zum niedersorbischen/wendischen Sprachschatz (Heinz-Dieter Krausch) 90

4. **Die Farn- und Samenpflanzen (Pteridophyta, Spermatophyta) des Spreewaldes** 92
   4.1 Erläuterungen und Vorbemerkungen 92
     4.1.1 Inhalt des Speziellen Teils 92
     4.1.2 Taxonomie und Nomenklatur 93
     4.1.3 Angaben zu den einzelnen Sippen 93

Inhalt

4.2 Spezieller Teil – Wild wachsende Arten 102
4.3 Spezieller Teil – Kulturpflanzen 389
4.4 Statistischer Überblick 447
4.5 Die Bedeutung des Untersuchungsgebietes für den floristischen Artenschutz 454

5. Literaturverzeichnis und Bildnachweis **459**
5.1 Literaturverzeichnis 459
5.2 Bildnachweis 480

6. Abbildungsteil **481**

7. Register **513**
7.1 Fundortregister 513
7.2 Wichtige Synonyme der wissenschaftlichen Pflanzennamen 519
7.3 Register der deutschen und wissenschaftlichen Gattungsnamen 525

Vorwort

Mit der „Flora des Spreewaldes" liegt zum ersten Mal eine umfassende floristische Bearbeitung dieser einzigartigen Landschaft vor. Sie knüpft an die vor mehr als 50 Jahren entstandene „Flora des Oberspreewaldes", zusammengestellt von Heinz-Dieter Krausch, an.

In den letzten fünf Jahrzehnten hat der Spreewald vielfältige Veränderungen erfahren. Erwähnt seien die dort sehr differenziert verlaufene Kollektivierung der einzelbäuerlichen Landwirtschaften und die Komplexmeliorationen mit der Schaffung von großen Bewirtschaftungseinheiten, tiefgreifenden Veränderungen des Wasserhaushaltes und intensiven Bewirtschaftungsformen in der Land- und Forstwirtschaft. Der Aufschluss von Braunkohlentagebauen in unmittelbarer Nachbarschaft und die damit einhergehende Devastierung zahlreicher Zuflüsse, die weiträumige Absenkung des Grundwasserspiegels und die Einleitung großer Mengen an Sümpfungswasser in die Fließe beeinträchtigten den Spreewald nachhaltig. 1990 erfolgte nach der politischen Wende die Gründung des UNESCO-Biosphärenreservates Spreewald. Den bereits unter Natur- und Landschaftsschutz stehenden Bereichen wurden weitere großflächige Gebiete hinzugefügt. Damit war die Umsetzung des Naturschutzgroßprojektes Spreewald möglich. Gegenwärtig stellen die Sicherung der traditionellen Bewirtschaftung und Pflege des Spreewaldes sowie der drastische Rückgang der Abflüsse in der Spree neue Herausforderungen dar.

Die Kulturlandschaft Spreewald wird auch in Zukunft Veränderungen unterworfen sein. Beispielsweise ist der Klimawandel im Südosten Brandenburgs schon heute Realität und wird sich künftig noch deutlicher durch Sommertrockenheit, Starkniederschläge und erhöhte Sonneneinstrahlung bemerkbar machen. Dies kann für die Flora und Fauna nicht ohne Folgen bleiben. Der Wandel vollzieht sich, aus der menschlichen Zeitperspektive betrachtet, langsam, teilweise schleichend. Unter landschaftsgeschichtlichen Gesichtspunkten dagegen sind das nur Augenblicke. Umso wichtiger ist es, die Pflanzenwelt als grundlegenden Teil unserer Umwelt genau zu dokumentieren und als „Momentaufnahme" festzuhalten.
Dieser anspruchsvollen Aufgabe stellte sich Helmut Jentsch über Jahrzehnte mit großem Engagement. Die von ihm erhobenen Daten bilden einen wichtigen Grundstock des Werkes. Die Auswertung zahlreicher Veröffentlichungen und anderer Quellen sowie die umfassende, kritische und ergänzende Bearbeitung durch die Mitautoren schufen das jetzt vorliegende Buch. Es ist daher ein einzigartiger Fundus, der nun für die kommenden Generationen gesichert ist.

Die „Flora" wird eine wichtige wissenschaftliche Quelle für Botaniker, andere Naturwissenschaftler und Landschaftsplaner sein. Gleichzeitig wird das Werk auch als Arbeits-

Vorwort

grundlage für die Biosphärenreservatsverwaltung, für Naturschutzbehörden, Planungsbüros und Naturschutzverbände unverzichtbar sein, sei es bei der Eingriffsbewertung, bei der Planung von Naturschutzprojekten oder beim Monitoring von Arten und Lebensgemeinschaften. Auch Naturfreunde, Heimatkundler und interessierte Besucher des Spreewaldes können wertvolle Informationen finden, die ihnen einen tieferen Zugang zu dieser Landschaft ermöglichen. Nicht zuletzt werden auch die Spreewälder viel Neues über die im Verborgenen schlummernden Schönheiten ihrer Heimat entdecken können. Eine Besonderheit des Buches sind die volkstümlichen deutschen und niedersorbischen/wendischen Pflanzenbezeichnungen zahlreicher Arten, die dem Werk auch in kulturhistorischer Hinsicht eine besondere Bedeutung zukommen lassen.

In diesem Sinne wünsche ich der „Flora" eine weite Verbreitung und zahlreiche interessierte Nutzer.

Eugen Nowak
(Leiter des Biosphärenreservates Spreewald)

Historie – 1582 bis 1594

1. Die floristisch-vegetationskundliche Erforschung des Untersuchungsgebietes

1.1 Historischer Überblick

Im Gegensatz zu manch anderen Regionen Deutschlands, die z. T. auf eine recht lange Tradition der floristischen Erforschung aufbauen können, ist ein Rückblick im Spreewald nur in eingeschränktem Maße möglich. Die ersten, das Untersuchungsgebiet (UG) betreffenden Pflanzenlisten enthalten zahlreiche offizinelle Arten, die auf Grund ihrer unterschiedlichen Heilwirkung im Lebensalltag der Spreewaldbewohner in Gebrauch waren. So stellte 1582 der in Straupitz am Nordostrand des Oberspreewaldes geborene und aufgewachsene sowie zeitweise dort auch als Pfarrer tätige A. Moller (1541–1618) eine Liste von 240 Arzneipflanzen mit ihren damaligen lateinischen, deutschen und niedersorbischen/wendischen Namen zusammen (vgl. KRAUSCH 2003a). Es ist sicherlich davon auszugehen, dass die meisten dieser Arten im UG kultiviert bzw. wild angetroffen wurden, zumal über ein Drittel der damaligen niedersorbischen Pflanzennamen noch heute im Spreewald bekannt ist.

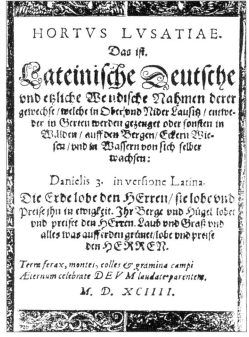

Wenig später (1594) veröffentlichte der in Kamenz tätige Arzt J. Franke (1545–1617) seinen „Hortus Lusatiae" (Abb. 1). In diesem Werk listete er fast 1.200 Sippen incl. einiger Kryptogamen auf, „nachdem er bei seinen Praxis-Fahrten zum Adel vor allem die Niederlausitzer Flora an Ort und Stelle kennengelernt und daheim in der Studierstube mit Hilfe der Literatur bestimmt hatte" (ZAUNICK 1930: 17). Neben z. T. heute nicht mehr gezogenen Gartenpflanzen gehörten v. a. viele wild wachsende Arten dazu. Angesichts des damaligen Kenntnisstandes und der eingeschränkten Zugänglichkeit der entsprechenden floristisch-taxonomischen Literatur wurde infolge der Gründlichkeit bei der Erfassung der Wildflora durch J. Franke

Abb. 1: Titelblatt des von FRANKE (1594) veröffentlichten „Hortus Lusatiae" – der ältesten Lausitzer Flora.

Historie – 1714 bis 1836

ein ausgezeichneter quantitativer Überblick über diese Gruppe gegeben. Leider sind keine exakten Fundortangaben enthalten. Da das Buch jedoch der Frau Brigitta von der Schulenburg gewidmet ist, die seit 1572 mit dem brandenburgischen Geheimrat Richard von der Schulenburg auf Lübbenau verheiratet war und bei der Einrichtung einer Schlossapotheke ihre umfangreichen Arzneipflanzenkenntnisse einbrachte, darf vermutet werden, dass sowohl die Pflanzen des damals im Aufbau befindlichen Lübbenauer Schlossgartens als auch Wildpflanzen des Spreewaldes mit berücksichtigt wurden[1]. Dafür spricht auch die Tatsache, dass sich im Baseler Bauhin-Herbar ein von J. Franke gesammelter und an Caspar Bauhin gesandter *Carex elata*-Beleg „ex Lusatia, a. D. Franco Graminis Sprawaldensis nomine acceptimus" befindet (ZAUNICK 1930: 56). Dies dürfte der erste Herbarbeleg einer Wildpflanze aus dem UG sein!

Gut 100 Jahre später listete GROSSER (1714) zahlreiche Nutzpflanzen auf, die im Garten-, Acker- und Weinbau sowie als Obst in den Lausitzen Verwendung fanden. Er erwähnte den Gemüseanbau für Lübben, Lübbenau und Cottbus im Besonderen. Darüber hinaus wurden von ihm immerhin 31 Zierpflanzen aus den sog. „Lustgärten" der Lausitzen aufgeführt, darunter mit *Campanula pyramidalis* L.[2], *Glebionis coronaria* und *Ranunculus asiaticus* L. auch Arten, die heute als Gartenzierpflanzen weitgehend aus der Mode gekommen sind. *Fritillaria imperialis* und *Hyacinthus orientalis* wurden erstmalig für die Lausitzen erwähnt. Auch FRANZ (1800) nannte einige im Spreewald kultivierte Pflanzenarten. Im Gegensatz dazu sind die wenigen Angaben zu den von ihm als wild vorkommend aufgeführten Taxa – abgesehen von den Gehölzen – jedoch mit entsprechender Distanz zu betrachten.

In dieser Zeit entstanden ebenfalls erste Arbeiten, die sich intensiver mit der Wildpflanzenflora in Berlin-Brandenburg auseinandersetzten. Bezüglich des Spreewaldes schlug sich dies jedoch nur in geringem Maße in der „Flora der Mark Brandenburg und der Niederlausitz" von RUTHE (1827, 1834) nieder, der lediglich *Carex pendula* und *C. sylvatica* explizit aus dem UG anführte. Fast zeitgleich fanden auch die Erhebungen von BURKHARDT (1827a, b, 1836), R. Peck und J. H. Ruff im Lübben-Lübbenauer Raum statt. Einige von den beiden letztgenannten Botanikern angefertigte, das UG betreffende Herbarbelege existieren noch heute im Herbarium des Senckenberg Museums für Naturkunde Görlitz (Herbar GLM).

---

1 Unabhängig von der angenommenen Berücksichtigung von im UG wild vorkommenden Arten bei MOLLER (1582) und FRANKE (1594) wird in der vorliegenden „Flora" auf diese Literaturquellen zumeist nur im Zusammenhang mit der Kultur von Pflanzenarten verwiesen, da davon auszugehen ist, dass diese allgemein verbreitet waren und somit auch im UG auftraten.

2 Nur bei Pflanzensippen, die nicht in den Kap. 4.2 und 4.3 aufgeführt sind, wird der binäre Name incl. Autor(en) genannt.

Die von RABENHORST (1836a, b, 1837, 1839, 1840, 1846) in diesem Zeitraum veröffentlichten Arbeiten müssen besonders hervorgehoben werden (Abb. 2). Ausgehend von seiner damaligen Wirkungsstätte Luckau unternahm er zahlreiche Exkursionen in das UG, die ihn u. a. bis zum Marienberg bei Krugau im Norden und bis nach Werben im Südosten führten. Neben der Nennung zahlreicher bemerkenswerter Einzelfundangaben – dazu gehören auch Pflanzenvorkommen, die durch ihr heutiges Vorhandensein an den jeweiligen Fundorten die lange währende Wuchsortkonstanz dokumentieren – werden von L. Rabenhorst alle bis dahin aus der Niederlausitz erfassten Höheren Pflanzen aufgelistet und eine verbale Einschätzung zu deren Häufigkeit gegeben. Dadurch ist oftmals ein direkter Vergleich mit der heutigen Bestandessituation vieler Arten möglich. L. Rabenhorst, C. F. Burkhardt und R. Peck waren es auch, die – u. a. aufgrund der damals noch existierenden Standortvielfalt – in zahlreichen Fällen als einzige Beobachter über das Vorkommen mehrerer Arten im UG berichteten bzw. Ortsangaben von Sippen mitteilten, die seither an diesen Fundorten nicht mehr bestätigt wurden.

Abb. 2: Ludwig Rabenhorst (1806–1881), der beste Kenner der Niederlausitzer Flora im frühen 19. Jahrhundert.

Einige Jahre später führte der Altdöberner Lehrer HOLLA in seiner 1861/62 postum veröffentlichten „Flora der mittleren Niederlausitz" auch einige Funde aus dem Oberspreewald auf. Durch ihn wurden die Brandenburger Botaniker auf den Spreewald aufmerksam gemacht, vermerkte er doch: „Um die tiefere Einsicht in die eigentümliche Zusammensetzung der Spreewaldflora zu erhalten, muss ... der Botaniker ... sich längere Zeit in der Gegend aufhalten, womöglich selbst sich in seinem Kahn von Ort zu Ort begeben, hier das Wasser untersuchen, ... dort an das Land steigen, wo eine üppige Wiese oder ein schattiger Wald seine Aufmerksamkeit rege macht oder das Auffallende der Vegetation eine Seltenheit zu vermuten erlaubt" (HOLLA 1861/62: 42).

Im Jahr 1859 erfolgte die Gründung des Botanischen Vereins der Provinz Brandenburg. In dessen Vereinszeitschrift wurden Neufundlisten, u. a. mit einigen Daten aus dem Spreewald, aufgenommen (ASCHERSON 1860b, 1861/62, 1866). Gleiches trifft auch auf die sogenannte „Würfelflora" zu (ASCHERSON 1864), die einen detaillierten Überblick

Historie – 1876 bis 1938

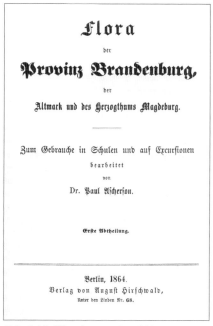

Abb. 3: Titelblatt der sog. „Würfelflora" (ASCHERSON 1864) – ein wichtiger Meilenstein in der floristischen Erforschung Brandenburgs.

über die Flora Brandenburgs der damaligen Zeit lieferte (Abb. 3). Bezogen auf den Spreewald war es insbesondere E. FICK, der zahlreiche bemerkenswerte Pflanzenvorkommen entdeckte.

Im Juni 1876 fand die 24. Hauptversammlung des Botanischen Vereins der Provinz Brandenburg in Lübben statt, die von den beiden Ortsansässigen, dem Apotheker M. Hagedorn-Götz und dem Lehrer R. Müller, umsichtig organisiert wurde (vgl. TREICHEL 1876a, KUMMER 2001a). Letzterer hatte in diesem Zusammenhang in einem Schulprogramm seine „Vorarbeiten zu einer Flora von Lübben" veröffentlicht (MÜLLER 1876), die aber nur wenige exakte Fundortangaben enthalten. Neben einem kurzen Abstecher zum Lübbener Hain und zum Neuen Friedhof in Lübben war die Tagung mit je einer Kahnfahrt in den Ober- und Unterspreewald verbunden. Das Ergebnis war für die Teilnehmer jedoch eher enttäuschend, denn in dem Bericht heißt es: „So schön, so anmuthig, so eigenartig der allgemeine Charakter der Landschaft sich ausnimmt, so bietet dieselbe in botanischer Hinsicht nur sehr mässige Schätze dar" (TREICHEL 1876a: XXI). Die botanisch-floristische Ausbeute dieser Tagung, ergänzt durch einige weitere Funde, wurde von BOLLE (1876), TREICHEL (1876a, b) und ASCHERSON (1879) publiziert, denen POTONIÉ (1878) u. a. ein Vorkommen von *Carex buxbaumii* hinzufügte.

Bis zur Mitte des 20. Jahrhunderts gab es nur noch sporadische Veröffentlichungen botanisch-floristischer Art über das UG (ULBRICH 1918, 1937, STRAUS 1936). Ausnahmen bildeten lediglich einige Angaben über Pflanzenvorkommen in Heimatkalender-Beiträgen des Vetschauer Lehrers WOLFF (1929, 1930a) aus dem Straupitz-Byhleguhrer Raum sowie die den Oberspreewald und seine Randgebiete betreffenden Publikationen von WIESNER (1924, 1925, 1926a, b, 1928, 1939) incl. der Aufzeichnungen in seinem Tagebuch (WIESNER 1920–1938). All diese Arbeiten bedürfen jedoch partiell der kritischen Betrachtung.

Der 1945 aus Oppeln/Oberschlesien vertriebene K. Bialucha (Abb. 4), der ab 1947 Lehrer in Groß Leuthen und seit 1949 in Lübben tätig war, hat bis zu seinem Ableben (1961) den Spreewald und seine Randgebiete intensiv durchforscht, einen Teil der Funde veröffentlicht (u. a. BIALUCHA 1957) und eine umfangreiche Fundortkartei incl. seiner Tagebuchaufzeichnungen sowie ein sorgfältig angelegtes Herbarium hinterlassen (KRAUSCH 1967c.– Abb. 5). Dieses befindet sich heute anteilig im Botanischen Museum Berlin-Dahlem und im Stadt- und Regionalmuseum Lübben. Postum wurde von W. Fischer eine Auswahl weiterer bemerkenswerter floristischer Funde zusammengestellt (BIALUCHA 1967). Seit 1952 fanden im Auftrag der Akademie der Landwirtschaftswissenschaften der DDR umfassende Untersuchungen im Spreewald statt (KRAUSCH 1974b). Die vegetationskundlichen Erfassungen standen dabei unter der Leitung von W. R. Müller-Stoll (Potsdam) und A. Scamoni (Eberswalde). Weitere Mitarbeiter waren A. Arndt, H. Freitag, H.-D. Krausch und H. Passarge. Die Ergebnisse dieser geobotanischen Untersuchungen kamen teils in den folgenden Jahren (KRAUSCH 1954, FREITAG 1955, 1957a, b, PASSARGE 1955a, 1956, 1957, 1959, SCAMONI 1954, 1955/56), teils erst nach vier Jahrzehnten zur Veröffentlichung (MÜLLER-STOLL et al. 1992a, b, c, d, 1993). Eine bereits im Andruck vorliegende Vegetationskarte blieb unveröffentlicht (FREITAG & KRAUSCH 1955). Diese Arbeiten haben für die Einschätzung der Florenveränderungen einen großen Wert, dokumentieren sie doch die zum damaligen Zeitpunkt vorhandene Vegetation und lassen im Vergleich mit den heutigen Verhältnissen die v. a. in den Offenlandbereichen – insbesondere den Feucht-, Wechselfeucht-, Frisch- und Magerwiesen – erfolgten gravierenden Veränderungen deutlich sichtbar werden. Bedauerlicherweise wurden bei einem Teil der Vegetationsaufnahmen keine genauen Fundangaben gemacht, so dass eine ortsgenaue Zuweisung nicht immer möglich ist. Die floristischen und vegetationskundlichen Untersuchungen im Spreewald

Abb. 4: Karl Bialucha (1884–1961); seine systematische Durchforschung der Flora des Lübbener Raumes lieferte für die 1950er Jahre wertvolle Beobachtungsergebnisse.

Abb. 5: Ein *Glyceria maxima*-Beleg (syn. *G. aquatica*) aus dem Herbarium von K. Bialucha.

Historie – 1950er und 1960er Jahre

während der 1950er Jahre lösten auch ein größeres Allgemeininteresse für botanische Exkursionen in dieses Gebiet aus (Abb. 6).

Abb. 6: Exkursion des Botanischen Institutes der Martin-Luther-Universität Halle-Wittenberg unter Leitung von Prof. H. Meusel (6. v. l.) zum Neu Zaucher Weinberg (1952).

Als ein weiteres Ergebnis der floristischen Erfassungsarbeiten im Oberspreewald wurde in Zusammenarbeit mit anderen im Spreewald aktiven Botanikern von Krausch (1955b) eine „Flora des Oberspreewaldes" erstellt (Abb. 7), die unter Auswertung einiger älterer Literaturquellen immerhin 725 Wildpflanzenarten (ohne Subspezies) und 72 Kultursippen, von denen bereits damals ein Teil verwildert vorkam, auswies. Dies war der erste umfassende Überblick über die Wildpflanzenarten eines Teilgebietes der jetzt vorliegenden „Flora". Kurz darauf folgte ein populärwissenschaftlich verfasstes Büchlein über „Die Pflanzenwelt des Spreewaldes" (Krausch 1960). Die Ergebnisse der damaligen, recht intensiven Erfassungsarbeiten im UG fanden ihren Niederschlag auch in einigen der von Müller-Stoll et al. (1957, 1959, 1960, 1962) publizierten Verbreitungskarten brandenburgischer Leitpflanzen. Weiterhin befasste sich H.-D. Krausch mit den im UG vorkommenden landschaftstypischen und kulturhistorisch bedeutsamen Nutz- und Zierpflanzen und ihrer Benennung durch die einheimische Bevölkerung. Die Resultate der jahrzehntelangen Sammel- und Beobachtungstätigkeit sind in zahlreichen Veröffentlichungen berücksichtigt. Stellvertretend hierfür sei auf zwei umfangreiche Überblicksarbeiten verwiesen (Krausch 1992a, 2009a).

In den 1960er bis 1980er Jahren war die Intensität der botanischen Durchforschung des Spreewaldes im Gegensatz zu den 1950er Jahren deutlich geringer. Deren Ergebnisse flossen in zahlreiche, oftmals nicht nur das UG betreffende Publikationen ein. So wurden von K. H. Großer bzw. W. Fischer in den damaligen Naturschutzgebieten (NSG) des UG (vgl. auch Tab. 2) vegetationskundliche Erhebungen durchgeführt (GROẞER et al. 1967, FISCHER et al. 1982, Großer in WEIẞ 1999). Mit der 1962 auf Initiative von S. Hamsch erfolgten Gründung des „Floristischen Arbeitskreises der Niederlausitz" (FANL) wurde eine Vereinigung geschaffen, die das Wissen und die Kenntnisse der damals in dieser Region tätigen Botaniker bündelte. Durch die Herausgabe der „Niederlausitzer Floristischen Mitteilungen", von denen zwischen 1965 und 1989 13 Hefte redigiert wurden, existierte ein diesem Zweck dienendes Publikationsorgan. Zahlreiche Exkursionen des FANL sowie vereinzelte Themenbearbeitungen durch FANL-Mitglieder erfolgten seither auch im UG und fanden ihren Niederschlag in den jährlich erstellten Rundbriefen des FANL und in diversen Publikationen (u. a. JÄGER 1965, PIETSCH 1965, 1974, KRAUSCH 1966, 1967a, d, 1968, 1974, 1977, BIALUCHA 1967, ILLIG, H. et al. 1965, ILLIG, H. & ILLIG, J. 1968, 1971, ILLIG, J. 1974, JENTSCH 1982a, JENTSCH & KRAUSCH 1985, 1989, KLEMM 1989). Ausdruck der regen botanisch-floristischen Tätigkeit des FANL sind u. a. die veröffentlichten Neufundlisten (KLEMM 1974, 1977, 1980, 1985b, 1989, 1999) sowie die Publikation von Verbreitungskarten ausgewählter Pflanzenarten (KLEMM 1982, 1985a, 1987.– Abb. 8). In diese Arbeiten wurden zahlreiche Daten aus dem UG einbezogen.

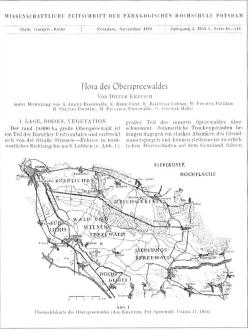

Abb. 7: Titelblatt der Publikation von KRAUSCH (1955b).

Zu dieser Zeit publizierte G. Klemm auch seine im Rahmen einer Dissertation durchgeführten Untersuchungen über die Pflanzengesellschaften im nordöstlichen Unterspreewald-Randgebiet (KLEMM 1967, 1969, 1970), womit – vergleichbar den in den 1950er Jahren angefertigten Arbeiten aus dem Oberspreewald – die Vegetationsverhältnisse vor den Komplexmeliorationen dokumentiert wurden. Wichtige Einzelfunde wurden bereits vorher veröffentlicht (KLEMM 1965, 1966, 1968).
Weitere floristische Erfassungsarbeiten im UG fanden im Zusammenhang mit der Kartierung des mitteldeutschen Raumes (u. a. BUHL 1964) und in besonderem Maße mit der seit 1968 unter Leitung von D. Benkert erfolgten Brandenburg-Kartierung statt. In der u. a.

Historie – 1960er bis 1980er Jahre

für letzteren Zweck geschaffenen „Gleditschia" finden sich zahlreiche Angaben aus dem UG (u. a. BENKERT 1976, 1978, 1980, 1984, 1986, FISCHER & BENKERT 1986, ILLIG, H. 1975, ILLIG, H. et al. 1976, JENTSCH 1979, 1984, KLAEBER 1974, 1975, 1977, 1978, 1980, 1983, 1984, 1992, PIETSCH 1975, 1978). Den Höhepunkt all dieser floristischen Erhebungen bildete der „Verbreitungsatlas der Blütenpflanzen Ostdeutschlands" (BENKERT et al. 1996).

H. Jentsch, der ab 1960 zuerst von Missen, seit 1982 von Lübbenau bzw. später von Zinnitz aus im Rahmen der Brandenburg-Kartierung v. a. den Calauer Raum und den Oberspreewald erkundete (u. a. JENTSCH 1973, 1975, 1976), trug im Laufe vieler Jahre eine hohe Zahl von Einzeldaten zur Flora des UG zusammen. Darüber hinaus galt sein Interesse auch den Bauerngärten, speziell denen des Oberspreewaldes, und den volkstümlichen Pflanzennamen. Bei oftmals mit H.-D. Krausch durchgeführten Exkursionen wurden die Gärten besichtigt, Artenverzeichnisse erstellt und die gebräuchlichen Namen zusam-

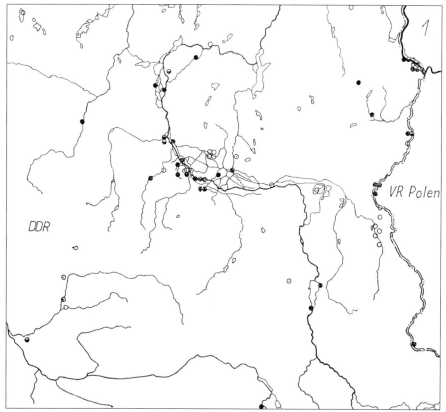

Abb. 8: Die Verbreitungskarte aus KLEMM (1987) gibt den sich auf den Spreewald beziehenden Verbreitungsschwerpunkt von *Butomus umbellatus* innerhalb der Niederlausitz wieder.

Historie – 1989 bis heute

mengetragen. Außerdem beschäftigte er sich mit verschiedenen landschaftstypischen, kulturhistorisch bedeutsamen Kulturpflanzen des UG und Aspekten ihrer Verarbeitung (u. a. JENTSCH 1989, 1990/91, 2006). Ausdruck seiner eingehenden Kenntnisse zum Oberspreewald ist der „Landschaftsführer Spreewald" (JENTSCH & KLAEBER 1992).

Neben diesen Personen beteiligte sich besonders H. Illig von Luckau ausgehend seit Mitte der 1960er Jahre in starkem Maße an den Erfassungsarbeiten sowohl im Luckauer Raum als auch im UG, insbesondere im Unterspreewald. Deren Ergebnisse flossen in zahlreiche Artikel ein, u. a. publiziert in den Biologischen Studien Luckau (z. B. ILLIG, H. 1973, 1980, 1985, 1987, 1999b, 2003b). Ferner veröffentlichte HEYM (1982, 1983) die Resultate seiner Untersuchungen über Wasserpflanzengesellschaften des Spreewaldes.

1990 wurde das Biosphärenreservat Spreewald (BR) gegründet. Seit diesem Zeitpunkt haben einzelne Mitarbeiter der Reservatsverwaltung, insbesondere H. Jentsch, Beobachtungen zur Pflanzenwelt zusammengetragen. Von 1993 bis 2001 erfolgte die Erarbeitung des Pflege- und Entwicklungsplanes für den Spreewald (LAGS 2001). In diesem Zusammenhang wurde das gesamte Gebiet des BR im Maßstab 1: 10000 von 1993 bis 1996 flächendeckend kartiert. Elf der dabei tätigen Kartierer haben wertvolle Beobachtungen zur vorliegenden „Flora" beigesteuert. Dies trifft v. a. für K. Kanold und B. Seitz zu (vgl. u. a. JENTSCH & SEITZ 1996, SEITZ & JENTSCH 1999, KUMMER et al. 2001). Aus jüngster Zeit ist in diesem Zusammenhang auf I. Heinrich und S. Lohmann (Naturwacht im BR) hinzuweisen. Von den Mitarbeitern der Reservatsverwaltung sind ferner in Zusammenarbeit mit verschiedenen universitären Einrichtungen einige wissenschaftliche Arbeiten betreut worden, die ebenfalls Beobachtungsergebnisse zur Kenntnis der Flora lieferten. Von diesen sind die Beiträge von BRAUN (1994), GOOSSENS (1995) und WEIß (1999) hervorhebenswert.

Nach verschiedenen Vorarbeiten legte der aus Krausnick stammende V. Kummer eine umfassende Studie über die Flora und Vegetation des im Norden des UG befindlichen Neuendorfer Sees und seiner Randgebiete vor (KUMMER 1995, 1996b, 1997, 1998.– Abb. 9). Weitere Erhebungen seinerseits betrafen hauptsächlich den Unterspreewald. Seit 1990 botanisierte S. Kasparz im UG und bereicherte durch zahlreiche Fundmeldungen, v. a. aus dem Lübbener und Straupitz-Byhleguhrer Raum, die Kenntnisse zur Flora des UG. Ein Teil der Ergebnisse fand u. a. Eingang in die Neufundlisten

Abb. 9: Titelblatt der Publikation von KUMMER (1998).

Entstehung der „Flora des Spreewaldes"

von KLEMM (1999, 2002, 2005) sowie in zwei Exkursionsberichte (KUMMER 2001b, KASPARZ & KUMMER 2003).
Im Rahmen eines durch den Förderverein für Naturschutz im Spreewald e. V. (FÖNAS e. V.) initiierten und begleiteten Gewässerrandstreifenprojektes Spreewald (GRPS) hat das Planungsbüro „Siedlung & Landschaft" aus Luckau in den Jahren 2001 und 2002 die Niederungen des Ober- und Unterspreewaldes intensiv floristisch-vegetationskundlich durchforscht und wertvolle Beobachtungsergebnisse, die vorwiegend von W. Petrick und H. Illig stammen, für die vorliegende „Flora" geliefert (ILLIG, H. et al. 2003, PETRICK 2005).

1.2 Die Entstehungsgeschichte der „Flora des Spreewaldes"

Mit der Gründung des Biosphärenreservates Spreewald im Jahr 1990 nahm H. Jentsch (Abb. 10) seine Tätigkeit als wissenschaftlicher Mitarbeiter für Botanik in der Verwaltung des Reservats auf. Damit konnte er seine bereits in den 1960er Jahren begonnene, damals hauptsächlich den Oberspreewald und den Calauer Raum betreffende botanische Arbeit intensivieren. In Vorbereitung der seit 1993 durchgeführten Erhebungen zum Pflege- und Entwicklungsplan des BR begannen seine Arbeiten an einer „Flora des Spreewaldes". Im Jahr 1994 war ein erster Entwurf erstellt. Hierbei orientierte er sich in starkem Maße an der „Flora des Oberspreewaldes" von KRAUSCH (1955b), erweiterte das Bearbeitungsgebiet jedoch um den Unterspreewald und bezog auch die Umgebung von Groß Leuthen im Nordosten sowie von Hindenberg und Stöbritz im Südwesten mit ein. Neben den wild vorkommenden Arten wurden zahlreiche kultivierte Sippen integriert. Die intensiven Arbeiten am Pflege- und Entwicklungsplan (PEP) Spreewald sowie mehrere persönliche Schicksalsschläge in der zweiten Hälfte der 1990er/Anfang der 2000er Jahre ließen ihm jedoch kaum Zeit und Ruhe, sich dem einmal begonnenen Projekt weiter zuzuwenden. Durch die Einbeziehung von H.-D. Krausch und V. Kummer sowie zeitweise auch von B. Seitz erweiterte sich zwar der Personenkreis der Mitstreiter, an eine intensive Bearbeitung des umfangreichen Aufgabenfeldes war jedoch nicht zu denken. Unabhängig davon wurden die Vorarbeiten für die Erstellung der „Flora", wenn auch in bescheidenem Maße, weiter vorangetrieben (u. a. JENTSCH & KUMMER 1994, JENTSCH & SEITZ 1996, KUMMER & JENTSCH 1997, KUMMER 1998, SEITZ & JENTSCH 1999, KUMMER et al. 2001).

Abb. 10: Helmut Jentsch bei einer Exkursion (1992).

Die Erarbeitung des GRPS (Illig, H. et al. 2003), bei dem der zentrale Teil des Ober- und Unterspreewaldes v. a. von W. Petrick und H. lllig intensiv kartiert wurde (s. Kap. 1.1), gab der Idee einer „Flora des Spreewaldes" neuen Auftrieb. Bei einem Treffen im Februar 2004 in Luckau wurden erneut Absprachen zum Inhalt und zur Gliederung der „Flora", zur Abgrenzung des UG sowie zur Realisierung des Vorhabens getroffen. Eine schnelle Umsetzung der Idee scheiterte jedoch mangels Finanzierbarkeit. Dem Wirken des Biosphärenreservatsleiters E. Nowak ist es zu verdanken, dass schließlich der FÖNAS e. V. als Träger für das Projekt „Flora des Spreewaldes" gewonnen werden konnte. So wurde 2005/06 in Zusammenarbeit von BR-Verwaltung und FÖNAS e. V. ein Fördermittelantrag auf Gewährung einer Zuwendung aus Mitteln der Konzessionsabgabe Lotto erstellt und mit W. Petrick ein qualifizierter und engagierter Bearbeiter gefunden. Im Dezember 2006 erfolgte die Antragstellung für das vom FÖNAS e. V. kofinanzierte Projekt beim Ministerium für Ländliche Entwicklung, Umwelt und Verbraucherschutz des Landes Brandenburg (MLUV). Mit der Bewilligung des Projektes durch das MLUV im Jahr 2007 war die finanzielle Grundlage für eine intensive Arbeit an der „Flora" geschaffen. Von Anfang an legte die FÖNAS e. V.-Vorsitzende I. Hiekel großen Wert darauf, dass die in der Spreewaldregion aktiven Botaniker an diesem Werk mitwirkten. Im Oktober 2007 traf sich zum ersten Mal der Redaktionsbeirat. Schnell zeigte sich, welch ein Arbeitsumfang notwendig sein würde, um aus dem nun bereits über 10 Jahre alten Manuskriptentwurf eine „Flora des Spreewaldes" Wirklichkeit werden zu lassen. Es war eine umfassende Überarbeitung des Allgemeinen und Speziellen Teils des Entwurfs unter Einbeziehung und kritischer Bewertung möglichst aller das UG betreffender floristisch-vegetationskundlicher Quellen sowie der Auswertung mehrerer Fundkarteien und Herbarien notwendig. Dies beinhaltete u. a. auch die Erstellung verschiedener Karten, die Fotoauswahl und Layoutfragen. Die redaktionellen Arbeiten fanden 2010 ihren Abschluss. Nicht für alle der zumeist erst während der Bearbeitung entstandenen Fragen konnte eine befriedigende Lösung gefunden werden. Die offen gebliebenen Themen und die zu erwartenden neuen Fundmeldungen werden Ansporn sein, die jetzt vorliegende „Flora" zu ergänzen.

1.3 Danksagung

An dieser Stelle ist es den Autoren ein Bedürfnis, all denen ganz herzlich zu danken, die in irgendeiner Weise, sei es durch Anregungen, Hinweise, Hilfen finanzieller und ideeller Art, Erstellung von Kartenmaterial, Übermittlung von Funddaten, Fotomaterial etc., am Zustandekommen dieser Arbeit beteiligt waren. Zuallererst seien E. Nowak (Leiter des Biosphärenreservates Spreewald) und I. Hiekel (Vorsitzende des FÖNAS e. V.) genannt, die die Idee, eine „Flora des Spreewaldes" zu erstellen, aufgegriffen und unterstützt haben. Für die Bereitstellung von Mitteln zur Erarbeitung der „Flora" sei dem Ministerium für Umwelt, Gesundheit und Verbraucherschutz (ehemals Ministerium für

Danksagung

für Ländliche Entwicklung, Umwelt- und Verbraucherschutz) des Landes Brandenburg und dem FÖNAS e. V. sowie für die finanzielle Unterstützung der Drucklegung dem Landesumweltamt Brandenburg, dem Landkreis Dahme-Spreewald und dem FÖNAS e. V. gedankt.

Dank gilt zudem all denen, die die Erarbeitung der „Flora" durch die Übermittlung von Funddaten (s. Kap. 1.4) und das Erteilen zahlreicher Auskünfte unterstützten. Besonders hervorgehoben seien I. Heinrich, W.-D. Heym, T. Kabus, S. Rätzel, M. Ristow, B. Schönefeld, B. Seitz, H. Sonnenberg, G. Stohr, S. Weiß sowie P. Wolff. Wir danken weiterhin der Leitung des Biosphärenreservates für die Bereitstellung ihres Datenmaterials sowie den zahlreichen Kartierern und Gutachtern, die im Rahmen der Erstellung der Pflege- und Entwicklungspläne sowie weiterer Projekte reichhaltiges Beobachtungsmaterial zusammentrugen. Ein besonderer Dank gilt W. Klaeber, der seine umfangreiche Fundortkartei zur Auswertung anbot. Dank gilt auch dem Zweckverband Gewässerrandstreifenprojekt Spreewald (Ch. Kehl) und dem Planungsbüro „Siedlung & Landschaft" in Luckau, die im Rahmen des GRPS gewonnene Daten zur Verfügung stellten.

Für die Bestimmung, Überprüfung und Übermittlung von Beobachtungen zu ausgewählten Taxa gilt folgenden Personen ein besonderer Dank: S. Bräutigam (Görlitz; *Hieracium*), I. Dunger † (Görlitz; *Cuscuta*), K.-F. Günther (Jena; *Nymphaea, Senecio*), P. Gutte (Leipzig; diverse Neophyten), R. Hand (Berlin; *Thalictrum minus*), H. Henker (Neukloster; *Cuscuta, Euphorbia esula, Rosa*), W.-D. Heym (Cottbus; *Potamogeton*), H. Jage (Kemberg; *Lactuca tatarica, Verbascum densiflorum*), E. Landolt (Zürich; *Lemna*), A. Lourteig (Paris; *Oxalis*), S. Rätzel (Frankfurt/O.; *Rosa, Taraxacum*), M. Ranfft (Görlitz; *Rubus*), M. Ristow (Berlin; diverse Taxa), H.-W. Otto (Bischofswerda; *Rubus*), K. Rostański (Katowice; *Oenothera*), H. Scholz (Berlin; diverse Poaceae), T. Schütze † (Groß Postwitz; *Rubus*), B. Seitz (Mahlow; diverse Taxa), G. Stohr (Eberswalde; *Festuca, Rubus*), M. Toman (Usti n. L.; *Festuca psammophila*), I. Uhlemann (Liebenau; *Taraxacum*), G. Wagenitz (Göttingen; *Cirsium arvense, Epilobium roseum*), H. E. Weber (Bramsche; *Rubus*), G. Wiegleb (Cottbus; *Potamogeton, Ranunculus*).

Für die Hilfe bei der Beschaffung und Auswertung von Literatur bzw. Kartierungsunterlagen bedanken sich die Autoren bei M. Düvel (Potsdam, LUGV Brandenburg), J. Heinze (Berlin), A. Herrmann (Potsdam, LUGV Brandenburg), T. Kabus (Potsdam), B. Seitz (Mahlow) und D. Wernick (Zaue), für die Auskünfte zu Belegen im Herbar GLM sowie die Übersendung der *Nasturtium*-Herbarbögen bei P. Gebauer (Görlitz) und für die Möglichkeit, die im Stadt- und Regionalmuseum Lübben hinterlegten Herbarbelege zu sichten sowie für das Einscannen einiger von K. Bialucha angefertigter Herbarbelege bei der Museumsleiterin Ch. Orphal (Lübben) sowie deren Mitarbeitern.

Ein besonderer Dank gilt H.-D. Krausch (Potsdam), J. Martin (Burg Kauper) und F. Zimmermann (Rehfelde, LUGV Brandenburg), die eigene Themen innerhalb der „Flora" bearbeiteten. K. Lehmann (Potsdam, LUGV Brandenburg) sei für die akribisch ausgeführte Anfertigung diverser Karten, u. a. der vorliegenden detaillierten Übersichtskarte des UG, gedankt, ebenso M. Werban (Burg Kolonie), der für den Entwurf der Bodentypenkarte verantwortlich zeichnet. Für die Übergabe von Fotos zum Abdruck danken wir U. Bielagk (Cottbus), St. Butzeck (Burg), R. Hegewald (Cottbus), I. Heinrich (Lübben), I. Hiekel (Byhleguhre), J. Illig (Luckau), H.-D. Krausch (Potsdam), S. Leber (Byhleguhre), F. Nakonzer (Burg), A. Reimer (Bergen b. Luckau) und A. Weingardt (Lübben). Ein besonderer Dank gilt in diesem Zusammenhang J. Borries (Lübben), der zahlreiche Fotos zur Ausgestaltung des Buches zur Verfügung stellte.

1.4 Verzeichnis der Beobachter

Die nachfolgende Aufstellung enthält eine Liste aller Personen, die sich bei der Erforschung der Flora des UG hervorgetan haben. Dies beinhaltet auch die in der Literatur als Gewährsleute genannten Personen. Hierbei weisen kursiv gesetzte Jahreszahlen das entsprechende Jahr bzw. einen Zeitraum aus, in dem die – z. T. diskontinuierlichen – Beobachtungen der betreffenden Person stattfanden. Jahreszahlen im Normaldruck kennzeichnen das Jahr einer Publikation mit Fundangaben zur Flora des UG. Hierbei ist in der Regel davon auszugehen, dass das tatsächliche Funddatum – das in zahlreichen Fällen nicht mehr ermittelbar war – vor dem Erscheinungsjahr der Veröffentlichung lag. War der Literaturquelle das exakte Fundjahr zu entnehmen, hatte dieses Vorrang vor dem Jahr der Publikation. Die mit „*" gekennzeichneten Jahresangaben beziehen sich auf Veröffentlichungen von Beobachtungen der in der ersten Spalte genannten Person in Artikeln zumeist anderer Autoren. Eine Kombination von Kursiv- und Normaldruck weist einen Zeitraum aus, dessen Ende durch einen Aufsatz markiert ist. Mit „?" gekennzeichnete Daten konnten nicht oder nicht hinreichend exakt ermittelt werden.

Tab. 1: Verzeichnis der Beobachter.

Name	Wohnort z. Z. der Beobachtungen	Zeitraum
Albrecht, Lotti	Vetschau	ab *1995*
Arndt, Alwin †	Berlin, Reichwalde	ca. *1925 – 1959*
Ascherson, Paul †	Berlin	*1851 –* 1879*
Baenitz, Carl Gabriel †	Görlitz ?	1864*
Barber, Emil †	Görlitz	vor *1918*
Behr, Ernst †	Forst	*1950*er Jahre
Beissner, L. †	Bonn-Poppelsdorf	*1909*
Benkert, Dieter	Potsdam	*1975 – 1985*
Berger, Robert Immanuel †	Cottbus	1866
Bialucha, Karl †	Lübben	*1946 – 1961*
Blumrich, Henry	Jänschwalde	*1992 – 1996*
Böcker, Reinhard	Berlin	1991
Bohnstedt, Reinhold †	Luckau	1885*
Bolle, Carl †	Berlin	ca. *1860 –* 1893*
Borries, Jürgen	Lübben	ab *1992*

Verzeichnis der Beobachter

Name	Wohnort z. Z. der Beobachtungen	Zeitraum
Braun, Alexander †	Berlin	1879*
Braun, Heiko	Berlin	1991–1994
Bruisch, Annett	Erkner	1994–1996
Buhl, Andreas	Halle	1963
Burkhardt, Christian Friedrich †	Niesky	1827, 1836
Busch, Anton †	Lieberose	1860*–1879*
Butzeck, Steffen	Burg	ab 1985
Doms, August †	Laubst	1861/62*
Duwe, Virginia	Werder/Havel	2007
Fick, Emil †	Lübben	1855–?1879*
Fischer, Wolfgang	Potsdam	1960–1985
Franke, Johannes †	Kamenz	1594
Freitag, Helmut	Potsdam, Kassel	1952–1960, 1994
Freschke, W. †	Lübbenau	1882*
Gautsch †	Lübben	1953
Gleichmann, Susanne	Berlin	1992–1996
Goossens, Thomas	Berlin	1991–1994
Grassmann, Johann Christian †	Luckau	vor 1840
Großer, Karl Heinz	Klein Machnow	1964–1990
Grosser, Samuel †	Görlitz	1714
Günther, Karl-Friedrich	Jena	1989
Hagedorn-Götz, Max †	Lübben	1863–1879*
Halpick, Paul †	Ragow	1930–1975
Hammel, Torsten	Cottbus	1993–1996
Hamsch, Siegfried	Guben, Berlin	1962–2002
Handschke †	?	um 1930
Haubold, Klaus	Lübben, Heidesee OT Streganz	1996–1999
Heinrich, Ines	Lübben	ab 1998
Herrmann, Andreas	Potsdam	2007
Herzog, Gerhard †	Gießmannsdorf	vor 1970
Heym, Wolf-Dieter	Cottbus	1963–1983
Hill, Gerhard	Lübben	1954, 2002
Hölzer, Uwe †	Lieberose	1970–1993
Holla, Robert †	Altdöbern, Drebkau	1853–1860
Holz, Paul †	Storkow	1939
Illig, Hubert	Luckau	ab 1960
Illig, Jürgen	Luckau	1963–1989
Jabczynski, Herbert	Teurow	1965–1982
Jacobasch, Ernst †	Berlin	1885*
Jäger, Eckehart J.	Halle	1963
Jage, Horst	Kemberg	1971, 2000
Jentsch, Helmut	Missen, Lübbenau, Zinnitz	ab 1960
Joachim, Hans-Friedrich	Berlin	1954
Kabus, Timm	Potsdam	ab 2003

Verzeichnis der Beobachter

Name	Wohnort z. Z. der Beobachtungen	Zeitraum
Kanold, Kerstin	Cottbus	*1990–1994*
Kasparz, Sven	Lübben	ab *1990*
Klaeber, Wolfgang	Berlin	*1970–1991*
Kläge, Hans-Christian	Luckau	ab *1975*
Klaue, Ernst †	Lübben	*1960–2006*
Klemm, Gunther	Berlin, Schöneiche b. Berlin	ab *1964*
Klieschan †	?	*1879**
Knips, Berthold	Walddrehna	*1970–1980*
Knöfel, Sabine, geb. Richter	Luckau	*1980–1985*
Krausch, Heinz-Dieter	Potsdam	ab *1952*
Krause †	?	*1864**
Krüger, Gerrit	Eggersdorf b. Müncheberg	2001
Kummer, Volker	Krausnick, Potsdam, Glindow	ab *1980*
Langer, Elke	Hermersdorf b. Müncheberg	*1993–1994*
Leber, Susanne	Byhleguhre	ab *1990*
Lehmann, Hermann †	Neuzelle, Peitz, Schorbus, Berlin	*1857–1879**
Lenz †	?	*1879**
Lienenbecker, Heinz	Detmold	*1993*
Loew, Ernst †	Berlin	*1876**, *1879**
Löwa, Karl †	Schlepzig	*1950–1992*
Lohde, Georg †	Lübben	1933
Lohmann, Sybille	Gröditsch	ab *1998*
Lucas, Karl †	Konitz i. Westpreußen	*1860**–*1866**
Magnus, Paul †	Berlin	*1876**–*1896*
Marckardt, Jörg	Potsdam	*1995–1996*
Martin, Jens	Burg, Potsdam	ab *1997*
Militzer, Max †	Bautzen	*1950*er Jahre
Moller, Albin †	Straupitz, Groß-Döbbern	1582
Morche, Karl Heinz	Berlin	*2004*
Mudra, Dieter	Krausnick	*1970–1980*
Müller, Hermann †	Laubst	*1861/62**–*1879**
Müller, Frank	Dresden	*1996*
Müller, Rudolf †	Lübben	*1873–1876*
Müller-Stoll, Wolfgang R. †	Potsdam	*1950*er Jahre
Ober, Arne	Lübben	*1980–1991*
Otto, Hans-Werner	Bischofswerda	*1974–1990*
Passarge, Harro †	Eberswalde	?*1951*–1964
Peck, Reinhard †	Görlitz	Anfang *1840*er Jahre
Pedersen, Anfred †	Vordingborg (Dänemark)	*2003*
Petrick, Wolfgang	Egsdorf b. Luckau	ab *1995*
Piesker, Otto †	Lübben	*1950–1982*
Pietsch, Werner	Leipzig, Dresden	*1962–1979*
Pflanz, Heinz	Lübben	*1950–1990*
Potonié, Henry †	Berlin	1878

Verzeichnis der Beobachter

Name	Wohnort z. Z. der Beobachtungen	Zeitraum
Prilop, Brunhilde	Einbeck	*1998*
Raabe, Uwe	Marl	*1992, 2009*
Rabenhorst, Ludwig †	Luckau	*1831–1840*
Rätzel, Stefan	Frankfurt/O.	ab *1995*
Rettschlag, Wolfgang	Neu Lübbenau	*1965–1970*
Richter, Paul †	Lübben	vor *1948*
Richter, Sabine (s. Knöfel, S.)		
Rindt, Otto †	Cottbus	*1962*
Ristow, Michael	Berlin	ab *1990*
Rohner, Ria	Berlin	*2003–2006*
Ruff, Johann Heinrich †	Guben	vor *1838*
Ruthe, Johann Friedrich †	Berlin	vor *1860*
Scamoni, Alexis †	Eberswalde	?*1951–1981*
Schäde, Otto †	Landsberg a. d. Warthe	*1861/62*, 1864**
Scharfenberg, Klaus	Guben	*1969–1974*
Schmidt, Dietrich †	Potsdam	*2001*
Schneider, Harald	Schönwalde	*1975–1990*
Schönefeld, Beate	Berlin	*2004*
Schröder, Frank	Lübben	ab *1980*
Schulenburg, Willibald von †	Burg	*1876–1879*
Schürer, Ralph	Lübben	*1963–1976**
Schultz, Arthur †	Calau	*1876**
Schwiegk, Maria	Berlin	*1993–1996*
Seitz, Birgit	Berlin	*1995–2000*
Solms-Laubach, Hermann Graf von †	Berlin	*1861/62*–1879**
Sonnenberg, Hans	Klein Köris	ab *1990*
Stöcker, Gerhard	Eberswalde	*1952*
Stohr, Gerrit	Eberswalde	ab *1979*
Straus, Adolf †	Berlin	*1926–1955*
Sukopp, Herbert	Berlin	*1957, 1990–1994*
Treichel, Alexander †	Berlin	*1876*
Ulbrich, Eberhard †	Berlin	*1904–1910, 1936*
Weingardt, Arnulf	Lübben	ab *1980*
Weiß, Steffen	Alt Zauche	*1992–1999*
Wetzel, Jürgen	Groß Klessow	*2002*
Wiegleb, Gerhard	Cottbus	ab *1993*
Wiesner, Gerhard †	Branitz b. Cottbus	*1920–1939*
Willmann, Raimund	Lübben	ab *1970*
Wolff, G. †	Vetschau	*1922, 1929, 1930*
Wolff, Peter	Dudweiler	*1992*
Wollenberg, Karl-Heinz	Wildau	*1975–1990*
Wisniewski, Norbert †	Berlin	*1963–1976*
Zander, Matthias	Strausberg	*2000*

2. Einführung in das Untersuchungsgebiet

2.1 Abgrenzung des Untersuchungsgebietes

Das Untersuchungsgebiet (UG) erstreckt sich zwischen Fehrow bzw. Kunersdorf im Südosten und Alt Schadow im Norden. Es hat eine Gesamtgröße von etwa 740 km². Den Kern des UG bildet das am 12.09.1990 geschaffene Biosphärenreservat Spreewald (BR) mit einer Größe von 475 km², das sich über ca. 45 km zwischen den oben genannten Orten erstreckt und bis zu 18 km breit ist. Darüber hinaus werden ausgewählte Randgebiete (RG), die 2 jeweils bis etwa 8 km breite Streifen beidseitig des BR bilden, mit einbezogen. Dadurch hebt sich das Gebiet der Spreeniederung gegenüber den angrenzenden Landschaftsräumen deutlicher ab (s. Übersichtskarten im Einband und auf CD).

Ein weiterer Grund, das angrenzende Umland partiell in die Erhebungen mit einzubeziehen, ergibt sich sowohl aus vegetationskundlicher als auch aus historischer und wirtschaftlicher Sicht. Seit dem Mittelalter wird die Spreeniederung von den Randgebieten her genutzt und ist eng mit diesen verbunden (KRAUSCH 1997a). Der Spreewald mit seinem Umland ist heute eine Kulturlandschaft, die durch vielfältige anthropogene Einflüsse geprägt ist. Diese haben in Vergangenheit und Gegenwart wesentlich zu ihrer ökologischen und floristischen Vielfalt beigetragen.

2.2 Landschaftsgenese und Oberflächenbeschaffenheit

Die Oberflächenformen im UG (s. Übersichtskarte auf CD) sind im Wesentlichen während der Weichsel- und Saale-Eiszeit sowie im Postglazial geprägt worden. Im Zentrum liegt das Baruther Urstromtal, das die Altmoränenlandschaft im Süden und Südwesten von der Jungmoränenlandschaft im Norden und Osten abgrenzt. Im Baruther Urstromtal flossen im Brandenburger Stadium der Weichsel-Eiszeit die Schmelzwässer ab. LIED (1953) errechnete eine Abflussmenge von 300.000 m³ pro Sekunde von den nördlich aufragenden Gletschern, die bis zu 1.000 m mächtig waren. Nach dem Abschmelzen der Gletscher blieb eine wellige Moränenlandschaft zurück.

Im Gebiet des heutigen Unterspreewaldes hatte eine Gletscherzunge bereits zuvor ein Becken ausgeschürft, das nun Schmelzwässer nach Norden führte. Die „Urspree" floss durch das Gletscherzungenbecken zum heutigen Dahmetal und weiter nach Norden. Später wurde ihr nördlich des Unterspreewaldes durch Dünenbildung der Weg versperrt und die Spree zu einer Wendung nach Osten gezwungen, ehe sie dann in der Schwielochsee-Rinne nordwärts zum Berliner Urstromtal fließen konnte. Dieser „Umweg" verursachte ihr heute noch vorhandenes sehr geringes Gefälle im Spreewald. Der Fluss ergoss sich in ganzer Breite in die Niederung und konnte sich nicht ins Tal eintiefen. Im Spätglazial

Landschaftsgenese

wurden im Baruther Urstromtal auch westlich vom heutigen Lübben Dünen aufgeweht, die dem Wasser vollends den Weg nach Nordwesten versperrten (SCHOLZ 1962). Südlich von Cottbus hatte die Spree ältere Endmoränenzüge durchbrochen und sich ins Baruther Urstromtal ergossen. Dabei schüttete sie unterhalb der Stadt bis in den Burger Raum einen breiten Schwemmsandfächer in die Niederung. Einen weiteren Schwemmsandkegel bildete die Dobra im Gebiet der späteren Stadt Lübbenau.

In der Niederung floss das Wasser völlig regellos, bildete zahllose Verzweigungen, die sich in ihrem Verlauf, insbesondere nach jahreszeitlich bedingten Hochwassersituationen, ständig veränderten. Dabei wurden Sedimente (Geschiebemergel, Tal- und Schwemmsand, Auenlehme) ständig umgelagert. Es bildete sich ein breiter, durch hohe Wasserstände und periodische Überflutungen gekennzeichneter Talraum mit wechselnd geschichteten Bodenstrukturen. Als sich im Laufe des Holozäns die Niederung mit Bruchwäldern überzogen hatte, kam es zur Bildung von Niedermooren. Diese bestehen überwiegend aus stark zersetzten Bruchwaldtorfen, die sehr unterschiedliche Anteile an schluffigem Material aufweisen und in Verbreitung und Mächtigkeit wechseln. Die Stoff umlagernden und Boden bildenden Prozesse setzten sich in historischer Zeit fort. Dabei spielten menschliche Eingriffe (Rodungen, Mühlenstaue) mit zum Teil ungewollten Auswirkungen eine besondere Rolle. So gab es nachweislich Hochwasserkatastrophenjahre in der 1. Hälfte des 14. Jahrhunderts (MERBACH 1833, FAHLISCH 1928, BORK et al. 1998). Hohe Grundwasserstände in Verbindung mit Hochwässern führten zur Entstehung der Niedermoore in

Abb. 11: Das Dorf Leipe liegt auf einer inselartigen Grundmoränendurchragung innerhalb der Spreeniederung (2008).

Naturräume

Gestalt von Überflutungs- und Versumpfungsmooren. Einzelne Talsandinseln blieben im Talraum der Spree westlich von Burg, bei Raddusch und in Lehde sowie westlich von Byhleguhre bis heute erhalten. Auch Durchragungen der Grundmoräne in Leibsch, Leipe (Abb. 11) und Burg (Dorf) bestehen bis in die Gegenwart.

Bei Lübben liegt die Grenze zwischen Ober- und Unterspreewald. Hier ist die Niederung sehr schmal; beiderseits lagern Talsande. In prähistorischer Zeit war hier eine der wenigen Stellen, an der Menschen die Spreeniederung queren konnten. Ausgedehnte Talsandflächen gibt es westlich Lübben und bei Schönwalde; eine weitere erstreckt sich östlich vom Unterspreewald von Alt Zauche bis Neu Schadow. Sie leiten zu den Grund- und Endmoränen des Brandenburger Stadiums der Weichsel-Eiszeit über. Das Tal der Pretschener Spree ist ein räumlich getrennter Bereich der Niederung, der durch Tiefenerosion der Spree in den Talsand- und Moränenflächen entstand.

Am Rand der Talniederung wurden seit der Späteiszeit an mehreren Stellen Dünen aufgeweht, insbesondere bei Lübben (z. B. Spielberge, Pfaffenberge.– Abb. 12), am Nordwest-Ufer des Neuendorfer Sees zwischen Wutscherogge und Tschinka sowie südlich Neu Schadow. Auch die Zoßna bei Werben und die Marienberge bei Briesen sind Dünen.

Abb. 12: Die Pfaffenberge nördlich Lübben, ein Dünenkomplex am Rand der Spreeniederung (2009).

2.3 Naturräumliche Gliederung

Nach SCHOLZ (1962) gehört das UG überwiegend zur Großeinheit Spreewald, die aus der Spreeniederung und dem Cottbuser Schwemmsandfächer besteht. Von letzterem zählt nur das Gebiet um Burg und Werben zum UG. Der Landschaftsteil im Nordwesten und Nordosten gehört zur Großeinheit Ostbrandenburgisches Heide- und Seengebiet. Ein Teil davon, die Lieberoser Heide, grenzt im Südosten des UG an den Oberspreewald. Nordwärts schließen sich Teile der Leuthener Sandplatte an. Diese wird zwischen Wittmannsdorf und Groß Leuthen von Endmoränenhügeln überragt. Westlich des Unterspreewaldes befindet sich das Zossen-Teupitzer Platten- und Hügelland mit den Krausnicker Bergen und den darin eingebetteten Heideseen sowie das Dahme-Seengebiet, das im Bereich Kleinwasserburg das UG streift. Im Süden und Südwesten reicht das UG in

Naturräume

Randbereiche der Haupteinheit Luckau-Calauer Becken und Platten, die zur saaleeiszeitlichen Altmoränenlandschaft gehören.

Aus lokaler Sicht wird das UG unter Berücksichtigung von Scholz (1962) weiter gegliedert (Abb. 13):

① Unterspreewald mit dem Spreetal bei Alt Schadow sowie dem Landgrabengebiet zwischen Plattkow und Biebersdorf,
② Westlicher Oberspreewald,
③ Burger Spreewald,
④ Krausnicker Berge,
⑤ Schönwalder Talsandflächen,
⑥ Berste-Niederung und Rand der Tornower und Dubener Platte,
⑦ Südwestlicher Rand der Lieberoser Heide einschließlich des südwestlichen Randes der Leuthener Sandplatte.

Die ersten drei Teilgebiete bilden im Wesentlichen den eigentlichen Spreewald.

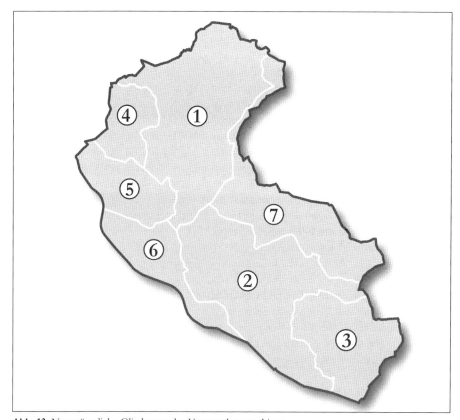

Abb. 13: Naturräumliche Gliederung des Untersuchungsgebietes.

Naturräume

① Der **Unterspreewald** beginnt nördlich von Lübben mit dem Hartmannsdorfer Spreetal und erstreckt sich bis Alt Schadow. Er bestand einst aus einer Flussaue mit zahlreichen Mäandern und daraus entstandenen Altwässern sowie den weniger wasserbeeinflussten Randlagen. Seit dem 19. Jahrhundert hat dieses Flusssystem mehrere Begradigungen erfahren, die zu einem schnelleren Abfluss des Wassers und infolge der damit einhergehenden Tiefenerosion zu gesunkenen Grundwasserständen führten (ANDREAE 1956). In den 1980er Jahren sind außerdem große Teile des Feuchtgrünlandes zwischen Hartmannsdorf und Schlepzig zu Fischteichen umgestaltet worden. Die höher gelegenen Bereiche östlich der Spree sind Wiesen, Ackerland oder Wälder/Forste, die auf den trockeneren Standorten v. a. von der Kiefer geprägt werden. Westlich der Spree erstrecken sich über weite Abschnitte artenreiche Niederungswälder.

Im Inneren Unterspreewald befindet sich ein naturnahes Waldgebiet (Abb. 56); in seinem Zentrum liegt eine größere Talsandinsel, der bewaldete P(f)uhl. Neben Erlen- und Erlen-Eschen-Wäldern gibt es Stieleichen-Hainbuchen- und Stieleichen-Rotbuchen-Wälder mit großer Artenmannigfaltigkeit (vgl. SCAMONI 1954, BRAUN 1994, GOOSSENS 1995). Die Wälder sind seit langer Zeit im Staatsbesitz. Östlich der Spree ist das Tal teilweise durch Schwemmsand und Dünen aufgefüllt. Der bei SCHOLZ (1962) noch zum Spreewald gerechnete östliche Unterspreewaldrandbereich wird von KRAUSCH (1960) als **Lübben-Pretschener Talsandgebiet** separiert. Beidseitig der Pretschener Spree liegen Grünlandflächen. Daran anschließende überwiegend arme Ackerstandorte bilden den Übergang zu den höher gelegenen Waldbereichen. Im Südostteil des Unterspreewaldes, wo Dünen ein deutlicheres Relief bewirken, stocken meist Kiefernforste.

Im Nordteil erfolgten ab dem 18. Jahrhundert umfangreiche Rodungen; es entstanden neue Siedlungen (Neu Lübbenau, Hohenbrück, Neu Schadow), Wiesen und Ackerland. Hier gibt es nur lokal Flachmoore und aufgelassene Torfstiche. Nördlich vom zentralen Unterspreewald, im sog. „Tussatz" (= „Tuschatz"), ist das Land westlich der Spree vorwiegend Feuchtgrünland mit einigen wassergefüllten Senken.

Der Unterspreewald endet mit dem Neuendorfer See und seinen benachbarten Luchgebieten (Abb. 68). Im **Spreetal bei Alt Schadow** wendet sich der Fluss nach Osten in Richtung Schwielochsee (s. Kap. 2.2). Die „Krumme Spree" mäandrierte hier ursprünglich stark (Abb. 23, 57). In einigen der heutigen Altwässer ist die typische Flora erhalten geblieben. Größere Talbereiche sind in der 2. Hälfte des 20. Jahrhunderts melioriert und zumeist in intensiv genutzte Wiesen und Weiden umgewandelt worden.

Zwischen Plattkow und Biebersdorf befindet sich mit dem **Landgrabengebiet** eine weitere langgestreckte, z. T. mit geradlinig angelegten Meliorationsgräben durchzogene und nur von wenigen Gehölzbeständen begleitete Niederungslandschaft. Sie vermittelt den Übergang zur Leuthener Sandplatte sowie in seinem Südteil zur Lieberoser Heide.

② Der **Westliche Oberspreewald** erstreckt sich von Lübben an etwa 15 Kilometer südostwärts. Der Oberspreewald erreicht zwischen Straupitz und Raddusch seine größte Breite. In der Nähe von Lübben treten dagegen die Mineralbodenränder wesentlich

Naturräume

dichter an den Flusslauf heran. Die ursprünglich von Sumpfwäldern beherrschte Niederung wurde bis zur Mitte des 19. Jahrhunderts zu 90 % gerodet und in Wiesenland umgewandelt (KRAUSCH 1955a.– Abb. 26). Im Ergebnis umfangreicher wasserbaulicher Maßnahmen (u. a. Deichbauten, Staugürtel) während des 20. Jahrhunderts sind heute Innerer Oberspreewald, Nord- und Südpolder sowie die unmittelbar anschließenden Randbereiche deutlich zu unterscheiden (Abb. 59).

Der **Innere Oberspreewald** ist der feuchteste Teil der Niederung und nahezu siedlungsleer. Lediglich die etwas höher liegenden Bereiche um Lehde und Leipe bilden eine Ausnahme (s. Kap. 2.2.– Abb. 11). Früher traten Sommer- und Winterhochwässer regelmäßig auf. Heute ist dies durch die umfangreichen meliorativen Eingriffe stark eingeschränkt. Ein geschlossener Bereich im Norden besteht aus Erlen- und Erlen-Eschen-Wald. Bis auf diesen aufgeforsteten sog. „Hochwald" (Neu Zaucher Spreewald.– Abb. 60) ist fast die gesamte Niederung um die Mitte des 19. Jahrhunderts gerodet und durch Fließe und Gräben kleinteilig gegliedert worden, um sie als Grünland nutzen zu können. An vielen Gräben wuchsen Baumreihen. Stellenweise sind auch Hochäcker angelegt worden. Im 20. Jahrhundert wurde deren Nutzung weitgehend aufgegeben. Dies traf auch für Teile des Grünlandes zu, die sich seither infolge natürlicher Sukzession vielerorts zu Weidengebüschen und Vorwäldern entwickeln.

Abb. 14: Moorsackung und die Stilllegung eines Pumpwerkes führten in Teilbereichen des Polders Kockrowsberg zu großflächigen Wiedervernässungen und zur Ausbildung ausgedehnter Großröhrichte (2008).

Naturräume

Landwirtschaftlich genutzt wird der Innere Oberspreewald – mit Ausnahme des Hochwaldes – in den Stauabsenkungsgebieten Nord (zwischen Barzlin und Polenzschänke) und Süd (zwischen Leipe und Südumfluter). Hier wurde noch in den 1980er Jahren großflächig und mit hohem Energieaufwand Wasser abgepumpt. Die dadurch trockengefallenen Moorböden erlitten erhebliche Schäden. Durch das in den 1990er Jahren erfolgte teilweise Abstellen der Pumpwerke, z. B. im Bereich Kockrowsberg, stieg das Grundwasser partiell wieder an. Die am stärksten durch Moorsackung geschädigten Bereiche haben sich inzwischen zu Röhrichten und Weidengebüschen entwickelt (Abb. 14).

Im Raum Lübbenau-Lehde-Leipe hat sich die Landbewirtschaftung – in einem über Jahrhunderte laufenden Prozess – den standörtlichen Bedingungen angepasst, ohne die Landschaftsstrukturen grundlegend zu verändern. Diese sind in ihren Grundzügen bis heute erhalten geblieben (Abb. 61).

Der durch Ausdeichung entstandene **Nordpolder** ist ein hochwasserfreies, überwiegend landwirtschaftlich genutztes Gebiet nördlich des Nordumfluters, welches in großflächige Acker- und Wiesenschläge eingeteilt und durch Gräben und kleine Waldstücke gegliedert ist. Der Deich von Lübben nach Alt Zauche entstand zwischen 1935 und 1937; zwischen 1954 und 1956 kam der Alt Zaucher Polder hinzu. Seit 1960 wird im Nordpolder nach tiefgreifender Entwässerung intensive Landwirtschaft betrieben.

Im **Südpolder** zwischen Ragow – Boblitz – Raddusch im Süden sowie Hauptspree, Barbaragraben, Südumfluter mit dem alten Leineweberfließ bei Burg und den Stradower Kaupen im Norden verlief die Entwicklung ähnlich. Die Entwässerung war jedoch nicht so extrem, da von den südlich angrenzenden Geschiebemergelplatten Grund- und Oberflächenwasser aus Bächen und Gräben in die Niederung abfloss. Der Südpolder unterliegt überwiegend einer intensiven Grünlandbewirtschaftung.

Beide **Ränder der Niederung** sind besiedelt. Viele Ortschaften sind seit Jahrhunderten durch – zumeist im Zuge eines kanalartigen Ausbaus der Fließunterläufe entstandene – „Kahnfahrten" mit dem Netz der Fließgewässer des Inneren Oberspreewaldes verbunden (Abb. 15). Seit dem Bau der Deiche haben viele „Kahnfahrten" ihre Bedeutung als Verkehrsweg verloren.

Abb. 15: Vor allem zum Transport landwirtschaftlicher Güter geradlinig angelegte „Kahnfahrten", hier die Boblitzer Kahnfahrt, verbanden die am Talrand gelegenen Ortschaften mit den Hauptgewässern des Oberspreewaldes (2008).

Naturräume

Abb. 16: Ein abwechslungsreiches Mosaik aus Grünlandflächen, Gehölzen und aufgelockerten Siedlungsstrukturen gibt der Streusiedlung Burg einen parkartigen Charakter (2008).

Abb. 17: Große, weitgehend gehölzfreie, landwirtschaftlich genutzte Flächen sind für den Werbener Raum kennzeichnend (2008).

Naturräume

Die nördlichen Randbereiche, ursprünglich durch feuchte Sandböden gekennzeichnet, leiden bereits seit den 1930er Jahren unter Trockenheit. Einstige Ackerflächen tragen heute Kiefernforste.

③ Der **Burger Spreewald** ist Bestandteil des östlichen Oberspreewaldes und umfasst einen Teil der Malxe-Spree-Niederung sowie des nordwestlichen Abschnitts des Cottbuser Schwemmsandfächers (SCHOLZ 1962). Die darin gelegene Streusiedlung Burg besteht neben dem älteren Zentrum überwiegend aus zahlreichen Einzelgehöften, die zumeist im 18. Jahrhundert auf kleinen Talsanderhöhungen, den sog. „Kaupen", angelegt worden sind (Abb. 62). Wiesen und Äcker umgeben die mehr oder weniger weit voneinander entfernten Gehöfte. Die an Wegen, Flurgrenzen und Gräben wachsenden Gehölze vermitteln den Eindruck einer parkartigen Kulturlandschaft (Abb. 16). Im übrigen Siedlungsraum sind die Ortschaften kompakter. Auf Dünen nördlich und südlich Guhrow gibt es noch kleinere zusammenhängende Waldbereiche. Im Werbener Raum und dem daran östlich anschließenden Gebiet wirkt die Landschaft ziemlich ausgeräumt. Hier wird, oftmals großflächig, intensive Landwirtschaft betrieben (Abb. 17).

④ Die durch ein starkes Relief gekennzeichneten **Krausnicker Berge**, eine Stauchendmoräne des Brandenburger Stadiums der Weichsel-Eiszeit, grenzen nordwestlich an den Unterspreewald an. In diesem Naturraum befindet sich der Wehlaberg, der mit 144,1 m ü. NN die höchste Erhebung des UG darstellt. Die Krausnicker Berge sind weitgehend bewaldet. In den ehemaligen Toteiskesseln und Zungenbecken befinden sich mehrere Seen und Moore (Abb. 18, 66, 67). Nördlich vom Wehlaberg fällt das Gelände zu den malerisch gelegenen Heideseen ab (s. Kap. 2.6.2). Nördlich der Krausnicker Berge liegt der Köthener See.

Abb. 18: Der Große und der Kleine Wehrigsee (oben links) mit randlich anschließenden Schlenkenstrukturen und Moorgehölzen (1995).

⑤ Die **Schönwalder Talsandflächen** befinden sich westlich der Spree zwischen den Krausnicker Bergen und dem südlich anschließenden Berstetal. Es handelt sich um ein im Baruther Urstromtal gelegenes Mosaik aus Talsandflächen und feuchten Niederungen, das im Norden vom Sander des sog. „Brand" begrenzt wird (Abb. 46, 64). Ursprünglich

Naturräume

war es eine vielgestaltige Landschaft mit zahlreichen Frisch- und Feuchtbiotopen. Das Gelände ist seit Mitte des 20. Jahrhunderts melioriert und für eine intensive landwirtschaftliche Produktion nutzbar gemacht worden. Lediglich einzelne Waldstücke blieben erhalten. Als Hauptvorfluter ist der Kabelgraben in seiner heutigen Form in der 1. Hälfte des 20. Jahrhunderts geschaffen worden. Die höher gelegenen Bereiche nördlich von Schönwalde waren bis zur Mitte des 19. Jahrhunderts Heide-Hutungsflächen für Schafe und Rinder und dienten auch als naturnahe Bienenweidegebiete. Heute sind sie weitgehend bewaldet. Hier stocken zumeist trockene Kiefernforste, in denen es kleinflächig wertvolle Trocken- und Magerrasen gibt.

⑥ Im Westen/Südwesten des UG befinden sich Teile der **Berste-Niederung** und der im Altpleistozän entstandenen **Tornower und Dubener Platten**. Auf letzteren stehen Geschiebemergel und -sande an. Zahlreiche Gräben und Fließe entwässern diese höher liegenden Bereiche an den Plattenrändern hin zum Spreetal. Die Berste hingegen führt Wasser aus den Endmoränen des Niederlausitzer Landrückens zur Spree. Im Unterlauf nutzt sie dafür ein Seitental des Baruther Urstromtals, das nördlich durch die Dünen der Lubolzer Heide und südlich durch das Dünengelände nordwestlich Neuendorf b. Lübben begrenzt wird. Bei Niewitz bildete die Berste eine breite Aue, in der bis zu den Meliorationen Mitte des 20. Jahrhunderts zahlreiche Niedermoore vorhanden waren. Das untere Berstetal entspricht nach Arndt (1957) einer „entwässerten Spreewaldlandschaft". Bei ausreichender Feuchte herrschten früher organische Nassböden vor. Heute sind sie nach Wasserentzug zumeist degradiert. Das Gebiet wird überwiegend landwirtschaftlich genutzt. Westlich von Treppendorf ist das Tal wesentlich enger. Dort befinden sich beiderseits sandige Anhöhen mit Kiefernbestockungen und basisch beeinflussten Trockenrasen.
Bei Ragow entwässert die Wudritz (= Ottergraben) von Südwesten her in die Spree. Der Talraum dieses kleinen Fließgewässers trennt die Dubener von der Tornower Platte.
Bei Lübbenau schüttete die Dobra einen ausgedehnten Schwemmsandkegel in die Niederung. Die so entstandenen feuchten Sandböden eignen sich besonders zum Gemüseanbau. Auf höher gelegenen Stellen gibt es Siedlungen und Kiefernforste. Bei Raddusch ragt mit dem Schwarzen Berg der Rest einer Grundmoräne weit in die Niederung hinein.

⑦ Als Bestandteil der Lieberoser Hochfläche grenzen Abschnitte der **Lieberoser Heide und der Leuthener Sandplatte** östlich an das eigentliche Spreewaldgebiet. Bei der nördlich des Oberspreewaldes gelegenen **Lieberoser Heide** handelt es sich um eine jungpleistozäne Landschaft, die von Endmoränen des Brandenburger Stadiums der Weichsel-Eiszeit, von Grundmoränen sowie Sanderflächen geprägt ist. In diesem Teilgebiet gibt es zahlreiche flache Anhöhen, Senken und mehrere Seen. Der größte ist der Briesener See, der von ausgedehnten Sanderflächen umgeben ist. Im nordöstlich des Sees gelegenen Briesener Luch befinden sich mehrere ehemalige Torfstiche. Nicht weit davon entfernt liegt der Klein Leiner See. Im Südosten des Naturraumes gibt es weitere Seen, wie den Großen Dutzendsee bei Straupitz, den Byhlener See und den Byhleguhrer See. Letzterer liegt bereits am Übergang zur Spreeniederung. Im südöstlichen Bereich dieser Teilfläche befinden sich unmittelbar am Niederungsrand einige Endmoränenhügel, wie der Neu Zaucher Weinberg (Abb. 19), der Straupitzer Weinberg und der Byhleguhrer Mühlenberg. Der am Westrand der Krugauer Heide gelegene Marienberg schließt dort an.

Abb. 19: Der Neu Zaucher Weinberg, eine auffällige Endmoränenkuppe (1992).

Die an die Niederung angrenzenden Randbereiche der Lieberoser Heide haben bereits seit den 1930er Jahren infolge der Meliorationen, die auch zu einem Absinken des Wasserspiegels der Seen führten, stark unter Trockenheit gelitten. So musste Jahrhunderte hindurch als Acker genutztes Land mit Kiefern aufgeforstet werden.

Der Nordosten des UG gehört zur **Leuthener Sandplatte**, einer hauptsächlich durch sandige Böden geprägten, welligen Grundmoräne. Einige nach Nordosten entwässernde Fließe verlaufen in flachen Tälern, die von Moorbildungen ausgefüllt sind. Die land- und forstwirtschaftlich genutzte Grundmoränenplatte wird von einigen bewaldeten Kuppen (u. a. Pretschener Wein- und Mühlenberg) überragt.

2.4 Klima

Innerhalb der Spreewaldlandschaft wird das Klima vor allem durch das Georelief, den Landschaftswasserhaushalt, die Bodenbedeckung und die Bodennutzung sowie die stoffliche Belastung der Luft nachhaltig beeinflusst. Nach dem KLIMAATLAS DER DDR (1953) liegt der Spreewald – makroklimatisch betrachtet – im Klimagebiet des Ostdeutschen Binnenlandklimas, in dem er einen eigenen Klimabezirk bildet. Für diesen ist anhand der langjährigen (1881–1950) Niederschlags- und Temperaturwerte eine „gemäßigt kontinentale Klimatönung" ermittelt worden, für die auch die mittlere Jahresschwankung der Luft-Temperatur von über 18 Grad spricht (Januar-Mittel: -1°C, Juli-Mittel: +18°C). Als Referenzstationen zur Messstation Lübben gelten Cottbus (35 km östlich) und Potsdam (75 km nordwestlich). Die von diesen Stationen vorliegenden Daten lassen im Ab-

Klima

gleich mit denen weiterer spreewaldnaher und im UG befindlicher Stationen (Baruth, Groß Lubolz, Krausnick, Schlepzig, Lübbenau) für das Gesamtgebiet des Spreewaldes von Nordwesten nach Südosten eine zunehmende Kontinentalität erkennen. Heyer (1962) bezeichnete daher den Klimatyp des Unterspreewaldes als „schwach ozeanisch", den des Oberspreewaldes als „schwach kontinental". Die kontinentalere Klimatönung gilt auch für die Hochflächen im Nordosten des UG. Der südlich vom Spreewald gelegene Niederlausitzer Landrücken weist dagegen deutlich subatlantische Klimaverhältnisse auf. Die eigentliche Spreeniederung stellt somit – bedingt durch ihre Beckenlage – in klimatischer Hinsicht eine Übergangszone dar. Dort gibt es stark vernässte und vermoorte Böden mit geringer Wärmeleitfähigkeit und hoher Verdunstung. Besonders im Sommer bleibt die Temperatur um etwa 0,5 °C niedriger als in den benachbarten Gebieten.

Seit gut 30 Jahren ist im Spreewald im Zusammenhang mit dem prognostizierten Klimawandel ein gravierendes Ansteigen der Jahresdurchschnittstemperatur zu beobachten. Das Jahresmittel für den Zeitraum 1901 bis 1950 lag bei 8,6 °C (Meteorologischer Hydrologischer Dienst DDR 1955), das für die Jahre 1973 bis 2002 bei rund 9,3 °C. Seit 1988 liegen die Jahresmittelwerte – mit einer Ausnahme (1996) – deutlich über dem langjährigen Mittel (Abb. 20). Extrem warm war das Jahr 2000 (Mittelwert 10,86 °C). Die allgemein prognostizierte Verringerung des Jahresniederschlags bzw. eine Verlagerung

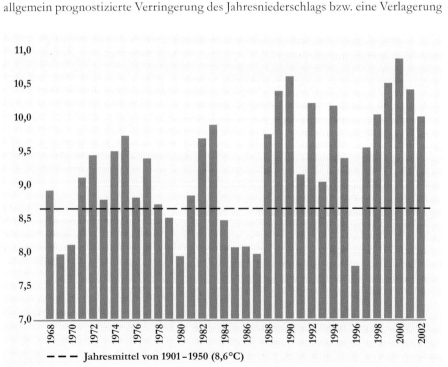

Abb. 20: Jahresdurchschnittstemperatur (in °C), Station Cottbus (1968–2002) (nach Illig, H. et al. 2003).

Klima

des Schwerpunkts der Niederschlagssummen auf das Winterhalbjahr war dagegen im Spreewald bisher nicht feststellbar (ILLIG, H. et al. 2003).

Die Niederschläge sind in der Spreeniederung eher gering. Die zwischen 1901 und 1950 ermittelten durchschnittlichen Jahreswerte betrugen um 550 mm mit leichter Zunahme ostwärts (METEOROLOGISCHER HYDROLOGISCHER DIENST DDR 1955). Die im Zeitraum 1961–1990 erfassten Werte weisen dagegen für den Unterspreewald eine mittlere Niederschlagssumme von 550 bis 600 mm (in den Krausnicker Bergen sogar darüber) und für den Oberspreewald von 500 bis 550 mm aus (DEUTSCHER WETTERDIENST 1999). Die recht hohe relative Luftfeuchtigkeit (im Mittel 81 %) fördert die Gewitterbildung. Diese treten im UG häufiger im mittleren und östlichen Oberspreewald auf. Die damit verbundenen Niederschläge gehen aber meist über den höher gelegenen Randlagen nieder. Für die gegenüber dem Umland des Spreewaldes erhöhten Jahresniederschlagssummen im Nordwesten des UG sind die Höhen der Krausnicker Berge mit ihrer Stauwirkung verantwortlich. Hinsichtlich des Gesamtwasserhaushaltes gilt der zentrale Spreewald als Zehrgebiet (Niederschlag < Verdunstung).

Relief, Lage zum Oberflächen- und Grundwasser, Wald-Freiland-Verteilung und auch Landnutzungen sind kennzeichnend für lokal differenzierte Ausprägungen des Klimas im UG. Dabei wirken besonders die Waldflächen auf den Temperaturgang ausgleichend. Unabhängig davon bestehen in erheblichem Maße Temperaturdifferenzen zwischen den Niederungen und den Randlagen. Dies ist durch die Nassstandorte in den Niederungen und eine hohe Transpiration der dortigen Vegetation bedingt. Dadurch ist hier die Temperatur im Sommer etwas niedriger (s. o.) und die durchschnittliche Vegetationsdauer mit 220 Tagen/Jahr ein wenig verkürzt. Für die Niederung sind außerdem Nebelbildung und eine verstärkte Neigung zu Spät- und Frühfrösten typisch. MÜLLER-STOLL et al. (1992a: 238) weisen in ihrem Beitrag über den Oberspreewald in den 1950er Jahren darauf hin, „dass der noch wenig gestörte Landschaftscharakter, insbesondere der gesunde Wasserhaushalt und die Durchsetzung der Landschaft mit zahlreichen Baum- und Gebüschgruppen das Niederungsgebiet des Oberspreewaldes vor extremen Bodenfrostschäden bewahrt, die in den entwässerten und völlig ausgeräumten Talungen in Brandenburg häufig sind". Durch die im Zuge der landwirtschaftlichen Industrialisierung bis in die 1980er Jahre vorgenommenen landschaftlichen Veränderungen müssen heute weite Bereiche des Spreewaldes ebenfalls zu den ausgeräumten und entwässerten Gebieten Brandenburgs mit den damit verbundenen klimatischen Beeinträchtigungen gerechnet werden.

2.5 Böden und Grundwasserverhältnisse

Vom Inneren zum Rand des Oberspreewaldes ergibt sich in Abhängigkeit vom Bodenwassergehalt – vereinfacht betrachtet – eine regelmäßige Abfolge der Bodentypen von den

Böden

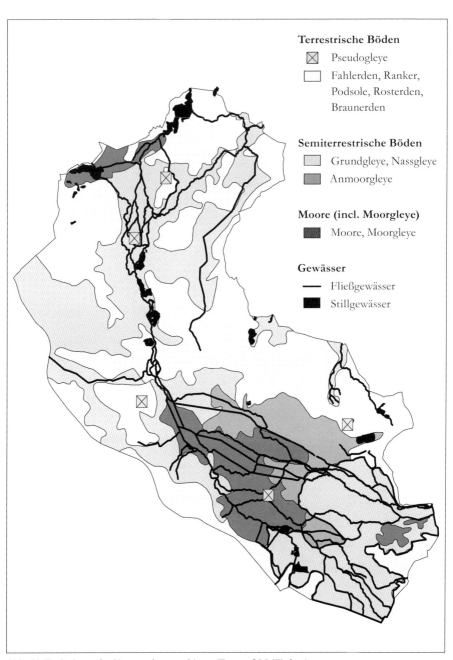

Abb. 21: Bodenkarte des Untersuchungsgebietes (Entwurf M. Werban).

Böden

(Nieder-)Moorböden über die Semiterrestrischen Böden zu den Terrestrischen Böden (Abb. 21). Übergangsmoorböden beschränken sich auf die wenigen Zwischenmoore.

Terrestrische Böden befinden sich auf den End- und Grundmoränen, den höheren Talsandterrassen und den Sandschüttungen. Auf sandigen, durchlässigen Substraten sind Podsole und Rosterden verbreitet. Kleinflächig haben sich über reinen Sanden Braunerde- und Podsol-Ranker entwickelt. Weniger verbreitet sind Braunerden (außer in den Krausnicker Bergen). Das Vorkommen von Fahlerden (z. B. östlich vom Neuendorfer See, nördlich von Alt Zauche) beschränkt sich auf die Grundmoränendurchragungen, auf denen kleinflächig auch Pseudogleye (z. B. Leipe, „Langer Rücken" bei Lübben) ausgebildet sind.

Semiterrestrische Böden haben im Spreewald ebenfalls eine weite Verbreitung. Neben den reinen Aueböden, als Auenpseudogleye ausgebildet, kommen großflächig Gley-Böden (v. a. Grundgleye) vor. Sie sind überwiegend in den feuchten Niederungsbereichen des Burger Spreewaldes und des Unterspreewaldes aber auch in den Randbereichen des Inneren Oberspreewaldes (z. B. westlicher Nordpolder, Gebiet zwischen Lübben und Lübbenau) ausgebildet. In Bereichen, wo das Grundwasser im Jahresverlauf langanhaltend nahe der Oberfläche steht, kommen v. a. Nassgleye und Anmoorgleye vor. Diese Böden leiten mit den Moorgleyen über zu den eigentlichen **Moorböden** mit ganzjährig an oder über der Geländeoberfläche stehendem Grund- oder Überflutungswasser des zentralen Inneren Oberspreewaldes (Lübbenauer und Leiper Spreewald, Stauabsenkung Nord, Staubabsenkungsgebiet und Polder südwestlich Leipe). Weitere Vorkommen von Moorböden befinden sich außerhalb der Überflutungsräume in den Verlandungszonen der Seen (u. a. zwischen Neuendorfer und Köthener See, Kleiner und Großer Wehrigsee) sowie in den Zwischenmooren (u. a. Lichtesee, Luchsee).

Durch regelmäßig auftretende Hochwasserereignisse kam es in der Vergangenheit im Bereich der Niedermoorböden zur Sedimentation toniger Substrate. Je nach Intensität der Ablagerungen entstanden tondurchsetzte Moorböden bis humose Tonböden. Diese als „Klock" bezeichneten Böden kommen im Unterspreewald und v. a. in Teilen des Oberspreewaldes (im Burger Spreewald in den Randbereichen des Cottbuser Schwemmsandfächers und der Talsandinseln sowie in Rinnen oder Mulden und streifenförmig entlang der Hauptwasserläufe) vor (SCAMONI 1955/56, GRUNDMANN 1994).

Besonders zu erwähnen ist das Vorkommen von Raseneisenerz im Spreewald. Hierbei handelt es sich um eine Anreicherung von Eisenmineralien (hauptsächlich Brauneisenstein) unter der Bodenoberfläche, die aus dem Grundwasser durch Änderung des chemischen Milieus ausgefällt wurden. Es ist vor allem im Bereich Werben aber auch im Unterspreewald anzutreffen. Die Raseneisenerzlager wurden spätestens vom Mittelalter an bis in das 19. Jahrhundert hinein in größerem Umfang zur Eisengewinnung bzw. später (bis etwa 1965) zur Verwendung in Gasreinigungsanlagen abgebaut (MÜLLER-STOLL et al. 1992a). BERGHAUS (1856) und LEHMANN (1979) erwähnen bereits für das Jahr 1374 einen Hammer bei Schlepzig, EBERT (1999) einen Abbau und die Verarbeitung von Raseneisenstein bei Neu Schadow.

Grundwasser

Die **Grundwasserstände** sind in der gesamten Spreewaldniederung sehr hoch. Der Wasserzufluss ist von den Rändern her erheblich und steht in enger Wechselbeziehung zu den gefällearmen Fließgewässern. Der Grundwasserleiter ist oberflächennah und besteht aus gut durchlässigen Schmelzwassersanden und Flusssedimenten. In den Randgebieten ist er von gleicher Beschaffenheit.

Der Mensch hat die Grundwasserverhältnisse erheblich verändert. Neben Rodungen und Mühlenstauen gehören Maßnahmen zur Verhinderung von Überschwemmungen dazu. Flussbegradigungen, das Anlegen von größeren Entwässerungsgräben bis zu den kleinen sog. „Zirren" im Feuchtgrünland und nahe den Wohngrundstücken sowie Eindeichungen seit der frühen Neuzeit und schließlich der Betrieb von Schöpfwerken zwischen 1970 und 1990 haben vielerorts das Grundwasser stark abgesenkt und dabei insbesondere die Randgebiete beeinflusst (Vött 2000). Von 1960 bis 1990 trugen südlich vom Oberspreewald aufgeschlossene Braunkohlentagebaue ebenfalls zur Grundwasserabsenkung bei. Der Einfluss der bergbaubedingten Absenkungstrichter geht stellenweise bereits zurück. Örtlich negativ auf die bestehenden Grundwasserverhältnisse wirken sich auch die z. T. bereits in den 1980er Jahren geschaffenen Wasserwerke und die davon zumeist räumlich weit entfernten, oft zu groß dimensionierten zentralen Abwasserklärwerke aus. Ungeklärt ist in diesem Zusammenhang das Ursache-Wirkungs-Gefüge bez. der rapiden Austrocknung des Luchseegebietes.

2.6 Gewässer

2.6.1 Fließgewässer

Das Gewässersystem allein des Biosphärenreservates Spreewald (BR) umfasst unter Einschluss des dichten Netzes der Meliorations- und Stichgräben eine Länge von insgesamt 1.575 km. Besonders wichtig für den Naturhaushalt sind die Fließgewässer, in denen nach Anforderung der EU-Wasserrahmenrichtlinie „der gute ökologische Zustand" hergestellt bzw. erhalten werden soll. Innerhalb des BR umfasst dies 459 km; bezogen auf das UG sind es 548 km.

Seine reichste Verzweigung besitzt das Gewässernetz im Westlichen Oberspreewald und im Burger Spreewald. Begrenzt wird dieses Gebiet vom Nordumfluter im Norden bzw. der Hauptspree, dem Südumfluter (= Leineweberfließ) sowie dem Greifenhainer Fließ im Süden. Dort durchzieht eine Vielzahl natürlicher und v. a. in den letzten 100 Jahren künstlich geschaffener bzw. anthropogen in ihrem Lauf beeinflusster, durch zahlreiche Wehr- und Stauanlagen (Abb. 22) regulierbarer Fließe, Kanäle und Gräben die breite Niederungslandschaft (s. detaillierte Übersichtskarte auf CD, vgl. auch Fließgewässerkarte in Grundmann 1994, S. 40–41). Dieses Gewässernetz findet seine Fortsetzung in dem hauptsächlich vom Menschen geschaffenen Entwässerungssystem im angrenzenden Nord- bzw. Südpolder. Neben den genannten Fließgewässern sind die Wudritz bzw. die Ragower Kahnfahrt und das bei Fehrow in das UG eintretende Große Fließ (= Mutnitza)

Fließgewässer

als Hauptfließgewässer des südlichen UG hervorzuheben. Zahlreiche, zumeist geradlinig angelegte Kanäle, von denen der 1912 geschaffene Burg-Lübbener Kanal als wichtigster genannt sei (Abb. 58), haben im Zusammenhang mit all den anderen wasserwirtschaftlichen und landwirtschaftlich-meliorativen Maßnahmen (vgl. GRUNDMANN 1994: B 12.2–12.5) sowie der Inanspruchnahme des Gebietes für Erholungszwecke zu umfassenden Veränderungen dieser Kulturlandschaft geführt.
Einbezogen in den Ausbau der Fließgewässer wurden auch die Unterläufe der von den Hochflächen der Randbereiche in die Niederung des Oberspreewaldes strömenden Nebenflüsse. Für den Südteil seien die bereits erwähnte Wudritz, die Ragower, Krimnitzer, Zerkwitzer, Boblitzer und Radduscher Kahnfahrt, die Dobra östlich von Lübbenau sowie das Vetschauer Mühlenfließ genannt. Aus dem Nordteil soll auf die Neu Zaucher und Straupitzer Kahnfahrt, das Byhleguhrer Schneidemühlenfließ und die noch weitgehend in ihrem natürlichen Lauf erhalten gebliebene Alt Zaucher Spree verwiesen werden. Im Gegensatz dazu erfolgt über das Ressener Mühlenfließ eine nordwärts gerichtete Entwässerung des zum UG gehörenden Teils der Lieberoser Heide.

Abb. 22: Typische Schleusen- und Wehranlage des Spreewaldes, hier die Schleuse Nr. 116 im Großen Fließ (2005).

Bei Lübben wird die Spree infolge der beidseitigen postglazialen Dünenbildungen in ein enges Bett gedrängt. Hier mündet die von Westen her kommende Berste in die Neue Spree. Durch den östlich des alten Stadtkerns zur Verhinderung von Hochwässern geschaffenen Umflutkanal wird ein Teil des aus dem Oberspreewald kommenden Wassers Richtung Norden geleitet.
Im Unterspreewald, insbesondere zwischen Hartmannsdorf und Leibsch, erfährt die Spree eine erneute Aufgliederung in zahlreiche Haupt- und Nebenfließe, ohne jedoch – im Vergleich zum Oberspreewald – die dort vorhandene, deutlich umfassendere Ausprägung zu erreichen. Als Hauptgewässer seien die Hauptspree (nördlich Schlepzig nur noch als Spree bezeichnet), die Wasserburger Spree (Abb. 68), der Puhl- und der Schiwastrom erwähnt. Bei Alt Schadow verlässt die Spree den Neuendorfer See und wird im weiteren Verlauf nach Osten aufgrund des mäandrierenden und mit einzelnen Altwässern

Stillgewässer

versehenen Verlaufs als „Krumme Spree" bezeichnet (Abb. 23, 57). Bei Plattkow vereinigt sich diese wieder mit der den nordöstlichen Teil des Unterspreewaldes durchziehenden, 1934 weitgehend abgesperrten Pretschener Spree. Über den nördlich Leibsch via Köthener See bis zur Dahme bei Märkisch Buchholz zwischen 1907 und 1911 angelegten Dahme-Umflutkanal und den im letzten Drittel des 20. Jahrhunderts zwischen Gr. Wasserburg und dem Köthener See geschaffenen Randkanal wird ein Teil des Spreewassers umgeleitet.

Abb. 23: Die Krumme Spree mit mehreren Altarmen und angrenzenden Grünlandflächen nordwestlich Plattkow (2005).

Bugk-, Busch- sowie Kabelgraben durchziehen den Südteil des Unterspreewaldes bzw. der Schönwalder Talsandfläche, während Jänickens Graben eine Verbindung zwischen dem Pretschener Spreetal und der Niederung südlich des Neuendorfer Sees schafft. Der nach Norden entwässernde und zwischen Pretschen und Plattkow in die Pretschener Spree mündende Landgraben verläuft im Grenzbereich zwischen dem Unterspreewald sowie der östlich anschließenden Leuthener Sandplatte und Lieberoser Hochfläche.

2.6.2 Stillgewässer

Das größte Stillgewässer, der nach Kabus (in litt. 2009) 297 ha umfassende Neuendorfer See, liegt im Norden des UG in der Talrinne des Unterspreewaldes und wird von der Spree durchflossen. Weitere Seen sind u. a. der Köthener See (148 ha), der 8 km ostnordöstlich von Lübben isoliert liegende Briesener See (56 ha) sowie der Byleguhrer See (89 ha) und der Byhlener See (ca. 41 ha) im Südosten des UG (s. Übersichtskarten im Einband des Buches und auf CD). Erwähnt werden sollen auch der Meiereisee südlich Krausnick, der Klein Leiner See, der westlich davon liegende Barbassee, der Gr. Dutzendsee südöstlich Straupitz sowie der kleine, aber botanisch aufgrund seiner Umgebungsvegetation recht wertvolle Rauhe See zwischen dem Byhlener und Butzener See. Eine besondere Erwähnung verdienen die im Nordwesten des UG unterhalb der Krausnicker Berge liegenden Heideseen (Pichersee, Mittelsee, Triftsee, Schwanensee, Schibingsee, Kl. und Gr. Wehrigsee. – Abb. 18, 67). Die durch Tiefenausschürfungen des Eises sowie das Auftauen von Toteisblöcken nach der letzten Eiszeit entstandenen, z. T. miteinander verbundenen Seen sind in die stark reliefierte Landschaft eingebunden. In ihnen bzw. in ihrem Umfeld befinden sich zahlreiche Standorte von im UG seltenen Pflanzenarten. Einige Seen befinden sich in Schutzgebieten mit unterschiedlichem Status (s. Kap. 2.9). Moorseen werden im Kap. 2.7 dargestellt.

Durch menschliche Nutzungen sind alle Seen mehr oder weniger beeinträchtigt, insbesondere durch:
- Eutrophierung infolge Nährstoffeintrag,
- Absinken des Wasserspiegels nach Eingriffen in den Wasserhaushalt der Umgebung,
- Uferverbauung,
- Uferschäden durch Angler, Wassersportler und Erholungssuchende.

Die wichtigsten künstlichen Stillgewässer sind die in den 1980er Jahren zwischen Lübben und Schlepzig angelegten 22 Fischteiche und die Anlage mit 9 Teichen bei Stradow nördlich Vetschau. Letztere existierte bereits 1845 in Form von 4 Teichen, die um 1930 auf 13 Teiche erweitert wurde (GRUNDMANN 1994). Bei der 1976/77 erfolgten Rekonstruktion der Anlage wurde dann das heutige Bild geschaffen. Später legte man noch den 26 ha großen Kossateich sowie den 56 ha umfassenden Wiesenteich als Ersatz für durch den Bergbau verloren gegangene Fischteiche an. All diese Gewässer dienen überwiegend der Karpfenhaltung.

Erwähnt seien auch einige durch Kies- bzw. Sandgewinnung entstandene Kleingewässer, so beim Bhf. Schönwalde bzw. zwischen Boblitz und Raddusch, und vernässte Sandgruben, u. a. nördlich Treppendorf, beim Bhf. Neuendorf b. Lübben sowie bei Wußwerk. Außerdem existieren teilweise wassergefüllte ehemalige Lehmgruben, so bei Niewitz und vor allem zwischen Treppendorf und dem Südteil Lübbens. Ergänzend sei auf die infolge der Torfgewinnung entstandenen Kleingewässer sowie auf die Dorf- und Feuerlöschteiche verwiesen.

2.7 Moore

Die Niedermoore im Spreewald (Torfdecken > 0,3 m) liegen unregelmäßig verteilt und spiegeln ihre Entstehung in einer Abfolge organischer und mineralischer Sedimente wider. Selten überschreiten die Torfmächtigkeiten 1,5 m. Im Gebiet des Oberspreewaldes sind die Moore durch wiederholte Überflutungen und Versumpfung entstanden. Im nördlichen Unterspreewald dagegen erstreckte sich die Seerinne des Neuendorfer Sees ursprünglich viel weiter nach Süden in Richtung Leibsch. Auch zwischen Leibsch und dem Köthener See liegt eine vergleichbare Rinne. In beiden Bereichen vollzog sich der Moorbildungsprozess weitgehend über die Gewässerverlandung. Weite Teile des südlich anschließenden sog. „Tussatz" und des Inneren Unterspreewaldes sind dagegen nahezu moorfrei.

Besonderheiten stellen die am westlichen Unterspreewaldrand liegenden Moore dar. Der Luchsee liegt im Bereich der weichseleiszeitlichen Krausnicker Berge in einem Zungenbecken, in dem – durch Grundwasseranstieg gefördert – ein soligenes Zwischenmoor bis 5 m mächtige Torfkörper aufbaute (SUCCOW 1983, JUSCHUS 2000). Der darüber liegende Wasserkörper misst nur noch ca. 2 m. Seit 1941 steht das Luchseegebiet unter Naturschutz, 1990 wurde ein Teil davon als Kernzone eingerichtet (s. Kap. 2.9). Leider unterliegt das Moor seit langem einem fortschreitenden Austrocknungsprozess, der zu gravierenden Vegetationsveränderungen innerhalb der letzten 40 Jahre geführt hat (WEIß 1999). Eine Besserung dieser Situation ist bisher nicht in Sicht. Der gleichfalls abflusslose, ca. 4 km südlich vom Luchsee liegende, nur 2 ha große Lichtesee besitzt heute noch einen bescheidenen Restsee (Moorauge, Abb. 24) im Zentrum des Zwischenmoores von etwa 30 m Durchmesser, darunter aber einen mehr als 12 m mächtigen Moorkörper. Hier ist in der Abfolge der Torfe die Vegetationsentwicklung des Raumes seit dem Spätglazial dokumentiert (vgl. LANGE et al. 1978).

Abb. 24: Der Lichtesee, ein ehemaliger Toteiskessel, mit typischer Schwingkante (1996).

Zwischenmoorbildungen gibt es auch mehrfach in den Randbereichen des Unterspreewaldes. Dazu zählen u. a. das Dürrenhofer Moor, der ehemalige Torfstich ca. 1,5 km nordöstlich Hohenbrück und die Moorsenke südlich des Schibingsees bei Köthen. Am Nordrand des Oberspreewaldes existieren z. B. das Briesener Luch sowie die Torfstiche nördlich Alt Zauche bzw. bei Caminchen.

2.8 Der Einfluss des Menschen auf die Pflanzenwelt

2.8.1 Siedlungsentwicklung

Im Verlauf der nacheiszeitlichen Vegetationsentwicklung entstanden im Spreewald geschlossene Wälder. Nur Wasserflächen, Moore, Röhrichte und einige Wanderdünen blieben waldfrei. Diese Situation dürfte einst der Mensch angetroffen haben, dessen Spuren

Siedlungsentwicklung

sich seit dem Spätpaläolithikum im UG nachweisen lassen. Er hat seitdem ständig die Natur verändert.

In der Zeit bis 4500 v. Chr. durchzogen lediglich einige nomadisierende Stämme das Gebiet, um zu jagen, zu fischen und um Früchte und andere Pflanzenteile zu sammeln. Mit den ersten Ansiedlungen ist während der Jungsteinzeit (4500–2300 v. Chr.) an den Rändern von Ober- und Unterspreewald zu rechnen. Durch Feld-Graswirtschaft wurden Eichen-Mischwälder aufgelichtet, die Vegetation aber nur in sehr geringem Umfang verändert.

Während der Bronzezeit (2300–700 v. Chr.) waren die Talränder des Spreewaldes bereits erschlossen. Sogar auf einigen Talsandinseln in der Niederung, wie z. B. dem Barzlin oder dem Schlossberg in Burg (Abb. 25), bestanden Siedlungen (GRUNDMANN 1994). Beträchtliche Rodungen schufen Ackerland. Damit verbunden waren auch umfangreiche Erosionserscheinungen, in deren Folge Böden in die Niederung geschwemmt wurden. Dadurch kam es zu den ersten Auebildungen, die mit der Zeit an Umfang zunahmen.

In der Frühen Eisenzeit (700 v. Chr.–0) verringerte sich die Siedlungsdichte. Neben klimatischen Gründen (kühl-feuchte Epoche) dürfte die Übernutzung bestimmter Areale die Ursache gewesen sein. Die Besiedlung konzentrierte sich jetzt auf bestimmte Zentren, wie z. B. auf den Schlossberg bei Burg (GRUNDMANN 1994). Die Weidetierhaltung war weiterhin bedeutender als der Feldbau.

Abb. 25: Der Schlossberg in Burg (Dorf) mit dem Bismarckturm (1952).

In der Römischen Kaiserzeit (0–400 n. Chr.) war das Gebiet offenbar sehr gering besiedelt, denn es gibt kaum Bodenfunde aus dieser Zeit. Die einzige aktuell bekannte Ansiedlung befand sich bei Leibsch. Infolgedessen eroberte der Wald größere Flächen zurück. Zur Zeit der Völkerwanderung (400–600 n. Chr.) setzte sich dieser Prozess fort.

In slawischer Zeit (700–1200 n. Chr.) entwickelten sich am Rande des Spreewaldes erneut zahlreiche Siedlungen und in der Nähe Fluchtburgen, aus denen später Herrensitze hervorgingen, wie bei Straupitz und Burglehn b. Lübben (LEHMANN 1979). Viehhaltung und Getreideanbau wurden nahezu gleichrangig. Doch der Burgenbau erforderte viel Holz; Bodenerosion und Auensedimentation setzten erneut ein. Im Hochmittelalter wurde infolge des deutschen Landesausbaus die Besiedlung verdichtet. Dies war die Phase

Siedlungsentwicklung

der stärksten Auensedimentation als Folge der den gesamten oberen Spreelauf berührenden Rodungen und Siedlungen. Ortschaften wurden erweitert und an den Rändern der angrenzenden Hochflächen verschiedene Dörfer planmäßig angelegt. Einige werden urkundlich bereits 1004 erwähnt (ANONYM 1954, LEHMANN 1979, SCHÖLZEL 1989). Im 13. Jahrhundert werden Neuendorf am See und Straupitz genannt.

Von besonderer Bedeutung für menschliche Niederlassungen waren diejenigen Stellen, an denen die Spreeniederung passiert werden konnte. Auf Schwemmsandkegeln oder Talsand entwickelten sich an strategischen Punkten die vorstädtischen Siedlungen Lübben und Lübbenau. Lübben, im 13. Jahrhundert erstmalig urkundlich genannt, entstand an einer Heer- und Handelsstraße, welche die dort relativ enge Spreeniederung querte. Im 13./14. Jahrhundert wurden im Spreewald zahlreiche Mühlen erbaut. Ihre Stauanlagen trugen wesentlich zur Vernässung der Niederung bei. Dadurch wurde die Sedimentation verstärkt und die gesamte Vegetation der Wälder und des Grünlandes beeinflusst. Bis 1500 waren alle heutigen Ortschaften im Gebiet gegründet, ausgenommen Burg Kolonie, Burg Kauper, Neu Lübbenau, Neu Schadow und Hohenbrück, die erst im 18. Jahrhundert im Rahmen der Kolonisationsbestrebungen Friedrichs II. gegründet wurden (vgl. u. a. EBERT 1999). Zur gleichen Zeit wurden südöstlich von Straupitz die Siedlungen Saccasne (1753) und Mühlendorf (1799) angelegt (KUBLICK 1935, LEHMANN 1979). Um die Nutzungsrechte wahrzunehmen, waren alle am Niederungsrand gelegenen Orte des Oberspreewaldes über sog. „Kahnfahrten" mit dem Inneren des Spreewaldes verbunden, während der Innere Unterspreewald seinen Waldcharakter bewahrte und keiner ganzjährig gleichmäßigen Nutzung unterlag.

Die in der ersten Hälfte des 19. Jahrhunderts durchgeführten Gemeindeseparationen brachten eine grundlegende Umstellung in der örtlichen Flurgliederung und der bisher vorhandenen Wirtschaftsweise, in deren Folge sich große Veränderungen im Landschaftsbild ergaben. So kam es sowohl zu weiteren umfangreichen Rodungen zur Gewinnung von Wiesen als auch – durch Aufgabe des Allmendelandes – zur Umwandlung von ehemaligen Triften und Weiden in Ackerland bzw. von weniger ertragreichem Ackerland und ärmeren Hutungsflächen in oftmals von der Kiefer geprägte Forste. Die ebenfalls damit einhergehende Vermehrung der landwirtschaftlichen Kleinbetriebe führte im Oberspreewald zu einer Vergrößerung vieler Randdörfer, wodurch diese Orte oftmals eine haufendorfartige Ausprägung erfuhren (GRUNDMANN 1994).

Als letzte größere Siedlungstätigkeit entstand im Zusammenhang mit der Errichtung des Braunkohlenkraftwerkes Lübbenau, dessen Grundstein im Oktober 1957 gelegt wurde, und des damit verbundenen Zuzugs von zahlreichen Arbeitskräften auf dem Nordostteil der Gemeindeflur Groß Klessow die Lübbenauer Neustadt. Die politische Wende 1989 und die damit verbundene Deindustrialisierung führten in Lübbenau zu einem erheblichen Bevölkerungsrückgang.

2.8.2 Die Niederungslandschaft des Spreewaldes und ihre anthropogene Beeinflussung

Als im Spätglazial noch keine geschlossene Vegetation vorhanden war, gab es in der Niederung eine Vielzahl von Rinnsalen, die im Wechselspiel von Erosion und Akkumulation ihren Verlauf stetig veränderten. Später haben nach Abschluss der Bewaldung zumindest die Hauptwasserläufe eine gewisse Festlegung erfahren. Besonders bei Hochwässern wirkten die Niederungen als Retentionsgebiete; Schwebstoffe setzten sich ab, wobei sich die Nährstoffversorgung der Böden verbesserte[3]. Dieser wechselhafte Prozess führte zur Entstehung der Aueböden (s. Kap. 2.5 und 2.8.1). Dass dem kontinuierlichen Geschehen auch gravierende diskontinuierliche, zeitlich begrenzte Ereignisse an die Seite zu stellen sind, belegen jüngste Untersuchungen. Frühe Veränderungen der Landschaft durch den Menschen in Verbindung mit Niederschlägen hat WOITHE (2001) bereits für das Mittelneolithikum östlich des Oberspreewaldes bei Jänschwalde nachgewiesen. Dass große Hochwasserereignisse nicht nur lokal, nutzungsbegrenzende Auswirkungen hatten, weisen BORK et al. (1998) deutschlandweit für die zahlreichen Katastrophenjahre in der 1. Hälfte des 14. Jahrhunderts nach. Sie stellen diese in einen Zusammenhang mit dem hochmittelalterlichen Landesausbau sowie mit den damit verbundenen Waldrodungen und ausgeweiteten Ackerbauflächen in den Wassereinzugsgebieten der Flusstalräume. Die Autoren belegen die gewaltige Bodenerosion von durchschnittlich 25 cm Mächtigkeit, d. h. der gesamten damaligen Krume auf den Ackerfluren und deren Verlagerung als Auensediment in die Talräume. Diese Feststoffdynamik wirkte sich durch Verzögerung des dortigen Abflusses auf den Landschaftswasserhaushalt und damit auf die Geländenutzung in den Niederungen nachhaltig einschränkend aus.

Auch im inneren Spreewald limitier(t)en die von der Geländemorphologie, von Zuflüssen/Abflüssen, Niederschlägen und Temperaturabläufen abhängigen Grund- und Oberflächenwasserstände die Nutzungen im Wald, im Grünland und auf den Äckern sowie in den Fließen selbst. Sowohl Hochwasserereignisse als auch Dürreperioden waren kennzeichnend für die Jahresabläufe.

Während die jährlichen Winterhochwässer geringer Dimension überwiegend als normal empfunden wurden und eher wegen ihrer Düngungswirkung in den Wäldern und im Grünland und der Möglichkeit des Ablaichens von Fischen sogar als förderlich galten, verursachten Sommerhochwässer mittlerer und großer Dimension sowie längere Sommertrockenzeiten stets Nutzungseinschränkungen und erhebliche Ernte- und Viehverluste. Mit dem drastischen Rückgang der Waldflächen seit dem 18. Jahrhundert (Abb. 26) nahmen die Auswirkungen der Überschwemmungen immer mehr zu (KRAUSCH 1955a). Verstärkt wurden die Wirkungen kleinerer Hochwässer auf benachbarte Nutzungen auch durch die Mühlenstauanlagen.

---

3 Zur spätpleistozänen-holozänen Sedimentation und Vegetation im Oberspreewald siehe BRANDE et al. (2007).

Gewässerausbau

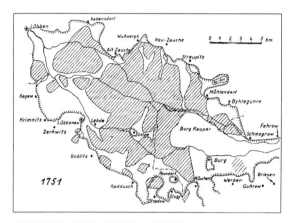

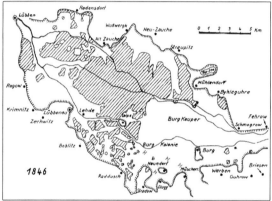

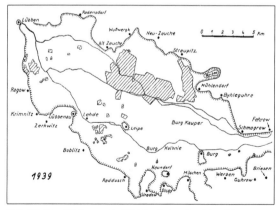

Abb. 26: Der Rückgang des Waldes (schraffiert) im Oberspreewald zwischen 1751 und 1939 (aus KRAUSCH 1955a).

Wie stark die Hochwässer in das Leben der Spreewaldbewohner damals eingriffen, verdeutlicht die Tatsache, dass es im Spreewald zwischen 1894 und 1930 insgesamt 124 Hochwasserereignisse gab, die nur fünf normale Ernten zuließen (ILLIG, H. et al. 2003). So ist es nicht verwunderlich, dass es im Raum Burg schon 1736 Forderungen nach Deich- und Kanalbauten gab (RAUPRECHT 2000). 1826 wurden die ersten ungenehmigten Hochwasserdämme errichtet.

Während im 19. Jahrhundert durch den Ausbau einiger Fließe und das Anlegen von Gräben lediglich lokale Veränderungen erzielt wurden, erfolgten im 20. Jahrhundert größere Eingriffe. Flussbegradigungen, Uferbefestigungen und Profilerweiterungen sowie der Bau von Kanälen, u. a. des Lübbener und des Dahme-Umflutkanals, verbesserten den Hochwasserschutz. In der Folge wurden Hochwasserereignisse zwar gemindert, gleichzeitig aber auch die mittleren, für die landwirtschaftliche Nutzung erforderlichen Grundwasserstände so weit abgesenkt, dass es im Sommerhalbjahr zu z. T. erheblichen Dürreschäden kam (ANDREAE 1956, 1957/58). Um das Trockenfallen von Fließgewässern zu vermeiden, entstand in den ersten beiden Jahrzehnten

Gewässerregulierung

des 20. Jahrhunderts ein System von 12 Staugürteln und einzelnen Wehrgruppen. Seit den 1930er Jahren wurden Deiche gebaut und Polder geschaffen. Sie nützen der Landwirtschaft, haben aber den Retentionsraum stark eingeschränkt.

Nach 1960 entstanden südöstlich des Spreewaldes an der Spree die Talsperren Bautzen und Spremberg, die die Hochwassergefahr minderten und ein zeitweiliges Trockenfallen von Gewässern im Sommer verhinderten. Gleichzeitig hatten die Talsperren die Kühlwasserversorgung für die am Südrand des UG befindlichen Großkraftwerke Lübbenau und Vetschau kontinuierlich sicherzustellen und die Sümpfungswässer der Großtagebaue der Niederlausitz, deren Menge zeitweilig ein Mehrfaches der mittleren Wasserführung der Spree betrug, durch den Spreewald abzuführen. Beispielhaft sei das Jahr 1989 erwähnt, in dem 31,4 m³/s gefördert wurden. Deshalb wurden zwischen 1960 und 1990 die Querschnitte der wichtigsten Fließgewässer erheblich vergrößert. Diese vielfach naturfernen, überdimensionierten Gewässerprofile wirken sich heute auf den Landschaftswasserhaushalt sehr negativ aus. Verstärkt wird dies durch den seit 1990 stark reduzierten Braunkohlenabbau. Einerseits wird dadurch nur noch wenig Grubenwasser in die Spree eingeleitet und andererseits versickert über viele Jahre hinaus Wasser im Spreewald in den Untergrund, weil die Absenkungstrichter der Tagebaue noch nicht aufgefüllt sind. Auch macht sich die ungünstige Wasserverteilung aufgrund der Ableitung der Wässer über den Nordumfluter, den Inneren Oberspreewald (ab 1974) umfließend, in Form eines drastischen Rückgangs der Niedrig- und Mittelwasserabflüsse (ab 1993) bemerkbar. Dies führt vor allem im Sommerhalbjahr zu niedrigeren Wasserständen – die durchschnittlichen Wasserstandsabsenkungen an den Unterpegeln der Stauanlagen im Oberspreewald betragen 0,2–0,5 m im Verhältnis zur vorbergbaulichen Situation – und geringeren Fließgeschwindigkeiten mit den damit verbundenen ökologischen Folgeerscheinungen.

Heutige wasserwirtschaftliche Anlagen ermöglichen im Winterhalbjahr eine künstliche Überflutung, den sog. „Winterstau" (Abb. 27). Dieser wird gebietsweise mindestens seit Mitte des 19. Jahrhunderts mittels einfacher Holzbauwerke, z. B. in Lübbenau-Lehde und bei Schlepzig, bis Mitte April betrieben. Gegenüber den früher regelmäßig aufgetretenen, mit der Inbetriebnahme der Talsperre Spremberg im Jahre 1965 dagegen nur in Ausnahmefällen

Abb. 27: Der sog. „Winterstau", als künstlich betriebener Wassereinstau auf Grünlandflächen im Bereich Lübbenau-Lehde, hier mit teilweiser Eisbedeckung (2006).

Historische Landwirtschaft

erfolgten und heute örtlich wieder zugelassenen Überflutungsereignissen (Abb. 28, 69) weist er aber eine Reihe von Abweichungen auf. Das Wasser des Winterstaus ist durch weniger Schlickbestandteile deutlich nähr- und mineralstoffärmer, düngt die Wiesen daher kaum noch und steht stärker in der Fläche. Den Folgen, wie z. B. dem Schwarzwerden und Ausfaulen der Grasnarbe sowie auftretender Sauerstoffmangel infolge schlechter Bodendurchlüftung und dadurch gehemmter Stickstofferschließung der Torfe, versucht(e) man durch erweitertes Anlegen und Freihalten von Zirren, den Abzügen im Grünland, und von Forstgräben zu begegnen.

Abb. 28: Das letzte große Hochwasser in Burg im Jahr 1968.

2.8.3 Bodennutzung durch Land- und Forstwirtschaft

Holzung, Waldgräserei und Fischfang waren lange Zeit hindurch die wichtigsten Nutzungen im Spreewald. Zwar wurde seit dem 16. Jahrhundert der Wald mehr und mehr aufgelichtet, aber entscheidende Veränderungen traten erst nach den Agrarreformen in der ersten Hälfte des 19. Jahrhunderts ein. Die Bauern des Oberspreewaldes erhielten für ihre bisherigen Nutzungsrechte Eigentum an Waldflächen im Spreewald, die sie ausnahmslos rodeten, um Mähgrünland für die Stallhaltung von Rindern zu gewinnen. Um ihre Wirtschaftsflächen mit dem Kahn zu erreichen, mussten neue Gräben und Fließe angelegt werden.

Während außerhalb der Niederung der größte Teil des Landes ackerbaulich genutzt wurde, war der Anbau von Feldfrüchten im Inneren Oberspreewald mit erheblichen Schwierigkeiten verbunden. Um Ackerland zu gewinnen, legten die Bewohner in Siedlungsnähe sog. „Horstäcker" an (Abb. 29). Mit dem Spaten wurden aus Grabenaushub, Wiesenerde und Stalldung erhöhte Beete aufgeschichtet, immer einige Dezimeter hoch, damit sie bei den regelmäßigen Überschwemmungen über den Wasserspiegel hinausragten. Pflug und Zugvieh kamen hier nicht zum Einsatz. Das mühsam gewonnene Ackerland musste möglichst effektiv genutzt werden. Da sich der feuchte, anmoorige Boden besonders zum Gemüseanbau eignete, wurden vorwiegend Gurke, Zwiebel, Meerrettich, Kohlarten, Möhre und Kürbis kultiviert, aber auch Gewürzkräuter, wie Dill und Majoran. Auf Kähnen, Karren und Fuhrwerken brachte man die Produkte auf die Märkte der näheren Umgebung (Lübben, Lübbenau, Cottbus) und sogar bis nach Berlin und Dresden. Noch heute spielt der Gemüseanbau eine wichtige Rolle.

Landwirtschaft von 1950 bis heute

Im Unterspreewald kam ihm dagegen keine derartige Bedeutung zu. An seine Stelle trat hier neben der ackerbaulichen, vornehmlich dem Getreideanbau vorbehaltenen Nutzung der Randlagen auch die Schaf-, seltener die Rinderbeweidung auf den trockeneren Heideflächen. Für den sog. „Brand" westlich Krausnick und die „Kurze Heide" bei Duben hat dies ARNDT (1925, 1928) beispielhaft dargestellt.

In der Zeit zwischen 1950 und 1990 war man bemüht, die Poldergebiete intensiv landwirtschaftlich zu nutzen. Die dazu unternommenen großflächigen Hydromeliorationsmaßnahmen führten in einzelnen Teilbereichen zu teilweise erheblichen Entwässerungen der vorhandenen Niedermoorstandorte, wie z. B. in den Stauabsenkungen Nord und Süd des Westlichen Oberspreewaldes. Die für die Realisierung der landwirtschaftlichen Großraumwirtschaft erfolgte Absenkung des Grundwasserspiegels um bis zu 1,2 m führte zu irreversiblen Schäden an den vorhandenen Moorstandorten. Es kam v. a. zu Moordegradierungen und zur Eutrophierung der Gewässer. Diese Wirtschaftsweise bewirkte den weitgehenden Verlust der – sich seit dem 18. Jahrhundert eingestellten – spreewaldtypischen Artenvielfalt in Flora und Fauna, wovon besonders die Arten des Feuchtgrünlandes betroffen waren.

Im BR werden 53 % der Gesamtfläche landwirtschaftlich genutzt (LAGS 2001). Dabei konzentriert sich der Ackerbau (ca. 48 % der landwirtschaftlichen Nutzfläche) auf die Randlagen und die Moränenplatten. Im zentralen Spreewald dominiert die Grünlandnutzung mit einem hohen Anteil an Weideland. Besonders im Raum Burg-Lehde-Leipe blieb die traditionell gewachsene, kleinbäuerliche Struktur weitgehend erhalten, wobei die kleinteiligen Nutzungen in den letzten Jahren deutlich zurückgegangen sind (Abb. 29, 31, 32, 61, 82). Im übrigen Gebiet sind vorwiegend größere Landwirtschaftsbetriebe tätig, die meist Feldbau und Tierhaltung betreiben. Einige haben sich auf die Futterproduktion spezialisiert. Ein großer Teil baut Gemüse an. Die Hälfte der landwirtschaftlichen Nutzfläche wird von Nachfolgeunternehmen der ehemaligen Landwirtschaftlichen Produktionsgenossenschaften (LPG) und Volkseigenen Güter (VEG) mit durchschnittlich 500 ha Betriebsgröße bewirtschaftet (LAGS 2001).

Zu den waldwirtschaftlichen Entwicklungen bedarf es ausführlicher Hinweise. Die natürlichen Wälder hat der Mensch seit langem genutzt. Der Oberspreewald bestand einst überwiegend aus Erlenwäldern; im Unterspreewald gab es außerdem Rotbuchenbestände und Mischwälder, in denen Eichen, Eschen, Hainbuchen und andere Holzarten vertreten waren. Die Kiefer wuchs in der Niederung nur auf einigen Sonderstandorten. Die Wälder des Oberspreewaldes gehörten ursprünglich den Burgherren von Lübben, Lübbenau, Straupitz und Neu Zauche. Besitznachfolger waren die Stadt Lübben und die Standesherrschaften dieser Orte. Die Waldbestände des Inneren Unterspreewaldes gehörten mit Ausnahme des Kriegbusches bis zur Höhe von Groß Wasserburg zur Herrschaft bzw. später zum Amt Lübben (Niederlausitz, Sachsen), die anderen, nördlich davon gelegenen Bereiche jedoch zur Herrschaft Storkow und damit zu Brandenburg. Seit dem Auf-

Traditionelle Landnutzung

Abb. 29: Die im Spreewald einst auf flachen Erhebungen angelegten „Horstäcker" dienten vor allem dem Gemüseanbau. Heute sind sie selten geworden (Leipe, 1980).

Abb. 30: Die Grünlandnutzung im Oberspreewald erfolgte früher bis unmittelbar an die Gewässerufer. Heute werden diese von Hochstaudenfluren, Röhrichten und zunehmend von Gehölzen bestimmt (Burg, 1952).

Traditionelle Landnutzung

Abb. 31, 32: Traditionelle Landbewirtschaftungsmethoden – wie die Gewinnung von Heu (oben – Raddusch, 1992) und dessen Transport per Kahn (unten – Lehde, 2001) – bestimmten einst das landläufige Bild des Oberspreewaldes.

Waldnutzung im 18./19. Jahrhundert

kauf zahlreicher Ländereien durch den preußischen Staat im ersten Drittel des 18. Jahrhunderts unterstanden diese Bereiche direkt dem preußischen Königshaus, das eigens für deren Verwaltung die Königliche Hofkammer in (Königs) Wusterhausen schuf. Für Dienstleistungen, die die Untertanen der sächsischen Spreewalddörfer aufzubringen hatten, besaßen sie das Recht, in den herrschaftlichen Wäldern Holz und Viehfutter zu holen. Allein im Oberspreewald besaßen 44 Ortschaften Holzungsrechte (KRAUSCH 1960). Neben dem Holzeinschlag bestanden v. a. im Unterspreewald umfangreiche Weidegerechtsame. Ferner wurde Waldgräserei betrieben. Diese ungeregelte Nutzung führte zu ernsten Schäden am Holzvorrat. Holzordnungen versuchten bereits seit dem 17. Jahrhundert dieser Entwicklung zu begegnen. Trotzdem ging der prozentuale Waldanteil zurück. Dieser seit Mitte des 18. Jahrhunderts bis 1939 belegte Prozess wurde für den Oberspreewald (Abb. 26, S. 46) und die zuvor weitgehend zu Sachsen gehörenden Teile des Inneren Unterspreewaldes durch KRAUSCH (1955a) eindrucksvoll kartographisch dargestellt. Im Unterspreewald erfolgte dies jedoch nicht so umfangreich wie im Oberspreewald, so dass wir dort noch heute großflächig Waldbestände auf historisch alten Waldstandorten vorfinden.

Eine geregelte Forstwirtschaft im UG war erst nach dem Wiener Kongress (1815), der die Niederlausitz zu Preußen brachte, und den folgenden Agrarreformen möglich. 1817 wurde die Oberförsterei Börnichen gegründet, die für die staatlichen Wälder im Ober- und Unterspreewald zuständig war (HILL 2002). Seither hat die Forstwirtschaft in den vergangenen fast 200 Jahren aus den devastierten Wäldern des 18. Jahrhunderts weitgehend geschlossene Altersklassen-Hochwälder geschaffen.
Die Anpflanzung gleichaltriger Bestände beschränkte sich zunächst auf die trockeneren Bereiche, während in den Erlenbeständen Niederwaldwirtschaft und Plenterbetrieb üblich waren. Da aber die Stockausschlagsfähigkeit der Erlen mit den Jahren rapide abnahm, musste auch hier zu Anpflanzungen übergegangen werden. Zunächst kamen dafür Wildlinge zum Einsatz, erst ab etwa 1875 standen gezogene Jungpflanzen in nennenswertem Umfang zur Verfügung (HILL 2002). Seit dieser Zeit werden die Erlen auf Hügeln oder Rabatten gepflanzt. Daraus resultierende längere Umtriebszeiten, Kahlschlagnutzung und künstliche Erlenverjüngung haben einen sog. „Erlen-Hochwald" zur Folge (Abb. 60).
Im Unterspreewald wurden auf mineralischen Standorten Stiel-Eiche, Rot-Buche und andere Holzarten gepflanzt sowie Eschen aus Naturverjüngung herangezogen. Auf den trockenen Talsanden außerhalb der Spreeaue pflanzte man Kiefer und Eiche. Dabei entstanden oft naturferne Monokulturen. Als in den 1930er Jahren infolge der Meliorationen die Randgebiete trockener wurden, musste bisheriges Ackerland in größerem Umfang fast ausschließlich mit Kiefer aufgeforstet werden (ANDREAE 1956).

Nach 1945 bewirkte die Bodenreform einen starken Rückgang der Waldflächen. Der 568 ha große Spreewaldforst der Herrschaft Straupitz wurde an Neusiedler abgegeben

Waldnutzung nach 1945

und folglich fast vollständig in Grünland überführt. Im staatlichen Oberspreewald verwandelte man 300 ha Wald in Grünland. Im Unterspreewald wurden 151 ha Wald aufgeteilt, von denen 41 ha gerodet wurden (HILL 2002). Im Jahr 1954 war die Waldfläche im Bereich des Oberspreewaldes von 5.200 ha im Jahr 1860 auf 1.048 ha zurückgegangen. Demgegenüber gestaltete sich der Flächenverlust im Unterspreewald von 1.833 ha im Jahr 1783 auf 1.197 ha im Jahr 1945 weniger gravierend (KRAUSCH 1955a, NOWAK 2002).

Seit etwa 1975 kamen im Spreewald zunehmend industrielle Methoden der Rohholzproduktion zur Anwendung. Unter dem Zwang, Holz bereitstellen zu müssen, sind in den 1980er Jahren Großkahlschläge bis zu 10 ha Größe angelegt worden (Abb. 33). Die anschließende maschinelle Wiederaufforstung mit Erlen erfolgte nach intensiver Bodenbearbeitung mit schwerer Technik. Dabei wurden naturnahe Niedermoorstandorte entwässert und nachhaltig verändert.

Abb. 33: Großkahlschläge führten im 20. Jahrhundert zu enormen ökologischen Beeinträchtigungen, hier eine Fläche aus dem Unterspreewald (1981).

Schon mit dem nach 1960 örtlich einsetzenden Prozess der natürlichen Wiederbewaldung ehemaliger Streuwiesen infolge der Nutzungsauflassung außerhalb der geschaffenen Poldergebiete bzw. durch die 1990 erfolgte Gründung von Totalreservaten nahm die Waldfläche wieder zu. Bereits im Jahr 1997 wurden im Rahmen der Kartierungsarbeiten zum Pflege- und Entwicklungsplan für das BR im Oberspreewald 2.208 ha und im Unterspreewald 1.464 ha Wald (incl. Erlenvorwälder) erfasst (NOWAK 2002).

Der größte Teil der Wälder des UG liegt seit 1990 im BR. Die typischen Niederungswälder des Spreewaldes sind zu etwa 25 % der Schutzzone I [Totalreservat (Kernzone) in NSG] zugeordnet (s. Kap. 2.9; s. Karte Einband). Dies betrifft v. a. naturschutzfachlich besonders wertvolle Erlenbruchwälder mit ganzjährig hohem Grundwasserstand, sehr alte Waldbestände und Lebensräume geschützter Arten. Hier erfolgen seit 1990 keine wirtschaftlichen oder pflegenden Eingriffe mehr. Die Wälder entwickeln sich entsprechend der natürlichen Walddynamik (HIEKEL et al. 2001). Die anderen Niederungswälder befinden sich in der Schutzzone II (Pflegezone in NSG). Der Zielsetzung des

UNESCO-Programms „man and biosphere" folgend wird bei der Bewirtschaftung dieser Wälder die dauerhafte und stetige Erhaltung bzw. die Wiederherstellung eines vielfältigen Mosaiks standorttypischer Waldgesellschaften angestrebt. Dabei finden die Prinzipien der naturnahen Waldwirtschaft konsequent Anwendung (MÖLLER 1992; THOMASIUS 1996). So ist für den größten Teil der Waldflächen eine einzelstamm-, trupp- oder gruppenweise Nutzung entsprechend dem Dauerwaldgedanken festgelegt. Die Verjüngung erfolgt hier vorrangig natürlich über Esche, Flatter-Ulme und Stiel-Eiche. Damit wird die Erle langfristig Flächenanteile zugunsten der auentypischen Baumarten verlieren. Die traditionelle Erlen-Hochwald-Bewirtschaftung wird nur auf sommertrockenen Erlenwaldstandorten (Brennnessel-Typ) weitergeführt. Die Größe der Nutzungsflächen ist auf max. 1 ha beschränkt. Die Holzrückung muss bodenschonend, z. B. über Seilkrananlagen oder das traditionelle Flößen, vorgenommen werden. Die Bodenbearbeitung erfolgt pfleglich nach traditionellem Vorbild. Dies beinhaltet u. a. die Beschränkung der Eingriffstiefe auf maximal 0,4 m (HIEKEL et al. 2001).

Trotz der positiven Aspekte der geregelten Waldwirtschaft seit Anfang des 19. Jahrhunderts mit der Wiederherstellung von Waldbeständen auf ehemals devastierten Standorten ist die Arten- und Biotopvielfalt in den Wäldern eingeschränkt worden (vgl. SEITZ & JENTSCH 1999). Dies muss leider auch für das Offenland konstatiert werden (s. Kap. 4.4). Ursache hierfür sind zum einen die negativen Auswirkungen der meliorativen Eingriffe und der Intensivierung der landwirtschaftlichen Produktion. Zum anderen kam um die Mitte des 20. Jahrhunderts die bis dahin oft noch kleinflächig betriebene individuelle Landwirtschaft größtenteils zum Erliegen. In deren Folge verbuschten Wiesen und Äcker oder wurden zu Wald, letzteres teils durch natürliche Sukzession, teils durch Aufforstung. Dieser Prozess hat seit 1990 eine zusätzliche Ausweitung erfahren (Abb. 63). Unter naturschutzfachlichen Gesichtspunkten ist diese Entwicklung differenziert zu bewerten. Während Waldökosysteme und Böden davon profitieren, ergeben sich aus dem Blickwinkel des Erhalts der historisch gewachsenen Kulturlandschaft und des Schutzes von Arten der Offenlandbereiche deutliche Nachteile.

2.9 Naturschutzgebiete, Totalreservate und FFH-Gebiete (Frank Zimmermann)

Die Entwicklung des Schutzgebietssystems im Spreewald (s. Karte Einband, Tab. 2) vollzog sich in drei Etappen. Die ersten Unterschutzstellungen erfolgten 1938 mit dem Naturschutzgebiet (NSG) „Kriegbusch" sowie 1941 mit dem auch heute noch als eigenständiges Schutzgebiet geführten NSG „Luchsee".

Im Rahmen der systematischen und naturwissenschaftlich begründeten Auswahl von Schutzgebieten durch die Arbeitsgruppe Potsdam des damaligen Institutes für Landschaftsforschung und Naturschutz (ILN) wurden 1961 mit einer Sammelschutzanordnung weitere sechs NSG ausgewiesen (s. auch FISCHER et al. 1982). Dies erfolgte seinerzeit

Schutzgebiete

Abb. 34: Blick auf das NSG „Söllna" am Neuendorfer See (2008).

in erster Linie unter dem Gesichtspunkt einer repräsentativen Auswahl von typischen Waldgesellschaften des Naturraumes (als sog. „Naturwaldzellen") und weniger aus speziellen Artenschutzgründen. Von diesen Gebieten sind die damaligen NSG „Groß Wasserburg", „Buchenhain" und „Kriegbusch" heute Bestandteile von Totalreservaten (Kernzone, Schutzzone I) des 1990 ausgewiesenen NSG „Innerer Unterspreewald". Die NSG „Börnichen", „Biebersdorfer Wiesen" und „Ellerborn" blieben als separate Schutzgebiete erhalten, wurden aber 1990 teilweise erweitert.

Während in den darauf folgenden Jahren bis 1989 in verschiedenen Regionen der DDR zahlreiche weitere NSG ausgewiesen wurden, blieb der Bereich des Spreewaldes davon unberührt. Erst mit der Einrichtung des BR im Jahr 1990 wurde das Schutzgebietssystem im Spreewald erheblich erweitert und vervollständigt. 23 NSG wurden in diesem Zusammenhang unter Integration und teilweiser Erweiterung der oben genannten alten NSG bis zum Ende der 1990er Jahre ausgewiesen, so dass heute insgesamt 25 derartige Schutzgebiete im UG existieren. Im Gegensatz zu den früheren Schutzgebietsausweisungen, die in erster Linie dem speziellen Schutz naturnaher Waldgesellschaften und ihrer Flora und Fauna dienten, wurden mit den großräumigen NSG im BR wesentlich breiter angelegte Ziele verfolgt. Während das BR insgesamt dem Schutz sowie der nachhaltigen Entwicklung einer abwechslungsreichen, in Mitteleuropa einmaligen Kulturlandschaft dient, wurden die verschiedenen NSG aus detaillierten und zumeist spezielleren Schutzgründen eingerichtet. In vielen Gebieten steht neben dem Schutz und der

Schutzgebiete

Entwicklung naturnaher Lebensräume mit verschiedenen Waldgesellschaften und den zahlreichen Fließgewässerabschnitten auch der Erhalt von verschiedenen Wiesengesellschaften, Trockenrasen und anderen Lebensräumen der Kulturlandschaft im Mittelpunkt (vgl. auch ZIMMERMANN et al. 2002).

Außerhalb des BR – jedoch innerhalb des UG – liegen das 1992 als NSG gesicherte „Briesener Luch" sowie Teile des im Jahr 1999 unter Schutz gestellten NSG „Lieberoser Endmoräne".

Fast alle NSG im UG sind gleichzeitig auch als Fauna-Flora-Habitat (FFH)-Gebiete an die EU gemeldet worden (außer den sehr kleinen NSG „Börnichen", „Hain Lübben" und „Birkenwald"). Darüber hinaus sind die Kriegbuschwiesen, die Niederung bei Börnichen, der Bereich um Ellerborn und Riebocka sowie die Ragower Niederungswiesen, der gesamte Spreeverlauf, die Pretschener Spreeniederung sowie der Neuendorfer See in verschiedene FFH-Gebiete integriert worden und unterliegen damit deren Schutzbestimmungen. Ein Teil dieser Gebiete ist bisher nicht als NSG gesichert, wird jedoch in den nächsten Jahren einem adäquaten Schutz zur Umsetzung der Ziele der FFH-Richtlinie zugeführt.

Aufgrund der herausragenden Bedeutung des gesamten Spreewaldes sowie der Lieberoser Endmoräne wurden diese Bereiche im Rahmen der Nachmeldung im Jahr 2004 auch als Europäisches Vogelschutzgebiet (SPA) „Spreewald und Lieberoser Endmoräne" mit einer Größe von 80.216 ha (incl. der Peitzer Teiche) an die EU gemeldet. Das Gebiet ist Lebensraum für zahlreiche Brut- und Rastvögel und gehört zu den bedeutendsten SPA-Gebieten Brandenburgs (ZIMMERMANN 2005).

In Tab. 2 wird ein Überblick über die im UG befindlichen NSG und den überwiegend damit identischen FFH-Gebieten gegeben. Bei der Benennung der NSG sei darauf hingewiesen, dass die „amtlichen" Schutzgebietsnamen in der Verordnung zum BR in einigen Fällen in ihrer Schreibweise geringfügig von den exakten Ortsbezeichnungen abweichen (z. B. NSG „Sölla": richtige Bezeichnung wäre „Söllna" = sorb. „tiefer liegende Wiese"). Diese Abweichungen sind aus Schreibfehlern während des Unterschutzstellungsverfahrens entstanden. Die eigentlich richtige Schreibweise wird deshalb bei den betreffenden Gebieten in eckigen Klammern angeführt.

Bei den Angaben zum Schutzgegenstand werden hier lediglich besonders bedeutsame Tierarten genannt. Floristische Besonderheiten sind dem Speziellen Teil der „Flora" (Kap. 4.2) zu entnehmen.

Naturschutzgebiete

Tab. 2: NSG im Biosphärenreservat Spreewald und seinen Randgebieten (Unterschutzstellungsdatum zumeist 12.09.1990).

Nr.	Name NSG [ggf. richtige Schreibweise] (evtl. abweichender FFH-Name/ EU-Reg.-Nr.), Größe	Lage	Charakteristik/Schutzgegenstand (nach Katalog Landesamt für Umwelt, Gesundheit und Verbraucherschutz Brandenburg)
1	Brasinski-Luch [Brasinsky-Luch], 12 ha	2 km N Alt Schadow	Verlandungsmoor mit Verlandungsmoorgesellschaften (v. a. Seggenrieden); Rotbauchunke, Großer Feuerfalter
2	Wutscherogge (Spree/3651-303), 8 ha	NW-Ufer Neuendorfer See	Verlandungszone mit Schlankseggenrieden, Grauweidengebüschen und Flachwasserbereichen; charakteristische Fauna
3	Josinsky-Luch (3849-302), 172 ha	O Alt Schadow	Verlandungsmoorvegetation mit Großseggenrieden und Röhrichten, Feuchtwiesen, wechselfeuchtes Auengrünland, Altarme von Fließgewässern (Spree); Fischotter, Biber, Rotbauchunke, Kammmolch, Bitterling, Großer Feuerfalter
4	Neuendorfer Seewiesen (Spree/3651-303), 68 ha	N Neuendorf am See	Verlandungszone mit Grauweidengebüschen und Feuchtwiesen im Verlandungsbereich des Neuendorfer Sees; charakteristische Fauna
5	Sölla (Abb. 34) [Söllna] (Spree/3651-303), 33 ha	1 km O Neuendorf am See	Halbinsel und Insel im Neuendorfer See mit Verlandungsgürtel; wertvolle Fauna
6	Verlandungszone Köthener See (3948-302), 67 ha	1 km NO Köthen	Verlandungsbereiche mit Flachwasserzonen und Röhrichten; wertvolle Fauna
7	Heideseen (3948-303), 239 ha	1,5 km S Köthen	Teilweise vermoorte, dystroph-eutrophe Kleinseen mit Verlandungsbereichen und Uferzonen; Fischotter
8	Innerer Unterspreewald (Unterspreewald/3949-301), 2.236 ha (davon 374 ha Kernzone)	W Schlepzig	Großflächige Laubwälder mit unterschiedlichen Waldgesellschaften (v. a. Eichen-Hainbuchenwälder und Erlenbruchwälder, Kiefernmischwälder auf Binnendünen), verschiedenen Wiesentypen und Schlankseggenrieden, Hochstaudenfluren, Sandtrockenrasen, naturnahen Fließgewässerabschnitten; Fischotter, Heldbock, Hirschkäfer, Eremit, Großer Feuerfalter, Mittelspecht, Schwarzstorch (insgesamt 152 Brutvogelarten)
	Totalreservate (Kernzonen) im NSG Innerer Unterspreewald:		
	Groß Wasserburg 187 ha; seit 12.09.1990 Kernzone	0,5 km O Groß Wasserburg	Bruch- und Auenwaldgesellschaften (Schwertlilien-Erlenbruchwälder, Erlen-Eschenwälder, Eichen-Hainbuchenwälder); Kranich
	Buchenhain 18 ha; seit 12.09.1990 Kernzone	1,5 km W Schlepzig	Komplexe verschiedener Laubwaldgesellschaften (Großseggen-Erlenbruchwälder, Eichen-Hainbuchenwälder

Naturschutzgebiete

Nr.	Name NSG [ggf. richtige Schreibweise] (evtl. abweichender FFH-Name/ EU-Reg.-Nr.), Größe	Lage	Charakteristik/Schutzgegenstand (nach Katalog Landesamt für Umwelt, Gesundheit und Verbraucherschutz Brandenburg)
	Kriegbusch 169 ha; seit 12.09.1990 Kernzone	4 km SO Krausnick	Laubwaldkomplex aus Erlenbruchwäldern und Stieleichen-Birkenwald
9	Kockot (Unterspreewald/3949-301), 287 ha	2 km NO Schlepzig	Niederungslandschaft mit verschiedenen Laubwaldgesellschaften (v. a. Moorwälder, Erlen-Eschenwälder, Eichen-Hainbuchenwälder); Fischotter, Großer Feuerfalter
10	Luchsee (3948-301), 113 ha; davon 75 ha seit 12.09.1990 Kernzone	2 km NW Krausnick	Ausgedehnter Verlandungs-Zwischenmoorkomplex mit Restsee (u. a. Torfmoosgesellschaften, Kleinseggensümpfe, Sumpfporst-Kiefernmoorwälder)
11	Meiereisee (Meiereisee und Kriegbuschwiesen/3949-303), 25 ha	2 km S Krausnick	Mesotropher Verlandungsmoorkomplex mit Zwischenmoorgesellschaften und Moorsee
12	Börnichen 22 ha	3 km S Schlepzig	Laubwaldkomplexe feuchter bis frischer Standorte (v. a. Birken-Stieleichenwälder); Fischadler, Kranich, Wiedehopf, Großer Feuerfalter
13	Bibersdorfer Wiesen [Biebersdorfer Wiesen] (Spree/3651-303), 17 ha	2 km NO Hartmannsdorf	Laubwaldkomplex (Stieleichen-Birkenwälder, ehemaliger Hudewald) mit Übergängen zu Großseggenrieden und Feuchtwiesen, Altwässer
14	Wiesenau (4049-301), 135 ha	1 km O Hartmannsdorf	Vielgestaltiges Mosaik: aufgelassene Parklandschaft, Teiche, Altarme und naturnahe Fließgewässerabschnitte, Verlandungszonen, Feucht- und Frischwiesen, Trockenrasen, verschiedene Waldtypen (v. a. Stieleichen-Birkenwälder); Fischotter, Kranich, Bekassine, Kammmolch, Fischadler
15	Lehniksberg [Lehnigksberg], (4049-305), 13 ha	2 km N Lübben	Niederungskomplex mit teils offenen Binnendünen mit Silbergrasrasen, Altarmen der Spree, Feuchtwiesen sowie kleinflächigen Eichen-Hainbuchenwäldern; Fischotter, Kammmolch, Großer Feuerfalter, Wiedehopf
16	Hain Lübben 18 ha	Ortslage Lübben	Restbestand eines Eichen-Hainbuchenwaldes
17	Ellerborn (Ellerborn, Riebocka und Ragower Niederungswiesen/4049-304), 58 ha	3 km S Lübben	Restbestände natürlicher Waldgesellschaften (v. a. Birken-Stieleichenwälder), Feuchte Hochstaudenfluren; Eremit, Fischotter, Großer Feuerfalter, Schwarzstorch, Wiedehopf
18	Ribocka [Riebocka] (Ellerborn, Riebocka und Ragower Niederungswiesen/4049-304), 50 ha	4 km S Lübben	Reich strukturierte Laubmischwälder (v. a. Bruchwälder, Eichen-Hainbuchenwälder); Eremit, Fischadler, Großer Feuerfalter, Schwarzstorch, Wiedehopf, Fischotter

Naturschutzgebiete

Nr.	Name NSG [ggf. richtige Schreibweise] (evtl. abweichender FFH-Name/ EU-Reg.-Nr.), Größe	Lage	Charakteristik/Schutzgegenstand (nach Katalog Landesamt für Umwelt, Gesundheit und Verbraucherschutz Brandenburg)
19	Birkenwald 65 ha	5 km SO Lübben	Vielschichtiger Laubmischwald mit ausgeprägtem Unterwuchs; wertvolle Fauna
20	Bukoitza 15 ha	5 km SO Lübben	Vielschichtiger Laubmischwald und artenreiche Feuchtwiesen; wertvolle Fauna
21	Innerer Oberspreewald 5.765 ha (davon 519 ha Kernzone)	NO Lübbenau	Mosaikartige Landnutzung (Offenland, Wald, Waldinseln); verschiedene Laubwaldgesellschaften, extensiv genutzte Wiesen und Schlankseggenriede, aufgelassene Wiesen mit Hochstaudenfluren, Grauweidengebüsche, Erlenbruchwälder, naturnahe Fließgewässer; Fischotter, Schlammpeitzger, Steinbeißer, Kleine Flussmuschel, Großer Feuerfalter, Weißstorch, Schwarzstorch (insgesamt ca. 126 Brutvogelarten), zahlreiche Schmetterlings- und Käferarten
	Totalreservate (Kernzonen) im NSG Innerer Oberspreewald:		
	Hochwald Polenzoa 188 ha, seit 12.09.1990 Kernzone	1,5 km S Alt Zauche	Niederungswald verschiedener Sukzessionsstadien mit eingestreuten Nasswiesen
	Huschepusch 234 ha, seit 12.09.1990 Kernzone	2 km O Lehde	Reich strukturierte Wiesenlandschaft im Stadium fortschreitender Verbuschung durch Weidengebüsche
	Luschna 97 ha, seit 12.09.1990 Kernzone	1 km NO Lübbenau	Reich strukturierte, teilweise in Verbuschung befindliche Wiesenlandschaft
22	Briesener Luch (Nördliches Spreewaldrandgebiet/ 4050-301), 47 ha; Unterschutzstellung am 24.06.1992	2 km W Klein Leine	Mesotropher Verlandungs-Zwischenmoorkomplex mit Torfmoosgesellschaften und Kleinseggensümpfen
23	Neu Zaucher Weinberg (Nördliches Spreewaldrandgebiet/ 4050-301), 38 ha	1,5 km SO Neu Zauche	Ehemaliger Weinberg, kontinentale Sandtrockenrasen, wärmeliebende Säume und Gebüsche
24	Byhleguhrer See (4150-302), 855 ha	zwischen Straupitz und Byhleguhre	Vielfältige Lebensräume: Byhleguhrer See, Erlenbruchwälder, Feuchtwiesen, Laubmischwälder, Dünen mit Trockenrasen und Kiefernwäldern, zahlreiche Alteichen; Fischotter, Rotbauchunke, Kammmolch, Schlammpeitzger, Eremit, Heldbock, Hirschkäfer, Großer Feuerfalter
25	Lieberoser Endmoräne (Teilbereiche bei Byhlen) insgesamt 6.725 ha (davon ca. 322 ha im UG); Unterschutzstellung am 08.12.1999		Äußerst reichhaltiges, komplexes Gebiet auf ehemaligen Truppenübungsplätzen (u. a. verschiedene Waldtypen, Moore, Seen, Heiden, Trockenrasen, Sandoffenflächen, Sukzessionswälder)

2.10 Vegetation

2.10.1 Potentielle natürliche Vegetation

Der Begriff der (heutigen) potentiellen natürlichen Vegetation (pnV) wird hier im Sinne von KOWARIK (1987) als „die Projektion einer höchstentwickelten Vegetation auf das aktuelle Standortpotential" aufgefasst. Besonders in der Niederung des Oberspreewaldes gab es einst zumeist Erlenbruchwälder und an den etwas höher gelegenen Stellen Erlen-Eschen-Wälder (FRANZ 1800). Im vergangenen Jahrhundert wurden die Wasserverhältnisse stark verändert. Nach dem GRPS (ILLIG, H. et al. 2003) liegen die Grundwasserstände heute etwa einen halben Meter unter dem Niveau der Werte von vor 40 bis 60 Jahren. Damit verbunden war eine erhebliche Torfmineralisation. Die Torfböden entwickelten sich zu Moorgleyen und Anmooren, was gleichzeitig eine Verschiebung der pnV vom Erlenbruchwald zum Erlen-Eschen-Wald bedeutet. Letzterer würde heute im UG gegenüber den Erlenbrüchen dominieren.

Eine ausführliche Darstellung der pnV für das Land Brandenburg liefern HOFMANN & POMMER (2005). Die Schreibweise der Kartierungseinheiten wurde in diesem Kapitel unverändert übernommen. Die folgenden, auf die einzelnen Landschaftsteilräume des UG (Abb. 13) bezogenen Angaben weisen die darin aufgeführten wichtigsten Vorkommen der jeweiligen pnV-Hauptgruppen aus.

Die im **Unterspreewald** und im **Tal der Pretschener Spree** dominierende Vegetationseinheit der pnV wäre der Eschenwald des Tieflandes. Schwarzerlenwälder der Niedermoore würden dagegen v. a. im Bereich des Kriegbusches zwischen Krausnick und Hartmannsdorf vorhanden sein, ansonsten jedoch nur eine untergeordnete Bedeutung erlangen. Bestockungen des grundfeuchten Stieleichen-Hainbuchenwaldes wären nur kleinflächig ausgebildet. Auf den mittleren bis kräftigen Standorten der im nördlichen Unterspreewald gelegenen Talsandinseln und an den Talrändern wüchsen Waldmeister-Buchenwälder und Hainsimsen-Buchenwälder des Tieflandes, wobei bei den letzteren grundfeuchte Ausbildungen dominierten. Der Bereich zwischen der Pretschener Spree und dem Landgraben bestünde aus einem Mosaik der grundwasserferneren Traubeneichen-Winterlinden-Hainbuchenwälder, durchsetzt von bodensauren, grundfeuchten Moorbirken-Stieleichenwäldern und bodensauren, grundwasserfernen Drahtschmielen-Eichenwäldern. Letztgenannte würden auch auf der Hochfläche südöstlich von Alt Schadow dominieren.

Die pnV des **Westlichen Oberspreewaldes** bestünde aus einem Mosaik verschiedener Feuchtwaldtypen. Die größten Anteile nähmen die Schwarzerlenwälder der Niedermoore und die Eschenwälder des Tieflandes mit allen Übergängen ein. Der zwischen den beiden Hauptabflüssen Burg-Lübbener Kanal und Hauptspree gelegene Teil der Niederungslandschaft ist bei HOFMANN & POMMER (2003) zwischen Lübbenau und Lübben

Potentielle natürliche Vegetation

als Weiden- und Ulmen-Auenwald (Kartiereinheit Fahlweiden-Schwarzerlen-Auenwald) ausgewiesen. In diesem überwiegend sehr nassen Teil der Spreeniederung sind jedoch momentan Schilf (*Phragmites australis*) und Grau-Weide (*Salix cinerea*) regelmäßig in der Vegetation vertreten. Eine Zuordnung zu potentiellen Schwarzerlenwäldern der Niedermoore (im Speziellen die Kartiereinheiten: Schilf-Schwarzerlenwald, Grauweiden-Schwarzerlenwald, Sumpfseggen-Schwarzerlenwald) erscheint deshalb nach Ansicht der Autoren wahrscheinlicher.

Grundfeuchte Stieleichen-Hainbuchenwälder wären kleinflächig ausgebildet und konzentrierten sich auf die Talrandlagen und den Lehder Raum. Am südlichen Spreeniederungsrand und in Leipe wüchse ein grundwasserferner Traubeneichen-Winterlinden-Stieleichenwald.

Auf den weniger nassen Standorten des **Burger Spreewaldes** würden grundfeuchte Stieleichen-Hainbuchenwälder dominieren. Im Raum Müschen und Werben ließen höhere Bestockungsanteile der Flatter-Ulme (*Ulmus laevis*) Übergänge zur Hartholzaue erkennen. Höher gelegene Talsandinseln und Dünen wären mit grundwasserfernen Traubeneichen-Winterlinden-Hainbuchenwäldern oder seltener mit subkontinentalen grundwasserfernen Kiefern-Traubeneichenwäldern bewachsen.

Im Bereich der im Nordwesten des UG gelegenen **Krausnicker Berge** würde sich eine Dominanz subkontinentaler grundwasserferner Kiefern-Traubeneichenwälder einstellen. Randlich (v. a. um Krausnick, südsüdwestlich Köthen) befänden sich auf etwas weniger armen Standorten Ausbildungen des grundwasserfernen Traubeneichen-Winterlinden-Hainbuchenwaldes. Die am Nordrand der Krausnicker Berge sowie am Meiereisee gelegenen Moore zeigten überwiegend Bestockungen der Schwarzerlenwälder der Niedermoore. Am Luchsee und westsüdwestlich des Lichtesees wären Wälder (dystroph-)oligotropher Moore vorhanden. Lediglich kleinflächig fänden sich grundfeuchte Stieleichen-Hainbuchenwälder im Bereich der Krausnicker Berge. Wärmeliebende Eichenwälder würden sich am UG-Rand westsüdwestlich Köthen etablieren.

Die Vegetation der **Schönwalder Talsandflächen**, der Bersteniederung und der im UG gelegenen Bereiche der **Dubener und Tornower Platte** wären durch ein sehr heterogenes Standortmosaik gekennzeichnet. Während am Nordrand des erstgenannten Naturraumes im Übergangsbereich zu den Krausnicker Bergen subkontinentale grundwasserferne Kiefern-Traubeneichenwälder dominieren würden, wären in den Niederungen der Berste, des Kabelgrabens und der Wudritz Schwarzerlenwälder der Niedermoore und Traubenkirschen-Eschenwälder die überwiegenden Vegetationsstrukturen. Diese leiteten dann hier und da in Form grundfeuchter Stieleichen-Hainbuchenwälder zu den trockeneren Standorten der Platten und Dünen über, wo grundwasserferne Traubeneichen-Winterlinden-Hainbuchenwälder und bodensaure grundwasserferne Drahtschmielen-Eichenwälder die Vegetation dominieren würden.

Pflanzengesellschaften

Die pnV des Übergangsbereiches der Landgrabenniederung zur **Leuthener Sandplatte** wäre durch ein vielfältiges Vegetationsmosaik gekennzeichnet. Je nach Standort wüchsen Schwarzerlenwälder der Niedermoore, Eschenwälder des Tieflandes bzw. bodensaure, grundfeuchte Moorbirken-Stieleichenwälder. Auf der Sandplatte selbst stünden grundwasserferne Traubeneichen-Winterlinden-Hainbuchenwälder und bodensaure, grundwasserferne Drahtschmielen-Eichenwälder. Letzteres träfe auch für den im UG gelegenen **Südwestrand der Lieberoser Heide** zu, wo diese pnV-Typen den weitaus größten Teil der Vegetation einnähmen. In den vor allem im Ost- und zentralen Nordteil dieses Gebietes zahlreich vorhandenen flachen Rinnen und Luchen wären Schwarzerlenwälder der Niedermoore bestandsbildend. Der Übergangsbereich zum zentralen Teil der Lieberoser Heide östlich Byhlen würde mit subkontinentalen, grundwasserfernen Kiefern-Traubeneichenwäldern bewachsen sein.

2.10.2 Kurzbeschreibung ausgewählter Pflanzengesellschaften

Für das UG liegen zahlreiche pflanzensoziologische Untersuchungen vor. Sie beziehen sich – im Gegensatz zu HOFMANN & POMMER (2003) – auf die zum Zeitpunkt der Untersuchung vorhandene Vegetation. Vorwiegend wurden Wasserpflanzen-, Grünland- und Waldgesellschaften des UG erfasst. Als Beispiele für umfassendere pflanzensoziologische Untersuchungen sei u. a. auf die Arbeiten von SCAMONI (1954, 1955/56), FREITAG & KRAUSCH (1955), PASSARGE (1955a, 1956), FREITAG (1957b), KLEMM (1967), MÜLLER-STOLL et al. (1992a, 1992b, 1992c, 1992d) und ILLIG, H. et al. (2003) verwiesen. Weitere Publikationen sind im Literaturverzeichnis aufgelistet. Eine aktuelle pflanzensoziologische Bearbeitung des Gesamtgebietes wäre sehr wünschenswert.

Im Folgenden wird eine Auswahl häufig vorkommender, bemerkenswerter bzw. (einst) gebietstypischer Vegetationseinheiten in einer Kurzbeschreibung dargestellt. Eine weiterführende Übersicht bez. des Grünlandes liefert Abb. 45. Die Benennung der Vegetationseinheiten und die Reihenfolge richten sich im Wesentlichen nach SCHUBERT et al. (2001). Dabei werden – in Ermangelung einer verbindlichen deutschen Schreibweise – die namengebende Art und der jeweilige Vegetationstyp in der deutschen Bezeichnung der Pflanzengesellschaft durch einen Bindestrich getrennt, z. B. Schlankseggen-Ried, Rasenschmielen-Wiese und Silbergras-Flur. Gleiches erfolgt auch bei Vegetationseinheiten, in denen zwei Pflanzensippen im Namen hintereinander aufgeführt werden. Als Beispiele seien Pfeilkraut-Igelkolben-Kleinröhricht, Beerstrauch-Kiefern-Forst und Birken-Eichen-Wald genannt. Höhere syntaxonomische Einheiten sowie allgemein gehaltene Biotopangaben werden nicht durch einen Bindestrich getrennt, z. B. Sandtrockenrasen, Hochstaudenflur, Kleinseggengesellschaft, Kiefernforst und Erlenbruchwald.

Wälder und Gebüsche

Schwarzerlenreiche Bruchwälder (Alnion glutinosae)

Auf dauernd nassen Böden bei überwiegend organischen Bodenkomponenten sind reiche Bruchwälder mit hohem Schwarzerlenanteil ausgebildet, die je nach Wasser- und Nährstoffversorgung in verschiedenen Untergesellschaften als Hottonio-Alnetum glutinosae, Irido-Alnetum glutinosae, Athyrio-Alnetum glutinosae oder Sphagno-Alnetum glutinosae anzutreffen sind. Die Verbreitung des Alnion glutinosae konzentriert sich auf den Oberspreewald. Die größten zusammenhängenden Vorkommen befinden sich im Westteil des sog. „Hochwaldes".

Innerhalb dieses Verbandes nimmt im UG das Irido-Alnetum (Abb. 35, 70) einen großen Flächenanteil ein. Der Standort ist durch kräftige Niedermoorböden bei mittleren Wasserverhältnissen gekennzeichnet. Er ist im Frühjahr überflutet bzw. nass und trocknet im Laufe des Jahres nicht aus. Oberflächenwasser ist in den Sommermonaten zumeist nicht oder nur sehr kleinflächig vorhanden. Kennzeichnende Arten des Irido-Alnetum sind, neben der in der Baumschicht dominierenden *Alnus glutinosa*, Großseggen wie *Carex riparia*, *C. acutiformis*, *C. elata* und *C. elongata*. Weitere charakteristische Arten sind u. a. *Iris pseudacorus*, *Thelypteris palustris*, *Peucedanum palustre*, *Lysimachia vulgaris*, *Solanum dulcamara*. Hauptverbreitungsgebiet des Irido-Alnetum ist der „Hochwald" im Oberspreewald.

Je nach Stärke der Abweichung vom optimalen Nährkraft- bzw. Wasserniveau sind kleinflächige Übergänge bzw. Mosaikstrukturen zum Hottonio-Alnetum (feuchtere Verhält-

Abb. 35: Ein Schwertlilien-Erlen-Bruchwald südöstlich Krausnick (2000).

nisse, ganzjähriges Schlenkenmilieu in abflusslosen Geländesenken mit stetem Vorkommen von *Hottonia palustris*, *Oenanthe aquatica* oder *Rorippa amphibia*) bzw. zum Sphagno-Alnetum auf armen bis mäßig armen Nassstandorten im Randbereich armer Moore und nasser Geländesenken zu beobachten.

So beschrieb SCAMONI (1954) für den Südwestrand des Buchenhains – einer nach allen Seiten geschlossenen Senke – einen „Erlen-Bültenwald". Dieser Erlenwaldtyp zeichnet sich durch die an den Stammanläufen vorkommenden großen Polster des Weißmooses (*Leucobryum glaucum*) aus (Abb. 36). In der Baumschicht ist *Betula pubescens* stark vertreten, in den Schlenken dominieren Großseggen. Er entspricht nach BRAUN (1994) dem Carici elongatae-Alnetum glutinosae, Subassoziation von *Betula pubescens*. Der Bestand im Buchenhain zeigt sich heute infolge der Austrocknung stark degradiert.

Abb. 36: „Erlen-Bültenwald" mit typischem Weißmoos-Polster (Buchenhain bei Schlepzig, 1953).

Das auf trockeneren Standorten vorkommende, im UG weitaus größere Flächenanteile einnehmende Athyrio-Alnetum kennzeichnet nur gelegentlich vom Wasser überflutete Standorte. In der Baumschicht dominiert *Alnus glutinosa*. *Fraxinus excelsior* ist bereits bei abnehmender Bodenfeuchte mit zunehmender Stetigkeit in der Baumschicht vertreten. *Ulmus laevis* tritt vereinzelt hinzu. Für *Prunus padus* gilt das Gleiche in der Strauchschicht. In der Feldschicht zeigen die Großseggen (insbesondere *Carex riparia*) deutlich geringere Deckungswerte; es überwiegen Dauernässe meidende Arten wie *Phalaris arundinacea*, *Athyrium filix-femina* und *Deschampsia cespitosa*. Weiterhin erlangen Hochstauden (*Eupatorium cannabinum*, *Filipendula ulmaria*) aber auch Arten eutropher Standorte, wie *Urtica dioica* und *Geum urbanum*, zunehmend höhere Anteile in der Feldschicht. Typisch für diese Standorte ist auch das Eindringen von Alno-Ulmion-Arten, u. a. *Circaea lutetiana*, *Rumex sanguineus* und *Festuca gigantea*. Dieser auwaldartige Charakter basiert bei hoher Nährkraft des Bodens auf ausbleibenden bzw. seltener auftretenden Überflutungsereignissen. Auf diesen Standorten ist je nach Stärke des Wasserentzuges eine Entwicklung zum Pruno-Fraxinetum zu erwarten.

Traubenkirschen-Erlen-Eschen-Wald (Pruno-Fraxinetum)

Das Pruno-Fraxinetum gehört zu den artenreichsten einheimischen Waldgesellschaften. Es erreicht auf kräftigen bis reichen mineralischen Nassböden seine optimale Ausbildung.

Wälder und Gebüsche

Die feuchte Ausbildung des Pruno-Fraxinetum leitet zum Alnion glutinosae, die trockene zum Carpinion betuli über. An den Standorten dieser Gesellschaft treten Überschwemmungsereignisse nur selten als Folge extremer Spitzenhochwässer auf. Die Baumschicht ist aus *Alnus glutinosa* und *Fraxinus excelsior* zusammengesetzt. *Ulmus laevis* ist ein steter Begleiter. Auf zunehmend frischeren Standorten tritt *Quercus robur* dazu. *Prunus padus* prägt das Bild der Strauchschicht. Gelegentlich gesellen sich *Frangula alnus* am ärmeren Flügel und *Corylus avellana* am reicheren Flügel dazu. Die Bodenvegetation zeigt sich sehr üppig. Charakteristische Arten sind *Anemone nemorosa* (Abb. 37), *Circaea lutetiana*, *Festuca gigantea*, *Impatiens noli-tangere*, *Lamium maculatum*, *Ranunculus auricomus*, *R. ficaria*, *Viola reichenbachiana*. Die Hauptvorkommen dieser Gesellschaft befinden sich im Unterspreewald und im Ostteil des Hochwaldes bei Neu Zauche.

Abb. 37: *Anemone nemorosa*, eine typische Art des Erlen-Eschen-Waldes (Buchenhain, 2009).

Bodensaure Rotbuchenwälder (Luzulo-Fagion) (Abb. 71)

Die Verbreitung der von SCAMONI (1954) aus dem UG als „Buchen-Stieleichen-Wald" beschriebenen, zum Luzulo-Fagion gehörenden Gesellschaft bleibt auf den Unterspreewald (v. a. im Bereich Buchenhain westlich Schlepzig) begrenzt. Sie wächst auf grundwassernahen, basen- und nährstoffarmen, aber mineralkräftigen Talsanden. In der Baumschicht dominiert *Fagus sylvatica*, welche bei Vorherrschaft gegenüber anderen Baumarten (besonders *Quercus robur*) und entsprechender Bewirtschaftung hallenwaldartige Bestände zu entwickeln vermag. Das Vorkommen der Rot-Buche basiert einerseits auf dem Vorhandensein günstiger Grundwasserstände, andererseits auf lokal- und kleinklimatischen Bedingungen, wie z. B. der Lage im Waldinnenbestand. Eine Strauchschicht ist in derartigen lichtarmen Waldstrukturen zumeist nicht entwickelt. Die Bodenflora zeigt sich aufgrund der kompakten Laub- und Rohhumusschicht karg. Charakteristische Begleitarten wie *Carex pilulifera*, *Convallaria majalis*, *Luzula pilosa*, *Maianthemum bifolium* und *Pteridium aquilinum* deuten auf eher bodensaure Verhältnisse hin und damit auf eine Stellung innerhalb eines weitgefassten Luzulo-Fagetum. Auf mineralkräftigeren Standorten können auch *Calamagrostis arundinacea*, *Epipactis helleborine*, *Melampyrum nemorosum* und *Polygonatum multiflorum* vorhanden sein.

Wälder und Gebüsche

Sternmieren-Eichen-Hainbuchen-Wald (Stellario-Carpinetum betuli)
Das Stellario-Carpinetum ist eine Gesellschaft auf nährstoffreichen, basenhaltigen sowie dauerhaft feuchten bis frischen Talsandstandorten. Diese Gesellschaft ist der im Unterspreewald am weitesten verbreitete Typ des *Carpinion*-Verbandes. Weitere kleinflächige Vorkommen befinden sich u. a. im Lübbener Hain, in der „Welsnitz" bei Byhleguhre und auf der „Zoßna" bei Werben. In der Baumschicht besteht eine Dominanz von *Quercus robur* und *Carpinus betulus*, während der Anteil von *Fraxinus excelsior* in dieser gegenüber dem Pruno-Fraxinetum abnimmt. In der Feldschicht bestimmen Gräser (*Brachypodium sylvaticum, Dactylis polygama, Milium effusum*) das Erscheinungsbild. Typische krautige Arten sind *Glechoma hederacea, Veronica chamaedrys* und *Viola reichenbachiana*. Auf den Übergangsstandorten zu sauren Böden werden die genannten Arten verstärkt von *Carex pilulifera, Luzula pilosa, Pteridium aquilinum* und vereinzelt von *Leucobryum glaucum* abgelöst.
Der reiche Flügel dieser Gesellschaft, auch als Stachyo-Carpinetum bezeichnet, ist innerhalb des Unterspreewaldes in einer zusammenhängenden Fläche im Nordteil des Buchenhaines bei Schlepzig vorhanden. Kennzeichnend für diese Ausbildungsform ist die auf basenreichen und kalkhaltigen Böden in allen Bestandesschichten ausgebildete größere Artenvielfalt. In der Baumschicht sind *Quercus robur, Fagus sylvatica, Fraxinus excelsior, Carpinus betulus* und *Acer pseudoplatanus* bestimmend. *Ulmus laevis, Ulmus glabra, Acer platanoides* und *Tilia platyphyllos* sind gelegentliche Begleiter. An vorkommenden Strauchgehölzen sind besonders *Cornus sanguinea*, aber auch *Corylus avellana, Prunus padus* und *Euonymus europaea* zu nennen. Die Bodenschicht ist im Frühjahr durch einen farbenprächtigen Blühaspekt gekennzeichnet. Charakteristische Arten sind *Anemone nemorosa, Hepatica nobilis, Lathraea squamaria, Lathyrus vernus* und *Ranunculus ficaria*.
Als problematisch ist im Buchenhain die Wassersituation einzuschätzen. Die Tiefenerosion der Fließgewässer führte seit Ende der 1950er Jahre gerade im Unterspreewald zu einer Absenkung des Grundwasserniveaus. Der Bestandsrückgang der an sickerfrische Standorte gebundenen *Gagea spathacea* und das heutige Fehlen der letztmalig 1981 nachgewiesenen und in der Niederlausitz selten im Bereich frischer bis sickerfeuchter Standorte vorkommenden *Sanicula europaea* (s. Kap. 4.2) dürften auf diese Veränderungen zurückzuführen sein.

Grauweiden-Gebüsch (Frangulo-Salicetum cinereae)
Verbuschungsstadien auf mäßig reichen, feuchten bis nassen Standorten kennzeichnen diese Gesellschaft. Die Gehölzaufwüchse stehen zumeist im Mosaik mit Großröhrichten (v. a. Phragmitetum australis) und Großseggenrieden. Hauptvorkommen befinden sich im UG innerhalb des Westlichen Oberspreewaldes zwischen Lübben und dem Barzlin, im sog. „Huschepusch" bei Leipe, im Bereich der Freiheitskanäle und nördlich Lübbenau. Sie entwickelten sich als Folge unregelmäßiger bzw. eingestellter Grünlandnutzungen. Weitere Vorkommen existieren in Verlandungszonen von Seen, an Altarmen und mehr oder weniger entwässerten Moorrändern. Die Grauweiden-Gebüsche sind als ein langlebiges Zwischenstadium bei der Entwicklung zu Erlenbrüchen zu werten.

Wälder und Gebüsche

Kiefernforste/Kiefernwälder

Bodensaure arme Sandstandorte der Sander, der höheren Talsande und der Dünen sind im UG oftmals mit Kiefernforsten unterschiedlichen Alters bestockt. Kleinräumig befinden sich darunter auch Bereiche, auf denen bereits von Natur aus entsprechende Kiefernwälder existier(t)en. Da diese soziologisch nicht von den Forsten zu trennen sind (vgl. u. a. HEINKEN & ZIPPEL 1999, HEINKEN 2008), werden sie gemeinsam dargestellt. Relativ selten treten im UG auf nicht zu armen, etwas frischeren Standorten die Beerstrauch-Kiefern-Forste (*Vaccinium myrtillus*-Vikariante des Leucobryo-Pinetum) auf, so z. B. zwischen Krausnick und Schönwalde. Viele Kiefernforste, zum großen Teil im frühen 19. Jahrhundert aus Ackeraufforstungen hervorgegangen, sind dagegen in der Krautschicht durch die in den letzten Jahrzehnten u. a. infolge der indirekten Düngung aus der Luft in Kombination mit dem sauren Regen zusätzlich stark geförderten Draht-Schmiele geprägt (*Deschampsia flexuosa-Pinus sylvestris*-Gesellschaft, oft als Schlängelschmielen-Kiefern-Forst bezeichnet). Sie hinterlassen beim Betrachter einen stark vergrasten Eindruck. Das Wachstum der Mykorrhiza-Pilze ist stark eingeschränkt. Ebenfalls mykorrhizierte Pflanzen, wie Pyrolaceen und Lycopodiaceen, haben hier keine Wuchsbedingungen mehr.

Hagermoos-Kiefern-Forste (Leucobryo-Pinetum typicum), die in der Bodenflora v. a. von azidophilen Laubmoosen, wie *Leucobryum glaucum*, *Dicranum scoparium*, *Hypnum jutlandicum* und *Pleurozium schreberi*, geprägt sind, finden sich als Ersatzgesellschaften der azidophilen Eichenwälder auf den ärmeren, trockenen Sandstandorten. Die nährstoffärmsten Dünenstandorte bleiben dem durch zahlreiche Bodenflechten charakterisierten Flechten-Kiefern-Bestand (Cladonio-Pinetum typicum) vorbehalten. Dieses existiert nur noch vereinzelt und kleinflächig in den Randlagen oder in unmittelbarer Nähe einzelner Ortschaften des UG-Nordteiles in Form der sog. „Bauernheeden" (Bauernwälder). Sie entstanden durch die frühere, stete Streuentnahme und zeichnen sich heute neben dem Reichtum an Erdflechten u. a. durch das Vorhandensein mehr- und krummstämmiger Kiefern aus (Abb. 38). Insbesondere

Abb. 38: Durch Streunutzung verarmter Kiefernwald trockenwarmer Dünenstandorte bei Alt Schadow (1997).

Wasserpflanzengesellschaften

infolge der ausbleibenden Streunutzung und der jahrzehntelangen atmosphärischen Eutrophierung sind sie stark bedroht. Übergänge zu diesem Vegetationstyp bestehen in Form der aus flechtenreichen Sandtrockenrasen entstandenen Kiefern-Vorwald-Sukzessionsstadien (Cladonio-Pinetum corynephoretosum).
Im Kap. 4.2 wird bei den Ausführungen zu den besiedelten Biotopen – da nicht von jedem mit Kiefern bestockten Standort die Genese bekannt ist – der Einfachheit halber von Kiefernforsten gesprochen. Dort, wo es die berechtigte Annahme gibt, dass an den aufgeführten Fundorten oder einem Teil von ihnen ein natürlicher Kiefernwald vorhanden war (ist?), der heute auch durch einen Kiefernforst ersetzt sein kann, wird als Biotopangabe die Bezeichnung Kiefernforst/Kiefernwald gewählt. Ausgenommen hiervon werden publizierte Angaben, die entsprechend der Veröffentlichung aufgeführt werden.

Wasserpflanzengesellschaften

Wasserschwebergesellschaften (Lemnetalia minoris)
Die Teichlinsen-Gesellschaft (Lemno-Spirodeletum polyrhizae) besiedelt vorrangig Stillwasserbereiche im eutrophen bis polytrophen Milieu. Je nach Trophie und Beschattung sind im eher ärmeren Flügel – v. a. in geschützten, ufernahen Bereichen schwach fließender Gewässer – Übergänge zu Froschbiss-Beständen vorhanden. Typische Arten dieser Gesellschaft sind *Lemna minor, Lemna trisulca und Spirodela polyrhiza*. Stärker eutrophe bzw. beschattete Gewässerabschnitte, v. a. Altarme und Gräben der Polder- und Stauabsenkungsgebiete, führen zur Etablierung von *Lemna minor*-Dominanzbeständen.
Die Gesellschaft der neophytischen und sich zunehmend in Ausbreitung befindlichen Roten Wasserlinse (*Lemna turionifera*-Gesellschaft) findet sich in sommerwarmen Lagen in ruhigen, windgeschützten Gewässern, z. B. in Wiesengräben und Altwässern, mit nährstoffreichem, klarem Wasser (Abb. 72). Typische Begleiter sind *Lemna minor, Lemna trisulca und Spirodela polyrhiza* (WOLFF & JENTSCH 1992, ILLIG, H. et al. 2003). Vorkommen dieser Gesellschaft konnten im Jahr 2002 großflächig im Polder Kockrowsberg beobachtet werden.
Die Zwergwasserlinsen-Gesellschaft (Wolffietum arrhizae) besiedelt zumeist nährstoffreiche Altwässer und Gräben in windgeschützten, warmen Niederungslagen. Zu stark eutrophierte Gewässer werden von dieser Art gemieden. Häufiger Begleiter ist neben verschiedenen *Lemna*-Arten v. a. *Ceratophyllum demersum*. Vorkommen dieser Gesellschaft beschränken sich weitgehend auf den Unterspreewald (s. Kap. 4.2).
Der Sommer 2001 war durch die explosionsartige Ausbreitung des neophytischen Algenfarnes *Azolla filiculoides* gekennzeichnet. Insbesondere in den Stillwasserbereichen der Fließe und Kanäle konnten z. T. mehrere Quadratmeter große Vorkommen der *Azolla filiculoides*-Gesellschaft beobachtet werden (Abb. 73). In der gestauten Hauptspree am Wehr Ragow bildeten sich großflächige Schwimmdecken, welche ca. zwei Drittel der Hauptspree bedeckten. Die südliche Ausbreitungsgrenze lag etwa bei Lübbenau. Eine derartige Situation wurde seither nicht mehr beobachtet (vgl. auch ILLIG, H. 2003b, ILLIG, H. et al. 2003).

Wasserpflanzengesellschaften

Krebsscheren-Gesellschaft (Stratiotetum aloidis s. str.) (Abb. 39)
In wärmebegünstigten Tieflagen der Stromtäler ist das von der Krebsschere dominierte Stratiotetum aloidis anzutreffen. Es findet sich v. a. in schwach eutrophen, tieferen, unbeschatteten und besonders phosphatarmen Gewässern. *Lemna minor* und *Hydrocharis morsus-ranae* sind als stete Begleiter zu nennen. Im UG hat es in den letzten Jahrzehnten einen Wandel bei den von der Gesellschaft besiedelten Lebensräumen gegeben. Während historisch insbesondere Altarme entsprechende Bestände aufwiesen, konzentrieren sich heute die vitalsten Vorkommen auf Sekundärgewässer. Als Verbreitungsschwerpunkt sind die Meliorationsgräben im Staubsenkungsgebiet zwischen Lübbenau und Alt Zauche zu nennen, wo im Einflussbereich von Stauanlagen z. T. dichte Teppiche die Gewässer bedecken. In den Altarmen des Spreewaldes ist dagegen infolge Eutrophierung und Beschattung ein enormer Rückgang dieser Gesellschaft zu verzeichnen (vgl. ILLIG, H. et al. 2003).

Abb. 39: Die Krebsscheren-Gesellschaft in einem Altwasser westlich Schlepzig (2008).

Wasserpestbestände
(*Elodea canadensis*-Gesellschaft, *Elodea nuttallii*-Gesellschaft)
Die Verbreitung der *Elodea canadensis*-Gesellschaft im UG konzentriert sich aktuell auf weniger stark eutrophierte Abschnitte der Wiesengräben. Die Entwicklung dieser Gesellschaft zeigt insbesondere in den Fließen einen zurückgehenden Trend. Die Wuchsorte

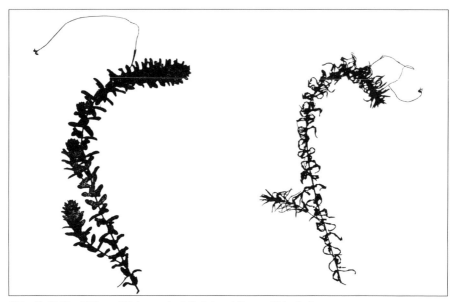

Abb. 40: Habitusbild von *Elodea canadensis* (links) und *E. nuttallii* (rechts).

werden zunehmend durch die sich aktuell ausbreitende *Elodea nuttallii* besetzt [s. Kap. 4.2, Verbreitungskarte (VK) 14, Abb. 40]. Während bei den *Elodea nuttallii*-Populationen der Fließe bislang nur geringe Bestandsdichten beobachtet wurden, scheint die Art in Standgewässern, so z. B. in einem Wiesengraben mit Stauhaltung im sog. „Ballonick" bei Alt Zauche und in einem Altarm südöstlich Leibsch, befähigt, Dominanzbestände auszubilden. Derartige Populationen sind der *Elodea nuttallii*-Gesellschaft zuzuordnen (vgl. KUMMER & JENTSCH 1997, ILLIG, H. et al. 2003).

Tausendblatt-Teichrosen-Gesellschaft (Myriophyllo-Nupharetum luteae)

Das Myriophyllo-Nupharetum ist v. a. in seiner typischen Ausprägung eine charakteristische und verbreitete Gesellschaft der Gewässer des UG, auch wenn vitale Bestände durchaus rar sind. Der nährstoffarme Flügel der Assoziation ist durch das gemeinsame Vorkommen von *Nuphar lutea* mit *Nymphaea alba* und z. T. auch *Stratiotes aloides* gekennzeichnet. Diese Ausprägungen sind im Spreewald nur noch selten nachzuweisen. Im nährstoffreicheren Milieu, hier v. a. in stehenden, mehr oder weniger eutrophierten Gewässern (Altarme, Gräben), tritt zunehmend *Ceratophyllum demersum* in Erscheinung. Das Myriophyllo-Nupharetum findet sich im Spreewald sowohl in stehenden als auch in fließenden Gewässern. In stärker fließenden Gewässern kann es auch submers ausgebildet sein. Als beeinträchtigende Faktoren sind in den Altwässern die Eutrophierung und Beschattung und in den Fließgewässern der starke Nutzungsdruck (Kahn- und Bootsverkehr, intensive Gewässerunterhaltung) zu nennen.

Wasserpflanzengesellschaften

Abb. 41: Die Wasserfeder-Gesellschaft am Rand eines Erlenbruchwaldes südlich Gröditsch (2007).

Im Bereich des Neuendorfer Sees und den Altwässern der Krummen Spree östlich Alt Schadow tritt die Wassernuss (*Trapa natans*) sowohl im Myriophyllo-Nupharetum als auch in eigenen Beständen (Trapetum natantis) auf.

Wasserfeder-Gesellschaft (Hottonietum palustris) (Abb. 41)
In flachen, nur mäßig nährstoffreichen Altwässern, Gräben und Tümpeln finden wir bei alternierenden Wasserständen den Lebensraum des Hottonietum palustris. Diese einst im UG verbreitete Gesellschaft ist in größeren Beständen noch in Wiesengräben und in Fließen des Hochwaldes vorhanden; Altarme haben heute als Lebensraum keine Bedeutung mehr. Gelegentliche Begleiter sind *Elodea canadensis, Callitriche palustris* agg., *Lemna minor, L. trisulca, Myosotis palustris* und *Potamogeton natans*. Das für diese Gesellschaft einst typische *Potamogeton obtusifolius* (vgl. auch PASSARGE 1957) ist dort kaum noch zu finden. Gefährdungen bestehen insbesondere durch Eutrophierung und die intensive Gewässerunterhaltung (Grundräumung).

Fluthahnenfuß-Gesellschaft (Ranunculetum fluitantis) (Abb. 42)
Die Gesellschaft siedelt in fließenden bis schnell fließenden, sauberen, sauerstoffreichen, mäßig nährstoffreichen, unbeschatteten Gewässern. Die Vorkommen konzentrieren sich auf die Mutnitza (= Großes Fließ). Hier finden sich im Bereich nordnordöstlich Burg (Dorf) bis zum Barzlin die größten *Ranunculus fluitans*-Bestände des Spreewaldes. Die Assoziation tritt im UG im Kontakt mit Schwimmblattgesellschaften sowie Klein-

und Bachröhrichten auf. Vitale, zur Blüte gelangende Populationen gehören aufgrund des Fehlens ausgedehnter optimaler Gewässerstrukturen und der regelmäßigen Gewässerunterhaltung zu den Seltenheiten.

Abb. 42: Die Fluthahnenfuß-Gesellschaft als typische Gesellschaft fließender Gewässer im Unterlauf der Mutnitza südlich Radensdorf (2007).

Röhrichte und Großseggenriede

Großröhrichte (Phragmition australis)

Als Gesellschaft verlandender Gewässer ist im UG insbesondere das Schilf-Röhricht (Phragmitetum australis) zu nennen. Große Vorkommen befinden sich am Köthener und am Neuendorfer See, wo breite Röhrichtstreifen die Ufer säumen. Röhrichte des Breitblättrigen bzw. des Schmalblättrigen Rohrkolbens (Typhetum latifoliae, T. angustifoliae), das Teichsimsen-Röhricht (Scirpetum lacustris) sowie Röhrichte des Ästigen Igelkolbens (Sparganietum erecti) und des Kalmus (Acoretum calami) sind im UG zumeist nur kleinflächig ausgebildet. Ebenfalls kleinflächig besiedelt das Schneiden-Röhricht (Cladietum marisci) die Verlandungszonen mesotroph-alkalischer Gewässer, v. a. am Briesener See. Die Sumpfkresse-Wasserpferdesaat-Gesellschaft (Rorippo-Oenanthetum aquaticae) wächst in stark verlandeten Altwässern und Gräben.

Ein weiterer Verbreitungsschwerpunkt der Großröhrichte befindet sich in Bereichen nasser bzw. wieder vernässter und nutzungsaufgelassener Grünlandflächen der Spree-

Röhrichte und Großseggenriede

niederung. Den größten Flächenanteil nimmt dabei das Schilf-Röhricht ein, welches gemeinsam mit zumeist artenarmen Großseggenrieden [v. a. der Sumpfseggen-Gesellschaft (*Carex acutiformis*-Gesellschaft)], große, zusammenhängende Flächen zu besiedeln vermag. Konzentrationspunkte dieser Großröhrichte befinden sich im Kleinen Gehege (Stauabsenkung Nord) und im Bereich zwischen Lübben und dem Barzlin.

Von wirtschaftlicher Bedeutung waren früher im Spreewald das Wasserschwaden-Röhricht (Glycerietum maximae) (Abb. 74) und die Rohrglanzgras-Bestände (Phalaridetum arundinaceae) (Abb. 43). Als Grünland gemäht, dienten sie der Viehfuttergewinnung.

Abb. 43: Rohrglanzgras-Bestände – im Spreewald als „Wasserschlagwiesen" oder auch „Militzwiesen" bezeichnet – ermöglichten aufgrund der produktiven Standorte mehrere Schnitte im Jahr (bei Lübbenau Nähe Schneidemühle, 1952).

Pfeilkraut-Igelkolben-Kleinröhricht (Sagittario-Sparganietum emersi)

Das typische Fließgewässerröhricht des UG ist das Sagittario-Sparganietum. Es besiedelt vorwiegend die langsam fließenden Gewässer bzw. -abschnitte sowohl des Ober- als auch des Unterspreewaldes. Ein Verbreitungsschwerpunkt wird im Oberspreewald mit seinen zahlreichen langsam fließenden Gewässern deutlich. Hier sind besonders Standortmosaike mit dem Myriophyllo-Nupharetum, den Froschbiss-Beständen und der *Potamogeton natans*-Gesellschaft vorhanden. Im Bereich stärker fließender Gewässer geht der Anteil von *Sagittaria sagittifolia* zu Gunsten von *Sparganium emersum* zurück. Eine typische Ausbildung des Sagittario-Sparganietum emersi ist im Spreewald zumeist nicht vorhanden. Beim weitaus überwiegenden Teil der Fließgewässer lassen Gewässerunterhaltung zur Erleichterung des Kahn- und Bootverkehrs sowie eine zunehmende Beschattung nur noch degradierte Ausbildungen der Gesellschaft zu.

Gesellschaft der Braunen Brunnenkresse (Nasturtietum microphylli)

Im UG ist aus dem *Nasturtium officinale* agg. bislang nur *Nasturtium microphyllum* belegt (s. Kap. 4.2, VK 28). Im Gegensatz zu *N. officinale* s. str. verträgt es offenbar die winterkalten Witterungsverhältnisse der östlichen Gebiete des Landes Brandenburg besser, was sich u. a. auch in einer weitreichenderen kontinentalen Verbreitung der Art ausdrückt.

N. microphyllum etabliert sich insbesondere im Bereich ärmerer Ausbildungen der Froschbiss-Bestände. Dort vermag es die Art, im UG (insbesondere im Oberspreewald) – vergleichbar mit den anderen Bestandteilen der Gesellschaft – Schwimmdecken zu bilden. Das Nasturtietum microphylli ist zumeist kleinflächig in den Ufersaumbereichen der Fließgewässer sowohl des Ober- als auch des Unterspreewaldes ausgebildet. Es ist besonders durch Grundräumung und intensive Gewässerkrautung sowie zunehmende Beschattung bedroht.

Steifseggen-Ried (Caricetum elatae)
Die dauernassen, mäßig reichen Standorte werden vom Caricetum elatae besiedelt. Als Ersatzgesellschaft von Erlenbrüchen dürfte das Steifseggen-Ried mit der Übergangsfazies zum Caricetum gracilis in großen Teilen des Oberspreewaldes zu den verbreiteten Pflanzengesellschaften gehört haben. Heute zählt es infolge der Nutzungsauflassung zu den flächenmäßig rückläufigsten Gesellschaften des UG. Als Ursachen sind die geringe Futterqualität und die für ihre Ausbildung notwendigen dauernassen Standortverhältnisse anzusehen, welche die Bewirtschaftung mit Technik erschweren. Restbestände befinden sich im Raum Leipe-Lehde. Die hier im Bereich der Unteren Boblitzer Kahnfahrt vorhandenen Wiesen sind die wahrscheinlich letzten großflächigen, als Mähgrünland genutzten Steifseggen-Riede des UG.
Ein aus standortökologischer Sicht anderer Verbreitungsschwerpunkt der Gesellschaft im UG befindet sich außerhalb der Spreeniederung in Verlandungsbereichen von Standgewässern, z. B. am Luchsee bei Krausnick. Diese Vorkommen zeichnen sich durch bultige Wuchsformen von *Carex elata* aus und unterliegen keiner Bewirtschaftung.

Schlankseggen-Ried (Caricetum gracilis) (Abb. 75)
Die dominierende, spreewaldtypische Pflanzengesellschaft im landwirtschaftlich genutzten Teil des Westlichen Oberspreewaldes ist das Caricetum gracilis. Die von der Schlank-Segge dominierte Gesellschaft besiedelt mäßig reiche, feuchte bis nasse Standorte, insbesondere im westlichen Hochwassergebiet des Oberspreewaldes. Die Verbreitung der Gesellschaft im UG zeigt einen rückläufigen Trend. Als Ursachen sind insbesondere die Nutzungsauflassung mit nachfolgender Verbuschung und die zunehmende Weidehaltung zu nennen. Besonders artenreiche Ausbildungen treten im Kontakt zum Junco-Molinietum caeruleae, zum Stellario-Deschampsietum cespitosae und zum Angelico-Cirsietum oleracei auf.

Kleinseggengesellschaften der Nieder- und Zwischenmoore

Schlammseggen-Schwingrasen (Caricetum limosae)
Die in der gesamten Niederlausitz seltene Schwingkantengesellschaft saurer Moore wurde 1964 von K. H. Großer am Luchsee erfasst (vgl. FISCHER et al. 1982, Großer in WEIß 1999). Als Ergebnis erneuter im NSG „Luchsee" durchgeführter vegetationskund-

Kleinseggengesellschaften

licher Untersuchungen führt WEIß (1999: 14) aus: „*Carex limosa* ist (am Luchsee) nur noch in wenigen Exemplaren an zwei Stellen zu finden, während *Scheuchzeria palustris* als weitere Charakterart im gesamten Luchsee(gebiet) nicht (mehr) nachgewiesen wurde. Daher konnte diese Gesellschaft in der aktuellen Kartierung nicht mehr ausgewiesen werden". Weitere Vorkommen der Schlamm-Segge befinden sich am Lichtesee und im Dürrenhofer Moor (VK 10).

Torfmoos-Wollgras-Gesellschaft
(*Sphagnum recurvum-Eriophorum angustifolium*-Gesellschaft) (Abb. 44)
Diese vielgestaltige Gesellschaft findet sich unter dystrophen oder mesotroph-sauren Bedingungen als großflächiger Torfmoosrasen in Torfstichen und in Zwischenmooren, aber auch als Erstbesiedler in aufgelassenen nassen Kies- und Sandgruben. Typische Arten der Gesellschaft sind *Eriophorum angustifolium*, *Vaccinium oxycoccus* und *Sphagnum fallax*. Als charakteristische Begleiter sind zu nennen: *Andromeda polifolia*, *Drosera rotundifolia* und *Ledum palustre*. Die Gesellschaft steht oft in einem engen Kontakt zur Schnabelried-Gesellschaft (Rhynchosporetum albae), wobei etwas weniger nasse Flächen besiedelt werden.

Abb. 44: Die Verlandungszone des Luchsees mit einer Ausbildung der Torfmoos-Wollgras-Gesellschaft (2000).

Am Luchsee bei Krausnick, dem größten Vorkommen dieser Gesellschaft im UG, hat sich die Artenstruktur in den letzten Jahrzehnten durch sinkende Wasserstände in Richtung trockenheitsertragender Arten (*Molinia caerulea*, *Calamagrostis stricta* und *Pinus sylvestris*) verschoben, so dass die natürliche Abfolge der Moorgenese gestört ist und Gehölzstadien zunehmend dominieren (WEIß 1999). Weitere kleinflächige Vorkommen der Gesellschaft befinden sich u. a. am Lichtesee und im Briesener Luch.

Wirtschaftsgrünland

Engelwurz-Kohldistel-Wiese (Angelico-Cirsietum oleracei) (Abb. 76)
Die Verbreitungszentren dieser auf mäßig reichen Standorten wachsenden Gesellschaft befanden sich früher in den heutigen Nord- und Südpoldern des Westlichen Oberspreewaldes und im Burger Raum. Durch Melioration und Wasserentzug wurde die Nutzung

Schema – Grünlandgesellschaften

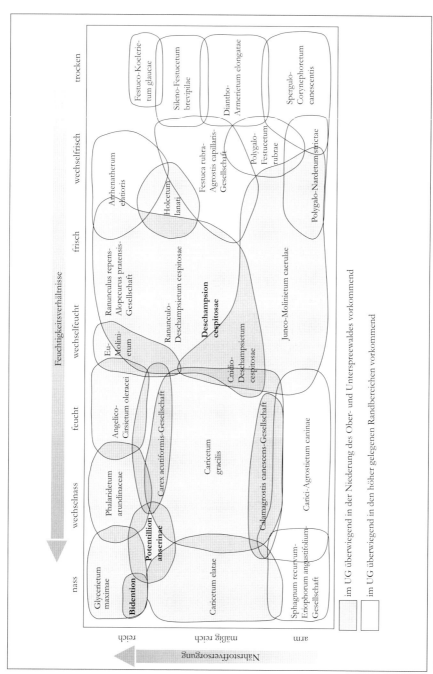

Abb. 45: Wichtige Grünlandgesellschaften im Untersuchungsgebiet und ihre standörtliche Bindung (abgeändert nach ILLIG, H. et al. 2003).

dieser Bereiche deutlich intensiviert, was zu einem weitgehenden Verschwinden dieses Wiesentyps führte. Heute sind im UG nur noch Fragmente der einst häufigen Grünlandgesellschaft vorhanden, so z. B. am Byhleguhrer See, im Burger Spreewald sowie im Unterspreewald beim Kriegbusch. Eher selten im UG sind Vorkommen mit *Bromus racemosus* (s. Kap. 4.2). Derartige Wiesen kennzeichnen bei hohem, gering schwankendem Grundwasserstand einen subatlantisch geprägten Aspekt dieser Gesellschaft.

Binsen-Pfeifengras-Wiese (Junco-Molinietum caeruleae) (Abb. 79)

Mäßig arme, wechselfeuchte Wiesenstandorte werden vom Junco-Molinietum caeruleae besiedelt. Diese Gesellschaft war innerhalb des UG v. a. in der Spreeniederung zwischen Schlepzig und Lübben und im nordwestlichen Randbereich des Westlichen Oberspreewaldes zwischen Lübben und Alt Zauche verbreitet und lässt sich gut durch die einstigen Vorkommen von *Gentiana pneumonanthe* nachvollziehen (VK 17). Heute sind in diesem Raum nur noch kleinflächige Ausbildungen als Gesellschaftsfragmente oder zumeist im Komplex mit anderen Pflanzengesellschaften (Caricetum gracilis, Caricetum nigrae) bzw. im Übergang zum Stellario-Deschampsietum cespitosae vorhanden. Derartige Bestände befinden sich v. a. im Burger Spreewald. Sie zeichnen sich durch das Vorkommen von *Succisa pratensis* aus, während weitere typische Arten des Junco-Molinietum zumeist ausbleiben. Übergänge zum reichen Flügel dieser Gesellschaft wurden in den 1950er Jahren nur selten südlich Alt Zauche bei der Mutnitza (= Großes Fließ) und südöstlich Leipe bei der Hauptspree nachgewiesen. Arten wie *Allium angulosum, Serratula tinctoria* und *Linum catharticum* dokumentierten hierbei schwache Anklänge an das kalkholde Eu-Molinietum (vgl. PASSARGE 1955a, MÜLLER-STOLL et al. 1992c). Derartige Vorkommen sind heute nicht mehr bekannt.

Als floristische Besonderheit im Junco-Molinietum caeruleae des UG sind für den Bereich nordwestlich des Polders Kockrowsberg die Begleitarten *Hierochloë odorata* agg. und *Cnidium dubium* zu nennen. Beide Sippen kennzeichnen ein Standortmosaik mit Übergängen zum Cnidio-Deschampsietum cespitosae im eher wechselfeuchten bis feuchten einstigen Überflutungsraum der Spree.

Sumpfmieren-Rasenschmielen-Wiese (Stellario-Deschampsietum cespitosae)

Weite Bereiche des Burger Spreewaldes sind – im Gegensatz zu den feucht-nassen, mäßig nährstoffreichen Standorten des Westlichen Oberspreewaldes – durch das Vorhandensein wechselfeuchter, nährstoffreicher Klockböden geprägt. Deshalb findet sich v. a. dort das artenreiche Stellario-Deschampsietum cespitosae. Dies und auch andere pflanzensoziologisch nahe stehende Pflanzengesellschaften zeigen in der frühjahrsfeuchten Phase durch den spreewaldtypischen *Cardamine pratensis*- und später durch den *Lychnis flos-cuculi*-Aspekt eindrucksvolle Farbvariationen (Abb. 61, 78). Auf den länger feuchten Standorten existieren noch individuenreiche Vorkommen der im UG stark zurückgegangenen *Caltha palustris*.

Wirtschaftsgrünland und Borstgrasrasen

Weißklee-Wiesenkammgras-Weiderasen (Lolio-Cynosuretum cristati)
Das Lolio-Cynosuretum ist im UG zumeist ohne *Cynosurus cristatus* ausgebildet. Anzutreffen ist es oftmals in den Randbereichen der Ortslagen. Aufgrund der in den letzten Jahren erfolgten Ausweitung der weidegenutzten Grünlandflächen zeigen die *Trifolium repens*-reichen Bestände des Holcetum lanati, des Stellario-Deschampsietum und des Caricetum gracilis deutliche Anklänge an das Lolio-Cynosuretum. Gleichzeitig kommt es im UG zu einer zunehmenden Ausbreitung weidetypischer Arten, u. a. von *Plantago major*, *Lolium perenne*, *Rumex obtusifolius*, *Poa annua* und *Juncus effusus* (Abb. 81). Dies führt v. a. in der Spreeniederung zur Verdrängung einst typischer Feuchtwiesen-Sippen, u. a. von *Succisa pratensis*, *Inula britannica*, *Rhinanthus serotinus*, *Cardamine pratensis* und *Lychnis flos-cuculi*.

Kreuzblümchen-Rotschwingel-Wiese (Polygalo-Festucetum rubrae)
Diese überwiegend aus Niedergräsern bestehende, ertragsarme Grünlandgesellschaft besiedelt stickstoffarme, mäßig trockene Sandböden. Vorkommen sind insbesondere für den Unterspreewald beschrieben (SCAMONI 1955/56, KLEMM 1969, ILLIG, H. et al. 2003). Als typische Arten sind neben *Festuca rubra* vor allem *Agrostis capillaris*, *Anthoxanthum odoratum*, *Luzula campestris* und *Poa pratensis* zu nennen. Anspruchsvolle Arten sind *Polygala vulgaris* auf trockenen und *Leontodon hispidus* auf basischen Standorten. Diese Gesellschaft steht in engem Kontakt mit weiteren Grünlandgesellschaften (insbesondere frischer Standorte), der Binsen-Pfeifengras-Wiese und den Borstgrasrasen. Der einstmals nicht selten vorhandene Wiesentyp fehlt heute weitgehend. Kleinflächige, saumartige Fragmente existieren noch im Unterspreewald (Kriegbusch).

Borstgrasrasen

Bodensaure Borstgrasrasen (Nardetalia strictae)
Die subatlantisch geprägten Borstgrasrasen besiedelten einst im UG als schmale Säume die Talrandterrassen und Moorränder oder kamen kleinflächig auf flachen Kuppen vor. Bestände befanden sich überwiegend am Rand der Spreeniederung im Verbreitungsgebiet des Junco-Molinietum caeruleae (s. o.). Eine genaue Gesellschaftszuordnung ist kaum mehr möglich, da bereits in den 1950er und 1960er Jahren Assoziationskennarten zumeist fehlten. Neben Fragmenten des Polygalo-Nardetum strictae und Carici-Nardetum strictae dürfte es sich überwiegend um degradierte Ausbildungen trockener Molinieten gehandelt haben (vgl. auch FREITAG 1955, KLEMM 1970, MÜLLER-STOLL et al. 1992c). Heute kommen borstgrasrasenartige Bestände nur noch an wenigen Stellen im Nordteil des UG als wenige Quadratmeter große, meist saumartig an den Luchrändern und Talterrassen der Spree ausgebildete, artenarme Fragmente, z. B. bei Hohenbrück sowie nördlich von Lübben, vor.

Trockenrasen

Frühlingsspörgel-Silbergras-Rasen (Spergulo-Corynephoretum canescentis)
(Abb. 46)
Offene Böden auf trockenen, nährstoffarmen Standorten, v. a. von Dünen, Stromtrassen, Wald- und Wegrändern, seltener auch Sandäckern, werden von dieser Pioniergesellschaft besiedelt. Typische Arten sind *Corynephorus canescens*, *Rumex acetosella*, *Spergula morisonii* und *Teesdalia nudicaulis*. Die Vorkommen im UG konzentrieren sich auf Flugsandstandorte im Bereich der Schönwalder Talsandflächen, auf die Dünen nördlich von Lübben und auf den südwestlichen Rand der Lieberoser Heide einschließlich des südwestlichen Randes der Leuthener Sandplatte. Nahezu ausgeschlossen sind die Niederungslagen des Ober- und Unterspreewaldes.

Abb. 46: Ein Frühlingsspörgel-Silbergras-Rasen auf armen trockenen Sanden im Bereich des sog. „Brand" westlich Krausnick (1994).

Heidenelken-Schafschwingel-Rasen (Diantho-Armerietum elongatae)
Diese v. a. im Süden und Westen des Landes Brandenburg vorkommende Gesellschaft ist im UG besonders auf Sekundärstandorten (Deiche, Dämme, Straßen- und Wegränder, Böschungen, Brachen) verbreitet. Es handelt sich hierbei um einen mesophilen Sandtrockenrasen auf bereits festgelegten, humosen, nicht zu nährstoffarmen Sand- und Kiesböden. Im UG häufig vorkommende Arten der Gesellschaft sind u. a. *Agrostis capillaris*, *Artemisia campestris*, *Dianthus deltoides*, *Euphorbia cyparissias* und *Festuca brevipila*.

Ruderal- und Segetalgesellschaften

Örtlich vermag *Agrostis capillaris* artenarme Dominanzbestände auszubilden. Der ärmere Flügel dieser Gesellschaft enthält mehr oder weniger zahlreiche Corynephoretalia-Arten. Auf mineralkräftigeren Standorten kommen gelegentlich Arten wie z. B. *Lotus corniculatus, Pimpinella saxifraga* agg. und *Senecio jacobaea* hinzu. An den Talkanten der Spreeniederung nördlich Lübben lassen Ausbildungen mit *Nardus stricta, Danthonia decumbens* und *Calluna vulgaris* den Kontakt zu subatlantisch geprägten Borstgrasrasen als Ausdruck historischer Weidenutzung deutlich werden.

Ruderal- und Segetalgesellschaften

Herzgespann-Schwarznessel-Flur (Leonuro-Ballotetum nigrae)
Von dieser Ruderalgesellschaft der gemäßigt kontinentalen Lagen werden v. a. trockenwarme, nitrophile Böden der dörflichen Ortslagen und der Stadtrandbereiche besiedelt. Während *Ballota nigra* trotz eines Rückganges noch relativ regelmäßig in den dörflichen Ruderalfluren vorhanden ist, haben die Bestände von *Leonurus cardiaca* deutlich abgenommen. Die ebenfalls für diese Gesellschaft typische *Nepeta cataria* ist seit ca. 50 Jahren im UG nicht mehr nachgewiesen. Als Ursachen für den Rückgang der Gesellschaft gelten v. a. die Befestigung der Straßen- und Wegränder sowie die Beseitigung offener Ruderalstellen auf den Dorfangern.

Bauernsenf-Lämmersalat-Flur (Teesdalio-Arnoseridetum minimae) (Abb. 83)
Auf den trockenen, armen, sandigen Ackerstandorten ist das Teesdalio-Arnoseridetum minimae ausgebildet. Die Vorkommen im UG konzentrieren sich besonders auf die übersandeten Talränder des Unterspreewaldes bei Neu Schadow, Hohenbrück, Krausnick sowie auf das Randgebiet nördlich des Oberspreewaldes. Charakteristische Arten sind u. a. *Scleranthus annuus, Rumex acetosella* und *Teesdalia nudicaulis*. Die seit 1970 zu verzeichnende, stark rückläufige Entwicklung ist auf Standortverlust (Flächenauflassung, Stilllegungen), Düngung und Herbizideinsatz zurückzuführen. Heutige, zumeist kleinflächige Vorkommen sind auf Feldränder beschränkt. Dem Schutz bzw. Erhalt dieser Gesellschaft kommt eine landesweite Bedeutung zu. Gleiches gilt für die namengebende Art *Arnoseris minima* (s. Kap. 4.5).

Zwergbinsengesellschaften

Kleinlingsgesellschaft(en) (Centunculo-Anthocerotetum punctati, incl. Illecebretum verticillati)
Zu diesen Gesellschaften gehören auf wechselfeuchten Standorten an Feldrändern, in Ackersenken, Pfützen und Fahrspuren sowie in geräumten, trockenfallenden Gräben aufkommende niedrigwüchsige, lückige Pflanzenbestände. Typische Arten sind *Centunculus minimus, Juncus capitatus, Hypericum humifusum* und *Illecebrum verticillatum*. Aus dem UG sind frühere Vorkommen für die Bereiche Radensdorf/Burglehn, Briesensee/Lübben

und östlich Niewitz angegeben (PASSARGE 1959, PIETSCH 1963, KLÄGE 1999). KLEMM (1970) gliederte derartige Vegetationsstrukturen aus dem nordöstlichen Unterspreewald dem Teesdalio-Arnoseridetum minimae an. Heutige Vorkommen von Kleinlingsbeständen sind allenfalls noch als kennartenlose Fragmente ansprechbar. Gefährdungen ergeben sich insbesondere aus Aufdüngung und Kalkung, bei den dem Teesdalio-Arnoseridetum nahestehenden Beständen durch Flächenstilllegung (KLÄGE 1999).

2.11 Pflanzengeographische und standörtliche Besonderheiten

Für das Vorkommen und die Verbreitung von Pflanzenarten besteht vor allem ein Wirkungszusammenhang von abiotischen Umweltfaktoren (Klima, Boden, Wasser) und anthropogenen Nutzungen. Bodenkundlich bezogen hatte GIRARD (1855) für die in Brandenburg um die Mitte des 19. Jahrhunderts einsetzenden pflanzengeographischen Studien (z. B. ASCHERSON 1859) eine wesentliche, heute kaum noch beachtete pedologisch-geologische Grundlage geschaffen, die auch dem Spreewaldgebiet breiten Raum gab. Gut 50 Jahre später setzte sich GRAEBNER (1909) mit den in Brandenburg vorhandenen Verbreitungsgrenzen einzelner Arten intensiver auseinander. Bei den seit den 1930er Jahren forcierten geobotanischen Geländearbeiten blieb der Spreewald aus Mangel an Gebietskundigen wenig beachtet. Dies spiegelte sich auch in dem Beitrag von WALDENBURG (1934) sowie in der von MEUSEL (1937) initiierten Herausgabe von Verbreitungskarten mitteldeutscher Leitpflanzen wider. Erst mit MEUSEL (1939) wurde begonnen, die nordwestliche und mittlere Niederlausitz mit dem Spreewald zu berücksichtigen. Beispielhaft seien hier die Karten von *Astragalus arenarius* und *Pulsatilla pratensis* (MEUSEL 1939), *Ledum palustre* und *Erica tetralix* (MEUSEL 1940) sowie *Chimaphila umbellata* (MEUSEL 1944) genannt.
Die nach dem 2. Weltkrieg wieder aufgenommenen Kartierungsarbeiten erfuhren durch A. Arndt (Reichwalde) und K. Bialucha (Lübben) eine über die Literaturauswertung hinausführende Erweiterung und Aktualisierung von Funddaten aus dem Spreewaldgebiet. Das zeigt sich u. a. in den Karten von *Eriophorum vaginatum* (MEUSEL 1953/54), *Vaccinium oxycoccus* (MEUSEL 1955) und besonders in den in der 9. Reihe erschienenen Karten von *Butomus umbellatus, Calla palustris, Gentiana pneumonanthe, Hottonia palustris, Hydrocharis morsusranae, Lonicera periclymenum, Lysimachia thyrsiflora, Ranunculus lingua, Stratiotes aloides* und *Trapa natans* (MEUSEL 1959*)*.
Später setzte die Arbeitsgemeinschaft Mitteldeutscher Floristen in Halle die Arbeit fort und brachte bis 1974 noch weitere fünf Reihen von Verbreitungskarten in den Druck. Unter den für die Spreewaldflora bedeutsamen Arten sind *Festuca psammophila* (RAUSCHERT 1972) sowie *Arnoseris minima, Astragalus arenarius* und *Lathyrus palustris* (BUHL et al. 1974) hervorzuheben.
Zu Beginn der 1950er Jahre war in Potsdam durch W. R. Müller-Stoll die Erfassung brandenburgischer Leitpflanzen ins Leben gerufen worden. Von den in vier Reihen durch

Pflanzengeographische Besonderheiten

79 Verbreitungskarten dokumentierten Arten sind für das UG folgende Sippen hervorzuheben: *Astragalus arenarius, Erica tetralix, Gypsophila fastigiata, Ledum palustre, Trapa natans* (MÜLLER-STOLL & KRAUSCH 1957, 1959, 1960), *Illecebrum verticillatum* und *Lonicera periclymenum* (MÜLLER-STOLL et al. 1962). Daten liefernd waren nun für den Spreewald – wie auch für die Arbeitsgemeinschaft Mitteldeutscher Floristen – W. Fischer, H. Freitag, P. Halpick, H.-D. Krausch, W. R. Müller-Stoll, H. Passarge und A. Scamoni, schließlich auch K. H. Großer, G. Klemm, H. Illig und H. Jentsch an der Erarbeitung der Karten beteiligt.
20 Jahre später gab der Floristische Arbeitskreis der Niederlausitz in drei Reihen Verbreitungskarten von insgesamt 70 Arten, bearbeitet durch G. Klemm, heraus, die den Spreewald zentral in das regionale Kartenbild setzten. Bezogen auf das UG sind hier besonders die Karten von *Dactylorhiza majalis, Epipactis helleborine, Gentiana pneumonanthe, Listera ovata* (KLEMM 1982), *Lycopodiella inundata, Pedicularis palustris, P. sylvatica* (KLEMM 1985) sowie *Butomus umbellatus* (Abb. 8), *Inula britannica, Koeleria glauca* und *Stratiotes aloides* (KLEMM 1987) zu erwähnen.

Die Kartierungen verschiedener Art fanden schließlich, wenn auch nicht ohne Lücken und Fehler, Aufnahme in den „Verbreitungsatlas der Farn- und Blütenpflanzen Ostdeutschlands" (BENKERT et al. 1996). Besonders hier werden zwei schon ältere Aussagen zur Flora des Spreewaldes deutlich. Bereits TREICHEL (1876a: XXI) hob anlässlich der Hauptversammlung des Botanischen Vereins der Provinz Brandenburg in Lübben die landschaftliche Schönheit und Anmut des Spreewaldes hervor, vermerkte aber gleichzeitig, dass dieser „in botanischer Hinsicht nur sehr mäßige Schätze" besitze. Dies zeigte sich gleichfalls in der von KRAUSCH (1955b: 117) durchgeführten Analyse der von ihm für den Oberspreewald nachgewiesenen Pflanzenarten, wonach „in der eigentlichen Spreewaldniederung anteil- und mengenmäßig weit verbreitete Arten vorherrschen, wogegen Arten mit Verbreitungsschwerpunkten außerhalb Mitteleuropas vorzugsweise in den Randgebieten zu finden sind".

Unabhängig von diesen allgemeinen Einschätzungen gibt es doch einige bemerkenswerte pflanzengeographische bzw. standörtlich bedingte Besonderheiten. So befinden sich sowohl die *Carex brizoides*- als auch die *Juncus filiformis*-Vorkommen des UG am Nordrand des geschlossenen ostdeutschen Teilareals (vgl. BENKERT et al. 1996), während die Populationen der kontinental verbreiteten *Koeleria glauca* die südöstliche Grenze des geschlossenen ostdeutschen Verbreitungsgebietes markieren und somit im westlichen Randbereich des Gesamtareals liegen (vgl. MEUSEL et al. 1965). Die *Cochlearia danica*-Vorkommen des UG stellen momentan die in Ostdeutschland am weitesten südostwärts vorgeschobenen Vorposten der sich adventiv entlang der Autobahnen und Bundesstraßen ostwärts ausbreitenden Sippe dar (vgl. KUMMER 2002, KLEMM 2004). Ähnlich verhält es sich mit den Vorkommen von *Elodea nuttallii* und *Azolla filiculoides* (KUMMER & JENTSCH 1997, ILLIG, H. 2003b).

Pflanzengeographische Besonderheiten

Die im Spreewald von Nordwesten nach Südosten zunehmende Kontinentalität des Klimas (s. Kap. 2.4) findet ihren Ausdruck im schwach ozeanischen Klimatyp des Unterspreewaldes bzw. im schwach kontinentalen Typ des Oberspreewaldes (HEYER 1962). Dies äußert sich partiell im Vorkommen einzelner Arten im UG. So ist das atlantische Florenelement eher auf den Unterspreewald konzentriert. Überwiegend subozeanisch verbreitete Arten treten bzw. traten ausschließlich oder hauptsächlich sowohl im bewaldeten Inneren Unterspreewald (*Fagus sylvatica, Gagea spathacea*) als auch in den offenen Flächen (Trockenrasen, Heiden, Äcker) seiner Randgebiete auf (*Aira praecox, Calluna vulgaris, Corynephorus canescens, Ornithopus perpusillus* u. a.). Für die letztgenannten Arten findet dies standortbedingt eine Fortsetzung v. a. in den nördlichen Randlagen des UG-Südteils. Einige Arten dieses Verbreitungstyps, überwiegend Feuchtheidebewohner, wie z. B. *Erica tetralix, Eleocharis multicaulis* und *Juncus squarrosus*, zeigen ebenfalls eine Konzentration der Fundorte im Unterspreewald. Sie erreichen aber auch den Übergangsbereich zum Oberspreewald (Briesener See und Luch, Kiesgrube am ehemaligen Bhf. Neuendorf bei Lübben), fehlen im eigentlichen Oberspreewald gänzlich und treten erst wieder in der westlichen und südlichen, stärker atlantisch geprägten Niederlausitz gehäuft auf. Dass diese Erscheinung eher standörtlich, weniger klimatisch bedingt ist, wird auch in der Umkehrung auf den klimatisch etwas kontinentaler geprägten Oberspreewald deutlich. Hier sind es Sonderstandorte der Randgebiete, die Arten wie *Astragalus arenarius* (VK 5, Abb. 111), *Festuca psammophila* (VK 16), *Geranium sanguineum* und *Koeleria glauca* (VK 21) entsprechende Wuchsorte bieten.

Diese im Wesentlichen standörtliche Bedingtheit zeigt sich ebenso im Vorkommen einiger Segetalarten der armen Ackerstandorte des UG. So ist beim Vergleich der Verbreitungsbilder der subozeanisch verbreiteten *Arnoseris minima* (VK 4) und des sich erst seit dem 19. Jahrhundert ausbreitenden *Anthoxanthum aristatum* (vgl. MEUSEL et al. 1965) sowie der subkontinental verbreiteten *Veronica dillenii* (VK 50) innerhalb des UG kein wesentlicher Unterschied vorhanden.

Unter pflanzengeografischen Gesichtspunkten soll auch die sich nördlich des Baruther Urstromtales anschließende Zone mit Moor- und Heideflächen erwähnt werden. Hier treten standortbedingt boreo-kontinental verbreitete Arten schwerpunktmäßig auf. Dazu gehören im UG so seltene Pflanzenarten wie *Andromeda polifolia* (VK 1), *Calamagrostis stricta, Carex limosa* (VK 10), *Eriophorum vaginatum* (VK 15), *Hammarbya paludosa, Ledum palustre* (Abb. 93) und *Vaccinium oxycoccus* (VK 49, Abb. 95).

Submontan-montan verbreitete Arten, wie z. B. *Carex brizoides* und *Thlaspi caerulescens*, haben entlang des Flusslaufes der Spree, aus der Oberlausitz kommend, den Spreewald erreicht. Einige eher boreo-montan verbreitete Sippen, wie z. B. die Waldarten *Acer pseudoplatanus, Cardamine flexuosa, Festuca altissima* und *Ulmus glabra*, bilden mit anderen, außerhalb des UG befindlichen Vorkommen des Tieflandes eine lockere Verbindung zwischen den Häufungszentren der jeweiligen Art im Süden und Norden des nordostdeutschen Tieflandes.

Pflanzengeographische Besonderheiten

Dass herausragende Geländepunkte mit jeweils spezifischen edaphischen und z. T. auch kleinklimatischen Standortverhältnissen innerhalb eines reliefarmen Raumes bereichernd wirken, soll beispielhaft mit dem Marienberg bei Krugau und seinem Umfeld belegt werden. Innerhalb des UG kommen nur hier *Brachypodium pinnatum*, *Peucedanum cervaria* und *Rosa inodora* vor (Abb. 65, 107, 108). Darüber hinaus finden sich an diesem Fundort zahlreiche im UG zumeist seltene Arten, z. B. *Carlina vulgaris*, *Dianthus carthusianorum*, *Koeleria glauca*, *Pimpinella saxifraga* agg., *Potentilla heptaphylla*, *Pseudolysimachion spicatum*, *Scabiosa canescens*, *Silene nutans*, *Trifolium alpestre* und *T. montanum* (Abb. 110); früher kamen hier auch *Arctostaphylos uva-ursi* und *Gypsophila fastigiata* vor. Einzuordnen in diese standörtlichen Besonderheiten innerhalb des UG sind auch der Lange Rücken zwischen Lübben, Treppendorf und Neuendorf b. Lübben (u. a. mit *Arctium tomentosum*, *Falcaria vulgaris*, *Silene otites*), die Schönwalder Talsandflächen [*Pulsatilla pratensis* (Abb. 105), *Thesium ebracteatum* (Abb. 109), *Viola rupestris*] sowie die zahlreichen historischen Wein- und Mühlberge, so bei Neu Zauche (u. a. mit *Geranium sanguineum*, *Medicago minima* und *Vincetoxicum hirundinaria*), in Pretschen, Krausnick, Byhlen und Zerkwitz.

Edaphisch bedingte Besonderheiten der Pflanzenvorkommen im UG gelten auch für die zwar topografisch nicht herausgehobenen, lokal aber doch relativ begrenzten, basisch beeinflussten Ackerstandorte über den Wiesenkalk-Lagerstätten im Urstromtal von Schönwalde bis Lubolz und über dem im Leiper Raum erhaltenen Grundmoränenstock. Hier sind u. a. *Euphorbia exigua*, *Geranium dissectum*, *Kickxia elatine*, *Lathyrus tuberosus*, *Neslia paniculata*, *Sherardia arvensis*, *Silene noctiflora* und *Valerianella dentata* nachgewiesen.

Nicht immer lassen sich absolute Vorkommensbeschränkungen oder -konzentrationen auf einen der beiden großen Teilräume, Unter- und Oberspreewald, mit standörtlichen oder pflanzengeographischen Argumenten erklären. Für den Unterspreewald gilt beispielsweise, dass allein der größere Reichtum an Wäldern – die, auch historisch betrachtet, zumeist alte Waldstandorte dokumentieren – und deren stärkere standörtliche Differenzierung manches Vorkommen dort und zugleich auch das Fehlen im Oberspreewald verständlich machen. Dies gilt u. a. für *Cardamine flexuosa* (VK 8), *Equisetum pratense*, *Festuca altissima*, *Hepatica nobilis* (Abb. 87), *Lathyrus vernus*, *Melica nutans*, *Mercurialis perennis*, *Sanicula europaea* und *Ulmus glabra*.

Abb. 47: Als Art der Stromtäler kommt *Gratiola officinalis* im Spreewald nur selten vor (Neu Lübbenau, 1994).

Mit der Situation der Stromtalarten (vgl. FISCHER 1996, BURKART 2001) im Spreewald haben sich JENTSCH & SEITZ (1996) bereits auseinandergesetzt. Verglichen mit den Verhältnissen an Elbe und Oder waren und sind z. B. Vorkommen von *Allium angulosum, Cardamine parviflora, Gratiola officinalis* (Abb. 47) und *Senecio erraticus* im Spreewald eher selten (vgl. auch BENKERT et al. 1996). Häufiger und im UG weiter verbreitet sind dagegen vier Arten, denen allerdings JENTSCH & SEITZ (1996) keine absolute Stromtalbindung in Brandenburg zuordnen. Eng an das Gewässernetz gebunden – mit deutlichem Schwerpunkt im Unterspreewald – ist *Pseudolysimachion longifolium* (VK 37, Abb. 98). In den den Fluss begleitenden Auenwiesen auf lehmig-tonigen Böden tritt – vorzugsweise zwischen Lübben und dem Neuendorfer See – *Cnidium dubium* (VK 12) auf. Charakterarten der Niederungsgebiete des Spreewaldes mit weitgehend fehlender kleinräumiger Schwerpunktsetzung der Vorkommen sind *Lathyrus palustris* (VK 22) und *Viola stagnina* (VK 51, Abb. 55).

3. Volkstümliche Pflanzennamen

3.1 Niedersorbische/wendische Pflanzennamen des Untersuchungsgebietes (Jens Martin)

Die Niederlausitz wurde wie alle Gebiete zwischen Elbe und Oder in der Zeit vom 6. zum 7. Jahrhundert durch westslawische Stämme besiedelt. Auf dem Gebiet der heutigen Niederlausitz und damit auch des Spreewaldes siedelte sich der Stamm der Lusici an, der namengebend für die spätere Lausitz war. Im Gegensatz zur übrigen ehemals durch Slawen besiedelten Fläche des Landes Brandenburg konnte sich in einem Teil der Niederlausitz bis in die Gegenwart eine sich aus diesen Ursprüngen entwickelnde slawische Sprache erhalten, für die die Bezeichnungen „Niedersorbisch" und „Wendisch" nunmehr gleichberechtigt sind. Infolge starker Assimilation verschob sich in den letzten Jahrhunderten und Jahrzehnten die Sprachgrenze jedoch stetig nach Osten bzw. Süden, so dass nunmehr bezogen auf das UG insbesondere noch in südlichen und östlichen Teilen des Spreewaldes die niedersorbische Sprache im Alltag angewandt wird. Dass auch in den übrigen Teilen des UG noch vor wenigen Generationen die wendische Sprache in der ländlichen Bevölkerung lebendig war, wird auch anhand zahlreicher niedersorbischer Reliktnamen einheimischer Pflanzenarten deutlich (s. Kap. 3.2, EICHLER & KRAUSCH 1973, ILLIG, H. 1998).

Zur Sicherung des volkstümlichen Wortschatzes in Bezug auf die Pflanzennamen und damit auch als Beitrag zum Spracherhalt sowie zur Wertschätzung der Artenkenntnisse der Bevölkerung unserer Dörfer entschlossen sich die Autoren, neben den deutschen

Volkstümliche Pflanzennamen

Abb. 48: Einst für die Region typischer Bauerngarten in Burg Kolonie (1995).

auch den niedersorbischen volkstümlichen Pflanzennamen entsprechende Beachtung zu schenken und in dieses Werk aufzunehmen. Unabhängig voneinander wurden durch H.-D. Krausch und J. Martin anhand eigener Erhebungen und durch Auswertung der verfügbaren Literatur zu diesem Thema umfangreiche Zusammenstellungen mit wendischen Pflanzennamen erarbeitet, die im vorliegenden Werk erstmals für das UG zusammengefasst und veröffentlicht werden. Partiell eingeflossen sind auch die durch KRAUSCH (1955b, 1960, 1966, 1967a, 1968c, 1992b, 1996, 2008) bereits publizierten Pflanzennamen aus der Niederlausitz. Zur Erhebung der noch bekannten volkstümlichen Pflanzennamen wurden den Befragten zumeist frische Exemplare der in der Umgebung der Dörfer vorkommenden Pflanzen gezeigt oder es wurden gemeinsam die Gärten (Abb. 48, 117) und angrenzenden Äcker bzw. Wiesen begangen.

Hinsichtlich der ausgewerteten literarischen Quellen sind in erster Linie die Kräuterliste von A. Moller aus Straupitz (KRAUSCH 2003a) sowie die Arbeiten von ASCHERSON (1864), MÓŃ & ŠWJELA (1907), SCHULENBURG (1880, 1886, 1934a, b.– Abb. 49) und FABKE et al. (1970, 1976) zu nennen. Weitere wichtige Quellen stellen die Handschriften von J. Chojnan (HORNIK 1876a) und W. Broniš (HORNIK 1876b) sowie die Wörterbücher von ZWAHR (1847), MUCKE (1926/1928), ŠWJELA (1953) und STAROSTA (1999) dar, auch wenn die genaue örtliche Herkunft der darin verzeichneten Namen nicht immer eindeutig abgeleitet werden kann. Das trifft ebenfalls auf verschiedene botanische und ethnologische Werke zu (ASCHERSON 1864, ASCHERSON & GRAEBNER 1898/99, VECKENSTEDT 1880 u. a.).

Das Niedersorbische/Wendische zeichnet sich durch einige mehr oder weniger voneinander abweichende Dialekte aus. Dieser Aspekt spiegelt sich auch darin wider, dass zu einigen Pflanzenarten jeweils mehrere ähnlich lautende Varianten für deren wendische Benennung erfasst wurden, z. B. Korn-Rade (*Agrostemma githago*): „kukul, kukol, kukel, kokol, kokul, krukol". Andererseits weisen verschiedene Arten infolge einer vergleichbaren Morphologie oder anderer Übereinstimmungen mehrfach identische Namen auf. Derartige Sammelbezeichnungen liegen beispielsweise für alle kleinfrüchtigen Pflaumensippen vor, die als „tenki, tanki, tarnki etc." bezeichnet werden. Großseggen mit schneidenden Blättern heißen allgemein „rězina, rězyna" oder „rězawa" bzw. deutsch „Schneidegras". Alle nicht flechtbaren Strauchweiden werden „rokit, rekit etc." genannt. Der Name „jabrik" wird dagegen aufgrund der Blattform sowohl dem Kleinen Wiesenknopf (*Sanguisorba minor*) als auch der Bibernelle (*Pimpinella* spec.) und in einigen Orten auch der Schafgarbe (*Achillea millefolium*) zugeordnet. Eine Sonderstellung nehmen in diesem Zusammenhang die Farne ein, da mit den Namen „papros, paprus" und „pepros" stets großblättrige Arten der aus botanischer Sicht unterschiedlichen Gattungen *Athyrium, Dryopteris, Matteuccia, Polypodium, Pteridium* und *Thelypteris* bezeichnet werden.

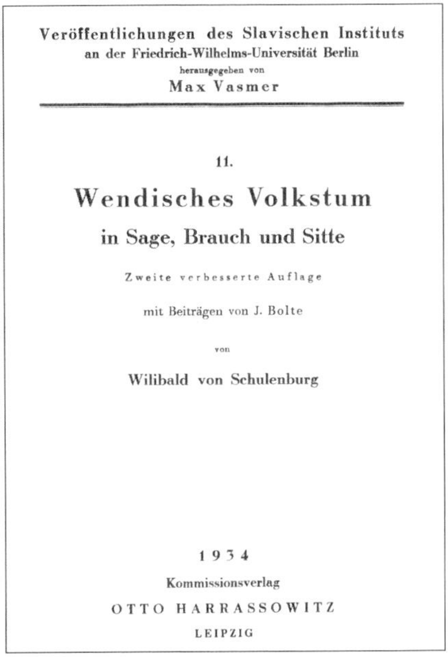
Veröffentlichungen des Slavischen Instituts
an der Friedrich-Wilhelms-Universität Berlin
herausgegeben von
Max Vasmer

11.

Wendisches Volkstum
in Sage, Brauch und Sitte

Zweite verbesserte Auflage
mit Beiträgen von J. Bolte
von
Wilibald von Schulenburg

1934
Kommissionsverlag
OTTO HARRASSOWITZ
LEIPZIG

Abb. 49: In der von VON SCHULENBURG (1934a) veröffentlichten Arbeit sind von mehr als 100 Pflanzensippen die von ihm zwischen 1876 und 1879 gesammelten, in Burg gebräuchlichen, volkstümlichen niedersorbischen/wendischen Pflanzennamen verzeichnet.

Für den Großteil der Arten existieren im hier betrachteten Sprachraum dagegen oft mehrere völlig unterschiedliche Namen. Dabei kann, wie bereits angemerkt, die ortsgenaue räumliche Verbreitung dieser Bezeichnungen entsprechend der Quellenlage oft nicht angegeben werden und eine eindeutige Zuordnung zu einzelnen Orten oder Dialekten ist im Nachhinein nur eingeschränkt möglich. Nur für wenige ausgewählte Pflanzenarten liegen durch die umfangreichen Erhebungen von FAßKE (1964) und FAßKE et al. (1970, 1976) entsprechende Erkenntnisse vor. Ein gewisser Teil der Namen kann daher sowohl aus dem Spreewald als auch aus angrenzenden Gebieten stammen, so dass eine Beschränkung auf das im eigentlichen Fokus dieses Werkes stehende UG in sprachwissenschaftlicher Hinsicht keine strikte Anwendung finden konnte. Es werden hier vielmehr alle für die nordwestliche Niederlausitz bekannten wendischen Pflanzennamen aufgenommen. Die Existenz eines Pflanzennamens ist deshalb in Einzelfällen, insbesondere bei seltenen Arten, nicht mit einem botanisch belegten früheren oder rezenten Vorkommen einer betreffenden Art im UG gleichzusetzen, so z. B. bei *Plantago media* oder *Rhinanthus minor*. Ebenso gestattet die Existenz eines niedersorbischen Pflanzennamens keine eindeutige Aussage darüber, ob die Art zur Zeit der Erhebung als Wildform existierte oder lediglich in Gärten kultiviert wurde, vgl. z. B. *Pulmonaria officinalis* agg. oder *Valeriana officinalis* agg.

Im Laufe der schriftlichen Fixierung der wendischen Pflanzennamen kam es zudem zu Entwicklungen in der niedersorbischen Schriftsprache, die ebenfalls eine unterschiedliche Schreibweise der Namen einer Art zur Folge haben können. Als Beispiele seien *Anchusa officinalis* (hopušawa – wopušawa) und *Galeopsis tetrahit* (konopawa – kónopawa) genannt. Auf eine strikte Angleichung an die gegenwärtig gültige Rechtschreibung wurde aber im Allgemeinen verzichtet. Lediglich zur Vereinfachung der großen Anzahl sehr ähnlicher Pflanzennamen, die sich in Bezug auf die differenzierte Aussprache des Vokales „o" ergeben, kam gegebenenfalls der Buchstabe „ó" (s. u.) zur Anwendung. Insbesondere die durch A. Moller im Jahre 1582 festgehaltenen und durch KRAUSCH (2003a) veröffentlichten Bezeichnungen erfuhren, soweit möglich, eine Überarbeitung entsprechend der gegenwärtigen Schreibweise. Aus dieser Pflanzenliste wurden aber nur die Namen übernommen, die augenscheinlich und durch Vergleich mit dem übrigen Korpus volkstümliche niedersorbische/wendische Pflanzennamen sind. Etwa 50 % der durch A. Moller überlieferten Namen werden jedoch als reine Übersetzungen der deutschen oder lateinischen Bezeichnungen in das Niedersorbische eingeschätzt und fanden keine Berücksichtigung.

Abschließend sei angemerkt, dass für einige relativ auffällige Arten bislang keine entsprechenden niedersorbischen Pflanzennamen registriert wurden, z. B. für Schwanenblume (*Butomus umbellatus*), Gemeiner Natternkopf (*Echium vulgare*), Gemeines Ruchgras (*Anthoxanthum odoratum*), Goldstern (*Gagea* spec.) und Bach-Nelkenwurz (*Geum rivale*). Demgegenüber liegen wendische Pflanzennamen vor, die noch keiner konkreten Art zugeordnet werden konnten (plěšawa, pśedobrica, sprjewica, suwanka u. a.). Diese Lücken zu schließen, ist das Ziel weiterer Arbeiten.

Hinweise zur Aussprache

Zur Erleichterung der Aussprache der wendischen Pflanzennamen sollen abschließend die wichtigsten vom Deutschen abweichenden Vokale und Konsonanten kurz erläutert werden (Tab. 3). Im Niedersorbischen wird jedes Wort am Anfang betont, in mehrsilbigen Wörtern liegt jedoch auf der vorletzten Silbe ein Nebenakzent. Für ausführlichere Erläuterungen des niedersorbischen Alphabetes wird auf das Niedersorbisch-deutsche Wörterbuch von STAROSTA (1999) verwiesen.

Die wendische Herkunft einiger aus den nunmehr deutschen Dörfern des UG erhobenen volkstümlichen Pflanzennamen äußert sich bei bestimmten Arten auch darin, dass die

Niedersorbische/wendische Pflanzennamen

Lautgebung durch das deutsche Alphabet nicht exakt wiedergegeben werden kann. Zusätzlich zur deutschen Schreibweise wird daher in wenigen Fällen der Pflanzenname zur Unterstützung auch in Klammern mit dem betreffenden sorbischen Buchstaben aufgeführt, z. B. Wassergruže für *Agrostis stolonifera* und Bužauen für *Typha* spec.

Tab. 3: Ausgewählte niedersorbische/wendische Schriftzeichen, ihre Aussprache und dazugehörige Beispiele.

Buchstabe	Aussprache	Beispiel
c	stimmlos, hart, wie deutsch „z"	proca, psowica, cartowy cwjern
ć	stimmlos, weich, wie deutsch „tsch¹"	sćanica, sćerkawa, sćer, cysć
č	stimmlos, hart, wie deutsch „tsch"	rědnučki, česki, malučki
ě	zwischen dem deutschen *i* und *e* stehend	měrik, drěn, jězyk, sněgulka, kwětka, rěpa
h	stimmlos, weich und häufig nicht gesprochen	(h)yšći, (h)ajtka, (h)upac
	stimmlos, harte Aussprache	hendryški, hopa, hejda
j	vor und nach Vokalen lang ausgesprochen	hajtka, jablucyna, marchwej
l	immer sehr weich ausgesprochen, mit einem *j*-Nachklang	lipa, klon, kukol, mloko
ł	in einigen Dialekten als l und dann hart ausgesprochen, sonst ähnlich dem deutschen „u"	ławrjeńc, słomjanka, jałowjeńc, łoboda
ń	ein weiches *n*, wie im Wort Ko**gn**ak	słyńco, kóń, popoweńc, rymańka
ó	variantenreicher Vokal, der je nach Gegend zwischen reinem *o* und Übergängen zu *u, ä* oder *y* liegen kann	wóda, zwónki, kósawa, górka, chójca
ŕ	sehr weich ausgesprochen, mit einem *j*-Nachklang rollen	keŕ, pjepjeŕ, boŕbus
s	stimmlos, hart, wie deutsch „ss/ß"	syśo, melisa, wóset, pšoso
ś	stimmlos, weich, wie deutsch „sch¹"	paproś, śerlica, bóśonka, kśěk
š	stimmlos, hart, wie deutsch „sch"	jabłuško, kšupy, pšusnica
w	am Wortanfang oder vor *o* und *u* je nach Gegend stimmlos, als schwaches *h* bis wegfallend	(w)uchac, (w)utšoba, (w)opušawa, (w)ucho
	nach Vokalen in der Wortmitte und am Wortende wie *u* (ähnlich ł s. o.)	slěwka, živy, kopśiwa
	vor Zischlauten und anderen Konsonanten am Wortanfang nicht gesprochen	(w)šuži, (w)robel
z	stimmhaft, hart, wie im Wort **S**onne	zeleznica, kózlik, zmilny, zymnik
ź	stimmhaft, weich, wie im Wort **J**alousie	žołź, živy, źeń, žowćo
ž	stimmhaft, hart, wie im Wort Gara**g**e	jažowe zele, žonop, žabjeńc

3.2 Deutsche Pflanzennamen des Untersuchungsgebietes und ihre Beziehungen zum niedersorbischen/wendischen Sprachschatz (Heinz-Dieter Krausch)

Die deutschen Mundarten in der Spreewaldregion und in den daran angrenzenden Gebieten gehören zur großen Sprachgruppe des Mitteldeutschen. Niederdeutsche Spracheinflüsse machen sich lediglich ganz geringfügig am Nordrand des Spreewaldgebietes bemerkbar. Dort werden hier und da die Zwiebel bereits als „Bolle" und die röhrenförmigen Zwiebelblätter als „Bollpiepen" bezeichnet und nicht wie im eigentlichen Spreewald als „Zwibbeln" und „Zwibbeltuten".

Gegenüber den Mundarten in der östlichen und in der westlichen Niederlausitz weist das Spreewaldgebiet einige Besonderheiten auf. So heißen die Kartoffeln nicht „Knullen" wie zumeist in der Niederlausitz, sondern „Knödel" bzw. „Kneedel". Dieser deutsche Name ist seinerzeit auch als Lehnwort in die niedersorbischen Dialekte des Spreewaldes übergegangen, wo man die Kartoffel als „knydle" bezeichnet und nicht wie sonst als „kulki".

Da in den Dörfern des Spreewaldgebietes einst von allen oder den meisten Einwohnern Niedersorbisch/Wendisch gesprochen wurde, haben sich nach dem Erlöschen der niedersorbischen Sprache und der Übernahme der regionalen mitteldeutschen Mundart in den entsprechenden Orten noch manche Besonderheiten aus dem Wendischen erhalten, wie etwa der Wegfall der Artikel und des anlautenden „h". Allerdings ist dieser früher hier weit verbreitete deutsche Spreewalddialekt, wie andere deutsche Mundarten auch, gegenwärtig stark im Schwinden begriffen und einer nur noch mundartlich gefärbten Umgangssprache gewichen, wurde aber in mundartlichen Gedichten und Erzählungen, wie z. B. von dem im Spreewald aufgewachsenen Lehrer, Dichter und Schriftsteller O. Lukas (1881–1956), festgehalten. Bei dem genannten Sprachwandlungsprozess, der in der Hauptsache erst seit dem 18. Jahrhundert ablief, wurde auch eine größere Zahl niedersorbischer Pflanzennamen, gewissermaßen als termini technici, meist mit Abwandlungen und Angleichungen an die deutsche Sprache, in die deutsche Spreewaldmundart übernommen. Wenngleich manche dieser Reliktwörter heute rückläufig sind, so wird doch ein großer Teil von ihnen auch in der gegenwärtigen Umgangssprache des Spreewaldes noch genutzt. Somit ist der Spreewald innerhalb des deutschen Sprachgebietes die Landschaft mit der höchsten Zahl derartiger volkstümlicher Pflanzennamen slawischer Herkunft. Nachstehend seien einige Beispiele aufgeführt, weitere Angaben enthält die Arbeit von EICHLER & KRAUSCH (1973):

Acker-Schachtelhalm (*Equisetum arvense*) – Kosch, Kusch;
Sumpf-Schachtelhalm (*Equisetum palustre*) – Schabenz, Žabenz (zu niedersorbisch „žaba" = Frosch);
Kornrade (*Agrostemma githago*) – Kuckel, Kuckelrot, Kornkuckel (hierzu der Spruch „Kuckelrot, in vier Wochen neues Brot");

Deutsche Pflanzennamen

Kornblume (*Centaurea cyanus*) – Modratzchen, Modratzen, Modratz, Modratzke, Modrak;
Weißer Gänsefuß (*Chenopodium album*) – Lobada, Loboda, Lobeda, Obeda, Obode, Lobodde, Lobbodde;
Acker-Spörgel (*Spergula arvensis*) – Golonka, Golonke, Gulanke, Gulenke, Gullinka, Kullenz, Kullej;
Vogelmiere (*Stellaria media*) – Musch;
Sumpf-Dotterblume (*Caltha palustris*) – Okuschine, Lokusche, Luttuschchen;
Seerose (*Nymphaea alba*) – Ketzerchin, Ketzchen, Katzerkchen, Katzurken (zu wendisch „kacorki" = Entchen);
Teichrose (*Nuphar lutea*) – Ketzerchin, Katzelchen, Katzorkel, Katzurken (zu wendisch „kacorki" = Entchen);
Kriechender Hahnenfuß (*Ranunculus repens*) – Sorusch, Sorsch, Žorusch, Žorasch, Žerusch, Žorsch;
Wasser-Schwaden (*Glyceria maxima*) – Kaspe [aus niedersorbisch „kastwej, kastwja"; in niedersorbischen Wörterbüchern wird für diesen Namen fälschlicherweise das Gemeine Schilfrohr (*Phragmites australis*) angegeben];
Rohr-Glanzgras (*Phalaris arundinacea*) – Melena, Mellina, Mellna, Mellinge, im nördlichen Unterspreewald Milenz, Militz.

Bemerkt werden soll noch, dass einige derartige Reliktwörter aus dem Unterspreewald, wie z. B. „Kullenz" für den Acker-Spörgel oder „Milenz" und „Militz" für das Rohr-Glanzgras, auf abweichende Namenformen in schon länger erloschenen nördlichen Dialekten des niedersorbischen Sprachraumes hinweisen.

Ansonsten zeigen die deutschen volkstümlichen Pflanzennamen des Spreewaldgebietes gegenüber denen der anderen Regionen der Niederlausitz kaum Unterschiede. So heißen hier z. B. die als Gartenzierpflanzen gezogenen Arten Akelei und Bart-Nelke ebenso wie in der Niederlausitz „Glockenblume" bzw. „Karteisernelke". Die Kuckucks-Lichtnelke kennt man im Spreewald ebenfalls unter ihrem in der Niederlausitz weit verbreiteten Namen „Fleischerblume" oder „Fleischblume"; nur in Burg nennt man sie „Storchblume", wohl eine Lehnübersetzung des niedersorbischen Namens „bósonka" (zu „bóson" = Storch). Auch Pflanzen, für die mancherorts noch aus dem Niedersorbischen stammende Reliktnamen verwendet werden, haben anderswo bereits deutsche, in der Umgebung gebräuchliche volkstümliche Bezeichnungen. So nennt man den Acker-Schachtelhalm im Spreewald nicht überall mehr „Kosch" bzw. „Kusch", sondern in manchen Orten, wie in der Nachbarschaft auch, „Katzenstutz" bzw. „Katzensturz".

Spezieller Teil

4. Die Farn- und Samenpflanzen (Pteridophyta, Spermatophyta) des Spreewaldes

4.1 Erläuterungen und Vorbemerkungen

4.1.1 Inhalt des Speziellen Teils

Die vorliegende „Flora" enthält alle im Untersuchungsgebiet (UG) festgestellten wild wachsenden Pflanzensippen. Dies betrifft sowohl heute anzutreffende Taxa als auch ausgestorbene bzw. verschollene Sippen. Aufgeführt sind diesbezüglich alle einheimischen Sippen (hier incl. der Archäophyten), alle neophytischen Taxa, alle ephemer aufgetretenen Sippen und die verwilderten Kulturpflanzen bzw. Kulturpflanzen mit deutlicher Verwilderungstendenz (Kv). Dabei sind sich die Autoren bewusst, dass es sich bei den Ephemerophyten und Kv-Sippen im Regelfall ebenfalls um Neophyten handelt. Zur besseren Kennzeichnung dieser Taxa werden sie jedoch separat geführt.
Die Tradition einiger älterer Floren des 19. Jahrhunderts aufgreifend, werden ergänzend in Kap. 4.3 v. a. gebietstypische, im UG zumeist nicht selten anzutreffende Kulturpflanzen aufgelistet. Hierbei handelt es sich um in forst- und landwirtschaftlichen sowie in gartenbaulichen Kulturen vorkommende Sippen, zum großen Teil aber auch um Taxa, die in den Zier- und Nutzgärten der Ortslagen zu finden sind. In seltenen Fällen werden auch Sippen genannt, die früher in den Gärten vorkamen, heute jedoch vergeblich gesucht werden. Die Liste der Kulturpflanzen erhebt keinen Anspruch auf Vollständigkeit!
Die Auflistung der Sippen erfolgt – unabhängig von ihrer systematischen Zugehörigkeit – alphabetisch entsprechend ihres wissenschaftlichen Namens. Dies trifft sowohl für die Gattungsebene als auch innerhalb dieser für das Artniveau zu. In einigen Fällen werden summarische Angaben zu einigen, mindestens zwei Kleinarten umfassenden Aggregaten vorgenommen. Wichtige Synonyme werden genannt (s. auch Kap. 7.2). Gelegentlich erfolgt im Kap. 4.2, seltener bei den Kulturpflanzen (Kap. 4.3), in den Anmerkungen die Ausweisung der im UG nachgewiesenen subspezifischen Taxa. In wenigen Fällen, v. a. wenn sich die Sippen deutlich hinsichtlich ihrer ökologischen Ansprüche unterscheiden, werden die Subspezies als separate Sippen aufgeführt. Hybriden ordnen sich alphabetisch innerhalb der betreffenden Gattung ein; die beiden Elternarten werden in einer separaten Zeile ausgewiesen. In Kleindruck gestellt sind in der Regel falsche oder zweifelhafte Mitteilungen zum Vorkommen von Sippen im UG, die der Vollständigkeit halber ebenfalls aufgeführt werden. Sie sind in Kap. 4.2 eingerückt angeordnet und mit einer entsprechenden Erläuterung versehen.
Die aufgeführten Angaben zu den Fundorten der jeweiligen Sippe im UG stammen aus diversen Publikationen, von in öffentlichen Herbarien (Herbarium Botanisches Museum und Botanischer Garten Berlin-Dahlem, Herbarium TU Dresden, Herbarium Senckenberg Museum für Naturkunde Görlitz, Herbarium Haussknecht Jena) bzw. im Stadt- und

Regionalmuseum Lübben hinterlegten Herbarbögen, aus ausgewählten wissenschaftlichen Arbeiten (Dissertationen, Diplomarbeiten, Staatsexamensarbeiten, Gutachten), dem Pflege- und Entwicklungsplan des Biosphärenreservates Spreewald, dem Pflege- und Entwicklungsplan des Gewässerrandstreifenprojektes Spreewald, aus Kartierungen der Naturwacht und aus mehreren Karteien incl. Herbarien der im UG botanisch-floristisch tätigen bzw. tätig gewesenen Beobachter sowie den Karteien zur floristischen Kartierung in Brandenburg (BENKERT et al. o.J., MÜLLER-STOLL et al. o.J).

4.1.2 Taxonomie und Nomenklatur
Die Taxonomie und Nomenklatur der Wildpflanzen richtet sich weitgehend nach JÄGER & WERNER (2005) sowie RISTOW et al. (2006). In Einzelfällen wurde auch auf WISSKIRCHEN & HAEUPLER (1998) sowie diverse Publikationen zu kritischen Gattungen bzw. Arten zurückgegriffen. Für die Kulturpflanzen wurde neben JÄGER et al. (2008) zusätzlich ERHARDT et al. (2008) herangezogen.

4.1.3 Angaben zu den einzelnen Sippen
Im Folgenden werden zum Verständnis der Angaben zu jeder einzelnen, in den Kap. 4.2 und 4.3 aufgeführten Sippe entsprechende Erläuterungen und Hinweise zu den dort verwendeten Abkürzungen gegeben. In Tab. 9 sind ausgewählte, zumeist nachfolgend nicht erläuterte fachspezifische Kürzel zusammengestellt. Die Angaben zu den im Kap. 4.2 aufgeführten Arten sind nach folgendem Schema angeordnet.

H/V/↘   ***Wissenschaftlicher Name*** AUTORENNAME – Deutsche(r) Pflanzename(n)
           [**Syn.**: wichtige Synonyme (gegebenenfalls Elternarten der Hybride)]
           VN: deutsche(r) volkstümliche(r) Pflanzenname(n); niedersorbische(r)/wendische(r) volkstümliche(r) Pflanzenname(n).
           Vorkommen – Besiedelte Biotope/Standorte.
           Fundortangaben, getrennt nach Biosphärenreservat Spreewald (**BR**) und Randgebiete (**RG**).
           HA: Historische Angaben bis 1950.
           Anm.: Anmerkungen.

Dabei erfolgt die Auflistung der Fundorte, die Nennung historischer Nachweise sowie das Einfügen von Anmerkungen nur im Bedarfsfall. Die Angaben im grau unterlegten Kästchen beziehen sich von links beginnend auf den Status, die Rote-Liste-Kategorie im Land Brandenburg und die Tendenz der Bestandsentwicklung. Bei den Kulturpflanzen (Kap. 4.3) wird dagegen lediglich eine verbale Einschätzung zum Auftreten im UG gegeben. Bei Arten, die sowohl Wildvorkommen aufweisen als auch in Kultur angetroffen werden, gelten die im Kap. 4.2 dargelegten Angaben nur für die wild wachsenden Bestände.

Spezieller Teil

Deutsche Pflanzennamen, volkstümliche deutsche bzw. niedersorbische/wendische Pflanzennamen

Die aufgeführten deutschen Pflanzennamen sind im Wesentlichen JÄGER & WERNER (2005) entnommen, bei den Kulturpflanzen auch JÄGER et al. (2008) und ERHARDT et al. (2008). Die volkstümlichen deutschen und niedersorbischen/wendischen Pflanzennamen gehen auf jahrelange Sammlungstätigkeit mehrerer Personen, insbesondere von H.-D. Krausch und J. Martin, sowie auf die Auswertung verschiedener Literaturquellen zurück (s. auch Kap. 3.1 und 3.2).

Status

Hinsichtlich des Status der im Kap. 4.2 aufgeführten Sippen werden – bezogen auf das UG – die in Tab. 4 ausgewiesenen Kategorisierungen vorgenommen. Zur Orientierung dient dabei weitgehend die Einschätzung der einzelnen Sippen bei RISTOW et al. (2006). Dabei werden von den Autoren die oftmals separat geführten Archäophyten mit den indigenen Sippen als heimische Arten vereinigt. In Einzelfällen wird, da es im UG Abweichungen von der in RISTOW et al. (2006) für Brandenburg vorgenommenen Klassifizierung gibt, eine eigene Bewertung vorgenommen. Gelegentlich lässt sich die Status-Frage nicht eindeutig klären. Dies wird mit „?" hinter der Status-Kategorie gekennzeichnet. Unabhängig davon sind sich die Autoren bewusst, dass auf Grund der Kleinräumigkeit des UG ein Teil der Status-Angaben mit Unsicherheiten behaftet ist.

Tab. 4: Status.

H	heimische Art (bereits vor 1500 im UG)
N	Neophyt (erst nach 1500 im UG)
Kv	Kulturpflanze, verwildert
E	Ephemerophyt

Rote-Liste-Kategorie

Die Angaben zu der Kategorie (Tab. 5) folgen weitgehend der Roten Liste Brandenburgs (RISTOW et al. 2006). Bei einigen Sippen des UG ist eine Übernahme der darin ausgewiesenen Gefährdungskategorie nicht möglich. Dies betrifft zum einen Taxa, die im UG ephemer auftreten, während sich der landesweite Rote-Liste-Status in RISTOW et al. (2006) auf autochthone oder etablierte Vorkommen bezieht.

Tab. 5: Rote-Liste-Kategorie.

0	ausgestorben oder verschollen
1	vom Aussterben bedroht
2	stark gefährdet
3	gefährdet
G	gefährdet, ohne Zuordnung zu einer der drei Gefährdungskategorien
R	extrem selten
V	zurückgehend, Art der Vorwarnliste
D	Kenntnisstand ungenügend
#	Gefährdung bei Unter- bzw. Kleinarten vorhanden, diese im UG jedoch nicht unterschieden
(...)	betreffender Rote-Liste-Status findet im UG keine Anwendung
–	keiner Gefährdungskategorie unterliegend
×	in RISTOW et al. (2006) nicht aufgeführte Sippe

Erläuterungen

Bei diesen Sippen wird der Rote-Liste-Status in Klammern gesetzt, z. B. (3). Zum anderen ist eine Übernahme des Rote-Liste-Status bei einigen Taxa nicht möglich, weil dieser bei Ristow et al. (2006) den jeweiligen Subspezies bzw. Kleinarten zugewiesen wird, während sich die betreffende Bewertung in der vorliegenden „Flora" auf das Art- bzw. Aggregatniveau bezieht. Bei diesen Sippen wird der Rote-Liste-Status mit „#" gekennzeichnet.

Tendenz der Bestandsentwicklung

Um eine Charakterisierung von Veränderungen der Flora und der Dynamik des Florenwandels im UG zu erhalten, wird eine Einschätzung der Bestandsentwicklung der im Kap. 4.2 ausgewiesenen Taxa von 1950 bis 2008, ausnahmsweise bis 2009, entsprechend der in Tab. 6 ausgewiesenen Kategorien vorgenommen. Diese ergibt sich aus den im UG gesammelten Geländeerfahrungen der Autoren in Kombination mit den vorliegenden Funddaten sowie der Auswertung der Literatur. In starkem Maße wird dabei auf die Ausführungen von Krausch (1955b) zurückgegriffen. Darin enthaltene, auf offensichtlichen Kenntnislücken zum Vorkommen einzelner Sippen im Oberspreewald fußende Angaben bzw. Nichtausweisungen (z. B. *Veronica arvensis*) werden dementsprechend eingeordnet. Ausgenommen von der hier vorgenommenen Tendenzeinschätzung sind alle in Kleindruck gesetzten Sippen. Nicht eingeschätzt werden auch die im UG bereits nachweislich ausgestorbenen bzw. verschollenen Taxa. Sippen, für die dies bereits vor 1950 zutraf, sind mit „◊" gekennzeichnet; für seit 1950 ausgestorbene/verschollene Sippen erfolgt dies durch „◆".

Tab. 6: Tendenz der Bestandsentwicklung im UG.

↑	stark in Ausbreitung
↗	in Ausbreitung
↔	gleichbleibend
↘	rückläufig
↓	stark rückläufig
?	unklar
–	nicht eingeschätzt
◊	nicht eingeschätzt, da vor 1950 ausgestorben/verschollen
◆	nicht eingeschätzt, da im Zeitraum von 1950 bis 1979 ausgestorben/verschollen
◆?	nicht eingeschätzt, da im Zeitraum von 1980 bis 2009 ausgestorben/verschollen

Aufgrund der zumeist engen Standortbindung und der zu verzeichnenden Landschaftsveränderungen im UG wird bei einem Teil der Sippen mit großer Wahrscheinlichkeit ein Verschwinden seit 1980 angenommen. Diese sind mit „◆?" ausgewiesen. Ebenfalls nicht eingeschätzt werden die im UG ephemer aufgetretenen Arten („–"). Gleiches trifft auch für einige ausdauernde, in der Regel im UG jedoch sehr seltene Sippen zu, die wenigstens einmal seit 1980 nachgewiesen wurden. Hier erlauben die wenigen Funde keine Einschätzung einer Tendenz.

Bei einigen Taxa sehen sich die Autoren außerstande, trotz ausreichender Populationsanzahl bzw. -größe eine Tendenzbeurteilung vorzunehmen. Dies trifft u. a. für Sippen zu, denen erst in letzter Zeit eine verstärkte Aufmerksamkeit zuteil wurde und von denen deshalb nur neuere Fundangaben vorliegen. Es ist aber anzunehmen, dass diese Taxa

Spezieller Teil

bereits zuvor im UG vorkamen. Hier eingeordnet werden auch einige kritische Sippen, die in jüngster Vergangenheit keine Beachtung fanden, von denen aber wenige ältere Angaben vorliegen. Deshalb kann in diesen Fällen keine Einschätzung des Trends vorgenommen werden. Diese Taxa sind mit „?" gekennzeichnet.

Bei einigen Sippen ist z. T. trotz fehlender Angaben aus den letzten Jahren bzw. beim Vorhandensein neuerer Mitteilungen in Kombination mit einer unzureichenden Datenlage bezüglich des früheren Vorkommens im UG eine Einschätzung der Tendenz angegeben. Diese beruht auf den Geländeerfahrungen der Bearbeiter in der Niederlausitz bzw. in Brandenburg. Dabei vorhandene, nicht immer auszuräumende Unsicherheiten sind gleichfalls mit einem zusätzlichen „?" dokumentiert.

Vorkommen

Die Angaben zum Vorkommen der Sippen im UG sind Häufigkeitsangaben. Sie leiten sich von der Anzahl der bekannt gewordenen Fundorte (FO) des jeweiligen Taxons im UG seit 1980 ab (Tab. 7). Räumlich nur gering voneinander getrennte Teilpopulationen werden dabei in der Regel zu einem FO zusammengefasst. Obwohl bei einigen Arten bekannt ist, dass die eine oder andere seit 1980 nachgewiesene Population in der Zwischenzeit nicht mehr existiert, ging dieser FO in die Zählung der Vorkommen mit ein, da es genauso möglich ist, dass von dieser Sippe noch nicht alle Bestände im UG entdeckt worden sind bzw. auch entsprechende Neuansiedlungen stattgefunden haben können. Abgewichen wird von dieser Regelung lediglich bei Sippen, die seit 1980 nicht mehr im Gebiet bestätigt sind [†]. Darüber hinaus ist von einigen, v. a. einheimischen Sippen bekannt, dass sie im UG ab 1980 noch nachweislich existierten, in der Zwischenzeit die Vorkommen jedoch erloschen sind. Aufgrund der engen ökologischen Standortbindung dieser Taxa wird in diesen Fällen davon ausgegangen, dass sie heute im UG ausgestorben/verschollen sind [†*]. Ausgenommen von dieser Regel werden die seit 1980 sporadisch aufgetretenen Ephemerophyten; hier sind die entsprechenden Nachweise zusammengefasst und das dazugehörige Symbol (ss–z) wird entsprechend Tab. 7 vergeben. Ephemerophyten, die nur vor 1980 aus dem UG bekannt geworden sind, sind mit (†) ausgewiesen. Bei der auf Grund der FO-Anzahl formal vorgenommenen Angabe zum Vorkommen einiger Sippen im UG bestehen – insbesondere bei weniger beachteten bzw. bestimmungskritischen Taxa – seitens der Autoren berechtigte Zweifel an deren Gültigkeit. Dies ist durch ein „?" hinter dem entsprechenden Symbol gekennzeichnet.

Tab. 7: Vorkommen.

†	Sippe vor 1980 ausgestorben/verschollen
†*	Sippe seit 1980 ausgestorben/verschollen
(†)	Vorkommen von Ephemerophyten nur vor 1980
ss	sehr selten (Vorkommen an 1 bis 3 FO)
s	selten (Vorkommen an 4 bis 10 FO)
z	zerstreut (Vorkommen an 11 bis 30 FO)
v	verbreitet (Vorkommen an mehr als 30 FO)

Erläuterungen

Angaben zu den besiedelten Biotopen/Standorten
Bezüglich der Standortansprüche jeder einzelnen Sippe sollen in dieser Kategorie die im UG gesammelten Kenntnisse dargestellt werden. Bei wenigen Nachweisen eines Taxons im UG kann die Anzahl der genannten Biotope/Standorte der Anzahl der Funde entsprechen. Bei vielen Arten sind jedoch nur die hauptsächlich besiedelten Lebensräume aufgeführt. In älterer floristischer Literatur finden sich vielfach keine Angaben zum besiedelten Biotop. Dies ist mit „(ohne Angabe)" gekennzeichnet. In anderen Fällen wird die betreffende Biotopbeschreibung mehr oder weniger wörtlich übernommen, ohne dies explizit auszuweisen. Aus der im Vergleich zu heute anderen Redewendung ist dies ersichtlich. Zur Problematik Kiefernforst/Kiefernwald siehe Ausführungen in Kap. 2.10.2.

Darstellung der Fundortangaben
Für die ausgestorbenen/verschollenen bzw. als „ss" und „s" eingestuften Sippen sind alle bekannten FO aufgeführt. Bei einigen, als zerstreut vorkommend eingeschätzten Sippen sind, da die Bestände dieser Taxa oftmals rapide abgenommen haben, alle bekannt gewordenen FO (z. T. aber nur neueren Datums) aufgelistet, um diese für spätere Erhebungen als Referenz zur Verfügung zu stellen. Beispielhaft sei auf *Arnoseris minima* und *Calla palustris* verwiesen (s. Kap. 4.2).
Die aufgeführten Fundorte sind entsprechend ihrer Lage im Biosphärenreservat Spreewald (**BR**) und in den Randgebieten (**RG**) getrennt aufgelistet. Die Reihung erfolgt weitgehend von Nord nach Süd bzw. von West nach Ost. Bei den historischen Angaben (**HA**) geschieht dies nach dem Zeitpunkt der Publikation/Aufsammlung, beginnend mit der ältesten Veröffentlichung. Bei einem Teil der historischen Daten ist eine mehr oder weniger eindeutige Zuordnung zu aktuellen Nachweisen gegeben. In diesen Fällen fließen die historischen Daten in die Auflistung der Fundangaben unter BR bzw. RG mit ein, um somit die Wuchsortkonstanz der entsprechenden Sippe zu dokumentieren. Zu jeder FO-Angabe ist mindestens eine Quelle angegeben. Wurde eine Sippe an einem Fundort mehrfach beobachtet, so sind in der Regel der Erst- und der Letztnachweis aufgeführt. Die Quellen sind dann durch „ ; " von einander getrennt. Gleiches gilt für die jeweiligen FO.
Bei historischen Angaben (HA) ist die Fundortbeschreibung teilweise aus der entsprechenden Literatur zitiert. Dies trifft insbesondere für lokal recht unscharf vorgenommene Mitteilungen zu. Bei einem Teil davon wird von den Autoren aufgrund ihrer Gebietskenntnisse versucht, diese Angaben etwas genauer zu lokalisieren.

Tab. 8: Häufig genannte Beobachter.

Abkürzung	Beobachter
AS	P. Ascherson
BI	K. Bialucha
IL	H. Illig
JE	H. Jentsch
KA	S. Kasparz
KB	W. Klaeber
KG	H.-C. Kläge
KL	G. Klemm
KN	K. Kanold
KR	H.-D. Krausch
KU	V. Kummer
PE	W. Petrick
RH	L. Rabenhorst

Spezieller Teil

Die auf Forsteinrichtungen bezugnehmenden FO-Beschreibungen basieren auf den in Messtischblättern enthaltenen Jagen-Bezeichnungen (z. B. Jg. 94).

Häufig genannte Beobachter sind, wie in Tab. 8 dargestellt, abgekürzt.

Bei unveröffentlichten Angaben wird das Jahr der Beobachtung oder der entsprechende Bezugszeitraum vor den Gewährsmann gestellt:

„Jahr Beobachter" (z. B. 1955 Passarge, 1985 KR).

Publizierte Angaben sind nach folgendem Schema dargestellt:

1. „AUTOR(EN) Jahr" (z. B. PASSARGE 1959, KR 1960);
2. „Beobachter in AUTOR(EN) Jahr" (z. B. Fischer in FISCHER & BENKERT 1986, Morche in KL 2005, JE in KL 1999, 1973 KB in KB 1984);
3. „Jahr~AUTOR(EN) Jahr" (z. B. 1955~MÜLLER-STOLL et al. 1992b).

Dabei bezieht sich die vor dem Beobachter stehende Jahreszahl auf das Fundjahr. Entfällt diese Angabe, liegt das Jahr der Veröffentlichung maximal 5 Jahre nach dem Jahr des Nachweises. Steht die Jahreszahl nach dem Beobachter, weist sie auf eine entsprechende Literaturquelle hin. Bei den unter 3. dargelegten Quellennachweisen mit mehreren Autoren wird in der Veröffentlichung der Beobachter nicht explizit ausgewiesen, jedoch das Jahr der Beobachtung. Dies betrifft v. a. Angaben aus vegetationskundlichen Arbeiten. Die postum von W. Fischer zusammengestellte Publikation (BIALUCHA 1967) beinhaltet größtenteils Angaben, die K. Bialucha für die floristische Kartierung Mitteldeutschlands erhob. Von den Autoren der „Flora" wurde versucht, für die in diesem Artikel genannten Funde die exakten Jahreszahlen anhand seines Nachlasses zu ermitteln. Dort, wo es nicht gelang, ist dies als „o.J. BI in BI 1967" gekennzeichnet.
Die als WIESNER (1920–1938) wiedergegebene Quelle bezieht sich auf ein von ihm geführtes Tagebuch mit der Aufschrift „Botanik Wiesner". Diese Datensammlung beinhaltet auch Beobachtungsangaben des aus Vetschau stammenden G. Wolff (s. Kap. 1.4). Diese werden im Speziellen Teil entsprechend dargestellt.

Die Autoren waren bemüht, jeden FO einer Ortschaft des UG zuzuordnen. Sind mehr als eine Fundangabe einem Ort zugewiesen, so wird nur bei dem zuerst genannten Fund die betreffende Ortschaft genannt. Die jeweiligen FO werden durch ein „ ; " getrennt. Eigennamen mit Bezug auf eine Ortschaft, wie z. B. Briesener Luch oder Byleguhrer See, werden im Regelfall wie eine Ortschaft behandelt. Bei einem Teil der Literaturangaben ist aufgrund fehlender textlicher Ausführungen leider keine Zuweisung zu einer Ortschaft möglich, z. B. Oberspreewald, Wasserburger Forst. Trotz der Großräumigkeit solcher Angaben, die in manchen Fällen auch ein Vorkommen außerhalb des UG

Erläuterungen

möglich erscheinen lassen, sind sie in die „Flora" aufgenommen worden. Ähnlich wird mit historischen Angaben verfahren, die aus Ortschaften der UG-Peripherie stammen, obwohl in diesen Fällen ebenfalls ein Vorkommen außerhalb des UG denkbar ist. Derartige Mitteilungen sind mit einem „ * " vor der Ortsangabe, z. B. *Vetschau (RH 1839), gekennzeichnet.

Stammen mehrere hintereinander aufgeführte Fundangaben aus ein und derselben Quelle, so erfolgt deren Nennung am Ende der Aufreihung.

In einigen Fällen wird ein Hinweis auf vorhandene Herbarbelege gegeben. Dies betrifft zumeist seltene oder bestimmungskritische Sippen. Bei im Privatbesitz befindlichen Herbarbelegen ist dies durch ein vor der betreffenden Person stehendes „H-" und gegebenenfalls durch eine Belegnummer gekennzeichnet (s. u.). Bei Angaben aus institutionellen Herbarien wird das international übliche Kürzel der Einrichtung genannt (vgl. Tab. 9) und – soweit bekannt – die entsprechende Belegnummer zitiert.

    „Herbarium-Finder" (z. B. H-JE)
    „Herbarium-Finder Belegnummer" (z. B. H-KU 641/1)
    „Herbarium-Institution Belegnummer" (z. B. Herbar GLM 21957)

Häufig verwendete Fundortbezeichnungen – zumeist Flurnamen – die namentlich nicht in der detaillierten Übersichtskarte des UG (auf CD) ausgewiesen sind, wurden mit Zahlen in dieselbe eingefügt. In Kap. 7.1 sind sie alphabetisch entsprechend ihrem Namen sortiert, so dass darauf fußend, ihre Lage im UG entnommen werden kann. Darüber hinaus werden zahlreiche in der Übersichtskarte des UG (auf CD) aufgeführte Orts- und Landschaftsangaben zur besseren Auffindung in Kap. 7.1 unter Angabe des Messtischblattquadranten (MTBQ) aufgelistet.

Angaben in den Anmerkungen

In den Kap. 4.2 und 4.3 wird u. a. – obwohl aufgrund der ungenügenden Datenlage ein ehemaliges Vorkommen im UG nicht eindeutig nachweisbar ist – auf eine Auflistung der betreffenden Sippe bei MOLLER (1582) bzw. FRANKE (1594) hingewiesen. Dies bleibt im Wesentlichen auf die Kulturpflanzen bzw. auf verwilderte Kulturpflanzen beschränkt. Diese besaßen bzw. besitzen im Gegensatz zu den Wildarten eine weitere und allgemeinere Verbreitung, so dass die Wahrscheinlichkeit, dass diese Sippen zu der damaligen Zeit im UG angebaut wurden, hoch ist. Dadurch werden sowohl die Konstanz als auch der Wandel hinsichtlich beider Pflanzengruppen dokumentiert. Dabei bedeutet:

    Δ F = Sippe ist bei FRANKE (1594) aufgeführt,
    Δ M = Sippe ist bei MOLLER (1582) aufgeführt.

1996 erschien nach langjähriger Arbeitsphase der „Verbreitungsatlas der Blütenpflanzen Ostdeutschlands" (BENKERT et al. 1996), in den die Erhebungen vieler Floristen sowie

Spezieller Teil

Ergebnisse von Literaturauswertungen einflossen. Leider ist es in vielen Fällen nicht mehr möglich, die Primärquelle zu ermitteln, da der größte Teil der Daten aus Kartierungslisten stammt. Derartige für die „Flora" relevante MTBQ-Angaben sind wie folgt in den Anmerkungen zu den einzelnen Sippen aufgeführt:

Δ B: ?MTBQ-Nr. (z. B. Δ B: ?3948/4, ?4151/1).

Unabhängig davon werden in den Anmerkungen, wo es notwendig und möglich war, entsprechende Erläuterungen zu vorhandenen Einträgen in BENKERT et al. (1996) gegeben.

Verbreitungskarten
Für einige Arten erfolgte die Erstellung zeitlich gestaffelter Verbreitungskarten auf der Basis von Messtischblattviertelquadranten. Dabei werden folgende Symbole verwendet:

- ● Nachweis 1980–2008,
- ◐ Nachweis 1950–1979,
- ✕ Nachweis 1950–1979, mit geographischer Unschärfe,
- ○ Nachweis vor 1950,
- ⋈ Nachweis vor 1950, mit geographischer Unschärfe.

Verzeichnis ausgewählter Abkürzungen
Unter Verweis auf Kap. 4.1.3 sind in Tab. 9 ausgewählte Abkürzungen, die in den vorstehenden Ausführungen zumeist keine Erläuterung erfahren haben, zusammengestellt.

Tab. 9: Abkürzungsverzeichnis.

Kürzel	Erläuterung
agg.	Aggregat
BR	Biosphärenreservat Spreewald
conf.	confirmo (bestätigt)
convar.	Convarietät
cv.	cultivar (Sorte)
det.	determinavit (bestimmt hat)
f.	forma (Form)
FO	Fundort(e)
GRPS	Gewässerrandstreifenprojekt Spreewald
HA	Historische Angaben
Herbar GLM	Herbarium Senckenberg Museum für Naturkunde Görlitz
Herbar B	Herbarium Botanisches Museum und Botanischer Garten Berlin-Dahlem

Erläuterungen

Kürzel	Erläuterung
Herbar DR	Herbarium Technische Universität Dresden
in litt.	in litteris (brieflich, schriftlich)
leg.	legit (gesammelt)
MTBQ	Messtischblattquadrant
N	Norden, nördlich
NSG	Naturschutzgebiet
O	Osten, östlich
o.J.	ohne Jahresangabe
rev.	revidit (revidiert, überprüft)
RL	Rote-Liste-Status Brandenburg
RG	Randgebiet(e)
S	Süden, südlich
s. l.	sensu lato (im weiteren Sinne)
s. str.	sensu stricto (im engeren Sinne)
subsp.	Subspezies
Syn.	Synonym
UG	Untersuchungsgebiet
var.	Varietät
VK	Verbreitungskarte
VN	volkstümlicher Pflanzenname
W	Westen, westlich
Δ B	Angabe aus BENKERT et al. (1996)
Δ F	Angabe aus FRANKE (1594)
Δ M	Angabe aus MOLLER (1582)

4.2 Spezieller Teil – Wild wachsende Arten

E/×/− **Abutilon theophrasti** MEDIK. – Samtpappel
  ss – In Ruderalfluren, insbesondere auf Getreideumschlagplätzen.
  BR: Lübben: Getreidewirtschaft (JE in KL 1985b); *Vetschau (1981 Knips); Vetschau: Getreidewirtschaft (JE in KL 1989a).
  Anm.: Auch wenig außerhalb des UG in Vetschau: Acker SW (1981 H-JE) und Gr. Klessow: Ortslage in einem Garten aufgetreten (2002 WETZEL in litt. 2002, det. KU). Δ F.

H?/G/↔ **Acer campestre** L. – Feld-Ahorn
  VN: – ; klon.
  z – Zumeist in Hecken und Gehölzstreifen.
  Anm.: Im Gebiet angepflanzt und davon ausgehend verwildert. Bezüglich des nicht eindeutigen Indigenats vgl. KU et al. (2001) und MEUSEL & BUHL (1962). Δ F.

Kv/−/↗ **Acer negundo** L. – Eschen-Ahorn
  v – In Grünanlagen und Gehölzstreifen.
  Anm.: Im UG überwiegend angepflanzt und davon ausgehend verwildert. Selten kultiviert ist die Form mit panaschierten Blättern.

H?/−/↗ **Acer platanoides** L. – Spitz-Ahorn
  VN: Auer; jawor, jaworc.
  v – Zumeist auf gestörten, nicht zu armen Standorten in Laubmischwäldern, sonst vielfach als Straßenbaum und Parkgehölz gepflanzt und oft verwildert.
  Anm.: MEUSEL & BUHL (1962: 1246) vermerken, dass es im mitteldeutschen Diluvialgebiet „nur wenige Stellen (gibt), wo *A. platanoides* als spontan bezeichnet werden könnte, z. B. im Gebiet der Niederlausitz". Hierauf verweisen auch Ortsnamen wie Jauer (zu sorbisch „jawor") (KR in litt. 2009). Die Bestände im Unterspreewald sind dabei über einige Vorkommen im südlichen Teil Brandenburgs mit dem mitteldeutschen, durch indigene Populationen ausgezeichneten Verbreitungsgebiet verbunden. KR (1955a) führt jedoch unter den im Jahre 1783 bei der Waldrevision im Unterspreewald aufgelisteten Baumarten Ahorn nicht auf.

H?/−/↔ **Acer pseudoplatanus** L. – Berg-Ahorn
  VN: – ; klon.
  z – In edellaubholzreichen Wäldern, auch gepflanzt in Parkanlagen und an Straßen.
  Anm.: Besonders im Ahorn-Eschen-Wald des Unterspreewaldes anzutreffen (SCAMONI 1954). Obwohl KR (1955a) unter den im Jahre 1783 bei der Waldrevision im Unterspreewald aufgelisteten Baumarten Ahorn nicht aufführt, werden diese Vorkommen von MEUSEL & BUHL (1962: 1246) als indigen eingestuft. Zusammen mit weiteren, im Brandenburger Tiefland liegenden

Vorkommen stellen sie „eine lockere Verbindung zu dem südwestbaltischen Teilareal dar". Hin und wieder kommen im UG auch Sippen mit weinrötlicher Blattunterseite vor. Bäume mit kräftig gefärbter weinroter Blattunterseite, deren Blätter dadurch sehr dunkel erscheinen, sind Kulturpflanzen. Sie finden sich gelegentlich in Anlagen und Gärten sowie verwildert.

Achillea millefolium L. – Gewöhnliche Schafgarbe H/–/↔
VN: – ; kšawnik, tšawnik, krawnik, rotwica, rotlica, jabrik, jědrik, wójcyna garba, wójcyna tšawa.
v – Auf mäßig trockenen Wiesen und Rasenflächen.
Anm.: An einzelnen Stellen Wildpflanzen mit rosa Blütenständen. Rotblühende Sippen gelegentlich als Zierpflanzen in Gärten kultiviert. Δ F.

Achillea pannonica Scheele – Ungarische Schafgarbe
Die Angabe vom Byhlener Weinberg (JE 1976) beruht auf einer Fehlbestimmung einer stark behaarten *A. millefolium* (H-JE, rev. 2008 KU & M. Ristow). Bei der von Holla (1861/62) gemachten und von AS (1864) übernommenen Angabe zu *Achillea millefolium* b. *contracta* Schl. (= *A. millefolium* γ *lanata* Koch) vom Burger Schlossberg könnte es sich um *A. pannonica* gehandelt haben. Δ B: ?4050/4, ?4151/1.

Achillea ptarmica L. – Sumpf-Schafgarbe H/V/↘
VN: – ; běly torant, dorant, dorand, běly worant, worant, žiwe kamilcheny.
v – In wechselfeuchten Wiesen (insbesondere Pfeifengras-, Rasenschmielen- und Rotschwingel-Wiesen), auch in Uferstaudenfluren und an Gräben.
Anm.: Im Schlangenluch bei Hohenbrück wurden Pflanzen gefunden, die eine Zwischenstellung (Hybride?) zwischen den Arten *A. ptarmica* und *A. salicifolia* Besser einnehmen (KU 1996b). Hier und da wird in den Gärten der Ortschaften eine gefülltblühende Sippe der *A. ptarmica*, Silberknöpfchen genannt (VN: – ; běle kwišo), kultiviert.

Achillea ptarmica

Acinos arvensis (Lam.) Dandy – Gewöhnlicher Steinquendel H/–/↔
[**Syn.:** *Calamintha acinos* (L.) Clairv.]
s – In lückigen Sandtrockenrasen an Verkehrswegen und am Rande von Kiefernforsten.
BR: Neuendorf am See: Wutscherogge (KU 1998); Köthen: 0,5 – 1 km N Kl. Wasserburg am Fahrwegrand (1971 KB); W Köthen (1995 JE); Krausnick: Pechhütte Nähe Luchsee (1991 KU); Gr. Lubolz: mehrfach NNO der

Ortslage zwischen Schafbrücke und Bugk (J. ILLIG 1974; 1992 H-JE; 2009 Borries & PE); SO Wußwerk (1995 JE).
RG: Krausnick: ca. 3 km W Nähe Neue Schenke (1994 KU); Schönwalde: Dorfstraßenrand (1985 KU); Treppendorf: ehem. Lehmgrube 1 km SSW Ortslage (1974 KB); Byhlen: alte Bahntrasse zwischen Rauhem See und Gr. Zehmesee (1974 KB).

Kv/−/↔ *Acorus calamus* L. – Kalmus
VN: – ; kalmus, kałmus.
z – Auf nassen, nicht zu nährstoffarmen Wiesen und Viehweiden, besonders an Gewässerrändern sowie im Röhricht der Gräben.
Anm.: Die Art wird auf Wiesen durch Beweidung gefördert. Sie wurde früher zu Pfingsten zum Verkauf gesammelt. In den Lausitzen bereits Ende des 16. Jahrhunderts als Heilpflanze in Gärten kultiviert (Δ F, Δ M), gegen Mitte des 17. Jahrhunderts in der Niederlausitz verwildert und eingebürgert (KR 2009a). In Kultur heute nur selten an Gartenteichen anzutreffen.

H/−/↘ *Adoxa moschatellina* L. – Moschuskraut
z – Im feuchten, nährstoffreichen Eichen-Hainbuchen-Wald und in angrenzenden Wald- und Gebüschgesellschaften.

H/−/↔ *Aegopodium podagraria* L. – Gewöhnlicher Giersch
VN: Gürsch, Garsch, Geißfuß, Hirschkraut, Dreiblatt, Gänsepooten; rucyca, rucycka, rucycki, wjelkowa stopa, baršćawa.
v – Auf nährstoffreichen Standorten in krautreichen Gebüschen und Saumgesellschaften sowie im Eichen-Hainbuchen-Wald und auf frischem Gartenland.

H/−/↔ *Aethusa cynapium* L. – Hundspetersilie
VN: – ; kózymĕrik, kózamĕrik, stwoł.
z – An Wegen, Feld- und Gebüschrändern, in ruderalen Staudenfluren sowie als Unkraut in Gärten, bevorzugt an nährstoffreichen Standorten.

H/−/↔ *Agrimonia eupatoria* L. – Kleiner Odermennig
VN: – ; wšych šĕłow zele.
z – Auf basenreichen Sandböden an Wegrändern und in Säumen.

H/−/↘ *Agrimonia procera* WALLR. – Großer Odermennig
s – Lichte Wald- und Wegränder, meist auf frischen Standorten.
BR: Alt Schadow: W-Ufer des Neuendorfer Sees am Kessel (BUHL 1964; 1996 KU); am Weg nach Pretschen S vom Gr. Luch (BUHL 1964); Neuendorf am See: Gr. Bossische Wiese (KB 1975); ca. 1 km SW am Straßenrand

Agrostis

(1992 KU); Plattkow: Wiesenrand N des Forsthauses (1976 KB); Hohenbrück: ca. 1 km NO an der Str. nach Alt Schadow (1992 KU); Köthen: S-Ufer Pichersee (1953 BI); am Pretschener Mühlenberg (JE in KL 1989a); Gr. Lubolz: Grabenrand an der Schafbrücke (1999 KA).
RG: Bückchen: verbuschter Waldweg am Hügel hart S der ehem. Torfstiche (BUHL 1964); 1 km NNO am Wegrand (1974 KB in KB 1980); Schönwalde: NW Ortslage (IL in KL 1985b); 2 km N am Wegrand (IL & J. Illig in KL 1977); Treppendorf: SW Ortslage (IL & KG in KL 1989a); Byhlen: Wegrand O-Ufer Byhlener See und Senke an der Bahntrasse bei Jg. 38 (1974 KB).

Agrostemma githago L. – Korn-Rade   H/1/↓
VN: Kuckel, Kuckelrot, Kornkuckel, Kuckelblume; kukul, kukol, kukel, kokol, kokul, krukol.
ss – Im Wintergetreide auf nährstoffreichen Standorten, Feldrand.
BR: Lübbenau: Getreidefelder in der Campe (JE 1973); Lübbenau-West: Feldrand bei der Kläranlage (IL in KL 2006); auf Druschplätzen westl. Lübbenau (KR 1955b); Leipe (1992 JE); Müschen: im Landsberger Gemenge auf einem Feld bei der Ortslage (KR 1955b).
RG: Lübben: Felder am Feldweg nach Treppendorf (1953 BI); Kl. Klessow (1992 JE).
HA: Lübben: alte Hirschland-Ziegelgrube (1949 BI).

Agrostemma githago

Anm.: Noch vor ca. 100 Jahren in der Niederlausitz als allgemein verbreitetes, häufiges Getreideunkraut bekannt, begann seit Anfang des 20. Jahrhunderts ein ständiger, auf verbesserten Reinigungstechnologien beruhender Rückgang (KR 1978). Heute wird die Art auch vereinzelt in Gärten als Zierpflanze kultiviert. Früher galt im Spreewald folgender Spruch: „Kuckelrot, in vier Wochen neues Brot".

Agrostis canina L. – Sumpf-Straußgras   H/–/↘
VN: Braune Muchaua, Brunnaua, Brunnaue; brunawa, brunaua, muchaua.
v – Auf vernässten Wiesen und in Sümpfen, an Moor- und Torfstichrändern.
Anm.: Obwohl noch als verbreitet eingestuft, hat die als Magerkeitszeiger geltende Art aufgrund von Hydromelioration und der Intensivierung der Grünlandnutzung (u. a. Umbruch von Kleinseggenwiesen) Verluste hinnehmen müssen.

Agrostis

H/–/↔ ***Agrostis capillaris*** L. – Rot-Straußgras
[Syn.: *A. tenuis* Sibth.]
VN: – ; brunawa, brunica.
v – In Sandfluren auf etwas humosem Boden, besonders an Wegrändern, auf Ackerbrachen, in grasreichen Kiefernforsten, auf Kahlschlägen und im trockenen Birken-Stieleichen-Wald.

H/–/↔ ***Agrostis gigantea*** Roth – Riesen-Straußgras
z – Auf frischen bis feuchten Wiesen und an Wegen.

H/–/↔ ***Agrostis stolonifera*** L. – Weißes Straußgras
VN: Wassergrusche (Wassergruže); pyrjowina.
v – Auf nassen bis feuchten Wiesen besonders in Flutmulden, in verschiedenen Typen von Feuchtwiesen, auch im Erlen-Eschen-Wald und in Gräben.

H/–/↔ ***Agrostis vinealis*** Schreb. – Schmalrispiges Straußgras
[Syn.: *A. coarctata* Ehrh. ex Hoffm., *A. stricta* J. F. Gmel.]
z – In armen, lückigen Sandtrockenrasen, insbesondere auf Blößen, an Bestands- und Wegrändern innerhalb von Kiefernforsten.

H/3/– ***Aira caryophyllea*** L. – Nelken-Haferschmiele
ss – Auf lückigen Sandböden, insbesondere an Wegrändern.
BR: Hartmannsdorf O (KL 1980), Straupitz: bei der Kirche (2009 Raabe).
RG: Duben: Autobahnabfahrt in Richtung Lübben (IL in KL 2006); Briesener See: Kiefernforstränder am N-Ufer des Sees (IL & KG in KL 1989a).

H/–/↔ ***Aira praecox*** L. – Frühe Haferschmiele
z – In Auflichtungen der Kiefernforste und an sandigen Waldwegen, auch in Resten von Borstgrasrasen.
Anm.: Im inneren Spreewald weitgehend fehlend. Die Bestandsschwankungen in einzelnen Jahren sind oft witterungsbedingt.

H/V/↘? ***Ajuga genevensis*** L. – Heide-Günsel
s – In trockenen Wäldern, an Wegen und an Säumen.
BR: Köthen: am Waldweg nach Gr. Wasserburg (1953 BI; 1992 JE); Krausnick: ca. 1 km W an der Straße nach Brand (1988 KU; 2004 KU); am Luchsee (1992 JE); Lübben: Forsthaus Börnichen (1995 JE); Byleguhrer See: N des Sees im Eichen-Kiefern-Wald (1992 H-JE); NO Werben (1992 JE).
RG: Byleguhre: Welsnitz (KA in KL 2002).
HA: Treppendorf: Langer Rücken (Müller 1876); Ziegeleigrube am Feldweg (1948 BI).

Alisma

Ajuga reptans L. – Kriechender Günsel H/–/↘
z – Auf reichen Standorten in Laubwäldern und auf frischen Wiesen.
Anm.: Die überwiegend in Parkanlagen und auf Friedhöfen vorkommende Kultursippe 'Atropurpurea' mit dunkel-purpurnem Blattwerk stammt aus Anpflanzungen und daraus hervorgehenden Verwilderungen.

Alchemilla glabra NEYGENF. – Kahler Frauenmantel H/2/–
ss – Frische bis feuchte Wiesen.
BR: Am Byleguhrer See (1978 U. Hölzer, det. KL, H-KL); W Milkersdorf (1996 Seitz).
Anm.: Nach KL (1986) in Brandenburg die häufigste *Alchemilla*-Art – neben der im UG nicht nachgewiesenen *A. monticola* OPIZ. Ein Vorkommensschwerpunkt im Land Brandenburg befindet sich in der südöstlichen Niederlausitz. Die beiden Funde im UG befinden sich am Nordwestrand dieses Teilgebietes.

Alchemilla subcrenata BUSER – Stumpfzähniger Frauenmantel H/1/–
ss – Frische bis feuchte Wiesen.
BR: Lübbenau: Wiese 0,2 km S Hafen nahe der ehem. Touristenstation (1985 JE, det. KL, H-KL); Wiese im Schlosspark (1986 JE).
Anm.: Der brandenburgische Vorkommensschwerpunkt dieser montan verbreiteten Art befindet sich in der südöstlichen Niederlausitz (vgl. KL 1986). Die beiden Funde im UG stellen nördliche Vorposten des hier bereits stark aufgelockerten Teilgebietes dar.

Alchemilla vulgaris agg. – Gewöhnlicher Frauenmantel H/#/↘
VN: Löwentappe; lawina noga.
ss – In Feucht- und Frischwiesen.
BR: Byleguhrer See: am Seeufer Nähe Birkenwäldchen (1992 KN, ob zu *A. glabra* gehörend?, s. o.); im östlichen Spreewald vereinzelt in Glatthafer-Wiesen (KR 1955b); Lübbenauer Spreewald (PASSARGE 1955a).
Anm.: Diese Angaben lassen sich, da ohne Herbarbeleg, den Kleinarten nicht zuordnen. Im UG sind bislang Vorkommen von *A. glabra* und *A. subcrenata* bekannt (s. o.).

> ***Alisma gramineum*** LEJ. – Grasblättriger Froschlöffel
> Obwohl die Rabenhorstsche Angabe einer ganz schmalblättrigen Form der *Alisma plantago* L. „Im Spreewalde b. Schlepzig" (RH 1839: 104) von AS (1864) als *A. gramineum* übernommen wurde, lässt die dürftige Beschreibung bei RH (1839) nicht diese eindeutige Zuordnung zu (vgl. KU et al. 2001).

Alisma lanceolatum WITH. – Lanzettblättriger Froschlöffel H/3/?
s – Röhrichte in Gräben und in Sekundärgewässern auf mineralkräftigen Standorten.

Alisma

BR: Leibsch-Damm: 1,5 km NW am Grabenrand S des Abzweiges nach Neuendorf am See (1994 KU); Krausnick: ca. 1,5 km O am Altwasser der Wasserburger Spree N Str. nach Schlepzig (1992 H-KU 2198/2); Groß-Lubolz: Buschgraben an der Schafbrücke (2000 KA); Wußwerk: Kiesgrube (1991 JE); Graben am Byhleguhrer See (1996 Seitz).
RG: Treppendorf: Kiesgrube N des Ortes (JE in KL 1999); Ziegeleigrube Hirschland (JE in KL 1980; 1989 JE).

H/−/↔ *Alisma plantago-aquatica* L. – Gewöhnlicher Froschlöffel
VN: Froschkraut, Hechtkraut; hopa, łopa, lopa, žabjeńc, žabinka, parasoliki.
v – In Röhrichtgesellschaften flacher Ufer, an Gräben und Spreearmen, seltener in Nasswiesen.

H/−/↔ *Alliaria petiolata* (M. Bieb.) Cavara et Grande – Knoblauchsrauke
VN: – ; kobołkowe zele.
v – An frischen Ruderalstellen, besonders an Wegen, Waldrändern und in Parkanlagen.

H/3/◆? *Allium angulosum* L. – Kantiger Lauch
†* – Auf wechselfeuchten Wiesen und in Übergangsbereichen zu Gebüschen und Grünlandbrachen.
BR: Alt Zauche: W-Rand des Luchs N Ortslage (JE in KL 1999); mehrfach ca. 2,5 km S im Gebiet zwischen Krummer Mutnitza – Bürgergraben – Spreewaldhofgraben – Gestellkanal – Lugk-Fließ – Jahn-Fließ (1952 BI in BI 1957; 1953~Müller-Stoll et al. 1992c; JE in KL 1985b; 1955 Freitag in Müller-Stoll et al. 1962); Lübbenau: Wiesen am Barzlin (JE in KL 1985b, 1982 H-JE; 1998 JE); Lübbenauer Spreewald (Passarge 1955a); Leipe: SO bei der Hauptspree (1952~Müller-Stoll et al. 1992c).
Anm.: Nach Beobachtung von JE kamen 1986 auf der Wiese am Barzlin noch Hunderte von Exemplaren vor. Danach erfolgte bis 1998 ein Rückgang bis auf wenige Individuen. Von PE bei Kartierungsarbeiten zwischen 2002 und 2008 nicht mehr beobachtet.

H/V/− *Allium oleraceum* L. – Gemüse-Lauch
ss – In Trockenrasen etwas mineralkräftigerer Standorte, an Wegrändern und in Gebüschen.
BR: Schlepzig: Wussegk am Denkmal (PE in KL 2004).
RG: Lübben: am Feldweg nach Treppendorf (1952 BI).
Anm.: Δ B ?4050/4, ?4149/2, ?4150/4.

N/−/↗ *Allium paradoxum* (M. Bieb.) Don – Seltsamer Lauch
ss – An frischen, schattigen Standorten in Parkanlagen und an Wegen.

BR: Lübbenau: Schlosspark; Wotschofska (1982 JE); Lindenallee Beuchow-Lübbenau (IL & KG in KL 1989a).
Anm.: Meist in der Nähe von Siedlungen vorkommend. Auch an einem an das UG angrenzenden FO nachgewiesen: Burgwall b. Gr. Beuchow (1982 JE).

> *Allium scorodoprasum* L. – Schlangen-Lauch
> Außerhalb, direkt an der Grenze des UG im Park Gr. Beuchow (IL & J. Illig in KL 1980) nachgewiesen.

Allium senescens L. subsp. *montanum* (Fr.) Holub – Berg-Lauch   H/1/◊
[**Syn.:** *A. lusitanicum* Lam., *A. montanum* F. W. Schmidt]
† – (ohne Angabe).
HA: Köthen: Wehlaberg (1926 Straus in Straus 1936).

Allium vineale L. – Weinberg-Lauch   H/–/↔
VN: Wilder Knobloch, Kornzwiebel; žiwy kobołk, kobolik, pólski kobołk, cybulka.
v – In subruderalen Rasen, besonders in Rainen und an Wegen auf trockenen bis frischen Standorten, aber auch in Parkanlagen, Gebüschen und auf Friedhöfen, oft unter Robinie.

Alnus glutinosa (L.) Gaertn. – Schwarz-Erle   H/–/↔
VN: Else, Erle, Herle; wólša.
v – Auf nassen bis feuchten, auch periodisch überfluteten Torf- und Torf-Schlickböden in Erlenbruchwäldern und im Erlen-Eschen-Wald.
Anm.: Charakterbaum des Spreewaldes. Derzeit durch *Phytophthora*-Pilzbefall im Wuchs beeinträchtigt. Ende des 19. Jahrhunderts wurde die an der Mühlspree bei Burg stehende sog. „Königserle", die in Brusthöhe einen Stammumfang von fast 6 m aufwies, gefällt (Bolle 1893).

Alopecurus aequalis Sobol. – Rotgelber Fuchsschwanz   H/–/↔
v – Auf nassen Stellen in Wiesen und auf Äckern sowie in Pioniergesellschaften auf feuchtem Schlick und Lehm.

Alopecurus geniculatus L. – Knick-Fuchsschwanz   H/–/↔
VN: – ; běr.
v – In Flutmulden und auf beweidetem Grünland.

Alopecurus pratensis L. – Wiesen-Fuchsschwanz   H/–/↔
VN: Wildes Korn, Korngras; kósawa, kłosawa.
v – Auf mäßig feuchten bis frischen Wiesen, bevorzugt nährstoffreiche Böden.
Anm.: Auf Wirtschaftswiesen durch Düngung und Einsaat gefördert, Überschwemmungen vertragend, jedoch empfindlich gegen zu starke Austrocknung der Standorte.

Althaea

Kv/(1)/◇ **Althaea officinalis** L. – Echter Eibisch
VN: –, běły šlěz.
† – Dörfliche Ruderalfluren.
HA: Niewitz; Hartmannsdorf (RH 1839); Zerkwitz (RH 1839; vor 1896 Peck, Herbar GLM 19086).
Anm.: Die Art war früher eine typische Dorfgartenpflanze (alte Heilpflanze), von wo aus sie innerhalb der Dörfer und in deren engerem Umfeld verwilderte. Von RH (1839: 188) wird sie als „auf etwas feuchtem Boden an Dörfern in der westlichen Niederlausitz sehr häufig" vorkommend angegeben. Von WIESNER (1939) aus einem Bauerngarten in Burg (Dorf) aufgeführt. Letzte Beobachtungen stammen aus Gartenkulturen in Lübbenau und Burg (1992 JE). Wildvorkommen sind im UG nicht bekannt. Δ F, Δ M.

H/3/– **Alyssum alyssoides** (L.) L. – Kelch-Steinkraut
ss – In lückigen Xerothermrasen.
RG: Zwischen Sacrow und Waldow (1985 JE).
HA: Straupitz (vor 1923 Wolff in WIESNER 1920–1938).
Anm.: Auch an einem an das UG angrenzenden FO nachgewiesen (Gr. Beuchow, 1980 IL in KL et al. 1986).

E/–/↔ **Amaranthus albus** L. – Weißer Amarant
z – An Wegen und auf Ruderalstellen, v. a. an Bahnanlagen.

E/×/↔? **Amaranthus blitum** L. – Aufsteigender Amarant
[**Syn.:** *A. lividus* L.]
VN: –; pjerwy hogeń, pjerwohognjece zele.
s – In Gärten, auf Hofstellen und Äckern, auch auf Müllplätzen und anderen Ruderalstellen. Bevorzugt nitratreiche, humose Sandböden.
BR: Krausnick: Müllplatz (1986 KU in KU 1994); Lübbenau: Gärtnerei Kulick (JE in KL 1989a); Lehde: Ortslage (JE in KL 1977); Alt Zauche (KR 1955b); Burg Kolonie (1993 H-JE); Äcker bei Fleißdorf (JE in KL 1999).
RG: Lübben: am Weg nach Treppendorf (1951 BI); Gartensparte Sonneneck im NW der Stadt (2004 KU); Zerkwitz: Acker (1982 H-JE); Lübbenau: Neustadt (JE in KL 1989a); Wußwerk: Bhf. (PASSARGE 1959); Straupitz: am Bhf. (1952 BI).
HA: Lübbenau (Bolle in HOLLA 1861/62).
Anm.: Da nach RH (1837: 240) in der Niederlausitz „in und um die Städte sehr häufig" und nach RH (1839) früher in den Lausitzen fast überall vorkommend, ist die Art vermutlich bereits bis zur Mitte des 20. Jahrhunderts deutlich zurückgegangen. Die Nachweise in Krausnick und Lübben gehörten zur subsp. *blitum*. Dies trifft mit großer Wahrscheinlichkeit auch für die anderen Fundangaben zu.

Ambrosia

Amaranthus bouchonii THELL. – Bouchon-Amarant E/–/↗
s – In Ruderalfluren, auch segetal vorkommend.
BR: Straupitz: Bahnhofstr. Ecke Laasower Str. (2000 Jage); Burg: Ortslage (Gewächshaus) (1992 JE); Burg Kauper: am „Wendenkönig"; in der Nähe des Sportplatzes; auch auf Äckern (1992 JE in KL 1999).
RG: Zerkwitz: Müllplatz (JE in KL 1985b; 1991 JE); Groß Lübbenau: Müllplatz (JE in KL 1985b; 1991 JE).

Amaranthus powellii S. WATSON – Grünähriger Amarant E/×/↗
z – Auf Äckern, Müllplätzen und an Wegen.
Anm.: Ältere, aus dem UG unter *A. chlorostachys* WILLD. publizierte Angaben gehören nach heutiger Artauffassung mit großer Wahrscheinlichkeit hierher.

Amaranthus retroflexus L. – Zurückgebogener Amarant, Zurückgebogener Fuchsschwanz N/–/↗
v – Auf Ruderalplätzen, an Wegrändern und auf Äckern.
Anm.: Aus dem UG erstmals durch Lucas in AS (1860b) aus Straupitz angegeben. Nach Düngung mit Gülle oft in Massenbeständen vorkommend.

Ambrosia artemisiifolia L. – Beifuß-Ambrosie N/×/↗
z – Auf Äckern, Ackerbrachen, Umschlagplätzen, Ruderalflächen und an Straßenrändern.
BR: Lübben: Getreidewirtschaft (1979 JE; 1982 JE); Raddusch: auf Äckern am Schwarzen Berg (JE in JE & KU 1994); Ackerbrache und Straßenrand W Ortslage (JE 2007); Ruderalfläche in einer Kiesgrube am Schwarzen Berg (JE 2007); Brachfeld S der Bahn (JE 2007); Suschow: Ackerbrache (KN in JE & KU 1994); Lehde: am 2. Freiheitskanal im Bereich des Zuflusses zum Südumfluter im Ufersaum (2001 PE); Boblitz: 1,2 km SO an der Chaussee (JE 2007).
RG: Lübbenau: Neustadt in einer Rasenfläche (1980er Jahre JE in JE 2007).
HA: Vetschau: nach dem Spreewald hin (Loew in AS 1879).
Anm.: Der aus Nordamerika eingeschleppte Neophyt breitet sich neuerdings in der südlichen und mittleren Niederlausitz verstärkt aus und bildet z. T. größere Bestände (s. JE 2007), so auch bei Vetschau entlang der Autobahn (2007 KU). Aus weiten Teilen des UG, insbesondere dem Unterspreewald, liegen bislang keine Nachweise vor.

Ambrosia psilostachya DC. – Stauden-Ambrosie
[**Syn.:** *A. coronopifolia* TORR. et A. GRAY]
Wenig außerhalb des UG wird diese Sippe aus Krugau von Getreidefeldern an der Bahn zwischen Chaussee und Bhf. angegeben (1950 BI in BI 1957). Ein Herbarbeleg existiert nicht (RISTOW mdl. 2008). Verwechslung mit *A. artemisiifolia*?

Amelanchier

Kv/−/− **Amelanchier spicata** (LAM.) K. KOCH − Ährige Felsenbirne
ss − Ruderaler Kiefernforst.
BR: Neuendorf am See: zahlreiche Expl. wenig N vom Friedhof (1992 JE; 2008 KU).
Anm.: Die Art ist hier und da in Gärten anzutreffen.

Ammophila arenaria (L.) LINK − Gewöhnlicher Strandhafer
Die Angabe Treppendorf: Kiesgrube N des Ortes (IL & KG in KL 1989a) beruht auf einem Übertragungsfehler mit dem dort vorkommenden *Leymus arenarius* (s. u.).

Amsinckia lycopsoides (LEHM.) LEHM. − Krummhalsähnliche Amsinckie
Die von KN in JE & KU (1994) publizierte Angabe gehört zu *Amsinckia micrantha* (vgl. KU et al. 2001).

E/×/− **Amsinckia micrantha** SUKSD. − Kleinblütige Amsinckie
ss − Auf einem Getreidefeld und einer Hofstelle.
BR: Bei Stradow (KN in JE & KU 1994, rev. 2001 M. Ristow, H-KN).
Anm.: Mit Saatgut eingeschleppt und sich vorübergehend stark vermehrend. Nach mehreren Jahren rückläufige Entwicklung; ein kleiner Bestand war 1999 noch vorhanden, 2005 nicht mehr beobachtet (JE). Bei JE & KU (1994) irrtümlich als *A. lycopsoides* publiziert (s. o.).

H/−/↘ **Anagallis arvensis** L. − Acker-Gauchheil
VN: Faule Marie, Wetterblume, Wetterblümchen, Regenblume; cerwjeny muž, cerwjony muž, čerwjene myšonc, błysk, blysk, smjerź, cerwowe zele.
z − Auf Äckern frischer Standorte und in Gärten.
Anm.: Die Art ist infolge der Intensivierung des Ackerbaues incl. Herbizidanwendung zurückgegangen.

H/−/↔ **Anchusa arvensis** (L.) M. BIEB. − Acker-Krummhals
z − Auf sandigen bis leicht bindigen Ackerstandorten, z. T. auf Müllplätzen und an Wegrändern.

H/−/↔ **Anchusa officinalis** L. − Gewöhnliche Ochsenzunge
VN: − ; krowjeca hopuš, krowjeca hopušawa, hopušawa, wopušawa, wołowy jězyk.
z − In Ruderalgesellschaften und Rasen auf mineralkräftigen Sandböden, oft an Wegrändern.

Andromeda

Andromeda polifolia

Andromeda polifolia L. – Rosmarinheide　　　　　　　　　　　　　　　H/2/↘
s – In Sauer-Zwischenmooren.
BR: Köthen: Moorsenke S Gr. Wehrigsee (1994 JE); Krausnick: Luchsee (1964 Großer in WEIß 1999; 2002 KA); N-Rand Byhleguhrer See (1980 JE; 2005 Heinrich); NW-Ufer Byhleguhrer See (2005 Heinrich).
RG: Dürrenhofe: W-Teil des Moores (JE in KL 1989a); Briesensee: „Steinbruch 2" 1,5 km N Ortslage (1999 KA); Briesener Luch (KA in KL 2002).
HA: Straupitz: nach Laasow zu (RH 1839); *Biebersdorfer Forst (Fick in AS 1864); Straupitz (vor 1923 Wolff in WIESNER 1920–1938; WIESNER 1925); See bei Byhleguhre (WIESNER 1925; WOLFF 1929).
Anm.: Weitere Vorkommen befinden sich in den nördlich des UG gelegenen vermoorten Heideseen der Schwenower Forst (KB 1984; BENKERT 1980; KL 1980; KL 2002); im Gr. Leuthener Teufelsmoor (JE in KL 1989a; KU 2001) und im Luch ca. 2 km SW Gr. Leine (1994 Klaue & KU). Im inneren Spreewald sowie in den westlichen RG fehlt die Rosmarinheide (VK 1). Im Luchseegebiet ist sie aufgrund der seit langem anhaltenden Austrocknung stark bedroht.

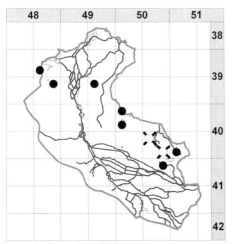

VK 1: *Andromeda polifolia*

Anemone

H/−/↔ **Anemone nemorosa** L. − Busch-Windröschen
(Abb. 37) **VN:** Osterblume; łucna rožka, mała łucna rožka.

v − In Laubwaldgesellschaften mittlerer bis kräftiger Standorte auf feuchtem, humosem Boden; gelegentlich auf feuchten Wiesen.

Anm.: Im Niederungsbereich des Unterspreewaldes auf kräftigen Böden ausgedehnte Bestände bildend. Im Oberspreewald – mit Ausnahme der zwischen Burg und dem Barzlin gelegenen dauerfeuchten Bereiche − noch weit verbreitet (VK 2), jedoch zumeist nur in kleineren Populationen auftretend. In den östlichen und westlichen RG edaphisch bedingt deutlich seltener.

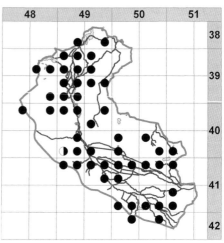

VK 2: *Anemone nemorosa*

H/V/↔ **Anemone ranunculoides** L. − Gelbes Windröschen
(Abb. 86) **VN:** Osterglocke, − .

z − In Laubwaldgesellschaften auf kräftigen und reichen Standorten.

Anm.: Die Sippe ist aufgrund der Standortansprüche deutlich seltener als vorige Art mit einer Bindung an das Spreetal (VK 3). Vorkommen existieren v. a. im Bereich historisch alter Wälder (s. auch *Paris quadrifolia*), u. a. im Buchenhain bei Schlepzig, am Forsthaus Hartmannsdorf, im Lübbener Hain (bereits bei RH 1839), im Park Lübbenau, im Ellerborn bei Lübben und bei Wotschofska bei Lübbenau.

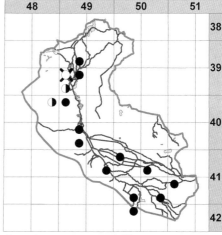

VK 3: *Anemone ranunculoides*

Angelica archangelica L. – Echte Engelwurz   Kv?/D/↔?
VN: – ; šambor.
ss – An Ufern größerer Fließe.
BR: Unterspreewald: an Spreeufern (1951 BI); an der Spree 0,5 km N der neuen Spreeschleuse bei Neu Lübbenau (PE in KL 2004; H-PE); an der Quaasspree W Schlepzig (PE in KL 2004); Lübbenau: an der Gorroschoa (JE in JE & KU 1994); Alt Zauche: im Umfeld des Forsthauses Schützenhaus (1957 BI).
RG: Treppendorf – Niewitz: Bersteufer (1950 BI).
HA: Lübben: Wiesen um Lehnigksberg (1948 BI); Alt Zauche: Damm bei Kannomühle (1948 BI).
Anm.: Bei weiteren Fundangaben [Hohenbrück: Söllna (JE in JE & KU 1994) sowie Schlepzig: Neuer Kanal (1995 KU)] handelt es sich offenbar um Fehlmeldungen (vgl. KU et al. 2001). Die Art wurde früher im Spreewald als Heilpflanze in Gärten kultiviert (KR in litt. 2008). Δ F, Δ M.

Angelica palustris (Besser) Hoffm. – Sumpf-Engelwurz
Der bei Benkert et al. (1996) enthaltende Eintrag im MTBQ 4250/2 ist als Fehlmeldung zu interpretieren (vgl. KU et al. 2001).

Angelica sylvestris L. – Wald-Engelwurz   H/V/↘
VN: Wilder Garba; janželske zele.
z – In Hochstaudenfluren der Ufer, auf nährstoffreichen Feuchtwiesen und im Erlen-Eschen-Wald, oft in Gebüschnähe.
Anm.: Bestandsrückgang vor allem auf Feuchtwiesen.

Antennaria dioica (L.) Gaertn. – Gewöhnliches Katzenpfötchen   H/1/↘
VN: – ; kóśańki, kóśanka, wojceca guba.
ss – In lichten Kiefernforsten, an deren Rändern und in Magerrasen.
BR: Krausnick: Trasse SO des Forsthauses Brand (IL in KL 2002; 2008 PE); Schlepzig (1973 Löwa); Ragow: 1 km NW (JE in JE & KU 1994); Straupitz: Byttna (1977 JE).
RG: Niewitz: 1 km NNW Ortslage in einer Silbergras-Flur (1971 KB in KB 1983); Byhlen: ehem. Bahntrasse bei Jg. 46 (1979 KB); Grabeneinschnitt N Klausch-Plonitz 1 km S Ortslage (2006 KA).
HA: Laasow (Wiesner 1920 – 1938).
Anm.: Rückgang infolge Eutrophierung der Standorte und fortschreitender Sukzession.

Anthemis arvensis L. – Acker-Hundskamille   H/V/↘
VN: – ; žabjeńc, rymańka, žiwa rymańka.
s – In Ackerwildkrautgesellschaften und auf Brachen.
BR: Neuendorf am See: Koplin (KU 1997); Köthen: sandige Ackerbrache Nähe Wehrigsee (1993 KU); Krausnick: wenig S des westlichen Dorfrandes

(1989 KU; 2007 KU); wenig N des westl. Ortsrandes (sog. „Sapeske") (1998 KU); Burglehn b. Alt Zauche: 1 km OSO (PASSARGE 1959); Straupitz: nahe dem Schloss (2009 Raabe); Krimnitz (1982 JE); Byhleguhre: Dorfstraße (1953 BI); Feld am Mühlenberg (1992 H-KN, rev. 2008 KU & PE).
RG: N Biebersdorf (1992 H-JE, rev. 2008 KU); Briesensee: Meliorationsgraben SW des Ortes (1960~PIETSCH & MÜLLER-STOLL 1974).
Anm.: Rückgang durch Intensivierung des Ackerbaus incl. Herbizidanwendung.

Anthemis austriaca JACQ. – Österreichische Hundskamille
Die Angabe aus Straupitz: Bahnkörper der ehem. Spreewaldbahn beim Ort (JE 1976) ist als Fehlmeldung zu werten. Ein Herbarbeleg existiert nicht. Vermutlich geht darauf auch die Kennzeichnung im MTBQ 4050/4 in BENKERT et al. (1996) zurück. Mutmaßlich handelt es sich um eine Verwechslung mit *A. ruthenica* (s. u.).

H/2/♦ *Anthemis cotula* L. – Stinkende Hundskamille
† – Äcker und Ruderalstellen auf lehmigen bis tonigen Standorten.
BR: Köthen (1976 Löwa); Neu Schadow: Acker auf ehem. Morgenwiesen SO Ortslage (1965 KL); Neu Lübbenau: Äcker O Ortslage (1965 KL; 1973 JE); Äcker N Ortslage (1965 KL); Kl. Lubolz: Äcker in Richtung Lübben (1954 BI); Wußwerk (PASSARGE 1959; 1956 BI).
RG: Treppendorf: Felder am Kirchhof (1958 BI).
Anm.: Früher verbreitet und bestandsbildend in Weg- und Schutt-Unkraut-Gesellschaften der Dorfanger (KR 1955b). Verschwunden durch Urbanisierung der Dörfer und Herbizidanwendung. Angrenzend an das UG früher bei Vetschau: Ortsausgang nach Brandtemühle zu (TREICHEL 1876b) sowie vor fast 20 Jahren mehrfach auf Äckern O Waldow/Brand gefunden (1990 IL in KL 1999).

N/−/↗ *Anthemis ruthenica* M. BIEB. – Russische Hundskamille
s – In subruderalen Trockenrasen, auf Sandäckern und an Wegrändern.
BR: Neuendorf am See: Wegrand bei Koplin (2003 KU); Schlepzig: Ortslage, in einer ehem. Grasansaat (1998 KU); zwischen Straupitz und Burg: an der Spreewaldbahn (1970 JE in JE 1982a); SW Mühlendorf (1994 JE).
RG: Biebersdorf: W Ortslage (1969 JE); Terpt: N-Seite der Autobahn (2008 PE).

N/V/↔ *Anthemis tinctoria* L. – Färber-Hundskamille
s – An Straßenrändern und auf Ruderalflächen, in Grasansaaten.
BR: Schlepzig: Dorfstraße (KU in JE & KU 1994); Lübben: Weinberg (1961 BI); Boblitz: an der B 115 (JE in KL 1985b); Alt Zauche: am Eichkanal (heute W-Abschnitt des Nordumfluters) (KR 1955b); Burg (Dorf): Nähe Schule (JE in JE & KU 1994).

RG: Terpt: an der Autobahn (IL in KL 1985b); Lübbenau: Kraftwerksgelände (JE in KL 1985b).
HA: Zwischen Lübben und Lübbenau (Solms in AS 1866); Lübben: 1 km SO am Norddamm (1949 BI in BI 1957).

Anthericum liliago L. – Astlose Graslilie H/3/♦
† – In lichten, trockenen Wäldern auf basenreichen Standorten.
BR: Pretschener Mühlberg (1971 KB in KB 1983); Krausnick: Hügel am Meiereisee (Busch in AS 1879; IL & J. Illig in KL 1977).
HA: Straupitzer Seite des Byhleguhrer Sees (WIESNER 1925).
<small>**Anm.:** Die Angabe in KB (1983) wurde fälschlicherweise für den Pretschener Weinberg veröffentlicht.</small>

Anthericum ramosum L. – Ästige Graslilie H/3/↘
s – In Wäldern auf trockenen, kalkhaltigen Standorten.
BR: Köthen: 0,7 km W Ortsmitte am Hang zum Köthener See (2006 Heinrich); W-Uferhänge Gr. Wehrigsee (1972 KB in KB 1984; KU in JE & KU 1994); Abhang am W-Ufer des Schwanensees (1951 BI; KU in JE & KU 1994); Mittelsee bei Köthen (1992 JE); Krausnicker Berge (BI 1954); Straupitz: zwischen Gr. Dutzendsee u. Byhleguhrer See (WOLFF 1929; KR 1955b); Byhleguhrer See: N-Abhang (1954 BI).
RG: Schönwalde: 5 km N mehrfach (KB in KL 1974); Brandspitze ca. 3 km N Ortslage (IL in KL 1985b); Byhlen: alte Bahntrasse zwischen Rauhem See und Gr. Zehmesee (1974 KB); Byhlener Weinberg (JE 1976).
HA: Krugau: Marienberg (RH 1839); Krausnick: „in der Haide bei Kraußnick" (RH 1846: 343).

Anthoxanthum aristatum BOISS. – Grannen-Ruchgras N/V/↗
[**Syn.:** *A. puelii* LECOQ et LAMOTTE]
VN: Sensendüwel; – .
v – Auf armen Sandäckern und deren Brachen.
<small>**Anm.:** Von KR (1955b) für den Oberspreewald noch nicht angegeben. Gebietsweise zeitweilige Ausbreitung im Winterroggen und seit ca. 20 Jahren auf Stilllegungsflächen. Im inneren Spreewald weitgehend fehlend.</small>

Anthoxanthum odoratum L. – Gewöhnliches Ruchgras H/–/↔
VN: Honiggras; – .
v – Auf nassen bis trockenen Wiesen, auch in Trockenrasen- und Sandfluren sowie in armen, frischen Kiefernforsten.
<small>**Anm.:** Auf nährstoffarmen, frischen Wiesen stellenweise vorherrschend.</small>

Anthriscus

H?/–/↔ ***Anthriscus caucalis*** M. BIEB. – Hunds-Kerbel
z – Ruderalgesellschaften an Wegrändern, Zäunen und in Gebüschen.

H/–/↗ ***Anthriscus sylvestris*** (L.) HOFFM. – Wiesen-Kerbel
VN: Wilde Mohrrübe, Mohrrübenkraut, Wildes Mohrrübenkraut, Schierling; žiwa garba, žiwa marchwej, spło.
v – Gedüngte Feucht- und Frischwiesen, an Weg- und Straßenrändern, ferner in der dörflichen Ruderalflur.
Anm.: Auf stickstoffreichen Böden oft aspektbildend.

H/(#)/– ***Anthyllis vulneraria*** L. – Wundklee
ss – Trockenrasen.
RG: Lübben: alte Lehmgrube am S-Rand der Stadt (1951 BI in BI 1957).
Anm.: Bezugnehmend auf die alte Lehmgrube S Lübben gibt BI u. a. auch *Filipendula vulgaris*, *Hypericum maculatum* und *Veronica teucrium* (s. u.) an. Deshalb wird dieses *Anthyllis*-Vorkommen im UG als indigen angesehen. Als adventiv werden folgende, an Verkehrswegen und in Ruderalfluren festgestellte Vorkommen eingestuft: Kl. Beuchow: Ruderalgelände (JE in KL 1989a); Lübbenau – Vetschau: an der Autobahn (KR 1955b, zuletzt 1992 IL). Ein weiterer FO befindet sich im unmittelbar angrenzenden Bereich außerhalb des UG: S Göritz am Straßenrand (1999 JE).

H/–/↔ ***Apera spica-venti*** (L.) P. BEAUV. – Gewöhnlicher Windhalm
VN: Schmeele, Schmiel, Schmehl, Schmähl; mětla, mětla, mjetła, mjetla, mjotla, mjetłej, mjatała, mjetlica, bušawa, buchawa, buchawka, puzawa, śmil, śmel.
v – In Segetalgesellschaften auf Sandböden, auf trockenen Ruderal- und Sandstellen sowie an Wegrändern.

H/–/↘ ***Aphanes arvensis*** L. – Gewöhnlicher Ackerfrauenmantel
z – Auf meist anlehmigen Ackerstandorten.
Anm.: Früher an entsprechenden Standorten in der Niederlausitz häufig (RH 1839). Rückgang durch intensive Ackerkultur.

H/3/↘? ***Aphanes australis*** RYDB. – Kleinfrüchtiger Ackerfrauenmantel
[**Syn.:** *A. inexspectata* W. LIPPERT, *A. microcarpa* ROTHM. p. p. typo excluso]
s – Auf bodensauren Sandäckern im Getreide.
BR: Neu Schadow: Getreideäcker W Ortslage (1965 H-KL); Hohenbrück: Acker 1 km SW an der Talkante (2002 H-PE); Neu Lübbenau: Acker O Ortszentrum (1965 H-KL); Äcker wenig O der Ortslage (2005 IL); Gr. Wasserburg: Senke im Gr. Grund (KU in JE & KU 1994, H-KU 905/1); Burg Kolonie: Nähe Stilles Fließ (JE in JE & KU 1994; JE in KL 1999).

Apium inundatum (L.) Rchb. f. – Untergetauchter Sellerie H/0/◆?
†* – Mäßig nährstoffreiche Gräben und Seeufer.
RG: Briesener See: am SO-, SW- bzw. W-Ufer des Sees (Pietsch 1963, 1965, 1978); Caminchen: Vorflutgraben O Ortslage (1970 JE; H-JE 1978; Benkert 1986) = ? Kl. Leine: meliorierter Graben in Richtung Neu Zauche (Pietsch 1979); Alt Zauche: Graben bei der Ortslage (Pietsch 1979).
Anm.: Trotz mehrfacher Nachsuche, zuletzt 2003, konnte das Vorkommen bei Caminchen nicht mehr bestätigt werden (IL 2003a).

Apium inundatum

Arabidopsis thaliana (L.) Heynh. – Acker-Schmalwand H/–/↔
v – Auf kalkarmen, oft etwas lehmigen Sandäckern und in lückigen Trockenrasen.

Arabis glabra (L.) Bernh. – Turmkraut, Kahle Gänsekresse H/–/↔
[Syn.: *Turritis glabra* L.]
s – In Trockenrasen und Gebüschen, insbesondere an wärmeexponierten Stellen von Hügeln, auf mäßig trockenen, nährstoff- und basenreichen, anlehmigen Böden, oft auf etwas ruderal beeinflussten Standorten.
BR: Neuendorf am See: bei Koplin mehrfach (KU 1998); Hohenbrück: Straße nach Neu Schadow am Straßenrand (KL 1965); Leibsch-Damm (2002 IL); Krausnick: Müllplatz (1989 KU); wenig S des westl. Ortsrandes (2000 KU); Gr. Lubolz: Bugk (1992 KU); um Lübben mehrfach (KR 1955b); Lübben: O-Hang der Pfaffenberge (1955 BI); Lubolzer Weg an der Berliner Chaussee (1950 BI); Chaussee und Waldweg um Ellerborn (1950 BI); Neu Zaucher Weinberg (1952 BI; Lienenbecker 1993); Raddusch: SW-Hang Schwarzer Berg (2008 PE); Burg: Schlossberg (KR 1955b; 1999 JE).
RG: Treppendorf: 1,5 km SSO (2001 PE).
HA: Lübben: Hain (AS 1879); *Vetschau (vor 1923 Wolff in Wiesner 1920–1938).
Anm.: Die Art ist vermutlich außerhalb des inneren Spreewaldes weiter verbreitet, als es die FO-Angaben wiedergeben.

H/#/♦? **Arabis hirsuta** agg. – Behaarte Gänsekresse
†* – In ruderalen Rasen, auf basenreichen, etwas kalkhaltigen Böden.
BR: Lübben: zwischen Schützengraben und Umflutkanal (= Bereich Roter Nil) (1954 BI).
RG: Gr. Lubolz: am Weg nach Schönwalde (1951 BI); Treppendorf: am Waldweg in Richtung Kl. Lubolz (1951 BI); Langer Rücken (1993 H-JE).
Anm.: Aufgrund fehlender bzw. unzureichender Herbarbelege war eine eindeutige Artzuordnung innerhalb des Aggregates nicht möglich. Der Beleg vom Langen Rücken bei Treppendorf konnte lediglich als *A.* cf. *hirsuta* (L.) SCOP. angesprochen werden (det. 2001 M. Ristow & KU).

H/–/↔ **Arctium lappa** L. – Große Klette
VN: – ; bugliny, bubliny, badak, padak, kłoban, kłobanowe zele, ranowe łopjena.
v – Auf humosen, frischen, stickstoffreichen Böden, v. a. an Ruderalplätzen.

H/–/↔ **Arctium minus** (HILL) BERNH. – Kleine Klette
z – In Ruderalgesellschaften auf frischen, nährstoffreichen Böden an Wegen, Zäunen und Müllplätzen sowie in Dörfern.

H/–/? **Arctium tomentosum** MILL. – Filz-Klette
VN: – ; bublinowe zele.
s – Auf frischen Standorten, z. B. auf Ruderalgelände, an Weg- und Ackerrändern.
BR: Lübben: Ortsausgang nach Luckau (IL in KL 1985b; 2000 Jage); Ostteil am Campingplatz (JE in KL 1985b); Krimnitz: an der Chaussee (JE in KL 1985b).
RG: Duben: 1,5 km O der Ortslage am alten Terpter Weg (2008 H-PE); Briesensee (JE in KL 1985b); Straupitz: Niederung 0,5 km NO Ortslage (2004 Schönefeld).

H/1/♦ **Arctostaphylos uva-ursi** (L.) SPRENG. – Echte Bärentraube
† – Trockene sandige Anhöhen.
RG: am Marienberge bei Lübben (= Marienberg b. Krugau) (RH 1837, 1839; 1950 BI in BI 1957).
HA: *Schönwalde: „Luckauer Haide" NW des Ortes (RH 1837, 1839); Straupitz (WIESNER 1925; WOLFF 1929).

H/–/↔ **Arenaria serpyllifolia** L. – Quendel-Sandkraut
VN: Musch; muž, muš.
v – In Trockenrasen und Ruderalfluren an Wegen auf Schotter und Sand, auf Äckern.

Arnoseris

Aristolochia clematitis L. – Gewöhnliche Osterluzei   Kv/3/–
ss – In Hecken, an Zäunen und in Gebüschen.
BR: Köthen: Ortslage (STRAUS 1936, 1955; 2008 Sonnenberg).
HA: Lübbenau (RH 1836b, 1839); Lübben (RH 1839).
Anm.: Kulturrelikt. Δ F, Δ M.

Ameria maritima subsp. *elongata*

Armeria maritima L. subsp. *elongata* (HOFFM.) BONNIER – Gewöhnliche Grasnelke   H/V/↔

VN: Pissblume, Pissnelke, Pferdeblume, Strohblume, Hungerblume; bugliny, buglinki, bubliny, cerwjene bublinki, dragonary.

v – In Trockenrasen auf Sand, besonders in der Schafschwingel- und der Heidenelken-Grasnelken-Flur, auch an trockenen Stellen der Rotschwingel-Wiese.

Anm.: Die Vorkommen konzentrieren sich auf die Randbereiche des UG und die Dämme/Deiche im inneren Spreewald. Vereinzelt sind auf *A. maritima* subsp. *maritima* zurückgehende Gartensorten als Zierpflanzen in Gärten zu finden.

Armoracia rusticana P. GAERTN., B. MEY. et SCHERB. – Meerrettich   Kv/–/↔
[**Syn.:** *A. lapathifolia* USTERI]
VN: – ; kśen, kśen.
z – Auf frischen Standorten an Weg- und Straßenrändern sowie auf Gartenbrachen verwildert.
Anm.: Auf Feldern und in Gärten kultiviert. Der Meerrettichanbau wurde im Spreewald urkundlich 1569 erstmalig erwähnt (Privileg der Delphinen-Apotheke Lübben, s. MATTSCHENZ 1926; JE 1989). Δ F, Δ M.

> *Arnica montana* L. – Arnika
> Der Eintrag in BENKERT et al. (1996) unter MTBQ 3949/3 beruht offenbar auf einer Fehlansprache vorhandener *Inula salicina-* oder *I. britannica-*Pflanzen bei der Kartierungsarbeit (vgl. KU et al. 2001).

Arnoseris minima (L.) SCHWEIGG. et KÖRTE – Kleiner Lämmersalat   H/2/↓
VN: Wilde Putterblume; pupawa.   (Abb. 83)
z – Auf sandigen Äckern und in der Silbergras-Flur.
BR: Neuendorf am See: um Koplin mehrfach; O Wutscherogge (KU 1998); Alt Schadow: bei Amalienhof (1994 IL); Sandacker ca. 1,4 km O Ortszent-

rum (1994 JE); Tschinka; Krieg; Gr. Raatsch (KU 1998); Hohenbrück: Heidecken (KU 1998); Acker 0,35 km NNO Ortslage; Acker 1 km WSW Ortslage (2002 PE); Neu Schadow: Bergstr. (1992 KU); Acker 0,3 km OSO Ortslage am Waldrand (2008 PE); Neu Lübbenau: Acker SO Ortslage (2001 IL); Leibsch-Damm: 1,5 km NW, Ackerbrachenrand S des Abzweiges nach Neuendorf am See (1993 KU); Köthen: wenig SO des Ortes auf ehem. Sandacker (1994 KU); Gr. Wasserburg: Acker bei Senke im Gr. Grund und 0,5 km S davon (1993 KU); Krausnick: mehrfach N und S des Ortes (1993-2006 KU; 2008 PE); Schlepzig: Kuschkower Str. (1992 KU); Hartmannsdorf: Acker 1,3 km NNW Ortslage (1994 Schwiegk & Gleichmann); Acker S Ortslage (1992 JE); Lübben: wenig NW des Ortes an der Bahnlinie nach Lubolz (2004 KU); Pfaffenberge (2004 PE); Sandacker 1,2 km WSW Ellerborn (1995 Schwiegk); Alt Zauche: Ackerbrache 0,45 km W Ortszentrum (1995 JE); Neu Zaucher Weinberg (LIENENBECKER 1993); Byhlen: Felder am Weg nach Byhleguhre (1993 H-JE; 2005 KA); Burg Kauper: am Storchgraben (1992 JE).

RG: Bückchen: NO der Ortslage in der Nähe der Bahnstrecke (1994 JE); Krugau: Nähe des alten Torfstiches am südlichen Ortseingang von Schlepzig kommend (1993 KU); Schönwalde: 1 km NW Bahnhof (2008 IL); Treppendorf: Feldrand W und NW Steinkirchener Weinberg (1996 JE; 2001 IL, KA & PE); Felder bei Straupitz – Laasow (2001 H-KA 20010625001).

Anm.: KR (1955b: 115) bezeichnet die Art für die RG des Oberspreewaldes als „häufig in Ackerunkrautgesellschaften kalkarmer, sandiger Äcker, auch in Silbergrasfluren übergreifend",

Arnoseris minima

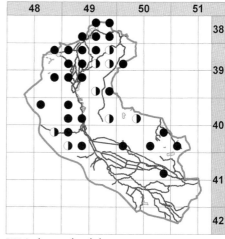

VK 4: *Arnoseris minima*

was für den nordwestlichen Unterspreewald auch noch für die 1960er Jahre galt (KL 1967). Für das Gebiet zwischen Straupitz und Neu Zauche geben MÜLLER-STOLL et al. (1992d: 321) für die erste Hälfte der 1950er Jahre an, dass *Arnoseris minima* so häufig sei, „dass es zur Blütezeit den Boden zwischen den Getreidehalmen gelb färbt". Seit 1970 erfolgte ein starker Rückgang infolge der Intensivierung der Landnutzung. Deshalb werden hier nur Nachweise nach 1990 aufgelistet. Im südlichen UG ohne Nachweise, in den Krausnicker Bergen und den Schönwalder Talsandflächen aufgrund des hohen Waldanteils nur sporadisch auftretend (VK 4). Im Bereich der Spreetalränder bei Krausnick, Hohenbrück und Neu Schadow existieren noch heute Populationsdichten, die für den Südteil des Landes Brandenburg eine herausragende Stellung besitzen.

Arrhenatherum elatius (L.) P. BEAUV. ex J. PRESL et C. PRESL – Glatthafer N/–/↔
VN: Hafergras; – .
v – Wiesen auf gedüngten, meist etwas lehmigen Böden, fehlt im Überschwemmungsbereich; auch an Wegen, Dämmen und Waldrändern, weiterhin auf Brachen und Ruderalflächen.
Anm.: RH (1839) gibt für Schlepzig eine subsp. *bulbosum* (WILLD.) SCHÜBL. et G. MARTENS an. Diese Sippe wird heute allenfalls auf Varietätsrang geführt (WISSKIRCHEN & HAEUPLER 1998).

Artemisia absinthium L. – Wermut Kv?/–/↔
VN: Warmütz, Wermüte, Werrmiede; połyn, połon, polun, pylyn, pelyn, pulyn.
z – Wegränder und sonnige Ruderalstellen auf nährstoffreichen Sandböden.
Anm.: Alte, ursprünglich wohl angebaute Heil- und Gewürzpflanze. Δ F, Δ M.

Artemisia campestris L. – Feld-Beifuß H/–/↔
VN: – ; budlica, bulica, bylica, bydlica.
v – Trockenrasen und sonnige Ruderalstellen.

Artemisia vulgaris L. – Gewöhnlicher Beifuß H/–/↔
VN: – ; budlica, bulica, bylica, bydlica, posuš, posušk, pošuš.
v – Ruderale Rasen und Staudenfluren, besonders an Wegrändern; frische, nährstoffreiche Böden bevorzugend.
Anm.: Alte, an Wildstandorten gesammelte Heil- und Gewürzpflanze.

Asparagus officinalis L. – Gemüse-Spargel Kv/–/↔
VN: – ; gromak, cartowa grań.
v – Auf nährstoffreichen Sandböden, insbesondere an Wegrändern, auf Ruderalstellen und am Rande lichter Kiefernforste.
Anm.: In Gärten und Plantagen kultiviert. In bedeutendem Umfang erst seit dem ersten Viertel des 20. Jahrhunderts angebaut. Verschleppung mit Gartenabfällen oder durch Vögel. Δ F, Δ M.

Asperugo

E?/3/↔ ***Asperugo procumbens*** L. – Schlangenäuglein
s – Ruderalgesellschaften frischer, stickstoffreicher Standorte in Ortslagen.
BR: Neu Schadow: Dorfstraße (KU in JE & KU 1994); Lübben-Steinkirchen: auf Schutt Nähe Südbhf. (BI 1957); Lübbenau: Straße vom Bhf. zur Stadt (1951 BI in BI 1957); Lübbenau-Stennewitz (JE in KL 1985b; JE in JE & KU 1994, H-JE); Burg: Nähe Kolonieschänke (1998 P<small>RILOP</small>); Burger Mühle (1992 JE).
RG: Kl. Beuchow: S Dorf (JE in KL 1989a); Ruderalgelände O Ortslage (JE in KL 1985b).
HA: Lübbenau (RH 1837, 1839); Lübben (RH 1839); Lübbenau: Wotschofskaweg Nähe Spreeschlösschen (W<small>IESNER</small> 1920–1938); Ragow; Boblitz; Straupitz (vor 1923 Wolff in W<small>IESNER</small> 1920–1938); Radensdorf: Schuttstelle an der Wiese (1948 BI in BI 1957); Lübben: 1,5 km N Stadtgebiet (1948 BI).

H/3/↘ ***Asplenium ruta-muraria*** L. – Mauerraute
(Abb. 112) s – an Mauern alter Bauwerke.
BR: Alt Schadow: am Spreewehr, Bestand dort 1994 vernichtet (KU 1997, 1998); Lübben: Mauer an der Stadtverwaltung im Bereich der Poststr. (1995 Seitz), Kasernenmauer am Bhf. (1949 BI; 1998 JE, Vorkommen nach Abriss der Mauer 1998 erloschen); an der Mauer des Bahnhofgebäudes (Morche in KL 2005); am Jugendclubhaus an Schiefersteinen (Fischer in F<small>ISCHER</small> & B<small>ENKERT</small> 1986; KA in KL 2002, H-KA 19990705001); alte Grabstelle an der Friedhofsverwaltung (1999 KA); Mauer in der Schillerstr. nahe dem Haupteingang Krankenhaus (2008 PE); Mauer gegenüber Haupteingang der Psychiatrischen Klinik in der Bahnhofstr. (2008 PE); Werben: Kirche (W<small>IESNER</small> 1925; 1992 JE); Burger Mühle (1992 JE).
RG: Lübbenau: Verladerampe am Bhf. (1995 JE).
Anm.: Auch wenn fast ausschließlich nur jüngere FO-Angaben vorliegen, ist davon auszugehen, dass aufgrund von Bau- oder Sanierungsmaßnahmen an alten Mauern und Gebäuden der Bestand rückläufig ist.

H/2/– ***Asplenium trichomanes*** L. – Braunstieliger Streifenfarn
ss – An alten Mauern.
BR: Lübben: Kaimauer und Spreemauer am Brückenplatz (1957 BI); Lübben: 2 Pflanzen an der Mauer des Bahnhofgebäudes (Morche in KL 2005).
Anm.: Das aktuelle Lübbener Vorkommen ist potentiell durch Sanierungsmaßnahmen bedroht.

N/1/◆? ***Asplenium viride*** H<small>UDS</small>. – Grünstieliger Streifenfarn
(Abb. 113) †* – An einer schattigen Scheunenmauer.
BR: Alt Schadow: 4 kleine Büschel in der Ortslage an einer Scheune (KU in JE & KU 1994; KU 1996a, H-KU 39/3).
Anm.: Pflanzen im Jahr 2000 nach Wandtrockenlegung verschwunden (KU).

Aster

Aster L. – Aster

VN: Kirmesblume, Kirmesröschen, Oktoberblume, Späterröschen; nazymski aster, cyganki.

Die Zuordnung der im UG anzutreffenden, aus Gartenkulturen verwilderten nordamerikanischen Astersippen ist auch unter Verwendung der Arbeit von HOFFMANN (1996) nicht völlig befriedigend. Wenig konstante Merkmalsausprägungen und das oftmals nur vegetative Auftreten der Pflanzen im UG führen zu erheblichen Schwierigkeiten bei der Bestimmung der Sippen. Deshalb weisen die Angaben zum Vorkommen im UG Unschärfen auf.

Aster x *salignus*

Aster laevis agg. – Artengruppe Kahle Aster   N/–/↗
z – In Uferstaudenfluren, an Wiesen-, Weg- und Gebüschrändern.
Anm.: Im UG kommen *A. laevis* L. und *A.* x *versicolor* WILLD. vor. Beide werden in Gärten angepflanzt und treten davon ausgehend verwildert auf; gelegentlich beachtliche Bestände ausbildend.

Aster lanceolatus agg. – Artengruppe Lanzett-Aster   N/–/↗
z – Auf Wiesen, in Ufergebüschen sowie an Zäunen, an Weg- und Wiesenrändern.
Anm.: Im UG kommt *Aster lanceolatus* WILLD. verwildert und in Gärten vor. Für *A. parviflorus* NEES existiert eine neuere Angabe aus „Lübben etwa 2 km östl. vom Ort, 12.10.1994" (HOFFMANN 1996). Zwei weitere, 1997 von M. H. Hoffmann bestätigte *A. parviflorus*-Belege befinden sich im Herbar B (Lübben: um Burglehn, 1949 BI; Vorflutkanal Höhe Wendenfürst, im Gebüsch, 1952 BI; RISTOW in litt. 2009). KR (in litt. 2009) beobachtete in den 1980er Jahren im Burger Spreewald eine kleinköpfige, weißblütige Aster-Sippe (*A. tradescantii* L.?), die in Gärten wachsend und verwildert vorkam.

> *Aster linosyris* (L.) BERNH. – Goldhaar-Aster
> Die Richtigkeit der von SEITZ & JE (1999) publizierten Angabe aus Lübben: Sandplatz bei Cafe Schulze (WIESNER 1920–1938) wird in KU et al. (2001) angezweifelt. Da das Vorkommen außerhalb des natürlichen Verbreitungsgebietes liegt, dürfte es sich um eine Verwilderung aus einem Garten oder um eine Verwechslung mit einer anderen Pflanzensippe handeln.

Aster

N/−/↗ **Aster novi-belgii** agg. – Artengruppe Neubelgien-Aster
v – An Wiesenrändern, in ruderalen Hochstaudenfluren, an Ufern und in Erlenwäldern, an Wegrändern und an Dämmen, auch auf Müllplätzen.
Anm.: Im UG kommen *A. novi-belgii* L. und *A.* x *salignus* WILLD. vor. Beide werden auch in Gärten kultiviert. In den 1950er Jahren beobachtete KR (1955b) eine Ausbreitung von *A.* x *salignus* im Oberspreewald.

H/2/↘ **Astragalus arenarius** L. – Sand-Tragant
(Abb. 111) s – Trockenrasen und offene Ränder von Kiefernforsten/Kiefernwäldern auf basisch beeinflussten Böden, auf Bahnschotterstreifen.
BR: An der Straße zwischen Hohenbrück und Alt Schadow (1966 H-KL; IL in KL 1985b); Gr. Lubolz: 2,5 km NNO am Weg nach Bugk (IL in ILLIG, J. 1974); Lübben: an der Berliner Bahn; am Spielberg (1950 BI in BI 1957).
RG: Niewitz: ehem. Lehmgrube 1 km WNW (= ehem. Ziegelei W Niewitz) (KB 1975; 2004 IL); Treppendorf: Sandfläche am Kinderheim (1952 BI in BI 1957; ILLIG, J. 1974); Kiesgrube N des Ortes (IL & KG in KL 1989a); Lübben: Dünengelände W der Stadt (Arndt in MÜLLER-STOLL & KR 1960); ca. 0,5 km NW der Stadt S der Bahnstrecke nach Lubolz (2008 KU; 2009 Borries & PE); Terpt – Kl. Radden: N-Seite der Autobahn (1952 BI in BI 1957); Gr. Klessow: Autobahn-Randstreifen (JE in KL 1985b; 1989 JE).
HA: Niewitz (RH 1837, 1839); *Schönwalde: an der „Luckauer Haide" NW des Ortes (RH 1846); Werben; *Vetschau (RH 1839); *zwischen Lübbenau und Gr. Klessow (Peck in RH 1846; PECK in AS 1864); *Biebersdorfer Heide (Fick in AS 1864); Lübben: neuer Friedhof (= Sandplatz bei Cafe Schulze, = heutiger Hauptfriedhof am Hain) (TREICHEL 1876a; WIESNER 1920 – 1938); Straupitz: Kiefernschonung am Straupitzer See (= Gr. Dutzendsee) (WOLFF 1929).

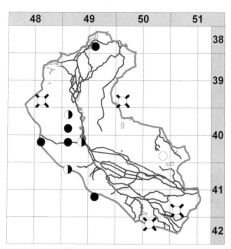

VK 5: *Astragalus arenarius*

Anm.: Die Vorkommen im UG konzentrieren sich auf die trockeneren Bereiche der Schönwalder Talsandflächen sowie den Rand der Tornower und Dubener Platte (VK 5). Die beiden HA aus dem zentralen Oberspreewald stammen sicherlich von exponierten Standorten. Zwei weitere FO liegen im unmittelbaren Randbereich außerhalb des UG bei Gr. Radden (RH 1839, ILLIG, J. 1974, 2002 PE) bzw. Krugau: an der alten Schießbahn im Muna-Gelände (KA in KU 2001b). Von WOLFF (1929) wird aus einer kleinen Kiefernschonung am Straupitzer See auch die kahle var. *glabrescens* RCHB. angeführt.

Atriplex

Astragalus cicer L. – Kicher-Tragant E?/(2)/–
ss – An Bahngleisen.
BR: S Babow (1996 Seitz).

Astragalus glycyphyllos L. – Bärenschote H/–/↔
ss – Trockenrasen und Säume auf basisch beeinflussten Böden.
BR: Köthen: Hang am S-Ufer des Pichersees (1953 BI; 1994 KU); Lübben: Lehmgrube an der Treppendorfer Straße (KA in KL 2002); Neu Zaucher Weinberg (Lienenbecker 1993; Leber & KA in KL 2005); Burg: Schlossberg (KR 1955b).
RG: Byhlener Weinberg (1974 KB).

Athyrium filix-femina (L.) Roth – Gewöhnlicher Frauenfarn H/–/↔
VN: Paprosch, Paaprosch, Paprusch, Paprisch, Peprisch, Peprusch, Farnkraut; paproś, peproś, papruś.
v – Feuchte bis frische Laubwälder, hier besonders an Grabenrändern und an sickerfeuchten Stellen.
Anm.: Großblättrige Farne des UG (außer *Osmunda regalis*) werden stets unabhängig von ihrer taxonomischen Zugehörigkeit im niedersorbischen/wendischen Volksmund undifferenziert als „paproś" bezeichnet (s. auch Kap. 3.1). Ausgehend davon existieren sowohl im deutschen als auch im sorbischen Sprachgut zahlreiche sprachliche Abwandlungen (s. o.). Eine artmäßige Zuordnung der VN wird nur dort vorgenommen, wo detaillierte Erhebungen vorliegen.

Atriplex oblongifolia Waldst. et Kit. – Langblättrige Melde N/–/↗
z – Ruderalfluren, zumeist an Straßen- und Wegrändern.

Atriplex patula L. – Spreiz-Melde H/–/↔
VN: – ; lobeda, obeda, loboda, oboda, lobyda.
v – In Segetal- und Ruderalgesellschaften, bevorzugt frische, nährstoffreiche Böden.
Anm.: Die VN stammen von *A.* spec., so dass am ehesten die beiden heimischen Sippen in Frage kommen.

Atriplex prostrata Boucher ex DC. – Spieß-Melde H/–/↔
[**Syn.:** *A. hastata* auct. non L.]
VN: siehe *Atriplex patula*.
z – In Zweizahngesellschaften und an feuchten Ruderalstellen, stark stickstoffbeeinflusste Trittstellen im Feuchtgrünland.

Atriplex

N/–/↗ **Atriplex sagittata** Borkh. – Glanz-Melde
[Syn.: *A. nitens* Schkuhr]
v – In Ruderalfluren an nährstoffreichen Standorten.

> **Atropa bella-donna** L. – Echte Tollkirsche
> Die Art wird von Müller (1876) ohne FO-Angabe für den Lübbener Raum im publizierten Bestimmungsschlüssel aufgeführt und findet deshalb keine Berücksichtigung (vgl. KU et al. 2001).

H?/3/↘ **Avena fatua** L. – Flug-Hafer
VN: Wilder Hafer; żiwy hows.
z? – Auf Äckern, seltener an Straßen und Bahnanlagen.
Anm.: Möglicherweise aktuell schon seltener.

E/×/– **Avena nuda** L. em. Mansf. – Sand-Hafer, Nackt-Hafer
ss – In einem Serradella-Feld.
BR: Bei Neu Lübbenau (1995 H-KU 2708/1).

N/×/↗ **Azolla filiculoides** Lam. – Großer Algenfarn
(Abb. 73) **z** – In langsam fließenden Gewässern.
Anm.: Jährlich in unterschiedlicher Häufigkeit auftretend. Im Jahr 2001 war die Art weit verbreitet. Im Westlichen Oberspreewald wurden Massenbestände beobachtet (IL 2003b).

H/–/↘ **Ballota nigra** L. – Schwarznessel
VN: Stinkbrennnessel; – .
z – Auf nährstoffreichen Böden am Rande von Wegen und Zäunen mit Schwerpunkt in der dörflichen Ruderalflur.
Anm.: Rückgang infolge Urbanisierung der Dörfer.

H/–/↘? **Barbarea stricta** Andrz. – Steife Winterkresse
z – An Ufern sowie an gestörten Stellen nasser Wiesen.

H/–/↘? **Barbarea vulgaris** R. Br. – Echte Winterkresse
VN: – ; zatorżone zele, zatarżine.
z – An Gewässerufern und truppweise im Saatgrasland, in Säumen feuchter Standorte.
Anm.: Im UG sind sowohl die subsp. *vulgaris* als auch die subsp. *arcuata* (J. Presl und C. Presl) Hayek nachgewiesen. Fundorte der zweitgenannten Sippe befinden sich bei Boblitz: am Südumfluter nahe der Kahnfahrt (2002 H-PE, conf. 2008 KU) und in Klein Klessow: ehem. Gewächshausanlage NW Ortslage (1983 H-JE, rev. 2008 KU).

Bassia scoparia (L.) A. J. Scott subsp. ***densiflora*** (Turcz. ex B. D. Jacks.)   N/−/↗
Cirujano et Velayos − Dichtblütige Besen-Radmelde
[Syn.: *Kochia scoparia* (L.) Schrad. var. *densiflora* Turcz. ex Moq.]
z − An Bahnanlagen und auf Müllplätzen.
Anm.: Im UG seit den 1970er Jahren nachgewiesen, u. a. Lübben: Südbhf. (1972 IL); Lübbenau: Bhf. (1975 H-JE, det. H. Jage; 1983 H-JE); Vetschau: Bhf. (1974 JE in JE 1982a). In den letzten 10 Jahren infolge der Aufgabe zahlreicher Müllplätze und unterbliebener Bautätigkeit an Bahnanlagen jedoch rückläufig. Die subsp. *scoparia* − Sommerzypresse − wird gelegentlich in Gärten und Anlagen kultiviert und wurde auch auf Müllplätzen gefunden: Zerkwitz (1993 JE), Krausnick (1994 KU).

Bellis perennis L. − Ausdauerndes Gänseblümchen   H/−/↔
VN: Gänsebliehmchen; tuzyntka, towzyntka, guserowa kwětka, gusowa kwětka, guseca kwětka, gusacka, běle kwětaški, gusece struski.
v − Gedüngte, kurzrasige Wiesen und Weiden frischer Standorte, auf Rasenflächen und in Grünanlagen.
Anm.: Als sog. „Tausendschönchen" [Syn.: *B. hortensis* Mill.] in mehreren gefülltblütigen Formen in Gärten und auf Friedhöfen oft gepflanzt.

Berteroa incana (L.) DC. − Graukresse   N/−/↗
v − In Ruderalfluren auf trockenen und sandigen Standorten.
Anm.: Die Art wird bereits bei Franke (1594) genannt. In der Niederlausitz etwa seit Beginn des 19. Jahrhunderts zunächst spärlich vorhanden (RH 1839). Seit der Mitte des 19. Jahrhunderts erfolgte mit dem Bahnbau eine rasche Ausbreitung im UG von Cottbus her (AS 1879).

Berula erecta (Huds.) Coville − Schmalblättriger Merk, Berle   H/−/↔
v − Im Röhricht flacher Gräben und Fließe.

Betonica officinalis L. − Heilziest, Gewöhnliche Betonie   H/2/↘
VN: − ; bukwica.
s − Wechselfeuchte Moorwiesen, Magerrasen und am Rande von Gehölzen.
BR: Schlepzig: Petkansberg, Wald nahe den Teichen (KN in JE & KU 1994, H-KN); Biebersdorfer Wiesen 2 km N Hartmannsdorf (1977 KB); Lübben: mehrmals in der Nähe des ehem. Vorwerks Wiesenau (1950 BI; 2003 PE); Märkischheide: am Eichower Wald O Ortslage (JE 1975; 1996 H-JE).
HA: *Kl. Beuchow (RH 1836b).

Betula pendula Roth − Hänge-Birke   H/−/↔
VN: Berke; brjaza, brjas.
v − Vorwälder, Laubwälder, Kiefernforste, Wegränder.

Betula

H/–/? **Betula pubescens** EHRH. – Moor-Birke
 VN: – ; brjaza, brjas.
 z? – Moor- und Bruchwälder auf nährstoffarmen Böden.
 Anm.: Aufgrund der schwierigen taxonomischen Abgrenzung zum Bastard mit *Betula pendula* (*Betula* x *aurata* BORKH. – Bastard-Birke; vgl. SCHMIDT 2006) kann das Vorkommen der Art im UG nicht exakt bewertet werden. Verluste infolge von Hydromelioration sind jedoch anzunehmen.

H/–/↘ **Bidens cernua** L. – Nickender Zweizahn
 VN: Läusekraut, Schneiderläuse, Presterläuse, Priesterläuse, Pasterläuse, Lausepriester, Farrenläuse, Wilde Läuse, Zigeunerläuse, Filzläuse, Kahnrudel, Mistgabeln, Stiefelknecht, Stuckarsch, Stuparsch; strylica, stśylica, śćelica, stśelica, śćerica, śćerica, pšosarjowe wšy, fararjowe wšy, cartowe wšy, wandrarjowe wšy, parowišćo.
 z – In Zweizahngesellschaften an Ufern von Standgewässern und Gräben, meist auf stickstofffreichen Böden.
 Anm.: Selten in der var. *radiata* ROTH mit Zungenblüten vorkommend, z. B. bei Boblitz (1995 JE), Hohenbrück: Ufer des Neuendorfer Sees bei Heidecken (1995 KU).

Bidens cernua var. *radiata*

N/–/↗? **Bidens connata** H. L. MÜHL. ex WILLD. – Verwachsenblättriger Zweizahn
 z – In Zweizahngesellschaften der Ufer, insbesondere auf stickstoffreichen Böden.
 Anm.: Von KR (1955b) nicht aufgeführt, ob übersehen?

N/–/↗ **Bidens frondosa** L. – Schwarzfrüchtiger Zweizahn
 v – Uferbereiche der Stand- und Fließgewässer, feuchte Waldwege und Lichtungen, auf nährstoffreichen Böden.
 Anm.: Obwohl von *B. frondosa* keine VN ermittelt worden sind, kann sicherlich davon ausgegangen werden, dass ein Teil der unter *B. cernua* ermittelten VN auch für *B. frondosa* zutreffen.

H/–/↘ **Bidens tripartita** L. – Dreiteiliger Zweizahn
 VN: siehe *B. cernua*.
 z – Auf nährstoffreichen, feuchten Sand- und Schlickböden.
 Anm.: Die einst verbreitete Art (KR 1955b), die auch oft auf feuchten Äckern beobachtet wurde (PASSARGE 1959), ist heute vielerorts durch *B. frondosa* ersetzt.

Bistorta officinalis DELARBRE – Schlangen-Wiesenknöterich H/2/↘
[Syn.: *Polygonum bistorta* L.]
VN: Natternwurz; nogaty drest, hužowe zele, wužowy koreń, baranowe hogony.
s – Auf ständig sickerfeuchten, nährstoffreichen Wiesen.
BR: Krimnitz: Wiesen N (KR 1955b); Straupitz: Dutzendsee (KR 1955b); O-Ufer Byhleguhrer See (KR 1954, 2006 KA & Rätzel); Stradow: N vom Park (JE in JE & KU 1994); Fleißdorf: Wiese am südlichen Dorfrand (1992 JE); Müschen: nahe des Ortes an Str. nach Burg (KR 1954); Milkersdorf: W am Priorgraben (1996 Seitz); zwischen Burg (Dorf) und Werben (1952 ~MÜLLER-STOLL et al. 1992d).
RG: Ragow W (1995 Seitz & Schwiegk); Byhlen: am Neuen Teich (JE in JE & KU 1994).
Anm.: Im Unterspreewald fehlend. Verluste infolge Wasserentzug und Wiesenauflassung.

Blechnum spicant (L.) ROTH – Rippenfarn H/2/–
ss – Böschungen von beschatteten Gräben in Wäldern.
BR: Kl. Leine: Nähe O-Ufer Barbassee (KA in KL 2002, H-KA 19990725003); Byhleguhrer See: Quellhang am N-Ufer (1981 JE).
HA: *am Marienberg (b. Lübben) (= Marienberg b. Krugau); *Wasserburger Forst und Straupitz (RH 1840).
Anm.: Eine Angabe in WIESNER (1925) vom Weinberg bei Straupitz beruht sicherlich auf einer Verwechslung mit *Polypodium vulgare* (s. dort).

Blysmus compressus (L.) PANZ. ex LINK – Flaches Quellried H/2/◆
† – Nährstoffreiche, nasse Wiese.
BR: Neuendorf am See (1976 Pietsch).
Anm.: Der Standort wurde durch Anlage einer Entenfarm zerstört. Ein Beleg liegt nicht vor.

Bolboschoenus maritimus agg. – Strandsimse H/D/↔?
ss – Nassstellen gedüngter Äcker, Feuchtgrünland und Fischteiche.
BR: Lübbenau: Grünland 2 km O Barzlin in der Stauabsenkung Nord (2001 PE); Stradower Teiche (1996 JE).
RG: Nassstelle im Acker S Krimnitz (JE in KL 1985b).
Anm.: Im Land Brandenburg wurden bislang aus dem Formenkreis *B. maritimus* agg. nur *B. laticarpus* MARHOLD, HROUDOVÁ, DUCHÁCEK et ZÁKRAVSKÝ und *B. maritimus* (L.) PALLA nachgewiesen (HROUDOVÁ et al. 2007), wobei *B. laticarpus* die häufigere von beiden ist. Hierbei handelt es sich um eine erst vor wenigen Jahren beschriebene, hybridogen entstandene Art, die taxonomisch zwischen den beiden Spezies *B. maritimus* und *B. yagara* (OHWI) A. E. KOZHEVN. steht (vgl. MARHOLD et al. 2004). Für das UG steht eine nähere Bestimmung der Pflanzen noch aus. Mit großer Wahrscheinlichkeit gehören sie zu *B. laticarpus*.

H/2/♦? **Botrychium lunaria** (L.) Sw. – Mond-Rautenfarn
†* – Wegrand im lichten Kiefernforst auf magerem Boden.
BR: Köthen: Waldweg bei Jg. 70 in Richtung Krausnick (1989 Günther in KL 1999).
Anm.: Die Angabe Schönwalde: N Bhf. (IL in KL 2004) ist als Übertragungsfehler zu werten (siehe *B. matricariifolium*).

H/2/– **Botrychium matricariifolium** (RETZ.) A. BRAUN ex W. D. J. KOCH – Ästiger Rautenfarn
ss – Wegrand im lichten Kiefernforst auf magerem Boden, Trockenrasen und Birkenvorwald.
BR: Köthen: Waldweg bei Jg. 70 in Richtung Krausnick (1989 Günther in KL 1999; 2002 IL).
RG: Schönwalde: 1,5 km NW Bhf., Böschung an Bahntrasse (IL & J. Illig in KL 1974); ca. 0,8 km NW Bhf., Saum der Bahntrasse (IL in KL 2006).

H/–/– **Brachypodium pinnatum** (L.) P. BEAUV. – Fieder-Zwenke
(Abb. 65) **ss** – Trockenrasen am Rand einer Kiefernaufforstung.
RG: Krugau: Marienberg im Bereich der Sandgrube (1999 H-KA19990630 001; 2009 Borries & PE).

H/–/↔ **Brachypodium sylvaticum** (HUDS.) P. BEAUV. – Wald-Zwenke
z – Im Eichen-Hainbuchen-Wald und in anderen reicheren Laubmischwäldern.

H/3/↓ **Briza media** L. – Gewöhnliches Zittergras
VN: Flitterchen, Zitterkraut, Scherbelgras; libotki, libotcyna, brinkotate zele.
z – Wechselfeuchte bis mäßig trockene Wiesen.
Anm.: Infolge der Intensivierung der landwirtschaftlichen Grünlandnutzung (Düngung, Wiesenumbruch, Überweidung) und Nutzungsauflassung ertragsarmer Wiesen erfolgte ein starker Rückgang der Sippe, v. a. im Bereich S und O Lübben sowie im Burger Raum (VK 6). In den höher gelegenen RG edaphisch bedingt nur eine untergeordnete Rolle spielend.

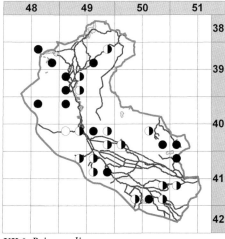

VK 6: *Briza media*

Bromus arvensis L. – Acker-Trespe H/1/♦
† – Unkrautgesellschaften an Wegrändern auf trocken-warmen Standorten.
BR: Oberspreewald (KR 1955b).
Anm.: Nach KR (1955b: 86) damals auch „bei Alt Zauche in größerem Bestande angesät", ob korrekt?.

Bromus commutatus SCHRAD. – Verwechselte Trespe H/×/◇
† – Äcker.
HA: „In der Niederung vom Spreewalde bis Baruth" (RH 1839: 37).
Anm.: Aufgrund der Biotopangabe „unter der Saat" (RH 1839: 37) käme die subsp. *decipiens* (BOMBLE & H. SCHOLZ) H. SCHOLZ, die erst 2003 anhand eines Beleges von 1884 beschrieben wurde, am ehesten in Betracht (vgl. SCHOLZ 2008). Eine Verwechslung mit einer anderen *Bromus*-Sippe kann jedoch infolge des Fehlens von Herbarbelegen (vgl. Liste in DUNGER 1981) nicht ausgeschlossen werden.

Bromus erectus HUDS. – Aufrechte Trespe N/–/↘
ss – Trockenrasen auf kalkhaltigen Standorten.
BR: Gr. Lubolz: Schafbrücke 0,5 km NW (KU in JE & KU 1994, H-KU 2576/4; 2009 Borries & PE); Lübbenau: zwischen Zerkwitzer und Stennewitzer Kahnfahrt (KR 1955b); am Damm bei Boblitz (KR 1955b); Alt Zauche: NW Bukoitza (1953~MÜLLER-STOLL et al. 1992c); Straupitz: trockene Wiesen in Richtung Neu Zauche (KR 1955b); Wiesen im Schlosspark (KR 1955b).
Anm.: Im UG nicht ursprünglich, sondern mit Grassamen eingeschleppt (KR 1955b).

Bromus hordeaceus L. – Weiche Trespe H/–/↔
v – In trockenen Wiesen und Weiden auf etwas nährstoffreichen Böden, auch an Wegen und auf Ackerbrachen.
Anm.: Die neophytische subsp. *pseudothominei* (P. SMITH) H. SCHOLZ wurde im UG bisher erst einmal nachgewiesen (Neuendorf am See: sandiger Wegrand bei Koplin, 2003 H-KU 2586/15). Sie ist sicherlich bisher zu wenig beachtet worden.

Bromus inermis LEYSS. – Wehrlose Trespe N/–/↗
v – An Straßenrändern und in halbruderalen Rasen.
Anm.: Die erste Angabe zur Sippe aus dem UG stammt vom Schlossberg bei Burg (RH 1846).

Bromus racemosus L. – Traubige Trespe H/2/↓?
s – Feuchtwiesen.
BR: Neu Schadow: Morgenwiesen SW Ortslage (1965 KL); Köthen: 1 km SW Ortslage (KU in JE & KU 1994, H-KU 2588/2); bei Krimnitz und Radensdorf auf Wiesen (KR 1955b); S Alt Zauche (1953~MÜLLER-STOLL et al. 1992c); O-Ufer Byhleguhrer See (KN in JE & KU 1994); zwischen Rad-

dusch und Stradow (1957~Müller-Stoll et al. 1992d); Burg: Feuchtwiese an Chaussee Burg-Vetschau (KR 1955b); Torfstich S Burg (1994 Sukopp); Fleißdorf: nahe der Gewächshausanlage (KN in JE & KU 1994); Müschen: bei Paulicks Mühle SW der Ortslage (1953~Müller-Stoll et al. 1992d); S Müschen (1956~Müller-Stoll et al. 1992c).

Anm.: Rückgang infolge Hydromelioration, Düngung und Nutzungsauflassung.

H/1/◆ *Bromus secalinus* L. – Roggen-Trespe
VN: – ; kóstrjawa, kóstrjowa, kóstrjewa, kóstrjew.
† – Im Wintergetreide.
BR: Äcker bei Burg und Müschen (1950er Jahre~Müller-Stoll et al. 1992d); Oberspreewald (KR 1955b).
RG: Gr. Lubolz: Äcker bei Bugk (1951 BI).

Anm.: KR (1955b: 86) gibt die Art für den Oberspreewald noch als „ziemlich häufig in Getreide-Unkraut-Gesellschaften" vorkommend an. Die Art ist schon aus der Slawenzeit im unmittelbaren Umfeld des UG nachgewiesen (Lange 1969). Ein adventives Vorkommen existierte in der Ortslage Schlepzig in der Dammstraße (KU in KL 1999, H-KU 2582/1). Dieses ging auf eine Grasansaat zurück und war nach wenigen Jahren erloschen.

H/–/↗ *Bromus sterilis* L. – Taube Trespe
v – An Wegen und Mauern, auf Schuttplätzen und Industriegelände, auf warm-trockenen, nährstoffreichen Standorten.

H/–/↔ *Bromus tectorum* L. – Dach-Trespe
v – In gestörten Trockenrasen, an trocken-warmen Ruderalstandorten auf Sand, an Wegrändern und innerhalb von Siedlungen.

H/–/↓ *Bryonia alba* L. – Weiße Zaunrübe, Schwarzfrüchtige Zaunrübe
VN: – ; jichtna řepa, swinjeca řepa, kóśćiwadło, kóśćelnišćo, kóśćował.
z – An Zäunen und Mauern sowie am Rand von Gebüschen.

Anm.: Alte Dorfpflanze; Rückgang durch den Strukturwandel in den Dörfern.

H/–/? *Bryonia dioica* Jacq. – Rotfrüchtige Zaunrübe
s – Ruderale Säume der Ortslagen.
BR: Alt Schadow: Ortslage (KU 1998); Leibsch: am Agrarbetrieb (1992 KU); Schlepzig: Dorfstraße und Kuschkower Straße (1992 KU); Lübben: Bahnhofstraße (1992 KU).

H/#/↔ *Buglossoides arvensis* (L.) I. M. Johnst. – Acker-Steinsame
[**Syn.:** *Lithospermum arvense* L.]
VN: Schminka, Bauernschminke; běły kwět, burska šminka.

Calamagrostis

z – Auf mineralkräftigen, sandig-lehmigen Äckern.
Anm.: Ob neben der subsp. *arvensis* auch die subsp. *sibthorpianum* (GRISEB.) R. FERN. im UG vorkommt, ist noch nicht geklärt, standörtlich jedoch eher unwahrscheinlich (vgl. CLERMONT et al. 2003).

Butomus umbellatus

Butomus umbellatus L. – H/V/↗
Schwanenblume
v – In Röhrichten der Fließe, Gräben und Seen.
Anm.: Gute Bestandsentwicklungen dort, wo die Krautungen unterbleiben.

Calamagrostis arundinacea (L.) ROTH – Wald-Reitgras H/–/↔
s – Mesotrophe Mischwälder.
BR: Pretschen: Kiefernforst am W-Abhang des Mühlenberges (1965 KL); Neu Schadow: SO in der Forst Kl. Wasserburg in den Jg. 10 und 14 (1965 KL); Neu Lübbenau: Niederungswald 0,75 km WNW großes Spreewehr im Jg. 36 Nähe Lehmanns Fließ (GOOSSENS 1995); Kuschkow: kleiner Hügel 2 km WNW (1965 KL); 2 km W Ortslage S Straße nach Neu Lübbenau (1965 KL; 1991 KB); Köthen: Förstersee (= Pichersee) (1994 KU in KL 1999); N-Abhang Wehlaberg (1991 KU); Schlepzig: Buchenhain (GROßER et al. 1967; 2002 KU); Lübben: Lehnigksberg (1993 JE).
HA: Im Spreewald (RH 1836b, 1839).

Calamagrostis canescens (WEBER ex F. H. WIGG.) ROTH – Sumpf-Reitgras H/–/↗
VN: Brauner Schmehl, Schanitza, Scharnitza, Tschernitzka, Polietsch; bĕcawa, sćanica.
v – In Erlenbruchwäldern, in Großseggengesellschaften.
Anm.: Durch Nutzungsauflassung und/oder Entwässerung in den letzten 30 Jahren gefördert.

Calamagrostis epigejos (L.) ROTH – Sand-Reitgras H/–/↗
VN: Segge, Schmelgras; – .
v – In diversen Forsten, an Waldrändern, auf Kahlschlägen, in Ruderalfluren, auf trockenen bis frischen, mäßig nährstoffreichen Standorten.
Anm.: Vielerorts an gestörten Standorten Dominanzbestände bildend.

H/3/↘ **Calamagrostis stricta** (TIMM) KOELER – Moor-Reitgras
[Syn.: *C. neglecta* auct.]
z – Auf nährstoffarmen Böden in Mooren und Nasswiesen, besonders in ihren Randbereichen und an Grabenrändern.
BR: Alt Schadow: Brasinsky-Luch; Wiesen beim Zeltplatz am Neuendorfer See; Wiesen beim Nuggel; Boesin-Luch (KU 1998); 2 km SO im Gr. Luch (KL 1968); Hohenbrück: Nähe ehem. Torfstich 1,5 km NO Hohenbrück (KU 1998); Krausnick: Luchsee (1964 Großer in WEIß 1999; WEIß 1999); Lichtesee (IL & J. Illig in KL 1980; 1992 IL); Wiesen unterhalb des Weinberges (= Sapitzka) (1992 KU); Lübben: Lax Luch 2 km WNW Börnichen (1993 JE); O-Ufer Byhleguhrer See (KL in KL 1977).
RG: Schlepzig: Tümpel am östl. Ortsausgang (1992 KU); Dürrenhofer Moor (1993 KU; IL in KL 2002); Grabenrand O Dürrenhofe (1993 KU); Krugau: ehem. Torfstich am südlichen Ortseingang von Schlepzig her (1993 KU); O-Ufer Briesener See (KL in KL 1977; 2009 Borries & PE); Briesener Luch (1993 KU; 1998 KU); Caminchen: Torfstiche O (JE in KL 1985b).
Anm.: Im Westlichen Oberspreewald und Burger Spreewald fehlend. Obwohl überwiegend jüngere Fundangaben vorliegen, ist aufgrund der in den letzten 50 Jahren erfolgten Meliorationsmaßnahmen und Wiesenumbrüche ein Rückgang anzunehmen.

H/3/↘ (Abb. 84) **Calla palustris** L. – Sumpf-Schlangenwurz, Schweinsohr
VN: – ; żabine łżycki.
z – In Erlenbruch- und Verlandungsgesellschaften am Rande von Seen, Altarmen und Mooren.
BR: Köthen: mehrfach am S-Ufer des Köthener Sees (1994 JE, 1994 Gleichmann & Langer; 2006 Heinrich); N-Ufer Kl. Wehrigsee (1972 KB in KB 1984); W-, O- und NO-Ufer Gr. Wehrigsee (1994 JE; 2006 Heinrich); Krausnick: Luchsee (1951 BI; IL & J. Illig in KL 1977); Lichtesee (IL & J. Illig in KL 1977; 2009 IL & KG); Meiereisee (2004 Heinrich & Lohmann); Gr. Lubolz: Graben N Ortslage (1994 Gleichmann); Lübben: 0,3 km N Lehnigksberg (1995 Bruisch & Schröder); Lübbenau: Bereich Burg-Lübbener Kanal x Alte Luschna (1995 Bruisch; 2001 PE); Fließ zwischen Gurkengraben und Bürgergraben (2008 Heinrich); Alt Zauche: Hochwald 0,4 km W Schützenhaus (1995 JE); Straupitz: Verlandungszone (Gr.) Dutzendsee (1974 KB; 2005 Heinrich); Kl. Dutzendsee (2005 Heinrich); Byhleguhrer See (o.J.~JE & KB 1992; 1995 Gleichmann); Byhlen: Skops Luch (1974 KB; 1995 Gleichmann); Butzen: Rauher See (ULBRICH 1918; 1974 KB).
RG: Gröditsch: S Ortslage (2008 Borries); Dürrenhofer Moor (1973 KB in KB 1984; 1993 KU); Niewitz: Moorstiche und Wiesenmoor am Weg nach Kaden (1951 BI); Laasow: Niederung 0,5 km W Ortslage; am Koboldsee 1,4 km

Callitriche

SSW Ortslage; Niederung 1,5 km S Ortslage (2004 Schönefeld); Straupitz: Niederung 0,5 km ONO ehem. Spreewaldbhf. (2004 Schönefeld).
HA: Im Spreewald (RH 1839); Unterspreewald (AS 1879); Burg Kauper: bei der Straupitzer Buschmühle (WIESNER 1924).
Anm.: KR (1955b: 91) gibt die Art für den Oberspreewald als „zerstreut in nassen Erlenbruch-Gesellschaften und in Verlandungsgesellschaften nährstoffarmer Gewässer" vorkommend an. Im inneren Spreewald heute nur im Luschna-Gebiet nachgewiesen.

Callitriche L. – Wasserstern
Die Bestimmung der Wasserstern-Arten ist nur anhand der Früchte möglich. Da die Wassersterne überwiegend steril anzutreffen sind, ist eine Determination in diesem Zustand nicht möglich. Wohl auch deshalb ist der heutige Kenntnisstand über die im UG vorhandenen Arten und deren Vorkommen als zumeist unzureichend zu bezeichnen. Als VN konnte lediglich „Hechtkraut" ermittelt werden.

Callitriche palustris agg.

Callitriche cophocarpa SENDTN. – Stumpfkantiger Wasserstern   H/G/↔
z? – Schwach eutrophe Gräben, Kanäle, Fließe und Seen.

Callitriche hamulata KÜTZ. ex W. D. J. KOCH – Hakenfrüchtiger Wasserstern   H/G/♦
†? – In Fließen mit geringer Strömung.
BR: Mehrfach im Oberspreewald (1976 – 79 Heym in HEYM 1983).

Callitriche obtusangula LE GALL – Nussfrüchtiger Wasserstern   H/×/–
ss – Im klaren Wasser eutropher Gräben.
BR: Neu Lübbenau: S-Teil Kockot; Lübbenau: mesotrophes Fließ am Weg zur Wotschofska (1992 Wolff).
Anm.: Beide Angaben zu der in RISTOW et al. (2006) nicht enthaltenen Art sind unbelegt (WOLFF in litt. 2008).

Callitriche palustris L. – Sumpf-Wasserstern   H/G/♦
†? – In Gräben und Fließen.
BR: Mehrfach im Oberspreewald (KR 1955b; 1976 – 79 Heym in HEYM 1983).

Callitriche palustris agg. – Artengruppe Sumpf-Wasserstern   H/#/↔
v – In Gräben, Fließen und Nasssenken, Landformen auf Schlamm.

Callitriche

Anm.: Da die *Callitriche*-Pflanzen zumeist steril sind, erfolgt hier eine Summierung aller aus diesem Aggregat stammenden, nicht determinierten *Callitriche*-Vorkommen des UG.

H/G/◆ *Callitriche stagnalis* Scop. – Teich-Wasserstern
†? – In Meliorationsgräben, Fließen, feuchten Ackersenken, an Seeufern.
BR: Oberspreewald (KR 1955b).
RG: Briesensee: Wiesengraben in der Nähe des Ortes (1960 Pietsch in Pietsch 1974); Meliorationsgraben in Richtung Lübben bzw. Ackerfläche W Ortslage (1962~Pietsch & Müller-Stoll 1974); SO-Ufer Briesener See (Pietsch 1963).
Anm.: Die Sippe wurde von KR (1955b) für den Oberspreewald als häufig vorkommend angegeben.

H/–/↘ *Calluna vulgaris* (L.) Hull – Heidekraut
VN: Heedekraut; wros, wrjos, rjos, rjoso.
v – Auf bodensauren, lichten, nährstoffarmen Standorten in armen Ausbildungen und im *Calluna*-Typ der Kiefernforste/Kiefernwälder, v. a. in deren Randbereichen, auch auf Schlagfluren und unter Hochspannungsleitungen.
Anm.: Größere geschlossene Bestände sind bereits um die Mitte des 19. Jahrhunderts nach starkem Rückgang der Schafhaltung durch Aufforstung weitgehend erloschen, vgl. hierzu Arndt (1925, 1928). Wenige Restflächen im Bereich militärischer Liegenschaften (z. B. Bereiche Krausnick-Brand, Marienberg bei Krugau) zeigen eine rückläufige Tendenz.

H/3/↓ *Caltha palustris* L. – Sumpf-Dotterblume
VN: Lokusche, Luttuschchen, Okuschine, Kuhblume, Butterblume, Puschblume; łokaśina, lokaśina, hokaśina, okaśina, okuśina, okośina, lokaua, lokaśinki, lakośina.
v – Auf nassen, zeitweilig überfluteten bzw. überstauten Wiesen auf nährstoffreichen Standorten, an Rändern von Gräben und Fließen, auch in Erlenbruchwäldern.
Anm.: Im Bereich der höher liegenden RG weitgehend fehlend (VK 7). Aufgrund ausbleibender Überflutungen bzw. Winterstauhaltung heute oftmals nur noch an den Rändern von Gräben und Fließen vorhanden, jedoch – im Gegensatz zu früher, als die Art häufig auf Wiesen vorkam (Abb. 77) – sehr selten aspektbildend.

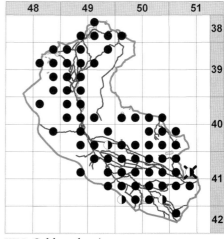

VK 7: *Caltha palustris*

Calystegia sepium (L.) R. Br. – Gewöhnliche Zaunwinde   H/–/↗?
VN: Pedewinde, Pädewinde, Powitka; powitka, pakowjeź, powitka, powica, powiś, powoj, dudawki, plěchawa, plěchata.
v – Auf nährstoffreichen Torf- und Schlickböden in Erlenbrüchen und im Erlen-Eschen-Wald, an Waldrändern und im Gebüsch, ferner in Großseggen- und Röhrichtgesellschaften, in Säumen der Gewässer; Hauptentfaltung in Schleiergesellschaften.

Camelina microcarpa Andrz. ex DC. – Kleinfrüchtiger Leindotter   H?/3/↘
VN: Riß; ryst, rys, ris.
s – In Segetalgesellschaften, auf Bahngelände, an Weg- und Straßenrändern.
BR: Lübben-Steinkirchen: Bahnübergang nach Ellerborn (1992 H-KU 642/2); Ellerborn 0,5 km N (JE in JE & KU 1994); Kl. Lubolz: Wiesen rechts der Straße nach Lübben (1951 BI); Lübben: Felder unweit Hirschlandziegelei (1951 BI); Lübbenau-Stennewitz: auf Bahnschotter (1982 JE).
RG: Schönwalde: 1 km NW (JE in JE & KU 1994); an der Straße nach Gr. Lubolz im Bereich des Abzweiges nach Rickshausen (1956 BI); an der Autobahn zwischen Freiwalde und Schönwalde (IL & J. Illig in KL 1980; 1991 H-JE).
Anm.: Von KR (1955b) für den Südrand des Oberspreewaldes noch als zerstreut vorkommend angegeben. Heute im UG – wie fast überall im Land Brandenburg – nur noch adventiv auftretend; an diesen FO jedoch über Jahre beständig. Im eigentlichen Spreewald fehlend. Siehe auch Anm. bei *C. sativa*.

Camelina sativa (L.) Crantz – Saat-Leindotter   H?/0/–
VN: siehe *C. microcarpa*, außerdem deutscher VN: Dotter.
ss – Im Sommergetreide.
RG: Pretschen: Acker ca. 1,5 km S Ortslage in einem Feld mit Sommergerste (2008 IL & PE, H-PE).
Anm.: Die Sippe wurde in den Lausitzen noch im 19. Jahrhundert hier und da wegen der ölreichen Samen angebaut und kam „auf Äckern unter der Saat überall" vor (RH 1839: 177). Da *C. microcarpa* in RH (1839) nicht aufgeführt wird, ist diese Aussage mit großer Wahrscheinlichkeit auf *C. sativa* agg. zu beziehen. Diese Problematik zeigt sich auch in den gleichlautenden VN. Arndt (1955b) gibt *C. sativa* (agg.?) für die westliche Niederlausitz als sehr selten an. Das aktuelle Pretschener Vorkommen beruht auf einem bereits seit mehreren Jahren durchgeführten feldmäßigen Anbau und einer davon ausgegangenen Verwilderung. Der aktuelle Anbauumfang wurde vom Betriebsleiter mit ca. 50 ha angegeben. 1995 war die Art Bestandteil einer Gemengeansaat bei Alt Schadow: Acker auf dem Gr. Raatsch (KU 1998, H-KU 641/1), ohne dass Verwilderungen beobachtet wurden.

Campanula

H/V/↓ **Campanula patula** L. – Wiesen-Glockenblume
VN: – ; zwónk, zwónki, zwónkele.
v – In frischen Wiesen auf nährstoffreichen Böden, auch an Straßenrändern.
Anm.: Obwohl noch als verbreitet vorkommend eingestuft, ist die Art heute – im Gegensatz zu früher, als sie stellenweise aspektbildend auf den Wiesen vorkam – oftmals nur noch an den Rändern von Mähwiesen vorhanden. Die für *Campanula* spec. ermittelten oben aufgeführten VN sind von den Autoren der verbreitet vorkommenden *Campanula patula* zugeordnet worden. Inwieweit diese auch für die im UG ebenfalls vorkommenden *C. glomerata* cult., *C. persicifolia* und *C. rapunculoides* zutreffen, ist unklar.

H/–/– **Campanula persicifolia** L. – Pfirsichblättrige Glockenblume
ss – In Wald- und Gebüschsäumen auf basenreichen Standorten.
BR: Köthen: am Förstersee (= Pichersee) (1994 KU in KL 1999); Schlepzig: Buchenhain am Weg zum Forsthaus (1951 BI).
HA: Byhlen (Lehmann & H. Müller in AS 1879).
Anm.: Hier und da auch in vielblütigen Formen als Zierpflanze in Gärten kultiviert, gelegentlich über Gartenabfall in Ortsnähe verwildert.

Kv/–/↘ **Campanula rapunculoides** L. – Acker-Glockenblume
z – Auf mäßig trockenen Standorten an Straßenrändern, auf Ödland, an Wegen und auf Friedhöfen.
Anm.: Kulturrelikt. Früher eine beliebte Gartenpflanze, heute jedoch nur noch gelegentlich in Bauerngärten vorhanden.

H/–/↘ **Campanula rotundifolia** L. – Rundblättrige Glockenblume
VN: – ; zwónk, zwónki, zwónkele, wjelike zwónki, klinkotka.
v – Auf mäßig trockenen, mageren Böden in lichten Kiefernforsten, in Säumen und in Sandtrockenrasen.

H/V/♦ **Campanula trachelium** L. – Nesselblättrige Glockenblume
† – Frischer Eichen-Hainbuchen-Wald.
BR: Schlepzig: Buchenhain, Jg. 128 (1952~Scamoni o.J.).
Anm.: Die Art wird von KR (1955b: 112) für den Oberspreewald als „ziemlich selten im frischen Eichen-Hainbuchen-Wald" vorkommend angegeben, ohne jedoch konkrete FO aufzuführen (Δ B: ?4149/1, ?4251/1). In Gärten wird sie heute sehr selten kultiviert, z. B. in Lehde (1991 KR).

E/G/↔ **Cannabis sativa** L. subsp. ***spontanea*** (Vavilov) Serebr. – Wilder Hanf
[**Syn.**: *C. ruderalis* Janisch]
VN: – ; konopje, konop, konopej.
z – An Straßen und auf Müllplätzen, oft mit Vogelfutter verschleppt.

Anm.: Die subsp. *sativa* ist seit slawischer Zeit bis in das 19. Jahrhundert als Faserpflanze angebaut worden (KR 1955b, IL 1999a).

Capsella bursa-pastoris (L.) MEDIK. – Gewöhnliches Hirtentäschel   H/–/↔
VN: Taschenkraut, Hirtentäschchen, Täschchenkraut, Hungerblume; mušćota, mušćotka, myšćotka, mišćotka, jaskolickowa kšiwka, jackoliccyne kšidła, jackolickowe kśiłka, śćura, taški.
v – In lückigen Ruderalfluren, in Rasen, in Hackfruchtkulturen und in Gärten, an Straßen- und Wegrändern.

Cardamine amara L. – Bitteres Schaumkraut   H/3/↘
z – An sickernassen und kühlen Standorten in Quellfluren, in Wiesengräben und in Erlenwäldern.
Anm.: Standortverluste durch meliorative Eingriffe.

Cardamine dentata SCHULT. – Sumpf-Schaumkraut   H/3/?
s – In Röhrichten, Großseggenrieden und Erlenbrüchen.
BR: Alt Schadow: Kriegluch (KU 1998, H-KU 583/4); Hohenbrück: SO-Ufer Neuendorfer See (RETTSCHLAG 1970); Krügers Graben (KU 1998); zwischen Schlepzig und Neu Lübbenau (1993 KU); Ragow: Riebocka; Lehde; Leipe (1991 JE); Byhleguhrer See (1996 Ristow & Seitz); Burg Kauper (1992 KR).
HA: Hartmannsdorfer Wiesen (TREICHEL 1876a).

Cardamine flexuosa WITH. – Wald-Schaumkraut   H/G/↔
s – Im feuchten Erlen-Eschen-Wald und an Waldwegen auf kalkarmen, aber nährstoffreichen Böden.
BR: Gr. Wasserburg: im Totalreservat (1994 JE); Schlepzig: Buchenhain (Fischer in BENKERT 1976; 2007 IL); W Inselteich (1994 JE); Krausnick: mehrfach im Bereich des Sommerdammes und des Schenkerdammes im Kriegbusch zwischen Krausnick und dem Forsthaus Hartmannsdorf (1987 KB in KB 1992; JE in JE & KU 1994).
Anm.: Die Vorkommen der boreo-montan verbreiteten Art befinden sich im UG mehrheitlich nur im Bereich der historisch alten Wälder des Unterspreewaldes (VK 8). Hier zeigen sich deutliche Parallelen zum Vorkommen anderer Arten gleichen Verbreitungstyps im UG, wie *Lastrea limbosperma*, *Lathyrus vernus*, *Phegopteris connectilis*, *Sambucus racemosa*, *Sanicula europaea* und *Ulmus glabra*.

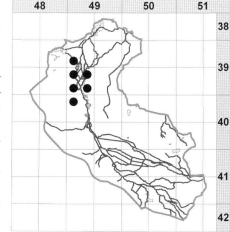

VK 8: *Cardamine flexuosa*

Cardamine

N/–/↑ **Cardamine hirsuta** L. – Behaartes Schaumkraut
v – Auf nährstoffreichen, frischen Böden in Gärten, auf Friedhöfen und in Rabatten.
Anm.: Von RH (1839), AS (1864) und KR (1955b) noch nicht aus dem UG genannt. Ausbreitung in den letzten 20 Jahren v. a. über Topfware der Gärtnereien und Baumschulen; Vorkommensschwerpunkt in den Siedlungen.

H/–/↔ **Cardamine impatiens** L. – Spring-Schaumkraut
s – Frische Laubwälder.
BR: Neu Lübbenau: 1,3 km NNW großes Spreewehr im Jg. 33 (GOOSSENS 1995); Schlepzig: mehrfach im Buchenhain (BI 1957; IL in KL 1985b; KU in JE & KU 1994; GOOSSENS 1995); zwischen Puhlstrom und Wasserburger Spree (IL & KG in KL 1989a); Krausnick: mehrfach im Bereich des Kriegbusches (1987 KB in KB 1992; JE in JE & KU 1994; 2002 H-PE).
HA: Burg: an der Eichschänke (1857 Lehmann in HOLLA 1861/62).

H/2/↔? **Cardamine parviflora** L. – Kleinblütiges Schaumkraut
s – Auf feuchten, nährstoffreichen Standorten im Bereich offener Bodenstellen im Grünland, in Flutmulden und auf Wildäckern.
BR: Neu Lübbenau: SW in einer Wiesensenke (2002 IL); Lübben: Feuchtwiese 2,3 km SSW Ratsvorwerk in einer Feuchtwiese zwischen Nordumfluter und Albrechtkanal (PE in KL 2004); Lübbenau: Flutmulde in der Stauabsenkung Nord 3,5 km OSO Barzlin (PE in KL 2004); Burg: Wildacker 0,8 km NO Gasthaus Eiche (2002 PE); Boblitz: 3 km O im Sommerpolder (KN in JE & KU 1994); im Sommerpolder zwischen Boblitz und Leipe an mehreren Stellen (1991 H-KN; JE & SEITZ 1996); Leipe: Feuchtwiese 1,2 km WNW Radduscher Buschmühle (PE in KL 2004, H-PE).
HA: Im Spreewald (BURKHARDT 1836; RH 1837).

H/V/↘ **Cardamine pratensis** L. – Wiesen-Schaumkraut
VN: Storchenblume, Hungerblume, Hungerkraut, Weißer Hunger; běła bóśońka, pólski baz, žerchej, žerlina, žerchlica, krjasa, běła krjasa, wódne struski, bóśonowy cwjern, běłe struski, njebjaski strus, mjodowy kwětk.
v – Nasse und feuchte, nährstoffreiche Wiesen, auch in Feuchtwäldern.
Anm.: Früher oft massenhaft und aspektbildend auf Wiesen, besonders in nassen Jahren (Abb. 78). Daher auch die Redewendung: "Die Wiesen trauern" (Weiß war die Trauerfarbe der Sorben/Wenden). Heute im intensiv genutzten Grünland meist nur noch an Grabenrändern vorhanden. Rückgang durch Melioration.

Cardaminopsis arenosa (L.) Hayek – Sand-Schaumkresse H?/–/↔
[**Syn.**: *Arabis arenosa* (L.) Scop.]
v – Lückige Ruderalstandorte, Bahnanlagen, Dämme und auf Grabenaushub, meist auf Sand.
Anm.: RH (1839: 181) gibt das Vorkommen der Sippe in den Lausitzen noch wie folgt an: „Auf sandigen schattigen Plätzen in der Gegend des Marienberges bei Lübben (= Marienberg b. Krugau, d. A.), scheint sehr selten" zu sein. Nach Graebner (1909: 167) war die Art „in der Lausitz meist selten und unbeständig". Mitte der 1950er Jahre ist sie bereits ziemlich häufig in Unkrautgesellschaften des Oberspreewaldes (KR 1955b).

Cardaria draba (L.) Desv. – Pfeilkresse N/–/↗
z – Lückige Ruderalstandorte auf sandigem bis lehmigem, basenreichem Boden.

Carduus acanthoides L. – Stachel-Distel N?/–/–
ss – Lückige Ruderalstandorte auf mineralkräftigem Sandboden, wärmeliebend.
BR: Lübben: am Postfunk (1991 JE); Raddusch: NO Ortslage; Schwarzer Berg (1992 JE).
Anm.: Obwohl in Benkert et al. (1996) von der im mitteldeutschen Raum weit verbreiteten Art zahlreiche MTBQ-Angaben aus dem UG vorhanden sind, konnten die dazugehörigen Funddaten nicht ermittelt werden. Übertragungsfehler bzw. eine Verwechslung mit anderen *Carduus*- bzw. *Cirsium*-Sippen können deshalb nicht ausgeschlossen werden. Δ B: ?3949/1, ?3949/4, ?4049/1, ?4049/2, ?4050/3, ?4150/1, ?4150/2.

Carduus crispus L. – Krause Distel H/–/↔
VN: Pferdedistel; badak, dabak, wóset, pśezlica.
z – Ruderalstandorte auf trockenen bis frischen, mineralkräftigen Sand- und Lehmböden.

Carduus nutans L. – Nickende Distel H/–/↔?
s – Gestörte, ruderale Trockenrasen, an Wegen und Böschungen auf sommerwarmen, skelettreichen Böden.
BR: Alt Schadow: S der Ortslage an der Straße nach Hohenbrück (KU 1998); Krausnick: Nähe Neue Schenke (1994 KU); Lübben: Neuhaus (1991 JE); Bahntrasse nach Lubolz am westl. Ortsausgang (2008 KU); Lübbenau: am Rand der Hochfläche in Richtung Lübben (KR 1955b); Raddusch: Schwarzer Berg (1991 JE).
RG: Schönwalde: an der Autobahn (1977 JE); Niewitz: alte Ziegelei (1950 BI); Terpt: N der Autobahn (2008 PE).

Carex

H/−/↔   ***Carex acuta*** L. – Schlank-Segge
[**Syn.**: *C. gracilis* CURTIS]
VN: Schneidegras, Resina, Resena; rězyna, rězina, rězawa.
v – Zumeist auf mäßig nährstoffreichen, feuchten Grünlandstandorten.
Anm.: Im Schlankseggen-Ried, der typischen Grünlandgesellschaft des Westlichen Oberspreewaldes, sowie in wenig gepflegten und aufgelassenen Wiesen oftmals bestandsdominierend (Abb. 75). In anderen Grünlandgesellschaften, v. a. Rasenschmielen-Wiesen, Wiesenfuchsschwanz-Wiesen, Honiggras-Wiesen, weniger vital wachsend. In den RG eher mit zerstreuten Vorkommen. Die obige VN beziehen oftmals auf *Carex* spec. Bei eindeutig zuordbaren *Carex*-Sippen werden die ermittelten VN separat aufgeführt.

H/−/↗   ***Carex acutiformis*** EHRH. – Sumpf-Segge
VN: Schneidegras, Grobe Segge, Rebaua, Resina; rězyna, rězina, rězawa.
v – In Erlenbruchwäldern und im Erlen-Eschen-Wald sowie in Großseggengesellschaften.
Anm.: Im Grünland oft bestandsbildend und steril bleibend; durch Auflassung von Feuchtwiesen gefördert. Eine var. *kochiana* DC. wurde im Oberspreewald zwischen Alt Zauche und Lübbenau nachgewiesen (POTONIÉ 1878).

H/3/↘   ***Carex appropinquata*** SCHUMACH. – Schwarzschopf-Segge
z – In Großseggensümpfen und Erlenbruchwäldern, auch am Rande von Seen und Gräben sowie in ehem. Torfstichen.
BR: Köthen: Gr. Wehrigsee (1989 Günther in KL 1999; 2008 PE); mehrfach wenig SW Ortsausgang in Richtung Märk. Buchholz (1993 KU); Gr. Wasserburg: Erlenwald 0,5 km SO Ortslage (GOOSSENS 1995); Kuschkow: Torfstich (1992 KU); Schlepzig: Buchenhain (BRAUN 1994); Krausnick: Karpfenteich (1992 KU; 1998 nicht mehr vorhanden KU); Wiesen unterhalb des Weinberges (= Sapitzka); Nähe Pumpstation am Sommerdamm; Texas-Wiesen (1992 KU); Gr. Lubolz: Kriegbuschwiese (1992 JE); an der Schafbrücke (1993 KU); Hartmannsdorf: 0,35 km NNW Forsthaus Hartmannsdorf (2001 PE); Lübbenau: S Kreuzgraben und W Lehder Fließ in Höhe S-Abschnitt Gurkengraben (2001 PE); Lehde: 1,3 km O Ortslage (2001 PE); Grünland NW Dolzke (2002 H-PE); Leipe: 0,7 km SO Wotschofska zwischen Bürgerfließ und Henska Tschummi (2001 PE in KL 2004); Straupitz: Gr. Dutzendsee (2004 KA); Kl. Dutzendsee (2001 KA); Byleguhrer See: O-Ufer (o.J. BI in BI 1967; Leber & KA in KL 2005); Rheinsches Luch O des Sees (Leber & KA in KL 2005); W Saccasne (1999 JE); Müschen: bei Paulicks Mühle (1991 KN).
RG: Grabenrand ca. 1 km O Dürrenhofe (1993 KU).
HA: Spreewald (RH 1839).

Carex arenaria L. – Sand-Segge   H/–/↔
v – In der Silbergras-Flur, auf Lichtungen von Kiefernforsten, auf Böschungen, an sandigen Wegrändern und in ruderal beeinflussten Sandtrockenrasen.

Carex bohemica SCHREB. – Zyperngras-Segge   H/2/↘?
s – Auf periodisch überschwemmtem Schlickboden am Ufer von Altwässern, in trockengefallenen Teichen und auf vernässten Ackerstellen.
BR: Hartmannsdorf: Spreeufer (1974 IL); Lübben: im Berstedreieck (1990 JE in KL 1999); Burg Kauper: Sellerie-Feld W Straupitzer Buschmühle (2001 PE); Mühlendorf: am Erlköniggehöft; Kokainz (Erlenhof) (KR 1955b); Stradower Teiche (1998 JE).
RG: Graben zwischen Lübben und Briesensee (PIETSCH 1963; 1960~PIETSCH & MÜLLER-STOLL 1974); Briesener See (PIETSCH 1963; 1998 JE, KA & KU).

Carex brizoides L. – Zittergras-Segge   H/–/↔
s – Frische bis feuchte Laubmischwälder, Wiesenränder und Säume.
BR: Hartmannsdorf: Wiese am Sommerdamm Nähe Forsthaus (1992 JE); Lübben: Hain (1949 BI; Herzog in KL 1977); Burglehn b. Alt Zauche: kleines Moor 1,5 km O Ortslage bei der Chaussee (2002 KA); Alt Zauche: Hochwald zwischen Eiche und Kannomühle (1991 JE; 2000 KA); Ragow: an der Chaussee in Richtung Lübben (1952 BI); Lehde: Weskowwiesen (1991 JE); N-Ufer Byhleguhrer See (1991 JE); Byhlen: Skops Luch (2001 KA); Oberspreewald (PASSARGE 1956); Guhrow: 0,3 km W Ortslage (2008 KU); kleines Eichen-Birken-Wäldchen auf kleiner Anhöhe 3 km NNW Ortslage (2008 KU); bei den Guhrower Torfstichen NW der Ortslage (1992 H-KN, rev. 2008 KU).
RG: Caminchen: kleines Rinnenmoor ca. 1,5 km SSW im Wald (2002 KA).
Anm.: Konzentration der Vorkommen auf den Süden des UG. Im Unterspreewald weitgehend fehlend.

Carex buxbaumii WAHLENB. – Buxbaum-Segge   H/0/◊
† – Moorwiesen.
HA: Zwischen Lübbenau und Alt Zauche (POTONIÉ 1878).

Carex canescens L. – Graue Segge   H/3/↘
z – Kleinseggengesellschaften auf sauren, nährstoffarmen Torfböden, an Teich- und Grabenrändern sowie in Nasswiesen und Mooren.
Anm.: Oft nur noch in kleinen Beständen; Rückgang durch Hydromelioration der Standorte und/oder Nutzungsaufgabe.

H/V/? **Carex caryophyllea** LATOURR. – Frühlings-Segge
ss – In Magerrasen, an Waldwegen, auf basenhaltigen Böden.
BR: Neuendorf am See: Wutscherogge (KU 1998); Gr. Lubolz: NW Ortslage (1992 JE in JE & KU 1994); Neu Zaucher Weinberg (1966 IL; 1999 H-KA 19990418004).
RG: Schönwalde: Randstreifen an der Bahn N Bhf. (IL in KL 2002).

H/2/? **Carex cespitosa** L. – Rasen-Segge
s – Auf nassen Flachmoorwiesen und in Erlenbrüchen.
BR: Neuendorf am See: Große Bossische und mehrfach im Hirschwinkel OSO Wutscherogge (1994 JE; KU 1998, H-KU 2509/5 + 6); Alt Schadow: 3 km O an der Spreeniederung (JE in JE & KU 1994); Köthen: 1,5 km SW am Kl. Wehrigsee (JE in JE & KU 1994).
Anm.: Die in JE & KU (1994) für Krausnick gemachten Fundangaben beruhen auf Fehlbestimmungen von untypischen *Carex nigra*-Pflanzen (vgl. KU et al. 2001).

H/3/? **Carex demissa** HORNEM. – Grünliche Gelb-Segge
s – Feuchte bis sickernasse Nieder- und Quellmoore, an Waldwegen, auf Offenstellen im Grünland.
BR: Köthen: am Gr. Wehrigsee (1993 JE); Krausnick: Grünland 1,3 km ONO Ortslage an der Wasserburger Spree (1987 H-KU 2572/5; 2002 H-PE); Leipe: 2 km W (1995 H-JE, leg./det. B. Seitz); Boblitz: Polder (1991 H-JE, rev. 2001 KU); Buschwiesen (1991 H-JE, rev. 2008 KU & PE); Byhleguhrer See: O-Ufer; Rheinsches Luch O des Sees (Leber & KA in KL 2005).
RG: Dürrenhofer Moor (1993 H-JE); Niewitz: Moorfläche 1,5 km O Ortslage (1999 H-KA 19990829007); Briesener Luch (1997 KU).

H/2/↓ **Carex diandra** SCHRANK – Draht-Segge
s – Kleinseggengesellschaften und Sumpfwiesen auf Torf.
BR: Krausnick: Lichtesee (IL in KL 1985b; 2003 KA); Lübbenau: „Luschna"-Totalreservat N Lübbenau (JE in JE & KU 1994); W Wotschofska (1953~MÜLLER-STOLL et al. 1992b); zwischen Lübbenau und Wotschofska (1953~MÜLLER-STOLL et al. 1992b); Lübbenauer Spreewald (PASSARGE 1955a); Lehde: N der Ortschaft (1991 JE in KL 1999) und 400 m SO (1991 JE); Boblitz: an der Kahnfahrt (1953~MÜLLER-STOLL et al. 1992a); Leipe: am Weg zur Dubkowmühle (1953~MÜLLER-STOLL et al. 1992b); Straupitz: Verlandungsgebiet des Dutzendsees (1956~MÜLLER-STOLL et al. 1992b; 1977 H-JE); Burg Kauper: links der Straße nach Naundorf bei km 3,45 (1952~MÜLLER-STOLL et al. 1992b); Müschen: S der Ortschaft (1956~MÜLLER-STOLL et al. 1992c).
Anm.: Infolge der großflächigen Meliorationen, verbunden mit Wiesenumbruch, Grasansaat etc., sowie neuerdings durch Nutzungsauflassung hat die Art, die von KR (1955b: 90) für den

Oberspreewald noch als „ziemlich häufig im Caricetum gracilis und in Kleinseggen-Wiesen" vorkommend angegeben wurde, starke Verluste hinnehmen müssen.

Carex digitata L. – Finger-Segge   H/V/↔
ss – Anspruchsvolle Laubwälder.
BR: Schlepzig: mehrfach im Buchenhain (AS 1879; SCAMONI 1954; KA in KL 2002, H-KA 20000402021; KA 2007); Lübben: Ellerborn (1994 Freitag).
HA: Lübbenau (RH 1839).

Carex dioica L. – Zweihäusige Segge   H/1/◆
† – Kleinseggengesellschaften auf feuchtem Torfboden.
BR: Sumpfige Wiese (ehem. Torfstich) in Burg Kolonie (KR 1955b).

Carex distans L. – Entferntährige Segge   H/3/↘?
ss – Im Feuchtgrünland.
BR: Leibsch: am Rietzedamm 2,5 km W (1994 JE in KL 1999); zwischen Kl. Lubolz und Lübben: Wiese an der Straße (1950 BI); Leipe: Dubkowmühle (KN in JE & KU 1994).
HA: Lübben: bei Hartmannsdorf (TREICHEL 1876a).

Carex disticha HUDS. – Zweizeilige Segge   H/V/↔
s – In nassen Großseggenrieden, am Rand von Wiesengräben.
BR: Alt Schadow: Boesin-Luch (1965 KL; KU 1998); Hohenbrück: Söllna (KU 1998); Köthen: NO Gr. Wehrigsee (JE in JE & KU 1994, H-JE); Lübben: Wiesenau, Meliorationsgraben (JE in JE & KU 1994, H-JE); Ragow: Wiesengräben W der Ragower Kahnfahrt (KR 1955b); Lehde: 0,7 km NW Dolzke (2002 H-PE); Straupitz: Verlandungsgebiet auf der S-Seite des (Gr.) Dutzendsees (KR 1954); O-Ufer Byhleguhrer See (KN in JE & KU 1994).

> *Carex divulsa* STOKES – Unterbrochenährige Segge
> Die Angaben zu der im Land Brandenburg nicht sicher nachgewiesenen Art durch PASSARGE (1955a; Lübbenauer Spreewald), KR (1954; Burg Kolonie: ehem. Torfstich im Dreieck Stauensfließ und Hauptspree) und KR (1955b; Oberspreewald: sehr selten in Kleinseggenwiesen); beruhen wahrscheinlich auf einer Verwechslung mit anderen Sippen des *C. muricata*-Aggregates (vgl. KU et al. 2001).

Carex echinata MURRAY – Igel-Segge   H/3/↘?
z – In Kleinseggengesellschaften auf nährstoffarmem Moorboden, in nassen Erlenbrüchen an Seerändern.
BR: Alt Schadow: 1,5 km SW Ortslage W Straße nach Hohenbrück (1965 KL); Köthen: Moorsenke 0,2 km SW Schwanensee (2006 Heinrich); Krausnick:

Carex

Verlandungsfläche des Lichtesees (2003 H-KA 20030531010); Moorwald W Meiereisee (KB 1992); Lübben: Börnichen W Forsthaus (1985 JE); Lübbenau: Wotschofskaweg am Rollkanal (1991 JE); Lehde: 0,5 km SO Ortslage (1991 JE); Boblitz: an der Buschbrücke ca. 1 km NO Ortslage (1991 JE); Alt Zauche: Torfstich (1999 KA); Straupitz: Dutzendsee (KR 1955b); am Koboldsee in Richtung Laasow (KA in KL 2002); Byhleguhre: N-Ufer Byhleguhrer See (1999 KA); O-Ufer Byhleguhrer See (2009 Borreis & PE); Burg Kolonie (KR 1955b; 1992 JE).
RG: Caminchen: Torfstich (1982 JE); Butzen: Rauher See (KA in KL 2002).

Carex echinata

H/−/↘   ***Carex elata*** ALL. − Steife Segge
VN: Schneidegras, Rebaua, Beierkaupen; rězyna, rězina, rězawa, rěbawa.
v − In Erlenbruchwäldern, in Großseggengesellschaften verlandender Gewässer, besonders in ehem. Torfstichen, seltener auch in nährstoffarmen Schlankseggen-Wiesen.
Anm.: Im Bereich der Unteren Boblitzer Kahnfahrt wird ein Steifseggen-Ried, wie früher üblich, noch als Mähwiese genutzt. Nach ZAUNICK (1930: 56) befindet sich im Baseler Bauhin-Herbar ein im 16. Jahrhundert von J. Franke gesammelter und an C. Bauhin gesandter *Carex elata*-Beleg „ex Lusatia, a. D. Franco Graminis Sprawaldensis nomine acceptimus". Dies dürfte der erste Herbarbeleg einer Wildpflanze aus dem UG sein!

H/V/↔   ***Carex elongata*** L. − Walzen-Segge
v − In Erlenbruchwäldern mittlerer Standorte und im Erlen-Eschen-Wald, ferner am Ufer von Seen.

H/−/↔?   ***Carex* x *elytroides*** FR. − Bastard Schlank-Segge x Wiesen-Segge
(*C. acuta* x *C. nigra*)
z? − In feuchten Seggenwiesen.

H/V/↔   ***Carex ericetorum*** POLLICH − Heide-Segge
s − In lichten, trockenen Kiefernforsten/Kiefernwäldern, mehrfach an sandigen Wegrändern.
BR: Alt Schadow: Tschinka (KU 1998); O Straße nach Hohenbrück mehrfach (1965 KL); Pretschener Weinberg (1966 KL; 2008 PE); Hohenbrück:

0,6 km N Ortslage im Jg. 17 (1965 KL); Neu Schadow: ca. 1 km NO Ortslage (1965 KL); Krausnick: Umgebung des westl. Ortsteiles und in den Krausnicker Bergen mehrfach (1989 Günther; 1992 u. 1993 KU).
RG: Schönwalde: 1 km NW Bhf. (1992 H-JE); Rickshausen bis zum Forsthaus Lubolz (1953 BI); Kl. Lubolz: alter Lübbener Schießplatz 1,3 km SSO Ortslage (1999 KA).
HA: Lübbenau (1842 Peck, Herbar GLM 21957).

Carex flacca Schreb. – Blaugrüne Segge   H/3/↘
s – In Trockenrasen, Pfeifengras-Wiesen und lichten Gehölzen.
BR: Neu Lübbenau: Eichen-Hainbuchen-Wald S Straße nach Kuschkow im Jg. 152 (1964 KL); Kuschkow: Pfeifengras-Wiese am Rand des Pretschener Spreetales 1,7 km NW Ortslage (1965 KL); Krausnick: 3 km S im Bereich der Texaswiesen im Waldsaum (1993 H-JE, rev. 2008 PE; 2009 Borries & PE); Babow: 1 km SW Ortslage (KN in JE & KU 1994).
RG: Schönwalde: NW Bhf. (2002 IL); N Bhf. (IL in KL 2004).

Carex flava L. – Gelb-Segge   H/1/↘?
s – Nasse Niedermoor- und Streuwiesen auf basisch beeinflussten Böden.
BR: Lübbenau: N Barzlin (1994 H-JE; conf. 2001 KU & M. Ristow); 0,2 km O Gurkengraben (PE in KL 2004); Leiper Weg (1988 JE); Lehde: Kleingartenanlage an der Dolzke (1989 JE; 2008 H-PE); Leipe: Grünland 0,35 km N Dubkowmühle (2002 PE); Alt Zauche: Grünland 0,45 km S am Nordumfluter (2002 PE); Byhleguhre: S-Rand der Welsnitz (1983 JE).
Anm.: In KR (1955b: 91) wird *C. flava*, die an dieser Stelle als Aggregat aufzufassen ist (vgl. KU et al. 2001), für den Oberspreewald als „ziemlich häufig in Kleinseggen-Gesellschaften und Pfeifengraswiesen, auch in Großseggen-Gesellschaften" vorkommend angegeben. KR (1954), Passarge (1955a) und Freitag (1955) listen die Art für den Oberspreewald in zahlreichen Vegetationsaufnahmen auf, bei KL (1967) erfolgt dies für das NO-Unterspreewaldrandgebiet. Diese Angaben sind ebenfalls zum Aggregat zu stellen.

Carex hirta L. – Behaarte Segge   H/–/↗
VN: Schneidegras; rězyna, rězina, rězawa.
v – An gestörten Stellen auf nährstoffreichen Böden, in Wiesen, an Wegrändern, auf Dämmen und in Ruderalfluren.

Carex lasiocarpa Ehrh. – Faden-Segge   H/3/↘
z – In Großseggengesellschaften in Mooren und ehem. Torfstichen.
BR: Alt Schadow: S der Straße nach Hohenbrück im Jg. 18 (KL 1966; KU 1998); Boesin-Luch (KU 1998); Schlangenluch (1994 JE); Luch WNW Josinsky-Luch (= ? Brasinsky-Luch) (KB 1983; 1994 Langer); 2 km SO im Gr.

Luch und Kl. Luch (KL 1968); Köthen: Verlandungszone Kl. Wehrigsee (1994 Schwiegk & KN); Krausnick: Luchsee (1964 Großer in WEIß 1999; 1999 KA); Lichtesee (1984 KB; 2005 KA); Lübben: ehem. Altarm 0,8 km NNO ehem. Vorwerk Wiesenau (2003 PE); S-Rand Börnichener Niederung (1995 Gleichmann); Burglehn b. Alt Zauche: Geländesenke 0,4 km ONO Stallanlage (1995 JE); Straupitz: Moorgebiete zwischen Straupitz und Mühlendorf (PIETSCH 1965); Gr. Dutzendsee (1975 JE).
RG: Dürrenhofer Moor (1996 IL); Briesener See (1986 IL; 2003 KA); Briesener Luch (1954 BI; 2003 KA).
HA: Butzen: Rauher See (ULBRICH 1918).
Anm.: Die Vorkommen im UG konzentrieren sich auf die Moore der Randbereiche sowie die Luchgebiete im Norden des UG; im gesamten

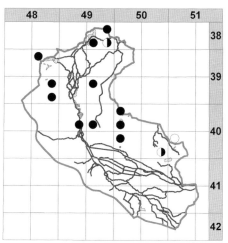

VK 9: *Carex lasiocarpa*

Westlichen Oberspreewald und Burger Spreewald fehlt die Art (VK 9). Sie bleibt nach Austrocknung von Heidemooren oft noch lange Zeit in nicht blühendem Zustand erhalten. Bei PIETSCH (1965) wird Mühlendorf fälschlicherweise als Mühlrose angegeben.

H/2/↘? *Carex lepidocarpa* TAUSCH – Schuppenfrüchtige Gelb-Segge
s – Nasswiesen und Niedermoore auf basisch beeinflussten Böden, in einem Ausstich und im Erlenwald.
BR: Gr. Wasserburg: Senke im Gr. Grund (KU in KL 1999, conf. 2001 M. Ristow, H-KU 2571/6); Lehde: Weskowwiesen (1985 H-JE, rev. 2001 KU & M. Ristow); Leipe: Konzacks Wiese W des Ackers (1994 JE, conf. 2001 M. Ristow, H-KU 2571/2); N Dubkowmühle (2002 PE); Boblitz: Polder (1991 H-JE, rev. 2001 KU); Alt Zauche: in einem Erlenwald an der Irrtum-Schleuse (1996 JE).
Anm.: Die zahlreichen Angaben aus dem Oberspreewald in KR (1954), FREITAG (1955), MÜLLER-STOLL & FREITAG (1957), MÜLLER-STOLL et al. (1962) bzw. MÜLLER-STOLL et al. (1992b, 1992c, 1992d) werden, da Herbarbelege fehlen, zum *C. flava*-Aggregat gestellt (vgl. auch KU et al. 2001).

H/−/? *Carex ligerica* J. GAY – Französische Segge
s – An und in lichten Kiefernbeständen, auf Böschungen.
BR: Neuendorf am See: mehrfach zwischen Koplin und Tschinka (1994 JE; KU 1998); Lübben: Lehnigsberg (1991 H-JE, rev. 2002 KU); am Forst-

haus Börnichen (JE in KL 1989a); Ragow: N an der Straße nach Lübben (1982 H-JE; 1991 H-JE).
RG: Freiwalde: an der Autobahnböschung N der Abfahrt (1993 IL in KL 1999); Ragow: 2 km NW (JE in KL 1989a).

Carex limosa L. – Schlamm-Segge H/2/↓
ss – Schwingrasen und Schlenken in Zwischenmooren.
BR: Krausnick: Luchsee (1964 Großer in WEIß 1999; WEIß 1999); Lichtesee (IL & J. Illig in KL 1977; 2003 H-KA 20030531012; 2007 KA); Straupitz: Moorgebiete zwischen Straupitz und Mühlendorf (PIETSCH 1965).
RG: Dürrenhofer Moor (IL in KL 1985b; 1993 H-JE; 2000 KA).
HA: *Bei Duben; im Spreewald (RH 1839); Butzen: Rauher See (ULBRICH 1918).
Anm.: Aktuelle Nachweise nur noch in den bis vor 25 Jahren hydrologisch relativ unbeeinflussten, sauren Zwischenmooren (VK 10). Am Luchsee ist der Bestand infolge der bereits länger andauernden Austrocknung rapide zurückgegangen (WEIß 1999). Bei PIETSCH (1965) wird Mühlendorf fälschlicherweise als Mühlrose angegeben.

Carex limosa

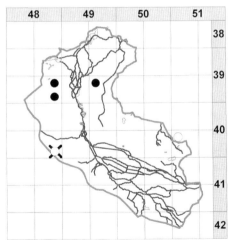
VK 10: *Carex limosa*

Carex nigra (L.) REICHARD – Wiesen-Segge H/V/↘
VN: Schneidegras, Schneidesegge; – .
z – In Kleinseggengesellschaften auf nährstoffarmen Böden, besonders in ehem. Torfstichen, auch am Rand von Zwischenmooren.

Carex ovalis GOODEN. – Hasenpfoten-Segge H/–/↔
[**Syn.:** *C. leporina* auct. non L.]
v – Wechselfeuchte Wiesen, Magerrasen, Säume in Wäldern und an Wegen.

Carex

Carex pairaei F. W. Schultz — Paira-Segge
Ein vom O-Ufer des Byhleguhrer Sees stammender Beleg einer nicht voll entwickelten Pflanze (1993 H-JE, rev. 2008 KU & M. Ristow) lässt eine eindeutige Zuordnung zu *C. muricata* L. bzw. *C. pairaei*, der die Probe am nächsten kommt, nicht zu. Die Angabe von *C. pairaei* aus dem Unterspreewald bei Scamoni (1955/56) ist ohne Herbarbeleg schwer interpretierbar und sollte als *C. muricata* agg. incl. *C. spicata* aufgefasst werden (vgl. KU et al. 2001).

H/V/↓ ***Carex pallescens*** L. — Bleiche Segge
s — Lichte Laubwälder auf frischen bis wechselfeuchten, mittleren bis kräftigen Standorten, in Hirseseggen- und Pfeifengras-Wiesen.
BR: Neu Lübbenau: ca. 1 km NW des neuen Spreewehres im Jg. 35a (1952~Scamoni o.J.; 1994 Bruisch); Schlepzig: am Weg zum Buchenhain (= Weg zum Pfuhl) (Treichel 1876a); Buchenhain (= Pfuhl) (AS 1879; 1952~Scamoni o.J.; Braun 1994); Lübben: 1 km SO Petkansberg im NSG „Börnichen" (1986 KB); Börnichener Moor (1994 H-JE); am Bahndamm 1,5 km N der Stadt (o.J. BI in BI 1967); Radensdorf: Hirseseggen-Wiesen S Ortslage (KR 1955b); Lübbenau: Wotschofska (1978 H-JE); im Lübbenauer Spreewald in Pfeifengras-Wiesen (Passarge 1955a); Alt Zauche: Randzone am Fischteich (= Torfstich) (1955 BI);

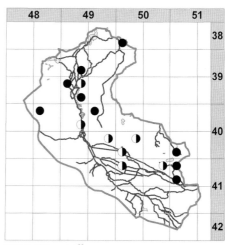

VK 11: *Carex pallescens*

zwischen Wußwerk und Neu Zauche in einer Pfeifengras-Wiese (1953~Müller-Stoll et al. 1992c); Mühlendorf: Dammweg am Tümpel (1952 BI).
RG: Plattkow: 1,8 km NW am Waldweg (1994 JE); Schönwalde: Schweinebusch nach Gr. Lubolz zu (1983 IL); Byhleguhre: Welsnitz (KA in Hamsch 2002, H-KA 19990523009; 2008 PE); Byhlen: Pintschens Quelle (2002 KA).
HA: Lübben: Wiesenweg nach Wiesenau (1949 BI).
Anm.: Die Art kommt infolge der weitgehenden Beseitigung der Pfeifengras- und Hirseseggen-Wiesen aktuell nur noch in Laubwäldern vor (VK 11).

Carex panicea L. – Hirse-Segge H/V/↓
VN: Blaue Segge, Blausegge, Blaugras, Feine Segge, Blaue Grusche (Gruže), Modraua; módrawka, módrawa.
z – In Kleinseggengesellschaften ungedüngter Flachmoorwiesen auf wechselfeuchten Torf- und Torf-Schlickböden.
Anm.: In KR (1955b) wird die Art für den Oberspreewald noch als verbreitet vorkommend und bestandsbildend geführt. Häufigkeitszentren befinden sich aktuell um Lehde, Leipe und in den Wiesen im Kriegbusch (2002 PE).

Carex paniculata L. – Rispen-Segge H/–/↘
z – In Erlenbrüchen, in Großseggensümpfen und Verlandungsgesellschaften an Gewässerufern.

Carex pendula Huds. – Hänge-Segge H/0/◇
† – Waldlichtungen.
HA: Spreewald (Ruthe 1827, 1834; RH 1836b); "In lichten Waldungen, auf abgeholzten Stellen im Spreewalde" (RH 1839: 263).
Anm.: Schon von AS & Graebner (1898/99: 160) wird vermerkt, dass die Vorkommen in der Niederlausitz (bei Sonnewalde, im Spreewald) "überall neuerdings nicht mehr" beobachtet wurden. Die Ausführungen Deckers (1937: 50), dass „*Carex pendula* (…) im Spreewalde von dem älteren Potonié wieder aufgefunden worden" sei, beruht vermutlich auf einem Übertragungsfehler; Potonié (1878) führte u. a. *Carex buxbaumii* an (vgl. auch AS 1879). *Carex pendula* wird seit einigen Jahren als attraktive Pflanze gartenbaulich genutzt, z. B. Schlossinsel Lübben.

Carex pilulifera L. – Pillen-Segge H/–/↔
z – An Wegrändern und auf lichten Stellen in Kiefernforsten und bodensauren Eichenmischwäldern.

Carex praecox Schreb. – Frühe Segge H/–/–
ss – Sandtrockenrasen.
BR: Alt Schadow: Amalienhof (1992 JE in JE & KU 1994).
Anm.: Die in KR (1955b) enthaltene Einschätzung, dass die Art im Oberspreewald ziemlich häufig vorkommt, beruht auf einer gegenüber *C. ligerica* nicht vollzogenen Sippentrennung (vgl. KR in KU et al. 2001), vgl. aber die wenigen *C. ligerica*-Angaben im UG! Bereits AS (1879) verweist auf das weitgehende Fehlen von *C. praecox* in der Niederlausitz.

Carex pseudobrizoides Clavaud – Reichenbach-Segge H/V/?
s – In Magerrasen auf mäßig trockenen bis frischen Böden.
BR: Neu Schadow: S Ortslage (1994 JE); Lübben: Lax Luch 2 km WNW Börnichen (1991 JE); Ragow: N Ortslage an der Chaussee (2008 H-PE); Saccasne: N Katzenberg (2008 H-PE); Guhrow: 0,3 km W Ortslage (2008

H-KU 2482/5); Briesen b. Werben: Marienberge N Ortslage (1993 H-KN; 2008 H-PE).
RG: Caminchen: Torfstich O Ortslage (1982 JE in KL 1989b, H-JE; 1996 JE & KU, H-KU 2482/3).

H/–/↔   ***Carex pseudocyperus*** L. – Scheinzypergras-Segge
v – In Erlenbrüchen und Großseggengesellschaften, an den Rändern der Fließgewässer, in Schwingkanten und an lückigen Stellen des Schilf-Röhrichts der Seen.

Carex pulicaris L. – Floh-Segge
Die Angabe aus Krausnick in AS (1864) beruht mit großer Wahrscheinlichkeit auf einem Übertragungsfehler aus RH (1839), wo „Krausnigk" aufgeführt wird und damit das nördlich Sonnewalde gelegene Großkrausnick bzw. Kleinkrausnick gemeint ist.

H/V/↔   ***Carex remota*** L. – Winkel-Segge
z – In Laubwaldgesellschaften auf nährstoffreichen, sickerfeuchten Humusböden, vor allem im Erlen-Eschen-Wald.
Anm.: Im nördlichen Unterspreewald weitgehend fehlend.

H/–/↔   ***Carex riparia*** CURTIS – Ufer-Segge
VN: Schneidegras, Rebaua; – .
v – In Erlenwäldern, an Gewässerufern und am Rand von Altläufen der Gewässer.

H/V/↘   ***Carex rostrata*** STOKES – Schnabel-Segge
z – Großseggenbestände auf nährstoffarmen Standorten, vor allem in Zwischenmooren, in Torfstichen und an Ufern stehender und langsam fließender, mesotropher Gewässer.

H/–/↔   ***Carex spicata*** HUDS. – Dichtährige Segge
z – Frischwiesen und -weiden, an Wegrändern.

H/V/↔?   ***Carex sylvatica*** HUDS. – Wald-Segge
s – In krautreichen Laubwäldern auf kräftigen Standorten.
BR: Neu Lübbenau: im Kockot (1993 JE); Schlepzig: NW der Ortslage im Nordteil des NSG „Innerer Unterspreewald" (GOOSSENS 1995); Buchenhain 0,9 km WNW Forsthaus Nähe Puhlstrom (2008 PE); Gr. Lubolz: am Bugk-Graben; Lübbenau: Wotschofska (1978 H-JE; 1993 JE).
HA: Spreewald (RUTHE 1827, 1834); Unterspreewald (RH 1836b, 1839); Burg Kolonie (RH 1839).

Carex viridula

Carex vesicaria L. – Blasen-Segge H/V/↘?
VN: Schneidegras; rězyna, rězina, rězawa.
v – In Erlenbruch- und Großseggengesellschaften, besonders in flachen, zeitweise überstauten Grünlandsenken.

Carex viridula Michx. – Späte Gelb-Segge H/V/↘
[**Syn.:** *C. oederi* auct. non Retz., *C. serotina* Merat]
z – Auf nassen Böden an Seen, an Rändern von Torfstichen und in Kiesgruben.

Carex vulpina agg. – Artengruppe Fuchs-Segge H/#/↘
z – In den Wiesen der Überschwemmungsgebiete, insbesondere in Rasenschmielen-Wiesen und Großseggengesellschaften, an Grabenrändern.
Anm.: Da aus den meisten Literaturangaben, u. a. KR (1955b), Passarge (1955a), Scamoni (1955/56) und BI (1967), nicht ersichtlich wird, ob es sich dabei um *C. vulpina* L. oder *C. otrubae* Podg. handelt und bei den früheren Kartierungen nicht konsequent auf eine Unterscheidung beider Arten geachtet wurde, werden hier alle diesbezüglichen Angaben zusammengefasst (vgl. auch Benkert et al. 1996). Da im UG jedoch keine binnenländischen Salzstellen existieren und von *C. otrubae* bisher keine Nachweise aus dem UG bekannt geworden sind, ist zu vermuten, dass es sich zumeist (oder immer?) um *C. vulpina* s. str. handelt. Ob die Angabe unter *C. vulpina* b) *nemorosa* Rebent. (als Art) in AS (1864: 765): „Eine Form mit ziemlich entfernteren, aber braunen Aehrchen sammelte Graf Solms 1862" im „Spreewald bei dem Forsthaus Eiche!", zu *C. otrubae* zu stellen ist, muss offen bleiben.

Carlina vulgaris L. – Gewöhnliche Golddistel H/–/↘
ss – Basisch beeinflusste Trockenrasen in Sand-, Kies- und Lehmgruben, an Wegrändern und in lichten Kiefernforsten.
BR: Werder: Sandgrube 1 km S Ortslage am Wegrand (1976 KB); Köthen: W-Uferhänge Schwanensee (1972 KB); Krausnick: ca. 1 km WNW Nähe Sportplatz (1987 KU, 2007 dort nicht mehr beobachtet KU); Str. nach Brand (1992 KU); S-Hänge zum Luchsee (1970 KB).
RG: Gröditsch: ehem. Ziegelei 2 km N Ortslage (1973 KB); Krugau: alte Kiesgrube am Abhang des Marienberges (1950 BI); Schönwalde: Bahntrasse 3 - 4 km NW Bhf. (1975 KB); Treppendorf: ehem. Lehmgrube 1 km SSW Ortslage (1974 KB); Byhlen: an der alten Bahntrasse S Jg. 38 und zwischen dem Rauhen See und Gr. Zehmesee (1974 KB).

H/−/↔ **Carpinus betulus** L. – Hainbuche
  VN: – ; grab, grap.
  z – Im Eichen-Hainbuchen-Wald, in Parkanlagen.
  Anm.: Größere Bestände existieren im Unterspreewald (v. a. Buchenhain). Gelegentlich auch als Hecke in den Ortslagen gepflanzt.

H?/1/◆? **Carum carvi** L. – Wiesen-Kümmel
  VN: Garbe; garba, kóstrjowka, kimel.
  †* – Auf frischen Wiesen und Weiden, Lehmgruben.
  BR: Krausnick: Amtsgarten (1991 KU); Lübben: Scheunen an der Katholischen Kirche (1961 BI); Oberspreewald (1950er Jahre~MÜLLER-STOLL et al. 1992d).
  HA: Zwischen Schönwalde und Gr. Lubolz (1949 BI); Kl. Lubolz: Wiesen an der Straße nach Lübben (1949 BI); Hartmannsdorf: N des Ortsausganges in Richtung Forsthaus (1949 BI); Lübben: alte Lehmgrube am S-Rand der Stadt; in der Hirschland-Ziegeleigrube am S-Rand der Stadt (1949 BI).
  Anm.: Beim Krausnicker Vorkommen kann der Ursprung aus einer Grasansaat nicht völlig ausgeschlossen werden. Ein (teilweise?) adventives Vorkommen ist auch bei den BI-Angaben sehr wahrscheinlich (vgl. KU et al. 2001). Früher in der Niederlausitz als Gewürz und Arzneimittel in den Gärten angebaut (KR 1992a). Hierauf beruhen vermutlich auch die VN.
  Δ F, Δ M.

H/1/− **Catabrosa aquatica** (L.) P. BEAUV. – Quellgras
  ss – In Gräben.
  BR: Lehde: bei Wenzkes Acker (1992 JE); Leipe: 1,8 km NW Ortslage (1996 Bruisch).

H/−/↘ **Centaurea cyanus** L. – Kornblume
  VN: Kornblume, Modratzchen, Modratzen, Modratzke, Modratz, Modrak; módrac, módrjac, módrjak, módrack, modracek, kóstśeńc.
  v – In Segetalgesellschaften auf sandigen bis lehmigen Böden, v. a. im Wintergetreide.
  Anm.: Obwohl noch als verbreitet vorkommend eingestuft, hat die Art infolge der intensiven landwirtschaftlichen Bodennutzung starke Verluste hinnehmen müssen. Unabhängig davon treten starke jährliche Bestandsschwankungen auf. Gelegentlich wird die Art in mehreren Farbvarianten auch als Zierpflanze in Gärten gezogen.

E/−/− **Centaurea diffusa** LAM. – Sparrige Flockenblume
  ss – Im ruderal beeinflussten Sandtrockenrasen.
  RG: Am Kraftwerk Lübbenau (1988 JE).

Centaurium

Centaurea jacea L. − Wiesen-Flockenblume H/V/↘
VN: Papierblume, Schreckkraut, Honigdistel; papjerany kwětk.
z − Auf mäßig trockenen bis frischen Wiesen und an Wegrändern.

Centaurea scabiosa

Centaurea scabiosa L. − Skabiosen-Flockenblume H/V/↘
z − Auf sommerwarmen, mineralkräftigen Böden in Trockenrasen und an Wegrändern.
Anm.: Vor allem in den Randbereichen des UG vorkommend.

Centaurea stoebe L. − Rispen-Flockenblume H/−/↔
z − In lückigen, oft ruderal beeinflussten Sandtrockenrasen und an Wegrändern.
Anm.: Insbesondere in den Randbereichen des UG auftretend.

Centaurium erythraea RAFN − Echtes Tausendgüldenkraut H/3/↘?
VN: − ; cerwjena šćotka, cerjena šćotka.
s − Auf frischen, teilweise lehmhaltigen Böden, insbesondere im Bereich offener Stellen an Seeufern und im Grünland.
BR: Neu Lübbenau: Wiese O Ortszentrum (1965 KL); an der Straße nach Kuschkow (1964 KL); Gr. Wasserburg: Senke im Gr. Grund (1993 KU); Hartmannsdorf S (IL in KL 1985b); Lübben: beim ehem. Vorwerk Wiesenau (2000 KU; 2007 Heinrich); Berstedreieck (1993 JE); Feldweg am ehem. Postfunk (KR 1955b); Suschow: am Badesee (1970er Jahre KR).
RG: Schönwalde: am Badeteich Nähe Bhf. (KA in KL 2002); 2 km NW Schönwalde (IL in KL 1985b); Briesener See (1999 KA; 2009 Borries & PE).

Centaurium pulchellum (SW.) DRUCE − Kleines Tausendgüldenkraut H/2/↘
VN: siehe *C. erythraea*.
ss − Auf krumenfeuchten Mergeläckern, auch in Tongruben.
RG: Treppendorf: Ziegeleigrube Hirschland am Lübbener Weg (IL & J. Illig in KL 1980; 1999 H-KU 1426/6); Schönwalde: auf Wiesenkalk in Richtung Waldow/Brand (1955 BI), „Randzonen des (Ober)Spreewaldes" (KR 1960: 86).
HA: Burg (RH 1836b); Äcker zwischen Vetschau Bhf. und Stradower Mühle (AS 1876); Acker am linken Spreeufer gegenüber Hartmannsdorf (AS 1879).

H/1/♦ ***Centunculus minimus*** L. – Acker-Kleinling, Zwerggauchheil
[**Syn.**: *Anagallis minima* (L.) E. H. L. KRAUSE]
† – Krumenfeuchte Äcker, Grabenränder.
BR: Kuschkow: 1 km N in der Winterfrucht (KL 1968); 0,7 km W im Wintergetreide (KL 1966, H-KL); Lübben: Graben am Weg nach Briesensee (PIETSCH 1963); Straupitz: Meliorationsgraben W des Ortes (PIETSCH 1963).
Anm.: Die Art wurde trotz mehrfacher Nachsuche später nicht mehr bestätigt.

H/2/− ***Cephalanthera rubra*** (L.) RICH. – Rotes Waldvögelein
ss – Im Vorwald auf wärmegetöntem Laubmischwaldstandort.
RG: Krausnick: Luchsee [1978 (Mudra, pers. Mitt.) IL in KL 1985b; 1999 Weingardt].
HA: Im Unterspreewald (RH 1839); Schlepzig: Puhl (= Pfuhl) (AS 1864); Straupitz (WIESNER 1925).
Anm.: Die Biotopangabe bezieht sich nur auf den Krausnicker FO.

H/−/↔ ***Cerastium arvense*** L. – Acker-Hornkraut
v – Mäßig trockene, oft ruderal beeinflusste Sandtrockenrasen, besonders an Rainen und Wegen.

H/−/↔ ***Cerastium glomeratum*** THUILL. – Knäueliges Hornkraut
z – In Gärten, in Grünanlagen der Ortschaften und auf Friedhöfen sowie auf Störstellen im Grünland.

H/−/? ***Cerastium glutinosum*** FR. – Bleiches Zwerg-Hornkraut
[**Syn.**: *C. pallens* F. W. SCHULTZ]
s? – Lückige Trockenrasen, trockene Ruderalfluren.
BR: Neuendorf am See: Koplin; Hohenbrück: Heidecken (KU 1998, H-KU 285/1 + 3); Gr. Wasserburg: Senke im Gr. Grund (2000 KU); Krausnick: Waldweg Nähe Luchsee (1981 KL); Lübben: Bhf. (Seitz in KL 1999); ehem. Schlosspark (2008 IL); Milkersdorf: zwischen Ortslage und Krieschow-Vorwerk (1996 Seitz).

H/−/↔ ***Cerastium holosteoides*** FR. em. HYL. – Gewöhnliches Hornkraut
[**Syn.**: *C. fontanum* subsp. *vulgare* (HARTM.) GREUTER et BURDET]
v – Auf nährstoffreichen Böden in Frisch- und Feuchtwiesen sowie an Feld- und Wegrändern.

H/−/↔ ***Cerastium semidecandrum*** L. – Fünfmänniges Hornkraut
v – Auf Sand in lückigen, trockenen Rasen, an Feld- und Wegrändern, auch innerhalb der Siedlungen.

Cerastium tomentosum L. – Filziges Hornkraut Kv/–/↔
z – In ruderalen Trockenrasen, an Wegrändern und in Waldsäumen im Bereich der Ortschaften.
Anm.: Hauptsächlich in Steingärten und auf Friedhöfen gepflanzt, über Gartenabfälle verwildert und fest eingebürgert.

Ceratophyllum demersum L. – Raues Hornblatt H/–/↔
v – In langsam fließenden und stehenden, eutrophen bis polytrophen Gewässern.
Anm.: In warmen Sommern kann es zur Massenentwicklung kommen.

Ceratophyllum submersum L. – Zartes Hornblatt H/–/↗
z – In eutrophen Teichen und Gräben.
Anm.: Oft das gesamte Gewässer ausfüllend.

Chaenorhinum minus (L.) LANGE – Kleiner Orant H/–/↔?
[**Syn.:** *Microrrhinum minus* (L.) FOURR.]
z – Hauptsächlich im Bereich von Bahnanlagen, seltener auf frischen Böden in Ruderal- und Segetalgesellschaften.
Anm.: Vor 150 Jahren noch nicht aus dem UG bekannt (vgl. RH 1839, AS 1864). Ersterwähnung aus Lübbenau: auf Gemüsefeldern (TREICHEL 1876a).

Chaerophyllum bulbosum L. – Rüben-Kälberkropf N?/V/–
ss – In Gebüschen und Staudenfluren.
BR: Lübbenau: Schlosspark (JE in KL 1985b; 1992 H-JE).
RG: Treppendorf: SO-Ortsrand (JE in KL 1985b); Lübben: Feldweg am Schulgarten bei Treppendorf (1950 BI in BI 1957).

Chaerophyllum temulum L. – Taumel-Kälberkropf H/–/↗?
z – Auf stickstoffreichen, frischen Böden in Staudensäumen auf Lichtungen im Wald, im Gebüsch und an Wegrändern.

Chelidonium majus L. – Schöllkraut H/–/↗
VN: Schellkraut, Hahnenmilch, Wolfsmilch; kokotowe mloko, kokotowe zele, kóccyne mloko, chwatowe zele, kšawnik.
v – An frischen, stickstoffreichen Ruderalstandorten, besonders im lichten Gebüsch verwilderter Gehöfte, und in ortsnahen Wäldern, v. a. unter Robinien.

Chenopodium album L. – Weißer Gänsefuß H/–/↔
VN: Lobada, Loboda, Lobeda, Obeda, Obode, Lobodde, Lobbodde, Melde; lobeda, obeda, lobyda, obyda, žiwa łoboda, žiwa hoboda.

Chenopodium

v – In Hackfruchtgesellschaften auf Äckern und in Gärten sowie in Ruderalgesellschaften an Wegen, auf Müllplätzen und auf Industriegelände.
Anm.: Oft Erstbesiedler nährstoffreicher Böden. Bez. der VN vgl. *Atriplex patula*.

H/2/↓   ***Chenopodium bonus-henricus*** L. – Guter Heinrich
s – In dörflichen Ruderalfluren auf frischen, stickstoffreichen Böden, bevorzugt schattige Orte.
BR: Kuschkow (1992 H-KU 409/2); Lübben-Steinkirchen (1989 IL in KL 1999); „besonders in den Dörfern um Lübbenau" (KR 1955b: 96); Raddusch: am Hafen (1992 JE in KL 1999); Straupitz: Umgebung des Schlosses (1953 BI); Fleißdorf (1992 JE).
RG: Schönwalde: Dorfstraße am Dorfrand (1954 BI); Laasow: Dorfanger (1955 BI).
Anm.: Früher in den Dörfern der Lausitzen überall gemein (RH 1839). Starker Rückgang durch den Strukturwandel in den Dörfern.

Chenopodium botryodes Sm. – Dickblättriger Gänsefuß
Bei der Angabe aus der Ortslage Leipe (1992 KN in KL 1999) handelt es sich um eine Fehlbestimmung von *Ch. rubrum* (H-KN, rev. 2008 KU).

E/V/–   ***Chenopodium botrys*** L. – Klebriger Gänsefuß
ss – Auf sandigen Ruderalstellen an Wegen.
BR: Spreewerk Lübben (JE in JE & KU 1994, conf. 2008 KU, H-JE).

N?/–/?   ***Chenopodium ficifolium*** Sm. – Feigenblättriger Gänsefuß
s – In Ruderalgesellschaften auf frischen, nährstoffreichen Böden.
BR: Schlepzig: Kuschkower Str. (KU in JE & KU 1994); Radensdorf (1996 Seitz); Boblitz: Störstelle in einer Seggenwiese 1 km NO Ortslage (1995 H-JE, leg./det. B. Seitz); Naundorf: Ortslage (1989 JE in JE & KU 1994).
Anm.: Offenbar eine in der Niederlausitz bislang recht seltene Sippe (vgl. KL et al. 1986); von RH (1839), AS (1864) und KR (1955b) nicht aus dem UG genannt. Ob z. T. verkannt?

H/–/–   ***Chenopodium glaucum*** L. – Graugrüner Gänsefuß
ss – Frische, nitratreiche Ruderalstelle, Müllplatz.
BR: Lübben: Ratsvorwerk (1989 JE).
HA: Lübben: Burglehn (1949 BI).

H/–/↔   ***Chenopodium hybridum*** L. – Unechter Gänsefuß
VN: –; škrodawine zele.
v – In Ruderalgesellschaften und in Hackfruchtäckern auf frischen, nährstoffreichen Böden.

Chenopodium murale L. – Mauer-Gänsefuß H/1/♦?
†* – Auf mäßig trockenen, stickstoffreichen Böden in der dörflichen Ruderalflur und auf Müllplätzen.
BR: Lübben: Schuttplatz beim Bhf. Börnichen (1954 BI); Wußwerk: am Dorfteich (1956 BI); an der Dorfstraße (Passarge 1959); Alt Zauche: Bauernhof (JE in KL 1985b).
RG: Biebersdorf: Straßenrand (1989 JE); Zerkwitz: Müllplatz (JE in KL 1985b).
HA: Lübben: am Weg nach Burglehn auf Schuttstellen (1949 BI).
Anm.: Nach RH (1839: 73) in den Lausitzen früher „in Dörfern, an Wegen, Mauern u.s.w. fast überall" vorkommend. Nach KR (1955b) im Oberspreewald damals noch zerstreut vorhanden.

Chenopodium polyspermum L. – Vielsamiger Gänsefuß H/–/↔
v – Auf Gemüsefeldern, in feuchten Hackfruchtäckern und Brachen, in Gärten, regelmäßig auch auf Störstellen im Grünland.

Chenopodium rubrum L. – Roter Gänsefuß H/–/↘
VN: Wilde Melde, Scheißmelde; psowa łoboda.
ss – Auf Äckern und überdüngten Plätzen (Hofstellen, Silos u. ä.), an gestörten Stellen von Feuchtwiesen, auf trockengefallenen Teichböden.
BR: Neu Lübbenau: auf feuchten, stark humosen Hackfruchtäckern (KL 1966); Kuschkow: auf feuchten, stark humosen Hackfruchtäckern (KL 1966); Alt Zauche: Garten an den Torfstichen N Ortslage (Passarge 1959); Leipe: Ortslage (1992 KN in KL 1999, rev. 2008 KU, H-KN); Burg (1995 JE); Burg Kauper: W Polenzschänke (1972 H-JE); Stradow: im Bereich der Teiche (1995 JE).
RG: Lübben: alte Lehmgrube am S-Rand der Stadt (KR 1955b; o.J. BI in BI 1967); Neuendorf b. Lübben: Schuttplatz am ehem. Gutspark (o.J. BI in BI 1967); Lübbenau: Bhf. (JE 1975); Byhlen: zahlreich auf den Äckern am See (JE in KL 1977).

Chenopodium strictum Roth – Gestreifter Gänsefuß N/–/↔
v – Auf trockenem Ruderalgelände, insbesondere an und auf sandigen Wegen, auf Bahngelände und Müllplätzen.

Chenopodium suecicum J. Murr – Grüner Gänsefuß
Die in mehreren Vegetationsaufnahmen von Passarge (1959) aufgeführten Angaben zu dieser Art sind, da keine weiteren Beobachtungen aus dem UG vorliegen, ohne Herbarbeleg schwer interpretierbar. Es können Verwechslungen mit anderen bestimmungskritischen Sippen des *Chenopodium album*-Aggregates vorliegen (KU et al. 2001).

Chenopodium

Chenopodium urbicum L. – Straßen-Gänsefuß
Die in BENKERT et al. (1996) enthaltende MTBQ-Angabe 4149/4 entstammt nach NOGATZ (2006) einer für die floristische Kartierung in Ostdeutschland verwendeten Anstreichliste. Die exakte Fundangabe konnte nicht geklärt werden. Ein unter diesem Namen im Stadt- und Regionalmuseum Lübben befindlicher, von BI gesammelter Beleg gehört zu *Atriplex* spec. (rev. 2008 PE). Aus diesem Grunde fand auch eine in der Kartei/Fundbuch BI enthaltene *Ch. urbicum*-Angabe vom Gelände des Bhf. Börnichen aus dem Jahr 1954 keine Berücksichtigung.

H/2/↘   ***Chimaphila umbellata*** (L.) W. P. C. BARTON – Doldiges Winterlieb
ss – Trockene Kiefernforsten.
BR: Krausnick: am Forsthaus Brand (1971 Jage; 2008 IL); Kiefernforst O Boblitz (JE in KL 1999).
RG: Kaden: am Weg nach Niewitz (1958 BI).
HA: *Biebersdorfer Forst (Fick in AS 1864).
Anm.: Die Bestände bestehen/bestanden stets nur aus wenigen Pflanzen. Am Krausnicker FO ist im Laufe der Jahre eine deutliche Abnahme der Populationsdichte zu verzeichnen.

H/–/↔   ***Chondrilla juncea*** L. – Großer Knorpellattich
v – In lückigen Sandtrockenrasen auf mineralkräftigen Böden.
Anm.: Konzentration der Vorkommen auf die trockeneren Randbereiche des UG.

H/V/↘   ***Chrysosplenium alternifolium*** L. – Wechselblättriges Milzkraut
z – In Quellflurgesellschaften an Grabenrändern, in Erlenbrüchen und im Erlen-Eschen-Wald auf sickerfeuchten, nährstoffreichen Böden.
Anm.: Im Westlichen Oberspreewald und Burger Spreewald weitgehend fehlend.

Kv/–/–   ***Cicerbita macrophylla*** (WILLD.) WALLR. – Großblättriger Milchlattich
ss – Lübbenauer Schlosspark (TREICHEL 1876a; 2009 JE).

H/–/↔   ***Cichorium intybus*** L. – Gewöhnliche Wegwarte
VN: – ; plonowe zele, cigorija, psidrozne zele.
v – In Ruderalgesellschaften und Rasen sonniger Standorte auf mineralkräftigen Lehmböden sowie im Abstandsgrün der Wohngebiete, an Wegrändern.
Anm.: Als Chikoree (*C. intybus* var. *foliosum* HEGI) noch in den 1980er Jahren zur winterlichen Vitaminversorgung gelegentlich in Gärten gezogen; ein aktueller Anbau ist nicht bekannt.

H/V/↔   ***Cicuta virosa*** L. – Gift-Wasserschierling
VN: – ; społ, społowe zele, kozamĕrik, žiwa marchej.
z – Auf Schlammböden in Röhrichtgesellschaften und Verlandungsbereichen mesotropher und eutropher Gewässer.

Cirsium

Circaea alpina L. – Alpen-Hexenkraut   H/2/?
ss – Im Erlen-Eschen-Wald auf sickerfeuchten, humosen Böden.
BR: Krausnick: Meiereisee (IL & J. Illig in KL 1977); im Kriegbusch am Hahnsberg (1992 JE).
RG: Schönwalde: Erlen-Stieleichen-Wald am S-Rand der Schuppawiesen (KB 1992).

Circaea* x *intermedia EHRH. – Mittleres Hexenkraut   H/G/♦
(*C. alpina* x *C. lutetiana*)
† – Sickerfrischer bis nasser Laubwald.
RG: Butzen: Erlenwald S Rauher See (1974 KB).
HA: "In dem untern Spreewalde" (RH 1839: 9).

Circaea lutetiana L. – Gewöhnliches Hexenkraut   H/–/↔
z – In krautreichen, feuchten bis frischen Laubwäldern auf humosen, nährstoffreichen Böden.

Cirsium acaule SCOP. – Stängellose Kratzdistel   H/2/♦
† – Basisch beeinflusster Trockenrasen.
RG: Freiwalde: am Weg längs der Autobahn (1954 BI).

Cirsium arvense (L.) SCOP. – Acker-Kratzdistel   H/–/↗
VN: Ackerdistel, Felddistel; badak, dabak, wóset.
v – In Segetal- und Ruderalgesellschaften auf sandigen und anmoorigen Böden, gestörte Röhrichte.
Anm.: Die var. *mite* WIMM. et GRAB. [Syn.: *C. setosum* M. BIEB.] wurde bislang zweimal im UG nachgewiesen: Lübben: Neugasse (2004 H-KU 2061/2), Lübbenau: S-Rand der Neustadt (2001 IL). Ein auf dem Barzlin bei Lübbenau gesammelter Beleg (1969 JE) gehört zur var. *vestitum* (WIMM. et GRAB.) PETRAK (det. G. Wagenitz, vgl. auch JE 1982a).

Cirsium oleraceum (L.) SCOP. – Kohl-Kratzdistel   H/–/↓
VN: Buschkraut, Puschkraut, Schreckkraut, Wiesenkohl, Johanniskraut; pśezlica, pśezlicka, cyść, žyść, trjebjeńske zele, trjebjejske zele.
z – Im Erlen-Eschen-Wald, in Hochstaudenfluren und auf schwach gedüngten Wiesen kräftiger, feuchter Standorte, auf Waldverlichtungen, auch an Grabenrändern.
Anm.: Die Art ist durch Grundwasserabsenkungen und Intensivierung der Grünlandbewirtschaftung seit den 1950er Jahren stark zurückgegangen. Im nördlichen Unterspreewald weitgehend fehlend.

Cirsium

H/–/?   ***Cirsium palustre*** (L.) Scop. – Sumpf-Kratzdistel
VN: Schweinedistel, Wiesendistel; badak, dabak, wóset.
v – Auf nassen Anmoorwiesen und im Erlen-Eschen-Wald, auf den wirtschaftlich nicht genutzten Randstreifen an Gräben und Fließen, auf nicht mehr genutzten Feuchtwiesen.
Anm.: Die Art wird insbesondere durch die Nutzungsauflassung nasser/feuchter Wiesen gefördert, wobei es zu Massenbeständen kommen kann.

H/–/↔   ***Cirsium vulgare*** (Savi) Ten. – Lanzett-Kratzdistel
VN: – ; badak, dabak, wóset.
z – In ruderalen Staudengesellschaften frischer Standorte und auf Weiden.

E/×/–   ***Citrullus lanatus*** (Thunb.) Matsum. et Nakai – Wassermelone
s – Auf Müllplätzen und in der Nähe von Siedlungen.
BR: Neuendorf am See: Zeltplatz am W-Ufer des Neuendorfer Sees (KU 1994); Krausnick: Müllplatz (KU 1994); Lübben: Deponie Ratsvorwerk (1993 JE); Burg: Mülldeponie Burg (1993 JE).
Anm.: In warmen Sommern sogar fruchtend.

Citrullus lanatus

H/3/?   ***Cladium mariscus*** (L.) Pohl – Binsen-Schneide
s – Im Uferröhricht von Seen.
BR: Köthen: Schibingsee (Fischer in Benkert 1980; 2009 IL & KG); Gr. Wehrigsee (KB 1975; 2008 PE); NW-Ufer Triftsee (2006 Heinrich); N-Ufer Schwanensee (2006 Heinrich).
RG: Briesener See (1952 Passarge in Kartei BI; 2008 IL); Briesener Luch (2001 IL & PE).

E/–/–   ***Claytonia perfoliata*** Donn ex Willd. – Tellerkraut
ss – Grünanlagen, Ruderalstellen, Brachacker.
BR: Lübbenau: Dammstraße (= ehem. Maxim-Gorki-Str.) (KR in Scholz & Sukopp 1967; 1975 KR); Lübbenau-Stennewitz: in der Ortslage (1978, 1988 JE); Burg Kauper: kleine Ackerbrache 1 km OSO Waldschlösschen N der Kleinen Spree (2008 Martin & PE).
Anm.: Neben dem Nachweis in Neuzelle (1860) gehören die obigen Funde zu den wenigen Niederlausitzer Angaben dieser in Brandenburg bereits historisch auf den Berliner Raum

Cochlearia

konzentrierten Sippe (vgl. AS 1864; Büttner 1884; Scholz & Sukopp 1960, 1965, 1967; Benkert et al. 1996).

Clematis vitalba L. – Gewöhnliche Waldrebe N/–/⌐
z – In Gebüschen und an Zäunen, an Bahnanlagen.
Anm.: Die Art ist im UG nicht ursprünglich. Seit ca. 20 Jahren ist eine deutliche Ausbreitung zu beobachten. Hin und wieder ist sie als Kletterpflanze an Gartenzäunen anzutreffen. Die Erwähnung der Art bei Franz (1800) als Wildpflanze des Oberspreewaldes ist kritisch zu betrachten, da weder RH (1839) noch KR (1955b) die Sippe aufführen. Lediglich die bereits bei AS (1864) angegebene Anpflanzung an Lauben etc. in den Ortslagen wäre denkbar.

Clinopodium vulgare L. – Gewöhnlicher Wirbeldost H/3/♦
† – Trockener bis mäßig frischer Laubmischwald auf basisch beeinflusstem Boden.
BR: Schlepzig: Buchenhain am Weg vom Forsthaus zur Hohen Bank (1953 BI).

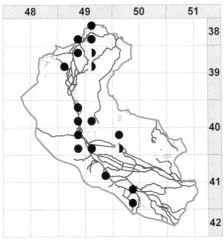

VK 12: *Cnidium dubium*

Cnidium dubium (Schkuhr) Thell. – Brenndolde H/3/⌐
z – In wechselfeuchten, zeitweilig überfluteten, extensiv genutzten Wiesen.
Anm.: Regelmäßig in zumeist kleinen Populationen in der Spreeniederung um Lübben (2003 PE), in den Wiesen NW des Polders Kockrowsberg (2001 PE), zwischen Leibsch und Neu Lübbenau (2001 PE in KL 2004) und am Neuendorfer See (KU 1998; 2004 PE) vorkommend; außerhalb der Spreeniederung fehlend (VK 12).

Cochlearia danica L. – Dänisches Löffelkraut E/×/–
ss – Mittelstreifen der Autobahn.
RG: Duben: 1 km SO Raststätte Rüblingsheide zwischen km 56 – 57 der A13 (KU in KL 2004; 2009 KU).
Anm.: Weitere, z. T. umfangreiche Vorkommen befinden sich wenig außerhalb des UG an der A15 Richtung Cottbus zwischen km 6,5 – 12 (Anschlussstelle Vetschau), zwischen km 15,5 – 19 und bei km 26 (2009 KU). Eine weitere Ausbreitung ist zu erwarten.

Conium

H/V/↘? ***Conium maculatum*** L. – Gefleckter Schierling
VN: – ; bólgłowa, bólgłowowe zele, bołgłowa, boiglowa, srocyne zele.
z – An ruderal beeinflussten Stellen, an Weg- und Grabenrändern, auf Müllplätzen.

H/3/↘ ***Consolida regalis*** GRAY – Acker-Rittersporn
(Abb. 115) **VN:** – ; żydowa broda, kozyna broda, kaplank, cygańki.
s – Auf Äckern im Wintergetreide, auf Ackerbrachen; vorwiegend auf lehmigen Böden, zuweilen ruderal.
BR: Krausnick: Müllplatz (KU 1994); Lübben: hinter der Mauer (1952 BI); Acker S Hirschlandgrube (1947 BI; KA in KL 2002); in der alten Hirschlandgrube am Weg nach Neuendorf b. Lübben (KA in KL 1999); Acker an der B 87 (2004 IL); Lübben-Steinkirchen: Acker SO Ortslage (2007 Heinrich); Boblitz: Acker NO (1995 JE); vereinzelt auf lehmigen Äckern am SW-Rand des Oberspreewaldes (KR 1955b); Lübben: am Eichkanal (heute W-Abschnitt des Nordumfluters) (1956 BI); Byhleguhre: am Mühlenberg (1992 H-KN; 2005 Heinrich); Guhrow: 0,3 km W Ortslage auf Kompostablagerungen (2008 KU).
RG: Krugau: SW der Ortschaft unweit der Chaussee (KA in KL 2002); Treppendorf: mehrfach am Feldrand in Richtung Lübben (1993 H-JE; 1999 KU); 0,5 km S auf Acker (2001 PE).
Anm.: Nach KR (1955b) im Inneren Oberspreewald bereits damals (weitgehend) fehlend. Selten auch in Gärten als Zierpflanze anzutreffen.

H/–/↔ ***Convallaria majalis*** L. – Gewöhnliches Maiglöckchen
VN: Maiblume, Maigleckchene; piskac, pyskac, majske struski.
z – In lichten Eichen- und Birkenbeständen sowie im Kiefernforst auf frischen, oberflächlich versauerten, sandig-humosen Böden.
Anm.: Häufig als Zierpflanze in Gärten kultiviert und mitunter verwildert, v. a. am Rand der Ortslagen.

H/–/↔ ***Convolvulus arvensis*** L. – Acker-Winde
VN: Pedewinde, Pädewinde, Powitka; powitka, powica, powiś, powoj.
v – Auf Äckern, an Wegen, in Gärten und Ruderalfluren, v. a. auf etwas lehmhaltigen, reicheren Böden.

N/–/↗ ***Conyza canadensis*** (L.) CRONQUIST – Kanadisches Berufkraut
[**Syn.:** *Erigeron canadensis* L.]
v – In Ruderalgesellschaften an Wegen, in Siedlungen sowie auf sandigen Äckern und Brachen.

Anm.: Auf Brachen kommt es kurzzeitig auch zu Massenentwicklungen. Nach MÜLLER (1876) Mitte der 1870er Jahre im UG auch angepflanzt (ob korrekt?).

Corispermum leptopterum (ASCH.) ILJIN – Schmalflügliger Wanzensame   N/–/↔
[**Syn.:** *C. hyssopifolium* auct. non L.]
z – In lückigen Sandtrockenrasen, auf offenem Sand in Kiesgruben, auf Bahnanlagen und Industriegelände, besonders in Pioniergesellschaften.
Anm.: Obwohl noch als zerstreut vorkommend eingestuft, ist die Art jedoch in den letzten zehn Jahren rückläufig. Die in KR (1955b) bzw. BI (1957) enthaltenen Angaben zu *C. hyssopifolium* L. und zu *C. hyssopifolium* subsp. *macropterum* (FENZL) HEGI (= *C. intermedium* SCHWEIGG.) sollten, da Herbarbelege fehlen und *C. hyssopifolium* in Mitteleuropa bislang nicht nachgewiesen ist (AELLEN 1979), als *C. leptopterum* interpretiert werden (vgl. KU et al. 2001).

Cornus alba agg. – Artengruppe Weißer Hartriegel   Kv/–/↔
VN: Hornstrauch; swid, cerwjena wjerba.
z – In Gebüschen auf frischen bis feuchten Standorten im Bereich der Ortslagen und deren Umgebung.
Anm.: Im UG kommen sowohl *C. alba* L. als auch *C. sericea* L. verwildert vor. In Gärten und öffentlichen Anlagen wird *C. alba* agg. nicht selten gepflanzt, z. T. in Kultivaren mit panaschierten Blättern.

Cornus sanguinea L. – Blutroter Hartriegel   H/D/↔
VN: Hornstrauch; swid.
z – Im grundwassernahen Eichen-Hainbuchen-Wald.
Anm.: Die Sippe wird gelegentlich sowohl in Anlagen als auch in Feldgehölzen angepflanzt.

Coronopus didymus (L.) SM. – Zweiknotiger Krähenfuß   E/×/–
ss – In Ruderalgesellschaften an Wegen und in der Ortslage, insbesondere an stark betretenen Stellen.
BR: Lübbenau-Stennewitz: Gartenrand (1989 JE in JE & KU 1994); Naundorf: auf einer Gänseweide im Ort (JE in JE & KU 1994); Stradow: am Weg nach Göritz (1996 H-JE).
RG: Treppendorf: an der Kiesgrube N des Ortes (1989 JE in JE & KU 1994).

Coronopus squamatus (FORSSK.) ASCH. – Gewöhnlicher Krähenfuß   E/2/–
ss – In einer dörflichen Ruderalflur mit Geflügelhaltung.
RG: Naundorf: Ortslage (1985 JE in KL 1999).

Corrigiola litoralis L. – Gewöhnlicher Hirschsprung   H/3/◆
† – Auf feuchten Äckern, an Grabenrändern.

BR: Alt Schadow: 1 km SW des Ortes, Sommerfruchtacker am O-Ufer des Neuendorfer Sees (KL 1968); zwischen Straupitz und Lübben an Gräben und in Ackerflächen (PIETSCH 1965).
RG: Briesensee: Ackerfläche W des Ortes und Meliorationsgraben in Richtung Lübben (1962~PIETSCH & MÜLLER-STOLL 1974).
HA: *bei Duben dicht am Dorfe (RH 1839).

H/3/↘ *Corydalis intermedia* (L.) MÉRAT – Mittlerer Lerchensporn
[Syn.: *C. fabacea* (RETZ.) PERS.]
s – In Laubwäldern auf frischen, nährstoffreichen Böden.
BR: Schlepzig: Buchenhain (JE in KL 1985b); Lübben: Hain (RH 1839; 2008 KU); Ellerborn (JE in KL 1985b); Werben: Zoßna (WIESNER 1939; 1992 H-KN; 2003 JE).
HA: Burg: Schlossberg (Doms in HOLLA 1861/62); Werben (Doms in HOLLA 1861/62).
Anm.: Vermutlich bezieht sich die HA aus Werben auf die Zoßna N des Ortes. Auch wenig außerhalb des UG in Vetschau: am Schloss (Knips in KL 1985b) nachgewiesen.

H/–/↔ *Corylus avellana* L. – Gewöhnliche Hasel, Haselnuss
VN: –; lěśćina, lěśćinka, lěska, wórjěškowy keŕ, pólski wórjech, lěśćinkowy bom, wórjěškowy bom (Strauch)/wórjěšk (Frucht)/wurlišk (männl. Blüte).
z – Im Eichen-Hainbuchen-, Erlen-Eschen- und Ahorn-Eschen-Wald.
Anm.: Oft auf Gehöften und in Parkanlagen angepflanzt und verwildert in Hecken und Gärten innerhalb der Siedlungen, z. T. auch als sog. „Blut-Hasel" (f. *atropurpurea* KIRCHN.) vorhanden.

H/–/↔
(Abb. 46) *Corynephorus canescens* (L.) P. BEAUV. – Gewöhnliches Silbergras
VN: Bocksbart, Ziegenbart, Schotka, Bucksbart, Hundehaare; šćotka, sćotka, sćetka, pyzawa.
v – In Sandfluren auf nährstoffarmem Sandboden, im trockenen Kiefernforst/Kiefernwald und in Segetalgesellschaften auf Sand, auch auf Leitungstrassen.
Anm.: Während die Art noch in den 1950/60er Jahren relativ häufig in den Lämmersalat-Fluren auftrat (vgl. KL 1969, KR 1955b), kommt sie heute nur noch selten darin vor, z. B. SO Neu Lübbenau (2008 PE).

Crataegus L. – Weißdorn
Die Kenntnisse über Vorkommen und Verbreitung der *Crataegus*-Sippen im UG sind v. a. hinsichtlich der zweigriffligen Taxa noch unbefriedigend. Die ermittelten VN (Gottesapfel; jabłuškowina, błožkowica, bloškowica) beziehen sich auf *Crataegus* spec.

Crataegus laevigata (POIR.) DC. – Zweigriffliger Weißdorn   H/2/–
ss – Birken-Eichen-Wald.
BR: Alt Zauche: an der Bukoitza (1996 H-Seitz).
Anm.: Weitere Angaben zu dieser Sippe aus dem UG: Lübben-Steinkirchen: Dorfaue (1993 JE); Treppendorf (1952 BI); Lübbenau: Erlen-Birken-Forst N Wotschofska (1995 JE); Lübbenauer Spreewald (PASSARGE 1955a) könnten, da Herbarbelege nicht vorliegen, auch zu *C.* x *macrocarpa* gehören.

Crataegus x *macrocarpa* HEGETSCHW. – Großfrüchtiger Weißdorn   H/3/–
(*C. laevigata* x *C. rhipidophylla* GAND.)
ss – Feuchter Erlen-Eschen-Wald.
BR: Lübbenau: W Wotschofska (1995 H-Seitz).

Crataegus monogyna JACQ. – Eingriffliger Weißdorn   H/–/↔
v – In Gebüschen, an Wegrändern und in lichten Wäldern.

Crepis biennis L. – Wiesen-Pippau   H/V/↔
z – Frische, nährstoffreiche Wiesen und Wegränder.

Crepis capillaris (L.) WALLR. – Kleinköpfiger Pippau   H/–/↗
v – Auf nährstoffreichen Böden an Böschungen und Wegrändern sowie auf Rasenflächen in Gärten und Grünanlagen, auf Brachäckern und Industriegelände.
Anm.: Vor allem auf den beiden zuletzt genannten Biotopen in Ausbreitung befindlich.

Crepis paludosa (L.) MOENCH – Sumpf-Pippau   H/3/↘
s – Auf sickernassen, nährstoffreichen Flachmoorwiesen und im Erlen-Eschen-Wald.
BR: Köthen: beim Triftsee (1992 JE); Feuchtwiese W Gr. Wehrigsee (2006 Heinrich); Krausnick: Wiese unterhalb Weinberg (= Sapitzka) (1993 KU); Schlepzig: Buchenhain in den Jg. 133/134 (1954 BI); Lübben: Waldränder an der Chaussee bei Ellerborn (1950 BI); Raddusch: südwestlicher Ortsrand (1992 JE); SW Fleißdorf (1992 JE); Müschen: S der Ortslage (1956~MÜLLER-STOLL et al. 1992c).
RG: Byhleguhre: Welsnitz (JE & KR 1985; HAMSCH 2002).
Anm.: Obwohl überwiegend jüngere Fundangaben vorliegen, ist aufgrund der in den letzten 50 Jahren erfolgten Meliorationsmaßnahmen ein Rückgang anzunehmen. Bei KR (1955b) nicht angegeben, ob übersehen?

Crepis tectorum L. – Dach-Pippau   H/–/↔
z – In lückigen Sandfluren, auf Brachen.

Cucubalus

Cucubalus baccifer L. – Taubenkropf
Da zu der Meldung aus Burg Kauper: bei der Straupitzer Buschmühle (WIESNER 1924) kein Herbarbeleg vorliegt, bleiben, auch aus arealgeographischen Gründen, Zweifel an dieser Angabe.

E/–/–   *Cuscuta campestris* YUNCK. – Nordamerikanische Seide
ss – Auf *Trifolium resupinatum* auf einem Acker.
RG: Bei Klein Klessow (JE in KL 1989a, det. H. Henker, conf. I. Dunger, H-JE, Herbar GLM 11559).
Anm.: Mit Saatgut eingeschleppt.

H/0/◆   *Cuscuta epilinum* WEIHE – Flachs-Seide
VN: Teufelszwirn, Seide; pśeźeńc, pśeźeńco, cartowy cwjern, žyźo, žyźe.
† – Auf *Linum usitatissimum* auf einem Acker.
BR: Burg Kolonie: in einem Leinacker (KR 1955b).
Anm.: In MÜLLER-STOLL et al. (1992d) wird in einer Vegetationsaufnahme aus dem Raum Burg Kolonie *Cuscuta epithymum* aufgeführt. Da es sich hierbei um eine Leinsaat handelte, ist davon auszugehen, dass eine Verwechslung mit *C. epilinum* vorlag (vgl. KU et al. 2001 sowie die Angabe in KR 1955b). Die vielen VN sprechen für ein ehemals häufiges Vorkommen der Art.

H/2/↓   *Cuscuta epithymum* (L.) L. subsp. *epithymum* – Quendel-Seide
VN: Teufelszwirn, Seide; cartowy cwjern, žyźo, žyźe.
ss – Mäßig trockene Magerrasen auf wärmebegünstigten Standorten.
BR: Lübbenau: zwischen Stennewitzer und Zerkwitzer Kahnfahrt (1955~MÜLLER-STOLL et al. 1992d); Burg: Nähe Bismarckturm (KN in JE & KU 1994); Burg Kauper: Ortslage, an *Achillea millefolium* (1992 KN in KL 1999); südl. Fehrow-Schmogrow (KR 1954); Schmogrow: rechts am Wege nach Werben (1953~MÜLLER-STOLL et al. 1992c); zwischen Märkischheide und Babow (KR 1954).
RG: Kl. Beuchow: auf dem Mittelstreifen und am Straßenrand des Autobahndreiecks SW des Ortes, viel (um 1992 Rätzel).
Anm.: Nach KR (1955b) früher ziemlich häufig in trockenen Pfeifengras- und Rotschwingel-Wiesen des Oberspreewaldes vorhanden gewesen.

N?/×/–   *Cuscuta epithymum* (L.) L. subsp. *trifolii* (BAB. et GIBSON) BERHER – Klee-Seide
[Syn.: *C. trifolii* BAB. et GIBSON]
ss – Auf *Trifolium* spec. am Rande einer Feuchtwiese.
BR: Krausnick: unterhalb vom Weinberg (= Sapitzka) (KU in JE & KU 1994, H-KU 1540/2).
Anm.: Nach JÄGER & WERNER (2005) bisher aus Brandenburg nicht nachgewiesen.

Cuscuta europaea L. – Hopfen-Seide H/–/↘
VN: siehe *C. epithymum* subsp. *epithymum*.
z – In Schleiergesellschaften an Ufern und Wegen, meist auf Brennnessel oder Hopfen.
Anm.: Möglicherweise aktuell auch schon seltener.

Cuscuta lupuliformis KROCK. – Pappel-Seide N?/–/◆
† – In Schleiergesellschaften auf Hopfen und Brombeere.
BR: Lübben: Hain; Ellerborn an der Bahn nach Cottbus; auf den Wiesen hinter der Paul-Gerhardt-Schule (1950 BI).
Anm.: Von RH (1839) nicht aufgeführt. Nach GRAEBNER (1909) ursprünglich in Brandenburg nur an der Oder vorkommend.

Cymbalaria muralis P. GAERTN., G. MEY. et SCHERB. – Mauer-Zimbelkraut N/V/↘
VN: – ; torant.
s – Mauerspalten an Gebäuden und auf Friedhöfen.
BR: Lübben: Jugendclubhaus am Hain (1996 KU); Mauer an der Mühlspree (KR 1955b); Lübbenau: Orangerie am Schloss (1992 JE; IL in KL 1999); ehem. Kavalierhaus im Schlossbezirk (1992 JE); an der Friedhofsmauer (IL in KL 1999); Straupitz: am Friedhof (1985 JE).
RG: Lübbenau: Alter Friedhof in der Neustadt (1992 JE).
HA: Lübbenau: im Schlossgarten an Mauern und künstlichen Felsen (1851 AS in HOLLA 1861/62; BOLLE 1876; TREICHEL 1876a); auch auf Äckern verwildert (HOLLA 1861/62); Straupitz (vor 1923 Wolff in WIESNER 1920 – 1938); Lübben: an der Brücke Breite Str. (1948 BI).
Anm.: Rückgang durch Sanierung von Mauern und Gebäuden. Nach TREICHEL (1876) wurde die Art im Lübbenauer Schlossgarten angepflanzt; auch heute kommt sie dort noch vor (s. o.).

Cynodon dactylon (L.) PERS. – Gewöhnliches Hundszahngras E/–/–
ss – Auf Ruderalplätzen und an Straßenrändern.
BR: Lübben: Ruderalfläche am Kahnhafen (1998 H-KU 2766/4); Schillerstraße Ecke Berliner Str. (1993 Willmann; 2002 KU, Vorkommen 2006 durch Straßenbau vernichtet).
RG: Ragow (1975 Halpick in JE 1982a).

Cynoglossum officinale L. – Echte Hundszunge H/–/↘
VN: – ; psowe jězyk, kóstrjew, kóstrjewo.
z – In lückigen, ruderalen Trockenrasen an Wegen und auf Ruderalgelände.
Anm.: Im Oberspreewald einst häufig in Unkrautgesellschaften der Dorfauen (KR 1955b).

Cynosurus

H/3/↓ **Cynosurus cristatus** L. – Weide-Kammgras
(Abb. 102) s – Auf nährstoffreichen Weiden und Wiesen frischer Standorte.
BR: Alt Schadow: Wiese am N-Rand des Kl. Luchs ca. 1,5 km SO Ort (1966 KL); Neu Schadow: Weiderasen direkt S Dünenzug S Ort (1966 KL); Neu Lübbenau: Weiderasen O Ortszentrum, mehrfach (1966 KL); Schlepzig: O Dammstr. (1993 KU); Lübben: am Forsthaus Ellerborn (1953~Müller-Stoll et al. 1992d); Lübbenauer Spreewald (Passarge 1955a); in den Radduscher Kaupen (1956~Müller-Stoll et al. 1992d); Burglehn b. Alt Zauche: am Gutspark (1955 BI); Byhleguhre: Ortsnähe links an der Str. nach Burg (KR 1954); O-Ufer Byhleguhrer See (KR 1954; 1993 H-JE; 2009 Borries & PE); Burg (Dorf): an der Str. nach Müschen (KR 1954); Fleißdorf: N des Ortes, Flur Meckisch (KR 1954); Brahmow (1978 KR); Milkersdorf: W Nähe Priorgraben (1996 Seitz).
RG: Neuendorf b. Lübben: Moor rechts der Chaussee in Richtung Duben (1951 BI).
HA: Lübben: Feldweg bei der Schlossbrauerei in Richtung Berste (1949 BI).
Anm.: Von KR (1955b: 87) für den Oberspreewald noch als "ziemlich häufig in Trittgesellschaften und Weiden, auf etwas betretenen Wiesen, weniger in frischen Glatthaferwiesen" vorkommend angegeben.

H/1/♦ **Cyperus flavescens** L. – Gelbliches Zypergras
† – Gestörte Niedermoorwiesen einschließlich Gewässerufer mit zeitweiliger Überflutung.
BR: NO-Ufer des Byhleguhrer Sees (1957 BI; IL & J. Illig in KL 1974; 1976 KL).
HA: Burg (Lehmann in Holla 1861/62).
Anm.: Früher in den Lausitzen „auf Wiesen, feuchten Grasplätzen, Sümpfen, auf überschwemmten Stellen, an Wegen, fast überall" beobachtet (RH 1839: 12).

H/V/↘? **Cyperus fuscus** L. – Braunes Zypergras
z – Auf trockenfallenden Schlammböden an Gräben, in Teichen und in vernässten Äckern.
BR: Alt Schadow: SW-Ufer Godnasee (1979 KB); am O-Ufer des Neuendorfer Sees mehrfach (KU 1998); Neu Lübbenau: Graben O der Schule (1992 H-JE); Krausnick: Str. nach Schlepzig an der Spree (1951 BI in BI 1957); 1 km NO auf Schwemmsand (IL & J. Illig in KL 1977); ca. 1,5 km O im Bereich des Altwassers der Wasserburger Spree N der Str. nach Schlepzig (1992 KU); Hartmannsdorf: an der Spree (IL in KL 1985b; 2003 PE); Lübben: Fährhafen (1998 KU); Wußwerk: Dorfteich (JE 1976); Byhleguhrer See: O-Ufer (1992 H-JE); Rheinsches Luch O des Sees (2005 Leber & KA);

Acker W Byhlener See (JE 1976); Stradow: im Bereich der Stradower Teiche (1998 JE); Wiesenteich (1999 JE).
RG: Feuchter Acker bei Schönwalde (1999 KA); Neuendorf b. Lübben: Tränkestellen auf den Wiesen (1950 BI in BI 1957); Graben zwischen Lübben und Briesensee (Pietsch 1963 bzw. 1960~Pietsch & Müller-Stoll 1974); Briesensee: Acker W (1962~Pietsch & Müller-Stoll 1974).
HA: Burg (Lehmann in Holla 1861/62).

Cyperus fuscus

Cystopteris fragilis (L.) Bernh. – Zerbrechlicher Blasenfarn   H/2/◆?
†* – An Mauern.
BR: Lübben: Bahnhofstraße 40 in einem alten Sockelmauerwerk [KA in KL 2002, H-KA 20000612002, Vorkommen ca. 2003 durch Baumaßnahmen erloschen (KA)]; Kasernenmauer [1949 BI, hier um 1995 mit Abriss der Kaserne erloschen (KA)]; Jugendclubhaus (Fischer in Fischer & Benkert 1986); Kaimauer am Brückenplatz (1957 BI); Burg: an der Mühle (1977 JE).
HA: Im Unterspreewald (RH 1836a, 1840); Byhlen (Busch in AS 1864).
Anm.: Wenig außerhalb des UG auf dem ehem. Muna-Gelände bei Krugau aktuell noch an einem FO vorkommend (2009 KA).

Cytisus nigricans L. – Schwärzender Geißklee   H/1/◆
[**Syn.:** *Lembotropis nigricans* (L.) Griseb.]
† – (ohne Angabe).
RG: Briesensee: Hügel SO des Briesener Sees (Freitag 1957a).
HA: Schlepzig: beim Puhl (= Pfuhl) (Fick in AS 1864).

Cytisus scoparius (L.) Link – Besenginster   H/–/↔
[**Syn.:** *Sarothamnus scoparius* (L.) W. D. J. Koch]
VN: Hasenkraut, Besenpfriem, Besenpfriemkraut, Besenstrauch, Besenkraut; huchacowe zele, huchacowina, wuchacowina, huchacyna, wuchacina, hucharcowe drjowo.
v – Auf anlehmigen Sandböden an Wegrändern, in Vorwäldern und auf Lichtungen in Kiefernforsten.
Anm.: Gelegentlich sind in Gärten neben gelben auch mit rot-braunen Blütenblättern ausgestattete Sorten anzutreffen.

Dactylis glomerata L. – Gewöhnliches Knaulgras   H/–/↔
VN: Bürstengras; šćotka.

v – Auf gut gedüngten Frischwiesen, auch an Weg- und Straßenrändern.
Anm.: Vielfach als wichtiges Wirtschaftsgras angesät, jedoch empfindlich gegen Überschwemmungen.

H/D/↔ *Dactylis polygama* HORV. – Wald-Knaulgras
[Syn.: *D. aschersoniana* GRAEBN.]
z – Auf frischen, mineralkräftigen Standorten in Laubwäldern.

H/2/♦? *Dactylorhiza* x *aschersoniana* (HAUSSKN.) BORSOS & SOÓ – Ascherson-Knabenkraut
(*D. incarnata* x *D. majalis*)
†* – Niedermoor, Erlenbruchwald.
BR: Köthen: Wiese O Triftsee (1992 H-JE, rev. 2008 M. Ristow); Byhleguhrer See: Erlenbruchwald (SCHARFENBERG 1977).

H/2/↓ *Dactylorhiza incarnata* (L.) SOÓ – Fleischfarbenes Knabenkraut
[Syn.: *Orchis incarnata* L.]
VN: Kuckucksblume, Kuckatz; kukawa, kukawka, kukac (für alle rotblühenden *Dactylorhiza*-Arten)
ss – Zwischenmoore und Niedermoorwiesen auf basisch beeinflussten Böden.
BR: Neuendorf am See: in einer Flachmoorwiese am W-Ufer (1978 IL); Köthen: Gr. Wehrigsee (1993 JE); Byhleguhrer See (BI 1957; 1993 JE); Straupitz: Dutzendsee (KR 1955b).
RG: Briesener Luch (BI 1957); Byhlen: Wiese W Alter Teich (1976 Hölzer).
HA: Lübben: Hartmannsdorfer Wiesen (TREICHEL 1876a); Lübben und Alt Zauche (WIESNER 1925).

H/#/↓ *Dactylorhiza maculata* agg. – Artengruppe Geflecktes Knabenkraut
VN: siehe *D. incarnata*.
ss – In feuchten, mageren Nieder- und Quellmooren, in Pfeifengras-Wiesen und Borstgrasrasen.
BR: Zwischen Kl. Lubolz und Lübben links der Straße (1950 BI); Radensdorf: an der Spreewaldbahn (1950 H-BI in Herbar B; 1966 IL); W an der Straße nach Lübben (1961 Fischer in SCHOLZ & SUKOPP 1965); S der Ortslage (KR 1955b); Byhleguhrer See: O-Ufer (1990 JE; 1999 KA); SW-Ufer (2004 KA); Lübbenau: Wotschofska (KR 1955b).
RG: Neuendorf b. Lübben: Moorwiesen in Richtung Kaden (o.J. BI in BI 1967); Byhleguhre: Welsnitz (JE in KL 1985b; KA in KL 2002).
Anm.: Nach WIESNER (1925) war die Sippe überall verbreitet, eine Einschätzung, die wohl etwas zu stark verallgemeinerte, nennt doch RH (1839) keinen FO aus dem UG – wohl aber aus

dem Luckauer Raum – und auch AS (1864) bezeichnet das damalige Vorkommen der Art lediglich als zerstreut. Der Rückgang ist v. a. durch Trockenlegung und Düngung der Wiesen hervorgerufen. Nach neueren Untersuchungen sind unter Berücksichtigung der Typisierung von *D. maculata* (L.) Soó in Deutschland nahezu alle Pflanzen aus der *D. maculata*-Gruppe zu *D. fuchsii* (Druce) Soó zu stellen (vgl. Anm. in Ristow et al. 2006). *D. maculata* s. str. ist danach eine ausschließlich in Mooren vorkommende Sippe. Eine Überprüfung der hiesigen Populationen ist in den meisten Fällen nicht mehr möglich bzw. steht noch aus. Den im Herbar B vorhandenen Beleg von der Spreewaldbahn bei Radensdorf hat Scharfenberg (1977) revidiert und zu *D. fuchsii* gestellt.

Dactylorhiza majalis (Rchb.) P. F. Hunt et Summerh. – Breitblättriges Knabenkraut H/2/↓
[Syn.: *Orchis latifolia* L. p. p.] (Abb. 99)
VN: siehe *D. incarnata*.
s – Auf quelligen, nassen Wiesen und in Niedermooren reicher Standorte sowie im Bereich sickerfeuchter Uferabschnitte an Gewässern.
BR: Neu Lübbenau: Morgenwiesen N Forsthaus (1965 KL); Köthen: Wiesenflächen im Gebiet von Kl. und Gr. Wehrigsee (1965 Jabczynski; 2006 Heinrich); ca. 1 km SW in Feuchtwiese mit *Bromus racemosus* (1993 JE & KU); Krausnick: lichter Vorwald SW Kriegbusch (1987 KB in KB 1992); ca. 1 km SSW im sog. „Teich" (um 1985 KU); Unterspreewald (Scamoni 1955/56); Kl. Lubolz: Wiesen links der Straße in Richtung Lübben (1950 BI); Lübben: Wiesen um Ellerborn (KR 1955b); bei Ragow (KR 1955b); Ragow: Kohldistel-Wiese O der Ortschaft (1953~Müller-Stoll et al. 1992c); Lübbenau: Wiese 0,7 km NNO Lehde auf einer flachen Kaupe (PE in KL 2006); Straupitz: Flachmoorwiese (Scharfenberg 1977); (Gr.) Dutzendsee (KR 1955b; 2005 Heinrich); Byleguhrer See (KR 1955b; 2007 Borries); Stradow: Parkwiese (JE in KL 1989a); Müschen: Kohldistel-Wiese S der Ortschaft; NO Müschen am Rand einer Wiese (KR 1955b); Fleißdorf (1992 H-KN).
RG: Neuendorf b. Lübben: Moorwiesen in Richtung Kaden (1950 BI); Gröditsch: am Landgraben (KA in KL 1999); Butzen: Rauher See (2002 KA); Straupitz: am Koboldsee Richtung Laasow (KA in KL 2002).
HA: Lübben: Hartmannsdorfer Wiesen (Treichel 1876a); Lübben-Treppendorf: Ziegeleigrube (1949 BI).
Anm.: Wiesner (1925) gibt die Art als noch überall verbreitet an. Seit den 1960er Jahren ist durch Bewirtschaftungsintensivierung und Nutzungsauflassung eine starke Bestandsabnahme zu verzeichnen. Die heutigen Vorkommen konzentrieren sich auf die Randbereiche des Spreewaldes. Im BR befinden sich gegenwärtig im Bereich des Byleguhrer Sees die größten Vorkommen. Innerhalb der regelmäßig unter Wasser stehenden Niederungsbereiche kommt die Art nur sehr selten auf den höher liegenden, sickerfeuchten Geländekuppen (Kaupen) vor.

Danthonia

H/−/↔ **Danthonia decumbens** (L.) DC. − Gewöhnlicher Dreizahn
v − Auf mäßig trockenen, nährstoff- und basenarmen Sandböden in Kiefernforsten, an Waldwegen und in Zwergstrauchbeständen.

E/×/− **Datura ferox** L. − Wilder Stechapfel
ss − Auf Bahngelände.
BR: Vetschau: Bhf. (JE in KL 1985b).
RG: Lübbenau: Bhf. (JE in KL 1985b).

N?/−/↘ **Datura stramonium** L. − Weißer Stechapfel
VN: Stechappel; jaž, jažowe zele, štapate jabłuško, žiwa kostanija.
z − In Ruderal- und Hackfruchtgesellschaften; auf Müllplätzen, Brachen und an Wegrändern der Ortschaften.
Anm.: Auf den Müllplätzen Burg und Lübben-Ratsvorwerk breitete sich die violett blühende var. *tatula* (L.) TORR. vorübergehend aus (1993 JE). Beobachtet wurde sie auch bei Kunersdorf in einem Vorgarten und 0,3 km W der Ortslage auf Kompostablagerungen (2008 KU).

Datura stramonium

H/−/↔ **Daucus carota** L. subsp. **carota** − Wilde Möhre
VN: Wilde Möhre, Wildes Mohrrübenkraut; pólska marchwej, žiwa marchwej.
v − Frische bis mäßig trockene Wiesen auf etwas nährstoffreicheren Böden, besonders in den Glatthafer-Wiesen auf lehmigem Sand, aber auch in trockeneren Ausbildungsformen gedüngter Feuchtwiesen und in Ruderalfluren an Wegen und auf Rainen.

H/−/↔ **Deschampsia cespitosa** (L.) P. BEAUV. − Rasen-Schmiele
VN: Schmel, Schmelche, Schmiele, Schmeele, Wilde Schmeel, Schmeelkaupen, Judenbart, Hundekaupen, Hartgras, Eisengras; żydowa broda, kostrjewa, kupowina, metlej, mjetlica, zeleznica.
v − Auf wechselfeuchten Wiesen, v. a. auf tonhaltigen Torfböden („Klockböden"), auch in nicht zu nassen Niederungswäldern.
Anm.: Auf wenig gepflegten Überschwemmungswiesen vorherrschend. Hochwasser, sommerliche Austrocknung sowie Bodenverdichtung gut ertragend.

Deschampsia flexuosa (L.) Trin. – Draht-Schmiele H/–/↔
[**Syn.**: *Avenella flexuosa* (L.) Drejer]
VN: Waldschmiel; – .
v – Kiefernforste und Eichenmischwälder auf ziemlich armen, mäßig trockenen bis frischen Standorten.

> *Deschampsia setacea* (Huds.) Hackel – Borstblatt-Schmiele
> Da zu der Meldung aus Briesensee: Wiesengraben in Richtung Lübben in der Nähe des Dorfes (1960 Pietsch in Pietsch 1974) entsprechende Herbarbelege fehlen bzw. ein späterer Nachweis dieser Sippe an diesem, sehr weit nach Norden vorgeschobenen Vorposten des Lausitzer Teilareals nicht erfolgte und die sehr bemerkenswerte Sippe darüber hinaus in Pietsch (1965) nicht genannt wird, bleiben Zweifel hinsichtlich der Richtigkeit der Angabe (vgl. KU et al. 2001).

Descurainia sophia (L.) Webb ex Prantl – Gewöhnliche Besenrauke N/–/↔
v – In lückigen Ruderalgesellschaften und auf Hackfruchtäckern trockenwarmer, nährstoff- und basenreicher Sand- und Lehmböden, oft an Wegen.

Dianthus carthusianorum L. – Kartäuser-Nelke H/3/↘
VN: – ; cerwjene bublinki.
s – In Trockenrasen und an sonnigen Wegrändern auf basenreichen Sand- und Lehmböden.
BR: Alt Schadow: 2 km O am Fuß der S-Hänge zum Spreetal (1970 KB); Pretschener Weinberg (1966 KL; 1991 JE); Köthen: O-Hänge zum Schwanensee (1972 KB); Krausnick: W der Ortslage an der Str. nach Brand (1951 BI; 2008 KU); ca. 1 km NW Ortslage (1993 KU, 2007 KU); Weinberg (1973 IL); 1 km SSW Meiereisee (1970 KB);

Dianthus carthusianorum

Gr. Lubolz: am Weg nach Bugk (1951 BI); Dünenabhänge wenig N des Grabens NNO Ortslage (1951 BI; 1979 KB); Neuendorf b. Lübben: NNW Reinholzsche Ziegelei O der Chaussee nach Lübben (1974 KB); N-Ufer Byhleguhrer See (1953 BI); Guhrow: Wegrand 0,3 km W Ortslage (2008 KU).
RG: Krausnick: 1 km und 2 km S sowie 4 km SSW der Straße nach Brand im Kiefernforst (1970 KB); Krugau: Kiesgrube am Marienberg (1954 BI; 2009 Borries & PE); Schönwalde: Bahnlinie in Richtung Brand (1972 KB); Kl. Beuchow: an der Autobahn (1982 JE; 2003 PE); zwischen Lübbenau und Zerkwitz (1952 Passarge in KR 1968b); Byhlener Weinberg (1974 KB; 1991 JE).
HA: Hartmannsdorf: Waldrand vor der Eisenbahnbrücke (1948 BI).

H/3/↘ **Dianthus deltoides** L. – Heide-Nelke
VN: Wilde Nelke, Waldnelke; pólski nalcheńk, źiwa nalcheńka, nelki.
z – In nicht zu armen Sandtrockenrasen, an Wegrändern, auf Deichen und in trockenen Wiesen.

H/2/◆? **Dianthus superbus** L. – Pracht-Nelke
VN: Wilde Nelke; źiwa nelka.
†* – Wechselfeuchte Wiesen auf schwach sauer bis basisch beeinflussten Böden.
BR: Neu Lübbenau: 1 km O am Rande des Tals der Pretschener Spree (KL 1966; Bruisch in JE & KU 1994); Krausnick: SW-Rand Kriegbusch (1981 Löwa); Hartmannsdorf: Wiesen am S-Rand des Unterspreewaldes (o.J. BI in BI 1967); Gr. Lubolz: NNW Ortslage (1972 KB in KB 1980); Kl. Lubolz: Wiesen N der Straße nach Lübben (1950 BI).
RG: Bückchen: am Graben SW der ehem. Torfstiche WSW vom Ort (BUHL 1964); Wittmannsdorf: Wiesen an der Bahn nach Bückchen (1954 BI); ONO Schönwalde (1972 KB in KB 1980); Neuendorf b. Lübben: Moore rechts der Straße nach Duben (1950 BI); Radensdorf: Wiesen am Landgraben N des Ortes (1954 BI).
HA: Schönwalde; zwischen Duben und Naundorf (richtig Neuendorf); in der Niederung von Baruth bis zum Spreewald (RH 1837, 1839).
Anm.: Im Westlichen Oberspreewald und Burger Spreewald – wohl edaphisch bedingt – völlig fehlend.

Kv/–/↗ **Digitalis purpurea** L. – Roter Fingerhut
VN: Fingerhut; tutawa, tutawka, cerwjene tutawki.
z – An Waldrändern und auf Waldlichtungen sowie auf Müllplätzen.
Anm.: An den Wuchsorten recht beständig und zuweilen größere Populationen ausbildend. Auffällig sind mehrfache Vorkommen im Umfeld von Forsthäusern, z. B. am Luchsee und der Meierei bei Krausnick. In Gärten häufig als attraktive Zierpflanze gezogen.

H/–/↔ **Digitaria ischaemum** SCHREB. ex MÜHL. – Kahle Fingerhirse
VN: – ; rogawa.
v – In Hackkulturen der Gärten und Felder, in Trittgesellschaften und Ruderalfluren auf trockenem Sand.

H?/–/↔? **Digitaria sanguinalis** (L.) SCOP. – Blutrote Fingerhirse
VN: siehe *D. ischaemum.*
z? – Auf sandigen bis anlehmigen, offenen Böden in Segetal- und Ruderalgesellschaften, in Siedlungsbereichen und auf Bahngelände.

Anm.: Die subsp. *pectiniformis* HENRARD wurde von RH (1839) für den Lübbener Weinberg angegeben.

Diphasiastrum complanatum agg. – Artengruppe Gewöhnlicher Flach- H/#/♦?
bärlapp
†* – Frische bis mäßig trockene Kiefernforste.
BR: Alt Schadow: rechts am Wege nach Pretschen etwa S vom Gr. Luch (BUHL 1964); Köthen: W Schibingsee auf einer Fläche von mehreren 100 m² (1965 Jabczynski); Pechgrund W Schibingsee (1965 Jabczynski); Gr. Wasserburg: ca. 1 km SW Ortslage (H-JE, leg. 1991 A. Ober, rev. 2008 M. Ristow); Krausnick: SW-Hänge zum Luchsee (1971 KB in KB 1978); 0,5 bis 1 km W Meiereisee (1970 KB in KB 1978).
RG: Byhlen: O-Hänge in Richtung N-Teil des Byhlener Sees (1974 KB).
HA: Bei Krausnick (RH 1840); SW Köthen (STRAUS 1936).

Diphasiastrum tristachyum (PURSH) HOLUB – Zypressen-Flachbärlapp H/1/♦
[Syn.: *Diphasium chamaecyparissus* (A. BRAUN) Á. et D. LÖVE]
† – Kiefernforste auf frischen oder wechselfeuchten, sauren, nährstoffarmen Böden.
BR: Alt Schadow: SW des Weges nach Pretschen (KL 1968); Köthen: O-Seite Schibingsee (1951 BI in BI 1957, aufgefunden nach Hinweisen von A. Straus); Abhänge der Heideseen (STRAUS 1955).
HA: Krausnicker Berge (ULBRICH 1937).
Anm.: Die bei *D. complanatum* und *D. tristachyum* vorhandenen, annähernd gleichen FO-Angaben (BUHL 1964 und KL 1968; STRAUS 1936 und STRAUS 1955) lassen vermuten, dass die unter *D. complanatum* agg. geführten diesbezüglichen Angaben zu *D. tristachyum* zu stellen sind.

Diphasiastrum zeilleri (ROUY) HOLUB – Zeiller-Flachbärlapp H/1/–
ss – Trockener Grabeneinschnitt im Kiefernforst.
RG: Byhlen: 1 km S Ortslage (2000 KA & Leber, conf. 2008 M. Ristow, H-KA 20000612002).

Diplotaxis muralis (L.) DC. – Mauer-Doppelsame N/–/↘?
z – Auf trockenem Ruderalgelände, an Mauerfüßen, in Pflasterritzen und auf Bahnanlagen.

Diplotaxis tenuifolia (L.) DC. – Schmalblättriger Doppelsame N/–/↗
z – Auf trockenem Ruderalgelände, insbesondere an Wegen und auf Bahnanlagen.
Anm.: Die Art war vor 50 Jahren im Oberspreewald noch selten (KR 1955b); heute bildet sie bereits größere Bestände.

Dipsacus

H/−/↔? **Dipsacus fullonum** L. − Wilde Karde
[Syn.: *D. sylvestris* HUDS.]
VN: − ; šćotka.
ss − An Wegrändern und in Ruderalfluren.
BR: Hohenbrück: ca. 0,5 km NNW Heidecken (KU 1998); Pretschen: Ruderalflur am N-Hang des Weinberges (2008 PE); Groß Lübbenau: Müllplatz NO des Ortes (1991 JE).
HA: Bei Lübben (BURKHARDT 1827a; RH 1839); Lübben: Lehmgrube; Heide nach Ragow (Fick in AS 1864).
Anm.: Hier und da als Zierpflanze der Blütenstände wegen in Gärten kultiviert.

H/2/↘ **Drosera intermedia** HAYNE − Mittlerer Sonnentau
(Abb. 94) **s** − Auf feuchtem Sand und Torf in sauren Kessel- und Heidemooren sowie ehem. Torfstichen.
BR: Hohenbrück: ehem. Torfstich ca. 1,5 km NO (KL 1966; 1993 H-KU 1063/6; KU 1997); Krausnick: Luchsee (1964 Großer in WEIß 1999; 1987 H-KU 1063/1; WEIß 1999); Lichtesee (2007 IL); Radensdorf: Feuchtgebiet an der Straße nach Neu Zauche nahe dem Landwirtschaftsbetrieb (KA in KL 2002); Alt Zaucher Teiche (= Torfstiche) (KR 1955b).
RG: Dürrenhofer Moor (IL & KG in KL 1989a; 2001 IL); Niewitz: Torfstiche auf der Wiese nach Kaden (1951 BI in BI 1957); Briesener See: an mehreren Stellen (1952 BI in BI 1957; PASSARGE 1955b; 1991 H-KU 1063/3; 2005 IL); Briesener Moorwiesen (= Briesener Luch) nach Kl. Leine zu (1951 BI in BI 1957; 2005 IL); Kl. Leine: Barbassee (1998 KU).
HA: Kaden (Fick in AS 1860b); Straupitz: Gr. Dutzendsee (Lucas in AS 1860b).
Anm.: Im inneren Spreewald fehlend, vgl. auch Verbreitungskarte in KL (1982a).

H/1/♦? **Drosera longifolia** L. − Langblättriger Sonnentau
[Syn.: *D. anglica* HUDS.]
†* − Zwischenmoore, Schwingrasen.
BR: Köthen: S-Ufer des Gr. Wehrigsees (KB 1975); Krausnick: Lichtesee (1980 IL in KL 1985b, nach 1981 nicht mehr bestätigt IL); Alt Zaucher Teiche (= Torfstiche) (KR 1955b).
RG: W-Ufer Briesener See (FREITAG 1957a).
HA: Butzen: Rauher See (ULBRICH 1918).
Anm.: Die in WOLFF (1929) genannten und z. T. von KR (1955b) übernommenen Fundangaben vom Dutzendsee bzw. Byhleguhrer See müssen wegen möglicher Verwechslung mit *D. intermedia* angezweifelt werden (vgl. KU et al. 2001). Nach 1990 wurde *D. longifolia* nur noch außerhalb des UG im Butzener Bschone Bagen N vom Bergsee nachgewiesen (KB 1992; 1999 KΛ).

Drosera rotundifolia L. – Rundblättriger Sonnentau   H/V/↘
VN: Löffelkraut; łżycka, życka, bogowe życki, noc a żeń.
z – Zwischenmoore, Seeufer, Torfstiche, feuchte Sand- und Kiesgruben.
BR: Alt Schadow: S-Ufer Godnasee (2003 KA); Hohenbrück: ehem. Torfstich ca. 1,5 km NO (KL 1966; KU 1998); ca. 0,5 km SW in einer ehem. Kiesgrube (1993 KU); Köthen: W-Ufer Gr. Wehrigsee (o.J.~JE & KB 1992; 2008 PE); S-Ufer Gr. Wehrigsee (1972 KB); Mittelsee (1976 Ober); Gr. Wasserburg: Senke im Gr. Grund (1993 KU; 2001 KA); Krausnick: Luchsee (1964 Großer in Weiß 1999; 2006 Kabus); Lichtesee (1968 Piesker & Löwa; 2008 IL); Meiereisee (1980 JE); Lübben: 1,4 km WNW Börnichen am nördl. Niederungsrand und Leitungstrasse 1,4 km NNO ehem. Vorwerk Wiesenau (2003 PE); am Altwasser 0,5 km NW Lehnigksberg (2005 Heinrich); Neuendorf b. Lübben: alte Kiesgrube nahe dem Bhf. (1954 BI; IL & J. Illig 1971); Kiesgrube 300 m SSW Bhf. (IL & J. Illig 1971); Radensdorf: Feuchtgebiet S der Straße nach Neu Zauche in der Nähe des Landwirtschaftsbetriebes (1999 KA); Neu Zauche: Tümpel an der Waldkante in Richtung Caminchen (1999 KA); Alt Zaucher Teiche (= Torfstiche) (KR 1955b); Byhleguhre: Kiesgrube zwischen dem Byhleguhrer See und der Ortslage (1992 Leber); Byhleguhrer See (KR 1955b; 1977 JE).
RG: Dürrenhofer Moor (1973 KB; 2000 KA); Schönwalde: O der Bahntrasse gelegener kl. Kiessee zwischen den Dünen und der Luckauer Stadtheide 4 km NNW Ortslage (1988 KB); Lübben: nasse Sandgrube im W-Teil der Majoransheide (Fischer in Benkert 1976); Treppendorf: Teich am Exerzierplatz N des Ortes (1978 JE); Kiesgrube N des Ortes (IL & KG 1989; KL 2003); Niewitz: Wiesenmoor am Weg nach Kaden (1951 BI; 2003 IL); Briesensee: Steinbrüche 1, 2 und 3 N Ortslage (1999 KA); Briesener See an mehreren Stellen (1952 BI; Passarge 1955b; 2009 Borries & PE); Briesener Luch (1954 BI; 2001 H-PE; 2005 IL); Kl. Leine: Barbassee (1998 KA); S-Spitze des Kl. Leiner Sees (1998 KA); Butzen: Verlandungsmoor Rauher See (1974 KB; 2002 KA).

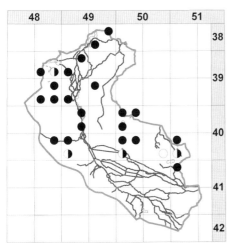

VK 13: *Drosera rotundifolia*

Dryopteris

HA: Straupitz: Kl. Dutzendsee (WOLFF 1929).

Anm.: Im Bereich der Schönwalder Talsandflächen, des Westlichen Oberspreewaldes und des Burger Spreewaldes aufgrund des Fehlens geeigneter Biotope nicht vorkommend (VK 13). Aus dem östlichen Unterspreewald nur vom Dürrenhofer Moor bekannt. Inwieweit sich unter den für *Drosera* spec. vorliegenden VN auch Angaben für *D. intermedia* befinden, ist unklar.

H/−/↔   ***Dryopteris carthusiana*** (VILL.) H. P. FUCHS − Dorniger Wurmfarn, Gewöhnlicher Dornfarn
VN: siehe *Athyrium filix-femina*.
v − Im Birken-Stieleichen-Wald, in Nadelholzforsten und in Erlenwäldern.

H/2/↘?   ***Dryopteris cristata*** (L.) A. GRAY − Kamm-Wurmfarn
ss − Zwischenmoore in bereits fortgeschrittenem Sukzessionsstadium, Moorränder.
RG: Dürrenhofer Moor (IL in KL 2002); Briesener Luch (IL & PE in KL 2002); Byhlen: Pintschens Quelle 1 km NO Ortslage (1974 KB); Birkenbruch am Neuen Teich O Ortslage (1974 KB).
Anm.: Obwohl keine älteren Angaben vorliegen, kann aufgrund der umfangreichen Hydromeliorationen im UG ein Rückgang der Sippe vermutet werden.

H/−/↔   ***Dryopteris dilatata*** (HOFFM.) A. GRAY − Breitblättriger Wurmfarn, Dunkelgrüner Dornfarn
z − Auf frischen bis feuchten, sauren Böden in Erlenwäldern, auch in Eichenwäldern und verschiedenen Forsten.

H/−/↔   ***Dryopteris filix-mas*** (L.) SCHOTT − Gewöhnlicher Wurmfarn
VN: siehe *Athyrium filix-femina*.
z − Im Erlen-Eschen-Wald und in Eichenwäldern, in Kiefern- und anderen Forsten auf locker humosen, oft frischen, lehmbeeinflussten Böden.

H/−/↔   ***Echinochloa crus-galli*** (L.) P. BEAUV. − Gewöhnliche Hühnerhirse
VN: Hirsegras, Hierzegras, Hierzekraut, Rogaua, Ringellatte; hošak, ośak, rogawa, jagłowina, jagowina, jagowinka.
v − In Hackkulturen- und Ruderalgesellschaften, auf zumeist frischen bis feuchten Standorten, auch an Störstellen im Röhricht.

Kv/−/↔   ***Echinops sphaerocephalus*** L. − Drüsige Kugeldistel
z − In zumeist siedlungsnahen Ruderalgesellschaften.
Anm.: Gelegentlich in Gärten kultiviert. Δ F.

Echium vulgare L. – Gewöhnlicher Natternkopf H/–/↔
VN: Stolzer Heinrich, Blauer Heinrich; – .
v – In Ruderalgesellschaften an Wegen und auf Ödland auf sommerwarmen, trockenen Sand- oder sandigen Lehmböden.

> *Elatine alsinastrum* L. – Quirl-Tännel
> Die Angabe aus Lübben: Gräben O der Stadt (Pietsch 1965) ist aufgrund der sehr ungewöhnlichen Biotopbeschreibung, die von den typischen ökologischen Ansprüchen der Art stark abweicht, anzuzweifeln.

Elatine hexandra (Lapierre) DC. – Sechsmänniges Tännel H/2/–
ss – Auf zeitweise trockenfallenden Teichböden, Seeufer.
BR: Hartmannsdorf: Teichgruppe S der Ortslage (IL in JE & KU 1994, H-IL).
RG: SO-Ufer Briesener See (Pietsch 1963).

Elatine hydropiper L. em. Oeder – Wasserpfeffer-Tännel H/2/◆
† – Wiesengraben.
RG: Briesensee: in der Nähe des Dorfes (1960 Pietsch in Pietsch 1974).

Elatine triandra Schkuhr – Dreimänniges Tännel H/2/–
ss – Auf sandigem oder schlammigem Substrat trockengefallener Teichböden.
BR: Hartmannsdorf: Teichgruppe S der Ortslage (IL in JE & KU 1994); Stradower Teiche (1998 JE).

Eleocharis acicularis (L.) Roem. et Schult. – Nadel-Sumpfsimse H/3/↔
z – In Gräben, an Rändern der Altwässer und in Erd- bzw. Torfausstichen, oft an zeitweilig trockengefallenen Stellen.

Eleocharis mamillata (H. Lindb.) H. Lindb. ex Dörfl. – Zitzen-Sumpfsimse H/G/◆?
†* – In einer Kiesgrube.
BR: Wußwerk: beim Ort (Hölzer in Benkert 1986).

Eleocharis multicaulis (Sm.) Sm. – Vielstenglige Sumpfsimse H/1/↘
ss – Im Uferbereich nährstoffarmer Gewässer und Torfstiche, am Rand von Zwischenmooren, in nasser Kiesgrube.
BR: Hohenbrück: ehem. Torfstich ca. 1,5 km NO (KU in JE & KU 1994, H-KU 2447/6; 2003 KU); Krausnick: Luchsee (KU 1993, H-KU 2447/2-4; IL in KL 2002); Neuendorf b. Lübben: Kiesgrube im Wald am Bhf. (1954 BI).
RG: Briesener See (Passarge 1955b; 1999 KA).

Eleocharis

H/1/◇   ***Eleocharis ovata*** (ROTH) ROEM. et SCHULT. – Ei-Sumpfsimse
† – In einer alten Lehmgrube.
HA: Lübben: am Stadtrand an der Luckauer Straße (1949 BI).

H/–/↔   ***Eleocharis palustris*** (L.) ROEM. et SCHULT. – Gewöhnliche Sumpfsimse
VN: Biese, Wassergras; – .
v – Verlandungsgesellschaften auf nährstoffreichem Schlamm, meist im Flachwasserbereich.
Anm.: In Gräben oft größere Bestände bildend. Nachweise der subsp. *palustris* liegen bisher nicht vor.

H/1/–   ***Eleocharis quinqueflora*** (HARTMANN) O. SCHWARZ – Armblütige Sumpfsimse
ss – Moorwiesen.
BR: O-Ufer Byhleguhrer See (JE in JE & KU 1994, H-JE).
HA: Butzen: Rauher See (ULBRICH 1918).

H/V/?   ***Eleocharis uniglumis*** (LINK) SCHULT. – Einspelzige Sumpfsimse
s – In Nasssenken von Wiesen und in Gräben.
BR: Neuendorf am See: Kopliner Wiesen und Schenz-Luch (KU 1998); Kl. Wasserburg NO Köthen: S Forstamt im Graben (1992 JE); Krausnick: Kriegbuschwiese nach Gr. Lubolz zu (1993 JE); Hartmannsdorf: Grünland NO Ortslage (2004 PE); Lübben: Lax Luch 2 km WNW Börnichen (1992 JE); Lehde: Grünland 1,3 km SSO Ortslage Nähe W-Ende des 1. Freiheitskanals (2001 H-PE, rev. 2008 KU).

N/–/↘   ***Elodea canadensis*** MICHX. – Kanadische Wasserpest
(Abb. 40)   **VN:** Wassernessel, Hechtkraut, Fischkraut, Seepest; wódna kopśiwa, wódna kopśina, žiwa kopśiwa.
v – In nährstoffreichem Wasser stehender und langsam fließender Gewässer (v. a. in Gräben), meist über Schlamm.
Anm.: Die Ausbreitung erfolgt nur vegetativ. Im UG erst seit der 2. Hälfte des 19. Jahrhunderts vorkommend [Lübbenau (TREICHEL 1876a), Lübben (AS 1879; zur Ausbreitung in der Mark Brandenburg vgl. BOLLE 1865]. Bereits im ersten Drittel des 20. Jahrhunderts im UG stark zurückgegangen (WIESNER 1928). Heute steht die Art in den Fließen und Kanälen in direkter Konkurrenz zur sich im Spreewald in Ausbreitung befindlichen *E. nuttallii* (s. u.). Größere Bestände von *E. canadensis* sind fast nur noch in schmaleren Gewässern, v. a. in Wiesengräben, zu finden.

N/–/↑   ***Elodea nuttallii*** (PLANCH.) H. ST. JOHN – Nuttall-Wasserpest
(Abb. 40)   **v** – Stehende und schwach fließende Hauptgewässer, seltener in Wiesengräben.

Epilobium

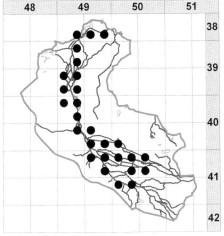

VK 14: *Elodea nuttallii*

Anm.: Erstnachweis in einem Stichgraben am Neuendorfer See beim Neuendorfer Kietz (1995 H-KU 2206/nuttallii1). Seither wurde sie an vielen Stellen des Unter- und Oberspreewaldes gesichtet (KU & JE 1997; GRPS 2003, VK 14). Das Fehlen im Süden des UG beruht wahrscheinlich auf Beobachtungslücken oder Verwechslungen mit *E. canadensis*. Nuttall-Wasserpest ist heute gegenüber *E. canadensis* in den Fließen und Kanälen zumeist die dominierende Art.

Elytrigia repens (L.) DESV. ex NEVSKI – Gewöhnliche Quecke H/–/↔
[**Syn.:** *Agropyron repens* (L.) P. BEAUV., *Elymus repens* (L.) GOULD.]
VN: Päde, Peede, Quäke; pyŕ, pyrja, pyri, pyrjo, pyrje, poŕ, porjo, puŕ, purja, pede.
v – Frische Ruderalstellen, in Äckern und gestörten Frischwiesen, Brachen, Säumen.

Epilobium angustifolium L. – Schmalblättriges Weidenröschen H/–/↔
VN: Schotenweiderich; wiłowe zele.
v – Frische, nährstoffreiche, oft saure Böden; auf Waldlichtungen und Kahlschlägen.

Epilobium ciliatum RAFIN. – Drüsiges Weidenröschen N/–/↗
[**Syn.:** *E. adenocaulon* HAUSSKN.]
v – Auf nährstoffreichen Böden in Nass- und Feuchtwiesen, besonders auf offenen Stellen, an Grabenrändern sowie auf Ruderalgelände und in Gärten.
Anm.: Im UG erstmals 1975 am Spreeufer bei Leipe nachgewiesen (JE 1976). In der Zwischenzeit ist sie zur häufigsten Art der Gattung im UG geworden.

Epilobium hirsutum L. – Zottiges Weidenröschen H/–/↗
v – In Hochstaudenfluren der Gräben, Fließe und Seeufer, auch an nassen Ruderalstellen.
Anm.: Aufgrund der damaligen Seltenheit der Sippe wurden von RH (1839) lediglich 2 Angaben für das UG genannt: Burg, Müschen. Von KR (1955b) für den Oberspreewald noch als selten eingestuft.

Epilobium

N/−/↗ **Epilobium lamyi** F. W. SCHULTZ – Graugrünes Weidenröschen
[Syn.: *E. tetragonum* L. subsp. *lamyi* (F. W. SCHULTZ) NYMAN]
z – An Waldwegen, Störstellen im Feuchtgrünland und Ruderalstellen frischer Standorte.

H/−/? **Epilobium montanum** L. – Berg-Weidenröschen
ss? – Säume, Gärten.
BR: Neuendorf am See: in einem Garten der Ortslage (KU in JE & KU 1994, H-KU 1272/2); Hohenbrück: Campingplatz Heidecken (KU 1998, H-KU 1272/3); Lübben: auf dem Norddamm der Hauptspree (1955 BI).
Anm.: Δ B: ?4050/4, ?4051/3, ?4150/1.

Epilobium obscurum (SCHREB.) RETZ. – Dunkelgrünes Weidenröschen
Bei der Meldung aus Hohenbrück: Güsternwinkel (KU 1998) bzw. der dazugehörigen MTBQ-Angabe 3949/3 in BENKERT et al. (1996) handelt es sich um eine Fehlbestimmung von *E. palustre* (H-KU 1277/2, rev. 2008 M. Ristow). Δ B: ?4150/1.

H/V/↔ **Epilobium palustre** L. – Sumpf-Weidenröschen
v – Auf nährstoffarmen, sauren Torf- und Humusböden, in Großseggengesellschaften und an Grabenrändern.
Anm.: Die Art ist gebietsweise (z. B. N Lübbenau) häufig. Bei Grünlandauflassung in der ersten Phase der Sukzession zunehmend, später aber wieder zurückgehend.

H/−/↘? **Epilobium parviflorum** SCHREB. – Kleinblütiges Weidenröschen
z – In Röhrichten und Hochstaudenfluren feuchter Standorte, besonders an Offenstellen und in Quellwiesen auf basisch beeinflussten Böden.

H/−/♦? **Epilobium roseum** SCHREB. – Rosenrotes Weidenröschen
†* – Auf nicht zu armen Böden an Gewässerufern und an nassen Stellen im Gebüsch.
BR: Lübben: Lehmgrube am Vorwerk Blumenfelde (1954 H-BI in Herbar B); Ellerborn (1982 JE).
RG: Bersteufer bei Treppendorf (1952 H-BI in Herbar B, det. 1959 G. Wagenitz; 1982 JE).
Anm.: Δ B: ?4150/1, ?4150/2, ?4150/4.

H/−/↗ **Epilobium tetragonum** L. – Vierkantiges Weidenröschen
[Syn.: *E. adnatum* GRISEB.]
z – An feuchten Stellen im Uferbereich, an Wegen, auf Ruderalgelände.
Anm.: Die für das UG in RH (1839), HOLLA (1861/62), AS (1864) und KR (1955b) aufgeführten Angaben sind als *E. tetragonum* agg. aufzufassen (vgl. KU et al. 2001).

Epipactis helleborine

Epipactis helleborine (L.) CRANTZ – Breitblättrige Stendelwurz   H/−/↔?
z – In verschiedenen Laubwaldbeständen auf feuchten bis frischen, etwas basisch beeinflussten Böden, oft entlang von Wegen.
Anm.: Zumeist in kleineren Gruppen auftretend. Nennenswerte Vorkommen befinden sich O Neu Lübbenau. Von WIESNER (1925) als noch überall verbreitet angegeben.

Epipactis palustris (L.) CRANTZ – Sumpf-Stendelwurz   H/2/♦
† – In Verlandungsbereichen und auf sickerfeuchten Wiesen im Umfeld stehender Gewässer und Ausstiche.   (Abb. 90)
BR: Neuendorf am See: in einer Flachmoorwiese am W-Ufer (1978 IL); Neu Lübbenau: Waldrand O vom Dorf (1975 Pflanz & Schürer); Köthen: Uferzone und Erlenbruchränder des Gr. Wehrigsees (1965 Jabczynski); S-Ufer Gr. Wehrigsee (KB 1974); am Byleguhrer See (1953 BI; IL & J. Illig in KL 1974).
HA: Burg Kauper: bei der Straupitzer Buschmühle (WIESNER 1924).
Anm.: Nach WIESNER (1925) soll die Art überall verbreitet gewesen sein, eine Einschätzung, die evtl. für einzelne Teilräume seines Exkursionsgebietes zutraf [vgl. Angaben zum Vorkommen der Sippe in AS (1864) und BENKERT et al. (1996)], jedoch nicht für den gesamten Oberspreewald incl. der Randbereiche. Der in der Verbreitungskarte bei KL (1982) enthaltende Fundpunkt am südöstlichen Oberspreewaldrand konnte nicht nachvollzogen werden.

Equisetum arvense L. – Acker-Schachtelhalm   H/−/↔
VN: Katzensturz, Katzenstutz, Katzensterz, Kosch, Kusch; chóśc, chóść, chośet, rogac, rolny rogac, huść, kóśc, kóść, kuśc, knykac, śćipak, praskac, kóstśeńc.
v – Auf frischen bis feuchten, nährstoffreichen Böden in feuchten Wäldern, auf Wiesen, an Wegrändern und Bahndämmen, ebenso auf Äckern und in Gärten.

Equisetum fluviatile L. – Teich-Schachtelhalm   H/−/↔
VN: Hohlpfeife; chóśc, chóść, kisalc, śćipak, praskac, żabjeńc.
v – Im flachen Wasser von Wiesengräben und Seeufern, in Großseggengesellschaften und in Erlenbruchwäldern.

Equisetum

H/−/↔ **Equisetum hyemale** L. em. EHRH. – Winter-Schachtelhalm
  s – In mäßig reichen, schattigen Laubwäldern, v. a. im Eichen-Hainbuchen-Wald.
  BR: Gr. Wasserburg: am Langen Horstfließ im Bereich der Altarme (GOOSSENS 1995; 2002 PE); Krausnick: Niederungswald 1,5 km O Ortslage im Jg. 135 (GOOSSENS 1995); Schlepzig: im Buchenhain (RH 1836a; RH 1840; 2008 KU); Radensdorf: Waldrand am Ausgang des Zergoweges (1950 BI in BI 1957).
  RG: Byhleguhre: Welsnitz (2008 PE).
  HA: *Groß Lübbenau (RH 1836a).
  Anm.: Die ausgedehnten Bestände im Buchenhain sind mit ziemlicher Wahrscheinlichkeit bereits von RH (1836a, 1840) als Krausnick, an der Wasserburger Forst, aufgeführt worden.

H/−/↔ **Equisetum palustre** L. – Sumpf-Schachtelhalm
  VN: Schabenz (Žabenz), Duwock, Düwock; kisalc, žabjeńc, rogac, praskac.
  z – Auf staunassen, nährstoffreichen Böden in Wiesen und Großseggengesellschaften, oft an gestörten Stellen.

H/G/↔? **Equisetum pratense** EHRH. – Wiesen-Schachtelhalm
  ss – Im Erlen-Eschen-Wald und in anderen Laubwaldgesellschaften frischer, kräftiger Standorte.
  BR: Schlepzig: mehrfach im Buchenhain (SCAMONI 1954; BRAUN 1994; GOOSSENS 1995); Niederungswald N und NO Buchenhain (GOOSSENS 1995).
  HA: *Krugau: beim Marienberg (RH 1840).
  Anm.: Die Angabe aus der Welsnitz bei Byhleguhre (JE & KR 1985) aus ärmeren Niederungswäldern ohne anspruchsvolle Laubwaldarten wird von KU et al. (2001) angezweifelt, zumal die dort vorkommende *E. sylvaticum* in den publizierten Vegetationsaufnahmen fehlt.

H/V/↘ **Equisetum sylvaticum** L. – Wald-Schachtelhalm
  VN: Katzensturz; chóśé, chóśé.
  s – In schattig-feuchten Laub- und Mischwäldern auf wasserzügigen Böden.
  BR: Krausnick: 1,5 km S Forsthaus Meierei (KB 1992); Schlepzig: mehrfach im Buchenhain (= Pfuhl) (Fick in AS 1861/62; 2002 PE); Niederungswald N Buchenhain im Jg. 139 (GOOSSENS 1995).
  RG: Byhleguhre: Welsnitz (KA in HAMSCH 2002); Byhlen: Pintschens Quelle 1 km NO Ortslage (1974 KB).

N/−/↗ **Eragrostis minor** HOST – Kleines Liebesgras
  z – In Ruderalgesellschaften und Trittfluren, vor allem zwischen Pflasterfugen und Steinen der Innenstädte, auf Bahnhöfen und Umschlagplätzen in urbaner Lage.

Anm.: Mit Verkehr aus Südeuropa eingeschleppt, in den 1950er Jahren im UG im Vordringen begriffen (KR 1955b) und heute fest etabliert.

Eranthis hyemalis (L.) SALISB. – Winterling Kv/–/↗
z – In Park- und Grünanlagen.
Anm.: Als Zierpflanze auch in Gärten und parkartigen Anlagen häufig kultiviert. Von den Anpflanzungen ausgehend sich ausbreitend (Stinsenpflanze).

Erica tetralix L. – Glocken-Heide H/2/◆?
†* – Abgrabung.
BR: Neuendorf b. Lübben: Bhf. direkt am Bahndamm (IL & J. ILLIG 1971; 1991 IL, 2008 nicht mehr nachgewiesen IL & PE).
Anm.: Im stärker atlantisch getönten Süden der Niederlausitz ist die Art wesentlich häufiger (vgl. KL 1985a). Δ B: ?3948/4.

Erigeron acris L. subsp. *acris* – Scharfes Berufkraut H/V/↘
VN: Beschreikraut; wuwołajnc, huwołajnc.
z – In Magerrasen und an Wegen, seltener auf trockenen Wiesen.
Anm.: Um 1950 im Oberspreewald noch ziemlich häufig (KR 1955b). Von den beiden anderen in Brandenburg bisher nachgewiesenen Subspezies liegen keine Angaben aus dem UG vor.

Erigeron annuus (L.) PERS. – Einjähriges Berufkraut, Einjähriger Feinstrahl N/–/↗
[**Syn.:** *Stenactis annua* (L.) NEES]
z – In Ruderalfluren, auf frischen Böden in Staudenfluren, in und an Gärten.

Eriophorum angustifolium HONCK. – Schmalblättriges Wollgras H/3/↘

Eriophorum angustifolium

VN: Baumwolle, Torfblume, Puscheln; kósmiki, kósmalki, kosmjałka, kósmarki, rojka, smyk, smyck, myck, smuck, zaspańc, hajtki.
z – Auf sauren, nährstoffarmen Torfböden in Zwischenmooren und Torfstichen sowie in Nasssenken der Wiesen.
Anm.: Durch Trockenlegung der Standorte gingen viele Vorkommen verloren bzw. kommen die Pflanzen oftmals nicht mehr zur Blüte. Bereits von FRANZ (1800) wird die Art für den Oberspreewald genannt. Es ist sicherlich davon auszugehen, dass die unter *Eriophorum* spec. ermittelten niedersorbischen/wendischen VN zu dieser Sippe gehören. Der VN „hajtki" wurde explizit für *E. angustifolium* ermittelt.

Eriophorum

H/1/♦ **Eriophorum latifolium** Hoppe – Breitblättriges Wollgras
† – In nährstoffarmen Nieder- und Quellmooren.
RG: Niewitz: Moor (1951 BI); Byhlen: W-Ufer Byhlener See (1974 KB).
Anm.: Die Angabe aus Krausnick: Luchsee, beim Forsthaus (1951 BI) – vgl. auch Verbreitungskarte in KL (1985a) – muss aufgrund der standörtlichen Gegebenheiten und des Fehlens weiterer standorttypischer Begleitarten in diesem Bereich angezweifelt werden.

H/3/↘ **Eriophorum vaginatum** L. – Scheidiges Wollgras
z – In Heide- und Zwischenmooren sowie in ehem. Torfstichen und Verlandungsbereichen von Seen.
BR: Alt Schadow: Brasinsky-Luch (KU 1998); Neu Schadow: Moorsenke im Staatsforst Kl. Wasserburg im Jg. 12 (KL 1966); Köthen: Moorsenke 0,2 km S Schibingsee (2005 Heinrich); Krausnick: Luchsee (1951 BI; 2007 KU); ca. 2 km WSW Ortslage 0,5 km S der Straße nach Brand (1993 KU); Waldsenke W Luchsee (IL & PE in KL 2004); Lichtesee (IL & J. Illig in KL 1977; 2007 Heinrich); Moorsenke 0,7 km WSW Lichtesee (= Wehlaluch) (1993 JE; 1999 H-KA 19990606015); Gr. Lubolz: Geländesenke im Wald N Bugk (2003 KA); Straupitzer See (= Gr. Dutzendsee) (KR 1955b).
RG: Dürrenhofer Moor (1973 KB; 2002 IL); Briesensee: „Steinbruch 2" 1,5 km N Ortslage; O- und W-Ufer Briesener See; Briesener Luch (2002 KA); Kl. Leine: Barbassee (2002 KA).
Anm.: Im Gegensatz zu *Drosera rotundifolia* (s. dort) ist *E. vaginatum* nicht in der Lage, Sekundärbiotope zu besiedeln und findet sich deshalb als boreo-montane Art nur in der Nordhälfte des UG (VK 15).

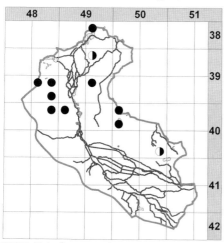

VK 15: *Eriophorum vaginatum*

H/–/↔ **Erodium cicutarium** (L.) L'Hér. – Gewöhnlicher Reiherschnabel
VN: Storchschnabel, Storchenschnabel, Kornmäher; bóśenowy šnapac, bóśonowy šnobel, bóśonka.
v – Auf ruderal beeinflussten Sandtrockenrasen und Brachen, seltener auf Sandäckern.

H/–/↔ **Erophila verna** (L.) DC. – Frühlings-Hungerblümchen
VN: Hungerblume; muśćota, muśćotka, myśćotka, myśkota.
v – Auf stickstoffarmen Sandböden in lückigen Rasen und offenen Pioniergesellschaften an Straßen-, Weg- und Waldrändern sowie auf Äckern.

Euphorbia

Eruca sativa MILL. – Öl-Rauke E/×/–
VN: – ; běly žonop.
ss – In Ansaaten, insbesondere von Perser-Klee.
BR: Krimnitz: im Perser-Klee-Feld (JE in KL 1989a, H-JE); Leipe: Acker O Ortslage (1990 JE & Otto, Herbar GLM 35875, Herbar GLM 43422); Burg Kauper: kleine Ackerbrache 1 km OSO Waldschlösschen N der Kleinen Spree (2008 Martin & PE).
Anm.: Die Art wurde bereits im 16. Jahrhundert in der Niederlausitz als Feldfrucht angebaut (Δ M).

Erysimum cheiranthoides L. – Acker-Schöterich H/–/↔?
v – Auf frischen, nährstoffreichen Böden in Hackfruchtgesellschaften, in Gärten, auf Müllplätzen und an Wegrändern.

Euonymus europaea L. – Gewöhnliches Pfaffenhütchen H/–/↔
VN: Kokerdatz, Kuckerdatz, Kuckeldatz; kokodac, kokordac, kokordack, kokornac.
z – Als Unterholz auf frischen, tiefgründigen Böden in Laubwäldern mineralkräftiger Standorte.
Anm.: Bei Börnichen in der Niederung NO Lübben ein besonders stattliches Exemplar: 7 m hoch, Krone 12 m breit, Stammdurchmesser 47 cm (1993 JE). Das harte Holz verwendete man früher für Harkenzähne. Gelegentlich in Parkanlagen und auf Friedhöfen angepflanzt und davon ausgehend auch verwildernd.

Eupatorium cannabinum L. – Gewöhnlicher Wasserdost H/–/↔
VN: – ; žiwa bandrija.
v – Auf feuchten, nährstoffreichen Böden an lichten Stellen und auf Blößen in Erlenbrüchen und im Erlen-Eschen-Wald, auch in Hochstaudenfluren an Fließen und Gräben.

Euphorbia cyparissias L. – Zypressen-Wolfsmilch H/–/↔
VN: Wolfsmilch; kokotowe mloko, wjelkowe mloko, koccyne mloko.
v – In reicheren Trockenrasengesellschaften auf basenhaltigen, wärmebegünstigten Standorten an Wegen, Waldrändern und auf Brachland.

Euphorbia esula agg. – Esels-Wolfsmilch H/–/↔?
s – In Ruderalgesellschaften trockener, basenreicher Standorte an Wegen und Dämmen.
BR: Schlepzig: W-Ufer Lugteich S der Ortslage (JE in KL 1989a); S der Ortslage an den Fischteichen (1992 JE); Krausnick: Dünen W Kriegbusch (1972 KB); Lübben: Deich am Umflutkanal O der Stadt (1993 JE); Lübbenau: Kraftwerk (1983 JE); am Südumfluter 1 km SO Ortslage (1983 JE).

Euphorbia

RG: Lübben: Bahntrasse nach Lubolz am westl. Ortsausgang (2004 KU).
HA: Lübben: Umgebung von Lehnigksberg (1947 BI); Weg nach Vorwerk Wiesenau (1949 BI).
Anm.: Da keine Herbarbelege vorliegen, ist eine nachträgliche Überprüfung auf die Zugehörigkeit zu *E. esula* L. bzw. der ebenfalls zu erwartenden, als „*E. pseudovirgata*" bezeichneten Sippe nicht möglich (vgl. Bestimmungsschlüssel in REICHERT 2005). Die Vorkommen der Pflanzen dieses Aggregates im UG bedürfen der dringenden Überarbeitung. Dies schließt auch die als *E. virgata* WALDST. et KIT. (Ruten-Wolfsmilch) von IL & PE in KL (2004) publizierte Angabe von Lübben: 1 km ONO der Pfaffenberge O des Umflutkanals mit ein (2003 H-PE, rev. 2008 H. Henker als *E.* cf. *virgata*).

H/2/↘ *Euphorbia exigua* L. – Kleine Wolfsmilch
ss – Auf basenreichen, meist kalkhaltigen, lehmigen Böden in Äckern, seltener in Ruderalfluren.
RG: mehrfach in der Feldflur im Bereich Waldow/Brand – Schönwalde – Gr. Lubolz (BI 1957; IL & J. ILLIG 1971, H-IL; IL in KL 1985b; IL in KL 1999).
Anm.: Auf Bahngelände in Lübben (1989 JE) und in Lübbenau (1988 JE) trat die Art vorübergehend eingeschleppt auf.

H/–/↔ *Euphorbia helioscopia* L. – Sonnenwend-Wolfsmilch
VN: – ; huchacowy kłéb, kokotowe mloko, wjelkowe mloko, koccyne mloko.
v – In Hackfruchtgesellschaften auf frischen, lehmigen und basenhaltigen Böden.

H/–/↘ *Euphorbia peplus* L. – Garten-Wolfsmilch
z – In Gärten und auf Grabeland, an Gartenzäunen und auf Ruderalstellen.
Anm.: Durch Verstädterung der Dörfer – insbesondere durch Gartenauflassungen – zurückgehend. Inwieweit sich unter den bei *Euphorbia helioscopia* aufgeführten und für *E.* spec. ermittelten niedersorbischen/wendischen VN (außer „huchacowy kłéb") auch Bezeichnungen für die das gleiche Biotop besiedelnde *E. peplus* befinden, ist unklar.

H/1/◆ *Euphrasia officinalis* L. – Großer Augentrost
VN: – ; wóccyne zele, swětlik.
† – In mäßig trockenen Magerrasen etwas mineralkräftiger Standorte.
BR: Neu Schadow: am W-Rand des Tals der Pretschener Spree 2,2 km S Ort (1965 KL); Pretschen: Wiesen im Pretschener Spreetal ca. 3 km SW Ort, mehrfach (1965 KL); Boblitz-Radduscb: in Binsen-Pfeifengras-Wiesen (ARNDT 1955a); Alt Zauche: S des Ortes bzw. in unmittelbarer Dorfnähe (FREITAG 1955; MÜLLER-STOLL & FREITAG 1957); im Oberspreewald in Rotschwingel-Wiesen und Kleinseggen-Gesellschaften (KR 1955b); Lübbenauer Spree-

Fagus

wald (PASSARGE 1955a); Burg Kauper: NW des Bismarckturmes (KR 1954); Müschen: nördl. Paulicksmühle (KR 1954); zahlreiche FO im Oberspreewald (1952 – 56~MÜLLER-STOLL et al. 1992c).
Anm.: Die in oben genannten Literaturstellen als *E. rostkoviana* HAYNE bzw. *E. pratensis* FR. publizierten Angaben können aufgrund fehlender Herbarbelege nur schwer interpretiert werden (vgl. KU et al. 2001). Vermutlich sind diese mehrheitlich zu *Euphrasia officinalis* subsp. *rostkoviana* (HAYNE) F. TOWNS zu stellen. Ein partieller Einschluss von *E. stricta*-Funden ist jedoch nicht auszuschließen. Bei der Angabe aus Schilf-Röhrichten des Neuendorfer Sees im Bereich der Schwanenzunge bei Alt Schadow (RETTSCHLAG 1970; 1969 Rettschlag in KR 1974a) liegt vermutlich eine Verwechslung mit nichtblühender *Odontites vulgaris* MOENCH vor (vgl. KU 1998).

Euphrasia stricta

Euphrasia stricta WOLFF ex LEHMANN – Steifer Augenrost   H/3/↘
ss – In Magerrasen und Heideflächen.
BR: Lübben: Börnichen (1957 BI); Wiesenau in Richtung Forsthaus (1985 IL); Neu Zaucher Weinberg (1966 IL; Leber & KA in KL 2005, H-KA 20040724059).
RG: Treppendorf: N Ortslage (1973 IL); Zerkwitz: Mühlberg (1991 JE); Byhlener Weinberg (1977 JE).

Fagopyrum tataricum (L.) P. GAERTN. – Tatarischer Buchweizen   E/×/–
ss – Bahngelände.
RG: Lübbenau: Bhf. (1980 JE).

Fagus sylvatica L. – Rot-Buche   H/–/↔
VN: – ; buk, cerwjeny grap.
z – In eichenreichen Niederungswäldern in relativ wintermilder Lage.
Anm.: Ursprüngliche Vorkommen befinden sich in den Revieren Buchenhain und Gr. Wasserburg, weiterhin bei Bugk N Gr. Lubolz, im Lübbener Hain, am Byhleguhrer See sowie in der Welsnitz bei Byhleguhre. Weitere historische (vor 1840) genannte Buchenvorkommen werden für den Straupitzer Spreewald (vgl. FRANZ 1800) und den Leiper Wald (Angabe jedoch zweifelhaft, wegen möglicher Verwechslung mit *Carpinus betulus*) genannt. An weiteren Orten erhalten gebliebene Flurnamen wie Buckoitza (bei Alt Zauche), Buckowina (bei Pretschen) und Buchenacker (bei Naundorf) deuten auf historische Wuchsorte hin (KLIX & KR 1958). Neuerdings wird die Art oft bei der Umwandlung von Kiefern-Monokulturen im Voranbau eingebracht. Außerdem in Parkanlagen angepflanzt, z. T. in der f. *purpurea* (AIT.) SCHNEID. (Blut-Buche).

H/–/↔   **Falcaria vulgaris** BERNH. – Sichelmöhre
ss – An Wegen und in Trockenrasen auf mineralkräftigen, oft etwas kalkhaltigen Sand- und Lehmböden.
BR: Lübben-Steinkirchen: bei der Schule (JE in KL 1985b); Neuendorf b. Lübben: am Bhf. (IL & J. ILLIG 1971; 2008 IL & PE).
RG: Treppendorf (JE in KL 1980; IL in KL 1985b); Lübben: am Weg nach Treppendorf (IL in KL1985b; 1999 KU); auf Straupitzer Hochfläche (KR 1955b).
HA: Auf Äckern zwischen Lübben und Neuendorf (RH 1836b).

H/–/↔   **Fallopia convolvulus** (L.) Á. LÖVE – Acker-Flügelknöterich
VN: Pädewinde, Schwalbenzunge, Vogelzunge, Wilder Heednsch, Wilder Eednsch, Powitka; źiwa pšusnica, powitka, pšusnina, teškowy jěžyk, hejźinka.
v – Auf frischen, oft etwas lehmhaltigen Böden in Ackerwildkrautfluren, auch auf Ruderalgelände.

H/–/↔   **Fallopia dumetorum** (L.) HOLUB – Hecken-Flügelknöterich
VN: Wilde Winde; – .
v – Ufergebüsche, Waldsäume und Schleiergesellschaften auf nährstoffreichen Standorten.

Kv/–/↗   **Fallopia japonica** (HOUTT.) RONSE DECR. – Japanischer Flügelknöterich
[**Syn.:** *Reynoutria japonica* HOUTT., *Polygonum cuspidatum* SIEBOLD et ZUCC.]
z – Auf frischen, nährstoffreichen Böden in Parkanlagen, in Ufernähe, auf Müllplätzen und anderen Ruderalflächen.
Anm.: Früher in Parkanlagen und Gärten angepflanzt, heute dort seltener anzutreffen. Als verwilderte Pflanze erstmals für den Oberspreewald von KR (1955b) aus Müschen und Werben angegeben. Durch die enorme Wuchskraft wird an einigen Orten, wie dem Stradower Park, die natürliche Vegetation verdrängt.

Kv/–/↗?   **Fallopia sachalinensis** (F. SCHMIDT) RONSE DECR. – Sachalin-Flügelknöterich
[**Syn.:** *Reynoutria sachalinensis* (F. SCHMIDT) NAKAI, *Polygonum sachalinense* F. SCHMIDT]
ss? – An Wegen und auf Müllablagerungen.
BR: Neuendorf am See: nördl. Ortsausgang (KU 1998, 2008 KU); Burg: an der Mühle (1992 KR).
Anm.: Gelegentlich wird die Sippe auch als dekorative Hochstaude angepflanzt.

H/G/↔   **Festuca altissima** ALL. – Wald-Schwingel
[**Syn.:** *F. sylvatica* (POLLICH) VILL.]
ss – Im sickerfrischen Buchenwald.
BR: Schlepzig: Buchenhain (SCAMONI 1954; IL & KG in KL 1989a).

Festuca

Festuca arundinacea SCHREB. – Rohr-Schwingel   H/–/↔
VN: – ; zeleznica.
z – Auf ausreichend nährstoffversorgten Aueböden.
Anm.: Die Art ist auch Bestandteil von Ansaatmischungen für das Wirtschaftsgrünland und zur Wegbefestigung feucht-frischer Standorte.

Festuca brevipila R. TRACEY – Raublatt-Schwingel   H/–/↔
[**Syn.:** *F. trachyphylla* (HACK.) KRAJINA non HACK. ex DRUCE]
v – In Sandtrockenrasen mäßig mineralkräftiger Standorte, oft an Dämmen und Straßenrändern.
Anm.: Auch in Ansaatmischungen zur Böschungsbefestigung enthalten. Die Hauptverbreitung befindet sich in den RG.

Festuca filiformis POURR. – Grannenloser Schaf-Schwingel   H/–/↔
[**Syn.:** *F. tenuifolia* SIBTH.]
z – Sandige Magerrasen an Waldrändern und in Borstgrasrasen.

Festuca gigantea (L.) VILL. – Riesen-Schwingel   H/–/↔
v – Im Erlen-Eschen- und im Eichen-Hainbuchen-Wald auf frischen bis nassen Böden.

Festuca heterophylla LAM. – Verschiedenblättriger Schwingel   H/3/◆
† – In frischen Laubmischwäldern mittlerer Nährkraft.
BR: Neu Lübbenau: Eichen-Hainbuchen-Wald S der Str. nach Kuschkow (KL 1967); Lübbenauer Spreewald (PASSARGE 1955a); Oberspreewald: im Birken-Stieleichen-Wald (KR 1955b; PASSARGE 1956).
Anm.: Bei den Angaben aus Lübben: Ellerborn (JE in JE & KU 1994) bzw. Lübbenau: Schlosspark (JE in KL 1989a) handelt es sich um Fehlbestimmungen von *F. rubra* agg. (rev. 2008 KU & M. Ristow, H-JE). Die MTBQ-Angabe 4149/2 in BENKERT et al. (1996) ist dahingehend zu korrigieren.

Festuca ovina L. subsp. ***ovina*** – Echter Schaf-Schwingel   H/–/↔
VN: Hundehaare; śćotka, módrawa.
v – In Trockenrasengesellschaften auf Sand, besonders an Wegen, auch in Wäldern und Forsten auf trockenen Standorten.

Festuca polesica ZAPAŁ. – Dünen-Schwingel   H/3/?
s – Sandtrockenrasen basisch beeinflusster Standorte, auf schwach bewaldeten Dünen in trockenen, sehr lichten Kiefernforsten/Kiefernwäldern.
BR: Gr. Lubolz: am Weg nach Krausnick NW der Schafbrücke (2007 KA); Lübben: Pfaffenberge am Weg nach Lehnigksberg (KA & KU 2003, H-KU

2602/4); Neuendorf b. Lübben: Bhf. und Bahnstrecke Richtung Lübben (1991 IL; 2007 H-KA 20070620001); Briesen b. Werben: Marienberge N Ortslage (2008 H-PE).
RG: Schönwalde: mehrfach auf Dünenzügen 1–2 km NW Bhf. (2008 H-IL); Treppendorf: Dünen bei der Kiesgrube N des Ortes (2004 KL); Neuendorf b. Lübben: an der Lehne ca. 1,5 km NO in Richtung Lübben (1991 IL).

Anm.: Auf die Art wurde früher zu wenig geachtet.

H/–/↔   ***Festuca pratensis*** HUDS. – Wiesen-Schwingel
v – Auf nicht zu armen, frischen bis feuchten Grünlandflächen.

Anm.: Die Art ist auch Bestandteil von Ansaatmischungen für das Wirtschaftsgrünland.

H/3/↘   ***Festuca psammophila*** (HACK.) FRITSCH – Sand-Schwingel
z – Auf sommerwarmen, trockenen, basisch beeinflussten Sandböden von Binnendünen und am Rand von Kiefernforsten/Kiefernwäldern.
BR: Alt Schadow: Dünen-Kiefernwald O der Straße nach Hohenbrück (1964 KL); Straße nach Hohenbrück (IL in KL 1985b; KU 1998); Hohenbrück: Dünen-Kiefernwald 1 km SW Ortslage (1966 KL); Neu Schadow: Dünen S der Ortslage (1965 KL); Köthen: S Köthener See (1992 Sonnenberg); Krausnick: Straße nach Brand (1996 KU); Krausnicker Weinberg (1992 JE; 2001 KU); Schönwalde: NW Bhf. (2007 IL); Hartmannsdorf: 1,3 km ONO

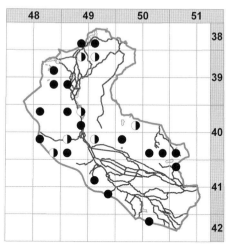

VK 16: *Festuca psammophila*

Ortslage an der Bahnstrecke (1977 IL); Lübben: Wiesen N der Stadt (1952 BI); Lehnigksberg (1991 JE); Waldrand N der am nordöstl. Stadtrand gelegenen Stallanlage (1991 JE); N Vorwerk Wiesenau am Waldrand (1973 IL); 2 km O nach Ratsvorwerk zu (1950 BI); Neuendorf b. Lübben: um den Bhf. herum (2001 IL); 0,5 km SSO in einem durch Streunutzung stark degradierten, trockenen Kiefernwald (IL et al. 1976); Burglehn b. Alt Zauche: Kiefernforst 1,2 km SO Ortslage und alte Bahntrasse 1,8 km O Ortslage (1995 JE); Neu Zaucher Weinberg (1952 Militzer, conf. 1976 S. Rauschert, Herbar

GLM 573; HAMSCH 2000); Straupitz: am Friedhof (1986 JE); Märkischheide: am Umspannwerk (1995 JE).
RG: Niewitz: 1,5 km NW in einem stark streugenutzten Kiefernwald (IL et al. 1976); mehrfach W der Ortslage in Richtung Schiebsdorf (1973 IL; 2004 IL); Treppendorf: Randzone eines trockenen Kiefernwaldes im Dünengelände unmittelbar W des Ortes (IL et al. 1976); Kaden: 1,0 und 1,5 km N Ortslage (1973 IL); Zerkwitz: Waldrand 0,5 km N Mühlberg (2008 IL); Boblitz: Nähe Kraftwerk (1992 JE); Caminchen: Waldrand direkt O Ortslage (1977 IL); Byleguhre: Stromleitungstrasse 0,8 km NNO Ortslage (2008 H-PE), Byhlen: NO im Wald (1986 JE).
Anm.: Aufgrund ihrer Standortansprüche fehlt die Art im zentralen Oberspreewald völlig (VK 16). Zur Taxonomie der Art, ihrer Verbreitung und Soziologie in der nordwestlichen Niederlausitz siehe auch IL et al. (1976).

Festuca rubra agg. – Artengruppe Rot-Schwingel H/–/↔

VN: – : kozina broda, żydowa broda.
v – Auf mageren, mäßig trockenen bis mäßig feuchten Böden in Wiesengesellschaften, auf Viehweiden und in Trockenrasen, an Wegen und Böschungen.
Anm.: KR (1955b) bezeichnet die zum Aggregat gehörende *Festuca nigrescens* LAM. (Horst-Schwingel) als Trennart des trockeneren Molinietum und gibt sie für den Oberspreewald als verbreitet und bestandsbildend in frischen Magerwiesen auf Sand an. Ein neuerer Nachweis dieser Sippe stammt aus Alt Schadow: Straßenrand ca. 0,5 km S (KU 1998). Heute als „*Festuca rubra commutata*" auch fester Bestandteil von Rasenansaatmischungen.

Filago arvensis

Filago arvensis L. – Acker-Filzkraut H/–/↗
v – Auf Ackerbrachen, in subruderalen Trockenrasen und auf Äckern mäßig trockener Standorte, auch in Siedlungen an Mauerfüßen und in Pflasterfugen.
Anm.: In den 1990er Jahren erfolgte nach vorherigem fast völligem Verschwinden eine massive Wiederausbreitung der Art mit Schwerpunkt in den UG-Randzonen. Der Höhepunkt der Ausbreitung scheint überschritten zu sein.

H/V/↘ **Filago minima** (Sm.) Pers. – Kleines Filzkraut
VN: – ; škobrjonkowa twaŕ, škobrjonkowy twaŕ.
z – Auf Dünen, in lückigen Sandtrockenrasen, vor allem in der Silbergras-Flur, am Rand von Sandäckern sowie wenig begangenen, trockenen Sandwegen.
Anm.: Im inneren Spreewald edaphisch bedingt selten auftretend.

H/–/↔ **Filipendula ulmaria** (L.) Maxim. – Echtes Mädesüß
VN: Milchkraut, Ziegenkraut, Johanniskraut, Honigkraut; smjetanka, smałanka, smalanka.
v – Auf Feuchtwiesen und in Hochstaudenfluren feuchter bis nasser Standorte, ferner im Erlen-Eschen-Wald.

H/2/↔? **Filipendula vulgaris** Moench – Kleines Mädesüß
[**Syn.:** *F. hexapetala* Gilib.]
ss – In Trockenrasen auf anlehmigen, basisch beeinflussten Böden.
BR: Neuendorf am See: ca. 1 km NO Wutscherogge am Rand des Neuendorfer Sees (1995 JE in KL 1999); Lübben: Straße nach Luckau 1 km hinter dem Ortsausgang auf dem Langen Rücken (Willmann in KL 1989a).
RG: Schönwalde: Ackerraine an der Bahn nach Gr. Lubolz (o.J. Arndt in BI 1967).
HA: Lübben: alte Lehmgrube am S-Rand der Stadt (1948 BI).
Anm.: Im Inneren Oberspreewald völlig fehlend (KR 1955b; KL 1987). Der in der Verbreitungskarte bei KL (1987) enthaltende Fundpunkt bei Radensdorf konnte nicht nachvollzogen werden.

N/(G)/– **Fragaria moschata** (Duchesne) Weston – Zimt-Erdbeere
ss – In einer Parkanlage.
BR: Lübbenau: Schlosspark (1991 JE).

H/–/↔ **Fragaria vesca** L. – Wald-Erdbeere
VN: Griwatzke; glinica, glinicka, słynjaška, slynjaška, slynica, źiwe erdbery.
z – Auf frischen, humosen Böden in Säumen, an Waldwegen, in lichten Kiefernforsten und Mischwaldbeständen.

H/3/◇ **Fragaria viridis** (Duchesne) Weston – Knack-Erdbeere
† – In einer ehem. Lehmgrube.
HA: Lübben: SW-Rand der Stadt (1949 H-BI im Herbar B).
Anm.: Die in Benkert et al. (1996) enthaltene MTBQ-Angabe 4049/2 beruht auf einer Fehlmeldung (vgl. KU et al. 2001).

Frangula alnus Mill. – Faulbaum H/–/↔
VN: Schießbeere, Tollkirsche, Giftbeere, Faulbaum; psowica, psowic, psowe drjewo, psuwica.
v – Auf feuchten Torf-, Humus- und Sandböden in Erlenwäldern und im Birken-Stieleichen-Wald, im Grauweiden-Faulbaum-Gebüsch und in mäßig feuchten Partien der Kiefernforste.

Fraxinus excelsior L. – Gewöhnliche Esche H/–/↗
VN: – ; jaseń, jasen, jazen.
v – Im Erlen-Eschen-Wald auf feuchten, nährstoffreichen, tiefgründigen Torf-Schlickböden.
Anm.: Ein Charakterbaum des Spreewaldes. Er bringt viel Naturverjüngung hervor. Infolge der Grundwasserabsenkung entwickeln sich Erlenwälder auf kräftigen Standorten oft zum Erlen-Eschen-Wald. Gelegentlich als Straßenbaum und als Flurgehölz verwendet, auch als Hausbaum auf Gehöften anzutreffen.

Fraxinus pennsylvanica MARSHALL – Pennsylvanische Esche, Rot-Esche N/–/↗?
ss – In Ufergehölzen auf feuchtnassen Torfböden.
BR: Alt Schadow: zwischen Zeltplatz und Kessel des Neuendorfer Sees; Neuendorf am See: O Kietz am Ufer des Neuendorfer Sees; Hohenbrück: an Jänickens Graben Nähe Neuendorfer See (KU 1998, H-KU 1417/1, 2 + 5).
Anm.: An den Wuchsorten zeigt sich Naturverjüngung. Die Herkunft ist unklar, eine Anpflanzung an den FO eher unwahrscheinlich. Vorkommen oberhalb des UG sind aus Cottbus (2008 PE) und von der Spremberger Talsperre (2006 PE) bekannt. Offenbar eine bisher zu wenig beachtete Art (vgl. auch SCHAFFRATH 2001).

Fumaria officinalis L. – Gewöhnlicher Erdrauch H/–/↘
VN: Freikraut, Liebeskraut; pólska ruta, kokrik.
v – In Gärten und auf Hackfruchtäckern, besonders auf lehmigen, nicht zu trockenen Böden.
Anm.: Obwohl noch als verbreitet vorkommend eingestuft, ist mit der Abnahme des Hackfruchtanbaus ein Rückgang zu verzeichnen. Früher als Liebeskraut angesehen: "Wenn ein Mädchen eine Blüte abbeißt und den ersten Mann, den es trifft, nach dem Namen fragt, so wird dieser ihr zukünftiger Mann (Ragow/Spreewald)" (KR 1974c: 98).

Fumaria vaillantii LOISEL. – Vaillant-Erdrauch E/(3)/–
ss – An einer Bahnanlage und auf Ruderalgelände.
BR: Lübben-Steinkirchen: Bahnübergang nach Ellerborn (1992 H-KU 0225/6 + 7).
RG: Lübbenau: am Kraftwerk (1982 JE); in der Neustadt (1984 H-JE, det. 1996 B. Seitz).

Gagea

Anm.: RH (1839: 189) kennzeichnet das Vorkommen der Art in den Lausitzen als „auf Aeckern und in Dorfgärten nicht selten, doch nicht überall" vorhanden, ohne jedoch konkrete FO zu nennen. Bereits AS (1864) mutmaßte, dass es sich dabei vielleicht nur um Einschleppungen gehandelt hatte (vgl. auch GRAEBNER 1909). Von KR (1955b) für den Oberspreewald nicht aufgeführt.

H/V/? **Gagea lutea** (L.) KER GAWL. – Wald-Goldstern
s – Auf nährstoffreichen, humosen Böden im Erlen-Eschen- und Stieleichen-Hainbuchen-Wald, besonders in Parkanlagen.
BR: Schlepzig: Nähe Forsthaus Buchenhain (1984 IL); Lübben: Hain Nähe Liuba-Denkmal (1984 IL); Lübbenau: Schlosspark (1982 JE); Straupitz: Park (1983 JE); Werben: Park (1984 JE); Milkersdorf: am ehem. Schloss (1992 JE); Naundorf: bei der Ortslage (1993 H-KN); Müschen: N Ortslage (1992 JE); Brahmow: N Ortslage (1992 JE).
Anm.: Die Vorkommen konzentrieren sich auf die Parke und Ortslagen des Oberspreewaldes.

H/1/◊ **Gagea minima** (L.) KER GAWL. – Kleiner Goldstern
† – Rasige Stellen unter Gebüschen.
HA: Lübben (RH 1839).

H/–/↔ **Gagea pratensis** (PERS.) DUMORT. – Wiesen-Goldstern
v – Auf mäßig trockenen Standorten an Feldwegen, in Säumen und an Feldrändern, auf Friedhöfen und in Parkanlagen.

H/2/? **Gagea spathacea** (HAYNE) SALISB. – Scheiden-Goldstern
ss – Mäßig frische bis sickerfeuchte Laubmischwälder.
BR: Schlepzig: Buchenhain (IL in KL et al. 1986, H-KL; 2009 IL).
Anm.: Die an zwei Stellen im Buchenhain wachsenden Pflanzen stellen ein isoliertes Vorkommen der subatlantisch verbreiteten Art dar (vgl. IL 1999b).

H/3/↘? (Abb. 114) **Gagea villosa** (M. BIEB.) SWEET – Acker-Goldstern
s – Auf sandigen und anlehmigen Böden an Wegen und in Säumen, in Parkanlagen und auf Friedhöfen.
BR: Köthen: S Ort (1993 JE in KL 1999); Triftsee (JE in JE & KU 1994); Lübben: im Hain (1995 KU; 2007 KL); Ragow: Bushaltestelle (JE in KL 1989a); Lübbenau: alter Friedhof (1992 JE); Schlosspark (1996 Seitz); Burg: Nähe Bismarckturm (KN in JE & KU 1994); Milkersdorf: W Schule (1992 JE).
RG: Lübben: auf Äckern und in Rainen am Feldweg nach Treppendorf (1950 BI) (=? Sandfelder am Langen Rücken, KR 1955b); Lübbenau: Lindenallee in Richtung Kl. Beuchow (JE in KL 1989a).

Galeopsis

Galanthus nivalis L. – Kleines Schneeglöckchen Kv/–/↔
VN: Schneegleckchene; sněgulka.
v – Auf zumeist tiefgründigen, lockeren Böden in Vorgärten und Rasen in der Umgebung der Gehöfte und Friedhöfe, auch an Weg- und Waldrändern am Rand der Ortslagen.
Anm.: Verwilderungen edaphisch bedingt v. a. im Inneren Oberspreewald. In den Gärten seit dem 18. Jahrhundert zunehmend als sehr beliebter Frühjahrsblüher vorhanden (KR 2003b).

Galeopsis bifida BOENN. – Kleinblütiger Hohlzahn H/–/↔
v – Auf frischen, nährstoffreichen Böden im Erlen-Eschen-Wald, an gestörten Stellen in Feucht- und Frischwiesen und in ruderalen Säumen.
Anm.: Zuweilen in größeren Trupps in einer cremegelb blühenden Sippe vorkommend. Hierher gehören auch die von JE in KL (1989) publizierten Angaben von *G. pubescens* subsp. *murriana* (BORBÁS et WETTST.) J. MURR. (H-JE, rev. 2008 KU & PE).

Galeopsis ladanum L. – Acker-Hohlzahn H/1/♦
† – Auf skelettreichen Äckern.
BR: Neuendorf b. Lübben (1950/51 BI).
RG: Niewitz; Treppendorf (1950/51 BI).
Anm.: Von RH (1839: 162) für die Lausitzen als „auf Aeckern überall gemein" bezeichnet.

Galeopsis pubescens BESSER – Weichhaariger Hohlzahn H/V/↔
v – In ruderalen Säumen, an Wegen und an Feldrändern.
Anm.: Im Unterspreewald seltener vorkommend; vgl. auch Anmerkung unter *G. bifida*.

Galeopsis segetum NECK. – Saat-Hohlzahn H/0/◊
† – Auf Äckern.
HA: *bei Gr. Lübbenau (RH 1839).

Galeopsis speciosa MILL. – Bunter Hohlzahn H?/2/♦
† – In Segetalfluren auf feuchtem, periodisch überschwemmtem, anmoorigem Boden und am Wegrand.
BR: Burg Kauper: N der Straupitzer Buschmühle (1953 KR in BI 1957; KR 1955b; vgl. auch MÜLLER-STOLL et al. 1992d).

Galeopsis tetrahit L. – Stechender Hohlzahn H/–/↔
VN: Hanfnessel; kónopawa, hogniśćo, zyber, pólska kopśiwa.
v – Im Ufergebüsch, an gestörten Stellen auf Wiesen sowie auf feuchten Äckern, auch in Ruderalfluren an Wegen und Grabenrändern.

Galinsoga

N/−/↔ ***Galinsoga ciliata*** (Rafin.) S. F. Blake – Behaartes Knopfkraut
z – In Hackfruchtkulturen und in Gärten, auch in Ruderalfluren.

N/−/↔ ***Galinsoga parviflora*** Cav. – Kleinblütiges Knopfkraut
VN: Franzosenkraut, Russenkraut, Zigeunerkraut, Deibelskraut, Teufelskraut, Amerikanisches Knöpfchenkraut, Knöppchenkraut, Nachtschatten, Fünfminutenkraut, Drachenkraut, Gartenkraut; bublinowe zele, gumnowe zele, gumnojske zele, gumske zele, francojske zele, wendrowicki, kózyne zele.
v – In Hackfruchtkulturen, in Gärten, auch in Ruderalfluren.
Anm.: Um die Mitte des 19. Jahrhunderts ins UG gelangt und sich rasch ausbreitend. Um 1860 unweit des UG am Kirchhof Zaue (Busch in AS 1861/62) sowie bei Krimnitz (Lucas in AS 1866) beobachtet.

H/−/↔ ***Galium album*** Mill. – Weißes Labkraut
VN: Honigkraut; drapawka, śerlica.
v – In frischen bis mäßig trockenen Wiesen und an Wegrändern, insbesondere in Glatthafer-Wiesen.

H/−/↗ ***Galium aparine*** L. – Kletten-Labkraut, Klebkraut
VN: Kleberich, Kläber, Kleber, Klebe, Krätze, Männerkrätze, Seidenkraut; drapawa, jaglica, žerlina, žerlica, žerlawa.
v – Auf feuchten und frischen, nährstoffreichen Böden in Wäldern, Staudenfluren, Gärten, auf Äckern und Brachen sowie in Ruderalfluren.

H/3/↘ ***Galium boreale*** L. – Nordisches Labkraut
s – Im Grünland auf wechseltrockenen bis wechselfeuchten Standorten, in lichten Wäldern.
BR: Köthen: am Schwanensee (1953 BI); am Mittelsee (1951 BI); Schlepzig: Straßenrand nach Börnichen im Wald (1955 BI); Gr. Lubolz: Waldkante an den Kriegbuschwiesen (2004 H-KA 20040725023); Kl. Lubolz: linke Wiesen in Richtung Lübben (1951 BI); Lübben: Pfaffenberge (BI 1955; KA & KU 2003; zwischen Ragow und Lübben (IL in KL 1985b; Willmann in JE & KU 1994); Straupitz: am Gr. Dutzendsee (2005 Heinrich).
RG: Schönwalde: N Bhf. (IL in KL 2004; 2008 IL); 0,7 km NW Bhf. (JE in JE & KU 1994).
HA: Zwischen Schönwalde und Lubolz (RH 1837, 1839); Lübben: Wiesenweg am Vorwerk Wiesenau (1949 BI).

H/−/↔ ***Galium elongatum*** C. Presl. – Verlängertes Labkraut
z – In Erlenbrüchen, an Grabenrändern, in den Verlandungszonen von Gewässern und auf besonders nassen Stellen von Wiesen.

Galium mollugo L. – Wiesen-Labkraut N?/×/–
ss – Rand einer wechselfeuchten Wiese.
RG: Byhleguhre: Welsnitz (2008 H-PE, conf. 2008 KU).
Anm.: Die Pflanzen zeichnen sich durch sehr lockere, wenig blütige Teilblütenstände mit oftmals mehr oder weniger rechtwinklig spreizenden Blütenstielen aus. Letztere sind bis 7 mm lang und deutlich länger als die bis 4 mm Durchmesser aufweisende Krone. Auch die Blattmerkmale (vgl. MOHR 2006) sind für diese Sippe zutreffend. Eine zytologische Überprüfung steht noch aus.

Galium odoratum (L.) SCOP. – Waldmeister H/–/↔
VN: – ; kśerlicka, śerlicka.
z – In krautreichen, schattigen Laubwäldern auf frischen, humosen Böden.
Anm.: Überwiegend im Unterspreewald vorkommend. Gelegentlich auch in Gärten als bodendeckende Zierpflanze anzutreffen.

Galium palustre L. – Sumpf-Labkraut H/V/↔
VN: Jergelina (Žergelina), Jergeliza (Žergelica), Weiße Jerge (Žerge); śerlica, žergelina, žerlina.
v – Auf nährstoffarmen Torfböden in Erlenbruch- und Großseggengesellschaften, auf nassen Wiesen und an Gräben.
Anm.: Die VN gelten für *G. palustre* agg.

Galium* x *pomeranicum RETZ. – Gelblichweißes Labkraut H/–/↔?
(*G. album* x *G. verum*)
z – An Wegrändern und in Säumen auf trockenen bis frischen, mineralkräftigen, humosen Sandböden.

Galium saxatile L. – Harz-Labkraut H/–/–
[**Syn.:** *G. harcynicum* WEIGEL.]
ss – Im Kiefernforst, in einer extensiv bewirtschafteten Rotschwingel-Wiese.
BR: Pretschen: im Tal der Pretschener Spree 1 km W Ort (KL 1968, H-KL).
RG: Byhlen: wenig SO des Ortes (1996 F. Müller & Rätzel).
Anm.: Wenig außerhalb des UG wurde die Art in den letzten 15 Jahren mehrfach in den Kiefernforsten östlich Butzen im Umfeld der Seen- und Moorkette gefunden (RÄTZEL in litt. 2008).

Galium spurium L. – Grünblütiges Labkraut H/2/◊
† – Auf Äckern zwischen Feldfrüchten.
HA: Bei Lübbenau (RH 1839).

Galium sylvaticum L. – Wald-Labkraut H/3/◊
† – Laubwälder.
HA: Im Spreewald (RH 1837, 1839); Lübben: Hain (RH 1839).

Galium

H/V/↘ **Galium uliginosum** L. – Moor-Labkraut
VN: – ; śerlica.
v – Auf nassen Wiesen und an Grabenrändern, auf nicht zu nährstoffreichen Moorböden.

H/–/↔ **Galium verum** L. – Echtes Labkraut
v – In Trockenrasen auf mineralkräftigen, humosen Sandböden.
Anm.: Die Art ist besonders charakteristisch für die Rotstraußgras-Flur längs der Wege.

H/V/↘ **Genista pilosa** L. – Haar-Ginster
VN: – ; suchy paść, żenscyne wichorowe zele.
z – Auf nährstoffarmen, sandigen Böden im Kiefernforst/Kiefernwald, zumeist an deren Wegrändern und auf Lichtungen.

H/3/↔? **Genista tinctoria** L. – Färber-Ginster
s – Auf basenreichen Böden in lichten Wäldern, an Straßenrändern.
BR: Neu Lübbenau: Birken-Stieleichen-Wald O Ortslage im Jg. 22 (1965 KL); Schlepzig: im Wald bei den Teichen Nähe Petkansberg (1991 H-KN); Hartmannsdorf: O Ortslage an der Bahn (KN in JE & KU 1994); Ragow: an der Cottbuser Chaussee (KR 1955b); zwei FO an der Straße in Richtung Lübben (IL in KL 1985b; IL & KG in KL 1989a).

H/1/◆ **Gentiana pneumonanthe** L. – Lungen-Enzian
VN: – ; módra dudawka, butrjanica.
† – Pfeifengras-Wiesen.
Anm.: Aus den 1950er und dem Beginn der 1960er Jahre existieren zahlreiche Fundangaben, die ein ausgedehntes Verbreitungsgebiet für die Wiesen vom S-Rand der Feldmark Schlepzig entlang der östlichen Randwiesen des Unterspreewaldes bis nach Lübben und für den nördlichen Oberspreewald von Lübben bis nach Alt Zauche – begrenzt durch die Mutnitza im Süden – sowie im Lübbenauer Spreewald erkennen lassen (VK 17). Weitere Vorkommen befanden sich bei Niewitz, am Briesener See, bei

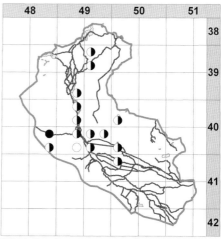

VK 17: *Gentiana pneumonanthe*

Kuschkow und Neu Schadow (Passarge 1955a; KR 1955b; Scamoni 1955/56; Freitag 1957a; BI 1957; KR 1960; Müller-Stoll et al. 1962; KL 1965; KL 1966; BI 1967; KR 1969; KB 1975; KL 1977; IL 1980; KL 1982; Fischer et al. 1982; Donath 1983; Müller-Stoll et al. 1992c). Mit Beginn der Intensivierung in der Landwirtschaft sind die Bestände sehr rasch zurückgegangen und um 1980 erloschen. Als letzte Nachweise gelten: Niewitz: Torfstiche O Ortslage (IL 1980), Hartmannsdorf: mehrfach NO des Ortes (KB in KL 1977), Lübben: Spreewiesen der Ostseite 1-2 km N Vorwerk Wiesenau Nähe Waldrand, zahlreich (KB 1975; 1977 KB).

Geranium columbinum L. – Tauben-Storchschnabel
Die in JE & Seitz (1999) fälschlicherweise publizierte Angabe von Werben bezieht sich auf den Ort Werben bei Havelberg (vgl. KU et al. 2001).

Geranium dissectum L. – Schlitzblättriger Storchschnabel   H?/2/♦
† – Äcker, Wiese.
BR: Krimnitz: auf einer Wiese N am Ragower Strauch (KR 1955b).
RG: Schönwalde: Acker an der Bahn in Richtung Lubolz etwa auf halber Strecke (1971 IL); Acker an der Autobahn in Richtung Waldow/Brand (1968 IL).
Anm.: Obwohl von KR (1955b) eine Einschleppung über Grassamen vermutet wird, ist das Indigenat durchaus denkbar, gibt doch RH (1839: 187) die Sippe als auf „Aeckern, Gartenland u.s.w. durch das ganze Gebiet (der Lausitzen), doch nicht häufig" vorkommend an. Δ B: ?3948/2, ?4049/1, ?4149/2.

Geranium molle L. – Weicher Storchschnabel   H/–/↔
VN: – ; kośańka, bóśanica.
v – In gestörten Trockenrasen, Frischwiesen, an Wegen und Straßen.

Geranium palustre L. – Sumpf-Storchschnabel   H/3/↔?
VN: Storchkraut, Storchschnabel; bóśonowe nož, bóśonowe šnapac, bóśonowy šnobel.
z – Auf nährstoffreichen Feuchtwiesen, in Uferstaudenfluren und an Gräben.
BR: Leibsch: Wasserburger Spree bei Leibsch-Damm (2001 PE); Krausnick: unterhalb vom Weinberg (= Sapitzka) (1993 KU); Gr. Lubolz: Wiesengraben am NO-Rand der Großen Kriegbuschwiese (2001 PE); Byhleguhre: O-Ufer Byhleguhrer See (1991 JE; 2009 Borries & PE); Byhlen: Wolfsluch N Byhleguhrer See (2005 Heinrich); Burg: Grünland 1,1 km S Polenzschänke Nähe Burg-Lübbener Kanal (2001 PE); mehrfach zwischen Burg und Vetschau (KR 1955b); bei Märkischheide und Suschow mehrere Vorkommen (1991 H-KN; 1996 JE); Wiesen am Stradower Park und bei Fleißdorf (1991 JE); Milkersdorf (1996 Seitz).

Geranium

RG: Laasow: 0,5 km W Ortlage am Niederungsrand (2004 Schönefeld); Neu Zauche: Niederung 1,9 km O Ortslage (2004 Schönefeld).

Anm.: Im Unterspreewald und im Westlichen Oberspreewald seltener vorkommend.

N?/3/↔   *Geranium pratense* L. – Wiesen-Storchschnabel
VN: – ; bóśonowe šnobele.
s – In Glatthafer-Wiesen.
BR: Lübben: an der Chaussee nach Radensdorf auf einer Grasfläche am Rande der Stadt (1950 BI in BI 1957); Radensdorf: 2 Expl. an einem Weg in der Ortslage (2009 Raabe), Alt Zauche (1991 JE); Boblitz: 1 km NNO Ortslage (JE in JE & KU 1994); Raddusch: Wiesen O Ortslage (KR 1955b); Naundorf: 0,7 km NW Ortslage (KN in JE & KU 1994, H-KN).
RG: W-Ufer Byhlener See (1974 KB).
Anm.: Bisher nur im Oberspreewald nachgewiesen, möglicherweise mit Grassaat eingeschleppt und sehr beständig.

H/–/↔   *Geranium pusillum* BURM. f. – Kleiner Storchschnabel
VN: – ; kóśańka, kóśanka, žyźane zele, žyźana kwětka, bóśanica.
v – Gestörte Sandtrockenrasen, in Segetal- und Ruderalgesellschaften, auch auf Frischwiesen, zumeist auf nährstoffreichen Böden.

N/–/↔   *Geranium pyrenaicum* BURM. f. – Pyrenäen-Storchschnabel
ss – Wegränder und mäßig trockene Ruderalstellen.
BR: Papitz: bei der Kirche (JE in KL 1985b; JE & KR 1989).
RG: Schönwalde: Fhs. Eichholz nach Lubolz zu (1971 IL); Treppendorf: auf dem Höhenrand am Schulacker (1952 BI); Kl. Beuchow: Müllplatz; Kiesgrube (JE in KL 1985b).
Anm.: In der Niederlausitz im 19. Jahrhundert aus Gärten verwildert und heute fest eingebürgert (vgl. JE & KR 1989). Bereits in RH (1846, leg. R. Peck) wird ein wenig außerhalb des UG gelegenes Vorkommen im Gr. Beuchower Park genannt, welches auch gegenwärtig noch vorhanden ist (KR in litt. 2009).

H/–/↔   *Geranium robertianum* L. – Stink-Storchschnabel
VN: – ; bóśeńki, smjerźece bóśanki.
v – In nitrophilen Saumgesellschaften, auf Schutt und Bahnanlagen, auch im Erlen-Eschen- und Eichen-Hainbuchen-Wald.

H/2/↔   *Geranium sanguineum* L. – Blutroter Storchschnabel
ss – Im Saum eines thermophilen Eichenbestandes.
BR: Neu Zaucher Weinberg (KR 1955b; 2007 KA).
Anm.: In einigen Gartensorten gelegentlich auch als Zierpflanze kultiviert.

Geum* x *intermedium EHRH. – Bastard-Nelkenwurz   H/–/◊
(*G. rivale* x *G. urbanum*)
† – Frischer Laubwald.
HA: Lübben: Hain (Schäde in AS 1861/62; TREICHEL 1876a; Braun in AS 1879).

Geum rivale

Geum rivale L. – Bach-Nelkenwurz   H/V/↘
z – Auf nährstoffkräftigen Standorten in sickernassen Wiesen und Bruchwäldern.
Anm.: Im Oberspreewald seltener vorkommend. Bestandseinbußen erfolgten v. a. infolge Hydromelioration.

Geum urbanum L. – Gewöhnliche Nelkenwurz   H/–/↔
VN: Sahnekraut; smjetanowe zele.
v – In nitrophilen Saumgesellschaften, auch im Erlen-Eschen- und Eichen-Hainbuchen-Wald.

Gladiolus palustris GAUDIN – Sumpf-Siegwurz
Die Angabe aus *Vetschau (WIESNER 1925) erscheint aus arealgeographischer Sicht zweifelhaft (vgl. auch GRAEBNER 1909). Ein Herbarbeleg liegt nicht vor; spätere Angaben existieren nicht. Neben der kurzzeitigen Verwilderung einer Garten-Gladiole, wäre auch eine Verwechslung mit *G. imbricatus* L. denkbar. Diese besitzt in der Oberlausitz ein kleines ostdeutsches Teilareal (vgl. BENKERT et al. 1996) und könnte mit Hochwässern der Spree ins Flachland gelangt sein (vgl. *Thlaspi caerulescens*).

Glebionis segetum (L.) FOURR. – Saat-Wucherblume   N?/(0)/–
[**Syn.:** *Chrysanthemum segetum* L.]
VN: – ; rymańka.
ss – Auf Lehmacker, Getreideumschlagplatz.
RG: Duben: Acker nach Neuendorf b. Lübben an der Chaussee (= „Grodzisko") (1968 IL in JE 1982a; IL & J. ILLIG 1971); Lübbenau: Bhf. (JE in KL 1985b).
Anm.: Da aus dem 19. Jahrhundert keine Angaben zu dieser Art vorliegen, ist nicht klar, ob sie etabliert war. Die Lübbenauer Angabe bezieht sich auf ein adventives Vorkommen.

H/–/↔ **Glechoma hederacea** L. – Gundermann
VN: Poscheln; popońc, popoweńc, bopoweńc.
v – In frischen Laubwaldgesellschaften mit Schwerpunkt im Erlen-Eschen-Wald, auf frischen und feuchten Wiesen, auch auf feuchtem Acker- und Gartenland, an Zäunen und in Hecken.

H/G/– **Glyceria declinata** Bréb. – Blaugrüner Schwaden
ss – Am Grabenrand; wassergefüllte Waldwegsenke.
BR: Köthen: Waldwegsenke ca. 1,5 km S des Ortes (2005 IL); Lübben: 0,3 km SO Reha-Klinik (1996 JE, det. M. Ristow).

H/–/↔ **Glyceria fluitans** (L.) R. Br. – Flutender Schwaden
VN: Schwade; lapawa, mjedlina, powoź, pówódnica, pówódnja, wódna tšawa, słoda.
v – In Bachröhrichtgesellschaften, in Gräben, Tümpeln und Flutmulden.
Anm.: Die Früchte dieser Art wurden früher auch im Spreewald gesammelt und als „Manna-Grütze" gegessen (Berger 1866, KR 1969). Ein Exemplar der f. *vivipara* Bolle wurde zwischen Lübben (fälschlich als Lübbenau angegeben) und Alt Zauche gefunden (Potonié in AS 1879).

H/–/↔ **Glyceria maxima** (Hartm.) Holmb. – Wasser-Schwaden
VN: Schilfgras, Kaspe, Schilf, Berschtschilf, Wiesch; wiš, wiś, wyš, šwoda, kastwej, kastwje, kastwja, měkuš.
v – In Röhrichtgesellschaften an eutrophen, stehenden oder langsam fließenden Gewässern; auch flächig auf nährstoffreichen, winterüberstauten Grünlandstandorten.
Anm.: Im Spreewald war die Art früher als Futtergras von wirtschaftlicher Bedeutung (Abb. 74).

H/–/↔ **Gnaphalium sylvaticum** L. – Wald-Ruhrkraut
z – Auf frischen, anlehmigen Böden in lichten Wäldern, an Waldwegen und auf Brachen.
Anm.: Schwerpunktmäßig kommt die Art in der Niederung bei Wiesenau-Börnichen N Lübben vor, während sie im Inneren Oberspreewald fehlt.

H/–/↔ **Gnaphalium uliginosum** L. – Sumpf-Ruhrkraut
v – Auf grund- und staufeuchten Böden, in Äckern, auf Schlammflächen, Teichböden und Waldwegen, in wechselnassen Wiesensenken.

H/0/◊ **Goodyera repens** (L.) R. Br. – Kriechendes Netzblatt, Mooswurz
† – (ohne Angabe).
HA: Straupitz (Wiesner 1925).

Gymnocarpium

Gratiola officinalis L. – Gottesgnadenkraut H/2/↘
ss – Wechselfeuchte Röhrichte an Gewässern, in Flutrasen und Moorwiesen. (Abb. 47)
BR: Alt Schadow: O-Ufer Neuendorfer See am Spreeabfluss (1965 KL); Pretschen: Spreeufer an der Brücke (BI 1957); Neu Lübbenau: Graben 0,7 km SW Ortszentrum (JE in JE & KU 1994; 2002 H-PE); Hartmannsdorf: Wiese S Jg. 97 (1950 Straus in SUKOPP 1957); Lübben: Biebersdorfer Wiesen (1954 Scamoni in MÜLLER-STOLL et al. o.J.); Spreewiesen SO und N der Stadt (1952 BI); Oberspreewald: Wiesen am Umflutkanal (1952 BI in BI 1957); Lübbenauer Spreewald (PASSARGE 1955a); Leipe: auf einer Rasenschmielen-Wiese in Richtung Burg Kauper (1975 JE); bei Burg (um 1955 Freitag in MÜLLER-STOLL et al. o.J.); Werben: nördl. zwischen Spree und Zoßna (KR 1954).
RG: W-Ufer Briesener See (1998 Schröder).
HA: Bei Müschen (RH 1839); Hartmannsdorf: Wiesen am S-Rand des Unterspreewaldes (1948 BI in BI 1957); Lübben: Spreewiesen bei Lehnigksberg (1948 BI in BI 1957).

Guizotia abyssinica (L. f.) CASS. – Ramtillkraut E/×/–
ss – Auf Müllplätzen, an Weg- und Straßenrändern.
BR: Stradow: am Weg beim Wiesenteich (1983 JE).
RG: Zerkwitz: Müllplatz (JE in KL 1985b, det. P. Gutte, H-JE); Lübbenau-Neustadt: Str. der Einheit (JE in KL 1985b).
Anm.: Die Diasporen der tropischen Ölpflanze sind zuweilen im Vogelfutter enthalten. Die Pflanzen kommen im Gebiet zur Blüte, aber nicht zur Fruchtreife.

Gymnadenia conopsea (L.) R. BR. subsp. *conopsea* – Mücken-Händelwurz H/1/◆
† – Auf sickerfrischen bis feuchten, Wiesenkalk beeinflussten Standorten, Waldränder.
BR: Schlepzig: Wiese an der Straße von Börnichen nach Schlepzig rechts vor dem Dorfeingang (1950 BI in BI 1957); Hartmannsdorf: Wiese am S-Ende des Sommerdammes (BI 1957); Kl. Lubolz: Wiese links am Weg nach Lübben (1950 BI in BI 1957).
RG: Gr. Lubolz: 2 km NW an der Bahn (IL & J. Illig in KL 1977, dort bis 1977).
Anm.: Aus dem unmittelbaren Grenzbereich des UG gibt es noch historische Angaben zum Vorkommen der Sippe bei Freiwalde (RH 1839; ARNDT 1939); ob innerhalb des UG?

Gymnocarpium dryopteris (L.) NEWMAN – Eichenfarn H/3/↘
s – An feuchten bis frischen Laub- und Mischwaldstandorten auf humosen, mäßig nährstoffreichen Böden, an einer Mauer.
BR: Köthen: Gr. Wehrigsee (1994 KU in KL 1999, H-KU 58/3); Schwanensee (1951 BI; 1992 KU); Pichersee (1992 JE); Schlepzig: Buchenhain (1951 BI); Lübben: Spreemauer am Brückenplatz (1957 H-BI in Herbar B).

RG: Plattkow: Jg. 101 (BUHL 1964).
Anm.: Die Angabe vom Lübbener Brückenplatz wurde von BI (1967) fälschlicherweise als *Phegopteris connectilis* (MICHX.) WATT publiziert. Der im Herbar B vorhandene Beleg enthält jedoch *Gymnocarpium dryopteris* (KA).

N/2/♦? *Gymnocarpium robertianum* (HOFFM.) NEWMAN – Ruprechtsfarn
†* – An einer Mauer.
BR: Lübben: Kasernenmauer in der Waisenstraße (JE in JE & KU 1994); Standort durch Abriss der Mauer im Jahr 1998 vernichtet.

H/2/↘ *Gypsophila fastigiata* L. – Ebensträußiges Gipskraut
(Abb. 106) ss – In thermophilen Kiefernforsten/Kiefernwäldern, in basenreichen Trockenrasen.
BR: Pretschen: Sandtrockenrasen am S-Hangfuß des Mühlenberges (KL 1968, H-KL); Gr. Lubolz: am Weg nach Bugk (1936 Arndt in FISCHER 1966; 1992 H-JE; 2009 Borries & PE).
RG: Schönwalde: 4 km NW Nähe Bahndamm (IL & J. Illig in KL 1974).
HA: „In der westlichen Niederlausitz hinter Schönwalde links (von Luckau aus) an der Waldower Grenze im Walde" (RH 1846: 348/349); Lübben: hinter dem Vorwerk nach der Biebersdorfer Forst zu; Hartmannsdorfer Berge (Fick in AS 1864); Marienberg bei Lübben (= Marienberg b. Krugau) (WIESNER 1925).
Anm.: Die Angabe in KL (1968) wurde fälschlicherweise für den Pretschener Weinberg veröffentlicht. Beim Lübbener Vorwerk handelt es sich vermutlich um das Vorwerk Wiesenau.

H/2/↘ *Gypsophila muralis* L. – Mauer-Gipskraut
ss – In Pioniergesellschaften auf staufeuchten Waldwegen und krumenfeuchten Äckern, Graben.
BR: Schlepzig: zwischen Petkansberg und der Straße nach Lübben in einer verdichteten Wagenspur (2002 H-KU 328/3); Ragow: feuchte Äcker N der Ortslage (1954 Halpick); Raddusch: Acker nahe dem Kossateich (JE in KL 1999); Stradow: an einem Waldweg S des Ortes (JE in KL 1999).
RG: Briesensee: Meliorationsgraben SW des Ortes (1960~PIETSCH & MÜLLER-STOLL 1974).
Anm.: Obwohl von RH (1839: 118) als in den Lausitzen "auf Äckern durch das ganze Gebiet" vorkommend angegeben, fehlt diese Sippe bei KR (1955b), PASSARGE (1959) und KL (1967). Ob übersehen?

H/1/↘ *Hammarbya paludosa* (L.) KUNTZE – Sumpf-Weichwurz
[**Syn.:** *Malaxis paludosa* (L.) SW.]
ss – In Moorschlenken und Schwingrasen von Zwischenmooren.

Helichrysum

BR: Krausnick: SW-Ufer Luchsee (IL & J. Illig in KL 1977; 1980 IL); Lichtesee (IL in KL 1985b; 2002 IL).
HA: Straupitz (vor 1923 Wolff in WIESNER 1920–1938); Straupitzer Seen (WIESNER 1925).
Anm.: Vgl. Anm. bei *Liparis loeselii* bez. eines Vorkommens bei Byhleguhre-Straupitz.

Hedera helix L. – Gewöhnlicher Efeu H/–/↔
VN: – ; bluž, błyšc, błyść, blyšc, efa.
v – In siedlungsnahen Laub- und Mischwäldern, Parkanlagen und auf Friedhöfen.
Anm.: Die Art klettert oft an Gehölzen empor und kann auf dem Boden z. T. dichte Decken bilden. Auch in Gärten in verschiedenen Sorten, z. T. mit panaschierten Blättern, kultiviert und dort Hauswände und Mauern überdeckend.

Helianthemum nummularium (L.) MILL. – Gewöhnliches Sonnenröschen H/#/–
ss – Waldsaum auf trockenem, basenreichem Boden.
BR: Vetschau: Waldrand O Märkischheide (1974 IL; 1996 Albrecht in KL 1999).
Anm.: Eine Zuordnung zu den für das Land Brandenburg angegebenen subsp. *nummularium* bzw. subsp. *obscurum* (ČELAK) HOLUB [Syn.: *H. ovatum* (VIV.) DUNAL] erfolgte bislang nicht.

Helianthus tuberosus L. s. l. – Topinambur Kv/–/↔
VN: Russische Kartoffel; zemske jabłuko.
z – In ruderalen Hochstaudenfluren an Ufern, Wegen, Zäunen sowie auf Kirr- und Müllplätzen.
Anm.: Als Futterpflanze bis 1960 von Kleintierhaltern vor allem am Nordrand des Oberspreewaldes feldmäßig auf Sandboden angebaut. Jetzt kaum noch genutzt. Gelegentlich als Zierpflanze geduldet.

Helichrysum arenarium (L.) MOENCH – Sand-Strohblume H/–/↔

Helichrysum arenarium

VN: Katzenpfötchen, Katzenpooten; kóśańka, kóśańka, kóśćine potki.
v – In lückigen Sandtrockenrasen, besonders in der Schafschwingel- und Silbergras-Flur.
Anm.: Im inneren Spreewald weitgehend fehlend.

Helictotrichon

Helictotrichon pratense (L.) Besser – Echter Wiesenhafer
[Syn.: *Avenula pratensis* (L.) Dumort., *Avenochloa pratensis* (L.) Holub]
Die in Benkert et al. (1996) enthaltenen Einträge unter MTBQ 3948/4, 4048/2 und 4049/1 beruhen auf Kartierungsfehlmeldungen (vgl. KU et al. 2001). Die in KU et al. (2001) aufgeführte MTBQ-Angabe 3948/2 ist entsprechend zu korrigieren.

H/3/↓ *Helictotrichon pubescens* (Huds.) Pilg. – Flaumiger Wiesenhafer, Flaumhafer
[Syn.: *Avenula pubescens* (Huds.) Dumort., *Avenochloa pubescens* (Huds.) Holub]
z – Auf frischen bis wechselfeuchten Wiesen und in mäßig trockenen Magerrasen auf nicht zu sauren Standorten.
BR: Alt Schadow: bei Tschinka (KU 1998); Neuendorf am See: Nähe Zeltplatz NO Koplin; Hirschwinkel OSO Wutscherogge (KU 1998); Köthen: NO Gr. Wehrigsee (1993 KU); Wiese O (Gr.) Wehrigsee (1993 H-JE); Krausnick: unterhalb des Weinberges (= Sapitzka) (1993 KU); südwestlicher Ortsausgang (1992 KU); mehrfach im Bereich Kriegbusch auf Lichtungen im N- und W-Teil (2002 PE; 2009 Borries & PE); Gr. Lubolz: nördl. Waldsaum im W-Teil der Kriegbuschwiesen (2002 PE); Leipe: Grünland 0,45 km ONO Dubkowmühle (2002 PE); Fleißdorf: 0,7 km NW (1996 JE).
RG: Kuschkow: am ehem. Torfstich in Richtung Dürrenhofe (1992 KU).
Anm.: Die Art verträgt keine Überschwemmungen. Sie wird von KR (1954, 1955b) und von Müller-Stoll et al. (1992c,d) für den Oberspreewald noch als ziemlich häufig angegeben bzw. in zahlreichen Vegetationsaufnahmen aufgeführt. Ähnlich war es nach KL (1967) auch im Pretschener Spreetal und nach Scamoni (1955/56) im Unterspreewald zwischen Schlepzig und Lübben. Aufgrund der Umwandlung der früher verbreiteten, extensiv genutzten Mähwiesen in Intensivgrünland und Weideflächen ist die Art offensichtlich stark zurückgegangen. Deshalb werden hier nur Nachweise nach 1990 aufgelistet.

Kv/×/↔ *Hemerocallis fulva* (L.) L. – Gelbrote Taglilie
z – An Zäunen, Weg- und Waldrändern der Ortslagen und auf Müllplätzen.
Anm.: Verwilderungen sind zumeist recht beständig, bleiben jedoch oftmals steril. In Vorgärten wird die Art häufig als Zierpflanze kultiviert. Δ F.

H/V/↘? *Hepatica nobilis* Schreb. – Gewöhnliches Leberblümchen
(Abb. 87) **s** – In krautreichen Laubwäldern reicher Standorte.
BR: Gr. Wasserburg: 0,9 km SO (2002 PE); Krausnick: Niederungswald 1,5 km O Ortslage im Jg. 135 (Goossens 1995); Schlepzig: Buchenhain in mehreren Jg. (Scamoni 1954; 2009 Borries).
HA: „Krausnick im Spreewalde" (RH 1839: 153).
Anm.: Die Angabe in RH (1839) bezieht sich mit großer Wahrscheinlichkeit auf das zwischen Krausnick und Schlepzig gelegene Waldgebiet, wo die Art heute noch vorkommt. Gelegentlich wird die Sippe auch in Gärten angepflanzt.

Hieracium

Heracleum sphondylium L. – Wiesen-Bärenklau H/–/↔
VN: Wilde Dille, Wilde Garbe, Bärenklaue; wjelkowa stopa, dilla.
v – Auf nährstoffreichen, frischen bis mäßig feuchten Wiesen, in Staudenfluren und Säumen.
Anm.: Eine Trennung in die für das Land Brandenburg angegebenen subsp. *sphondylium* und subsp. *sibiricum* (L..) SIMK. erfolgte bislang nicht.

Herniaria glabra L. – Kahles Bruchkraut H/–/↔
VN: – ; złote zele, zejpowina.
v – Auf armen Sandböden in lückigen Trockenrasen, in Pflasterfugen und auf Äckern.

Herniaria hirsuta L. – Behaartes Bruchkraut E/–/◆
(†) – Auf Bahngelände.
BR: Lübben: Bhf. (1975 JE & Otto in JE 1982a, H-JE; IL & J. Illig in KL 1980).

Hesperis matronalis L. – Gewöhnliche Nachtviole Kv/–/↔
VN: – ; figele.
z – In ruderalen Säumen, an Zäunen, auf Friedhöfen und Müllplätzen.
Anm.: Beliebte alte Bauerngartenpflanze. Bei Verwilderung zuweilen beachtliche Bestände bildend. Δ F, Δ M.

Hieracium L. – Habichtskraut
Die Kenntnis über die infraspezifischen Sippen der einzelnen Hieracien im UG ist unzureichend. Deshalb beschränken sich die Angaben lediglich auf das Artniveau.

Hieracium bauhini SCHULT. – Ungarisches Habichtskraut H/G/◇
† – Auf trockenen Wiesen und unter Gesträuch.
HA: Bei Lübbenau; Straupitz (RH 1839).
Anm.: Von RH (1839) auch aus dem unmittelbaren Grenzbereich des UG aus Gr. Beuchow angegeben; ob im UG gelegen?

Hieracium caespitosum DUMORT. – Wiesen-Habichtskraut H/2/↘
[Syn.: *H. pratense* TAUSCH]
ss – Wiesen auf frischen bis feuchten Standorten.
BR: Leipe: wechselfeuchtes Grünland ca. 2,5 km ONO Nähe Burg-Lübbener Kanal (PE in KL 2004, conf. 2004 S. Bräutigam, H-PE, Herbar GLM 47378); S Straupitz (KR 1955b).
HA: Lübbenau (RH 1839).

Hieracium

Hieracium echioides LUMN. – Natternkopf-Habichtskraut
Die Angabe von einem Teichdamm S Schlepzig durch KN in JE & KU (1994) beruht auf einer Fehlbestimmung von *H. fallax* (H-KN, rev. 2008 M. Ristow).

E/(1)/– *Hieracium fallax* WILLD. – Täuschendes Habichtskraut
ss – In einem Trockenrasen am Teichdamm.
BR: Schlepzig: Teichanlage S der Ortslage (KN in JE & KU 1994, rev. 2008 M. Ristow, H-KN).
Anm.: Die Angabe ist als *H. echoides* publiziert worden (s. dort). Das Vorkommen auf einem in den 1980er Jahren errichteten Teichdamm deutet auf ein adventives Vorkommen hin. Spätere Nachweise existieren nicht.

H/–/↔ *Hieracium lachenalii* C. C. GMEL. – Gewöhnliches Habichtskraut
v – In bodensauren Laub- und Nadelwäldern, in ruderal beeinflussten Gebüschen.

H/1/♦ *Hieracium lactucella* WALLR. – Geöhrtes Habichtskraut
† – Flachmoorwiesen, frische bis wechselfeuchte Magerrasen.
RG: Niewitz (RH 1839; o.J. Arndt in FISCHER 1966); *Duben (RH 1837, 1839; o.J. Arndt in FISCHER 1966); Niewitz: Moorstiche am Weg nach Kaden (1951 BI).
HA: Hartmannsdorf (RH 1837, 1839); bei Burg (RH 1839).

H/–/↔ *Hieracium laevigatum* Willd. – Glattes Habichtskraut
z – Auf sauren, nährstoffarmen Böden in Magerrasen, Gebüschen und lichten Wäldern.

H/–/↔? *Hieracium murorum* L. – Wald-Habichtskraut
ss? – In mäßig trockenen bis frischen Wäldern und Forsten.
BR: N vom Byhleguhrer See (1954 BI; 1995 JE); Werben: Zoßna (JE 1982b).
RG: Briesensee: Zergoweg in Richtung Radensdorf (1954 BI; 1995 JE).
Anm.: Ein Teil der in BENKERT et al. (1996) enthaltenen, das UG betreffenden MTBQ-Einträge (Δ B: ?3948/2, ?3948/4, ?4049/1) sind nicht verifizierbar oder gehören wahrscheinlich nicht zu dieser Sippe.

H/–/↔ *Hieracium pilosella* L. – Kleines Habichtskraut
VN: – ; śotkowe zele, myśyne hucho.
v – In Sandtrockenrasen, trockenen Kiefernforsten und sehr trockenen Rotschwingel-Wiesen.

Hieracium sabaudum L. – Savoyer-Habichtskraut H?/–/↔
z – In Kiefernbeständen, ruderal beeinflussten Gebüschen und an Straßenrändern, auch im trockenen Birken-Stieleichen- und ausgehagerten Eichen-Hainbuchen-Wald.
Anm.: Seit dem 1. Drittel des 19. Jahrhunderts hat die Art eventuell eine Ausbreitung im UG erfahren, wird sie doch von RH (1839) – unter *H. boreale* FR. – lediglich von zwei, außerhalb des UG befindlichen FO in der Niederlausitz angegeben, während AS (1864) das Vorkommen in Brandenburg als zerstreut bezeichnet. Die Einschätzung zu *H. sabaudum* als ziemlich häufige Art im Oberspreewald in KR (1955) bezieht sich wohl auf ein Konglomerat mit *H. laevigatum*, die er nicht aufführt.

Hieracium umbellatum L. – Doldiges Habichtskraut H/–/↔
z – In Sandtrockenrasen, in Heidekrautfluren, auf ausgehagerten Stellen im Kiefernforst/Kiefernwald und auf Dünen.
Anm.: Im inneren Spreewald weitgehend fehlend.

Hierochloë odorata (L.) P. BEAUV. – Duft-Mariengras H/1/?
ss – Im Grünland mäßig kräftiger, wechselfeuchter Standorte.
BR: Lübben: im Grünland NW Polder Kockrowsberg zwei kleine Trupps (PE in PE & IL 2005, det. 2002 H. Scholz, H-PE); Lehde: 1,1 km NO Ortslage O der Schleuse am Lehder Graben (1996 Bruisch & Schröder, conf. 2002 H. Scholz, H-JE).
Anm.: Siehe Anm. zu *H. odorata* agg.

Hierochloë odorata agg. – Artengruppe Duft-Mariengras H/#/?
ss – In nassen Flachmoorwiesen im Gesellschaftskomplex der armen Pfeifengras- und Brenndolden-Wiesen mit Schlankseggen-Rieden, an Gräben. (Abb. 101)
BR: Lübben: zwischen Nordumfluter und Albrechtkanal Nähe Burg-Lübbener Kanal (1992 Weiß; 2008 Heinrich); zwischen Martinkanal und Grenzgraben 2,8 km SSW Ratsvorwerk (KA in PE & IL 2005, H-KA 20030530030).
Anm.: Die recht kleinen, SO von Lübben gelegenen Bestände (incl. des *H. odorata* s. str.-Vorkommens) liegen innerhalb eines ca. 50 ha großen, jetzt mehr oder weniger unregelmäßig gemähten Grünlandkomplexes. Deshalb gehören die beiden Bestände wahrscheinlich ebenfalls zu *H. odorata* s. str. Aus dem unmittelbaren Grenzbereich des UG gibt es eine historische Angabe von Wiesen bei Freiwalde (RH 1836a); ob innerhalb des UG?

> *Hippocrepis comosa* L. – Hufeisenklee
> Die offenbar unbelegte Angabe aus Straupitz: in der Nähe des Kirchhofs (vor 1860 Anonym in AS 1860a) zweifelt bereits AS (1860a) stark an. Spätere Meldungen liegen nicht vor.

Hippuris

H/2/? **Hippuris vulgaris** L. – Tannenwedel
VN: – ; kósć.
ss – In Gräben mit langsam fließendem, nährstoffreichem Wasser, im Tümpel.
BR: Boblitz: Meliorationsgraben im Polder (KN in JE & KU 1994; 1991 H-JE; 2000 JE); Lübbenauer Spreewald (PASSARGE 1955a).
HA: Hutweide bei Freiwalde (RH 1846); Hartmannsdorf: Tümpel am S-Rand des Unterspreewaldes (1948 BI in BI 1957); Lübben: Süddamm des Oberspreewaldes im Sickergraben von Burglehn bis zum Pumpwerk (1948 BI in BI 1957).
Anm.: Ein weiteres Vorkommen befindet sich im unmittelbaren Grenzbereich des UG bei Freiwalde: Graben am Weg nach Schönwalde (IL & KG in KL 1989a; 2002 H-KA 20020723005).

Hippuris vulgaris

E/×/– **Hirschfeldia incana** (L.) LAGR.-FOSS. – Grauenf
s – Auf Müllplätzen und in Vorgärten.
BR: Krausnick: Müllplatz (KU 1994, H-KU 691/1 + 2); Lübben: Steinkirchener Dorfstr.; Deponie Ratsvorwerk (JE in KL 1985b); Lübbenau: Neustadt im Vorgarten (JE in KL 1985b).
Anm.: Wenig außerhalb des UG zwei weitere Nachweise: Gr. Klessow: Müllplatz (JE in KL 1985b); Vetschau: Neustadt (JE in KL 1985b).

H/–/↔ **Holcus lanatus** L. – Wolliges Honiggras
VN: Echter Schmehl, Guter Schmiel, Samengras, Mickaua, Meckaua, Müllerschmehl; mĕkawa, mĕlina, mĕlina, milina, mjelina, mĕka tšawa.
v – In feuchten und frischen Wiesen.
Anm.: Die Art ist empfindlich gegenüber Überstauungen, bei mäßiger Nährstoffversorgung jedoch bestandsbildend; insbesondere in den Poldergebieten war sie nach Absenkung des Grundwassers vorübergehend aspektbildend.

H/–/↔ **Holcus mollis** L. – Weiches Honiggras
VN: – ; mĕkawa, mĕlina, mĕlina, milina, mjelina, mjelizna, mjelowina.
v – Im lichten Kiefernforst und im Birken-Stieleichen-Wald, auch in Säumen und Hecken.

H/–/↔ **Holosteum umbellatum** L. – Dolden-Spurre
z – Auf Sandäckern, an Weg- und Straßenrändern, an Bahnanlagen, in lückigen Trockenrasen und Annuellenfluren.

Humulus

Hordeum jubatum L. – Mähnen-Gerste N/3/◆?
†* – Offene, trockene Ruderalstellen, an Straßenrändern und Wegen.
BR: Zerkwitz: an der B 115 (JE in KL 1985b).
RG: Treppendorf: am Weg nach Neuendorf b. Lübben (IL & J. Illig in KL 1980, H-IL); Neuendorf b. Lübben: Waldweg zum Steinkirchener Weinberg (IL in KL 1985b); Lübbenau: Kraftwerksgelände (JE in KL 1985b).
Anm.: In den 1970/80er Jahren existierten großflächige Bestände der Art in den südlich an den Spreewald angrenzenden, Anfang der 1990er Jahre geschlossenen Braunkohlentagebauen. Wahrscheinlich ist *H. jubatum* hiervon ausgehend vereinzelt in den Oberspreewald verschleppt worden. Den Unterspreewald erreichte es jedoch nicht.

Hordeum murinum L. – Mäuse-Gerste H/–/↔
VN: Luttgenkorn, Luttchenkorn, Mauergerste; lutkowe žyto, žiwy jacmjeń.
v – An Weg- und Straßenrändern, an Mauern und in Ruderalgesellschaften auf trockenem bis frischem, humosem Sand, besonders innerhalb von Siedlungen.

Hottonia palustris L. – Wasserfeder, Wasserprimel H/3/↘
(Abb. 41)
VN: Wasserhyazinthe; – .
v – Im flachen Wasser von Gräben, Altarmen, Wasserlöchern und Tümpeln, in Erlenwäldern.
Anm.: Die Vorkommen konzentrieren sich auf den zentralen Unter- und Oberspreewald (VK 18). In den gewässerärmeren, höherliegenden Randbereichen tritt die Art etwas zurück. Das weitgehende Fehlen im Burger Spreewald beruht wahrscheinlich auf Beobachtungslücken. Ausgedehnte Bestände sind nicht selten, v. a. in nur sporadisch beräumten Meliorationsgräben.

VK 18: *Hottonia palustris*

Humulus lupulus L. – Gewöhnlicher Hopfen H/–/↔
VN: – ; chmel, chmjel, chměl.
v – In Erlenbrüchen und im Erlen-Eschen-Wald sowie in Schleiergesellschaften an Wegen, Gräben und Fließen, neuerdings auch häufig in Grünanlagen, an Zäunen und Mauern.
Anm.: Der bei Lübbenau vom ausgehenden 15. bis zur Mitte des 18. Jahrhunderts zur Bierherstellung betriebene Hopfenanbau erlangte regionale Bedeutung (Fahlisch 1928).

Huperzia

H/1/◊   ***Huperzia selago*** (L.) Bernh. ex Schrank et Mart. – Tannen-Teufelsklaue
† – (ohne Angabe).
HA: *beim Marienberg (b. Lübben) (= Marienberg b. Krugau) (RH 1840).
Anm.: Die Angabe aus dem Bereich der Köthener Heideseen in Seitz & Jentsch (1999) wird aufgrund des Fehlens eines Herbarbeleges angezweifelt (KU et al. 2001).

H/3/↔   ***Hydrocharis morsus-ranae*** L. – Froschbiss
v – Im flachen, nährstoffreichen Wasser stehender oder schwach fließender Gewässer, in ruhigen Buchten der Fließe, in Gräben und Altarmen.
Anm.: Die Vorkommen konzentrieren sich auf den zentralen Unter- und Oberspreewald (VK 19). In den gewässerärmeren, höherliegenden Randbereichen tritt die Art etwas zurück. Das partielle Fehlen im SO des UG beruht wahrscheinlich auf Beobachtungslücken.

Hydrocharis morsus-ranae

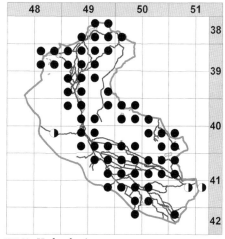
VK 19: *Hydrocharis morsus-ranae*

H/−/↘   ***Hydrocotyle vulgaris*** L. – Gewöhnlicher Wassernabel
VN: Nabelkraut, Groschenblatt; gójawka.
v – Auf nassen, ungedüngten Wiesen, in armen Pfeifengras-Wiesen, in Kleinseggengesellschaften, am Rand von Zwischenmooren und Torfstichen, auch in von Weiden und Faulbaum geprägten Gebüschen, an Gewässerrändern.
Anm.: Rückgang durch Wasserentzug und/oder Eutrophierung.

E/V/↘?   ***Hyoscyamus niger*** L. – Schwarzes Bilsenkraut
VN: – ; bělman, bělan, bělmanowe zele.
s – Auf frischem, stickstoffreichem Ruderalgelände, auf Müllplätzen.

BR: Alt Schadow: Ortslage (KU 1994); Krausnick: Müllplatz (1982 KU in KU 1994); Lübben: Schutt an der Kleinen Amtsmühle (KR 1955b); Radensdorf (KR 1960); Lübbenau-Stennewitz (JE in KL 1989a).
RG: Schönwalde: Bhf. (1989 Günther, 1991 H-KU 1595/1); Treppendorf (KR 1955b).
Anm.: Die Angabe über das Vorkommen der Sippe im Oberspreewald bei BERGER (1866) fand keine Berücksichtigung (vgl. KU et al. 2001). Von RH (1839: 64) für die Lausitzen noch als „auf Brachäckern, in Dörfern, an Wegen, Zäunen, überall sehr häufig" vorkommend bezeichnet, was mit Einschränkungen vermutlich auch für das UG zutraf (vgl. auch WAGNER 1982).

Hypericum x *desetangsii* LAMOTTE s. str. – Bastard-Flecken-Johanniskraut
[*H. maculatum* CRANTZ subsp. *obtusiusculum* (TURLET) HAYEK (= *H. dubium* LEERS) x *H. perforatum*]
Zu dieser Sippe gibt es drei Angaben: Schönwalde: 0,7 km NW an der Bahn (1992 Wolff, H-JE); Caminchen: ONO Ortslage (1992 JE); Lübbenau: N am Wotschofskaweg (1992 JE). Im Spreewald sowie in vielen anderen Gegenden Brandenburgs – und darüber hinaus auch bis in das östliche Mitteleuropa – treten Pflanzen auf, die nach den Konzepten verschiedener Autoren als *H.* x *desetangsii* angesehen werden müssten. Sie unterscheiden sich allerdings von typischen Zwischenformen, wie sie im Westen Deutschlands gebietsweise nicht selten sind, habituell und auch standörtlich. Aufgrund der nicht unkomplizierten genetischen Verhältnisse und der Merkmalsarmut muss eine Zuordnung obiger Angaben zu *H.* x *desetangsii* als nicht gesichert angesehen werden, so dass diese zu einem weitgefassten variablen *H. perforatum* gestellt werden (RISTOW in litt. 2008). *H. dubium* ist bisher im Spreewald nicht nachgewiesen.

Hypericum humifusum L. – Niederliegendes Johanniskraut   H/3/↘
s – Auf staufeuchten Waldwegen, an Ufern und auf krumenfeuchten, sandig-lehmigen Äckern.
BR: Alt Schadow: Acker ca. 1,2 km S Ortslage (1965 KL); Hohenbrück: Acker O Ortslage bzw. W Jänickens Graben (1965 KL); Schlangenluch (Marckardt in KU 1996b); Köthen: Waldwegsenke ca. 1,5 km S des Ortes (2005 IL); am Pichersee (STRAUS 1955); N Schibingsee (JE in JE & KU 1994); Gr. Wasserburg: Senke im Gr. Grund (1997 KU); Krausnick: Waldweg wenig N Lichtesee (1974 IL); Schlepzig: 1 km S Petkansberg im NSG „Börnichen" (1986 KB); Radensdorf: 0,8 km O (PASSARGE 1959); Straupitz: Meliorationsgraben W des Ortes (PIETSCH 1963); Babow: Acker W Ortslage an der Kschischoka (1974 JE).
RG: Niewitz: Feld-Waldweg ca. 0,7 km SO des Ortes (2006 IL); Acker an den Torfstichen (1974 IL); Lübben: Graben am Weg nach Briesensee (PIETSCH 1963); Briesensee: Graben SW Ortslage (1960~PIETSCH & MÜLLER-STOLL 1974); Caminchen: am Torfstich (JE in JE & KU 1994); Straupitz: Straße nach Waldow (KR 1955b); Butzen: Forst Straupitz Jg. 45 O Rauher See (1977 KB).

Hypericum

H/G/↔   ***Hypericum maculatum*** CRANTZ – Geflecktes Johanniskraut
ss – Auf feuchten Wiesen, auf torfig-humosen und lehmigen Magerböden.
BR: Pretschen: Frischwiese im Tal der Pretschener Spree 1 km W Ortslage (1966 KL); Lübbenau: 0,3 km SSO Wotschofska (2001 H-PE); Lübbenauer Spreewald (PASSARGE 1955a); Leipe: Grünland 1 km N (2001 PE).
HA: Lübben: Sumpfwiesen in Ellerborn; alte Lehmgrube am S-Rand der Stadt (1949 BI).
Anm.: Die Sippe von Lübbenau: Wotschofska ist der subsp. *maculatum* zugeordnet worden. Bei der Angabe vom Barbassee W Kl. Leine (HAMSCH 2000) handelt es sich offensichtlich um einen Übertragungsfehler bez. des dort nicht selten vorkommenden *H. tetrapterum*.

H/−/↔   ***Hypericum perforatum*** L. – Tüpfel-Johanniskraut
VN: Johannisblume, Johanniskraut; pólska ruta, kóścowate zele, jańske zele, jańske kwětki.
v – Auf frischen bis mäßig trockenen, nicht zu nährstoffreichen Böden in ruderalen Sandtrockenrasen, an Weg- und Waldrändern sowie auf Waldlichtungen.

H/1/◊   ***Hypericum pulchrum*** L. – Schönes Johanniskraut
† – Bewaldete Hügel.
HA: „Am Berge bei Schönwalde links am Wege nach Lubolz" (RH 1837; RH 1839: 208).
Anm.: Bereits AS & GRAEBNER (1898/99: 492) führen aus: „Bei Lübben und Luckau neuerdings nicht beobachtet".

H/V/↘   ***Hypericum tetrapterum*** FR. – Geflügeltes Johanniskraut
z – Auf Nasswiesen, in Hochstaudenfluren und am Rande von Uferröhrichten auf nährstoffreichen, aber stickstoffarmen Böden.

H/2/↓   ***Hypochaeris glabra*** L. – Kahles Ferkelkraut
ss – Auf nährstoffarmen Sanden in Trockenrasen und auf armen Sandäckern.
BR: Alt Schadow: Äcker S Ortslage (1965 KL); Acker am O-Ufer des Neuendorfer Sees 1 km SW Ortslage (1966 KL); Nähe Boesin-Luch (KU 1998, H-KU 2100/2); Neu Schadow: Äcker um den Ort und SO desselben im O-Teil der ehem. Morgenwiesen (1965 KL); Hohenbrück: Äcker O Ortslage (1965 KL); Neu Lübbenau: Äcker O und NO Ortslage (1965 KL); Kuschkow: mehrfach auf Äckern NW Ortslage (1965, 1966 KL); Köthen: Nähe Pichersee (1953 BI); Radensdorf: 1,5 km S und 0,8 km O (PASSARGE 1959); Wußwerk: 2 km WSW (PASSARGE 1959); Alt Zauche: 2 km N und 2 km NO Bukoitza (PASSARGE 1959).

Anm.: RH (1839: 231) beschreibt das Vorkommen der Art in den Lausitzen wie folgt: „Auf Grasplätzen, Wiesen, an Wegen überall gemein". Noch Mitte der 1960er Jahre war die Sippe vielfach auf armen Sandäckern des NO-Unterspreewaldes vorhanden (vgl. KL 1967). Danach ist sie durch Intensivierung der Landnutzung extrem zurückgegangen. Ein weiteres Vorkommen befindet sich wenig außerhalb des UG am O-Rand von Freiwalde (2006 IL). Die Angaben in LIENENBECKER (1993) vom Neu Zaucher Weinberg und von JE in JE & KU (1994) aus Burg sind zweifelhaft.

Hypochaeris radicata L. – Gewöhnliches Ferkelkraut H/−/↔
v – Auf mäßig nährstoffreichen, frischen bis mäßig trockenen Sandrasen, auf ungedüngten Wiesen, an Wegrändern und auf Waldverlichtungen.

Illecebrum verticillatum L. – Quirlige Knorpelmiere H/1/♦
† – Auf krumenfeuchten Sandäckern, an Grabenufern.
BR: Alt Schadow: Äcker S Ortslage (1965 KL); Acker am Neuendorfer See 1 km SW Ortslage (1966 KL); Neu Schadow: Äcker mehrfach (1965 KL); Kuschkow: Acker N und ca. 2 km NW Ortslage (KL 1965, 1966); Lübben: feuchte Äcker beim Forsthaus Ellerborn (1950 BI in BI 1957); Radensdorf: 0,8 km O; Burglehn b. Alt Zauche: 0,5 km W (PASSARGE 1959); Straupitz: Meliorationsgraben W des Ortes (PIETSCH 1963); Gräben und Ackerflächen zwischen Straupitz und Lübben (PIETSCH 1965).
RG: Niewitz: Freiwalder Feldmark N Kiefernwald bei Schmidts Viehweide (1954 Arndt in BI 1967); Niewitz: feuchter Acker am Weg nach Kaden (1951 BI in BI 1957; 1974 IL); Lübben: Meliorationsgraben in Richtung Briesensee (1962~PIETSCH & MÜLLER-STOLL 1974); Briesensee: Ackerflächen W (1962~PIETSCH & MÜLLER-STOLL 1974).
HA: Straupitz (RH 1839); Lübben: Äcker am linken Ufer der Spree gegenüber Hartmannsdorf (AS 1879).
Anm.: Die seit den 1960er Jahren verstärkte Intensivierung der landwirtschaftlichen Flächennutzung führte in wenigen Jahren zum Verschwinden der Art.

Impatiens glandulifera ROYLE – Drüsiges Springkraut N/−/↗
VN: Springer, Knallblume; – .
z – Auf nährstoffreichen, freigespülten Böden, lückigem Ödland, aufgelassenen Äckern, in uferbegleitenden Hochstaudenfluren und im angrenzenden Gebüsch.
Anm.: Gelegentlich in Gärten, v. a. des Oberspreewaldes, kultiviert. Teils aus Gartenkultur verwildernd, teils über Fließgewässer eingeschleppt, siedelt sich die Art im UG immer wieder an und breitet sich davon ausgehend gelegentlich weiter aus.

Impatiens

H/V/↘ **Impatiens noli-tangere** L. – Großes Springkraut
z – In sickerfeuchten Erlenbrüchen und im Erlen-Eschen-Wald auf nährstoffreichen Böden, seltener an nassen Stellen im Eichen-Hainbuchen-Wald.
Anm.: Seit längerem, als Folge von Wassermangel, vielerorts durch *Impatiens parviflora* abgelöst.

N/–/↗ **Impatiens parviflora** DC. – Kleinblütiges Springkraut
VN: – ; škrjaki.
v – Auf frischen, nährstoffreichen Böden in gestörten Laubwäldern und ruderalen Gebüschgesellschaften.
Anm.: Die Art dringt zunehmend in die durch Wasserentzug gestörten Laubwälder ein und vermag dort dichte Dominanzbestände zu bilden.

Impatiens noli-tangere

H/3/↘ **Inula britannica** L. – Wiesen-Alant
(Abb. 100) **VN:** Butterblume, Arnika; arnika.
z – Wechselfeuchte, zeitweilig überflutete, ungedüngte Mähwiesen.
Anm.: Die Art hat seit 1950 durch Veränderungen der historischen Grünlandnutzung (zunehmende Weidenutzung) sowie meliorativen Wasserentzug einen Großteil ihrer einstigen Wuchsorte verloren. Zum Vorkommen im Spreewald siehe auch die Verbreitungskarte in KL (1987).

E?/(3)/♦ **Inula conyzae** (GRIESS.) MEIKLE – Dürrwurz-Alant
(†) – An einer Bahndammböschung.
RG: Schönwalde: W-Seite der Bahndammböschung SO des Dünendurchbruchs der Bahntrasse zwischen Brand und Schönwalde (KB 1975).

H/2/↘ **Inula salicina** L. – Weidenblättriger Alant
VN: Arnika; – .
ss – Wechselfeuchtes Grünland, Säume.
BR: Krausnick: Sommerdamm N Straße Schlepzig-Krausnick (1974 IL; 2004 IL); Gr. Lubolz: SW-Rand Kriegbusch 1,7 km SSO Forsthaus Meierei (2008 H-PE); Lübben: Wiesenau (1992 JE); Neuendorf b. Lübben: direkt N Bhf. (IL & J. ILLIG 1971); Lübbenauer Spreewald (PASSARGE 1955a); Alt Zauche: 2,5 km S im Umfeld des Forsthauses Schützenhaus (FISCHER et al. 1982).
HA: *Bei Vetschau (RH 1839).

Iris pseudacorus L. – Wasser-Schwertlilie   H/–/↔
VN: Wasserlilie, Lilie, Tulpe, Piepernack, Kosse; leluja, banty, żołte banty, kósa.
v – An Gewässerrändern, in Erlenbruchwäldern und im Erlen-Eschen-Wald, in Röhrichten und auf nassen Wiesen.

Iris sibirica L. – Sibirische Schwertlilie   Kv?/(1)/–
VN: – ; módra leluja.
ss – Gewässerrand, am Bahndamm.
BR: Lübben: ca. 0,5 km NW der Stadt S der Bahnstrecke nach Lubolz (2008 KU); Ragow: an einem Grabenrand (Halpick in KL 1977); Lübbenau: alte Badeanstalt (JE in KL 1985b).
Anm.: Die Nachweise von Lübbenau bzw. Lübben gehen vermutlich auf Gartenverwilderungen zurück. Auch wenn – außerhalb des UG bei Presenchen – im Bereich des Oberlaufes der bei Ragow in die Spree mündenden Wudritz Wildvorkommen von *I. sibirica* belegt sind (1971 J. Illig in IL 1980), können bei der Angabe aus Ragow Restzweifel bez. der Ursprünglichkeit nicht ausgeräumt werden, da für den gesamten Spreewald historische Angaben dieser auffälligen Art fehlen (vgl. auch KU et al. 2001). In Gärten wird die attraktive Staude gelegentlich kultiviert. Δ F.

Isolepis setacea (L.) R. Br. – Borstige Schuppensimse   H/3/↘?
VN: Mühe, Gram; proca.
z – In Zwergbinsengesellschaften an Ufern von Fließen, Seen und Gräben sowie an nassen Stellen von Wegen.
BR: Alt Schadow: Zeltplatz am O-Ufer des Neuendorfer Sees (Rettschlag 1970; IL in KL 2004); Neuendorf am See: bei Wutscherogge (1994 JE); Neu Lübbenau: an frisch ausgestochenen Grabenrändern im Bereich des Forsthauses Neu Lübbenau sowie zwischen Neu Lübbenau und Kuschkow (KL 1966); Gr. Wasserburg: Senke im Gr. Grund (1993 KU); Hartmannsdorf: N beim Franzosenloch (KA & KU 2003); Lübben: Spreeufer N der Stadt; O Hartmannsdorf (1979 IL); Börnichener Moor (1994 H-JE); O-Ufer Byhleguhrer See (JE in KL 1989a; Leber & KA in KL 2005, H-KA 20020815004).
RG: Dürrenhofer Moor am Badestrand (KA in KL 2002); Briesensee: Meliorationsgraben SW des Ortes bzw. Meliorationsgraben in Richtung Lübben (1960~ bzw. 1962~Pietsch & Müller-Stoll 1974); O-Ufer Briesener See (Benkert 1986; KA in KL 2002); Briesener Luch (1998 KU); Kl. Leine: O-Ufer Kl. Leiner See (JE in KL 1989a); Caminchen: am Torfstich (Benkert 1986).
HA: Hartmannsdorf: N-Rand der alten Lehmgrube auf den Triften (1949 BI in BI 1957).

E/–/– ***Iva xanthiifolia*** NUTT. – Spitzkletten-Rispenkraut
s – An Wegrändern, in Gärten und auf Müllplätzen.
BR: Hartmannsdorf: Müllplatz (1993 JE); Lübben: Getreidewirtschaft (1981 JE); Kl. Hain (1993 JE); Ratsvorwerk (1982, 1993 JE); Lübbenau-Stottoff: am Straßenrand (1983 JE); Burg Kolonie: Gemüsehof (1993 JE); Burg (Dorf): Müllplatz S Ortslage (1993 JE).
RG: Zerkwitz: Müllplatz (1985 JE).

H/–/↔ ***Jasione montana*** L. – Berg-Sandknöpfchen
VN: – ; módre bubliški.
v – In lückigen, armen Sandtrockenrasen mit Schwerpunkt in der Silbergras-Flur, auf Ackerbrachen, an Rändern von Kiefernforsten armer Standorte.
Anm.: Die Vorkommen konzentrieren sich auf die höher gelegenen Randbereiche des UG.

H/3/↔ ***Juncus acutiflorus*** EHRH. ex HOFFM. – Spitzblütige Binse
z – Auf feuchten bis sickernassen, mäßig nährstoffreichen Wiesen, an Grabenrändern.
Anm.: Von KR (1955b) für den Oberspreewald nicht aufgeführt. Aktuell sind aufgrund des weitgehenden Fehlens sickernasser Standorte nur wenige Vorkommen aus dem Inneren Oberspreewald bekannt (VK 20).

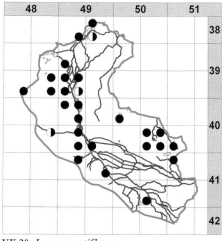

VK 20: *Juncus acutiflorus*

H/3/↔ ***Juncus alpinoarticulatus*** CHAIX in VILL. – Alpen-Binse
[**Syn.:** *J. alpinus* VILL.]
s – In Flachmoorwiesen und an Seeufern, in Kiesgruben.
BR: Lübben: Börnichener Niederung (1993 JE); Neuendorf b. Lübben: am Bahndamm unmittelbar N Bhf. und in einer verwachsenen Kiesgrube 0,3 km SSW Bhf. (IL & J. ILLIG 1971); Boblitz: 3 km NO im Sommerpolder (1992 H-JE).
RG: Treppendorf: Kiesgrube N des Ortes (1989 JE; KL 2003); O-Ufer Briesener See (KL in KL 1977; 1998 KU).

Juncus

Juncus articulatus L. – Glieder-Binse   H/−/↔
v – In nassen, ungedüngten Wiesen, in Kleinseggengesellschaften, auch als Pionier auf zeitweilig überspülten Sandböden, an Grabenrändern.

Juncus atratus KROCK. – Schwarzblütige Binse   H/1/♦
† – Auf nassen Moorwiesen.
BR: Alt Zauche: S der Ortslage an der Mutnitza in armer Pfeifengras-Wiese (1953~MÜLLER-STOLL et al. 1992c; 1955 Freitag in MÜLLER-STOLL et al. 1962).
Anm.: Die Angabe ist nicht durch einen Herbarbeleg abgesichert, so dass trotz bejahender Nachfrage bei den Autoren Restzweifel hinsichtlich der Korrektheit der Artbestimmung bestehen bleiben (vgl. auch JE & SEITZ 1996, KU et al. 2001). In die Arbeit von BURKART (1995) ist die Angabe versehentlich nicht eingeflossen (BURKART mdl. 2008).

Juncus bufonius L. – Kröten-Binse   H/−/↔
VN: Wassergras, Wassergrusche (Wassergruže); proca, wódna tšawa.
v – Auf feuchten Ackerstellen, an Ufern, in Gräben und in austrocknenden Fahrspuren.

Juncus bulbosus L. – Gewöhnliche Zwiebel-Binse   H/−/↔
z – Auf sauren, häufig zeitweise überfluteten, sanduntersetzten Torf- und Schlammböden in Tümpeln, Torfstichen, in und an Wiesengräben, an Seeufern und an Moorrändern.

Juncus capitatus WEIGEL – Kopf-Binse   H/2/↓
s – Auf krumenfeuchten Sandäckern, auf feuchtem Sand in Ausstichen, an Seeufern und in Gräben.
BR: Alt Schadow: Äcker S Ortslage (1965 KL); Neuendorf am See: bei Koplin (1994 JE); Hohenbrück: Äcker S und N der Str. nach Neu Schadow (1965 KL); Neu Schadow: Äcker W, O und S der Ortslage sowie im O-Teil der Morgenwiesen (1965 KL); Neu Lübbenau: Äcker O und NO Ortszentrum (1965 KL); Gr. Wasserburg: Senke im Gr. Grund (KU in JE & KU 1994, H-KU 2404/1-3; 2000 KU; 2007 infolge Gehölzaufwuchs nicht mehr nachgewiesen KU); Burglehn b. Alt Zauche: 0,5 km W (PASSARGE 1959); O-Ufer Byhleguhrer See (1985 JE).
RG: Gr. Lubolz: Weg nach Schönwalde in einer feucht-sandigen Ackersenke links an der Bahnstrecke (BI 1957); Lübben: Graben am Weg in Richtung Briesensee (PIETSCH 1963); Briesensee: Meliorationsgraben in Richtung Lübben (1962~PIETSCH & MÜLLER-STOLL 1974); W-Ufer Briesener See (KA in KL 2002, H-KA 20000901001).

Juncus

Anm.: Noch Mitte der 1960er Jahre eine charakteristische Art der krumenfeuchten Sandäcker des NO-Unterspreewaldes (vgl. KL 1967). Danach durch Intensivierung des Ackerbaues und umfassende Hydromelioration rapide zurückgegangen.

H/–/↔ *Juncus compressus* JACQ. – Zusammengedrückte Binse
z – An feuchten Ufern und auf Wegen im Grünland.

H/–/↘ *Juncus conglomeratus* L. – Knäuel-Binse
z – Auf feuchten Moorwiesen und an Grabenrändern auf schwach sauren, armen bis mäßig nährstoffreichen Böden.

H/–/↗ *Juncus effusus* L. – Flatter-Binse
VN: Biese, Bullengras; syśe, syśo, šyśo, syśina.
v – In Großseggengesellschaften, Erlenbrüchen und auf feucht-nassen Wiesen, besonders auf verdichteten, (wieder)vernässten Böden.
Anm.: Bodenverdichtung, Staunässe sowie Beweidung begünstigen die Ausbreitung der Sippe.

H/2/↘ *Juncus filiformis* L. – Faden-Binse
z – In feucht-nassen, z. T. auch wasserzügigen Niedermoorwiesen, an Grabenrändern und im Randbereich von Torfstichen.
Anm.: Die Vorkommen im Spreewald befinden sich am Nordrand des geschlossenen ostdeutschen Teilareals. Bereits von FRANZ (1800) wurde die Art für den Oberspreewald neben *J. articulatus* und *J. effusus* genannt.

H/V/↔ *Juncus inflexus* L. – Blaugrüne Binse
s – Auf Niedermoor- oder anlehmigen Böden in Feuchtwiesen und -senken.
BR: Krausnick: Senke O Luchsee (KU in JE & KU 1994); SO Texaswiesen (JE in JE & KU 1994); Schlepzig: S Forsthaus Buchenhain (1987 KU in JE & KU 1994); Gr. Lubolz: Wiesengraben am Feldweg nach Bugk (1955 BI); Leipe: Senkenausstich S Ortslage (1976 IL).
RG: Treppendorf: Ziegelei am Feldweg Langer Rücken S der Stadt (1948 BI; 1999 KU).
Anm.: Von KR (1955b) noch nicht aus dem Oberspreewald angegeben. Die darin enthaltene Angabe „Ziegelgruben bei Lübben" (KR 1955b: 92) bezieht sich mit großer Wahrscheinlichkeit auf den Treppendorfer FO.

H/2/↓ *Juncus squarrosus* L. – Sparrige Binse
ss – Auf nährstoffarmen, sauren, verdichteten Böden an Torfstichrändern, in Mager- und Borstgrasrasen, an feuchten Waldwegen und Triften.
BR: Hohenbrück: Wegrand beim Torfstich ca. 1,5 km NO Ortslage (KU 1996b); Neu Lübbenau: O Ortslage im Jg. 25 (1965 KL); O Ortslage am O-Rand

des Jg. 21 (1965 KL); SSO Ortslage auf einem Waldweg zum Stall (JE in JE & KU 1994); Schlepzig: Chaussee durch den Buchenhain in Richtung Krausnick (o.J. BI); NO Petkansberg (1994 JE); Lübben: Straßenrand in der Nähe des Forsthauses Börnichen; Brandgräben an der Bahn nach Wiesenau (1951 BI in BI 1957); Lübben(au): Lübben(au)er Heide N der Stadt (Fischer in Scholz & Sukopp 1965); Straupitz: Forst Lübben Jg. 18 (1978 KB).
RG: Caminchen: wechselfeuchte Wege ca. 1,5 km NO Ortslage im Bereich der Forst Lübben Jg. 18 (1978 KB in KL 1987).
HA: Zwischen Lübben und Alt Zauche (Potonié in AS 1879).
<small>**Anm.:** Der Bestandsrückgang steht in engem Zusammenhang mit dem fast vollständigen Verschwinden der Borstgrasrasen. Da es nördlich Lübbenau keine Heide gibt, handelt es sich bei gleichlautender FO-Angabe durch Fischer in Scholz & Sukopp (1965) vermutlich um eine Verwechslung (Übertragungsfehler?) mit der Lübbener Heide (vgl. BI-Angaben im Raum Börnichen-Wiesenau).</small>

Juncus tenageia Ehrh. – Sand-Binse H/2/♦?
†* – Auf nassen, offenen Sandböden.
BR: Wußwerk: Kiesgrube (Hölzer in Benkert 1986).
RG: Briesensee: Meliorationsgraben in Richtung Lübben (1962~Pietsch & Müller-Stoll 1974); Briesensee (Pietsch 1965).
<small>**Anm.:** Die Ortsangabe „Briesensee" in Pietsch (1965) bezieht sich mit großer Wahrscheinlichkeit auf den in Pietsch & Müller-Stoll (1974) genannten FO.</small>

Juncus tenuis Willd. – Zarte Binse N/–/↔
z – Auf feuchten Waldwegen, auf Liegewiesen an Seeufern.

Juniperus communis L. – Gewöhnlicher Wacholder H/3/↘
VN: – ; jałowjenc, jałoweńc, jaloweńc, jałowń, jałońc.
s – Heiderelikt in heutigen Kiefernbeständen.
BR: Alt Schadow: Tschinka; S Nuggel, an beiden Orten evtl. gepflanzt (1998 KU); Köthen: Schwanensee (1998 KU); Schibingsee (KA in KL 2002); Krausnick: ca. 1 km NW Ortslage (1985 KU); 3,5 km SSO Ortslage (2002 PE); Krausnicker Berge (1989 JE); Lübben: Lax Luch 2 km WNW Börnichen (1989 JE).
RG: Gr. Lubolz: bei Bugk auf einer Anhöhe (1951 BI); bei Bugk auf einer Wiese (1955 BI); Krugau: alte Kiesgrube am Abhang des Marienberges (KA in KL 2002; 2009 Borries & PE).
<small>**Anm.:** Ziemlich häufig auch in Gärten, Anlagen und auf Friedhöfen gepflanzt. Früher benutzte man ihn wegen seiner aromatisch duftenden Zweige, um damit bei Infektionskrankheiten Stuben und Ställe auszuräuchern (KR 2009b). Berger (1866) gibt aus Burg in der Nähe der Bleiche und der Brauerei ein pyramidenartiges Exemplar von 40 Fuß Höhe (ca. 12 m) an.</small>

Kickxia

H/2/◆? **Kickxia elatine** (L.) Dumort. – Spießblättriges Tännelkraut
† * – Auf lehmig-tonigen Äckern, besonders in der Stoppelbrache.
BR: Brahmow: Maisacker 0,5 km O Ortslage (1995 H-JE, leg. M. Schwiegk).
RG: 0,5 km W Schönwalde (1955 BI; IL in KL 1985b, H-IL).
HA: Vetschau: Äcker zwischen Bhf. und Stradower Mühle (AS 1876).
Anm.: Auf dem Bahngelände in Lübbenau trat die Art adventiv auf (1981 JE).

H/–/↔ **Knautia arvensis** (L.) Coult. – Acker-Witwenblume
VN: – ; pupawa, bubliny.
v – Auf frischen, basenhaltigen Böden in Trockenrasen an Wegrändern, stellenweise auf Wiesen und an Ackerrändern.

H/3/↘ **Koeleria glauca** (Spreng.) DC. – Blaugrünes Schillergras
z – Auf basenreichen, meist kalkhaltigen Böden in lückigen Sandtrockenrasen, ferner in trockenen Kiefernforsten/Kiefernwäldern, dort zumeist auf Dünen und an Wegrändern.

Koeleria glauca

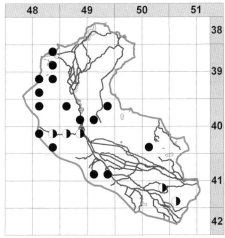
VK 21: *Koeleria glauca*

BR: Köthen: mehrfach S und SW der Ortslage (1992 JE; 1993 KU); Krausnick: Straße nach Brand (IL in KL 1985b; KU 1992); Nähe Moorsenke wenig SW des Forsthauses Brand (1995 KU); Gr. Lubolz: Dünen NO am Weg nach Bugk (o.J. Arndt in BI 1967; 1999 H-KA 19990606021; 2009 Borries & PE); Lübben: bei den Pfaffenbergen am ehem. Kleinbahndamm am Weg nach Lehnigksberg (1953 BI; 2005 KA); an der B 87 wenig NO der Stadt (IL & J. Illig in KL 1974; IL & KG in KL 1989a); Neu Zaucher Weinberg

(1992 JE; KA in KL 2002); Burg: an der ehem. Spreewaldbahn (1974 JE); Werben: an der Spreewaldbahn nach Guhrow am Bahndamm (KR 1955b).
RG: Schönwalde: 1 km NW Bhf. (1973 IL; 2002 KA); Dünendurchbruch der Bahntrasse N Ortslage (1973 KB; 2004 KA); Kaden: Autobahn nach Niewitz zu (1989 IL in KL 1999); Niewitz: N Ziegelei (IL in KL 1985b); Lübben: zwischen Lubolzer Weg und Berliner Chaussee (1951 BI, KR 1960); Berliner Chaussee vom Forsthaus Lubolz bis Rickshausen (BI 1953); Krugau: alte Kiesgrube am Abhang des Marienberges (1999 KA); Zerkwitz: Mühlberg (IL in KL 1985b; 1992 JE); zwischen Lübbenau und Zerkwitz (1952 Passarge in KR 1968b); Lübbenau: NO Kraftwerk (1992 JE).
HA: Burg (HOLLA 1861/62); Lübben: Eschenallee (1949 BI).

Anm.: Das Verbreitungsbild dieser Art lässt eine Konzentration auf die stärker kontinental geprägten westlichen Randbereiche des UG erkennen (VK 21). Weitere Vorkommen außerhalb des UG befinden sich in dem unmittelbar südwestlich an das Lübben-Lübbenauer Gebiet angrenzenden Raum. Alle zusammen bilden die Süd-Grenze des geschlossenen ostdeutschen Verbreitungsgebietes (vgl. BENKERT et al. 1996).

Koeleria macrantha (LEDEB.) SCHULT. – Zierliches Schillergras
Der Eintrag in BENKERT et al. (1996) unter MTBQ 4149/1 beruht auf einer Fehlbestimmung von *K. glauca* (vgl. KU et al. 2001).

Lactuca serriola L. – Kompass-Lattich   H/–/↔
v – Auf mäßig trockenen Ruderalstandorten, an Verkehrswegen und auf Industriegelände, besonders auf basenreichen Böden.
Anm.: Im inneren Spreewald fehlt die Art weitgehend.

Lactuca tatarica (L.) C. A. MEY. – Tataren-Lattich   N/R/♦?
†* – In Ruderalfluren.
BR: Vetschau: Bhf. (JE in KL 1977, conf. 1975 H. Jage, H-JE; 1981 JE).

Lamium album L. – Weiße Taubnessel   H/–/↘
VN: Taubnessel, Weißer Bienensaug; kopśiwka, kopśiwka, běla kopśiwa, žybra, zybra, brumelowe zele.
v – In Ruderalgesellschaften der Dörfer, vor allem an Mauern, Zäunen und Wegen, bevorzugt schattige, stickstoffreiche Standorte.
Anm.: Der Rückgang ist durch zunehmende Verstädterung der Dörfer verursacht.

Lamium amplexicaule L. – Stängelumfassende Taubnessel   H/–/↔
VN: – ; pólska kopśiwa, kopśiwka, kopśiwka.
v – Auf sandig-lehmigen Äckern und in Gärten.

Lamium

Kv/−/↗ **Lamium argentatum** (Smejkal) Henker ex G. H. Loos − Silberblättrige Goldnessel
z − Nährstoffreiche Wald- und Gebüschsäume in Ortsnähe, Friedhofsränder, Parkanlagen.
Anm.: Die Sippe wird in Gärten als bodendeckende Zierpflanze kultiviert und über Gartenabfälle verschleppt, z. T. größere teppichartige Bestände ausbildend.

H/−/↘ **Lamium galeobdolon** (L.) L. − Gewöhnliche Goldnessel
[**Syn.:** *Galeobdolon luteum* Huds.]
z − Auf frischen, nährstoffreichen Mullböden in Laubwäldern, v. a. im Erlen-Eschen-Wald.
Anm.: Der Rückgang ist durch Wasserentzug in den Wäldern bedingt.

H/−/↘ **Lamium maculatum** L. − Gefleckte Taubnessel
VN: − ; živa kopśiwa, pólske kopśiwy.
z − In Laubwäldern (insb. Auenwäldern), in Parkanlagen, an Wegen und in Waldsäumen auf feuchten, nährstoffreichen Böden.
Anm.: Der Rückgang erfolgte durch Grundwasserabsenkung. Eine f. *carneum* Beckhaus wird für Krimnitz (Lucas in AS 1860b) angegeben, ferner aus dem Lübbener Hain (Fick in AS 1861/62).

H/−/↔ **Lamium purpureum** L. − Purpurrote Taubnessel
VN: Rote Wilde Nessel, Bienensaug, Bienchensaug, Roter Bienensaug, Taube Brennnessel; hogniśćo, kopśiwka, živa kopśiwa, kopśiwa.
v − In Ackerwildkrautfluren auf stickstoffreichen Böden, in Ackerbrachen, Säumen, Gärten.

E/(2)/− **Lappula squarrosa** (Retz.) Dumort. − Kletten-Igelsame
ss − Trockene Ruderalfluren, Brachacker.
BR: Lübben: Schutt an der Stadtmauer (1952 BI in BI 1957); Lübbenau-Stennewitz: 0,5 km W an der Bahn (1982 JE in KL 1985b); Byhleguhre: an der Kiesgrube am O Ortsrand (1957 BI).

H/−/↔ **Lapsana communis** L. − Gewöhnlicher Rainkohl
v − An gestörten Stellen in Laubwäldern, in Gebüschen, an Wegrändern, auch in Gärten und auf Äckern, besonders auf frischen, humosen Böden an stickstoffbeeinflussten Standorten.

H/2/◇ **Lastrea limbosperma** (All.) Heywood − Gewöhnlicher Bergfarn
[**Syn.:** *Aspidium oreopteris* (Ehrh.) Swartz]
† − An bewaldeten Hügeln.
HA: „am untern Spreewalde" (RH 1840: 9).

Lathyrus

Lathraea squamaria

Lathraea squamaria L. – Gewöhnliche Schuppenwurz H/3/↔?
s – In krautreichen Wäldern kräftiger Standorte.
BR: Neu Lübbenau (1981 Löwa; 1996 JE); Schlepzig: mehrfach im Buchenhain (1955 BI; BRAUN 1994; GOOSSENS 1995; KA 2007).
RG: Byhleguhre: Welsnitz (WOLFF 1929; 1997 Leber).
HA: Lübben (RH 1839); im Unterspreewald (Fick in AS 1861/62); *Klessow (vor 1923 Wolff in WIESNER 1920 – 1938).

Lathyrus latifolius L. – Breitblättrige Platterbse Kv/–/↗
VN: Wicke; – .
z – Auf Müllplätzen, an Wegen und Böschungen.
Anm.: Auch als attraktive Zierpflanze nicht selten in Haus- und Vorgärten zu finden, insbesondere an Zäunen.

Lathyrus linifolius (REICHARD) BÄSSLER – Berg-Platterbse H/V/↔?
[Syn.: *L. montanus* BERNH.]
s – In Eichenmischwäldern und Kiefernforsten auf sauren, anlehmigen Böden.
BR: Alt Schadow: Kiefernforst 2,7 km OSO Ortslage (1965 KL); Neu Schadow: Staatsforst Kl. Wasserburg Jg. 14 (KL 1966); Köthen: moosreicher Waldwegrand im Jg. 70 ca. 1,5 km SO Ortslage (1989 Günther); Hänge am S-Ufer des Pichersees (1972 KB; KA in KL 2002); Schlucht O Pichersee (1992 H-JE); O Schwanensee (1992 JE in JE & KU 1994); W-Seite Schwanensee (1951 BI); Krausnick: am Weg zum Luch zwischen Lichtesee und Chaussee (KA in KL 2002); N Luchsee (1951 BI; IL & J. Illig in KL 1980); Schlepzig: Buchenhain (1954 BI; KA in KL 2002); Lübben: N-Hang der Pfaffenberge (KA in KL 2002); Straupitz: an der Kahnfahrt (KR 1955b).
RG: Krugau: alte Kiesgrube am Abhang des Marienberges (1954 BI; KA in KL 2002).
Anm.: Im Oberspreewald nur vom Straupitzer FO bekannt; dort seit den 1950er Jahren nicht mehr beobachtet.

Lathyrus

H/3/↘ **Lathyrus palustris** L. – Sumpf-Platterbse
VN: Wilde Wicke, Wicke; – .
v – Auf Überschwemmungswiesen, vorwiegend in Großseggenrieden und Rohrglanzgras-Wiesen, in Hochstaudenfluren feuchter Standorte.
Anm.: Die Art meidet den Bereich der höher gelegenen Randlagen des UG weiträumig (VK 22). Das Fehlen in Teilen des Oberspreewaldes, mit Ausnahme des Neu Zaucher Hochwaldes, beruht vermutlich auf Beobachtungslücken. Verluste infolge veränderter Grünlandnutzung und Melioration wurden z. T. durch vorübergehende Ausbreitung auf Feuchtgrünlandbrachen ausgeglichen. Die älteste belegte Angabe dieser Sippe aus dem UG stammt aus der Umgebung von Lübbenau (vor 1838 Ruff, Herbar GLM 43004).

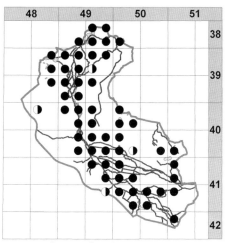

VK 22: *Lathyrus palustris*

H/–/↔ **Lathyrus pratensis** L. – Wiesen-Platterbse
VN: Wickroggen; wejkowina, sokowina.
v – Auf gut nährstoffversorgten, frischen bis wechselfeuchten Wiesen, vor allem auf anlehmigen Böden.

H/–/↔ **Lathyrus sylvestris** L. – Wald-Platterbse
z – An Wegrändern, in Trockenrasen und an Waldrändern auf nährstoffreichen, mäßig trockenen, basenreichen, auch kalkhaltigen Böden.
Anm.: Der Vorkommensschwerpunkt mit zahlreichen Nachweisen im UG befindet sich im Raum Krausnick – Schönwalde – Lubolz. Darüber hinaus gibt es Angaben aus Boblitz: an der Bahn-Dobra-Brücke (IL in KL 1985b), Neuendorf b. Lübben: Straßenrand (1950 BI; 1995 JE) sowie Biebersdorf: Waldrand N Ortslage (1985 JE). Im Westlichen Oberspreewald und Burger Spreewald völlig fehlend.

H/V/↔? **Lathyrus tuberosus** L. – Knollen-Platterbse
VN: – ; cerwjena grošyca.
s – Auf nährstoff- und basenreichen, meist auch kalkhaltigen, anlehmigen Äckern; Ruderalstandorte.
BR: Lübben: Acker um die alte Lehmgrube an der Luckauer Straße unweit Vorwerk Blumenfelde (1951 BI in BI 1957; 1992 H-JE).

RG: Schönwalde: an der Bahn (1992 JE); Lübben: Bahntrasse nach Lubolz am westl. Ortsausgang (2008 KU); Kl. Beuchow: Äcker bei der Ortslage (1994 JE); Lübbenau: Kraftwerksgelände und Straße nach Klessow (JE in KL 1985b).

Lathyrus vernus (L.) BERNH. – Frühlings-Platterbse   H/V/↘

VN: – ; módra grošyca.

s – In krautreichen Laubwäldern auf nährstoff- und basenreichen sowie meist kalkhaltigen Böden.
BR: Gr. Wasserburg: 1,4 km SO Ortslage im Jg. 45 Nähe Langes Horstfließ (GOOSSENS 1995); Schlepzig: Buchenhain (= Pfuhl) (AS 1866, 1879; KA 2007); Neu Lübbenau: Niederungswald Jg. 146 (KB 1980).
RG: Schönwalder (Schweine-)Busch (RH 1846; 1986 JE).
Anm.: In BI (1957) wird die Art für den Buchenhain (Beobachtungsjahr: 1948) noch als sehr verbreitet angegeben; heute ist sie dort deutlich seltener. Vereinzelt wird die Spezies, zumeist in einer rosa blühenden Sippe, auf kräftigeren Standorten in Gärten kultiviert.

Lathyrus vernus

Ledum palustre L. – Sumpf-Porst   H/2/↘
(Abb. 93)

VN: Porst, Porsch; bagńe, bagńo, bageń, bagan, bagenc, mólowe zele.

s – In der Randzone von Zwischenmooren, in degradierten grundfeuchten Kiefernbeständen.
BR: Krausnick: Luchsee (1951 BI in BI 1957; 2007 KU); O Lichtesee (2007 Heinrich); wenig N des Forsthauses Meierei Nähe neuer Kuhstall (1980 KU; 1994 JE); Gr. Lubolz: 0,3 km NW Bugk (2003 Weingardt); 0,7 km N Bugk (2003 H-KA 20030413015).
RG: Briesensee: „Steinbruch 2" 1,5 km N Ortslage (1999 KA); Byhleguhre: Welsnitz (WOLFF 1929; 1988 JE); N- und NW-Ufer Byhleguhrer See (2005 Heinrich).
HA: Krausnick (Fick in AS 1861/62); Lübben: Ellerborn; Byhleguhre; *Schmogrow (WIESNER 1925).

Leersia oryzoides (L.) SW. – Queckenreis   H/3/↔

z – Im Uferbereich von Seen und Fließen auf nährstoffreichen Standorten.
BR: Neuendorfer See: mehrfach an den Ufern des Sees (KU 1998); Neu Lübbenau: Ortslage beim Fischer Richter (KU in JE & KU 1994); Kraus-

nick: Nähe Schöpfwerk am Sommerdamm (KU in JE & KU 1994); mehrfach an der Wasserburger Spree (KU in JE & KU 1994; 2002 PE); Schlepzig: Altarm der Wasserburger Spree 0,8 km WNW Petkansberg (2002 PE); 2 km NNW an Lehmanns Fließ (2001 PE); Unterspreewald zwischen Lübben und Schlepzig (1951 BI); Lübben: Bersteufer im Hain (1951 BI; KR 1955b); am Fährhafen (2000 KU); Lübbenauer Spreewald (Passarge 1955a, 1957); Alt Zauche: bei der Kannomühle (1951 BI; Passarge 1955a); Burg Kauper: Burger Kanal S Polenzschänke (Passarge 1955a); Fehrow: in der Nähe der Spreebrücke (KR 1955b); Guhrow: ca. 3 km NNW am Hauptspreeufer ca. 300 SW Wehr VI des Nordumfluters (2008 KU).
RG: Niewitz: an Wiesengräben und an der Berste (1951 BI).
HA: Im Raum Saccasne – Byhleguhre (Wiesner 1920 – 1938).

H/–/↔ **Lemna gibba** L. – Buckelige Wasserlinse
VN: Entengries, Entengrütze; kśĕk.
z – In Wasserlinsengesellschaften nährstoffreicher Gräben, Teiche und Tümpel.
Anm.: In warmen Sommern sehr üppige Bestände bildend. Es kann sicherlich davon ausgegangen werden, dass die für *L.* spec. ermittelten VN sowohl für *L. gibba*, *L. minor* und *Spirodela polyrhiza* Anwendung fanden.

H/–/↔ **Lemna minor** L. – Kleine Wasserlinse
VN: siehe *L. gibba*.
v – In Wasserlinsengesellschaften stehender und langsam fließender Gewässer.

H/–/↔ **Lemna trisulca** L. – Dreifurchige Wasserlinse
v – In Schwebergesellschaften stehender und langsam fließender meso- bis eutropher Gewässer.

N/–/↗ **Lemna turionifera** Landolt – Rote Wasserlinse
(Abb. 72) **v** – In Wasserlinsengesellschaften wärmebegünstigter, meist stehender Flachgewässer.
Anm.: Die Art bildet selten größere Dominanzbestände, z. B. im Polder Kockrowsberg (2002 PE). Erstnachweis im UG: Leipe NO (1991 KR). Zum Vorkommen und zur Vergesellschaftung im Spreewald vgl. Wolff & Jentsch (1992).

H/–/↔ **Leontodon autumnalis** L. – Herbst-Löwenzahn
VN: – ; mlac, špicny mlac, zubate łopjeno, grěbawa, grjebawa, pupajca, pupajcka.
v – In frischen bis mäßig feuchten, nährstoffreichen Wiesen und Weiden, auf Rainen.

Leontodon hispidus L. – Steifhaariger Löwenzahn, Rauer Löwenzahn H/–/↓
VN: – ; mlac.
s – In Frischwiesen auf basenreichen, anlehmigen Böden, an Waldrändern, auf Waldlichtungen, an Grabenböschungen.
BR: Neuendorf am See: W Wutscherogge (KU 1998); Krausnick: 2,4 km SSO im Kriegbusch auf einer Waldlichtung (2002 PE); Gr. Lubolz: kleine Wiese 1,7 km SSO Forsthaus Meierei (2008 PE); Waldsaum am N-Rand der Kriegbuschwiesen (2002 PE); mehrfach im Unterspreewald (SCAMONI 1955, 1955/56); Lübben: SW nahe dem Eichkanal (heute W-Abschnitt des Nordumfluters) (1953~MÜLLER-STOLL et al. 1992c); Radensdorf: S der Ortslage (1953~MÜLLER-STOLL et al. 1992d); Wußwerk: S der Ortslage (1955~MÜLLER-STOLL et al. 1992d); Ragow: O im Südpolder (1955~MÜLLER-STOLL et al. 1992c); Lübbenauer Spreewald (PASSARGE 1955a); Bereich Boblitz-Raddusch (ARNDT 1955a); Raddusch: N der Ortslage (1956~MÜLLER-STOLL et al. 1992d); Alt Zauche: südl. des Ortes (FREITAG 1955); Neu Zaucher Weinberg (LIENENBECKER 1993); O-Ufer Byhleguhrer See (KR 1954; 1992 H-KN; Leber & KA in KL 2005); mehrfach in den Vegetationsaufnahmen aus dem Burger Raum (KR 1954; 1952~ bzw. 1956~MÜLLER-STOLL et al. 1992d); Müschen: Nähe des Ortes an Str. nach Burg; O des Ortes (KR 1954); Schmogrow: 300 m W (KR 1954); Babow: ca. 2 km SW am Wege nach Vetschau (KR 1954).
RG: Krimnitz: S des Dorfes (KR 1954).
HA: Lübben: Stadthain Richtung Hartmannsdorf (1948 BI).
Anm.: KR (1955b: 115) gibt an, dass die Art im Oberspreewald „häufig auf frischen Wiesen, besonders in Glatthafer-Wiesen …, auch in Rotschwingel-Wiesen" vorkam. Komplexmelioration und der Übergang zu einer intensiven Grünlandnutzung seit den 1970er Jahren führten zu einem deutlichen Bestandsrückgang.

Leontodon saxatilis LAM. – Nickender Löwenzahn H/V/↔?
[**Syn.:** *L. nudicaulis* auct., *L. taraxacoides* (VILL.) MÉRAT, L., *Thrincia hirta* ROTH]
VN: siehe *L. hispidus*.
z – Im Grünland auf frischen bis wechselfeuchten, oft basenreichen Böden, auch auf Störstellen in Weiden sowie an Wegrändern.

Leonurus cardiaca L. – Echtes Herzgespann H/3/↘
VN: – ; pomocnica.
z – In Ruderalfluren der Dörfer auf frischen, nährstoffreichen Böden.
BR: Neuendorf am See: Kietz (KU 1998); Alt Schadow: Ortslage (KU 1998); Neu Schadow: mehrfach in der Ortslage (JE in KL 1989a; 1994 JE); Leibsch: Ortslage (1993 KU); Köthen (1992 JE); Kuschkow: Kirche (JE in KL 1989a); Krausnick: mehrfach im Bereich des westl. Ortsteils (1985 KU);

Schlepzig: Kuschkower Str. (1992 KU); Nähe Dammstr. (1997 KU); am Wegrand Nähe Forsthaus im Buchenhain (GOOSSENS 1995); Lübben (KR 1955b); 2004 KU: im Bereich Neugasse); Radensdorf (KR 1955b); Wußwerk: Dorfstraße (1956 BI), in der Nähe des Friedhofes (2009 Raabe); zerstreut in den Dörfern um Lübbenau (KR 1955b); Neu Zauche (1992 JE).
Anm.: Aufgrund der zunehmenden Verstädterung der Dörfer weiter abnehmend. Bisher liegen nur Angaben zur subsp. *cardiaca* aus dem UG vor.

E/(V)/⁻ ***Leonurus marrubiastrum*** L. – Andorn-Herzgespann, Katzenschwanz
ss – An einem trockenen Graben.
RG: Laasow: Waldrand 1 km NW der Ortslage (JE 1982, 1980 H-JE).

H/−/↔ ***Lepidium campestre*** (L.) R. BR. – Feld-Kresse
z – In lückigen Ruderalgesellschaften auf mäßig trockenem, oft mineralkräftigem Sand.

N/−/↗ ***Lepidium densiflorum*** SCHRAD. – Dichtblütige Kresse
v – Auf trockenem, lückigem Ruderalgelände, besonders an Verkehrsanlagen.
Anm.: Von KR (1955b) lediglich aus dem Stadtinnern Lübbens selten auf Schutt vorkommend angegeben.

H/−/↘? ***Lepidium ruderale*** L. – Schutt-Kresse
v – In lückigen Ruderal- und Trittgesellschaften, vor allem in Ortslagen auf stickstoffreichen, wärmeexponierten Standorten.

N/−/↔ ***Lepidium virginicum*** L. – Virginische Kresse
z – In Ruderalgesellschaften trocken-warmer Orte an Straßen und Wegen, auf Industriegelände und Brachen.
Anm.: Viele FO befinden sich im Oberspreewald, im Unterspreewald ist die Art seltener.

H/#/↘ ***Leucanthemum vulgare*** agg. – Artengruppe Wiesen-Margerite
VN: Margeritte, Magaritte; kwětki, margarita.
z – In frischen bis mäßig trockenen Wiesen auf nicht zu armen Standorten.
Anm.: Von KR (1955b) für den Oberspreewald noch als ziemlich häufig angegeben. Die Verluste durch Intensivierung der Grünlandnutzung sind durch gelegentliche Besiedlung meliorierter Standorte nicht ausgeglichen worden (Abb. 80). Eine getrennte Ansprache der im Land Brandenburg vorkommenden Sippen *L. vulgare* LAM. und *L. ircutianum* DC. erfolgte bislang nicht. Auf Grund der bislang für *L. vulgare* s. str. in Brandenburg ermittelten Standortansprüche (Halbtrockenrasen auf basen- oder kalkreichen Böden) ist zu vermuten, dass im UG nur *L. ircutianum* vorkommt. Neuerdings tritt *L. vulgare* agg. immer wieder in Ansaaten

fremdländischer Herkunft entlang von Straßen, Wegen etc. auf. In Gärten wird die Wiesen-Margerite auch als Zierpflanze kultiviert.

Leucojum aestivum L. – Sommer-Knotenblume Kv/R/↔
VN: Großes Schneeglöckchen, Wilder Märzenbecher; – . (Abb. 85)
z – In nassen Wiesen und Großseggenrieden, im Erlen-Eschen-Wald und in reichen Erlenbrüchen.
BR: Alt Schadow: am Neuendorfer See im Bereich Spreeabfluss W Ortslage (KU 1998); Krausnick: ca. 1 km O an Wasserburger Spree (1991 KU; Goossens 1995); Schlepzig: Buchenhain (Piesker 1965; Braun 1994); am Hauptspreeufer bei Schlepzig, evt. gepflanzt (IL in KL 2006); Hartmannsdorf: S Unterspreewald (Piesker 1965); N Forsthaus Hartmannsdorf in den Jg. 98, 117, 119, 120, 121, 122, 127, 130 (KR 1977); Lübben: sumpfige Spreewiesen in der Nähe der Stadt (Lohde 1933; BI 1958); Wiesen S (Gubener) Vorstadt (1948 BI in KR 1977; BI 1951; Sukopp 1957); O Hauptspree S der Stadt (1953 BI in KR 1977); Spreewiesen an der Badeanstalt (1950 BI in BI 1957); N Jugendherberge nahe der Hauptspree (2009 Borries); Ragow: im Erlenbruch in Richtung Ellerborn (JE in KL 1980); Lübbenau: Einzelexemplar auf nasser Rasenschmielen-Wiese im Lübbenauer Spreewald (1953 Passarge in KR 1977); an der Hauptspree N Barzlin (JE 1973); Weg nach Wotschofska (nach 1953~KR 1977, o.J.~JE & KB 1992).
Anm.: Aus früherer Kultur – wahrscheinlich im Schlossgarten Lübbenau – verwildert (KR 1977). Alle aktuellen Wildvorkommen im Spreewald liegen unterhalb von Lübbenau. Die Pflanzen sind vielerorts eingebürgert und bilden besonders auf aufgelassenen Wiesen beachtliche Bestände. Die größten Vorkommen befinden sich zwischen Lübbenau und Lübben sowie im südlichen Unterspreewald. Im Frühjahr 1993 ist die Art erstmals auch im nördlichen Unterspreewald bei Alt Schadow (s. o.) beobachtet worden. In jüngerer Zeit durch Zwiebeln aus dem Saatguthandel hier und da wieder als Zierpflanze in Gärten anzutreffen.

Leymus arenarius (L.) Hochst. – Gewöhnlicher Strandroggen Kv/–/↔
[**Syn.:** *Elymus arenarius* L.]
VN: Sandhafer; ziwy hows.
ss – Auf Dünen und in Trockenrasen.
BR: Lübben: Spielberg (Fick in AS 1864; 1991 JE); Frauenberg (1991 JE). Suschow: nach Fleißdorf hin (KR 1955b).
RG: Lübben: Akazienstraße (BI 1950); Treppendorf: Dünen beim Ort (IL & J. Illig in KL 1980); Kiesgrube (IL & KG in KL 1989a; 1989 IL in KL 1999).
HA: Lübben: in den sog. „Weinbergen" (= Neuer Friedhof) (RH 1836b; Treichel 1876a); auf dürrem Flugsand bei Lübben (RH 1839); Lübben: Eschenallee und Hubertusweg (1949 BI).

Ligustrum

Anm.: Die Bestände gehen auf Ansaaten oder Anpflanzungen zur Sandfestlegung zurück. Der Nachweis in der Treppendorfer Kiesgrube durch IL & KG in KL (1989a) wurde irrtümlich als *Ammophila arenaria* publiziert.

Kv/(D)/↔ **Ligustrum vulgare** L. – Gewöhnlicher Liguster
z – Waldränder und Gebüsche in Ortsnähe.
Anm.: Innerhalb von Siedlungen vielfach als Hecke gepflanzt und davon ausgehend verwildernd. Δ F.

H/3/↔? **Limosella aquatica** L. – Gewöhnlicher Schlammling
ss – Im Bereich schlammiger, zeitweise trockenfallender Uferzonen an Standgewässern.
BR: Alt Schadow: Ufer des Neuendorfer Sees (1969 IL in KR 1974a, H-IL; 1992 JE); Stradower Teiche (1998 JE).
RG: *Gröditsch (BUHL 1964).
Anm.: Bei der Mitteilung bez. des Vorkommens am Briesener See (HAMSCH 2000) handelt es sich um einen Übertragungsfehler von *Littorella uniflora* (s. u.).

H/0/◇ **Linaria arvensis** (L.) DESF. – Acker-Leinkraut
† – Äcker, Straßenrand.
HA: Müschen und Burg (RH 1839).
Anm.: Die Überprüfung des im Herbar B befindlichen Beleges aus Byhleguhre: an der Dorfstraße (1952 BI in BI 1957, H-BI) erbrachte eine Fehlbestimmung einer anderen, nicht eindeutig zuordbaren *Linaria*-Sippe (rev. 2008 M. Ristow).

N/3/– **Linaria spartea** (L.) CHAZ. – Ruten-Leinkraut
(Abb. 116) ss – Auf Sandböden in Äckern.
BR: Krausnick: Feldrand 0,5 km NNW Ortslage (2008 H-PE); Neu Zauche: Feld SW Neu Zaucher Weinberg (KN in JE & KU 1994).
Anm.: Weitere Nachweise liegen aus dem nordöstlich angrenzenden Gebiet vor (vgl. SONNENBERG 1996; KL 2006).

H/–/↔ **Linaria vulgaris** MILL. – Gewöhnliches Leinkraut
VN: Marienflachs, Marienlein, Frauenflachs, Löwenmaul, Wildes Löwenmaul, Verwaschkraut; pólski lan, žiwy lan, marjank, marijank, marijcyny lan/lank/lenk, marijny lenk, marijny lank, marćyny lank, šćerkawa, sćerkawa, šćarkawa, sćarkawa.
v – In lückigen, ruderal beeinflussten Trockenrasen und Wildkrautfluren an Wegen und auf Brachäckern, auch an gestörten Stellen in trockenen bis frischen Wiesen.

Linum

Linnaea borealis L. – Moosglöckchen H/2/◇
† – (ohne Angabe).
HA: Byhleguhre (WIESNER 1925); Krausnicker Berge (ARNDT 1942).

Linum austriacum L. – Österreichischer Lein E/(V)/−
ss – Grasansaat auf trockenem Standort.
BR: Schlepzig: an der Dorfstraße gegenüber der Gaststätte Künzel (KU in JE & KU 1994, H-KU 1230/2).

Linum catharticum L. – Purgier-Lein H/3/↓
s – Auf wechselfeuchten, nährstoffarmen Wiesen, in Magerrasen, besonders in kurzrasigen Beständen.
BR: Alt Schadow: Wiese 1,5 km SW Ortslage (1964 KL); Hohenbrück: Wiesen W Str. nach Alt Schadow (1964 KL); Neu Schadow: Morgenwiesen ca. 1 km S Ortslage (1966 KL); Neu Lübbenau: Wiesen an der Straße nach Schlepzig (1953 BI); Wiesen O Ortszentrum (1965 KL); Kuschkow: Wiese N Str. nach Neu Lübbenau (1964 KL); Wiesen am O-Talrand der Pretschener Spree ca. 2 km N Ortslage (1964 KL); Krausnick: ca. 1,5 km O Ortslage Nähe Sommerdamm N Str. nach Schlepzig (1993 KU); Forstschneise Nähe Luchsee (1981 KL); Oberspreewald: (von Lübben kommend) Wiese am Eichkanal (heute W-Abschnitt des Nordumfluters) bei der ersten Schleuse rechts (1957 BI); Lübbenau: am Wotschofskaweg (1992 JE); Lübbenauer Spreewald (PASSARGE 1955a); Lehde: Grünland NW Dolzke (2001 PE; 2008 PE & Heinrich); O Lehde (1991 JE); Boblitz: Grünland 1 km NO Ortslage (1981 JE); Alt Zauche: südl. des Ortes (FREITAG 1955); an der Mutnitza (1955 Freitag in MÜLLER-STOLL et al. 1962); Burg: an der Chaussee nach Schmogrow (KR 1954); Burg Kauper: feuchte Wiese bei der Polenzschänke (1968 IL); Wiesen von der Straupitzer Buschmühle bis Eiche (1953 BI); Burg Kolonie: Weg nach Naundorf; zwischen Burg Kolonie und Radduscher Buschmühle (KR 1954); zahlreiche FO im Oberspreewald (1952 – 56~MÜLLER-STOLL et al. 1992c).
RG: Niewitz: Moor (1952 BI).
HA: Lübben: Wiesen am Postfunk (1949 BI); Wiesen hinter der Großen Amtsmühle (1949 BI).
Anm.: KR (1955b: 103) gibt die Art für den Oberspreewald noch als „häufig und gesellig auf wechselfeuchten Wiesen" vorkommend an. Seither sind die Bestände als Folge der intensiven Grünlandnutzung extrem zurückgegangen.

Linum perenne L. – Ausdauernder Lein N/×/◆
† – Am Bahndamm.
RG: Schönwalde: 4 km N (KB in KL 1974).

Liparis

H/1/♦ ***Liparis loeselii*** (L.) Rich. – Sumpf-Glanzkraut
† – Zwischen- und Flachmoore.
BR: Köthen: südliche Schwingwiese am Gr. Wehrigsee (1965 Jabczynski, dort bis ca. 1970); Neuendorf b. Lübben: Grube am Bhf. (1968 IL & Wisniewski).
HA: *bei Duben und Kaden (RH 1839); Straupitz-Byhleguhrer Umgebung (Wolff 1930a).
Anm.: Wolff (1929) vermerkt, dass die Art im Oberspreewald bereits ausgestorben sei. Die von Wolff (1930a) publizierte Angabe ist in den vor 1923 zu datierenden Fundmeldungen Wolffs in Wiesner (1920–1938) nicht enthalten. Es findet sich darin eine Mitteilung Wolffs bez. eines Vorkommens von *Malaxis paludosa* (= *Hammarbya paludosa*) aus/bei Straupitz.

H/3/↘ ***Listera ovata*** (L.) R. Br. – Großes Zweiblatt
z – Auf Moorwiesen, in Erlenwäldern und in Gebüschen.
BR: Köthen: Erlenwald am SW-Ufer des Köthener Sees (1965 Jabczynski; KB 1974); Nasswiese O Köthener See (1992 JE); NW und N Triftsee (1992 JE); Gebiet der Wehrigseen (1965 Jabczynski); Wiese NO Gr. Wehrigsee (1993 KU); Randbereich des Karpichteiches (1994 JE); Schlepzig: Buschmühlspree (JE in KL 1989a); Buchenhain Jg. 132 (1952~Scamoni o.J.; 1971 Jage); Gehölz O Inselteich (1994 Schwiegk); Krausnick: Wiese Nähe Forsthaus Meierei (1992 JE); 1,75 km SSO Forsthaus Meierei Nähe Schenkerdamm an 2 Stellen (1992 JE; 2002 PE); SW Kriegbusch (1987 KB in KB 1992; 1992 JE); O-Rand Kriegbusch (1973 KB in KB 1984); Gr. Lubolz: am Bahndamm vor dem Wärterhäuschen (1951 BI); Lübben: S-Rand an der

Listera ovata

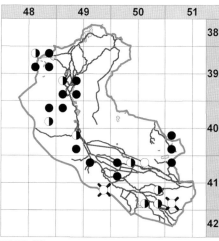

VK 23: *Listera ovata*

Luckauer Straße (1950 BI); Ellerborn (Wiesner 1925; 1991 JE); Krimnitz: Ragower Strauch (JE in KL 1989a); zwischen Ragower und Krimnitzer Kahnfahrt nahe der Bahn (1955~Müller-Stollal. 1992d); Lübbenau: N Wotschofska (1989 JE); 0,3 km W Wotschofska (1995 JE); Lehde: 1,6 km SO Ortslage im Umfeld des 2. Freiheitskanales (1996 Bruisch & Schröder); Alt Zauche: Erlenwald an der Kannomühle (KR 1955b; 1961 JE); O-Ufer Byhleguhrer See (JE 1973; 2004 KA); Burg: 700 m SE an Str. nach Werben (KR 1954); Wiesen bei Burg (KR 1955b); Müschen: SW bei Paulicks Mühle; zwischen Müschen und Werben (1953~Müller-Stoll et al. 1992d).
RG: Schönwalde: Schweinebusch (1956 BI; 1983 JE); Butzen: im Bereich Rauher See (KA in KL 2002); Byhlen: Neuer Teich (1976 JE); Byhleguhre: Welsnitz (1980 JE).
HA: Lübben (RH 1839); vor Boblitz (Wiesner 1920 – 1938); Burg Kauper: bei der Straupitzer Buschmühle (Wiesner 1924); Straupitz und Werben (Wiesner 1925).
Anm.: Das vollständige Fehlen der Art am südwestlichen Rand der Lieberoser Hochfläche, außer im Byhlen-Byhleguhrer Raum, sowie östlich des zentralen Unterspreewaldes ist vermutlich edaphisch begründet (VK 23).

Lithospermum officinale L. – Echter Steinsame
Bei dem in Benkert et al. (1996) unter MTBQ 3948/4 erfolgten Eintrag handelt es sich um eine Fehlanstreichung in der Kartierungsliste (vgl. KU et al. 2001).

Littorella uniflora (L.) Asch. – Europäischer Strandling　　　　　　　　H/1/↘
ss – Im kiesig-sandigen, zeitweilig trockenfallenden Uferbereich oligo- bis mesotropher Gewässer.
RG: Briesener See (1952 BI in BI 1957; Passarge 1955b; 2003 IL); Kl. Leine: Barbassee (KA in KL 2002; 2007 Kabus).
Anm.: Aufgrund der deutlich von den typischen ökologischen Ansprüchen der Art abweichenden Biotopangabe wird die Meldung aus "Lübben: Gräben O der Stadt" (Pietsch 1965) als zweifelhaft angesehen.

Lolium multiflorum Lam. – Vielblütiges Weidelgras　　　　　　　　Kv/×/↔
z? – Im Intensivgrünland, auf frischen Ruderalstellen an Wegrändern und auf Ödland.

Lolium perenne L. – Ausdauerndes Weidelgras　　　　　　　　H/–/↔
VN: – ; lipnica.
v – Auf intensiv genutzten frischen Weiden, seltener in Wiesen, in Grünanlagen sowie in Trittfluren und auf Wegen.

Lolium

E/×/− **Lolium rigidum** GAUDIN − Steifer Lolch
ss − Auf einem Feld in einer Serradella-Ansaat.
BR: Gr. Wasserburg: NO Ortslage (1995 H-KU 2595/rigidum1 + 2, det. H. Scholz).

H/0/◊ **Lolium temulentum** L. − Taumel-Lolch
VN: − ; pijańka, pijanka, sćanica, šćanica.
† − Frische, lehmige Äcker.
HA: „auf den Aeckern, ..., namentlich in der Gerste und im Flachse" (BERGER 1866: 73).
Anm.: Die Art wurde noch von RH (1839: 40) für die Lausitzen als „unter der Saat hie und da oft sehr häufig" vorkommend angegeben. Dies widerspiegelt sich auch in den verschiedenen VN-Angaben. Bereits bei KR (1955b) als ausgestorben geführt. Adventiv ist die Art in einem Serradella-Acker bei Gr. Wasserburg wenig NO der Ortslage aufgetreten (KU in JE & KU 1994, H-KU 2595/1-3). Nach BERGER (1866) soll *L. temulentum* trotz eines staatlichen Verbots bei der Bierbrauerei missbräuchlich eingesetzt worden sein.

H/V/↔ **Lonicera periclymenum** L. − Wald-Geißblatt
s − Im Birken-Eichen-Wald und in Parkanlagen.
BR: Alt Schadow: N Kriegluch, dort verwildert? (KU 1998); Pretschen: N-Hang des Weinberges (2008 IL & PE); Lübben: Ellerborn (KR 1967b; 1995 JE); Lübbenau: Schlosspark (KR 1955b; IL & KG in KL 1989a); NW Wotschofska (1995 JE; 2007 IL); Burg Kolonie: Nähe Hotel Spreewald (1983 JE).
RG: Schönwalde: beim Forsthaus Eichholz (1974 IL); Schweinebusch (Schneider in KL 1980); Neuendorf b. Lübben: Waldvorsprung von Treppendorf her (1952 BI); Ragow: N-Rand der Raddener Heide W Ortslage (2003 PE).
HA: Lübben: Wald von Ellerborn bis nach Neuendorf (1949 BI in BI 1957).

H/−/↔ **Lotus corniculatus** L. − Gewöhnlicher Hornklee
VN: Schwedenklee, Ziegenklee; − .
z − In trockenen Wiesen und an Rainen, bei ausreichendem Nährstoffangebot auch in Trockenrasen.
Anm.: Bisher liegen aus dem UG nur Beobachtungen zur subsp. *corniculatus* vor.

H/−/↔ **Lotus pedunculatus** CAV. − Sumpf-Hornklee
[**Syn.**: *L. uliginosus* SCHKUHR]
VN: Honigklee, Gelber Klee; žołta kwišina.
v − Auf nassen, nährstoffreichen Wiesen und an Grabenrändern.

Lotus tenuis Waldst. et Kit. ex Willd. – Salz-Hornklee   E?/2/♦
(†) – In einem feuchten Trittrasen.
BR: Neu-Lübbenau: Wiese O Ortszentrum (1965 KL in Benkert 1984, H-KL).

Ludwigia palustris (L.) Elliott – Sumpf-Heusenkraut   H/1/♦?
[**Syn.:** *Isnardia palustris* L.]   (Abb. 97)
†* – Zeitweilig überflutete, schlammige Ufer an Gewässern.
BR: Alt Schadow: mehrfach zwischen Zeltplatz und Schwanenzunge am O-Ufer des Neuendorfer Sees (1968 IL; Rettschlag 1970; 1969 Rettschlag in KR 1974a; 2000 IL in KL 2004, H-IL, Vorkommen 2001 bei Uferarbeiten vernichtet (IL); Rasnitzluch im Schilfgürtel (Rettschlag 1970; 1968 Rettschlag in KR 1974a).
HA: Hartmannsdorf: an der Spree auf Sand; Neuendorf b. Lübben: auf den Dubener Wiesen und in den Gräben an der Straße nach Lübben (RH 1839); Neuendorf b. Lübben: schlammige Gräben am Saume des Erlengebüsches (RH 1846); Hartmannsdorf (Wiesner 1925).

Lunaria annua L. – Einjähriges Silberblatt   Kv/×/↗
z – Nährstoffreiche, ruderalisierte Vorwälder und Gebüsche in Ortsnähe.
Anm.: In Gärten oftmals als Zierpflanze v. a. für Trockensträuße kultiviert. Δ F.

> ***Luronium natans*** (L.) Rafin. – Froschkraut
> Die von Pietsch (1963) in drei Aufnahmen aus der Gesellschaft der Vielstängeligen Sumpfsimse (*Eleocharitetum multicaulis*) vom SW-Ufer des Briesener Sees notierte Art wurde weder von Passarge (1955b) noch von anderen Botanikern aus dem intensiv untersuchten Gebiet des Briesener Sees angegeben. Es ist deshalb von einer Fehlbestimmung auszugehen. Wohl auch deshalb fehlt ein entsprechender Eintrag zu dieser Art bei Hanspach & KR (1987) bzw. Benkert et al. (1996).

Luzula campestris (L.) DC. – Feld-Hainsimse   H/–/↔
VN: Hasenbrot, Schornsteinfegergras, Froschkraut; huchacowy klěb.
v – Auf mäßig trockenen Wiesen und in Magerrasen auf sauren, nährstoffarmen Böden.

Luzula multiflora (Ehrh.) Lej. – Vielblütige Hainsimse   H/–/↔
z? – An Wegrändern und in lichten Wäldern sowie in extensiv genutzten Feucht- und Frischwiesen.

Luzula pallescens Sw. – Bleiche Hainsimse   H/3/♦
[**Syn.:** *L. pallidula* Kirschner]
† – In Magerrasen.

RG: O-Ufer Briesener See, Mischwald an der Baumschule (1959 BI in Ristow et al. 1996, H-BI in Herbar B).
HA: Lübben: Schonung hinter dem Vorwerk (1855 Fick in AS 1866).
Anm.: Ristow et al. (1996) vermuten, dass es sich bei der Lübbener Angabe um das Vorwerk Wiesenau handelt. Ein Bezug auf den Lübbener Frauenberg, wo sich früher ebenfalls ein Vorwerk befand, kann jedoch nicht ausgeschlossen werden (vgl. Anm. bei *Orchis coriophora*). Die Angabe Schönwalde: Bahnlinie N Bhf. (Günther in KL 1989a) ist zu streichen. Der im Herbar Haussknecht Jena vom Schönwalder FO vorhandene Beleg ist *L. multiflora* (Günther mdl. 2008).

H/–/↔ *Luzula pilosa* (L.) Willd. – Behaarte Hainsimse
z – Auf mäßig nährstoffversorgten, schwach sauren Böden in Eichenmischwäldern und Kiefernforsten.

H/V/↘ *Lychnis flos-cuculi* L. – Kuckucks-Lichtnelke
[**Syn.:** *Silene flos-cuculi* (L.) Clairv.]
VN: Fleischerblume, Fleischblume, Storchblume, Storchschnabel, Kuckucksblume; cerwjena bósanka, bósonka, bósenka, žyźana kwětka, žyźo, žyźanka, byśenowa stopka, klucyki, cerwjene struski.
v – Auf nassen und feuchten, mäßig nährstoffreichen Wiesen, auch in frischen Laubwäldern.
Anm.: Die Art ist über das gesamte UG mit Ausnahme der hochgelegenen Trockenstandorte am Westrand, u. a. Krausnicker Berge, und im Nordosten des UG verbreitet (VK 24). Die zu verzeichnende Bestandsabnahme resultiert aus der geänderten Grünlandnutzung (Mähwiese zu Weideland) und der Grundwasserabsenkung infolge Hydromelioration.

Lychnis flos-cuculi

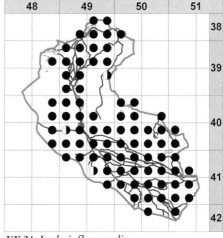

VK 24: *Lychnis flos-cuculi*

Lycium barbarum L. – Gewöhnlicher Bocksdorn　　　　　　　　　　Kv/–/↔
[**Syn.:** *L. halimifolium* Mill.]
VN: Teufelszwirn; żywy płot, ziwy płot, żiwy śerń.
z – An Mauern, Zäunen und auf Müllplätzen.
Anm.: Aus Anpflanzungen verwildernd; z. T. üppige, schwer durchdringbare Bestände ausbildend.

Lycopodiella inundata (L.) Holub – Gemeiner Moorbärlapp　　　　　H/2/↔?
VN: – ; cartowe pazory.　　　　　　　　　　　　　　　　　　　　　　(Abb. 96)
s – An Seeufern und in Abgrabungen, auf Torf und feuchtem Sand.
BR: Gr. Wasserburg: Senke im Gr. Grund (KU in KL 1999); Gr. Lubolz: Sandgrube wenig N des Ortes (IL & KG in KL 1989a); Offenfläche unmittelbar S der Stallanlage (1994 Gleichmann, Langer & Schwiegk); Lübben: Leitungstrasse 1,4 km NNO ehem. Vorwerk Wiesenau (2003 PE); 1,4 km WNW Börnichen am nördlichen Niederungsrand S Jg. 43 (KB 1992; 2003 PE); Neuendorf b. Lübben: Kiesgrube im Wald 100 m vom Bhf. (1954 BI in BI 1957; IL 1973); Byhleguhre: Kiesgrube (JE in JE & KU 1994); Werben: Kiesgrube SO der Zoßna (JE in KL 1985b).
RG: Lübben: nasse Sandgrube im W-Teil der Majoransheide unweit Bhf. Lübben (Fischer in Benkert 1976); Treppendorf: Kiesgrube N des Ortes (IL & KG in KL 1989a; KL 2003); O-Ufer Briesener See (1952 BI in BI 1957; 2004 IL); Wußwerk: Kiesgrube (JE in JE & KU 1994, H-JE).
HA: Schlepzig; Burg (RH 1840).

Lycopodium annotinum L. – Sprossender Bärlapp　　　　　　　　　　H/2/↘
s – Auf kontinuierlich durchfeuchteten sauren, nähstoffarmen Böden in Kiefernforsten und Mischwäldern.
BR: Neu Lübbenau: Forst SO Ortslage an der NO-Spitze des Jg. 25 (KL 1966); Köthen: zwischen Picher- und Mittelsee (KU in JE & KU 1994, H-KU 3/2; KA in KL 2002); S Pichersee (1996 H-JE, leg. K. Haubold); Krausnick: Senke SW Forsthaus Brand (= 1 km SSW Luchsee) (JE in JE & KU 1994; 1993 JE in KL 2004).
RG: Briesener Luch (PE in KL 2002); Byhlen: O-Rand des Byhlener Sees im Kiefernwald (BI 1957; KA in KL 2002).
HA: Straupitz (RH 1836a, 1840); im Unterspreewald (RH 1840); Krausnicker Berge (Ulbrich 1937).
Anm.: Die von JE in JE & KU (1994) für Krausnick: 1 km S am Luchsee veröffentlichte Angabe ist zu korrigieren (s. o.).

Lycopodium

H/2/↓ **Lycopodium clavatum** L. – Keulen-Bärlapp

VN: Teufelsfinger, Wolfsranken; cartowe pazory, cartowe palce, psowa stopa.

z – Auf sauren, nährstoffarmen, frischen Böden in Mischwäldern und Kiefernforsten.

BR: Alt Schadow: Kiefernforst ca. 2 km S Ortslage (1965 KL); Pretschen: ca. 2,7 km NW und 50 m N Fahrweg im Kiefernforst (1970 KB); ca. 2 km NW im Kiefernforst (1970 KB); Köthen: im Umfeld des Pichersees an mehreren Stellen (1965 Schürer; 1992 JE; 2006 Heinrich); am Schibingsee (1951 BI; 1965 Pflanz); Neu Lübbenau: Kiefern-Birken-Forst S Str. nach Kuschkow (1964 KL); Gr. Wasserburg: ca. 1 km SW Ortslage (1991 H-JE, leg. A. Ober); Krausnick: 1,8 km NNW Ortslage (2007 Lohmann); ca. 1 km WNW Nähe Sportplatz (1983 KU); 1,5 km N Ortslage (1993 KU); am Luchsee, Halbinsel N-Ufer (1951 BI); mehrfach im Umfeld des Forsthauses Brand (1951 BI; 1995 KU; 2002 KA; IL & PE in KL 2004); Eichen-Buchen-Wald S Meiereisee (1970 KB); Schlepzig: Buchenhain (1952 BI; 1981 KB); Lübben: ca. 1,5 km NNO ehem. Vorwerk Wiesenau (2007 Heinrich); Werben: Kiesgrube SO der Zoßna (1980 JE).

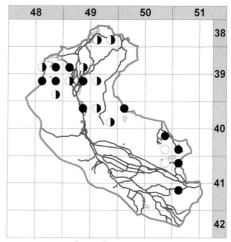

VK 25: *Lycopodium clavatum*

RG: Dürrenhofer Moor (1973 KB); Lübben: 1,5 km O Bhf. Börnichen im Kiefernforst (1973 KB); Biebersdorf: 2 km SO (1963 Buhl); Kl. Leine: Barbassee (HAMSCH 2000); Byhlen: 0,2 km O Verbindungsweg nach Byhleguhre in Höhe des Byhleguhrer Sees (2004 Leber); ca. 1 km S am Grabeneinschnitt N Klausch-Plonitz (2004 KA); Byhleguhre: Nähe Ortslage (1991 H-KN).

HA: Krausnicker Berge (ULBRICH 1937); Straupitz: zwischen Straupitzer See (= Gr. Dutzendsee) und Byhleguhrer See Richtung Byhlen (WOLFF 1929); Byhleguhrer See: Straupitzer Seite (WIESNER 1925).

Anm.: Die Vorkommen konzentrieren sich auf die Krausnicker Berge und die Waldbestände des zentralen Unterspreewaldes. Im S-Teil des UG mit Ausnahme des Byhlen-Byhleguhrer Raumes weitgehend fehlend (VK 25).

Lythrum

Lycopus europaeus L. – Ufer-Wolfstrapp H/–/↔
v – In Erlenwäldern, in Großseggengesellschaften und Hochstaudenfluren, auf nassen Wiesen und im Uferröhricht.

Lysimachia nummularia L. – Pfennig-Gilbweiderich, Pfennigkraut H/–/↔
VN: – ; hužowe zele, wichorjowe zele.
v – Auf kurzrasigen Feuchtwiesen, in Großseggengesellschaften, im trockenen Erlenbruch und im Erlen-Eschen-Wald, an Graben- und Fließrändern.
Anm.: Gelegentlich als Bodendecker auch in Gärten und auf Friedhöfen zu finden.

Lysimachia thyrsiflora L. – Straußblütiger Gilbweiderich H/V/↔
v – In Erlenbruchwäldern, an Moorrändern, in Torfstichen, in Großseggengesellschaften, an Rändern der Fließe, im Röhricht der Seen; zumeist auf mesotrophen, schwach sauren Torfböden. (Abb. 91)

Lysimachia vulgaris L. – Gewöhnlicher Gilbweiderich H/–/↔
VN: – ; wjerbina, wjerbnik, wjerbica, žoły wjerbnik.
v – In Erlenwäldern, Uferstaudenfluren und Großseggengesellschaften.

Lythrum hyssopifolia L. – Ysop-Blutweiderich H/2/◆
† – Feuchte Äcker.
BR: Zwischen Märkischheide und Babow auf einem Nassacker (1975 JE).
HA: Lubolz; Krausnick; *Vetschau (RH 1839); Lübben: Äcker am linken Ufer der Spree gegenüber Hartmannsdorf (Lenz in AS 1879).

Lythrum salicaria

Lythrum salicaria L. – Gewöhnlicher Blutweiderich H/–/↔
VN: Eisenkraut, Blutkraut, Roter Heinrich, Langer Heinrich, Stolzer Heinrich, Roter Weiderich, Ziest, Fuchsschwanz, Werkowasch, Werkosch, Werkusch, Wakosch, Bronka; zeleznica, zelenica, wjerbowina, wjerbica, werkowaś, cerwjeny pušel.
v – An Grabenrändern, in Uferstaudenfluren und auf Feuchtwiesen, mit Schwerpunkt in unregelmäßig genutzten Großseggenrieden, auch in Erlenwäldern.
Anm.: In aufgelassenen Großseggenrieden mitunter aspektbildend, aber in Wirtschaftswiesen seltener als früher.

Mahonia

Kv/–/↗ **Mahonia aquifolium** (Pursh) Nutt. – Gewöhnliche Mahonie
VN: Blanke Blätter, Lorbeerblätter, Lorbeerlaub; źiwe łopjenka.
z – Vor allem in ortsnahen Wäldern/Forsten.
Anm.: Ausgehend von den nicht seltenen Anpflanzungen in Gärten und Anlagen oft verwildert und fest etabliert. Die Blätter wurden früher häufig für die Kranzbinderei verwendet. Inwieweit Hybriden mit anderen *Mahonia*-Arten im UG vorkommen, die nach Jäger & Werner (2005) vermutlich häufiger als *M. aquifolium* verwildert sind, ist bisher nicht bekannt.

H/–/↔ **Maianthemum bifolium** (L.) F. W. Schmidt – Zweiblättriges Schattenblümchen
z – In bodensauren, oft ausgehagerten Laub- und Mischwäldern auf sandig-humosen Böden, vor allem in Eichenmischwäldern.

Maianthemum bifolium

Malus sylvestris (L.) Mill. – Wild-Apfel, Holz-Apfel
VN: Drachenapfel, Plonz, Plonzk, Plonsche, Plonschken, Plontschken; płonica, plonica, plonic.
Anm.: Es kommen Sippen vor, die dem Holz-Apfel ähneln, aber wohl Verwilderungen von *M. domestica* Borkh. sind; sichere Nachweise fehlen.

H/V/↔ **Malva alcea** L. – Siegmarswurz, Rosen-Malve
VN: – ; jakubowa roža.
ss – In ruderalisierten Rasen auf frischen, mineralkräftigen Böden, besonders an Wegrändern, auch in Grasansaaten.
BR: Pretschen: NW-Fuß des Weinberges (1973 KB); Krausnick: 0,5 km N Weinberg (1999 KU); Raddusch: SW Ortslage an der Chaussee (1989 JE); Burg: am Bismarckturm (1989 JE; 2008 PE); Straupitz (KR 1955b).
RG: Neuendorf b. Lübben: an der Lehne unweit des Steinkirchener Weinbergs (1978 IL); Ragow: Nähe Umspannwerk (1976 JE).

E?/(3)/– **Malva moschata** L. – Moschus-Malve
ss – An einem Feldweg.
BR: Ragow: an der Ragower Kahnfahrt 200 m S der Hauptspree (1995 Schwiegk; 1999 JE).
Anm.: Evtl. aus einer ehem. Grasansaat stammend.

Malva neglecta WALLR. – Weg-Malve, Kleine Käsepappel H/V/↘

VN: Käsepappel, Käsepappelchen, Käsenäppchen, Käsenuppchen, Mehlfässchen, Alter Käse, Käsebrot, Käsekraut, Keesekeilchen, Käseblätter, Wilde Malve, Hundepappel; zlězowe zele, zlěžowe zele, slěžowe zele, slězowe zele, slěz, šlez, šlěz, twarožkowe zele, twarožki, gwězdki, pjenježki, klěbaški.

z – An nitratbeeinflussten, frischen Ruderalstellen innerhalb der Siedlungen, seltener in Hackfruchtkulturen.

Anm.: Rückgang v. a. durch Einstellung der Tierhaltung auf den Gehöften, aber auch durch die zunehmende Versiegelung innerhalb der Ortslagen und die Umwandlung der Nutzgärten in Rasenflächen.

Malva pusilla SM. – Kleinblütige Malve H/G/◆?

†* – An mäßig trockenen, nitratbeeinflussten Stellen auf einem Bauerngehöft.
BR: Naundorf: Ortslage (JE in KL 1985b; 1989 H-JE).

Malva sylvestris L. subsp. *sylvestris* – Wilde Malve, Große Käsepappel H/V/↔

VN: – ; zlězowe zele, zlěžowe zele, slěžowe zele, slězowe zele, slěz, šlez, šlěz.

z – Auf mäßig trockenen Ruderalstellen und auf Ödland, v. a. auf anlehmigem, nährstoffreichem Sand.

Anm.: Gelegentlich tritt im UG auch *M. sylvestris* subsp. *mauritiana* (L.) BOISS. ex COUTINHO (Mauretanische Malve) vorübergehend verwildert an Zäunen, Wegrändern und auf Müllplätzen auf. Sie wurde früher in der Niederlausitz in Gärten als Tee- und Zierpflanze angebaut (KR 1992a).

Malva verticillata L. – Quirl-Malve Kv/×/◆?

[**Syn.:** *M. crispa* (L.) L.]
VN: siehe *M. sylvestris*.
†* – Müllplatz, Ruderalstellen.
BR: Krausnick: Müllplatz (KU 1994, H-KU 743/1); Lübbenau-Stennewitz: am Gartenrand (1991 JE); Burg: am Friedhof SO Dorf (1981 JE).
HA: Lübbenau (RH 1837, 1839); *Kl. Leine (RH 1839).

Anm.: Seit Mitte des 19. Jahrhunderts als Kulturpflanze (Tee, Spinat) in der Niederlausitz kaum noch in Gebrauch (KR 1992a); der letztmalige Nachweis in einem Garten erfolgte in der Lübbenauer Dammstraße (1991 JE). Der bei JE (1982a) gegebene Hinweis auf Lübben beruht auf einem Übertragungsfehler der RH (1839)-Angabe aus Lübbenau (vgl. KU et al. 2001). Δ F.

Marrubium

Marrubium vulgare L. – Gewöhnlicher Andorn H/0/◆

VN: – ; śelnik, torant.
† – Mäßig trockene Ruderalfluren der Dörfer.

BR: Neuendorf am See (BUHL 1964); Kl. Lubolz (1951 BI in BI 1957).
HA: Treppendorf (bei Bullan) (1948 BI in BI 1957).
Anm.: Von RH (1839: 167) als „an Wegen, auf Schutt, in Dörfern durch die ganze Niederlausitz" vorkommend angegeben, während KR (1955b) das Vorhandensein der Art bereits als sehr selten bezeichnet.

N/−/↘ *Matricaria discoidea* DC. − Strahlenlose Kamille
[**Syn.:** *Chamomilla suaveolens* (PURSH) RYDB.]
VN: − ; żabjeńc, źiwa rymańka.
z − An stickstoffreichen, frischen Ruderalstellen an Wegen und auf Plätzen, v. a. innerhalb der Siedlungen; früher häufig auf Bauerngehöften.

H/−/↘ *Matricaria recutita* L. − Echte Kamille
[**Syn.:** *Chamomilla recutita* (L.) RAUSCHERT]
VN: − ; rymańka, rymańki, rymańk, rumańka, rumańk, homank, kamyla, kamylka, kamylki, kamylje, kamilcheny, běły kwět.
z − Auf frischen, nährstoffreichen Böden in Segetalgesellschaften, besonders auf anlehmigen Böden, gelegentlich auch an nährstoffreichen Ruderalstandorten.
Anm.: Die Vorkommen konzentrieren sich auf die Randbereiche des UG, während die Art im Inneren Oberspreewald weitgehend fehlt. Hier früher häufig in Gärten in kleinen Beeten angebaut (KR 1955b).

Kv/−/↔ *Matteuccia struthiopteris* (L.) TOD. − Straußenfarn
VN: siehe *Athyrium filix-femina*.
z − An feuchten, schattigen Stellen in Siedlungen und an deren Rändern.
Anm.: Typische Zierpflanze der Vorgärten und Gehöfte auf grundwassernahen Standorten, v. a. im Oberspreewald. Dort sich sowohl in den Gärten als auch verwildert oft zu stattlichen Beständen entwickelnd.

H/3/? *Medicago falcata* L. − Sichel-Luzerne
s − An Wegrändern und in Trockenrasen auf basisch beeinflussten, zumeist etwas kalkhaltigen Böden wärmebegünstigter Standorte.
RG: Lübben: Bhf. (verschleppt?); am Weg nach Treppendorf (IL in KL 1985b); Treppendorf: S-Rand der ehem. Lehmgrube 0,6 km SO Ortslage (1989 JE; 2001 PE); Zerkwitz: am Mühlberg (1981 JE).
Anm.: Da an den aufgeführten FO weitere Arten mit gleichen ökologischen Standortansprüchen vorkommen, werden diese Angaben trotz des Fehlens überprüfbarer Herbarbelege hier belassen. Eine Verwechslung mit gelbblühenden *M.* x *varia*-Pflanzen kann nicht vollends ausgeschlossen werden.

Melampyrum

Medicago lupulina L. – Hopfenklee, Hopfen-Schneckenklee H/–/↔
VN: – ; żołta kwiśina.
v – An Wegrändern und auf trockenen Wiesen.

Medicago minima (L.) L. – Zwerg-Schneckenklee H/–/◆
† – Trockenrasen.
BR: In einem *Phleum phleoides*-Rasen auf dem Neu Zaucher Weinberg (KR 1955b).

Medicago x *varia* MARTYN – Bastard-Luzerne Kv/–/↔
(*M. falcata* x *M. sativa* L.)
VN: – ; lucerna.
z – Lückige Stellen trockener Wiesen, an Rainen und Wegrändern.
Anm.: Die vielgestaltige Sippe wird darüber hinaus gelegentlich in den Randbereichen des UG im kleinflächigen Anbau als Feldfutterpflanze genutzt. Siehe auch Anm. bei *M. falcata*.

Melampyrum arvense L. – Acker-Wachtelweizen H/2/◊
† – (ohne Angabe).
HA: Lübben: Steinkirchener Weinberg (Fick in AS 1864).

Melampyrum nemorosum L. – Hain-Wachtelweizen H/3/↔
VN: Tag und Nacht; żeń a noc.
z – Im trockenen Eichen-Hainbuchen-Wald sowie in dessen Säumen.

Anm.: Die Vorkommen konzentrieren sich, mit Ausnahme weniger FO am SO-Rand des UG, im Bereich wärmebegünstigter, basisch beeinflusster Standorte nördlich Lübben und im zentralen Unterspreewald (VK 26). Bei einem Teil der Vorkommen besteht nach JE der Verdacht, dass es sich um *Melampyrum polonicum* (BEAUVERD) SOÓ handelt. Der Beleg von Lehnigksberg (1993 H-JE) zeichnet sich durch folgende Behaarungsmerkmale des Kelches aus: Kelchnerven mit vielen ca. 1 mm langen 3–5zelligen Haaren, Fläche zwischen den Nerven mit zahlreichen einzelligen, kurzen, ca. 0,1 mm langen Haaren, aber auch einzelne lange, mehrzellige Haare dazwischen.

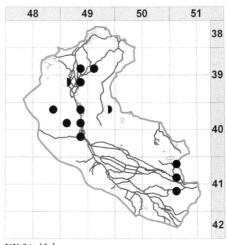

VK 26: *Melampyrum nemorosum*

Melampyrum

H/–/↔ **Melampyrum pratense** L. – Wiesen-Wachtelweizen
v – In bodensauren Mischwäldern, insbesondere im Birken-Eichen-Wald und in Kiefernforsten auf Sand- und Rohhumusböden.

> **Melampyrum sylvaticum** L. – Wald-Wachtelweizen
> Die Angabe in RH (1836b) von Hartmannsdorf im Spreewald beruht auf einer Verwechslung mit *M. pratense*, ein Fehler, der von RH (1839) bereits berichtigt wurde.

H/V/↔ **Melica nutans** L. – Nickendes Perlgras
s – In lichten, mäßig nährstoffreichen Laubwäldern auf frischen Standorten.
BR: Neu Lübbenau: Forst Börnichen O der Zirnitzwiesen (1964 KL; 1991 KB); S der Zirnitzwiesen (1991 KB); Schlepzig: im Buchenhain an mehreren Orten (o.J. BI in BI 1967; Goossens 1995; 2002 KU); Hartmannsdorf: W Forsthaus (1950 BI); Lübben: an den Pfaffenbergen (1951 BI; 2004 PE).
RG: Schönwalde: Schweinebusch (Schneider in KL 1980).
HA: „im untern Spreewalde" (RH 1839: 29); im Raum Saccasne – Byhleguhre (Wiesner 1920 – 1938).

H/V/– **Melica uniflora** Retz. – Einblütiges Perlgras
ss – Laubholzreicher Waldsaum.
RG: Gr. Lubolz: bei Bugk W des Krausnicker Weges in der Nähe des Grabens (2008 H-KA 20080511001).
HA: Im Spreewald (RH 1836b, 1839).
Anm.: Der Ursprung des Gr. Lubolzer Vorkommens in der Nähe der ehem. Försterei Bugk ist unklar, ob adventiv?

H/–/↔ **Melilotus albus** Medik. – Weißer Steinklee
v – In Ruderalstaudenfluren auf wärmebegünstigten, basisch beeinflussten, mineralkräftigen Kies- und Sandböden.

N/(1)/♦? **Melilotus altissimus** Thuill. – Hoher Steinklee
†* – Mäßig trockene Ruderalstellen, Wegrand.
RG: Zwischen Waldow/Brand und Schönwalde (1969 KB; 1981 IL).

H/–/↔ **Melilotus officinalis** (L.) Lam. – Gewöhnlicher Steinklee
VN: Siebenstundenkraut; mólowe zele, byckowina, buckowina, jaśćerjowe zele.
v – In Ruderalstaudenfluren auf offenen, kiesig-sandigen Böden, besonders an Wegrändern.

Mentha aquatica L. – Wasser-Minze   H/–/↔
VN: Wilde Pfefferminze, Krause Minze, Pferdeminze; smeržawa, smjerchawa, kónjeca mjetwej, žiwy fefermync.
v – An Gewässerrändern, in Röhrichten und Uferstaudenfluren, in Nassstellen der Wiesen und in nassen Erlenbrüchen, meist auf nährstoffreichen Schlammböden.

Mentha arvensis L. – Acker-Minze   H/–/↘
VN: Wilde Minze, Stinkblume, Krause Minze, Pferdeminze; smeržawa, pólska mětwej, smjerchawa.
v – Auf wechselfeuchten, ungedüngten Wiesen, in Ackernassstellen, auch an Gewässerufern.
Anm.: Aufgrund der umfangreichen meliorativen Eingriffe in der zweiten Hälfte des 20. Jahrhunderts ist ein deutlicher Rückgang der als Vernässungszeiger geltenden Art auf den Ackerstandorten zu verzeichnen. Ein Nachweis der in JÄGER & WERNER (2005) als *M. arvensis* subsp. *parietariifolia* BECKER BRIQ. verschlüsselten Sippe ist aus dem UG bisher nur einmal publiziert worden (KU in KA & KU 2003; hier fälschlicherweise als *M. aquatica* subsp. *parietariifolia* angegeben). Darüber hinaus liegen drei weitere Aufsammlungen dieser Sippe aus dem Unterspreewald vor (H-KU, H-JE).

Mentha pulegium L. – Polei-Minze   H/2/◇
VN: – ; pulej, polej.
† – (ohne Angabe).
HA: Lübben: hinter der Großen Mühle (Fick in AS 1864).
Anm.: Ob sich die in RH (1839: 161) publizierte Angabe „in der Nähe des Spreewaldes" innerhalb des UG befindet, ist unklar. Die VN gehen auf die Arzneikräuterliste von MOLLER (1582) zurück, ohne dass eine Zuordnung zu Wildvorkommen oder kultivierten Sippen erfolgt (vgl. KR 2003a). Letzteres ist am wahrscheinlichsten.

Mentha spicata agg. – Artengruppe Grüne Minze   Kv?/×/◆
† – (ohne Angabe).
BR: Alt Zauche (KR 1955b); Ragow (1958 Halpick).
Anm.: Beide Angaben wurden als *Mentha longifolia* (L.) L. mitgeteilt. Aufgrund der Schwierigkeiten bei der *Mentha*-Bestimmung und des Fehlens von Herbarbelegen werden die Angaben dem Aggregat zugeordnet (vgl. auch KU et al. 2001), ohne daß eine Verwechslung mit einem anderen *Mentha*-Taxon restlos ausgeschlossen werden kann. Da keine weiteren Angaben zu dieser Sippe vorliegen und in beiden Fällen nur die Ortsnamen als FO mitgeteilt wurden, wird eine Verwilderung der seit langem auch zu Heilzwecken angebauten Pflanze aus Gartenkultur vermutet. Δ F, Δ M.

Mentha

H/–/↔? **Mentha x verticillata** L. – Quirl-Minze
(*M. aquatica* x *M. arvensis*)
z? – An Rändern der Gräben und Fließe, in Uferstaudenfluren.
Anm.: Die von KR (1955b) nicht aufgeführte Sippe fand bisher wenig Beachtung, so dass die Häufigkeitseinschätzung unsicher ist.

H/3/↘ **Menyanthes trifoliata** L. – Fieberklee
VN: Bitterklee, Bieberklee, Dreiblatt; bobownik, bobrownik, hobownik, kózwik.
z – Auf Nasswiesen basenbeeinflusster Standorte, an Gräbenrändern, in Nieder- und Zwischenmooren.
Anm.: Der Fieberklee ist trotz Fundortverlusten in den Niederungen und Tallagen der Fließgewässer – mit Ausnahme des Burger Spreewaldes – noch nicht so selten (VK 27). Aufgrund der zahlreichen meliorativen Maßnahmen in der 2. Hälfte des 20. Jahrhunderts und der veränderten Wiesennutzung in den letzten 15 Jahren (Auflassung, Beweidung) sind die Bestände jedoch deutlich zurückgegangen.

Menyanthes trifoliata

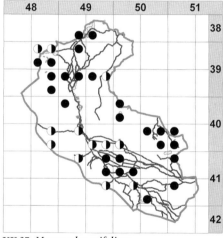
VK 27: *Menyanthes trifoliata*

E/(G)/– **Mercurialis annua** L. – Einjähriges Bingelkraut
ss – Ruderalstellen.
BR: Burg: Müllplatz SW Burg (Dorf) (1993 H-JE).
RG: Zerkwitz: am Straßenrand (JE in KL 1985b).

H/V/– **Mercurialis perennis** L. – Wald-Bingelkraut
ss – Krautreicher Eichen-Hainbuchen-Wald.
BR: Krausnick: S Texaswiesen im Jg. 13 (1987 KB; JE in JE & KU 1994).
Anm.: Δ B: ?3949/1, ?3949/2.

Milium effusum L. – Gewöhnliches Flattergras H/–/↔
VN: – ; žiwe pšoso, rogawa.
z – In grundwassernahen Laubwäldern auf basenreichen, humosen Böden, insbesondere im Eichen-Hainbuchen-Wald.

Minuartia hybrida (VILL.) SCHISCHK. – Schmalblättrige Miere H/0/◊
[**Syn.:** *M. tenuifolia* (L.) HIERN]
† – Auf steinigen Äckern an Hügeln.
RG: *zwischen Kossenblatt und Wittmannsdorf (RH 1839).

Minuartia viscosa (SCHREB.) SCHINZ et THELL. – Klebrige Miere H/0/◆
† – Krumenfeuchte, mäßig humose Sandäcker.
BR: Neu Schadow: W Ortslage und N Str. nach Hohenbrück (1965 KL); Neu Lübbenau: O Ortszentrum und an der Straße nach Kuschkow (1964/65 KL, 1964 H-KL; vgl. auch KL 1965, 1966).
HA: „hinter Schönwalde (von Luckau aus)" (RH 1846: 366).
Anm.: Bei mehreren bis 2005 durchgeführten gezielten Nachsuchen an obigen BR-Fundorten wurde die Art nicht mehr gefunden.

Misopates orontium (L.) RAFIN. – Feldlöwenmaul H/1/◆
VN: Teufelsangesicht; cartowe hoblico, torant.
† – Frische, nährstoff- und basenreiche, sandige Lehmäcker.
BR: Lübben-Ost: Getreidefeld am Sportplatz (1951 BI in BI 1957); Werben: Acker N Ortslage (1970 JE); Märkischheide: Acker SO des Ortes N der Bahn (1979 JE).
HA: Lübben (Fick in AS 1864).
Anm.: Ein adventives Vorkommen stammt aus Byhleguhre: Dorfstr. (1956 BI). Wenig außerhalb des UG auch auf Äckern bei Fehrow 1973 beobachtet (JE 1975).

Moehringia trinervia (L.) CLAIRV. – Dreinervige Nabelmiere H/–/↔
v – Auf frischen, nährstoffreichen, humosen Böden in Laub- und Mischwäldern sowie in Forsten.

Molinia caerulea (L.) MOENCH – Pfeifengras H/–/↘
v – Im Birken-Stieleichen-Wald, in Kiefern-Moorwäldern und im Randbereich von Heidemooren sowie in unregelmäßig genutzten bzw. aufgelassenen, wechselfeuchten Wiesen nährstoffarmer Standorte.
Anm.: Durch umfangreiche meliorative Maßnahmen in der zweiten Hälfte des 20. Jahrhunderts – verbunden mit einer Intensivierung der Grünlandnutzung bzw. durch den Bau mehrerer Teichgruppen N Lübben – wurden die bis dahin flächenmäßig noch ausgedehnten, z. T.

artenreichen Pfeifengras-Wiesen des UG (vgl. PASSARGE 1955a, SCAMONI 1955/56, MÜLLER-STOLL et al. 1992c) weitgehend vernichtet. Heute auftretende, mit den damaligen Pfeifengras-Wiesen nicht vergleichbare Pfeifengras-Dominanzbestände finden sich v. a. auf hydrologisch gestörten Standorten an den Rändern der Luche und Moore.

H/2/↘ *Moneses uniflora* (L.) A. GRAY – Moosauge, Einblütiges Wintergrün
ss – Frische, z. T. mit Laubbäumen durchsetzte Kiefernforste.
BR: Köthen: Steilufer am Pichersee (STRAUS 1936; 1951 BI); Boblitz: Kiefernmischwald SO Ortslage (1996 JE); Briesen b. Werben: Marienberge N Ortslage (2008 PE).
RG: Alt Schadow: zwischen Tschinka und Wutscherogge (KU 1998, H-KU 784/3); O Briesener See (1960 BI).
HA: *Biebersdorfer Forst (Fick in AS 1864).
Anm.: Darüber hinaus befindet sich in der *Moneses*-Verbreitungskarte bei MEUSEL (1960) in etwa am S-Rand des Kriegbusches ein nicht geklärter Fundpunkt. Ein weiteres Vorkommen existiert wenig außerhalb des UG in der Krugauer Heide (vgl. KU 2001b).

H/2/◆? *Monotropa hypopitys* L. – Echter Fichtenspargel
†* – In nährstoffarmen Kiefernforsten und an deren Rändern.
BR: Köthen: Pichersee (1951 BI); Krausnick: am Sportplatz (1986 H-KU 790/1); in den Krausnicker Bergen (1973 Löwa); mehrfach W und S des Luchsees (1978 IL).
RG: Schönwalde: im Beerstrauch-Kiefern-Forst in Richtung Bugk (1953 BI); NO-Seite der Böschung des Weges, der die Autobahn SO der Abfahrt Staakow überquert (1975 KB); Byhlen: wenig SO des Ortes (1996 F. Müller & Rätzel, H-Rätzel).
HA: Straupitz: zwischen Straupitzer See (= Gr. Dutzendsee) und Byhleguhrer See Richtung Byhlen (WOLFF 1929).
Anm.: Ein weiteres Vorkommen existiert wenig außerhalb des UG in der Krugauer Heide (2009 KA).

H/2/◆? *Montia fontana* L. subsp. *chondrosperma* (FENZL) S. M. WALTERS – Acker-Bach-Quellkraut
†* – Grundfeuchte Äcker, Fahrrinnen, Furchen.
BR: Lübbenau-Stennewitz: Acker beim Ort (1982 JE); Burg (BENKERT 1978); SO Fleißdorf (1985 JE).
RG: Treppendorf: SW Ortslage (IL in KL 1985b, H-IL).
HA: Lübbenau (RH 1839); Neuendorf b. Lübben: feuchte Äcker am Wiesenweg von der Berste nach dem Dorfe (1948 BI in BI 1957); Hartmannsdorf: Weg am Rand des Unterspreewaldes (1949 BI in BI 1957).

Anm.: Die in RH (1839: 11) enthaltene *Montia fontana*-Angabe für Lübbenau von „niedrigen, feuchten Aeckern" wurde aufgrund der Biotopbeschreibung ebenfalls der subsp. *chondrosperma* zugeordnet.

Muscari armeniacum L<small>EICHTLIN</small> ex B<small>AKER</small> – Armenische Trauben- Kv/×/↗
hyacinthe
z – In Gebüschen und an Waldrändern im Bereich der Ortslagen.
Anm.: Beliebte Zierpflanze der Gärten; Verwilderungen erfolgten über Gartenabfälle und sind sehr beständig.

Mycelis muralis (L.) D<small>UMORT</small>. – Mauerlattich H/–/↔
v – Lichte Stellen im bodensauren Birken-Stieleichen-Wald und in Kiefernforsten sowie an Waldwegen.

Myosotis arvensis (L.) H<small>ILL</small> – Acker-Vergissmeinnicht H/–/↔
VN: – ; njezabyńdnicki, njezabyńdki, njezabyńka, njezabydki.
v – Auf Äckern, in Ackerrainen und an frischen Ruderalstellen.
Anm.: Die VN werden im niedersorbischen/wendischen Sprachgebrauch allgemein für Vergissmeinnicht verwendet. Exakte Erhebungen aus dem UG liegen für *M. arvensis* und *M. scorpioides* vor.

Myosotis discolor P<small>ERS</small>. – Buntes Vergissmeinnicht H/2/↘
[**Syn.:** *M. versicolor* (P<small>ERS</small>.) S<small>M</small>.]
s – Auf krumenfeuchtem Sand, auf Äckern, in lückigen Rasen und auf Störstellen im Grünland.
BR: Neuendorf am See: Kopliner Wiesen; Alt Schadow: W Ortslage (KU 1998, H-KU 1569/1 + 2); Hohenbrück: Acker S Str. nach Neu Schadow (1965 KL); Neu Schadow: Äcker W Ortslage; Äcker S des Dünenzuges S der Ortslage (1965 KL); SO der Ortslage im O-Teil der ehem. Morgenwiesen (1965 KL; 2004 IL); Lübben: SO am Deich (1996 Seitz); 2,2 km SSW Ratsvorwerk Nähe Nordumfluter (2001 PE); bei Radensdorf, Burglehn und Alt Zauche (P<small>ASSARGE</small> 1959); Lübbenau: Stauabsenkung Nord 1 km NO Wotschofska (PE in KL 2004); Lübbenauer Spreewald (P<small>ASSARGE</small> 1955a); Burg Kauper: Nähe Polenzschänke (1991 KN; PE in KL 2004); bei Märkischheide (1996 JE).
RG: Niewitz: W der Ortslage (2001 IL).
HA: Bei Schlepzig (Schultz in T<small>REICHEL</small> 1876a).
Anm.: In den letzten Jahren vorwiegend auf Grünlandstörstellen beobachtet. Vorkommen auf Ackerstandorten, wie von P<small>ASSARGE</small> (1959) und K<small>LEMM</small> (1970) angegeben, sind schon lange nicht mehr nachgewiesen.

Myosotis

H/V/↔ **Myosotis laxa** LEHM. – Rasen-Vergissmeinnicht
[Syn.: *M. cespitosa* SCHULTZ]
z – Auf feuchten Wiesen und im Uferbereich der Gräben und Fließe, auch in Großseggengesellschaften.

H/–/↔ **Myosotis ramosissima** ROCHEL ex SCHULT. – Raues-Vergissmeinnicht
v – In gestörten Trockenrasen.

H/–/↔ **Myosotis scorpioides** L. – Sumpf-Vergissmeinnicht
[Syn.: *M. palustris* (L.) L. em. RCHB.]
VN: siehe *M. arvensis*, außerdem noch žabine wócy.
v – Im Röhricht der Gräben und Fließe, auf nassen Wiesen.

H/V/◇ **Myosotis sparsiflora** POHL – Zerstreutblütiges Vergissmeinnicht
† – Laubwälder und Gebüsche.
HA: „im Spreewalde in der Gegend von Wasserburg" (RH 1839: 54).
Anm.: Bei der in BENKERT et al. (1996) enthaltenen MTBQ-Angabe 4150/3 handelt es sich um eine Fehlmeldung (vgl. KU et al. 2001).

H/–/↔ **Myosotis stricta** LINK ex ROEM. et SCHULT. – Sand-Vergissmeinnicht
v – Auf mageren, sommerwarmen Böden in Segetalgesellschaften und Sandtrockenrasen.

H/G/◇ **Myosotis sylvatica** EHRH. ex HOFFM. – Wald-Vergissmeinnicht
† – (ohne Angabe).
HA: Spreewald (RH 1839).
Anm.: Aufgrund der Übernahme dieser Fundangabe durch AS (1864) und den Ausführungen von KR (2003b) zur Einführungsgeschichte der *M. sylvatica* als Zierpflanze wird die Sippe von den Autoren als heimisch eingestuft. Heute wird sie häufig als Zierpflanze in Gärten kultiviert und tritt davon ausgehend in den Ortslagen und an ihren Rändern auch unbeständig verwildernd auf.

H/V/↘ **Myosurus minimus** L. – Mäuseschwänzchen
z – Auf feuchten Äckern, auf Störstellen im Grünland und an staunassen, bodenverdichteten Stellen von Wegen.

N/–/– **Myriophyllum heterophyllum** MICHX. – Verschiedenblättriges Tausendblatt
ss – In einem Gewässeraustich.
BR: Lübben: Nonegewässer N Lehnigksberg (JE in JE & KU 1994).

Anm.: Die Art ist 1976 erstmals in der Niederlausitz (Lichterfeld SO Finsterwalde) registriert worden. Casper et al. (1980) sowie Pietsch & JE (1984) gehen jedoch davon aus, dass sie bereits um 1940 in diesem Gebiet vorkam. Mehrere, z. T. ausgedehnte Bestände befinden sich in der SW an das UG angrenzenden Niederlausitz (Pietsch & JE 1984; Benkert et al. 1996).

Myriophyllum spicatum L. – Ähriges Tausendblatt   H/V/↘
z – In Wasserpflanzengesellschaften schwach fließender, schwach eutropher Gewässer, auf basischem Substrat.

Myriophyllum verticillatum L. – Quirliges Tausendblatt   H/V/↗
v – In Schwimmblattgesellschaften stehender und schwach fließender, eutropher Gewässer.
Anm.: Holla (1861/62: 58) gibt die Art mit dem Hinweis: „scheint selten zu sein" lediglich von einem FO („Im Spreewalde unweit Lübbenau!") an, während KR (1955b) das Vorkommen der Art im Oberspreewald bereits als zerstreut einschätzt.

Najas marina L. – Großes Nixkraut   H/#/↗
s – In meso- bis eutrophen Standgewässern und Altarmen der Spree.
BR: Neuendorfer See: insbesondere am O-Ufer bei Alt Schadow – im Jahr 2002 massenhaft (IL in KL 2002 bzw. 2004, H-IL, H-KU 2239/4); Köthener See: Verlandungszone am NO-Ufer (2006 Heinrich); Alt Schadow: 2,5 km O im südl. Altarm der Spree (= Krumme Spree) (2004 PE); Plattkow: südl. Spreealtarm 0,3 km NW Ortslage (2004 PE); Gr. Wasserburg: Spree beim Ort (1954/56 Hill in Hill 1995); Byhleguhrer See (1958 JE in KL et al. 1986; IL in KL 2004, conf. 2009 M. Ristow, H-IL).
HA: Straupitz: Teich (= Kl. Dutzendsee) (vor 1923 Wolff in Wiesner 1920 – 1938; Wiesner 1925; Wolff 1929).
Anm.: Die seit 2002 im Neuendorfer See, in den Altarmen der Krummen Spree und im Byhleguhrer See gefundenen Pflanzen gehören sämtlich zur subsp. *marina*.

Nardus stricta L. – Borstgras   H/V/↘
VN: Bocksbart, Fotzenhaare, Hundepelz, Hundehaare, Hundekaupen, Hundeloden, Judenbart, Ziegenbart; ściotka, łoseń, łoseńć, żydowa broda.
v – In Fragmenten der Borstgrasrasen und Resten armer Pfeifengras-Wiesen, an sandigen Kiefernforst-Rändern und auf Waldwegen.
Anm.: Auffallend sind die mancherorts im Straupitz-Byhlener Raum sowie in den Randbereichen des Unterspreewaldes vorkommenden schmalen, vom Borstgras dominierten, jedoch artenarmen Säume im Übergangsbereich von den Luchen zu den angrenzenden, etwas höher liegenden Kiefernforsten. Sonst tritt die Art kaum noch bestandsbildend auf.

H/3/↑   ***Nasturtium microphyllum*** Boenn. ex Rchb. – Braune Brunnenkresse
VN: Wilder Meerrettich; – .
v – In sonnenexponierten Bachröhrichten der Fließgewässer, auch in Wasserschweberbeständen schwach fließender Gewässer.

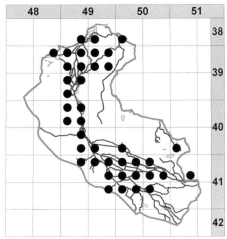

Anm.: Häufig vergesellschaftet mit *Hydrocharis morsus-ranae*, wobei nicht selten gemeinsame, mehrere Quadratmeter große schwimmende Pflanzenteppiche ausgebildet werden. KR (1955b) führte für den Oberspreewald unter *Rorippa nasturtium-aquaticum* (L.) Hayek (s. folgende Art) lediglich ein *Nasturtium*-Vorkommen auf, das vermutlich zu *N. microphyllum* gehörte. Bei Passarge (1957) fehlt die Art völlig. Offensichtlich hat *N. microphyllum* seither eine deutliche Ausbreitung erfahren (VK 28).

VK 28: *Nasturtium microphyllum*

Nasturtium officinale R. Br. – Echte Brunnenkresse
Da kein Herbarbeleg zu der von KR (1955b: 99) unter *Rorippa nasturtium-aquaticum* (L.) Hayek aufgeführten Angabe „in einem Graben bei Raddusch" existiert, sollte diese auf das *Nasturtium officinale*-Aggregat bezogen werden. Dabei ist eine Gleichsetzung mit *N. microphyllum* am Wahrscheinlichsten. Der Beleg aus Lübbenau (vor 1896 Peck) im Herbar GLM 17262 gehört zu *N. microphyllum* (rev. 2008 KU).

H/2/◊   ***Neottia nidus-avis*** (L.) Rich. – Nestwurz
† – Feuchte Laubmischwälder.
HA: Unterspreewald (RH 1839); Schlepzig: beim Puhl (= Pfuhl) (Fick in AS 1864); Straupitz (vor 1923 Wolff in Wiesner 1920 – 1938; Wiesner 1925).
Anm.: Wolff (1929) vermerkt, dass die Art im Oberspreewald bereits ausgestorben sei.

H/1/♦   ***Nepeta cataria*** L. – Echte Katzenminze
VN: Kornwurz, Kornminze; melisa, pólska mjetej.
† – In Siedlungen.
BR: Lübben: Kietz (1958 BI); Kl. Amtsmühle (1950 BI).
HA: Lehde; Leipe; Müschen; Burg Kolonie (RH 1836b); im Spreewald (RH 1839); Burg (Schulenburg 1934a); Treppendorf (1949 BI).

Anm.: Das Vorhandensein mehrerer VN widerspiegelt die ehemals recht weite Verbreitung der Sippe im UG, die RH (1839) als durch das ganze Gebiet der Lausitzen vorkommend bezeichnete.

Neslia paniculata (L.) Desv. – Finkensame H/1/↘?
s – Auf lehmig-tonigen Äckern basenreicher, meist auch kalkhaltiger Standorte.
BR: Kuschkow: 2,3 km WNW im Tal der Pretschener Spree (KL 1968, H-KL); Gr. Lubolz: Acker an der Schafbrücke (JE in JE & KU 1994, H-JE); Lübbenau: Barzlin (JE in KL 1989a); Leipe: Acker im Dorf (1983 JE); Burg: Acker am Bismarckturm (1983 JE).
RG: Niewitz: Düne N Rickshausen (IL & J. Illig in KL 1980; IL in KL 1985b, H-IL).
HA: *Vetschau (vor 1923 Wolff in Wiesner 1920–1938).

Nicandra physalodes (L.) P. Gaertn. – Giftbeere E/×/–
ss – Müllplätze, Gärten, Rabatten.
BR: Krausnick: Müllplatz (KU 1994); Lübben: Ratsvorwerk (1993 JE); Lübbenau: unweit des Hafens als Unkraut in Blumenrabatten (JE 1973); Burg: in einem Gemüsegarten (1953 Militzer in JE 1973).
Anm.: Selten als Zierpflanze in Gärten anzutreffen, zeitweise beim Gurkenanbau unter Folie oder Glas zur biologischen Schädlingsbekämpfung gegen die "Weiße Fliege" eingesetzt.

Nicotiana rustica L. – Bauern-Tabak Kv/×/–
VN: – ; tubak.
ss – Ruderalstellen, Müllplatz.
BR: Krausnick: Müllplatz (KU 1994, H-KU 1607/1); Lübben: Nähe Kahnhafen (1998 KU, H-KU 1607/2); Radensdorf: W-Teil des Ortes am Straßenrand (JE in KL 1985b, 1989a).
Anm.: Ehem. Kulturpflanze, heute nur noch ruderal auftretend. Der VN wurde für *Nicotiana* spec. ermittelt. ∆ E.

Nigella arvensis L. – Acker-Schwarzkümmel H/2/◇
† – Auf trockenen, sandigen Äckern.
HA: *Lübbenau (Burkhardt 1836); *Lübben: am Weg nach Alteno (RH 1839).
Anm.: Der von RH (1839) genannte FO kann sich aufgrund der fehlenden Präzision auch außerhalb des UG befinden. Gleiches ist ebenfalls für die Lübbenauer Angabe denkbar, befindet sich doch im Herbar GLM 6785 ein von J. H. Ruff vor 1838 gesammelter Beleg im Getreide zwischen Lübbenau und Luckau. Das einzige aktuelle Niederlausitzer Vorkommen existiert in einem Wirtschaftsacker unweit des UG am Stöbritzer See bei Hindenberg ca. 7 km W Lübbenau (vgl. PE 2001).

Nonea

E/(2)/◇ **Nonea erecta** BERNH. – Braunes Mönchskraut
[**Syn.**: *N. pulla* DC.]
(†) – (ohne Angabe).
HA: *Schmogrow (WIESNER 1925).
Anm.: Aus arealkundlicher Sicht ist diese Angabe als ein Adventivvorkommen einzustufen (vgl. auch GRAEBNER 1909; KU et al. 2001).

H/–/↔ **Nuphar lutea** (L.) SIBTH. et SM. – Gelbe Teichrose, Mummel
VN: Ketzerchin, Katzelchen, Katzorkel, Katzurken, Pupperkatze, Katzenpötchen, Katzenblume, Pippchen, Pupen, Gelbe Pupske, Gelbe Tatzke, Butterstampe, Gelbe Seerose, Buschblume, Puppchen; żołta wódka, wódka, wutka, żołta łutka, żołte kukawki, kacorki, pupa, pupajca, żołta pupajca, wódna tulpa, wódna leluja.
v – Im meso- bis polytrophen Wasser von Gräben und Fließen, Altwässern und Seen.
Anm.: In Fließgewässern vorwiegend in der Submersform vorkommend.

H/V/↘ **Nymphaea alba** L. – Weiße Seerose
VN: Wasserrose, Wassertulpe, Seerose, Puschrose, Buschblume, Puschblume, Kahntocke, Ketzchen, Ketzerchin, Katzerkchen, Katzurke, Weiße Tatzke; běla wódka, běla łutka, kacorki, wódnica, wotuška, wódna leluja, kukawa, kukawki, běłe kukawki, běłe pupajce.
z – In oligo- bis eutrophen, stehenden und langsam fließenden Gewässern sowie in Mooren.
Anm.: Durch Krautungsmaßnahmen und verstärkte Faulschlammbildung in der Entwicklung gehemmt. In Moorgewässern zumeist die kleinblütige und -blättrige var. *minor* DC.

Nymphaea candida C. PRESL – Kleine Seerose
Zu dieser Art liegen zahlreiche Literaturhinweise aus dem Oberspreewald vor (KR 1955b, 1960; PASSARGE 1955a, 1957; BENKERT 1978). KU et al. (2001) zweifeln diese Angaben an und halten sie mit großer Wahrscheinlichkeit für eine Verwechslung mit schmächtigen Pflanzen von *N. alba*. Im Rahmen der Kartierungsarbeiten zum Gewässerrandstreifenprojekt Spreewald wurden im Unterspreewald bei Neu Lübbenau, nicht jedoch im Oberspreewald, Belege gesammelt (2002 H-PE, 2003 H-PE), deren makromorphologische Merkmale *N. candida* entsprechen. Mikroskopische Untersuchungen ergaben, dass die für *N. candida* arttypischen Pollenmerkmale nicht zutreffen (GÜNTHER in litt. 2003). Derartige (scheinbar?) intermediäre Formen zwischen *N. alba* und *N. candida* sind schon lange bekannt und wurden bereits von AS & GRAEBNER (1898/99) für Brandenburg und Pommern angegeben. Die exakte Zuordnung der im Unterspreewald vorkommenden Pflanzen ist noch nicht eindeutig geklärt.

Odontites vulgaris Moench – Roter Zahntrost H/V/↘
z – In Feuchtwiesen und an Ackerrändern auf meist lehmhaltigen, frischen bis feuchten Böden sowie am Seeufer.
Anm.: Belegte Nachweise von *O. vernus* (Bellardi) Dumort. aus dem UG existieren bislang nicht.

Oenanthe aquatica (L.) Poir. – Wasserfenchel H/–/↔
VN: – ; żabjeńc.
v – Auf nährstoffreichem Schlamm in flachen Gräben, am Rande von Teichen, Tümpeln, Fließen und Altwässern.

Oenanthe fistulosa L. – Röhriger Wasserfenchel H/3/↘?
z – Im Röhricht flacher Gräben und in Nassenken von Wiesen.
BR: Alt Schadow: Wiese am Spreeabfluss aus dem Neuendorfer See (KU 1998); Neuendorf am See: Uferröhricht N Kietz (1976 IL); Hirschwinkel am W-Ufer des Sees (1994 Langer); Hohenbrück: am Söllna (KB 1983); Grünland 0,5 km WSW Heidecken (2002 PE); Neu Lübbenau: 0,3 km ONO der Straßenabzweigung nach Leibsch (KL 1966); Wiesengraben O Ortslage (1975 JE); Krausnick: Kriegbusch 1,5 km N Forsthaus Hartmannsdorf (2002 PE); Gr. Lubolz: Gräben NO Ortslage (1950 BI; 1999 KA); Buschgraben N Ortslage (1948 BI; 1991 JE); Bugkgraben N Ortslage (1994 Schwiegk & Gleichmann; 2009 Borries & PE); Graben NO Große Kriegbuschwiese (2001 PE; 2007 Heinrich); Graben am S-Rand des Kriegbusches (KB 1992; 2002 PE);

Oenanthe fistulosa

Kl. Lubolz: Gräben um die Orchideenwiesen in Richtung Lübben (1950 BI); Lübben: bei Ellerborn (KR 1955b; 2004 Heinrich & Lohmann); Lübbenau: Grünland NW Schlosspark (1989 JE); O am Einlaufwerk des Kraftwerkes (1994 JE); Boblitz: Grünland unmittelbar N Zusammenfluss Südumfluter und 1. Freiheitskanal (2007 Heinrich); Buschwiesen zwischen 2. und 3. Freiheitskanal (1991 H-JE); Straupitz: Niederung 0,5 km O Ortslage (2005 Heinrich); O-Ufer Byhleguhrer See (1999 KA); Byhleguhre: Kiesgrube zwischen dem Byhleguhrer See und der Ortslage (1995 Gleichmann); Byhlen: in Richtung Butzen gelegene Niederungsbereiche des Ressener Fließes (2001 KA); Naundorf: am Brahmower Landgraben (1992 H-KN).

Oenothera

RG: Schönwalde: Graben 0,5 km N Bhf. (IL in KL 1984); Graben 0,5 km NW Bhf. (KB 1992); Gr. Lubolz: Graben S Bhf. (1992 JE); Niewitz: Kabelgraben N Rickshausen (IL in KL 1985b; 2000 KA).

HA: Lehde: Spreewaldwiesen (WIESNER 1920–1938); W-Ufer Byhlener See (ULBRICH 1918); Lübben: Wiese am Weg von der Brauerei zur Berste hin (1949 BI); Wiesengräben längs der Cottbuser Bahn (1949 BI).

Anm.: Die von KR (1955b) für den Oberspreewald bereits als sehr selten vorkommend angegebene Sippe besitzt im UG aktuell ihren Verbreitungsschwerpunkt in den Gräben im Bereich der Schönwalder Talsandflächen zwischen Gr. Lubolz, Hartmannsdorf und dem Kriegbusch (VK 29).

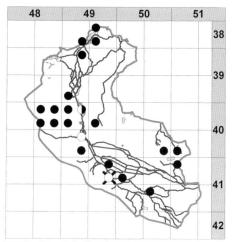

VK 29: *Oenanthe fistulosa*

N/×/– **Oenothera acutifolia** ROSTAŃSKI – Spitzblättrige Nachtkerze
ss – Am Wegrand in lückiger Ruderalflur.
BR: Burg: Ringchaussee (1993 JE).

E/×/– **Oenothera albipercurva** RENNER ex HUDZIOK – Gekrümmte Nachtkerze
(*Oe. ammophila* x *Oe. biennis*)
ss – Auf trocken-warmem Sandstandort einzeln unter den Eltern.
BR: Märkischheide: am Umspannwerk (1989 JE).

N/V/↘? **Oenothera ammophila** FOCKE – Sand-Nachtkerze
z – Auf trocken-warmen Sandstandorten.

N/–/↔ **Oenothera biennis** L. – Gewöhnliche Nachtkerze
z – In Ruderalgesellschaften auf offenen, basenhaltigen Sand- und Kiesböden, v. a. auf Dämmen, Verkehrsanlagen und Industriegelände.
Anm.: Gelegentlich ist die var. *sulfurea* DE VRIES ex KLEB. im UG anzutreffen. Die Angaben zu *Oe. biennis* in RH (1846), HOLLA (1861/62), KR (1955b) bzw. Arndt in MÜLLER-STOLL & KR (1960) sind als *Oe. biennis* agg. zu interpretieren. Die niedersorbischen/wendischen VN „huchacowy bob, mĕrik" (SCHULENBURG 1880, 1934a, b) beziehen sich vermutlich auf *Oe. biennis* agg. Von KR (1955b) wird nur diese Sippe angegeben.

Oenothera

Oenothera canovirens E. S. STEELE – Graugrüne Nachtkerze N/–/↗
[Syn.: *Oe. canovertex* HUDZIOK, *Oe. renneri* H. SCHOLZ]
s – In Ruderalfluren auf Industriegelände und an Verkehrswegen.
BR: Neuendorf am See: Ortslage (KU 1998, det. JE); Neu Lübbenau: Ortslage (1996 JE) und 1 km N des Ortes (JE 1976); Schlepzig: Ortslage (1996 JE); Ruderalgelände S des Ortes (JE 1976, det. K. Rostański); Lübben: Spreewerk (JE 1976); Boblitz: 1 km N an Chaussee (JE 1976).
RG: Lübbenau-Neustadt: an der Kaufhalle – dort bis 1972 (JE 1975).

Oenothera coloratissima HUDZIOK – Starkgefärbte Nachtkerze E/R/–
ss – Ruderalfluren auf einem Damm und einer Bahnanlage.
BR: Damm des Nordumfluters zwischen Lübben und Byhleguhre (1982–84 JE); Vetschau: Güterbhf. (1996 JE).

Oenothera depressa GREENE – Weidenblättrige Nachtkerze N/–/–
ss – An wärmeexponierten Orten in Ruderalfluren auf lückigen, sandigen Brachen.
BR: Lübben: Spreewerk (JE in JE & KU 1994); Lübbenau: in der Neustadt Nähe Stadion (1994 JE); Mühlendorf: S Ortslage am Siloplatz (JE in JE & KU 1994).

Oenothera fallax RENNER em. ROSTAŃSKI – Täuschende Nachtkerze N/–/↗
(*Oe. biennis* x *Oe. glazioviana*)
z – Auf Industriegelände und an Verkehrsanlagen.

Oenothera glazioviana MICHELI – Rotkelchige Nachtkerze Kv/–/↗
[Syn.: *Oe. erythrosepala* BORBÁS]
s – In Ruderalfluren an Wegrändern und auf Ödland innerhalb der Ortschaften und in deren Umfeld.
BR: Leibsch: am Wehr (1992 JE); Lübbenau: Leiper Weg; Campe (JE in KL 1989a); Lehde: Ortslage (JE in KL 1989a); Vetschau: am Weg nach Babow an der Trafostation (JE 1975); Burg (Dorf) (1992 JE).
Anm.: Gelegentlich wird die Sippe in Gärten als Zierpflanze kultiviert.

Oenothera octolineata HUDZIOK – Rotstreifige Nachtkerze E/D/–
ss – In Ruderalfluren auf Kiesböden an Straßen- und Wegrändern, Müllplatz.
BR: Leibsch: am Wehr; Lübben: Spreewerk (1992 JE).
RG: Kl. Beuchow: Müllplatz (1992 JE).

Oenothera oehlkersii KAPPUS – Oehlkers Nachtkerze E/×/–
ss – Auf Ruderalgelände.

Oenothera

BR: Burg Kolonie: Weg am Scheidungsfließ, (1971–76 JE in JE 1976, det. K. Rostański).
RG: Lübbenau: Neustadt (1986-90 JE).

N/D/↗? *Oenothera parviflora* L. – Kleinblütige Nachtkerze
s – In Ruderalfluren an Deichen, auf Bahnanlagen und Industriegelände.
BR: Hartmannsdorf: Ortslage (1992 JE); Lübbenau: ehem. Kraftwerksgelände (1992 JE); Raddusch: 1,6 km WNW Ortslage an der Bahn; N Ortslage am Kossateich (JE in JE & KU 1994).

N/–/↗ *Oenothera pycnocarpa* G. F. Atk. et Bartlett – Dichtfrüchtige Nachtkerze
[**Syn.:** *Oe. chicaginensis* De Vries ex Renner]
z – In lückigen Ruderalfluren an Wegen und Dämmen.
Anm.: Die Vorkommen der über viele Jahre an den FO beständigen Sippe konzentrieren sich auf die Randbereiche des UG.

N/G/↗ *Oenothera royfraseri* Gates – Royfrasers Nachtkerze
[**Syn.:** *Oe. turoviensis* Rostański]
s – An Wegen, Bahnanlagen und auf Industriegelände.
BR: Leibsch: W Ortslage (1976, 1991 JE); am Wehr (JE in JE & KU 1994); Schlepzig: S Ortslage (1975 JE, det. K. Rostański); Hartmannsdorf: an der Bahn (1978 JE); Burg: Gärtnerei Melchert (1993 JE); in der Kolonie im Bereich Wildbahn x Erlkönigweg (1993 JE).
RG: Lübben: Eschenallee (1993 JE).

N/–/↗ *Oenothera rubricaulis* Kleb. – Rotstänglige Nachtkerze
z – An Wegen, Ufern und auf Bahnanlagen, sowohl in Ruderalgesellschaften als auch in Rasen.
Anm.: Einzige *Oenothera*-Art neben *Oe. biennis*, die sich in der Speewaldniederung gut ausbreiten konnte. Sie widersteht am Wuchsort lange der Konkurrenz der Gräser.

N/–/↗ *Oenothera subterminalis* R. R. Gates – Schlesische Nachtkerze
[**Syn.:** *Oe. silesiaca* Renner]
z – Auf grobem Kies an Bahnanlagen und Straßenrändern.
Anm.: 1962 erstmalig im UG an der Bahntrasse bei Raddusch durch JE nachgewiesen.

E/D/– *Oenothera victorinii* R. R. Gates – Victorins Nachtkerze
[**Syn.:** *Oe. nissensis* Rostański]
ss – Trockene bis mäßig trockene Ruderalstellen an einer Bahnanlage.
BR: Boblitz: Bahnstrecke N des Ortes (1992 JE).

Onopordum

Onobrychis viciifolia Scop. – Saat-Esparsette   E/(3)/↗
z – In Grasansaaten an Böschungen, Weg- und Straßenrändern, auch in Wildäckern.
Anm.: Die Art wird weder von RH (1839) noch von KR (1955b) erwähnt. Nach Bohnstedt (1889) in der Niederlausitz früher auch selten angebaut.

> *Ononis arvensis* L. – Bocks-Hauhechel
> Bei der Angabe aus Müschen: Feldrand 1 km SW (KN in JE & KU 1994) handelt es sich um eine Fehlbestimmung von *O. repens* (H-KN, rev. 2008 KU & PE).

Ononis repens L. – Kriechende Hauhechel   H/V/↘
VN: Weiberkrieg, Driestkraut; žanoweź, zanowjeś, janowjeś, zanowjec.
z – Auf basenhaltigen, stickstoffarmen Böden in Trockenrasen, an Weg- und Straßenrändern sowie an Böschungen und auf Brachland.

Ononis spinosa L. – Dornige Hauhechel   H/3/–
VN: siehe *O. repens*.
s? – In Trocken- und Magerrasen auf basenreichen Böden.
BR: Gr. Lubolz: 0,4 km NW der Schafbrücke (1989 JE); Lübben: Lehmgrube Blumenfelde (1954 BI); Straupitz: an der Chaussee nach Butzen (1954 BI).
RG: Krugau: alte Kiesgrube vor dem Forsthaus 2,5 km S Krugau (1950 BI); Treppendorf: an einem Weg S der Ortslage (1992 JE); Byhleguhre: 1 km N 200 m rechts vom Weg (2001 Leber); Byhlen: O des Byhlener Sees (1989 JE).
HA: Treppendorf (1949 BI).
Anm.: Aufgrund des Fehlens von Herbarbelegen ist eine Überprüfung hinsichtlich der Abgrenzung gegenüber stark bedornten *O. repens*-Pflanzen nicht möglich, so dass Zweifel hinsichtlich der richtigen Artansprache bei allen Angaben nicht vollständig ausgeräumt sind. Ein im Herbar B unter *O. spinosa* vorhandener, 1947 von BI in Gr. Leuthen gesammelter Beleg ist zu *O. repens* zu stellen (rev. 2008 M. Ristow). Die niedersorbischen/wendischen VN gehen auf Moller (1582) bzw. Schulenburg (1934a, b) zurück. Letzterer stand mit P. Ascherson in diesem Zusammenhang in engem Kontakt.

Onopordum acanthium L. – Gewöhnliche Eselsdistel   H/–/↗
VN: Krebsdistel; khrystusowa krona, wjeliki badak, wjeliki wóset.
z – In Ruderalgesellschaften auf trockenen, durchlässigen Böden am Rande der Ortslagen und auf Müllplätzen.
Anm.: Von KR (1955b) nur von wenigen FO im Oberspreewald angegeben. Auch zweifelt er das Indigenat an. Für das UG ist dies entsprechend den Angaben von RH (1839) und AS (1864) jedoch unbegründet. Gelegentlich als stattliche Zierpflanze in Gärten kultiviert, was zu seiner Ausbreitung beigetragen haben mag.

Ophioglossum

H/3/↘ **Ophioglossum vulgatum** L. – Gewöhnliche Natternzunge
z – In frischen bis wechselfeuchten Magerwiesen.
Anm.: Außerhalb der Spreeniederung ist die Art deutlich seltener (VK 30). Der Rückgang ist auf Hydromelioration und Intensivierung der Grünlandnutzung zurückzuführen.

Ophioglossum vulgatum   VK 30: *Ophioglossum vulgatum*

H/0/◊ **Orchis coriophora** L. – Wanzen-Knabenkraut
† – Auf mäßig feuchten Wiesen.
HA: Lübben (RH 1839, Wiesner 1925); Lübben: Schützenwiesen hinter dem Vorwerk (Fick in AS 1864).
Anm.: Mit dem Vorwerk ist vermutlich das Vorwerk Frauenberg gemeint, befinden sich doch die Schützenwiesen zwischen dem Frauenberg und Lehnigksberg.

H/2/↓ **Orchis militaris** L. – Helm-Knabenkraut
ss – Auf Flachmoorwiesen und im lichten Gebüsch auf kalkhaltigen Böden.
BR: Krausnick: Vorwald 4 km SSO Ortslage am SW-Rand des Kriegbusches (1987 KB in KB 1992; 2002 PE; 2008 KA); Hartmannsdorf: S-Ende des Sommerdammes (1950 BI in BI 1957; 1950 Straus in Sukopp 1957; Arndt 1957b).
RG: Schönwalde: am Graben 2 km NNW (IL & J. Illig in KL 1977); Gr. Lubolz: Weg nach Schönwalde rechts am Bahndamm hinter dem Bahnwärterhaus (1951 BI in BI 1957).
HA: Lübben und Alt Zauche (Wiesner 1925).
Anm.: Am Krausnicker FO wurden im Jahr 2002 vier Expl. – davon eine Pflanze blühend – und 2008 nur noch ein steriles Expl. beobachtet.

Orchis morio L. – Kleines-Knabenkraut H/1/◇
† – (ohne Angabe).
HA: *bei Vetschau (vor 1918 Barber in Decker o.J., vgl. KU et al. 2001); Lübben und Alt Zauche (Wiesner 1925).

Orchis palustris Jacq. – Sumpf-Knabenkraut H/1/◇
† – (ohne Angabe).
HA: Lübben (Wiesner 1925).

Origanum vulgare L. – Gewöhnlicher Dost N?/(3)/–
VN: Brauner Dost; lobodka, lebetka.
ss – Trockenrasen, Wegrand.
BR: Schlepzig: Wussegk (Scamoni 1955/56); Lübben: an den Postbauten (1991 JE; 2008 Heinrich).
Anm.: Beide Vorkommen sind wahrscheinlich adventiv. Die Art wird auch in Gärten kultiviert (s. VN). Δ F, Δ M.

Ornithogalum nutans L. – Nickender Milchstern Kv/V/↗?
ss – Brachacker, Wald- und Wegrand, lichte Gehölzpflanzung.
BR: Lübben: am Waldrand beim ehem. Vorwerk Wiesenau (1992 JE); Müschen: am Wegrand und auf einer lichten Stelle im Bereich einer Gehölzpflanzung S der Ortslage (1980 JE; 1995 JE); Massenentwicklung auf einer, dem vorigen FO benachbarten Brache SW der Ortslage (1992 JE).
HA: *bei Vetschau (RH 1836b, 1839).
Anm.: Gelegentlich in Gärten und Parkanlagen als Relikt ehem. Kultur zu finden.

Ornithogalum umbellatum agg. – Artengruppe Dolden-Milchstern H/#/↔?
VN: Sternchenblume, Sternchen, Weiße Sternchen, Schneeball; ptaškowe mloko.
z – An Acker- und Wegrändern sowie in Rainen, in lichten, z. T. nährstoffreicheren Gebüschen in Ortsnähe, auf Friedhöfen.
Anm.: Vermutlich handelt es sich oft (ob immer?) um *O. umbellatum* L., weisen die im UG angetroffenen Pflanzen doch aufgrund der starken vegetativen Vermehrung durch Brutzwiebeln einen typischerweise dicht gedrängten Wuchs auf, während die als „*O. angustifolium*" bezeichnete Sippe meist einzeln wächst (vgl. Ristow 2000, Herrmann 2001). Exakte Untersuchungen im UG stehen aber noch aus. Von KR (1955b: 92) als „ziemlich häufig auf Äckern der südwestlichen Randgebiete" des Oberspreewaldes angegeben. Heute ist die Art auf Äckern nahezu verschwunden. Auch als Zierpflanze in Gärten und auf Friedhöfen zumindest geduldet, z. T. über Gartenabfälle verwildert.

Ornithopus perpusillus L. – Kleiner Vogelfuß H/V/↔
VN: Klauenschote; kupcyk.

z – Auf mäßig armen Sandböden in Trockenrasen, auf Brachen und Waldwegen sowie an Waldrändern.

H/3/↔? **Orthilia secunda** (L.) House – Birngrün, Nickendes Wintergrün
[Syn.: *Pyrola secunda* (L.) Garcke]
s – Auf humosen Sandböden in Kiefern- und Kiefern-Birkenforsten sowie in Laubmischwäldern.
BR: Neuendorf am See: Wutscherogge (KU 1998); Köthen: an der Straße nach Gr. Wasserburg ca. 2 km O Ortslage (1982 Jabczynski); S-Hang am Ufer des Pichersees (1951 BI; 2000 KA); am Schwanensee (1992 JE; 2000 KA); NW Schibingsee (1965 Jabczynski); Neu Schadow: Birken-Stieleichen-Wald SO Ortslage in Jg. 13 (1965 KL); Neu Lübbenau: O Ortslage (1965 Kl; 1992 JE); NO Ortslage (1992 JE); Eichen-Hainbuchen- und Birken-Stieleichen-Wald S Str. nach Kuschkow in Jg. 152 (1964 KL); Krausnick: ca. 0,3 km W Ortslage an der Straße nach Brand (1992 KU); Eichen-Buchen-Wald S Meiereisee (1975 KB); Gr. Lubolz: am Waldweg 2 km NNO Ortslage (1991 KB); Straupitz: Ortsausgang im hügeligen Waldgelände S an der Str. nach Byhleguhre (KA in KL 2002).
RG: Schönwalde: Bahntrasse 4 km NW Bhf. (1975 KB); NW Ortslage am Waldrand (1992 JE).
Anm.: Im Westlichen Oberspreewald, im Burger Spreewald sowie in der Berstenniederung völlig fehlend.

H/2/↔ **Osmunda regalis** L. – Königsfarn, Königs-Rispenfarn
z – In Bruchwäldern, oft in der Nähe von Seen.
BR: Köthen: Zwei Bestände am N-Ufer Köthener See (KA in KL 2002); NO-Ufer Köthener See im Erlen-Ufergehölz (2008 PE); S-Ufer Köthener See S der Insel (2006 Heinrich), Gr. Wasserburg: 1,2 km O im Totalreservat (JE in JE & KU 1994); 1,3 km SO Ortslage (1994 JE); Neu Lübbenau: 0,8 km S der Hauptstraße; 1 km O der Kirche und 1.5 km O Ortslage (1992 JE); im Kockot SO Ortslage (1994 JE); Schlepzig: im „Pauck" S Ortslage (1976 Löwa; 2000 H-KA 20000611069; KA 2007); Alt Zauche: Bukoitza, an der Napoleon-Eiche (1952 BI) [= Lübben: Eichkanal (W-Abschnitt des Nordumfluters) an der geschützten Eiche (KR 1955b)]; Lübbenau: an der Hauptspree 0,2 km NW des Schlosses (2006 Lohmann); Lehde: Fließ 0,5 km S Ortslage Nähe Südumfluter (2008 Lohmann); Byhleguhrer See: mehrfach im Bereich des N- bis O-Ufers (Schürer in Benkert 1976; 1990 Klaue in JE & KU 1994; KA in KL 2002; Leber & KA in KL 2005); 0,8 km SO des Sees (2005 Leber); Byhlen: Wolfs Luch (1982 Leber); Skops Luch (1965 JE; KA in KL 2002).

HA: *in der Nähe des Marienberges b. Lübben (= Marienberg b. Krugau) (RH 1840).
Anm.: Am Schlepziger Wuchsort wurden im Jahr 2000 ca. 210 Triebe in mindestens 15 Trupps gezählt (vgl. KA 2007).

Oxalis acetosella L. – Wald-Sauerklee H/–/↔
VN: – ; kisałka, kisałe, kisała kwiśina, żiwa kwiśina, huchacowy salat.
v – In krautreichen Wäldern und Forsten auf frischen, humosen Böden; meist im Stieleichen-Hainbuchen- und im Erlen-Eschen-Wald.

Oxalis corniculata L. – Gehörnter Sauerklee N/–/↑
z – Auf frischen Ruderalstellen in geschützter Lage, in Gärten, auf Friedhöfen, an Mauerfüßen und an Wegrändern.
Anm.: Im UG kommt eine rotbraunblättrige Sippe vor. Nach Loos (2007) handelt es sich dabei um *O. repens* Thunb., während *O. corniculata* rein grünblättrig und viel seltener sein soll. In Jäger & Werner (2005) ist *O. repens* nicht enthalten. Von KR (1955b) wird *O. corniculata* für den Oberspreewald noch nicht aufgeführt.

Oxalis corymbosa DC. – Brasilianischer Sauerklee E/×/–
[**Syn.:** *O. debilis* Humb., Bonpl. et Kunth var. *corymbosa* (DC.) Lourteig]
ss – In Gewächshäusern.
BR: Lübbenau: Stadtgärtnerei an der Kirche (1980 JE; 1982 H-JE, det. A. Lourteig; 1989 JE).
Anm.: Auch wenig außerhalb des UG in der Gärtnerei Mattuschka in der Vetschauer Neustadt nachgewiesen (1980-1989 JE).

Oxalis dillenii Jacq. – Dillenius-Sauerklee E/–/–
ss – Auf lückigen Ruderalstellen, am Wegrand.
RG: Lübbenau: Otto-Grotewohl-Str. in der Neustadt (1981 H-JE).
Anm.: Auch wenig außerhalb des UG in der Gärtnerei Mattuschka in der Vetschauer Neustadt nachgewiesen (JE in KL 1985b).

Oxalis latifolia Humb., Bonpl. et Kunth – Breitblättriger Sauerklee E/×/–
ss – In Gewächshäusern.
BR: Lübben: Gärtnerei Kretschmer (ehem. LPG-Gärtnerei) (1991 H-JE); Lübbenau: Stadtgärtnerei an der Kirche (1982 JE, det. A. Lourteig; 1991 JE), Burg: Gärtnerei (1992 H-JE).
Anm.: Auch wenig außerhalb des UG in der Gärtnerei Mattuschka in der Vetschauer Neustadt nachgewiesen (1991 JE). Durch verstärkte Pflegemaßnahmen in den Gärtnereien wieder verschwunden.

Oxalis

N/−/↔ ***Oxalis stricta*** L. − Aufrechter Sauerklee
[Syn.: *O. fontana* BUNGE, *O. europaea* JORD.]
VN: − ; kisałka, huchacowy kłěb.
v − Auf nährstoffreichen Böden frischer Standorte in Gärten und in Hackfruchtkulturen, im Brachland, auf Friedhöfen und auf Waldwegen.

E/−/− ***Panicum capillare*** L. − Haarästige Rispenhirse
ss − Auf einem Müllplatz.
RG: Zerkwitz (1988 JE).
Anm.: Gelegentlich auch als Ziergras für Trockensträuße in Gärten kultiviert.

E/×/− ***Panicum dichotomiflorum*** MICHX. − Gabelästige Rispenhirse
ss − Auf Bahnanlagen.
BR: Lübben: Güterbhf., zwischen Gleisen (JE in KL 1985b, det. P. Gutte, H-JE).

Kv/×/↔? ***Panicum miliaceum*** L. − Gewöhnliche Rispenhirse
VN: Hierze; pšoso, jagły, jagły.
s? − An Wegen, auf Müllplätzen, an Straßen und Feldrändern.
BR: Alt Schadow: Ruderalstelle N Ortslage und W der Chaussee (KB 1983); Neuendorf am See: bei Koplin (KU 1998); Krausnick: Müllplatz (KU 1994); Lübben: Deponie Ratsvorwerk (1984, 1993 JE); Straupitz: Felder am Weg nach Laasow (1952 BI); am Wegrand (1982 JE); Kunersdorf: Straßen- und Feldrand W der Ortslage (2008 KU).
RG: Lübben: Getreidewirtschaft (1981 JE); Zerkwitz: Müllplatz (1981, 1984 JE).
Anm.: Der noch im 19. Jahrhundert in den Lausitzen regional kleinflächig für den Eigenbedarf betriebene Anbau der Rispenhirse als Nahrungsmittellieferant ist zwischen den beiden Weltkriegen des 20. Jahrhunderts fast erloschen (HANELT 1981). Im Spreewald endete dieser um 1960, erlebt jedoch neuerdings wieder auf größeren Flächen am SO-Rand des UG eine Renaissance. Die sog. „Klumphirse" wurde in den 1970er Jahren von Kleingärtnern hin und wieder als Vogelfutter zum Verkauf an Tierhandlungen angebaut.

Panicum miliaceum

Papaver argemone L. – Sand-Mohn H/–/↘
v – In Segetalgesellschaften auf sommerwarmen, trockenen Sanden, auch in lückigen Rasen an Wegrändern.
Anm.: Die Vorkommen konzentrieren sich auf die Randbereiche des UG; als Segetalart rückläufig.

Papaver dubium L. – Saat-Mohn H/–/↔
VN: – ; żiwy mak.
v – In Segetalgesellschaften auf mäßig trockenen, nährstoff- und basenreichen Äckern und auf Ruderalstandorten.

Papaver rhoeas L. – Klatsch-Mohn H/–/↔
VN: Wilder Mohn, Blattrose, Klatschrose, Feuerblume, Feuermohn; pólski mak, pólska makojca, mack, żiwy mak, huchacowy mak, samopašny mak. (Abb. 82)
z – In Segetalgesellschaften auf etwas anlehmigen, basisch beeinflussten, auch kalkhaltigen Böden, temporär auch an Straßendämmen, -rändern u. ä. Standorten.

Parietaria officinalis L. – Aufrechtes Glaskraut H/–/↔?
[**Syn.:** *P. erecta* MERT. et W. D. J. KOCH]
s – An frischen Ruderalstellen innerhalb der Orte, an Mauern, Wegen und im Gebüsch, am Waldrand.
BR: Schlepzig: 1,5 km NO Forsthaus Buchenhain im Jg. 141 nahe am Waldrand (GOOSSENS 1995); Lübben: beim Schloss und an der Schlossmauer (Fick in AS 1864; TREICHEL 1876a; 2002 Rätzel), am Kahnfährhafen (IL & J. Illig in KL 1980; 1997 KU); Garten in der Lindenstraße (IL & J. Illig in KL 1977); im Hain (WIESNER 1920–1938; 2007 KU); am Kleinen Hain (1946 BI in BI 1957; 1960 BI); an der Mühlspree (Stadtmauer); Mittelstr. (KR 1955b); Neugasse (2004 KU); am Stadtgraben im Gebüsch bis zur Spree (2004 IL); Luckauer Str. (JE in KL 1985b); am Bhf. (2008 KA); Lübbenau: Lange Straße (1994 JE); zwischen Lübbenau und Lehde (1988 JE); Lehde: Dorfstr. (JE in KL 1985b).
RG: Zerkwitz: Dorfstr. (JE in KL 1985b).
Anm.: Obwohl RH (1839) mehrere Vorkommen aus dem Umfeld des UG aufführt (u. a. Freiwalde, Waldow/Brand), wird Lübben nicht genannt. Offenbar hat die Art ausgehend von dem noch heute existierenden Bestand am Lübbener Schloss eine Ausbreitung im Lübbener Stadtgebiet erfahren. Bei TREICHEL (1876a) wird sie nicht aus dem Lübbener Hain erwähnt, obwohl eine Exkursion anlässlich der Tagung des Botanischen Vereins durch diesen führte. In neuerer Zeit im Lübbener Stadtgebiet durch die zahlreichen Sanierungsmaßnahmen zurückgehend.

H/3/↘ **Paris quadrifolia** L. – Einbeere
VN: – ; błudne zele, bórnikowa.
z – In Laubwäldern auf feuchten, nährstoffhaltigen, lockeren Böden.
BR: Neu Lübbenau: ca. 2 km OSO Ortszentrum im Jg. 21 (KL 1966); Waldrandstreifen 2,9 km SO Ortslage S der Pretschener Spree (1994 Bruisch; 2006 Heinrich); Köthen: Erlenwald am S- und SW-Ufer des Gr. Wehrigsees (1972 KB; 1989 Günther); Erlenwald am O-Ufer des Gr. Wehrigsees (2008 Leber); mehrfach im Unterspreewald (1952~SCAMONI o.J., GOOSSENS 1995); Gr. Wasserburg: OSO Ortslage im damaligen NSG „Gr. Wasserburg" (GROßER et al. 1967); Schlepzig: Buchenhain (= Pfuhl) (AS 1879; KA 2007); Krausnick: mehrfach im Kriegbusch (1952 BI; 2007 PE); am Meiereisee (2009 IL & KG); Lübben: kleines Laubgehölz 0,7 km WNW Forsthaus Börnichen (1994 Gleichmann); Hain (TREICHEL 1876a; 1995 JE); Ellerborn (WIESNER 1920–1938; 2007 Heinrich); Alt Zauche: Laubgehölz SO der Alt Zaucher Mühle (1995 JE); Hochwald bei der Kannomühle (1950 BI; 1985 JE); Hochwald beim Forsthaus Schützenhaus (1992 JE); Hochwald beim ehem. Forsthaus Eiche (1950 BI); Lübbenau: N Campingplatz am Wotschofskaweg (2007 Heinrich); bei Wotschofska (1991 JE; 2007 Heinrich); am Rollkanal Nähe Wotschofska (1992 JE); Straupitz: Byttna (2002 KA); Kl. Dutzendsee (2004 KA); SW-Ufer Byhleguhrer See (2004 KA).
RG: Schönwalde: Schweinebusch (Schneider in KL 1980; 1980 IL); Kaden: Erlenwald rechts des Weges nach Niewitz (1987 Willmann); Byhleguhre: Welsnitz (1957 BI; 2008 PE).
HA: Lübben (RH 1839); Alt Zauche (WIESNER 1920–1938); Burg Kauper: bei der Straupitzer Buschmühle (WIESNER 1924); Straupitz (vor 1923 Wolff in WIESNER 1920–1938); W-Ufer Byhleguhrer See (WIESNER 192–1938); Werben: Zoßna (WIESNER 1939).

Paris quadrifolia

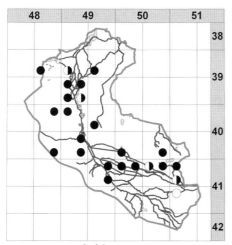

VK 31: *Paris quadrifolia*

Parnassia

Anm.: Die endozoochore Ausbreitung der Sippe ist aufgrund der Giftigkeit der Früchte stark eingeschränkt. Sie gilt deshalb als Nahausbreiter (u. a. Schaumann & Heinken 2002, Wulf 2004). Dementsprechend konzentrieren sich die Vorkommen – vergleichbar den Literaturangaben für Nord- und Mitteleuropa (Wulf 1997, Hermy et al. 1999) – auch im UG auf historisch alte Wälder des Unterspreewaldes (vgl. Krausch 1955a) und in eingeschränktem Maße ebenso auf Teile des Oberspreewaldes, z. B. im Hochwald (VK 31). Die Vitalität der im UG vorhandenen Populationen hat durch Wasserentzug abgenommen.

Parnassia palustris L. – Sumpf-Herzblatt H/2/◆
VN: Herzblümchen, Herzblume; hutšobne zele.
† – Basisch beeinflusste Flachmoorwiesen und Seeränder.
BR: Köthen: N-Ufer Kl. Wehrigsee (1972 KB); Wiese am N-Ufer (O-Teil) des Köthener Sees (1970 KB); Neu Lübbenau: extensiv genutzte Feuchtwiese 0,6 km NO Kirche (1965 KL); Schlepzig: an einem Graben bei Schielas Wiese (1973 Löwa in KL 1977); Hartmannsdorf: Wiesen am S-Rand des Unterspreewaldes (1953 BI); Kl. Lubolz: Wiesen links am Weg nach Lübben (1950 BI); Lübben: am Forsthaus Ellerborn (1953~Müller-Stoll et al. 1992c); Straupitz: (Gr.) Dutzendsee (1974 KB); Byhleguhrer See (1952 BI; JE in KL 1977); W-Ufer Byhlener See (1974 KB); Burg: zwischen Burg (Dorf) und Müschen (1952~Müller-Stoll et al. 1992c); Burg Kolonie: N der Str. nach Naundorf (KR 1954); Werben: N der Ortslage in der Nähe des Leineweberfließes (1956~Müller-Stoll et al. 1992b).
RG: Krugau: Wiesen nach Dürrenhofe zu (1954 BI); Gr. Lubolz: 2 km NW an der Berliner Bahn (IL & J. Illig in KL 1977); Terpt: Torfstiche 1 km NO Ortslage (1972 IL); Krimnitz: S des Dorfes (KR 1954).
HA: Butzen: ca. 1,5 km SO am Rauhen See (um 1910~Ulbrich 1918); Lübbenau: Wiesen an der Chaussee nach Boblitz (Wiesner 1920–1938); Treppendorf: Wiese an der Berste am Weg nach Lübben (1949 BI).

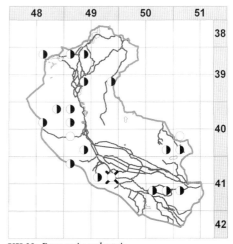

VK 32: *Parnassia palustris*

Anm.: Hydromelioration und Intensivierung der Grünlandnutzung führten zum Verschwinden der Art (VK 32). Aus dem westlichen Oberspreewald und den Krausnicker Bergen liegen keine FO-Angaben vor.

Parthenocissus

Kv/−/↗ **Parthenocissus quinquefolia** (L.) PLANCH. s. l. – Wilder Wein
VN: – ; żiwe wino.
z – Frische Ruderalstellen, v. a. an Waldrändern.
Anm.: Gelegentlich an Mauern und Lauben gepflanzt; mit Bauschutt, Gartenabfällen und über Diasporen verschleppt. Von KR (1955b) noch nicht erwähnt. Nach RISTOW et al. (2006) ist die taxonomische Zuordnung der im Land Brandenburg vorkommenden Pflanzen noch nicht endgültig geklärt. Es handelt sich scheinbar um intermediäre Typen, die zwischen *P. inserta* (A. KERN.) FRITSCH und *P. quinquefolia* stehen.

H/−/↔ **Pastinaca sativa** L. – Gewöhnlicher Pastinak
VN: Palsternack; pasternak, pašternak.
z – Auf frischen, basenhaltigen Böden im Grünland, vorwiegend in Glatthafer-Wiesen, sowie an Weg- und Straßenrändern.
Anm.: Früher in den Lausitzen auch in Gärten angebaut (RH 1839). Die von KR (1955b) für den Oberspreewald gemachte Angabe, dass die Art auf weiten Strecken völlig fehlt, gilt noch heute.

H/1/◆? **Pedicularis palustris** L. – Sumpf-Läusekraut
†* – Auf moorigen Wiesen.
BR: Neuendorf am See: auf einer Flachmoorwiese am W-Ufer des Sees (1973 IL; IL in JE & KU 1994), später dort nicht mehr gefunden (KU 1998); Hohenbrück: Halbinsel Söllna am O-Ufer des Neuendorfer Sees (1966 KL), später dort nicht mehr gefunden (KU 1998); Lübben: 2 km SO Ortslage bis Wendenfürst (1954 BI).
HA: Burg (Lehmann in HOLLA 1861/62); *Schmogrow (Lehmann in HOLLA 1861/62); Lübben: Wiesen nach Alt Zauche hin (Potonié in AS 1879); Lübbenauer Kaupen (WIESNER 1920–1938); Straupitzer See (= Gr. Dutzendsee) (WOLFF 1930a, 1930b); Byhleguhrer See (WOLFF 1929).
Anm.: Früher in den Lausitzen "auf sumpfigen Wiesen überall gemein" (RH 1839: 169).

H/1/◆ **Pedicularis sylvatica** L. – Wald-Läusekraut
VN: – ; kuźerak, krowine humje, krowjecowe humje.
† – Zwischenmoore und Feuchtheiden.
BR: Schlepzig: S-Rand der Feldmark von Schlepzig bis nach Lübben (SCAMONI 1955/56); Hartmannsdorf: Biebersdorfer Wiesen im Jg. 76 (KB 1975); Lübben: am Waldrand zwischen Wiesenau und Börnichen (1971 IL); Wiesen nach Alt Zauche hin (Potonié in AS 1879; 1954 BI); Lübbenauer Spreewald (PASSARGE 1955a).
RG: Niewitz: Moorstiche am Weg nach Kaden (1951 BI; 1971 IL); Neuendorf b. Lübben: Torfstiche rechts der Str. nach Duben (o.J. BI in BI 1967); Briesener See (PASSARGE 1955b; 1960 BI); Torfgraben NO Briesener See nach Kl. Leine zu (1958 BI).

HA: Lübben: hinter dem Vorwerk (Fick in AS 1864); Ellerborn und Börnichen (Müller 1876); Alt Zauche (Wiesner 1920–1938); Lübben: Sumpf am Bhf. (= ? Majoransheide) (vor 1948 P. Richter in Decker o.J.).

Anm.: Früher in feuchten Pfeifengras-Wiesen und Heiden "auf Torfboden an feuchten und fast trockenen Orten durch das ganze Gebiet (der Lausitzen) häufig" vorkommend (RH 1839: 169). Bei der HA vom Lübbener Vorwerk könnte es sich um das Vorwerk Wiesenau oder Vorwerk Frauenberg gehandelt haben (vgl. Anm. zu *Luzula pallescens*).

Peplis portula L. – Gewöhnlicher Sumpfquendel   H/V/↘
s – Aussstiche, Gräben, Nasssenken, Teichränder und nasse Ackerstellen.
BR: Neuendorf am See: Gr. Bossische (KU in JE & KU 1994); Zeltplatz NO Koplin (KU 1998); Alt Schadow: Brasinsky-Luch (KU in JE & KU 1994); ca. 1 km NNW Ortslage (1969 IL in KR 1974a); Äcker in Richtung Pretschen (KL 1966); Pretschen: im Tal der Pretschener Spree 2,5 km WSW Ortslage (1965 KL); Neu Lübbenau: Ausstich (an der Hauptspree) 1,8 km S Ortslage (1992 H-JE); Leibsch: 1 km S an einem Altwasser (JE in JE & KU 1994); Kuschkow: 1 km N (KL 1966); S und N auf Getreide- und Hackfruchtäckern (KL 1966); Gr. Wasserburg: 2 km O Ortslage (JE in JE & KU 1994); Lübben: am Weg N Lehnigksberg (JE in JE & KU 1994, H-JE); Ellerborn, nasse Felder am Waldrand (KR 1955b); Straupitz: Meliorationsgraben W des Ortes (Pietsch 1963); Stradower Teiche (1996 JE).
RG: Lübben: Meliorationsgraben in Richtung Briesensee (1962~Pietsch & Müller-Stoll 1974); Briesensee: Meliorationsgraben SW des Ortes (1960~Pietsch & Müller-Stoll 1974); Ackerfläche W (1962~Pietsch & Müller-Stoll 1974); SO-Ufer Briesener See (Pietsch 1963).
HA: *Vetschau (vor 1923 Wolff in Wiesner 1920–1938).

Persicaria amphibia (L.) Delarbre – Wasser-Knöterich   H/–/↔
[Syn.: *Polygonum amphibium* L.]
VN: Retschel, Rätschel, Ackerweide, Wilde Weide, Weidenwurzel, Werbowina, Roter Drest; wjerbowina, wjerbina (Landform), wódny drest.
v – Die Landform (f. *terrestris*) im Wasserschwaden-Röhricht, in Großseggenrieden (v. a. im Schlankseggen-Ried) und auf nassen Stellen in Wirtschaftswiesen, auch auf Äckern und in Gärten. Die Wasserform (f. *aquatica*) seltener in Schwimmblattgesellschaften stehender Gewässer.

Persicaria hydropiper (L.) Delarbre – Wasserpfeffer, Pfeffer-Knöterich   H/–/↔
[Syn.: *Polygonum hydropiper* L.]
VN: Retschel; sćipaty drest, sćipaty drest, pšawy drest, drest.
v – In Feuchtgrünlandsenken mit Zweizahnfluren und Flutrasen, an Gräben, auf feuchten Waldwegen und in Erlenbruchwäldern.

Persicaria

H/–/↔ **Persicaria lapathifolia** (L.) Delarbre – Ampfer-Knöterich
[Syn.: *Polygonum lapathifolium* L.]
VN: – ; drest.
v – An Gräben und auf zeitweilig überschwemmten Flächen, insbesondere in Zweizahnfluren, auch in Hackfruchtkulturen.
Anm.: Für die Polenzschänke bei Burg gibt Passarge (1959) die subsp. *pallida* (With.) Á. Löve an. Die Angabe „*Polygonum hydropiperi* x *P. lapathifolium* m." aus dem Spreewald bei Lübbenau in RH (1846) ist nicht eindeutig interpretierbar, bezieht sich aber vermutlich auf die vielgestaltige *Persicaria lapathifolia*, da er *Polygonum laxum* Rchb. als Referenz angibt.

H/–/↔ **Persicaria maculosa** Gray – Floh-Knöterich
[Syn.: *Polygonum persicaria* L.]
VN: Drest, Retschel, Rätschel; cerwjeny drest, drest.
v – In Hackfruchtkulturen der Äcker und Gärten sowie in Ruderalgesellschaften auf frischen bis feuchten, auch zeitweise überschwemmten, nährstoffreichen Böden.

H/–/↔? **Persicaria minor** (Huds.) Opiz – Kleiner Knöterich
[Syn.: *Polygonum minus* Huds.]
VN: – ; cerwjeny drest.
z – Auf Störstellen im Grünland, v. a. auf Grabenaushub.

H/D/? **Persicaria mitis** (Schrank) Assenov – Milder Knöterich
[Syn.: *P. dubia* (A. Braun) Fourr., *Polygonum mite* Schrank]
s – In Feuchtwäldern, in Nassenken im Grünland, an Seeufern.
BR: Alt Schadow: Wiese SO Zeltplatz am Neuendorfer See (1992 KU); beim Kessel des Neuendorfer Sees; Kriegluch (KU 1998, H-KU 486/3); Hohenbrück: Wiese SW Heidecken (KU 1998); Krausnick: ca. 1 km O beim Spreealtarm an Wasserburger Spree (1992 H-KU 486/2); Schlepzig – Krausnick: im Nordteil des NSG „Innerer Unterspreewald" im Erlen- und Erlen-Eschen-Wald (Goossens 1995); Lübben: 2,5 km SSW Ratsvorwerk Nähe Burg-Lübbener Kanal (2001 PE); Lübbenau: N am Kreuzgraben (1989 JE); Leipe: 1,8 km NO im Grünland Nähe Janks Buschfließ (2001 PE).
Anm.: Von KR (1955b) aus dem Oberspreewald nicht erwähnt, ob übersehen?

H/–/↔ **Petasites hybridus** (L.) P. Gaertn., B. Mey. et Scherb. – Gewöhnliche Pestwurz
VN: – ; njewjaselnik, njewjasołe zele.
z – In Hochstaudenfluren an Ufern und am Rande nasser Wiesen.
BR: Neu Zauche: am Graben in der Ortslage (1993 JE); Alt Zauche: Dorfeingang an der Straße (Fischteiche) (1955 BI); S Ortslage am Nordumfluter

(1977 JE; 1996 JE); Straupitz: am Gr. Dutzendsee (1977 JE; 1991 JE); Lübbenau: Barzlin (1995 Bruisch; 2006 Heinrich); Schlosspark (TREICHEL 1876a; 1993 H-KN; 2008 JE); Zerkwitz (KR 1955b); Raddusch: zwischen dem Ort und Stradow Nähe Graben (1977 JE; 1996 JE); Göritz: Nähe Mühle (1977 JE; 1990 JE); Burg Kolonie: Ochsenecke (Erlkönigfließ x Neue Spree) (1993 JE); Fleißdorf: NO des Ortes (1996 JE); Brahmow: S und SW der Ortslage (1996 JE); Milkersdorf: am ehem. Schloss (1992 JE).
RG: Treppendorf: gegenüber dem Friedhof (1981 IL; 1991 KA); Neuendorf b. Lübben: ehem. Gutspark (1953 BI; 1975 JE).
HA: Treppendorf: Ziegelei am Langen Rücken (1948 BI).

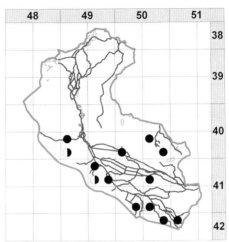

VK 33: *Petasites hybridus*

Anm.: Nach TREICHEL (1876a) im Lübbenauer Schlosspark ursprünglich angepflanzt. In der Nordhälfte des UG noch nicht beobachtet (VK 33).

Petasites spurius (RETZ.) RCHB. – Filzige Pestwurz
Bei der Angabe aus dem ehem. Gutspark in Neuendorf b. Lübben (BI 1967) handelt es sich um eine Verwechslung mit *P. hybridus* (s. o., vgl. KU et al. 2001).

Petrorhagia prolifera (L.) P. W. BALL et HEYWOOD – Sprossende Felsennelke   H?/–/↗
[**Syn.:** *Tunica prolifera* (L.) SCOP.]
z – In lückigen, basenreichen, oft ruderal beeinflussten Trockenrasen.
Anm.: RH (1839) nennt lediglich drei FO für die Niederlausitz außerhalb des UG. Die erste Angabe für das UG stammt von WIESNER (1925) vom Marienberg bei Lübben (= Marienberg b. Krugau), einem von RH (1839) mehrfach angegebenen Exkursionsort. Von KR (1955b) noch nicht aus dem Oberspreewald angeführt. Seither hat sich die Art v. a. in den Randbereichen des UG ausgebreitet.

Peucedanum cervaria (L.) LAPEYR. – Hirsch-Haarstrang   H/2/–
ss – Trockener Saum im Übergang einer ehem. Kiesgrube zum Kiefernaltholz.   (Abb. 108)

RG: Krugau: am Abhang des Marienberges (1950 BI in BI 1957; 2009 Borries & PE).

H/V/↔ ***Peucedanum oreoselinum*** (L.) Moench – Berg-Haarstrang
z – Auf mineralkräftigen Sandböden, meist in Trockenrasen oder lichten Gehölzen.
Anm.: Die Art findet sich auf fast allen ehem. Weinbergen des UG.

H/–/↔ ***Peucedanum palustre*** (L.) Moench – Sumpf-Haarstrang
VN: Wolnitz, Wilde Mohrrübe; wólšenik, wólšnik.
v – In Erlenwäldern, in Weidengebüschen, Hochstaudenfluren feuchter Standorte und Großseggengesellschaften sowie an Gräben.
Anm.: Die Art wird beim Ausbleiben der Mahd begünstigt.

H/–/↔ ***Phalaris arundinacea*** L. – Rohr-Glanzgras
VN: Melena, Mellina, Mellinge, Mellna, Wassergras, Schmehl, Militz, Milenz, Schwertelgras; mĕlina, melena, milina.
v – Bestandsbildend auf nassen, im Winter überschwemmten Wiesen, besonders üppig entwickelt an Stellen mit strömendem Wasser oder Wasserzügigkeit; ferner auf nährstoffreichen Schlammböden in Röhrichtgesellschaften und im Erlen-Eschen-Wald.
Anm.: Rohrglanzgras-Wiesen – im Oberspreewald auch „Wasserschlagwiesen" genannt – gehörten einst zu den ertragreichsten Spreewaldwiesen. Das Gras wurde übermannshoch und konnte mehrmals jährlich gemäht werden (KR 1960, Abb. 43). *Phalaris arundinacea* 'Variegata' [Syn.: *Ph. arundinacea* L. var. *picta* L.] – Gewöhnliches Bandgras (VN: Buntes Gras, Weißes Gras, Silbergras; pyšna tšawka, pisana tšawa) wird in vielen Spreewaldgärten, v. a. des Oberspreewaldes, als anspruchslose, unverwüstliche Zierpflanze kultiviert. Δ F.

E/×/– ***Phalaris canariensis*** L. – Kanariengras
ss – Auf Müllplätzen.
BR: Krausnick: Müllplatz (1991 KU); Lübben: Deponie Ratsvorwerk (1986 JE).
RG: Zerkwitz: Müllplatz am Mühlberg (1988 JE).
Anm.: Δ F.

H/3/– ***Phegopteris connectilis*** (Michx.) Watt – Buchenfarn
ss – Köthen: am Schwanensee (1951 BI); Schlepzig: Buchenhain (1982 und 1995 JE).
HA: Krausnick (RH 1836a, 1840).

Anm.: Bei der von BI (1967: 19) unter diesem Artnamen publizierten Angabe „Lübben, Spreemauer am Brückenplatz" handelt es sich richtigerweise um *Gymnocarpium dryopteris* (s. o., rev. 2008 KA).

Phleum nodosum L. – Knolliges Lieschgras   E?/(D)/–
[**Syn.:** *Ph. bertolonii* DC.]
ss – In Grasansaaten.
BR: Alt Schadow: Nähe Krieg und Zeltplatz am O-Ufer des Neuendorfer Sees (KU 1998).

Phleum phleoides (L.) H. KARST. – Steppen-Lieschgras   H/3/↘
s – In Trockenrasen auf nicht zu nährstoffarmen, basisch beeinflussten Sandböden wärmeexponierter Lagen.
BR: Pretschener Weinberg (KL 1968); Krausnicker Weinberg (1971 IL; 1995 Seitz); Neu Zaucher Weinberg (1952 BI; 1992 H-KN; 2004 Schönefeld).
RG: Treppendorf: SW-Rand der alten Hirschlandgrube an der Luckauer Str. (1950 BI); Gr. Lubolz: Waldweg 2 km NNO Ortslage (1991 KB); Niewitz: Düne 1,5 km NNW Rickshausen (IL & J. Illig in KL 1977; IL in KL 1985b); Krimnitz (KR 1955b); zwischen Lübbenau und Zerkwitz (1952 Passarge in KR 1968b); Zerkwitz: Mühlberg (IL & JE in KL 1985b; 2008 IL & PE).
HA: Lübben: alte Hirschland-Ziegelei bei der Fabrik; auf Schutthalden im Stadtgebiet; Bahnhofstraße (1949 BI).
Anm.: Bei den Angaben aus dem Lübbener Stadtgebiet handelte es sich vermutlich um ephemere Vorkommen. Die Angabe in KL (1968) wurde fälschlicherweise für die Pretschener Mühlenberge veröffentlicht.

Phleum pratense L. – Wiesen-Lieschgras   H?/–/↔
VN: – ; kósawa.
z – Auf frischen, nährstoffreichen Wiesen und Weiden, überwiegend außerhalb der zeitweilig überstauten Gebiete.
Anm.: Nach KR (1955b: 89) ist die Art im Oberspreewald „vielfach angesät, deshalb Ursprünglichkeit im Gebiet zweifelhaft". Ob für das ganze UG gültig?

Phragmites australis (CAV.) STEUD. – Gewöhnliches Schilf   H/–/↗
VN: Rohr; śćina, ścina, khrystusowa ścina, měkuš, rogož.
v – In Röhrichtgesellschaften an Gewässerrändern und in vernässten Grünlandbrachen, stellenweise auch als Landröhricht trockenere Bereiche besiedelnd.
Anm.: Früher gab es im Oberspreewald sog. "Rohrwiesen", die zur Materialgewinnung für Schilf-Dächer genutzt wurden. Das Schilf-Röhricht am Neuendorfer See hat seit 1965, u. a.

aufgrund der Eutrophierung und Erholungsnutzung, stark abgenommen (Berndt in KU 1998). Vermutlich trifft dies auch für andere Seen des UG zu. Im Bereich der nassen Grünlandbrachen ist jedoch in den letzten Jahren eine zunehmende Bestandsbildung des Schilfes zu verzeichnen.

E?/(R)/– **Phyteuma nigrum** F. W. SCHMIDT – Schwarze Teufelskralle
ss – In einer Parkanlage.
BR: Lübbenau: Schlosspark (1986 JE).
Anm.: Wahrscheinlich mit Pflanzgut oder Grassamen eingeschleppt.

Kv/×/– **Phytolacca esculenta** VAN HOUTTE – Asiatische Kermesbeere
[**Syn.:** *Ph. acinosa* ROXB.]
ss – Wegrand, Mauerfuß, Gebüsch.
BR: Straupitz: unweit des Schlosses (1992, 2009 Raabe).
Anm.: Hier und da in Gärten als Zierpflanze anzutreffen.

H/–/↗ **Picris hieracioides** L. – Gewöhnliches Bitterkraut
s – In Trockenrasen und Ruderalgesellschaften.
BR: Hohenbrück: Straßenrand bei Heidecken (2000 KU); Neu Lübbenau: bei der Erdgasstation (1994 JE); Krausnick: ca. 1 km NW Ortslage (1998 H-KU 2107/4); Krausnicker Weinberg (2001 KU); Lübben: Bahnübergang Luckauer Str. und Südbhf. (1951 BI in BI 1957; 1968 IL); Bahnübergang nach Treppendorf (1989 JE); Lübbenau: am Kraftwerk (JE in KL 1989a); Straupitz: an der Mühle (KR 1955b).
RG: Niewitz (o.J. Arndt in FISCHER 1966).
HA: Niewitz; Neuendorf b. Lübben (RH 1839).

H/2/↘ **Pilularia globulifera** L. – Gewöhnlicher Pillenfarn
s – In frisch geräumten Gräben.
BR: Burg: Verbindungsstr. über Gasthof Bleiche nach Vetschau (BI 1955).
RG: Lübben: Tümpel N Forsthaus Börnichen (KA in KL 2002, H-KA 20011111013); Lehmgrube S Lübben (1977 JE); Briesensee: Wiesengraben in der Nähe des Ortes (1960~Pietsch in PIETSCH 1974); Briesener See (KR in MÜLLER-STOLL et al. 1962); Caminchen: Graben N am Weg nach Waldow (KA in KL 2002); östlich Caminchen (1977 – 1999 JE; 2004 H-IL) = ? Kl. Leine: meliorierter Graben in Richtung Neu Zauche (PIETSCH 1979); Graben N Alt Zauche (1977 – 1982 JE, 1978 H-JE) = ? Graben vor Alt Zauche (PIETSCH 1979).
Anm.: Als konkurrenzschwache Art erliegt sie oftmals bereits nach wenigen Jahren der Sukzession. Von RH (1840) aus dem unmittelbaren Grenzbereich des UG bei Waldow/Brand angegeben.

Pimpinella major (L.) Huds. – Große Bibernelle H/V/↘
VN: – ; jabŕ, jabrik.
z – Auf Frischwiesen.
Anm.: Der Bestandsrückgang beruht auf zunehmender Weidenutzung und Eutrophierung des Grünlandes. In der ausgewerteten Literatur wird leider nicht ersichtlich, ob sich die VN auf *P. major* und/oder auf *P. saxifraga* agg. beziehen.

Pimpinella saxifraga agg. – Kleine Bibernelle H/V/↘?
VN: siehe *P. major*.
s – Auf nicht zu mineralarmen Sandböden in sonniger Lage an Wegrändern, in Rainen, Trocken- und Magerrasen sowie an Waldrändern.
BR: Neuendorf am See: Gr. Bossische (KU 1998, H-KU 1352/2); Hohenbrück: am Straßenrand nach Neu Lübbenau (1953 BI); Neu Lübbenau: Trockenrasen am Niederungsrand SO des Kockot (1992 JE); Lübben: N-Rand des NSG „Lehnigksberg" (1993 JE); Silikatmagerrasen an der ehem. Spreewaldbahn (2002 KA); zwischen Raddusch und Stradow (1991 KN); Straupitz: ca. 0,2 km SO Byttna (2002 KA).
RG: Schönwalde: N Bhf. (2008 IL); Neuendorf b. Lübben: am Weg nach Treppendorf (1953 BI); Krugau: Marienberg (1954 BI; 2002 H-KA 20020626012); Byhlener Weinberg (o.J.~JE & KB 1992).
Anm.: Von KR (1955b) als selten im Oberspreewald vorkommend angegeben, ohne konkrete FO zu nennen. Ob sich unter den oben aufgeführten Funden auch Vorkommen von *P. nigra* Mill. befinden, ist unklar.

Pinguicula vulgaris L. – Gewöhnliches Fettkraut H/1/◇
† – In Mooren, auf Moorwiesen.
HA: Schönwalde; Kaden (RH 1839); moorige Wiese unweit Kl. Lubolz (vor 1870? Fick in Müller-Stoll et al. o.J., Herbar B); Straupitz (vor 1923 Wolff in Wiesner 1920–1938; Wiesner 1925); bei Radensdorf (um 1930 Handschke in Müller-Stoll et al. o.J).
Anm.: Zum Vorkommen im Land Brandenburg bzw. der Niederlausitz vgl. Müller-Stoll et al. (1962) und KL (1982).

Pinus sylvestris L. – Wald-Kiefer H/–/↔
VN: Fichte; chójca.
v – Ursprünglicher Schwerpunkt in Kiefernwäldern auf Dünen und in Zwischenmooren, weiterhin in Eichenmischwäldern mäßig trockener bis trockener Standorte.
Anm.: Als Wald- und Forstbaum seit Mitte des 19. Jahrhunderts besonders außerhalb der Spreeniederung gepflanzt, im inneren Spreewald ursprünglich nur auf den Dünen und Sand-

horsten vorhanden. Der niedersorbische/wendische Flurname „Zoßna" für eine Binnendüne bei Werben lässt auf ein ursprüngliches Kiefernvorkommen schließen (vgl. JE 1982b).

H?/−/↗ *Plantago arenaria* W<small>ALDST</small>. et K<small>IT</small>. − Sand-Wegerich, Sand-Flohsame
[**Syn.:** *P. indica* L., *Psyllium arenarium* (W<small>ALDST</small>. et K<small>IT</small>.) M<small>IRB</small>.]
z − In der offenen Sandflur besonders auf basenreichen Pionierstandorten, auf Industriegelände und frisch geschütteten Dämmen.
Anm.: Die bereits von RH (1836b, 1839) für Schönwalde, Lubolz, Krausnick, Neuendorf bei Lübben und vom Marienberg bei Krugau gemeldete Art konnte sich in jüngster Zeit, wohl v. a. wegen reger Erdarbeiten, zwar ausbreiten, an den jeweiligen Standorten aber nicht dauerhaft halten. Typisch lokal verbreitete Art der armen Sandstandorte der Randbereiche des UG.

H/−/↔ *Plantago lanceolata* L. − Spitz-Wegerich
VN: Hunderippe, Rippenkraut; škorodlicka, škorodwicka, huzka škorodwicka, huzki mlac, huzki jězyk, psowy jězyk.
v − Im Grünland frischer Standorte, besonders im Magerrasen, auf Ackerbrachen, in Ortslagen auf Gehöften und in Ruderalgesellschaften.

H/−/↔ *Plantago major* L. subsp. *intermedia* (DC.) A<small>RCANG</small>. − Kleiner Wegerich
[**Syn.:** *P. intermedia* DC.]
v − Auf nährstoffreichen Böden an nassen, verschlämmten Stellen im Grünland, in feuchten Ackersenken und an Gewässerufern.

H/−/↔ *Plantago major* L. subsp. *major* − Breit-Wegerich
VN: Wegeblatt, Wegebreite, Wegebreit, Wegerich, Wegegras, Schkorodlej; šyroka škorodlicka, škorodwicka, putnik, škorodicka, šyroki jězyk.
v − Trittgesellschaften auf Wegen und Plätzen sowie im Weidegrünland mäßig feuchter Standorte.

H/−/↘ *Plantago media* L. − Mittlerer Wegerich
VN: −; škorodlicka, škorodwicka, psowy jězyk.
ss − Laubwiesen, Lehmgruben, Trockenrasen auf basisch beeinflussten Böden.
BR: Schlepzig: Laubwiesen im Kriegbusch (S<small>CAMONI</small> 1955/56); Lübben: Grube der Hirschlandziegelei (1949 BI; 1993 JE); Kl. Lubolz: Wiese links am Weg nach Lübben (1950 BI); O Byhleguhrer See (1976 JE).
RG: Straupitz: Trasse der ehem. Spreewaldbahn (1975 JE).
HA: Alt Zauche (W<small>IESNER</small> 1920−1938).

Platanthera bifolia (L.) RICH. – Weiße Waldhyazinthe H/2/♦?
†* – In Magerrasen und Frischwiesen, am Waldrand.
BR: Schlepzig: Waldrand am Forsthaus Buchenhain (1951 BI in BI 1957), dort letztmalig 1981 beobachtet (IL in KL 1985b); Lübben: Enzianwiese bei der Großen Amtsmühle (1951 BI); Lübben-Ost: alte Lehmgrube an den Kleingärten (1951 BI in BI 1957); Alt Zauche: arme Glatthafer-Wiese an der Ugroa (KR 1955b); O-Ufer Byhleguhrer See (1974 IL).
HA: Lübben: Wiesen 2 km O in Richtung Ratsvorwerk hinter den Kleingärten (1949 BI).

Poa angustifolia L. – Schmalblättriges Rispengras H/–/↔
z – Auf mäßig trockenen, sandigen Böden auf Triften und an Wegrändern, auch auf Dünen.

Poa annua L. – Einjähriges Rispengras H/–/↔
VN: – ; mjodlicka.
v – Auf frischen, nährstoffreichen Böden in Trittgesellschaften und auf Weiden, ebenso in Hackfruchtkulturen und auf Gartenland.

Poa bulbosa L. – Zwiebel-Rispengras H/–/↗
z – In Trockenrasen und lückigen Trittfluren, an Straßen-, Weg- und Waldrändern, auf Friedhöfen, unter Park- und Alleebäumen.
Anm.: Von KR (1955b) für den Oberspreewald nicht angegeben, ob übersehen?

Poa compressa L. – Zusammengedrücktes Rispengras H/–/↔
v – In Pioniergesellschaften an Wegen und auf Bahn- und Industriegelände, v. a. auf basisch beeinflusstem Lehm, ferner auf Mauerkronen und zwischen Bahnschotter.

Poa nemoralis L. – Hain-Rispengras H/–/↔
v – In Laubwaldgesellschaften auf mäßig nährstoffhaltigen, leicht versauerten, frischen bis mäßig trockenen Böden, in Parkanlagen.

Poa palustris L. – Sumpf-Rispengras H/–/↔
VN: Schmer; – .
v – Auf nährstoffreichen Schlammböden im Erlen-Eschen-Wald und im Uferröhricht, im Grünland wechselfeuchter bis feuchter Standorte, v. a. in Rohrglanzgras-Wiesen und Großseggenrieden, auch auf feucht-frischen Ruderalstandorten.

H/–/↔   ***Poa pratensis*** L. – Wiesen-Rispengras
VN: – ; lipnica.
v – Im Grünland frischer bis feuchter, mäßig nährstoffhaltiger Standorte; weiterhin an Waldrändern und Wegen.
Anm.: Im Grünland natürlich vorkommend, aber auch als Wirtschaftgras angesät. Neben der häufigen subsp. *pratensis* wurde nördlich des Lübbenauer Schlossparkes am Straßenrand beim ehem. Sportplatz die subsp. *irrigata* (LINDMANN) LINDB. fil. [Syn.: *P. humilis* EHRHART ex HOFFM., *P. subcaerulea* SMITH] gefunden (1992 P. Wolff, H-JE).

H/–/↔   ***Poa trivialis*** L. – Gewöhnliches Rispengras
v – Im Erlen-Eschen-Wald und auf nährstoffreichen Feuchtwiesen, auch an Ufern und Waldrändern, auf nassen Äckern und in Ruderalfluren; besonders im Bereich von zeitweiligen Überschwemmungen.

H/1/◇   ***Polygala amarella*** CRANTZ – Sumpf-Kreuzblümchen
† – In Torfstichen und auf trockenen Wiesen.
HA: Niewitz; Schönwalde (RH 1837, 1839); Gr. Lubolz (RH 1839).
Anm.: Die in RH (1837, 1839) angegebenen Beobachtungen mit den Sippenbezeichnungen *P. amarella* RCHB., *P. austriaca* CRANTZ und *P. uliginosa* RCHB. wurden entsprechend der heute geltenden taxonomischen Auffassung *P. amarella* zugeordnet. Ein weiterer, auf Wiesenkalk wachsender *P. amarella*-Bestand wird von IL & J. Illig in KL (1974) aus einem Autobahnausstich unmittelbar NW des UG südlich der Abfahrt Staakow genannt. Die Art wurde dort 1976 letztmalig beobachtet. Die Angabe aus dem Briesener Luch (1955 BI) ist aufgrund des Fehlens eines Herbarbeleges bzw. des Nichtvorhandenseins von anderen Arten vergleichbarer Standortansprüche an diesem FO zweifelhaft.

H/2/↓
(Abb. 104)   ***Polygala comosa*** SCHKUHR – Schopfiges Kreuzblümchen
ss – In Trockenrasen auf kalkhaltigen Böden.
BR: Krausnick: kleine Wiese ca. 2 km SSO Forsthaus Meierei (2008 H-KA 20080511002); Hartmannsdorf: Wiesen O der Spree (1974 IL; KB in KL 1977); Lübben: Lehmgrube am Stadtrand an der Luckauer Str. (1951 BI); Kl. Lubolz: Wiesen links der Straße in Richtung Lübben (1951 BI); Lübben: Spreewiese hinter dem Sportplatz (1953 BI); W Postbauten und beim Ratsvorwerk (1982 JE).
RG: Schönwalde: mehrfach W der Ortslage am Wegrand (1974 IL).
Anm.: Angrenzend an das UG früher bei Vetschau: Wiesen bei der Brandtemühle nachgewiesen (TREICHEL 1876b).

H/#/↘   ***Polygala vulgaris*** L. – Gewöhnliches Kreuzblümchen
z – In trockenen bis wechselfeuchten Magerrasen, in Pfeifengras- und Rotschwingel-Wiesen, in Borstgrasbeständen.

Polygonatum

BR: Alt Schadow: am Wiesenrand 3 km O der Ortslage (1994 JE); Neu Schadow: Morgenwiesen 1 km SW und 2 km S des Ortes (1965 KL); Pretschen: Rotschwingel-Wiesen im Pretschener Spreetal 1,5 km und 2 km SW sowie 2,5 km WSW des Ortes (1965 KL); Neu Lübbenau: am Talrand der Pretschener Spree O der Ortslage (1994 JE); Kuschkow: Rotschwingel-Wiesen N der Straße nach Neu Lübbenau 1,5 km und 2,5 km W des Ortes sowie S der Straße 3 km W des Ortes (1964 KL); mehrfach im Pretschener Spreetal, so 1,2 km N, 1,5 km, 2 km und 2,2 km NW, 2 km NNW des Ortes (1965 KL); Krausnick: Weidenhegerwiese O Forsthaus Meierei (1993 JE); Wildwiese ca. 2 km SSO Forsthaus Meierei (2002 PE); Kleine Lichtung im N-Teil des Kriegbusches und am N-Rand der Kriegbuschwiese (2002 PE); Hartmannsdorf: Wiesen N der Ortslage (1949 BI; 1985 JE); Lübben: Berstedreieck und Lehnigksberg (1993 JE); zwischen Forsthaus Börnichen und dem ehem. Vorwerk Wiesenau (1994 JE); 2 km O in Richtung Ratsvorwerk hinter den Kleingärten (1953 BI); Lübbenauer Spreewald (Passarge 1955a); Burg (Dorf) (1992 KN); mehrfach im Raum Burg – Alt Zauche – Schmogrow (1952 und 1953~Müller-Stoll et al. 1992c, d; KR 1954); Werben: kleine Sandkuppe N des Ortes (KR 1954); Märkischheide: 1,4 km O an mehreren Stellen (1996 JE).
HA: Alt Zauche: Schützenhaus (Wiesner 1920–1938).
Anm.: Die Art war noch in den 1960er Jahren auf extensiv genutzten, wechselfrischen Wiesen, insbesondere als Kennart der Rotschwingel-Wiesen, ziemlich verbreitet. Eine Zuordnung von Pflanzen zur subsp. *vulgaris* bzw. zur subsp. *oxyptera* (Rchb.) Schübl. et G. Martens erfolgte nicht.

Polygonatum multiflorum (L.) All. – Vielblütige Weißwurz   H/V/↔
VN: – ; běly korjeń, majske struski.
z – Auf frischen, nährstoffreichen, basisch beeinflussten Böden an schattigen Stellen im Eichen-Hainbuchen- und Birken-Stieleichen-Wald.
Anm.: Die in KR (1955b) publizierte Angabe vom Osthang der Pfaffenberge stammt von BI, wobei eine Verwechslung mit *P. odoratum* nahe liegt (s. u., vgl. auch KU et al. 2001).

Polygonatum odoratum (Mill.) Druce – Duftende Weißwurz, Salomonssiegel   H/V/↘?
s – In Resten trockener Eichen-Kiefern-Wälder, besonders an wärmebegünstigten Stellen im Übergangsbereich zur Niederung.
BR: Neu Lübbenau: mehrfach im Niederungswald ca. 2 km OSO im Bereich der Forst Börnichen (KL 1966); Hügel mit Kiesgrube W der Pretschener Spree und O der Ortslage (1992 H-JE); Köthen: Eichen-Kiefern-Wald S Pichersee (1972 KB); Krausnick: 1 km S Luchsee (1992 JE); im Kriegbusch

Polygonum

(1952 BI); Schlepzig: Buchenhain Jg. 134 (1981 KB); Lübben: Pfaffenberge (1955 BI; 1992 H-JE; 2004 PE).
RG: Neuendorf b. Lübben: ehem. Gutspark (1953 BI); Byhleguhre: Welsnitz (1957 BI; 1999 KA).
HA: Hartmannsdorf: jenseits der Hartmannsdorfer Berge (Fick in AS 1861/62).
Anm.: Die Angabe als Salomonssiegel aus der Zoßna bei Werben (WIESNER 1939) beruht offenbar auf einer Verwechslung mit *P. multiflorum* (vgl. Fundmitteilung von JE in KL 1974).

H/–/↔ *Polygonum aviculare* agg. – Artengruppe Echter Vogelknöterich
VN: Schweinegras, Schweinegrusche (Schweinegruže), Grusche (Gruže), Schweinekraut, Saurasen; swinjeca tšawa, swinjeca powitka, proseca tšawa, prochata tšawa.
v – Bestandsbildend in trockenen Trittrasen, in trockenen bis feuchten Äckern.
Anm.: Eine Trennung der beiden Arten *P. aviculare* L. und *P. arenastrum* BOREAU sowie der jeweiligen Unterarten erfolgte bislang nicht.

H/V/↔ *Polypodium vulgare* L. – Gewöhnlicher Tüpfelfarn
VN: – ; paproś, peproś, papruś.
z – In mäßig trockenen Kiefernforsten und Eichenwäldern, insbesondere an Nordhängen.
BR: Neuendorf am See: bei Wutscherogge (KU 1998); Pretschener Weinberg (1973 KB in KB 1978; 2008 IL & PE); Köthen: beim Pichersee und beim Schwanensee (1991 KU; 2000 KA); Hang am SW-Ufer Köthener See (2002 KA); am Mittelsee (1992 JE); nordwärts gerichteter Straßeneinschnitt NNO Kl. Wehrigsee (1982 KB; 2008 Leber); S-Ufer Triftsee (1999 KA); Krausnick: Meiereisee (IL & J. Illig in KL 1977; 2003 KA); Lübben: Pfaffenberge an mehreren Stellen (1951 BI; KA & KU 2003); kleine Hangkante 0,2 km W Lehnigksberg (2000 KA); Neuendorf b. Lübben: ehem. Lehmgrube der Reinholzschen Ziegelei 1,5 km NO Ortslage (1950 BI; 1999 KA); Straupitzer Weinberg (WOLFF 1929; 2005 Leber & KA); Grabenrand am Heuweg nach Byhlen (1999 Leber); Abhang am Byhleguhrer See (KR 1955b; 1999 Butzeck).
RG: Gröditsch: 2 km N an der ehem. Ziegelei (1973 KB in KB 1978); Biebersdorf: Hang am Wallaberg 0,5 km SW des Dorfes (1999 KA); Schönwalde: Grabenkante am alten Forsthaus (2004 KA).
HA: Lübben: Ellerborn (WIESNER 1920–1938).
Anm.: Die Angabe vom Pretschener Weinberg in KB (1978) wurde fälschlicherweise für den Pretschener Mühlberg veröffentlicht.

Populus tremula L. – Zitter-Pappel H/–/↔
VN: – ; wós, wósa, wósyca, wósyna, liboda, lipota, libotka, libina, libota, libotcyna, libawa, libośina.
v – Im Birken-Stieleichen-Wald und in Kiefernbeständen, im Gebüsch, auf Lichtungen und an Waldrändern.
Anm.: Die Art ist oft an der Ausbildung von Vorwäldern auf frischen Standorten beteiligt.

Portulaca oleracea L.– Gemüse-Portulak Kv/–/↔?
VN: Hasenkohl; huchacowy kał, pólska kresa.
ss – Ruderalstellen, Wegränder, Pflasterfugen.
BR: Lübben: am Sportplatz beim Schlossturm (1961 BI in Scholz & Sukopp 1965); Südbhf. (1971 IL); Lübben (KR 1955b); Straupitz: Nähe Friedhof (2000 Jage); Lübbenau-Stennewitz: NO in Kleingärten (1981, 1992 JE); Burg Kauper (KR 1955b); Kunersdorf: W Ortslage am Straßenrand (2008 KU).
Anm.: Die subsp. *sativa* (Haw.) Čelak. wurde in der Niederlausitz ehemals als Gemüsepflanze in Gärten gebaut (vgl. KR 1992a). Inwieweit sich unter den obigen Fundmitteilungen auch Angaben zur subsp. *sativa* befinden, ist unklar. Δ F, Δ M.

Potamogeton acutifolius Link ex Roem. et Schult. – Spitzblättriges Laichkraut H/2/?
s? – Langsam fließende Gewässer mit nährstoffreichem Wasser.
BR: SW-Teil des Neuendorfer Sees (KU 1998, H-KU 2216/1+2); Lübbenau: südlichster Freiheitskanal Nähe Südumfluter (Heym in KL 1977); Alt Zauche: Schützenhaus (1993 JE); Raddusch: im 1. Graben W Seeser Fließ (1992 H-JE); Burg: Stauensfließ an der Str. Burg – Leipe (Heym in KL 1977); Graben N Gr. Rendzinafließ W Neue Spree, S Stilles Fließ (1996 Seitz), Milkersdorf: 1 km NO (1996 Seitz), Brahmower Landgraben (1991 H-KN).
RG: Caminchen: Torfstich (1996 KU).
HA: Lehde (Wiesner 1920–1938).
Anm.: Die sichere Artbestimmung ist nach Wiegleb (mdl. 2003) nur nach Blütenstandsmerkmalen möglich. Da Laichkräuter oft weder blühend noch fruchtend im Gelände vorgefunden werden und in diesen Fällen früher eine Differenzierung der *P. acutifolius* von *P. compressus* mittels der nicht konstant ausgeprägten Blattmerkmale erfolgte, sind Verwechslungen nicht völlig auszuschließen. Die Angabe von *P. acutifolius* aus Hartmannsdorf in KA & KU (2003) ist zu *P. compressus* zu stellen (H-KU 2215/1, rev. 2008 KU & PE).

Potamogeton alpinus Balb. – Alpen-Laichkraut H/2/↘
z? – Vor allem in größeren Fließen, seltener auch in Gräben und in Seen, über sandig-schlammigem, aber basenhaltigem Grund.

Potamogeton

Anm.: Die Vorkommen konzentrieren sich auf die Gewässer der Spreeniederung und der westlich gelegenen Seitentäler. Im Burger Spreewald hat die Art bislang vermutlich zu wenig Beachtung gefunden (VK 34).

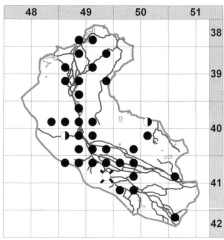

Potamogeton alpinus   VK 34: *Potamogeton alpinus*

H/1/? ***Potamogeton* x *angustifolius*** J. PRESL – Schmalblättriges Laichkraut
(Abb. 89) [Syn.: *P.* x *zizii* W. D. J. KOCH ex ROTH], (*P. gramineus* x *P. lucens*)
  s – In meso- bis eutrophen, stehenden und langsam fließenden Gewässern.
  BR: Mehrfach im Neuendorfer See: Strand bei Hohenbrück (RETTSCHLAG 1970; KU in JE & KU 1994, H-KU 2228/1 – 3); S Mühlenwinkel (KU in JE & KU 1994, H-KU 2228/4 – 6; 2004 PE); im Bereich des Spreezuflusses (KU 1998; 2002 H-PE); Neu Lübbenau: 0,8 km WSW in einem Ausstich (2003 H-PE).
  Anm.: Die in BENKERT et al. (1996) enthaltene MTBQ-Angabe 3849/4 ist durch 3849/3 zu ersetzen (vgl. KU et al. 2001).

H/2/? ***Potamogeton compressus*** L. – Flachstängliges Laichkraut
  z? – In schlammigen, nährstoffreichen Fließen und in Altwässern.
  Anm.: s. Anm. bei *P. acutifolius*.

H/–/↘ ***Potamogeton crispus*** L. – Krauses Laichkraut
  z – In stehendem oder schwach fließendem, nährstoffreichem Wasser der Fließe und Gräben, auch in Seen.
  Anm.: Von KR (1955b: 85) für den Oberspreewald noch als „häufig in Laichkrautgesellschaften stehender oder schwach strömender Gewässer" angegeben.

Potamogeton filiformis Pers. – Faden-Laichkraut
Zu dieser Sippe existiert eine Angabe aus Straupitz: Anlegestelle der Straupitzer Kahnfahrt am südlichen Ortsausgang (Heym mdl. 2001, vgl. Heym 1982). Da es sich bei dem damaligen Fund nur um vegetative Pflanzensprosse handelte und die Art eher in oligotrophen Lebensräumen vorkommt, muss davon ausgegangen werden, dass es sich um eine Fehlbestimmung handelt (vgl. KU et al. 2001).

Potamogeton friesii Rupr. – Stachelspitziges Laichkraut   H/2/↔
[Syn.: *P. mucronatus* Schrad. ex Sond.]
s – In meso- bis eutrophen, stehenden Gewässern.
BR: Werder: Spreealtarm NW Spreebrücke (2004 H-PE); nördlicher Spreealtarm 1,5 km WNW Spreebrücke (2004 PE in KL 2006, H-PE); Neuendorf am See: Vorflutgraben 1,5 km WSW Richtung Leibsch-Damm (2002 H-PE, rev. 2003 G. Wiegleb); Hohenbrück: Bucht SO Spreemündung in den Neuendorfer See (KU 1998, H-KU 2218/1 + 2); Neu Lübbenau: O Ortslage im Graben; 2 km SSW im Altwasser (1994 JE); Krausnick: Graben W Sapitzka (JE in JE & KU 1994); Ragow: Graben NW Ortslage an der Riebocka (JE in JE & KU 1994); Zerkwitzer Kahnfahrt (KR 1955b); Zerkwitz: Graben N der Bahn (1979 JE); zwischen Leipe und Burg (JE 1976, det. KR); Oberspreewald (Passarge 1957).
RG: Briesener See (1982 IL); Caminchen: Torfstich O Ortslage (1977 JE, det. W.-D. Heym).
Anm.: Die FO-Angabe aus Werder (nördlicher Spreealtarm) durch PE in KL (2006) ist bezüglich der Entfernungsangabe zu korrigieren (s. o.).

Potamogeton gramineus L. – Grasartiges Laichkraut   H/2/↔?
s – In meso- bis schwach eutrophem Wasser von Seen, Fließen, Gräben und Torfstichen.
BR: Alt Schadow: in zwei ehem. Torfstichen auf dem Gr. Raatsch (KU in JE & KU 1994, H-KU 2229/1 – 4); Gr. Lubolz: Graben O Kriegbuschwiesen (2002 PE); Lübben: SO der Stadt in der Alt Zaucher Spree (1982 JE); Ragow: Untere Ragower Kahnfahrt NW Barzlin (2002 PE); Alt Zauche: in der Mutnitza im Bereich Ballonick (2002 PE); Burg: Schlossbergfließ an der Str. nach Byhleguhre (1976 – 79 Heym in Heym 1983); Burg: Schlossbergfließ am Zusammenfluss mit Budaricks Graben (1976 – 79 Heym in Heym 1983); Schmogrow: Mutnitza 1,3 km W Ortslage nahe dem Dücker (2002 PE).
RG: Briesener See (1982 IL); Torfstich im W-Teil des Briesener Luchs (1998 KU); Kl. Leine: Graben S Ortslage (1977 JE); Caminchen: Graben am Torfstich (1985 JE in JE & KU 1994).
Anm.: Von KR (1955b) für den Oberspreewald nicht angegeben, ob übersehen?

Potamogeton

H/3/↔ ***Potamogeton lucens*** L. – Spiegelndes Laichkraut
VN: Hechtkraut; rybjece zele.
z? – In meso- bis eutrophen Gewässern mit basisch beeinflussten Substraten, seltener in Seen und Sekundärgewässern.
Anm.: Die Vorkommen konzentrieren sich weitgehend auf die größeren Fließgewässer der Niederung, v. a. Mutnitza, Burg-Lübbener Kanal, Spree unterhalb Leibsch, Wasserburger Spree, Pretschener Spree, Neuendorfer See (VK 35). Größere zusammenhängende Bestände sind eher selten.

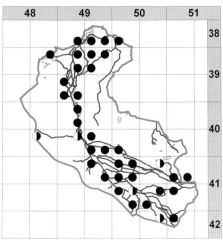

VK 35: *Potamogeton lucens*

H/–/↔ ***Potamogeton natans*** L. – Schwimmendes Laichkraut
VN: Hechtkraut; žabine łžycki, drest, wódny drest.
v – In zahlreichen Wasserpflanzengesellschaften in Gräben, Fließen, Teichen, Torfstichen, Altwässern und Seen.

Potamogeton nodosus POIR. – Knoten-Laichkraut
Ohne Herbarbeleg ist mit dieser Angabe aus dem Lübbenauer Spreewald (PASSARGE 1955a) kritisch umzugehen (vgl. KU et al. 2001). Weitere Hinweise zu einem Vorkommen der Sippe im UG liegen nicht vor.

H/2/↘ ***Potamogeton obtusifolius*** MERT. et W. D. J. KOCH – Stumpfblättriges Laichkraut
z – In zumeist schwach eutrophen, stehenden Gewässern.
Anm.: Vorkommen existieren v. a. im Bereich des Neuendorfer Sees und in den Spreealtarmen unterhalb des Sees; im sonstigen UG v. a. in überwiegend nicht fließenden Vorflutgräben vorhanden.

H/–/↔? ***Potamogeton pectinatus*** L. – Kamm-Laichkraut
z – In meso- bis polytrophen, stehenden und langsam fließenden Gewässern auf basenhaltigen Substraten.
Anm.: Obwohl von KR (1955b) für den Oberspreewald als sehr selten angegeben, war die Sippe wohl häufiger, gibt HEYM (1982) die Art doch mehrfach aus seinen Untersuchungsflächen an.

Potamogeton perfoliatus L. – Durchwachsenes Laichkraut   H/V/↔?
s – In stehenden und langsam fließenden, nährstoffreichen Gewässern.
BR: Neuendorfer See: mehrfach im Uferbereich des Sees (Rettschlag 1970; KU 1998; 2004 PE); Alt Schadow: nördlicher Spreealtarm 2 km O Ortslage (2004 PE); mehrfach in der Krummen Spree unterhalb des Neuendorfer Sees (2005 Heinrich & Lohmann); Werder: 1,2 km W im Spreealtarm (2004 PE); Leibsch: Graben SW Ortslage beim Silo (1992 H-JE); Graben 1 km S Ortslage (2002 H-PE); Köthener See (1951 BI); Gr. Wasserburg: Kahnabfahrtstelle (KU in KU & JE 1997); Krausnick: Wasserburger Spree am Buchenhain (1997 IL); Wasserburger Spree zwischen km 2,1 und 2,4 häufig, sonst vereinzelt (1954–56 Hill in Hill 1995); Lübbenau: im Dorotheengraben (2001 PE); Lübbenauer Spreewald (Passarge 1955a).
Anm.: Es ist sicherlich davon auszugehen, dass *P. perfoliatus*, trotz evtl. vorliegender Verwechslung mit *P. praelongus*, auch früher im Oberspreewald nicht häufig war (KR 1955b, 1960; Passarge 1955, 1957; KU et al. 2001).

Potamogeton polygonifolius Pourr. – Knöterich-Laichkraut   H/2/–
ss – In einem temporär wasserführenden Moorgewässer.
RG: Dürrenhofer Moor (IL in KL 1985b, H-IL).
Anm.: Der Eintrag in Benkert et al. (1996) unter MTBQ 4150/1 beruht auf einer Fehlangabe (vgl. KU et al. 2001).

Potamogeton praelongus Wulfen – Gestrecktes Laichkraut   H/2/↓
ss – Im Bereich größerer, schwach eutropher Fließe und im Neuendorfer See.
BR: Neuendorfer See: Spree vor der Einmündung in den See (1953 BI); mehrfach im SW-Teil des Sees (KU 1998, H-KU 2226/1 + 2; 2004 PE); Lübben: A-Graben-Nord am Schöpfwerk Alt Zaucher Spree (1976–79 Heym in litt. 2008, vgl. Heym 1982); Untere Alt Zaucher Spree (2001 PE; 2008 PE); Lübbenauer Spreewald (Passarge 1955a, 1957).
HA: Lübben: Spree bei Petkansberg (= Spree unterhalb Lübben) (Treichel 1876a; AS 1879); Lübbenau: Gorroschoa (Wiesner 1920–1938).
Anm.: Die Angabe in RH (1839: 50) „In der Spree" ist nicht exakt lokalisierbar, bezieht sich aber aufgrund des Radius seiner damaligen Exkursionstätigkeit mit großer Wahrscheinlichkeit auf das UG. KR (1955b: 85) schätzt das Vorkommen von *P. praelongus* für den Oberspreewald als „ziemlich häufig im Ranunculetum fluitantis" ein. Es ist sicherlich davon auszugehen, dass *P. praelongus*, trotz evtl. vorliegender Verwechslung mit *P. perfoliatus*, früher im Oberspreewald häufiger als letztgenannte Art war (KR 1955b, 1966; Passarge 1955a, 1957; KU et al. 2001). Seitdem ist *P. praelongus* deutlich zurückgegangen.

Potamogeton

H/#/↔ **Potamogeton pusillus** agg. – Artengruppe Zwerg-Laichkraut
z – Schwach eutrophe, stehende bis langsam fließende Gewässer.
Anm.: Obwohl Angaben von *P. berchtoldii* FIEBER aus dem UG vorliegen, wurden – da der taxonomische Rang der Sippe umstritten ist (vgl. u. a. WIEGLEB & KAPLAN 1998) – derartige Fundmeldungen unter diesem Aggregat subsummiert.

H/2/↘ **Potamogeton trichoides** CHAM. et SCHLTDL. – Haarblättriges Laichkraut
z – Im klaren, meso- bis schwach eutrophen Wasser von Meliorationsgräben.
Anm.: Die Angabe von *P. trichoides* aus dem Spreewald bei AS (1864) geht auf einen Übertragungsfehler bez. *P. pectinatus* aus RH (1836b, 1839) zurück (vgl. KU et al. 2001).

H/–/↔? **Potentilla anglica** LAICHARD. s. l. – Englisches Fingerkraut
z – Auf feuchten Waldwegen und in Säumen.
Anm.: Die Art wurde sicherlich des Öfteren mit *Potentilla* x *procumbens* = *reptans* G. F. W. MEY. (*P. anglica* x *P. reptans*) oder dem Primärbastard *P.* x *italica* LEHM. (*P. erecta* x *P. reptans*), der sich durch Sterilität (keine Nüsschenbildung) auszeichnet, verwechselt (vgl. auch Anm. in KU et al. 2001).

H/–/↘ **Potentilla anserina** L. – Gänse-Fingerkraut
VN: Silberkraut, Silbergras, Gänsekraut; rożowe zele.
v – Auf feuchten, zeitweilig überschwemmten Wiesen und an Seeufern, ferner auf feuchten Äckern und in der dörflichen Ruderalflur.
Anm.: Es ist eine deutliche Bestandsabnahme innerhalb der Dörfer durch zunehmende Urbanisierung und Rückgang der traditionellen Geflügelhaltung zu verzeichnen.

H/–/↔ **Potentilla argentea** L. – Silber-Fingerkraut
v – In trockenen, lückigen Sandfluren, besonders in Schafschwingel-Rasen, gern an Wegrändern und in deren Säumen.
Anm.: Bei dieser Art handelt es sich um einen formenreichen apomiktischen Komplex. Die sichere Abgrenzung der verschiedenen infraspezifischen Sippen erweist sich als schwierig und wurde im UG noch nicht vorgenommen.

H/V/↘ **Potentilla erecta** (L.) RAEUSCH. – Blutwurz
VN: Blutkraut; zelenica, stawolcy.
v – Im Birken-Stieleichen-Wald und an feuchten Stellen in Kiefernforsten, in Pfeifengras-Wiesen, Borstgrasrasen, an Moor- und Waldrändern und auf Wegen; zumeist auf sauren, nährstoffarmen Böden.
Anm.: Die Verluste des Magerkeitszeigers sind v. a. durch die Beseitigung armer Pfeifengras-Wiesen und von Borstgrasbeständen verursacht.

Potentilla

Potentilla heptaphylla L. – Rötliches Fingerkraut H/2/↔?
ss – In kalkbeeinflussten Trockenrasen, an Wegen im Kiefernforst und im Eichenwald trockener Standorte.
BR: Krausnick: an der Str. nach Brand (2001 IL); Hartmannsdorf: Weg nach Bugk (1955 BI); O Byhleguhrer See (1991 JE; 1996 JE, Seitz & Ristow).
RG: Schönwalde: 1 km N Bhf. (2008 IL); Krugau: Kiesgrube am Marienberg (KA in KL 2002; 2009 Borries & PE).

Potentilla incana P. Gaertn., B. Mey. et Scherb. – Sand-Fingerkraut H/3/–
[Syn.: *P. cinerea* Chaix ex Vill. subsp. *incana* (P. Gaertn., B. Mey. et Scherb.) Asch.]
ss – In thermophilen, kalkbeeinflussten Trockenrasen.
BR: Krausnick: an der Str. nach Brand Nähe ehem. Flugplatz (2001 IL); Byhleguhre: NO auf der Trasse der ehem. Spreewaldbahn (1965 JE).
RG: Schönwalde: 2 km N (IL & J. Illig in KL 1974).
Anm.: Ob sich evtl. unter den genannten Vorkommen auch solche von *Potentilla* x *subarenaria* Borbás ex Zimmeter (*P. incana* x *P. neumanniana*) befinden, konnte aufgrund des Fehlens von Herbarbelegen nicht geklärt werden. RH (1839, 1846) sowie KB in KL (1974) führen Vorkommen von *P. incana* vom sog. „Brand" bei Waldow auf. Diese FO befinden sich wahrscheinlich außerhalb des UG.

Potentilla neumanniana Rchb. – Frühlings-Fingerkraut H/3/↔
[Syn.: *P. tabernaemontani* Asch.]
s – In Trockenrasen, an Wegen in Kiefernforsten.
BR: Alt Schadow: Straße zum Gr. Raatsch (KU in JE & KU 1994; KU 1998); Krausnick: ca. 1 km NW Ortslage (1993, 2007 KU); ca. 3 km W Nähe Neue Schenke (KU in JE & KU 1994); Lübben-Steinkirchen: an der Kirche (1989 JE in JE & KU 1994); Gr. Lubolz: Wiesen am Bugk (1955 BI).
RG: Schönwalde: Bahntrasse 4 km NW Bhf. (1975 KB); Waldweg O Müllplatz (1989 JE in JE & KU 1994); Treppendorf: Waldweg S des alten (Steinkirchener) Weinberges am SW-Rand des Langen Rückens in Richtung Neuendorf (IL, KA & PE in KL 2004); am Weg an der alten Hirschlandgrube (1993 H-JE); Byhlen: Sand-Trockenrasen O Byhlener See (1976 KL); Stromleitungstrasse 1,3 km S Ortslage (2008 PE).
HA: Treppendorf: am Langen Rücken (1948 BI).
Anm.: Die Vorkommen im UG konzentrieren sich auf den W- und S-Rand des sog. „Brand" NNW Schönwalde. Zur *P.* x *subarenaria*-Problematik s. Anm. bei *P. incana*.

Potentilla norvegica L. – Norwegisches Fingerkraut H/3/↘
s – Auf frischen, nährstoffreichen Böden, besonders auf Schlamm an Ufern von Gewässern und in lückigen Wiesen.

Potentilla

BR: Lübben: auf den Wiesen bei Steinkirchen (1950 BI); am Verbindungsgraben zwischen Pappelkanal und Mutnitza (KR 1955b); Alt Zauche: NO der Irrtumschleuse (1988 JE); Burg: Filowe-Gebiet SO Polenzschänke (1993 JE); Oberspreewald (Passarge 1957).

RG: Treppendorf: an der Lehmgrube am Weg nach Lübben (1987 KA); Lübben: Hänge am Steinkirchener Weinberg (2001 KA); Briesensee: Wegrand ca. 0,5 km S an ehem. Waldmastanlage (1982 JE); Briesener See (1952 BI; 2009 Borries & PE); Briesener Luch (2001 PE).

HA: Lehde: Fließ nach Leipe (Loew in Treichel 1876a); zwischen Radensdorf und Alt Zauche sowie bei der Polenzschänke bei Burg (Jacobasch in Taubert 1885).

H/3/↘ *Potentilla palustris* (L.) Scop. – Sumpf-Blutauge, Sumpf-Fingerkraut
(Abb. 92) [**Syn.:** *Comarum palustre* L.]
VN: Rotauge; sedymlistnik.
v – Auf moorigen Nasswiesen und in Zwischenmooren.
Anm.: In einigen Teilgebieten auch häufiger vorkommend, v. a. im Oberspreewald in Auflassungsbereichen des Grünlandes, so z. B. NW Leipe (Huschepusch), W Leipe (Freiheitskanäle) sowie N Lehde.

N/V/♦? *Potentilla recta* L. – Aufrechtes Fingerkraut
†* – Auf anlehmigen, basisch beeinflussten Kiesböden an Wegen und auf Ödland.
RG: Schönwalde: an der Autobahnbrücke (1980 IL in KL 1985b); Niewitz: Wegrand nach Schiebsdorf (IL in KL 1985b); Kl. Klessow: Straßenrand (JE in KL 1985b).
Anm.: Die Art wird gelegentlich auch als Zierpflanze in Gärten kultiviert.

H/−/↔ *Potentilla reptans* L. – Kriechendes Fingerkraut
v – Auf frischen bis mäßig feuchten, nährstoffreichen Wiesen sowie an Wegrändern und Böschungen, auch auf Ruderalgelände und an anderen gestörten Standorten.

H/3/♦ *Potentilla supina* L. – Niedriges Fingerkraut
† – Auf feuchtem, nährstoffreichem Standort am Grabenrand.
RG: Briesensee: Meliorationsgraben SW des Ortes (1960~Pietsch & Müller-Stoll 1974).

H/−/↔ *Prunella vulgaris* L. – Kleine Braunelle
VN: – ; brunowe zele, bruna, brunka, brunine zele, chmjelnik, chmelik.

v – Auf frischen bis feuchten, ausreichend mit Nährstoffen versorgten Wiesen, vor allem in kurzrasigen Beständen, auch in Parkanlagen und auf Waldwegen.

Prunus cerasifera EHRH. – Kirsch-Pflaume, Myrobalane Kv/–/↔?
VN: – ; tenka, tenk, tanka, tarnka, tarnik, ternik, tańki, trenki.
z – An Wegen und Grabenrändern.
Anm.: Früher wurde die Art als Veredlungsunterlage bei der Anzucht von Pflaumensorten verwendet. Eine Verwilderung kommt zumeist durch Austrieb der Veredlungsunterlagen, seltener durch Fruchtverschleppung zustande. Die Art wurde auch in den 1930er und 1960er Jahren gepflanzt und verwilderte davon ausgehend. Die gelbfrüchtige Myrobalane wird vielfach fälschlicherweise als Spilling bezeichnet (s. Kap. 4.3, *P. domestica* subsp. *pomariorum*). In jüngster Zeit ist vermehrt in Gärten und Anlagen die Kultursippe 'Atropurpurea', die sog. "Blut-Pflaume", zu finden.

Prunus domestica L. subsp. *insititia* (L.) BONNIER et LAYENS – Hafer-Pflaume, Krieche Kv/G/?
VN: Tenken, Tannichen, Tännetzchen, Zullchen, Hundepflaumen, Tenka; tenka, tenk, tanka, tarnka, tarnik, ternik, tańki, trenki, tonka, psowica, psowa sliwa.
ss – Gebüsche, Hecken.
BR: Alt Zauche: Nordpolder (1990 JE); Lübbenau: in der Altstadt (1996 JE); Burg Kolonie (1996 JE).
RG: Caminchen: östl. Ortsausgang (1996 JE).
Anm.: Ob früher im UG auch als Unterlage verwendet? Stellenweise in Flurgehölzen angepflanzt, z. B. im Nordpolder in den 1960er Jahren. Die Sippe war bis Mitte des 20. Jahrhunderts vermutlich weiter verbreitet (vgl. die zahlreich vorhandenen VN).

Prunus padus L. – Gewöhnliche Traubenkirsche H/–/↔
VN: Ahlkirsche, Broschinka, Buschinka, Faulbaum, Koscherpine, Kuschapina, Maiblume, Maiblüte, Maiflieder, Puschapina, Wilder Flieder, Wilde Kirsche; pośerpin, pośerpina, pośepina, pośerpel, żiwy baz, smrod, smrodyn.
v – Besonders im Erlen-Eschen-Wald, aber auch in Erlenbrüchen und im Eichen-Hainbuchen-Wald.
Anm.: Im April/Mai mancherorts aspektbildend. Das Holz ist sehr zäh und haltbar und wurde früher z. B. zu Griffen von Weidenkörben verarbeitet.

Prunus serotina EHRH. – Späte Traubenkirsche N/–/↗
v – Wälder und Gebüsche frischer Standorte.
Anm.: Die von KR (1955b) noch nicht aufgeführte Art ist heute fest eingebürgert. Sie kann durch Zurückdrängung standortheimischer Pflanzenarten die Waldökosysteme verändern,

so z. B. bei Wutscherogge N Neuendorf am See, beim Forsthaus Neu Lübbenau und W von Wußwerk. Im Nordteil des NSG „Innerer Unterspreewald" (vgl. GOOSSENS 1995) und im zentralen Oberspreewald (Westlicher Oberspreewald, Burger Spreewald) noch weitgehend fehlend. Die Art wurde auch in Hecken und auf Forstflächen angepflanzt.

Kv/−/↘ **Prunus spinosa** L. − Gewöhnliche Schlehe, Schwarzdorn
VN: − ; sluwica, slěwica, pycka, pucka, puck, blumica, blumic, blimic (Frucht), sliwcyšco, sluwcyšco, pyckowina, puckowina, puckowišćo (Strauch).
z − Auf mäßig nährstoffreichen, basisch beeinflussten Böden, meist im Gebüsch oder als Hecke in der Feldflur.
Anm.: KR (1955b) bringt das Vorkommen am Schlossberg bei Burg mit einer möglichen Verwendung der Pflanze als Dornenverhau zum Schutz der Burgwallanlage in Verbindung. Die Vorkommen der Art konzentrieren sich auf die Randbereiche des UG. ∆ F.

Kv/V/? **Pseudofumaria lutea** (L.) BORKH. − Gelber Scheinerdrauch, Gelber Lerchensporn
[**Syn.:** *Corydalis lutea* (L.) DC.]
ss − In Mauerritzen.
BR: Lübben-Steinkirchen: am Friedhof; an der Mauer der Gärtnerei Kretschmer (ehem. LPG-Gärtnerei) (1991 JE); Alt Zauche: in Mauerritzen (KR 1955b).
HA: Lübben: an der Gärtnerei Krecker (1949 BI).
Anm.: Zuweilen auch in Gärten kultiviert.

H/1/↓ **Pseudognaphalium luteoalbum** (L.) HILLIARD et B. L. BURTT − Gelbweißes Scheinruhrkraut
[**Syn.:** *Gnaphalium luteoalbum* L.]
ss − Auf feuchtem Ödland, an Ufern und in Kiesgruben, früher auch auf Äckern.
BR: Alt Schadow: flaches Spreeufer an der Brücke (1955 BI); Gr. Lubolz: Kiesgrube in Richtung Hartmannsdorf (KU in JE & KU 1994, H-KU 2029/1); Offenfläche unmittelbar S der Stallanlage (1994 Gleichmann, Langer & Schwiegk); Kl. Lubolz: Felder links am Weg nach Lübben (1950 BI); Lübben: nasse Felder am Waldrand vor dem Forsthaus Ellerborn (1950 BI); Alt Zauche (KR 1955b).
RG: Lübben: Meliorationsgraben in Richtung Briesensee (1962~PIETSCH & MÜLLER-STOLL 1974); Briesener See: O-Ufer (1952 BI; 2004 JE); W-Ufer (1998 H-KU 2029/5; 1999 KA); Straupitz: Meliorationsgraben W des Ortes (PIETSCH 1963); am Byhlener See (1975 JE).

Pseudolysimachion

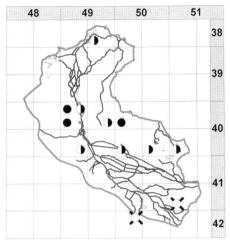

VK 36: *Pseudognaphalium luteoalbum*

HA: Vetschau: „Aecker zwischen dem Bahnhofe und der Stradower Mühle", dort „dicht, wie gesät" stehend (AS 1876: XXXI); Werben (WIESNER 1920–1938); Hartmannsdorf: Wiesen O des Ortes an der Spree (1948 BI).
Anm.: Die Art zeigt einen deutlichen rückläufigen Trend (VK 36). KR (1955b: 113) gibt die Art für den Oberspreewald noch als "zerstreut, aber sehr gesellig auf sandigen, feuchten Äckern" vorkommend an. Auf Äckern ist sie heute nicht mehr vorhanden.

Pseudolysimachion longifolium (L.) OPIZ – Langblättriger Blauweiderich H/3/↘
[Syn.: *Veronica longifolia* L.] (Abb. 98)

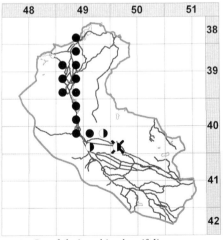

VK 37: *Pseudolysimachion longifolium*

z – In nassen Wiesen, an Ufern und in Hochstaudenfluren feuchter Standorte.
Anm.: Die Vorkommen konzentrieren sich auf das Spreetal des Unterspreewaldes. Im nordwestlichen Oberspreewald wurde die Art deutlich seltener nachgewiesen; im Burger Spreewald fehlt sie völlig (VK 37). Gelegentlich treten auch Pflanzen mit drei Laubblättern pro Nodium auf [= ? ssp. *maritimum* (L.) HARTL]. Hier und da wird die Art als Zierpflanze in Gärten kultiviert.

Pseudolysimachion spicatum (L.) OPIZ – Ähriger Blauweiderich H/3/↘
[Syn.: *Veronica spicata* L.]
s – In basenreichen Trockenrasen, besonders auf ehem. Wein- und Mühlbergen sowie auf Dünen.

BR: Pretschener Weinberg: NO-Hang (KL 1968); S Hartmannsdorf (IL in KL 1985b); Neu Zaucher Weinberg (1953 BI; 1992 H-KN; 2004 Schönefeld).
RG: Krugau: am Marienberg (1954 BI; KA in KL 2002); Niewitz: Düne N Rickshausen (IL & J. Illig in KL 1977; IL in KL 1985b); zwischen Lübbenau und Zerkwitz (1952 Passarge in KR 1968b); Byhlener Weinberg (1974 KB).
Anm.: Die Angabe in KL (1968) wurde fälschlicherweise für die Pretschener Mühlenberge veröffentlicht.

H/–/↔ *Pteridium aquilinum* (L.) KUHN – Adlerfarn
VN: siehe *Athyrium filix-femina*.
v – Im Birken-Eichen-Wald sowie in Kiefernforsten, besonders auf sauren, grundfrischen bis -feuchten Böden.
Anm.: Die Vorkommen konzentrieren sich auf die Randbereiche des UG.

N/(V)/↗ *Puccinellia distans* (JACQ.) PARL. – Gewöhnlicher Salzschwaden
z – Auf Umschlagplätzen, Bahnhöfen, an Straßen und Wegen sowie im Umfeld von Stallanlagen und auf feuchten Weideflächen.
Anm.: Von KR (1955b) noch nicht erwähnt. Nicht überall beständig, bis vor wenigen Jahren aber durch Tausalzanwendung an Straßen begünstigt. Natürliche Vorkommen existieren im UG nicht.

H/2/↔ *Pulicaria dysenterica* (L.) BERNH. – Großes Flohkraut
s – In reichen, wechselfeuchten und feuchten Wiesen, an Torfstichen, an Grabenrändern.
BR: Schlepzig: 1 km W Petkansberg Nähe Alte Spree (2002 PE); Hartmannsdorf: 0,5 km N Forsthaus im Bereich der Fremawiesen (PE in KL 2004, H-PE); Gr. Lubolz: Grabenrand N Ortslage (IL & J. Illig in KL 1977; 2008 IL); S-Rand Sommerdamm N Ortslage (IL & KG in KL 1989a; 2008 PE); Lübben: Spreeufer in Richtung Hartmannsdorfer Wehr (o.J.~JE & KB 1992).
RG: Gröditsch: Torfstichwiesen (IL & KG in KL 1989a); Gr. Lubolz: NW Ortslage an der Bahn (1974 IL); Lübben: an Gräben in Richtung Briesensee (PIETSCH 1965).
HA: Bei Straupitz (RH 1839; vor 1896 Peck, Herbar GLM 21843).
Anm.: Im Oberspreewald seit den HA nicht mehr nachgewiesen.

H/3/♦ *Pulicaria vulgaris* GAERTN. – Kleines Flohkraut
† – Feuchtstellen, an zeitweilig überschwemmten Ufern.
RG: Niewitz: Dorfstraße an der Ziegelei (1950 BI in BI 1957).
HA: Lübben-Steinkirchen: 1. und 2. Hafen (MÜLLER 1876).

Pulmonaria officinalis agg. – Artengruppe Echtes Lungenkraut H?/#/◆
VN: – ; plucnica.
† – mesophiler Laubwald.
BR: Werben: Zoßna (WIESNER 1939).
Anm.: Bei der unter dem Namen „Lungenkraut" publizierten Angabe könnte es sich um die in Brandenburg mehr oder weniger zerstreut vorkommende *P. obscura* DUMORT. gehandelt haben. Die angegebene Begleitflora (Maiglöckchen, Schattenblume, Salomonssiegel, Busch-Windröschen, Moschuskraut, Lerchensporn, Einbeere) spricht jedenfalls für ein mögliches indigenes Vorkommen, ohne dass eine Verwilderung ausgeschlossen werden kann (s. Kap. 4.3). Spätere Angaben liegen nicht vor, ebenso kein Herbarbeleg, so dass eine Verwechslung mit einer anderen *Pulmonaria*-Sippe ebenfalls denkbar ist. Der VN bezieht sich mit großer Wahrscheinlichkeit auf kultivierte Pflanzen.

Pulsatilla pratensis (L.) MILL. subsp. ***nigricans*** (STÖRCK) ZAMELS – Wiesen-Kuhschelle H/1/↘
(Abb. 105)
ss – Kalkreiche Trockenrasen, auch in lichten Kiefernbeständen.
RG: Schönwalde: ca. 4 km N zu beiden Seiten des Bahndammes im Bereich des Dünendurchbruchs (IL & J. Illig in KL 1974; 2004 KB); Ragow: N der Ortslage (ca. 1950 Halpick in IL 1985), dort bereits 1956 erloschen (IL 1985).
HA: Lübbenau (1842 Peck, Herbar GLM 16757); Lübben: Frauenberg (vor 1950, Herbar der Oberschule Lübben, Finder unbekannt; um 1950 BI ohne Nachweis) (vgl. auch Arndt in IL 1985).
Anm.: Dicht an der Grenze des UG im Jg. 60 zwischen Bhf. Brand und Krausnick existierte ein weiteres Vorkommen (1977 Mudra in IL 1985) – dort 2002 und 2004 ohne Nachweis (IL). Zu weiteren Vorkommen in der NW Niederlausitz vgl. auch IL (1985). Δ B: ?4048/2 (vgl. auch BUHR 2008).

Pulsatilla vernalis (L.) MILL. – Frühlings-Kuhschelle H/0/◇
† – Auf trockenen Hügeln.
HA: Lubolz (RH 1837, 1839); Boblitz (WIESNER 1925).
Anm.: Aus der unmittelbaren Nähe des UG existiert eine Angabe aus Schmogrow, Jg. 66 (WIESNER 1920–1938; WIESNER 1925). Da von den beiden Mitteilungen in WIESNER (1925) keine Herbarbelege vorliegen, kann ein Übertragungsfehler oder eine Verwechslung mit der zu dieser Zeit in Brandenburg noch wesentlich häufigeren, jedoch von ihm nicht erwähnten *P. pratensis* nicht völlig ausgeschlossen werden. Dies trifft insbesondere für die Boblitzer Angabe zu (vgl. hierzu auch den Nachweis von *P. pratensis* aus dem benachbarten Lübbenau).

Pyrola chlorantha SW. – Grünblütiges Wintergrün H/2/◆
† – In trockenen bis mäßig trockenen Kiefernforsten/Kiefernwäldern.

Pyrola

              BR: Köthen: am S-Ufer des Pichersees (STRAUS 1955).
              HA: Schlepzig: Unterspreewald beim Puhl (= Pfuhl) (Fick in AS 1864); Straupitz (Baenitz in AS 1864).

H/0/◊   *Pyrola media* Sw. – Mittleres Wintergrün
              † – In Waldungen.
              RG: *Schönwalde: in der „Luckauer Haide" NW des Ortes (RH 1839).

H/3/↘   *Pyrola minor* L. – Kleines Wintergrün
              s – In bodensauren, frischen Kiefernforsten und Mischwäldern außerhalb der Spreeniederung, in einer Kiesgrube.
              BR: Köthen: am S-Ufer des Förstersees (= Pichersee) (1953 BI; STRAUS 1955); O Förstersee (– Pichersee) (JE in JE & KU 1994; 2006 Heinrich); Wolfsschlucht 0,6 km N Wehlaberg (1980 Jabczynski); Neu Lübbenau: O in Forst Jg. 21 (1965 KL); Lübben: ca. 0,5 km NW der Stadt S der Bahnstrecke nach Lubolz (2001 H-KU 789/3); Boblitz: SO im Kiefernforst (1996 JE); Byhleguhre: Kiesgrube (JE in JE & KU 1994; 2005 Heinrich).
              RG: Schönwalde: Mischwald 2,5 km NW Bhf. (1973 IL).
              HA: *Krugau: am Marienberg (RH 1837); Weg zum Puhl (= Pfuhl) (TREICHEL 1876a).

Kv/–/↔   *Pyrus communis* L. s. l. – Kultur-Birne
              VN: – ; kšuscyna, kšuscyny bom, kšuswica, kšuswina (Baum)/kšuša, kšuška, kšušwica, krušwja (Frucht). Für die Zwischenform zur Wildbirne: Plonz, Plonzk, Kullaue, Mutchen, Brixaue; płonica, plonica, plonic, ziwa kšuška, samopašna kšuška, knedela, knedel, gnilica.
              z – In aufgelassenen Gärten, an Wegen, an Waldrändern und in Gebüschen.
              Anm.: Für das Land Brandenburg sind bislang nur Verwilderungen von Kultursippen bzw. Sippen des hybridogenen Formenschwarmes zwischen der Kultur- und Wild-Birne [*P. communis* s. str. x *P. pyraster* (L.) BURGSD.] belegt (vgl. ENDTMANN 1999, RISTOW et al. 2006). Deshalb werden die Angaben aus dem UG unter *P. communis* s. l. zusammengefasst. Es sind vielerorts noch alte Kultursorten in den Gärten vorhanden. Der Ortsname Krausnick leitet sich vom niedersorbischen VN "kšušwica" ab. Δ F.

H/–/↔   *Quercus petraea* LIEBL. – Trauben-Eiche
              VN: – ; dub (Baum)/žołž, žoź, žołś (Frucht).
              z – Auf grundwasserfernen, mäßig mineralkräftigen Standorten im Kiefern-Traubeneichen-Wald und in Kiefernforsten.
              Anm.: Die Vorkommen befinden sich besonders in den Krausnicker Bergen. Sie sind überwiegend forstwirtschaftlich gefördert. Im zentralen Ober- und Unterspreewald fehlt die Art dagegen standörtlich bedingt.

Quercus robur L. – Stiel-Eiche H/–/↔

VN: siehe *Qu. petraea*.

v – Im Eichen-Hainbuchen-Wald, im Birken-Stieleichen-Wald und vereinzelt im Erlen-Eschen-Wald sowie in deren Ersatzgesellschaften.

Anm.: Die Florentinen-Eiche bei Straupitz war mit einem Umfang von 8,35 m – gemessen in 1,30 m Höhe – ehemals die mächtigste Eiche des Spreewaldes. Sie war in den 1930er Jahren infolge der Eindeichung vertrocknet und noch in den 1990er Jahren als Ruine vorhanden (RUPP 1991, vgl. auch Abb. 69 in KR 1960). Noch heute existieren einige bemerkenswerte Rieseneichen mit Stammumfängen zwischen 5 und 6 m auf der Byttna bei Straupitz.

Quercus robur
Eine der Rieseneichen auf der Byttna.

Quercus rubra L. – Rot-Eiche Kv/–/↗

VN: siehe *Qu. petraea*.

v – In Wäldern auf trockenen bis frischen, mittelgründigen Böden.

Anm.: Verwilderungen sind besonders entlang Straßen begleitender Alleen und innerhalb bzw. im Umfeld forstlicher Anpflanzungen zu beobachten.

Radiola linoides ROTH – Zwergflachs, Zwerg-Lein H/1/◆
† – Auf krumenfeuchten, mäßig humosen, sandigen Äckern und auf feuchten, offenen Stellen, an Ufern und Grabenrändern.
BR: Neu Lübbenau: O des Ortes und an der Straße nach Kuschkow jeweils im Wintergetreide (KL 1966); Lübben-Börnichen: Schutzgraben an der Bahn (NW-Seite) in Richtung Wiesenau (1951 BI); Burglehn b. Alt Zauche: 0,5 km W (PASSARGE 1959).
RG: Lübben: Graben am Weg in Richtung Briesensee (PIETSCH 1963); Briesensee: Meliorationsgraben in Richtung Lübben (1962~PIETSCH & MÜLLER-STOLL 1974); Briesener See (KR 1955b; 1977 JE).
HA: Briesen b. Werben: Marienberge N Ortslage (WIESNER 1920–1938); Hartmannsdorf: Tümpel auf den Triften am N-Rand des Dorfes, alter Spreearm (1949 BI).

Ranunculus acris L. – Scharfer Hahnenfuß H/–/↘

VN: Butterblume, Ölblume, Hahnenfuß, Stolzer Hahnenfuß, Gurklitzka, Sorusch, Sorsch; górcyca, žeruš, žoruš, zoruš.

v – Auf Feucht- und Frischwiesen, in Waldsäumen.

Ranunculus

Anm.: Der Rückgang ist eine Folge von Wiesenumbruch und Grasansaaten sowie intensiver Beweidung. Im Bereich der Überschwemmungsgebiete schon immer weitestgehend fehlend. Pflanzen mit gefüllten Blüten (cv. 'Multiplex') sind in den Gärten nur noch selten anzutreffen.

H/V/↘? *Ranunculus aquatilis* L. – Gewöhnlicher Wasser-Hahnenfuß
VN: – ; nykusowe zele.
z – In sauberen, schwach fließenden Wiesengräben.

H/1/◆? *Ranunculus arvensis* L. – Acker-Hahnenfuß
VN: – ; žeruš, žoruš, zoruš.
†* – Auf basenreichen, lehmig-tonigen Böden auf Äckern.
BR: Lübben: Roggenfelder an der Luckauer Chaussee (1950 Straus in SUKOPP 1957); Leipe: Dorf- und Feldflur (KR 1955b, 1960); an der Gaststätte (1983 H-JE); Burg (Dorf): an der Bleiche; zwischen Werben und Müschen; zwischen Babow und Müschen (KR 1955b).
HA: Zwischen Werben und Burg (AS 1879).
Anm.: RH (1839: 151) bezeichnet das Vorkommen der Art in den Lausitzen als „auf Äckern unter der Saat überall" vorhanden, eine Einschätzung, die u. a. für den dem UG benachbarten Luckauer Raum mit seinen lehmhaltigen bzw. basisch beeinflussten Ackerstandorten zutraf (vgl. BOHNSTEDT 1889). Im UG war die Sippe – edaphisch bedingt – wohl nicht so weit verbreitet. Von KR (1955b: 98) noch als „häufig auf der Geschiebemergelinsel von Leipe in Getreide-Unkrautgesellschaften" vorkommend angegeben; „im übrigen Spreewald sehr selten". Angrenzend an das UG früher bei Vetschau: Ortsausgang nach Brandtemühle zu (TREICHEL 1876b).

H/3/↘ *Ranunculus auricomus* agg. – Artengruppe Goldschopf-Hahnenfuß
v – In wechselfeuchten, nährstoffreichen Wiesen, auch im Erlen-Eschen-Wald.
Anm.: Über die im UG vorkommenden Kleinarten dieses apomyktischen Komplexes gibt es gegenwärtig keine Kenntnisse. Wiesenvorkommen befinden sich v. a. im Raum Leipe–Burg. Im Grünland wird die Art zwar durch regelmäßige Wiesenpflege gefördert, zeigt jedoch durch zunehmende Weidenutzung und durch stärkere Eutrophierung einen zurückgehenden Trend. Die von MÜLLER-STOLL et al. (1992c) in Vegetationstabellen veröffentlichten Angaben zu *R. auricomus* s. str. sind, da keine Herbarbelege vorliegen, als Aggregat aufzufassen.

H/V/↔ *Ranunculus bulbosus* L. – Knolliger Hahnenfuß
z – In mäßig trockenen Rasen, auf sandigen bis etwas lehmhaltigen Böden, meist innerhalb der Siedlungen.
Anm.: Die Vorkommen konzentrieren sich auf die Randbereiche des UG. Von KR (1955b) für den Oberspreewald nicht angeführt, ob übersehen?

Ranunculus circinatus Sibth. – Spreizender Wasser-Hahnenfuß   H/3/↘
z – In Schwimmblattgesellschaften der Fließe und Gräben in langsam fließendem, klarem Wasser.
Anm.: Außerhalb der Spreeniederung liegen keine Nachweise vor.

Ranunculus ficaria L. – Scharbockskraut   H/−/↔
VN: – ; šćerbok, brodajcowe zele.
v – In feuchten Laubwäldern (v. a. im Erlen-Eschen-Wald), in Parkanlagen, in Gebüschen und an Wiesenrändern, zuweilen auch auf Gartenland.

Ranunculus flammula L. – Brennender Hahnenfuß   H/−/↘
VN: – ; górcyc, górcyca, žeruš, žoruš, zoruš.
v – In nassen, nährstoffarmen Überschwemmungswiesen sowie in Kleinseggenwiesen und Pioniergesellschaften auf feuchten Torf- und Sumpfböden, auch in trockenfallenden Wiesengräben.

Ranunculus fluitans Lam. – Flutender Wasser-Hahnenfuß   H/G/↔
VN: – ; žiwa kopšiwa, nykusowe zele.   (Abb. 42)
v? – In den größeren Fließen.
Anm.: Art mit strenger Bindung an die Spreeniederung (VK 38). Inwieweit das Fehlen in den Fließgewässern des südlichen Burger Spreewaldes und des Leiper Raumes (v. a. Hauptspree, Südumfluter, Greifenhainer Fließ, Brahmower Landgraben, Priorgraben) zumindest teilweise auf Beobachtungslücken zurückzuführen ist, kann momentan nicht entschieden werden. In der Stauabsenkung Süd südlich von Leipe fehlt die Art aufgrund unzureichender Wasserqualität der nicht bzw. kaum strömenden Fließe (Grps 2003). Zu berücksichtigen ist außerdem die nach SO zunehmende Verschlechterung der Wasserqualität infolge der Verunreinigung und/oder Einleitung bergbaulicher Sümpfungswässer. Besonders vitale Bestände sind in den besonnten, flachen Gewässerabschnitten der Mutnitza vorhanden. Gewässerprofilierung (Kastenprofil) und regelmäßige Entkrautungsmaßnahmen führen zur Einschränkung des Wachstums.

VK 38: *Ranunculus fluitans*

Ranunculus

H/3/◆ ***Ranunculus lanuginosus*** L. – Wolliger Hahnenfuß
† – In einem Niederungslaubwald.
HA: Lübben: Hain (1953 Gautsch in Kartei BI).
Anm.: Der Hinweis auf SCAMONI (1954) in GROßER et al. (1967) ist als Fehlzitat zu werten. In SCAMONI (1954, 1955/56) ist die Art nicht aufgeführt (vgl. KU et al. 2001).

H/3/↘ ***Ranunculus lingua*** L. – Zungen-Hahnenfuß
z – In Röhricht- und Großseggengesellschaften auf ständig nassen, nährstoffreichen Böden, oft an Grabenrändern.

H/V/↘? ***Ranunculus peltatus*** SCHRANK – Schild-Wasser-Hahnenfuß
z – In schwach fließenden Wiesengräben.
Anm.: Bei KR (1955b) fehlt die Art; ob unter *R. aquatilis* subsummiert?

Ranunculus lingua

Ranunculus penicillatus (DUMORT.) BAB. – Pinselblättriger Wasser-Hahnenfuß
Zu dieser Sippe liegen mehrere Fundmeldungen, z. T. bereits als cf. gekennzeichnet, sowohl aus dem Unter- als auch aus dem Oberspreewald vor (JE in KL 1985b; JE in KL 1990; KU & JE 1997; KU 1998). Aufgrund der Abgrenzungsprobleme zu *R. fluitans* sind diese Angaben fraglich. Die von PE im Rahmen des GRPS in den Kerngebieten des BR in den Jahren 2001/02 durchgeführten umfangreichen Kartierungsarbeiten, u. a. in den Gebieten der von JE publizierten Angaben (v. a. Mutnitza/Hochwald), erbrachten zahlreiche Nachweise von *R. fluitans*. Demgegenüber wurde *R. penicillatus* nicht gefunden. WIEGLEB (in litt. 2008) hat bisher im Spreewald auch nur *R. fluitans* angetroffen.

H/–/↔ ***Ranunculus repens*** L. – Kriechender Hahnenfuß
(Abb. 120) **VN:** Sorusch, Sorsch, Zorusch (Žorusch), Zorasch (Žorasch), Zerusch (Žerusch), Zorsch (Žorsch); žeruš, žoruš, zoruš, gorkac, gorkowina, kokotowa stopa.
v – Auf nicht zu nährstoffarmen, schlickhaltigen Flachmoorböden im Erlen-Eschen-Wald und in feuchten Überschwemmungswiesen, auch auf feuchten Äckern.
Anm.: Das aus der Wildform entstandene Goldknöpfchen (*R. repens* cv. 'Flore Pleno') war noch in der 2. Hälfte des 20. Jahrhunderts in vielen Gärten des (Ober)Spreewaldes als Zierpflanze vorhanden (KR 1992a). Δ F.

Ranunculus reptans L. – Ufer-Hahnenfuß
Bei den in mehreren Vegetationsaufnahmen aus dem Unterspreewald (Scamoni 1955/56) bzw. aus dem Buchenhain bei Schlepzig (Braun 1994) aufgeführten Angaben zu dieser Art handelt es sich offensichtlich um Verwechslungen mit R. *flammula*, der in den entsprechenden Vegetationstabellen fehlt (vgl. KU et al. 2001).

Ranunculus sardous Crantz – Rauer Hahnenfuß   H/3/–
ss – Auf Nassstellen lehmiger Äcker.
BR: Treppendorf: Ackersenke im Bereich des Langen Rückens (KA in KL 2002).
RG: Schönwalde: Ackersenke 1,5 km NW Bhf. (2008 H-IL); Kl. Klessow: Acker am Kraftwerk (JE in KL 1989a).
Anm.: Die Angabe aus Krimnitz (JE in KL 1989a) beruht auf einer Fehlbestimmung von R. *repens* (H-JE, rev. 2008 PE).

Ranunculus sceleratus L. – Gift-Hahnenfuß   H/–/↔
VN: – ; žeruš, žoruš, zoruš.
v – Auf stickstoffreichen Schlammböden als Pionierpflanze, an Gräben und Teichen, auf nassen Störstellen im Grünland, in Zweizahngesellschaften.
Anm.: Stellenweise kommt es zu Massenbeständen der Sippe, v. a. auf zuvor stark zertretenen, nassen Standorten oder an Gewässerrändern.

Ranunculus trichophyllus Chaix – Haarblättriger Wasser-Hahnenfuß   H/3/–
ss – In mesotrophen Gräben und Teichen, auch als Landform auf Schlick (z. B. Teichböden).
BR: Leibsch-Damm: 1,5 km NW (1992 KU); an den Stradower Teichen (1992 KN).
RG: Treppendorf: Lehmgrube (1989 JE).
Anm.: Bei KR (1955b) fehlt die Art; ob unter R. *aquatilis* subsummiert?

Raphanus raphanistrum L. – Acker-Hederich   H/–/↔
VN: Hedderich, Edrich, Edrick, Hedreck; adrik, hadrik, haderik.
z – Auf Äckern mittlerer Nährkraft und auf frischen Ruderalstellen.

Rapistrum perenne (L.) All. – Ausdauernder Windsbock   E/×/–
ss – In Siedlungen.
BR: Lübbenau: in der Neustadt unter Balkonen (1988 JE).
Anm.: Vermutlich aus Vogelfutter stammend.

Rapistrum rugosum (L.) All. – Runzliger Windsbock   E/×/–
ss – Müllplatz, Straßenrand.

Reseda

BR: Lübben: Deponie Ratsvorwerk (1982 JE; 1988 Otto, Herbar GLM 33862; 1990 JE); an der Berliner Chaussee Nähe Gymnasium (1982 JE).
Anm.: Vermutlich aus Vogelfutter oder Getreide stammend.

N/−/↗ *Reseda lutea* L. – Gelbe Resede, Gelber Wau
z – Auf Bahnanlagen, an Wegrändern und in sonstigen lückigen Ruderalfluren.
Anm.: Nach AS (1864) und GRAEBNER (1909) im Lößgebiet um Magdeburg indigen und von dort nach Osten einwandernd. Von RH (1839) und KR (1955b) noch nicht aufgeführt.

E?/×/↘ *Reseda luteola* L. – Färber-Resede, Färber-Wau
ss – Auf sommerwarmen Böden an Wegen, auf Schuttstellen und anderen Ruderalstandorten.
BR: Lübben: am Bhf. Börnichen (1951 BI in BI 1957); Wiese im Bereich Eichkanal (heute W-Abschnitt des Nordumfluters) x

Reseda lutea

Alt Zaucher Spree (1953 BI); Alt Zauche: Bukoitza, Dammweg vor dem Pumpwerk (BI 1957); Lübbenau-Stennewitz (1991 JE).
RG: Gr. Lubolz: am Bhf. (BI 1957); Treppendorf: Nähe Kinderheim (1956 BI).
HA: Neuhof (wohl Neuhaus) bei Lübben (RH 1839); Lübbenau: Erbbegräbnisstätte der Grafen zu Lynar (RH 1846); Burg: Schlossberg (HOLLA 1861/62).

H/V/↔ *Rhamnus cathartica* L. – Purgier-Kreuzdorn
VN: Kreuzholz; rešešin, rješešin, rešešen, rašešina, rjašešina.
z – In Laubmischwäldern, an Waldrändern und in Feldgehölzen frischer, reicher und basisch beeinflusster Böden.
Anm.: Eindrucksvolle Altexemplare gibt es im Kriegbusch südlich Krausnick.

H/1/◇ *Rhinanthus minor* L. – Kleiner Klappertopf
† – Nasse Wiesen.
HA: Zwischen Lübben und Alt Zauche (Potonié in AS 1879).
Anm.: Bei den von SCAMONI (1955/56) für den Unterspreewald aufgeführten Vorkommen handelt es sich wahrscheinlich um Verwechslungen mit *Rh. serotinus* (vgl. KU et al. 2001). Angrenzend an das UG früher bei Vetschau: Wiesen bei der Brandtemühle vorkommend (TREICHEL 1876b).

Rhynchospora

Rhinanthus serotinus (SCHÖNH.) OBORNY – Großer Klappertopf H/#/↘
[Syn.: *Rh. angustifolius* C. C. GMEL. sensu SOÓ et auct.] (Abb. 103)
VN: Klapper, Klappertopp, Klapperblume, Klapperkraut, Schurra, Schurre, Tschurre; šćerkawa, sćerkawa, šćarkawa, sćarkawa, wjelika šćerkawa, šćura, šćerica, sćerica, šnepac.

z – Wenig gedüngte Frisch- und Feuchtwiesen.

Anm.: Die Art ist empfindlich gegenüber Staunässe und Düngung; der Rückgang ist v. a. durch Intensivierung der Grünlandnutzung und Wiesenumwidmung von der Mähwiese zur Weide verursacht (VK 39). Die meisten der aufgeführten VN beziehen sich auf *Rhinanthus* spec., so dass bei diesen Angaben eine Einbeziehung der im UG deutlich selteneren *Rh. minor* mit gleichlautenden VN (außer „mała šćerkawa" statt „wjelika šćerkawa") nicht ganz ausgeschlossen werden kann.

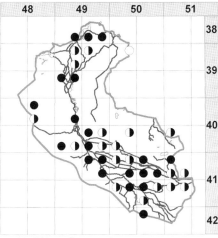

VK 39: *Rhinanthus serotinus*

Rhynchospora alba (L.) VAHL – Weißes Schnabelried H/3/↘
s – In Zwischenmooren und an zeitweise überschwemmten Seeufern, in Torfstichen, auch in aufgelassenen, nassen Kiesgruben.
BR: Alt Schadow: SW der Str. nach Hohenbrück in Jg. 18 (KL 1966); Köthen: W-Ufer Gr. Wehrigsee (2008 Leber); Krausnick: Lichtesee (IL & J. Illig in KL 1977; 2007 Heinrich); Luchsee (1964 Großer in WEIß 1999; 2007 Heinrich); Neuendorf b. Lübben: alte Kiesgrube 100 m vom Bhf. am Waldrand (BI 1957); verwachsene Kiesgrube 300 m SSW Bhf. (IL & J. ILLIG 1971; 1985 JE).
RG: Niewitz: Torfstiche auf den Wiesen in Richtung Kaden (1951 BI in BI 1957; 1999 KA); Dürrenhofer Moor

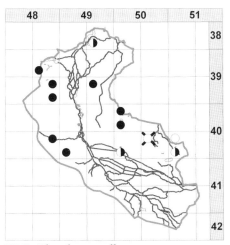

VK 40: *Rhynchospora alba*

(1986 JE; 1998 IL & PE); Kl. Leine: Barbassee (1998 KA); Briesensee: „Steinbruch 2" 1,5 km N Ortslage und „Steinbruch 3" 2,1 km N Ortslage (1999 KA); Briesener See (1952 BI in BI 1957; DONATH 1983); Briesener Luch (1952 BI in BI 1957; 2003 KA); Alt Zauche: an den Teichen (= alte Torfstiche) (KR 1955b); Byhleguhrer See (KR 1955b).
HA: Zwischen Straupitz und Laasow (RH 1839); Butzen: Rauher See (ULBRICH 1918).
Anm.: Der Verbreitungsschwerpunkt liegt in den Mooren der Randbereiche (VK 40). Der Rückgang ist durch Entwässerung der Standorte verursacht.

H/1/↘ *Rhynchospora fusca* (L.) W. T. AITON – Braunes Schnabelried
ss – In Zwischenmooren und an zeitweise überschwemmten, sandigen Seeufern, auch in nassen Kiesgruben.
BR: Neuendorf b. Lübben: alte Kiesgrube am Bahndamm nach Duben (BI 1957).
RG: Neuendorf b. Lübben: verwachsene Kiesgrube 300 m SSW Bhf. (IL & J. ILLIG 1971); Briesener See (1952 Passarge in BI 1957; HAMSCH 2000); Briesener Luch (1954 BI; 2002 H-IL; KA in KL 2002).
Anm.: Da K. H. Großer bei seinen 1964 durchgeführten, umfangreichen Vegetationsanalysen im Gebiet des Krausnicker Luchsees *Rh. fusca* nicht fand (vgl. FISCHER et al. 1982 bzw. Großer in WEIß 1999), beruht die Angabe von diesem FO bei PIETSCH (1965) wahrscheinlich auf einer Verwechslung mit der damals dort recht häufigen *Rh. alba*. Gleiches trifft mit ziemlicher Sicherheit auch für die ebenfalls von PIETSCH (1965) publizierte Angabe zwischen Mühlendorf (fälschlich als „Mühlrose" angegeben) und Straupitz zu (vgl. FO-Angaben unter *Rh. alba*). Beide Fundmeldungen haben keinen Eingang in die Verbreitungskarte bei KL (1985) gefunden.

H/V/↔ *Ribes nigrum* L. – Schwarze Johannisbeere
VN: Hendrischke, Hindreschke, Hendroschke, Hembresche; carne andreški, carne andryški, carne handryški, carne endreški, carne hendryški, janowka, jańske jagody, janški, grańkata hendryška.
v – In Erlenbrüchen und im Erlen-Eschen-Wald.
Anm.: Auch als Kultursippe in Gärten vorhanden.

H/#/↔ *Ribes rubrum* agg. – Artengruppe Rote Johannisbeere
VN: – ; cerwjene andreški, cerwjene andryški, cerwjene andruški, cerwjene handryški, cerwjene endreški, cerwjene endryški, janowka, jańske jagody, janški, grańkate hendryški.
z – Auf nährstoffreichen Standorten im Erlen-Eschen-Wald.
Anm.: Im UG kommt *R. rubrum* L. vor. Ob dies auch für *R. spicatum* ROBSON zutrifft, ist unklar. Die Abtrennung der häufig angepflanzten und selten verwildert angetroffenen, strauchigen Kultursippen des *R. rubrum* s. str. von indigenen Pflanzen ist schwierig. Von *R. rubrum* s. str. finden sich in Gärten neben Sträuchern vielfach auch Hochstamm-Kultivare.

Ribes uva-crispa L. – Stachelbeere   Kv/–/↔
VN: – ; bubańki, bubeńki, bubenki, bubonki, bubeńcy, bubynki, bubajnki, hendryški, handryški, kósmack.
z – In Eichenmischwäldern und im Erlen-Eschen-Wald.
Anm.: Als Kultursippe in Gärten heute zumeist als Hochstamm gepflanzt.

Robinia pseudoacacia L. – Gewöhnliche Scheinakazie, Robinie   N/–/↔
VN: Akazie; akacija, akacyja, agacyja, agac, hagacchin.
v – In Ortsnähe, an Wald- und Straßenrändern.

> *Roegneria canina* (L.) Nevski – Hundsquecke
> [**Syn.:** *Elymus caninus* (L.) L.]
> Zwei im Stadt- und Regionalmuseum Lübben von BI angefertigte und unter *Elymus caninus* hinterlegte Herbarbögen gehören zu *Elymus repens* (rev. 2008 PE).
> Δ B: ?4149/1, ?4149/2, ?4150/1, ?4151/1.

Rorippa amphibia (L.). Besser – Wasser-Sumpfkresse   H/–/↔
v – In Röhrichten und auf nährstoffreichen Nasswiesen, besonders im Bereich des Winterstaus.

Rorippa x *anceps* (Wahlenb.) Rchb. – Niederliegende Sumpfkresse   H/–/–
(*R. amphibia* x *R. sylvestris*)
ss – Grünlandstörstelle.
BR: Burg: W des Bismarckturms (1991 H-JE, rev. 2001 M. Ristow).

Rorippa palustris (L.) Besser – Gewöhnliche Sumpfkresse   H/–/↔
v – Feuchte, nährstoffreiche Sand- und Schlammböden an Ufern, besonders in Zweizahngesellschaften, auch auf Offenstellen der Flachmoorwiesen, auf feuchten Äckern.

Rorippa sylvestris (L.) Besser – Wilde Sumpfkresse   H/–/↗
z – Auf feuchten Äckern, auf Störstellen, in Wiesen, an Wegen.
Anm.: Von KR (1955b) noch als sehr selten im Oberspreewald vorkommend angegeben.

Rosa L. – Rose
Der Kenntnisstand über das Vorkommen und die Verbreitung der *Rosa*-Sippen im UG ist noch nicht befriedigend. Von KR (1955b) wurden nur *R. canina* und *R. tomentosa* aufgeführt. Die zahlreich ermittelten VN beziehen sich neben *R. canina* auch auf andere Wildrosen-Arten, ohne dass deren Sippenzugehörigkeit geklärt ist. VN: Hagebutte, Hahnbutte, Hambutte; pólska

roža, žiwa roža, głog, glog, gog, gogowa roža, gloźk, puck, pucka, pucki, pany, panowki, gogowe bobulki, gogowe jabłuška.

H/−/↔ **Rosa canina** L. − Hunds-Rose
v − An Wegen, Waldrändern und in Säumen.

H/−/? **Rosa corymbifera** BORKH. − Hecken-Rose
s − An Rändern und auf Lichtungen von Wäldern; auf mäßig trockenen, anlehmigen Böden.
BR: Hohenbrück: Söllna (KU 1998, det. S. Rätzel & M. Ristow); Schlepzig: Straße nach Krausnick an der O-Seite des Buchenhains (1982 Knöfel in SEITZ et al. 2004); Babow: am Bahndamm S der Ortslage (1996 Seitz in SEITZ et al. 2004).
RG: Waldow/Brand: Autobahnbrücke (1980 Knöfel in SEITZ et al. 2004); Niewitz: an der Straße nach Schiebsdorf (1994 IL in SEITZ et al. 2004); Duben: 1 km N (ca. 1980 Knöfel in SEITZ et al. 2004); Krugau: Marienberg (PE in SEITZ et al. 2004); Byhlen: alter Damm SO Byhlener See (1976 KL).

H/2/? **Rosa dumalis** BECHSTEIN − Vogesen-Rose
s − Waldränder, Hecken, trockene Säume.
BR: Kl. Lubolz: Friedhof (1994 IL in SEITZ et al. 2004).
RG: Zwischen Gr. Lubolz und der S verlaufenden Bundesstraße (1994 IL in SEITZ et al. 2004); Niewitz: Straße nach Schiebsdorf (1994 IL in SEITZ et al. 2004); Treppendorf: Lehmgrube (IL in SEITZ et al. 2004); Lübbenau: Autobahnböschung SO Kraftwerk (1993 IL in SEITZ et al. 2004).

H/#/− **Rosa elliptica** agg. − Artengruppe Keilblättrige Rose
ss − Waldrand.
BR: Radensdorf: Waldrand S Ortslage (1995 H-Seitz in SEITZ et al. 2004).
Anm.: Da der Strauch nur wenig fruchtete, war eine exakte Artansprache nicht möglich (vgl. SEITZ et al. 2004).

H/G/− **Rosa henkeri-schulzei** WISSEMANN − Falsche Wein-Rose
[**Syn.:** *R. columnifera* (SCHWERTSCHL.) HENKER et G. SCHULZE]
ss − Waldrand.
BR: Radensdorf: am Waldrand S der Ortslage (1995 Seitz in SEITZ et al. 2004).

H/2/−
(Abb. 107) **Rosa inodora** FR. − Duftarme Rose
ss − Lichte Stelle in einem Kiefernforst.
RG: Krugau: Marienberg (PE in SEITZ et al. 2004; 2009 Borries & PE).

Rosa

Rosa majalis J. Herrm. – Zimt-Rose   Kv/G/?
ss? – Friedhöfe, mäßig trockene Säume.
BR: Kl. Lubolz: Friedhof (1992 IL in Seitz et al. 2004); Lübben: S Ortsausgang Richtung Luckau (1997 IL in Seitz et al. 2004).
RG: Treppendorf: Lehmgrube SO Ortslage (IL in Seitz et al. 2004).
Anm.: Eine Form mit halb bis ganz gefüllten Blüten wurde ehemals häufig als Zierstrauch kultiviert. Die letzten derartigen Angaben stammen aus Alt Zauche: Friedhof (1988 KR) bzw. Neuendorf am See: nördlicher Ortsrand (1990 KR).

Rosa pseudoscabriuscula (R. Keller) Henker et G. Schulze – Falsche   H/3/?
Filz-Rose
s? – Säume, Ränder von Straßen, Gräben und Bahnanlagen.
BR: Neu Schadow: Wegrand SW (IL in Seitz et al. 2004); Hartmannsdorf: 0,5 km und 1 km SO, S Bahndamm an Düne und Bahndamm (1981 Knöfel in Seitz et al. 2004); Babow: Grabenrand S Ortslage (1996 Seitz in Seitz et al. 2004); Krieschow-Vorwerk: Straßenrand nach Milkersdorf zu (1996 Seitz in Seitz et al. 2004).
RG: Schönwalde: Bhf. (IL in Seitz et al. 2004).

Rosa rubiginosa agg. – Artengruppe Wein-Rose   H/#/↔?
s? – Trockenrasen, Trockengebüsche und Säume, auf basisch beeinflussten Standorten.
BR.: Köthen: am Mittelsee (1992 Sonnenberg); Neu Zaucher Weinberg (Lienenbecker 1993; 2004 Schönefeld); Straupitzer Weinberg (JE 1976).
RG: Krugau: Marienberg (IL in Seitz et al. 2004); Lübbenau: Neustadt N Kraftwerk (1985 JE in Seitz et al. 2004); Straupitz: östl. Niederungsrand ca. 0,5 km NO Ortslage (2004 Schönefeld); Byhlen: Trasse der ehem. Spreewaldbahn (1993 JE in Seitz et al. 2004); zwischen Byhlen und Butzen: an der Bahn beim See (1951 BI in Seitz et al. 2004, H-BI in Herbar B).
HA: Lübben: alte Lehmgube an der Luckauer Str. (1949 BI).
Anm.: Hier sind Fundmeldungen aufgenommen, die aufgrund fehlender Belege nicht eindeutig den Arten *R. micrantha* Borrer ex Sm., *R. henkeri-schulzei* und *R. rubiginosa* L. zugeordnet werden konnten (vgl. Seitz et al. 2004). Zuweilen wird die Sippe auch gepflanzt.

Rosa sherardii Davies – Samt-Rose   H/V/?
s? – Trockengebüsche, Wegränder.
BR: Alt Schadow: beim Nuggel (1995 KU in Seitz et al. 2004); Neuendorf am See: Koplin (1994 KU in Seitz et al. 2004); Neu Schadow: Straßenrand S Ortsrand (KL in Seitz et al. 2004); Köthen: am S-Ufer des Köthener Sees (1992 Sonnenberg); Radensdorf: Hecke S Ortslage (1995 Seitz in Seitz et al. 2004); Krieschow-Vorwerk: Straße nach Milkersdorf (1996 Seitz in Seitz et al. 2004).

RG: Byhlen: Damm SO Byhlener See (1976 KL in Seitz et al. 2004).
Anm.: Die Angabe Alt Schadow: Bad Süd O Gr. Raatsch (KU 1998) ist zu *R. tomentosa* agg. zu stellen (s. u.).

H/V/?   ***Rosa subcanina*** (H. Christ) Vuk. – Falsche Hunds-Rose
s? – Gebüsche frischer Standorte.
BR: Lübbenau: 0,3 km S Burg-Lübbener Kanal, zwischen Gurkengraben und Lugkgraben (PE in Seitz et al. 2004, H-PE); Abzweig Burg-Lübbener Kanal und Lübbenauer Buschspree 0,8 km SO Barzlin (PE in Seitz et al. 2004).
RG: Treppendorf: Lehmgrube SO Ortslage (IL & PE in Seitz et al. 2004); Lübbenau: Autobahn SO ehem. Kraftwerk (1993 IL in Seitz et al. 2004).

H/V/–   ***Rosa subcollina*** (H. Christ) Vuk. – Falsche Hecken-Rose
ss? – Friedhöfe, Säume.
BR: Kl. Lubolz: östlicher Ortseingang (1993 IL in Seitz et al. 2004); Friedhof (1993 IL in Seitz et al. 2004).

H/2/–   ***Rosa tomentosa*** Sm. – Filz-Rose
ss? – Gebüsch auf lehmigen Standorten.
BR: Hartmannsdorf: S Ortslage (1981 IL).
RG: Treppendorf: Langer Rücken (1971 IL; IL & PE in Seitz et al. 2004).

H/#/?   ***Rosa tomentosa*** agg. – Artengruppe Filz-Rose
z – In Trockengebüschen, Hecken und an Wegrändern.
BR: Alt Schadow: am Kessel des Neuendorfer Sees (1994 JE in Seitz et al. 2004); Bad Süd (1995 KU in Seitz et al. 2004, rev. 2003 M. Ristow & B. Seitz, H-KU 914/1+2); SW Ort (1995 JE in Seitz et al. 2004); Amalienhof O des Ortes (1992 JE in Seitz et al. 2004); 1,5 km O an der Spree (1994 JE in Seitz et al. 2004); Pretschen: am Weinberg (1986 JE in Seitz et al. 2004); Kuschkow: Straßenrand wenig S des Ortes (1993 KU in Seitz et al. 2004, rev. 2003 M. Ristow & B. Seitz, H-KU 915/2-5); Burglehn b. Alt Zauche: Ortsausgang nach Alt Zauche (1983 JE in Seitz et al. 2004); Byleguhre: S am Weg zur Welsnitz (1983 JE in Seitz et al. 2004); Raddusch: Schwarzer Berg (1992 JE in Seitz et al. 2004); Göritz: Feldweg bei der Mühle (1991 JE in Seitz et al. 2004).
RG: O-Ufer Dürrenhofer Moor (1983, 1986 JE in Seitz et al. 2004); Lübben: an den Lehmgruben (KR 1955b, 1992 JE in Seitz et al. 2004).
Anm.: Hier sind Fundmeldungen aufgenommen, die aufgrund fehlender oder unzureichender Belege nicht eindeutig den Arten *R. tomentosa*, *R. sherardii* oder *R. pseudoscabriuscula* zugeordnet werden konnten.

Rubus

Rubus L. – Brombeere, Haselblattbrombeere, Himbeere
Die Bestimmung der Sippen dieser Gattung ist sehr schwierig und der Kenntnisstand zu ihrem Vorkommen im UG daher oftmals nur sehr unzureichend. Deshalb können lediglich bei einigen, v. a. relativ leicht kenntlichen Arten genauere Angaben zur Häufigkeit und Bestandsentwicklung im UG gemacht werden. Diesbezüglich bestehende Unsicherheiten werden generell mit „?" gekennzeichnet; bei Arten mit nur einer oder wenigen Fundangabe(n) erfolgt keine Tendenzeinschätzung. Von KR (1955b) wurde *R. fruticosus* lediglich als Sammelart geführt. Die VN: Dorn, Brombeere, Brombazienen, Jagude, Baschine; śerń, śernje, śernjowy kerk, jagody, carne ja gody, śernjowe jagody, śernjowki, śernjawki, carne maliny gelten für alle Brombeer- und Haselblattbrombeer-Arten. Abweichungen hiervon werden gesondert aufgeführt.

Rubus acanthodes H. Hofm. – Hofmann-Brombeere H/×/–
ss – An einem Waldweg.
RG: Byhleguhre: S-Rand der Welsnitz (1989 Otto, det. M. Ranft, Herbar GLM 34978; 1990 JE, det. M. Ranft).
Anm.: Ein bemerkenswert nördlich gelegenes Vorkommen der nach Weber (1995: 467) hauptsächlich „vom Fichtelgebirge durch das südliche Sachsen bis ins benachbarte Polen und angrenzende Böhmen" verbreiteten Art. Erstnachweis für Brandenburg.

Rubus allegheniensis Porter – Allegheny-Brombeere Kv/–/–
ss? – Zäune und Waldränder.
BR: Neuendorf am See: Kietz (KU 1998, conf. 1995 G. Stohr, H-KU 964/ allegheniensis1); Burg: NO Bismarckturm am alten Bahndamm (1991 H-JE, rev. 1991 M. Ranft); Nähe Kolonieschänke (1995 JE).

Rubus armeniacus Focke – Armenische Brombeere Kv/–/↗
z – Zäune und Wegränder.
Anm.: Früher die häufigste Kulturbrombeere; bildet sehr robuste Büsche mit gutem Fruchtbesatz.

Rubus caesius L. – Kratzbeere, Ackerbeere H/–/↔
VN: Dorn, Brombeere, Kratzbeere, Brombazienen; śerń, śernje, kocor, kocur (Strauch)/jagody, śernjowe jagody, kocorjowe jajka, huchacowe jagody (Frucht).
v – Erlen-Eschen-Wald, Kiefernforste, Hecken, Ufergebüsche, Feldränder und Säume, jeweils auf kräftigen Standorten.
Anm.: Auf nährstoff- und basenreichen Böden oft ausgedehnte Bestände entwickelnd.

Rubus dethardingii E. H. L. Krause – Detharding-Haselblattbrombeere
Entgegen früheren Publikationen (Stohr 1984; Stohr & Knofel 1984) ist die Art im Gebiet noch nicht sicher nachgewiesen. Alles, was unter diesem Namen notiert

wurde, gehört entweder zu *R. curvaciculatus* Walsemann ex Weber oder zu *R. wessbergii* A. Pedersen et Walsemann, auch *R. dumetorum* agg. oder *R. stohrii* sind nicht auszuschließen. Leider existieren zu den Angaben aus obigen Literaturquellen keine Herbarbelege, so dass eine nachträgliche Zuordnung nicht möglich ist (Stohr in litt. 2008).

H/−/? *Rubus divaricatus* P. J. Müll. – Sparrige Brombeere
z – An Waldrändern, Gebüschen und Wegen.

Rubus dollnensis Sprib. – Drüsenborstige Haselblattbrombeere
Die Angabe aus Alt Zauche: 800 m WSW Ortslage (JE in JE & KU 1994) beruht auf einer Fehlbestimmung von *R. dumetorum* agg. (H-JE, rev. 2002 H. E. Weber).

H/−/? *Rubus fabrimontanus* Sprib. – Schmiedeberger Haselblattbrombeere
v – An Rändern von Wäldern, Wegen und Gebüschen.

H/−/− *Rubus fasciculatus* P. J. Müll. – Büschelblütige Haselblattbrombeere
ss? – Waldränder, Gebüsche auf nährstoffreichen, auch kalkhaltigen Böden.
BR: Neuendorf am See: Zeltplatz am O-Ufer des Sees (1995 JE); Boblitz: SO am Mahlbusen (1990 JE); Mühlendorf: SW am Graben (1993 H-JE).

H/−/− *Rubus franconicus* H. E. Weber – Fränkische Haselblattbrombeere
ss? – In Siedlungen und deren Randbereichen.
BR: Ragow: an der Kahnfahrt (1989 JE, det. 1990 M. Ranft, Herbar GLM 35723); Raddusch: an der Kahnfahrt (1989 Otto, rev. M. Ranft, Herbar GLM 35453); Suschow: Straße nach Fleißdorf (1989 Otto, rev. M. Ranft, Herbar GLM 34934).

H/−/? *Rubus gothicus* Frid. et Gelert ex E. H. L. Krause – Gothische Haselblattbrombeere
z – Auf nährstoffreichen Böden an Waldrändern und Wegen.

H/−/− *Rubus grabowskii* Weihe – Grabowski-Brombeere
ss? – Im Gebüsch auf bindigem Boden.
BR: Raddusch: Nähe Schwarzer Berg (1989 Otto).

H/#/? *Rubus gracilis* J. Presl et C. Presl – Haarstänglige Brombeere
v – An Waldrändern und Ufern.
Anm.: Eine weit verbreitete subatlantische Art, die im UG oft üppige Bestände bildet. Eine Ansprache der beiden im Land Brandenburg vorkommenden subsp. *gracilis* bzw. subsp. *insularis* (F. Aresch.) H. E. Weber erfolgte bislang nicht.

Rubus hevellicus (E. H. L. Krause) E. H. L. Krause – Heveller-Haselblattbrombeere   H/–/–
s? – An Wegen und in Säumen.
BR: Lübben: Trasse der ehem. Spreewaldbahn (H-JE in JE & KU 1994, det. 1991 M. Ranft); Boblitz: Sommerpolder (JE in JE & KU 1994); Raddusch: Schwarzer Berg (JE in JE & KU 1994); Burg: an den Filowe-Wiesen (1995 JE).

Rubus horridus Schultz – Schreckliche Haselblattbrombeere
Die Angaben von „Lehde: in der Ortslage und am Fußweg nach Leipe" (1990 JE in JE & KU 1994; 1990 JE in KL 1999) erscheint fragwürdig, da ein von JE bei Krausnick gesammelter, zu dieser atlantisch verbreiteten Art gestellter Beleg nicht dorthin gehört (1992 H-JE, rev. H. E. Weber). Herbarbelege zu den Lehder Angaben existieren nicht.

Rubus idaeus L. – Himbeere   H/–/↔
VN: Maline, Malinichen, Malinbeern; maliny.
v – In Laub- und Mischwäldern sowie in Kiefernforsten, in wegbegleitenden Gebüschen, an Wald- und Wegrändern auf frischen, nährstoffreichen Böden.
Anm.: Im zentralen Spreewald ist die f. *denudatus* (Schimper et Spenner) Focke recht häufig, u. a. bei Ragow, Lübbenau, Wotschofska und Boblitz (vgl. Weber 1995). Sie wurde bereits von H. Potonié in AS (1879) als var. *viridis* Döll aus Lübben angegeben. Die Sippe kommt an den FO im Oberspreewald mit großer Individuenzahl im lichten Erlen-Eschen-Wald und in Laubgebüschen sowie an Wald- und Wegrändern vor. Die Himbeere wird auch in verschiedenen Sorten in Gärten kultiviert. ∆ F.

Rubus koehleri Weihe – Köhlers Brombeere   H/–/?
s? – In feuchten Kiefernforsten und Mischwäldern sowie an Wegen.
BR: Neu Lübbenau: O Ortslage im Wald (1992 JE, rev. M. Ranft); 4 km S am Kockot (1992 JE); Schlepzig: 2 km N am Puhlstrom (1992 JE); Neu Zauche: 2,1 km W (1979 Stohr in Stohr 1981);
RG: Byhlen: Pintschens Quelle (1991 JE, det. M. Ranft).
Anm.: Von Weber (1995) aus dem Gebiet zwischen Straupitz und Lübben angegeben.

Rubus laciniatus Willd. – Schlitzblättrige Brombeere   Kv/–/↗
z – An Wegen und in lichten Gehölzen.
Anm.: In Gärten auch als stachellose Form (Chimäre) kultiviert, jedoch kaum noch anzutreffen.

Rubus lamprocaulos G. Braun – Feingesägte Haselblattbrombeere   H/–/?
z – Auf kalkfreien Sandböden an Waldrändern und Wegen.

H/–/– **Rubus leuciscanus** E. H. L. KRAUSE – Plötzensee-Haselblattbrombeere
ss? – An Wegrändern auf Sand.
BR: Raddusch: Schwarzer Berg (1989 Otto in JE & KU 1994, det. M. Ranft, rev. H. E. Weber, Herbar GLM 37332); Ragower Weinberg (JE in JE & KU 1994; 1990 JE & Otto, det. M. Ranft, Herbar GLM 37344); Spreewald (WEBER 1995).

H/–/? **Rubus lobatidens** H. E. WEBER et STOHR – Lappenzähnige Haselblattbrombeere
z – In wegbegleitenden Gebüschen.

H/R/– **Rubus montanus** LIB. ex LEJ. – Mittelgebirgs-Brombeere
ss? – Basenreiche, auch kalkhaltige Böden.
BR: Vetschau: Bahnhofsgelände (Otto in JE 1975, det. T. Schütze, als *R. candicans* WEIHE).
RG: Byhlener Weinberg (1975 Otto; 1996 JE).

H/–/– **Rubus nemorosus** HAYNE et WILLD. – Hain-Haselblattbrombeere
s? – An Wegen.
BR: Lehde (1990 JE); Burg Kolonie (1989 Otto, det. H. E. Weber); Byhleguhre: Richtung Straupitz am Abzweig nach Byhlen (1992 JE); Vetschau (1989 Otto, Herbar GLM 37329); Spreewald bei Vetschau (WEBER 1995).

H/–/? **Rubus nessensis** HALL – Halbaufrechte Brombeere, Fuchsbeere
s? – An Waldrändern und in Hecken auf frischen Böden.
BR: Krausnick: S Ortslage am Stall (1992 H-JE); S Ortslage am Waldrand (1993 JE in KL 1999); zwischen Krausnick und Schlepzig O der Wasserburger Spree (Stohr & Richter in STOHR & KNÖFEL 1985); Lübben: Ellerborn an einem ehem. Weg im NSG (1992 H-JE); Ragow: N am Weg zur Riebocka (1992 JE); zwischen Straupitz und Burg SW Byhleguhrer See (1979 Stohr in STOHR 1981); Burg Kauper: N Straupitzer Buschmühle (1989 Otto & JE); Märkischheide an der Bahn (1993 JE in KL 1999).
RG: Caminchen: Wasserloch („Kumperkeite") O Ortslage (1990 JE); Byhleguhre: Welsnitz (1989 Otto & JE).

H/–/? **Rubus opacus** FOCKE – Dunkle Brombeere
z – An Waldwegen auf frischen Böden mit zumindest mittlerer Nährstoffversorgung.
BR: Alt Schadow: am Kessel des Neuendorfer Sees (1995 JE & KU, det. G. Stohr, H-KU 964/opacus2); Nuggel (1995 JE & KU, conf. G. Stohr, H-KU 964/opacus1); Neuendorf am See: Nähe Zeltplatz am O-Ufer des Sees (KU

1998); Neu Lübbenau: N der Ortslage im Bereich Hohenbrücker Wiesen (1992 H-JE, rev. 2002 H. E. Weber); Leibsch: 1 km S Ortslage am Doppelgraben (1992 H-JE); Schlepzig: W des Ortes, S der Straße nach Krausnick (Stohr & Richter in Stohr & Knöfel 1985); Buchenhain am Puhlstrom (Richter in Stohr & Knöfel 1985); NO Petkansberg (1991 H-JE, det. 1992 M. Ranft); N Petkansberg am Teich (1991 H-JE, det. 1991 M. Ranft); Hartmannsdorf: Bahndamm 1 km S (Richter in Stohr & Knöfel 1985); Lübben: letzte Wiese unter der Hochspannungsleitung bei Ellerborn (1992 H-JE); am Viehstall NO Lübben (1991 H-JE).

Rubus orthostachys G. Braun – Gradachsige Haselblattbrombeere   H/–/?
z – Auf frischen, etwas bindigen Böden in sonniger Lage.

Rubus pedemontanus Pinkw. – Träufelspitzen-Brombeere   H/–/–
ss? – Am Teich bzw. Feldrand.
RG: Krugau: W Ortslage (JE in JE & KU 1994, det. M. Ranft); N am Feldrand (1992 H-JE).

Rubus placidus H. E. Weber – Friedliche Haselblattbrombeere   H/–/?
s? – An Wegen und in Gebüschen auf etwas reicheren Standorten.
BR: Schlepzig: S am Inselteich (1991 H-JE, det. 1991 M. Ranft); Leipe: am Leiper Graben an der Schleuse (1990 JE); Burg Kauper: am Hafen 2 (1990 JE); am Weidenfließ (1993 JE); Burg (Dorf): am Sportplatz (1990 JE).
RG: Schönwalde: 0,7 km NW Bhf. (1992 H-JE, det. H. E. Weber).

Rubus platyacanthus P. J. Müll. et Lefévre – Breitstachlige Brombeere   H/–/–
ss? – Straßenrand.
BR: Gr. Wasserburg: ca. 100 m NO (1995 KU, det. 1996 G. Stohr, H-KU 964/plathyacanthus1).

Rubus plicatus Weihe et Nees – Falten-Brombeere   H/–/↔
v – An Wiesenrändern, Wegen und in Gebüschen, vorwiegend auf Sand.

Rubus x *pseudidaeus* (Weihe) Lej. – Bastard-Himbeere   H/–/–
(*Rubus caesius* x *R. idaeus*)
ss? – Straßenrand.
BR: Lübben: Laubenkolonie im Norden der Stadt (1991 H-JE, 1991 det. M. Ranft); Straupitz: Chaussee Buschmühle (1992 H-JE, det. H. E. Weber); Burg Kolonie: W Stauensfließ (1990 JE & Otto, det. M. Ranft bzw. H. E. Weber, Herbar GLM 42342 und 42343).

Rubus

H/−/− ***Rubus pyramidalis*** KALTENB. − Pyramiden-Brombeere
s? − Waldränder, Seeufer und Straßen; auf kalkfreien, mittleren Böden.
BR: Krausnick: N des Forsthauses am Meiereisee (leg. 1992 JE & Ranft, det. M. Ranft); Wälder S und W der oberen Texaswiese, (1993 H-JE in KL 1999); Straupitz: Byttna (1990 JE, det. 1991 M. Ranft, Herbar GLM 35257); zwischen Straupitz und Byhleguhre, SW Byhleguhrer See (1979 Stohr in STOHR 1981).
Anm.: Nach WEBER (1995) eine in Brandenburg zerstreut vorkommende Art mit Nachweisen in der Niederlausitz, z. B. bei Straupitz, Cottbus und Ortrand.

H/−/− ***Rubus radula*** WEIHE − Raspel-Brombeere
ss? − (ohne Angabe).
RG: Autobahnparkplatz bei Duben (STOHR 1989).

H/R/− ***Rubus ranftii*** H. E. WEBER − Ranfts-Brombeere
ss? − Im Gebüsch an einem Waldweg.
BR: Krausnick: am Forsthaus Meierei (JE in JE & KU 1994, det. 1992 M. Ranft, rev. 2002 H. E. Weber, rev. 2002 G. Stohr, conf. 2002 H. E. Weber, H-JE).
Anm.: Erstfund für Brandenburg!

H/3/◆ ***Rubus saxatilis*** L. − Steinbeere, Felsen-Himbeere
† − Laubwälder und Kiefernmischforste feuchter bis frischer Standorte.
BR: Neu Schadow: SO im Jg. 14 der Forst Kl. Wasserburg (1965 KL); Schlepzig: Buchenhain (Fick in AS 1864; 1952~Scamoni o.J.; 1956 BI).
RG: Gr. Lubolz: 2 km NW (IL & J. Illig in KL 1977).
HA: Lübbener Hain (RH 1837, 1839).

H/−/− ***Rubus schleicheri*** WEIHE ex TRATT. − Schleichers Brombeere
ss? − An Wegen auf Sandböden mit mittlerer Nährstoffversorgung.
BR: Krausnick: 3 km S an den Texaswiesen (JE in JE & KU 1994); Straupitz: SO Ortslage, ca. 1,5 km von der Straße nach Lübben, an der Straße nach Burg (1979 Stohr in STOHR 1981); zwischen Straupitz und Byhleguhre, SW Byhleguhrer See (1979 Stohr in STOHR 1981).

H/−/− ***Rubus senticosus*** KÖHLER ex WEIHE − Dornige Brombeere
ss? − An Wegen und in Gebüschen auf mäßig nährstoffreichen Böden.
BR: Burg Kauper: Straupitzer Buschmühle (1989 Otto, rev. M. Ranft, Herbar GLM 34933); an der Mutnitza nahe der Neuen Schleuse (1989 Otto); Neu Zauche: 2,1 km W Ortslage an der Chaussee (1979 Stohr in STOHR & KNÖFEL 1985).

Rudbeckia

Rubus silvaticus WEIHE et NEES – Wald-Brombeere
Die Sippe wird von RH (1839) aus Burg Kolonie bzw. zwischen Vetschau und Burg vorkommend angegeben. Aufgrund des Fehlens von Herbarbelegen sind die Angaben zu der in Nordwestdeutschland verbreiteten Art anzuzweifeln (vgl. KU et al. 2001). Aus Brandenburg existiert nach WEBER (1995) lediglich ein gesicherter Nachweis von einem Autobahnparkplatz des Berliner Ringes (Verschleppung!).

Rubus sorbicus H. E. WEBER – Sorbische Brombeere   H/–/?
s? – Auf mäßig nährstoffreichen Böden an Wegen.
BR: Umgebung von Lübben (WEBER 1995); Leipe: Huschepusch, Plattenstraße am Knick (1992 H-JE); im Totzke-Gebiet NO der Ortslage (1990 JE & Otto, Herbar GLM 35866; JE in JE & KU 1994); Stradow: Klärwerk 1 km S der Ortslage (1996 JE).
Anm.: Nach WEBER (1995: 368) ist die Art in der Niederlausitz „von der Gegend um Lübben und Luckau bis in den Raum Doberlug-Kirchhain und Senftenberg-Ruhland" z. T. recht häufig.

Rubus stohrii H. E. WEBER et RANFT – Stohrs Haselblattbrombeere   H/–/?
s? – Wegränder, Säume, Gebüsche.
BR: Lübben: Vorwerk Blumenfelde (1992 H-JE, rev. 2002 H. E. Weber); Lübbenau: NO an der Kossa-Schleuse in der Luschna (1991 H-JE, rev. 2002 H. E. Weber); 1 km N Wotschofska (1990 JE, det. 1991 M. Ranft, rev. 1997 M. Ranft, Herbar GLM 36823; 1992 H-JE, rev. 2002 H. E. Weber); Alt Zauche: Bukoitza SW an der Straße (1992 H-JE, rev. 2002 H. E. Weber); Burglehn b. Alt Zauche: am ehem. Bhf. (1994 H-JE, rev. 2002 H. E. Weber); Boblitz: 3 km ONO Nähe Krummes Wehrfließ (1992 H-JE, rev. 2002 H. E. Weber); am Wegrand bei der Bahnstrecke zwischen Boblitzer Badeteich und Raddusch (1989 Otto, det. H. E. Weber, Herbar GLM 43667); Burg: an 2. Koloniestraße (1993 H-JE, rev. 2002 H. E. Weber).

Rudbeckia laciniata L. – Schlitzblättriger Sonnenhut   N/–/↔
v – In ufernahen Hochstaudenfluren und Röhrichten.
Anm.: Die Art hat sich als Adventivpflanze im Oberspreewald während der 1. Hälfte des 20. Jahrhunderts an Fließen ausgebreitet und eingebürgert. WIESNER (1928: 85) gibt die Art bereits als „häufig bei Vetschau und auch bei Raddusch" vorkommend an. Im Unterspreewald tritt sie dagegen uferbegleitend kaum auf.

Rudbeckia laciniata

Rumex

Als Zierpflanze wird die Art häufig, allerdings zumeist nur in der – erst Ende des 19. Jahrhunderts entstandenen – gefülltblütigen Form (KR 2003b), in Gärten kultiviert.

H/–/↘ *Rumex acetosa* L. – Wiesen-Sauerampfer
VN: Sauerlump, Saure Lumpe, Sauerlampe, Saure Rampe, Sauerblatt, Saure Limpe, Sauerlimpe, Saure Lempe, Lompack; hampuch, ampuch, hompuch, łompuch, lompuch, ompuch, lempuch, lopuch, kisałka, kisalc.
v – Nährstoffreiche Feucht- und Frischwiesen, seltener an Wegrändern.
Anm.: Die Art zeigt durch zunehmende Weidenutzung des Grünlandes einen rückläufigen Trend. Bemerkenswerterweise besitzen R. *acetosa* und R. *acetosella* im UG trotz unterschiedlicher Morphologie und ökologischer Ansprüche gleichlautende VN.

H/–/↔ *Rumex acetosella* L. – Kleiner Sauerampfer
VN: siehe R. *acetosa*.
v – In der Silbergras-Flur und in Segetalgesellschaften, besonders auf sandigen Brachäckern und an Straßenrändern, ferner in trockenen Mischwäldern und anderen Gehölzen.

H/2/↘? *Rumex aquaticus* L. – Wasser-Ampfer
ss – In Röhrichten und auf nassen Stellen aufgelassener Wiesen.
BR: Lübbenauer Spreewald (Passarge 1955a); Lübbenau: 1,5 km NW Barzlin (PE in KL 2004, H-PE); Boblitz: an der Buschbrücke (Seitz in KL 1999); Alt Zauche: Gräben beim Forsthaus Schützenhaus (Haubold in KL 1999).
HA: „an der Spree (im Spreewalde)" (RH 1839: 102); zwischen Schützenhaus und Alt Zauche (Wiesner 1920–1938).
Anm.: Passarge (1955a) gibt die Art in Vegetationsaufnahmen der Rohrglanzgras-Wiesen im Oberspreewald an. Eine (teilweise?) Verwechslung mit dem sehr ähnlichen, im Oberspreewald ebenfalls vorkommenden Bastard R. x *heterophyllus*, der in den Vegetationsaufnahmen nicht enthalten ist, kann nicht ausgeschlossen werden. Herbarbelege existieren nicht.

H/–/↘ *Rumex conglomeratus* Murray – Knäuel-Ampfer
z – Auf stickstoffreichen, mehr oder weniger feuchten Böden in Staudenfluren, insbesondere an Gräben und in dörflichen Ruderalfluren, auch in Laubwäldern.
Anm.: KR (1955b: 95) gibt diese Art für den Oberspreewald als „verbreitet ...", besonders auf Dorfangern" an. Heute dort stark rückgängig.

H/–/↗ *Rumex crispus* L. – Krauser Ampfer
VN: Ochsenzunge, Kuhschwanz; krowjeca hopuš, krowjeca hopuška, krowjecowy hopusk, krowjecowa hopyš, krowjecy hogon.

v – In stark gedüngten Feuchtwiesen sowie in Ruderalgesellschaften auf nährstoffreichen, frischen bis nassen Böden, besonders an gestörten Stellen.
Anm.: Infolge verstärkter Beweidung des Grünlandes wird die Art aktuell gefördert.

Rumex x *heterophyllus* SCHULTZ – Verschiedenblättriger Ampfer H/G/−
(*R. aquaticus* x *R. hydrolapathum*)
ss – In Röhrichten und auf nassen Stellen von aufgelassenen Wiesen.
BR: Krausnick: 0,45 km SSO Hahnsberg (PE in KL 2004); Lübbenau: 1,5 km NW Barzlin (PE in KL 2004, H-PE).
HA: Gräben bei Neu Lübbenau (RH in AS 1864).

Rumex hydrolapathum HUDS. – Fluss-Ampfer H/−/↔
VN: Ochsenzunge, Kurzer Knaster, Kuhschwanz; krowjecy hogon, žiwy tubak.
v – In Röhrichten an Fließgewässern, seltener auf nassen Wiesen, insbesondere in Großseggengesellschaften, in Uferstaudenfluren.

Rumex maritimus L. – Strand-Ampfer H/−/↔
v – An Gräben und in zeitweise trockenfallenden Wasserlöchern und Blänken, auf Teichböden, seltener in feuchten Ackersenken.

Rumex obtusifolius L. – Stumpfblättriger Ampfer H/−/↗
VN: Falscher Tabak, Ochsenzunge, Kuhschwanz, Ochsenschwanz; słodke łopjena.
v – Auf ungepflegtem Weideland und in frischen Ruderalfluren.
Anm.: In jüngster Zeit ist durch Übernutzung von Weideflächen eine Zunahme zu beobachten.

> *Rumex palustris* SM. – Sumpf-Ampfer
> Je ein Herbarbeleg aus Hartmannsdorf bzw. Alt-Zauche erwies sich bei der Nachbestimmung als zu *R. maritimus* gehörend (H-JE, rev. 2008 KU & PE). Δ B: ?3949/3, ?4050/4.

Rumex patientia L. – Garten-Ampfer Kv/−/−
ss – Gewässerdamm.
BR: Leibsch-Damm: W der Ortslage am Dahme-Umflutkanal in einem großen Bestand verwildert (1994 JE).
Anm.: Die Art wurde noch gegen Mitte des 19. Jahrhunderts in der mittleren Niederlausitz „hier und da zum Küchengebrauche angepflanzt" (HOLLA 1861/62: 75). Δ F.

Rumex x *pratensis* MERT. et W. D. J. KOCH – Bastard-Wiesen-Ampfer H/×/◊
(*R. crispus* x *R. obtusifolius*)
† – Auf Wiesen, an Gräben.
HA: Krausnick; *Fehrow (RH 1839).

H/V/↔   *Rumex sanguineus* L. – Blut-Ampfer
v – Im Erlen-Eschen-Wald und in reicheren Erlenwäldern.

N/–/↗   *Rumex thyrsiflorus* FINGERH. – Rispen-Sauerampfer
v – Auf ruderalem Grünland frischer bis mäßig trockener Standorte, in Ruderalgesellschaften, an Verkehrswegen, besonders Bahndämmen und Deichen, auch auf Ackerbrachen.
Anm.: Bei KR (1955b) wird die Art noch nicht erwähnt; sie ist wahrscheinlich bei *R. acetosa* eingeschlossen. Dank ihrer tiefreichenden Wurzeln übersteht die Art sommerliche Trockenperioden sehr gut.

H/1/◆   *Sagina apetala* agg. – Artengruppe Wimper-Mastkraut
† – Brachäcker, Gräben.
RG: Lübben: Graben am Weg in Richtung Briesensee (PIETSCH 1963), Briesensee: Meliorationsgraben in Richtung Lübben (1962~PIETSCH & MÜLLER-STOLL 1974).
HA: *am Wege von Luckau nach Lübben (RH 1837, 1839).
Anm.: Aufgrund der ungewöhnlichen Standortangaben zu den beiden FO bei Briesensee kann ein Übertragungsfehler bzw. eine Verwechslung mit einer anderen *Sagina*-Sippe nicht ausgeschlossen werden. Herbarbelege existieren nicht.

H/2/◆?   *Sagina nodosa* (L.) FENZL – Knotiges Mastkraut
†* – Auf feuchten, ungedüngten, kurzrasigen Wiesen sowie an Graben- und Moorrändern.
BR: Alt Schadow: SW-Ufer Godnasee (1979 KB); Neu Schadow: S-Rand des Kl. Wasserburger Forstes (KL 1966); Neu-Lübbenau: O des Dorfes (KL 1966, H-KL; JE in JE & KU 1994, H-JE); S der Straße nach Kuschkow im Graben (KL 1965); Lehde: O Ortslage hinter dem Gehöft Bühlow (JE in JE & KU 1994); Boblitz: am Graben im Polder N Ortslage (1981 JE); Leipe: am Graben N Ortslage (1982 JE); Straupitz: Flachmoorgraben am Dutzendsee (1974 KB); NO-Ufer Byhleguhrer See (1952 BI; IL & J. Illig in KL 1974).
RG: Niewitz: Wiesen N Ortslage an der Berste (1985 IL); Lübben: Graben am Weg in Richtung Briesensee (PIETSCH 1963).
HA: Hartmannsdorf: Wiesen am S-Rand des Unterspreewaldes (1948 BI); Lübben: bei Ellerborn (1949 BI); Felder um ehem. Postfunk (Postbauten) (1949 BI).

H/–/↔   *Sagina procumbens* L. – Liegendes Mastkraut
v – In feuchten Trittfluren, besonders zwischen Pflastersteinen, seltener in Senken mit feuchten, verdichteten Böden auf Äckern, an Grabenrändern.

Sagittaria sagittifolia L. – Gewöhnliches Pfeilkraut H/V/↔
VN: Dreifuß; šnorki, šypki, wodna mil, mil.
v – Im Bachröhricht der Gräben und Fließe auf nährstoffreichem Schlamm.

Salix L. – Weide
Die Bestimmung der Weiden ist durch nicht selten vorkommende Bastardbildung erschwert. Der Kenntnisstand zu den Hybriden im UG ist unzureichend. Deshalb können bei diesen Sippen i. d. R. keine exakten Angaben zur Häufigkeit und Bestandsentwicklung im UG gemacht werden. Unsicherheiten werden mit einem „?" gekennzeichnet.
Nach KR (1955b) leitet sich der Ortsname „Werben" vom niedersorbischen/wendischen „Wjerba" ab, mit dem alle baumförmigen *Salix*-Arten bezeichnet werden. Strauchweiden mit flechtbaren Zweigen werden im niedersorbischen/wendischen Sprachgebrauch allgemein als „witwa, wiła, witka" bezeichnet; nicht flechtbare Strauchweiden dagegen als „rokit, rekit" etc. unterschieden.

Salix alba L. – Silber-Weide H?/(V)/↔
VN: Weide; wjerba, žołta wjerba; wisata wjerba.
v – Auf nassen, nährstoffreichen Böden, in Uferbereichen, an Wiesen und im Umfeld der Gehöfte.
Anm.: Die Art wird im UG gepflanzt, z. T. auch flächig kultiviert. Da in der Niederlausitz lediglich die Täler der Neiße und der Oder als Standorte des Auenwaldes angesehen werden (GROßER et al. 1989), ist die Ursprünglichkeit der Silber-Weide im UG unklar. Eine Kulturform mit überhängenden Zweigen, im Volksmund (VN) des UG als „Trauerweide; wisata wjerba" bezeichnet, wird fälschlicherweise oft zu der nach JÄGER & WERNER (2005) in Deutschland nicht vorkommenden *S. babylonica* L. gestellt. Als „Trauerweiden" werden im UG Hybriden von *S. babylonica* mit anderen Baumweiden kultiviert. Dies sind *S.* x *sepulcralis* SIMONK. nothovar. *chrysocoma* (DODE) MEIKLE [*S. alba* L. var. *vitellina* (L.) SER. x *S. babylonica*] – Dotter-Trauer-Weide und *S.* x *blanda* ANDERSSON (*S. babylonica* x *S. fragilis*) – Liebliche Trauer-Weide.

Salix x *alopecuroides* TAUSCH – Fuchsschwanz-Weide H/–/–
(*S. fragilis* x *S. triandra*)
ss? – Uferbereiche der Spree und des Neuendorfer Sees.
BR: Neuendorf am See: Kietz (1996 KU); Hohenbrück: Strand b. Heidecken (KU 1998, det. 1995 M. Ristow); Lübben-Steinkirchen (1996 JE).

Salix aurita L. – Ohr-Weide H/3/↔
VN: Haarweide, Werft; rokit, rekit, rjekit, rokita, rekita, rokito, rokošina.
s – In Weidengebüschen auf mäßig armen, nassen bis wechselfeuchten Sand- und Torfböden.

BR: Neuendorf am See: NO Wutscherogge; Hohenbrück: Krügers Graben (KU 1998); Krausnick: Luchsee (1964 Großer in Weiß 1999); ca. 1 km SW des W-Ortsteiles (1992 KU); Lübben: Biebersdorfer Wiesen am Hartmannsdorfer Wehr (Scamoni 1955/56); Kleingewässer an der Bahntrasse 0,9 km NNO ehem. Vorwerk Wiesenau; Grünland 0,2 km und 0,75 km NNO des ehem. Vorwerkes Wiesenau; zwischen Börnichen und dem ehem. Vorwerk Wiesenau (2003 PE); Lübben-Steinkirchen: an Feldwegen (KR 1955b); Neuendorf b. Lübben: den Bahndamm begleitender Ausstich ONO Bhf. (2008 IL & PE); zwischen Lübbenau und Lehde (KR 1954); bei Leipe (KR 1954); zwischen Burg Kolonie und Radduscher Buschmühle (KR 1954); Badesee Suschow (1989 JE).
RG: Schönwalde: NW Ortslage (1993 KR); Kaden: Moore am Wiesenweg nach Niewitz (1953 BI).

Anm.: Vermutlich gehört ein Teil der Angaben zu *Salix* x *multinervis* (s. u.).

H/–/↔ ***Salix caprea*** L. – Sal-Weide

VN: – ; rokit, rekit, rjekit, rokita, rekita, rokito, rokošina.

z – Auf trockenen bis frischen Standorten an Waldrändern und in Weidengebüschen.

H/–/↗ ***Salix cinerea*** L. – Grau-Weide

VN: Werft; rokit, rekit, rjekit, rokita, rekita, rokito, rokošina.

v – Auf Grünlandbrachen nasser, mittlerer bis kräftiger Standorte, in Erlenbruchwäldern und an Rändern von Seen und Fließen.

Anm.: Die Ausbreitung der Art beruht auf der in den letzten 20 Jahren mit örtlich gestiegenen Wasserständen vonstatten gegangenen Nutzungsauflassung zahlreicher Feuchtgrünlandflächen.

> ***Salix dasyclados*** Wimm. – Filzast-Weide
>
> Es existieren zwei aktuelle, das BR betreffende, nicht eindeutig bestimmte Fundmeldungen (cf.-Angaben) aus Alt Schadow: W Langes Luch (KU 1998) bzw. aus Guhrow: ca. 3 km NNW wenig S Wehr VI des Nordumfluters (2008 H-KU 0735/ dasyclados, det. 2008 M. Ristow). Hierbei wurden Sträucher beprobt, die morphologisch zwischen *S. viminalis* und *S. caprea/cinerea* stehen. Es könnte sich hierbei um die in Brandenburg offenbar etwas weiter verbreitete *S. dasyclados* handeln, die in Abgrenzung und Status (eigene Art oder Hybride) in Mitteleuropa noch nicht völlig geklärt zu sein scheint (Ristow in litt. 2008). Aus diesem Grunde werden auch die beiden historischen Angaben aus Lübbenau (Freschke in Klebahn 1912–14) bzw. Burg (Magnus in Klebahn 1912–14) kritisch betrachtet.

Salix fragilis L. – Bruch-Weide

VN: Brechweide, Bruchweide , Knackweide; kśĕk, gorka wjerba.

Anm.: Da nach Zander (2000) *S. fragilis* eine Art der Bach- und Flussauen der Mittelgebirge ist und in Brandenburg nach Ristow et al. (2006) als selten gilt, handelt es sich bei den Angaben vom Neuendorfer See (KU 1998), aus dem BR (Schmidt & Krüger 2001) bzw. aus dem Oberspreewald (KR 1955b, 1960; Passarge 1956; Grundmann 1994) wahrscheinlich um Verwechslungen mit Exemplaren aus dem *S.* x *rubens*-Formenkreis, die der *S. fragilis* auch recht nahe stehen können. Die erhobenen VN betreffen deshalb vermutlich die Fahl-Weide (s. u.).

Salix* x *holosericea Willd. – Seidenblatt-Weide   H/–/◊

(*S. cinerea* x *S. viminalis*)

✝? – (ohne Angabe).

HA: Burglehn (Schäde in AS 1864).

Anm.: Leider geht aus der Ortsangabe in AS (1864) nicht hervor, ob es sich hierbei um den bei Alt Zauche gelegenen Ort oder um den Lübbener Burgwall gleichen Namens handelt. Vermutlich ist letzterer gemeint.

Salix* x *meyeriana Willd. – Zerbrechliche Lorbeer-Weide   H/–/–

(*S. fragilis* x *S. pentandra*)

ss? – Uferbereiche des Neuendorfer Sees.

BR: Alt Schadow: beim Nuggel (1995 H-KU 735/meyeriana1); Hohenbrück: S Güsternwinkel (KU 1998, det. 1995 B. Seitz).

Salix* x *mollissima Hoffm. ex Elwert – Busch-Weide   H/–/–

(*S. triandra* x *S. viminalis*)

ss? – Ufer des Neuendorfer Sees.

BR: Hohenbrück: Strand bei Heidecken (KU 1998, det. 1995 M. Ristow).

HA: Bei Burg (RH 1839).

Anm.: Bei der von RH (1839) ausgewiesenen *S. hippophaëfolia* Thuillier handelt es sich um die Hybride aus *S. triandra* subsp. *amygdalina* x *S. viminalis*. Eine Angabe zum Biotop macht er nicht.

Salix* x *multinervis Döll – Vielnervige Weide   H/–/?

(*S. aurita* x *S. cinerea*)

z? – An den Standorten der Elternarten vorkommend.

Anm.: Der Bastard ist im UG häufiger als die Elternart *S. aurita*.

Salix pentandra L. – Lorbeer-Weide   H/V/↘

VN: Weide, Wiede; wjerba.

z? – An Altarmen, Gräben und Wiesenrändern auf Moorböden.

Salix

Anm.: Von KR (1955b) noch als häufig im Oberspreewald vorkommend angegeben. Rückgang durch Entwässerung und Gehölzbeseitigung für großflächige landwirtschaftliche Nutzung der Niederungen. Verwechslungen mit *S.* x *meyeriana* bzw. *S.* x *alopecuroides* können nicht vollständig ausgeschlossen werden.

Kv?/–/↗ *Salix purpurea* L. – Purpur-Weide
z – An Ufern und in Gebüschen, in Ortsnähe auch gepflanzt.
Anm.: Inwieweit neben den eindeutig als gepflanzt erkennbaren Individuen/Beständen die ebenfalls im UG vorhandenen, nicht offensichtlich gepflanzten Vorkommen autochthon sind oder aber aus Verwilderungen stammen, bedarf der weiteren Abklärung. Von KR (1955b) wurden die damals als sehr selten im Oberspreewald vorkommend eingeschätzten Bestände als wahrscheinlich angebaut angegeben.

H/–/– *Salix* x *reichardtii* A. Kern. – Reichardts Weide
(*S. caprea* x *S. cinerea*)
ss? – Feuchtwiesenrand und Uferbereich des Neuendorfer Sees.
BR: Alt Schadow: Nuggel; Krieg (KU 1998, det. 1995 M. Ristow); Guhrow: ca. 3 km NNW wenig S Wehr VI des Nordumfluters (2008 H-KU 735/reichardtii, conf. 2008 M. Ristow).

H/G/– *Salix repens* L. subsp. *dunensis* Rouy – Sand-Kriech-Weide
[**Syn.:** *S. argentea* Sm.]
ss – Wechselfrisches Grünland.
BR: Neuendorf am See: Hirschwinkel 0,6 km OSO Wutscherogge (1995 KU; 2004 H-PE, vgl. Angabe in Zander 2000).
Anm.: Am FO kommen die wenigen Sträucher gemeinsam mit Pflanzen der subsp. *repens* vor.

H/3/↘ *Salix repens* L. subsp. *repens* – Echte Kriech-Weide
VN: Sandweide; wjerbica.
z – Auf zumeist aufgelassenen, wechselfeuchten Wiesen, vorwiegend auf Moorböden, auch an Wegrändern, an Dämmen und in Säumen.
BR: Alt Schadow: Brasinsky-Luch (KU 1998); Neuendorf am See: Neuendorfer Wiesen (Rettschlag 1970); Gr. Bossische (KU 1998); Hirschwinkel OSO Wutscherogge (KU 1998; 2004 H-PE); Hohenbrück: ca. 1,5 km NO an der Str. nach Alt Schadow (KU 1998); Pretschen: Kleinseggenried im Pretschener Spreetal 1 km W Ort (1966 KL); Leibsch-Damm: ca. 1,5 km NW beim Abzweig nach Neuendorf am See (1992 KU); Köthen: wenig SW Ortsausgang in Richtung Märk. Buchholz (1993 KU); Krausnick: am Luchsee (2003 Heinrich & Lohmann); Kuschkow: Pfeifengras-Wiese am Rand des Pretschener Spreetales 1,7 km NW Ortslage (1965 KL); Pfeifengras-

Wiese 2,7 km N im Tal der Pretschener Spree (1966 KL); Hartmannsdorf: Grünland innerhalb des Spreealtarmes O der Ortslage (1948 BI; 2003 PE); Lübben: SO Steinkirchen nahe der Hauptspree (1954~MÜLLER-STOLL et al. 1992c); N der Stadt zwischen den Pfaffenbergen und den Fischteichen am Rand einer Niedermoorwiese (2002 KU); NO der Stadt, Wiesen an der ehem. Spreewaldbahn (1991 JE); mehrfach im Umfeld des ehem. Vorwerkes Wiesenau (1950 BI; 2003 PE); 1. Schleuse von Lübben aus, Wiese rechts (1956 BI); Neuendorf b. Lübben: Bahndamm begleitender Ausstich ONO Bhf. (2008 IL & PE); Radensdorf: SO der Ortslage (1953~MÜLLER-STOLL et al. 1992c); NW Polder Kockrowsberg (2001 PE); Alt Zauche: S des Deiches zwischen Bukoitza und Lübben; S des Ortes am 2. Verbindungsgraben zwischen Pappelkanal und Mutnitza (FREITAG 1955); SW zwischen Martinkanal und Grenzfließ (1953~MÜLLER-STOLL et al. 1992c); Boblitz: N im Südpolder am Leineweberfließ (1952~MÜLLER-STOLL et al. 1992c); Ragow: im Südpolder in Richtung Lübben (1953~MÜLLER-STOLL et al. 1992c); NO gegen die Hauptspree (1952~MÜLLER-STOLL et al. 1992c); Lübbenauer Spreewald (PASSARGE 1955a); Lehde: mehrfach in der außerhalb der Ortslage befindlichen Flur (1952 und 1953~MÜLLER-STOLL et al. 1992c; 2001 PE); Leipe: SO bei der Hauptspree (1952~MÜLLER-STOLL et al. 1992c); Byhleguhre: 1 km S nahe der Bahnlinie (1952~MÜLLER-STOLL et al. 1992c).
RG: Lübben: ca. 0,5 km NW der Stadt S der Bahnstrecke nach Lubolz (2001 KU); Neuendorf b. Lübben: Waldvorsprung von Treppendorf kommend (1952 BI); Briesener Luch (1998 KU).
HA: Lübben: Wiesen um den ehem. Postfunk (1949 BI).

Salix x *rubens* SCHRANK – Fahl-Weide   H/–/↔

(S. alba x S. fragilis)
VN: Brechweide, Bruchweide, Knackweide; kśĕk, gorka wjerba.
v – In flussbegleitenden Gehölzen und auf wenig gepflegten Wiesen, auch als markantes Einzelgehölz vorkommend.
Anm.: *S.* x *rubens* ist die häufigste Baumweidenart im UG. Sie wird auch oft als Kopfweide gezogen. Siehe auch Anm. zu *S. fragilis*.

Salix x *smithiana* WILLD. – Kübler-Weide   Kv?/×/◇

(S. caprea x S. viminalis)
†? – (ohne Angabe).
HA: Burglehn (Schäde in AS 1864).
Anm.: Eine neuere, nicht eindeutig dieser Sippe zugeordnete Aufsammlung (cf.-Angabe) existiert aus Neuendorf am See: wenig S der Ortslage zwischen Spree und Jänickens Graben (1995 KU 735/smithiana3, conf. 2008 M. Ristow). Zur HA siehe Anm. bei *S.* x *holosericea*.

H/–/↔ **Salix triandra** L. – Mandel-Weide
z – Uferbegleitende Gehölze.
Anm.: Neben der subsp. *triandra* kommt im UG auch die subsp. *amygdalina* (L.) SCHÜBL. et G. MARTENS vor. Für die letztgenannte Sippe sind Vorkommen für die Spree unterhalb Lübben [AS 1879, als *Salix amygdalina* L. subsp. *discolor* (W. D. J. KOCH) ARCANG.] und für den Neuendorfer See: Strand bei Hohenbrück (KU 1998) publiziert.

H/–/↔ **Salix viminalis** L. – Korb-Weide
VN: – ; witwa, wiła, witka.
v – An Gewässerufern.
Anm.: Die Art wurde darüber hinaus oft zur Grundstücksbegrenzung und am Rande von Gehöften angepflanzt. Die Ruten dienen heute nur noch selten als Flechtmaterial für Körbe.

N/–/↗ **Salsola kali** L. subsp. ***iberica*** (SENNEN et PAU) RILKE – Kali-Salzkraut
[**Syn.:** *S. kali* subsp. *ruthenica* (ILJIN) SOÓ]
z – An Bahnanlagen, auf Industriegelände und an Orten mit offenen Kiesböden.
Anm.: Obwohl noch als zerstreut vorkommend eingestuft, hat die Art – nach zwischenzeitlich deutlicher Ausbreitung im UG – in den letzten Jahren wieder abgenommen.

N/–/↔ **Salvia nemorosa** L. – Steppen-Salbei
ss – In Trockenrasen und ehem. Grasansaaten.
BR: Neuendorf am See: Nähe Mühlenwinkel (KU in JE & KU 1994, H-KU 1810/3; 2004 H-PE); Krausnick: Nähe Neue Schenke (KU in JE & KU 1994, H-KU 1810/5); Lübben: Hainmühle (1950 BI); Windmühle Straupitz (1952 BI; 1991 JE).
Anm.: Mit Getreide oder Grassaatgut eingeschleppt und lange Zeit beständig. In Gärten neuerdings auch als Zierstaude gepflanzt.

H/3/◊ **Salvia pratensis** L. – Wiesen-Salbei
† – (ohne Angabe).
HA: Auf dem Weinberg zwischen Lübben und Neuendorf (= Steinkirchener Weinberg) (RH 1836b).
Anm.: In jüngerer Zeit bekannt gewordene adventive Vorkommen beruhen auf Ansaaten, z. B. Boblitz: Autobahnauffahrt (IL in KL 2004).

E/(3)/◊ **Salvinia natans** (L.) ALL. – Schwimmfarn
(†) – Stillwasserbereiche.
HA: Lübbenau: beim Badehaus (RH 1836a, 1840, vor 1881 Herbar GLM 12606).

Anm.: Die Sippe wurde vermutlich nur kurzfristig verschleppt. Seit der Angabe von RH (1836a) sind keine weiteren Nachweise im UG bekannt geworden. Obwohl auf dem Herbarbeleg kein Funddatum angegeben ist, muss dieser mit großer Wahrscheinlichkeit von vor 1837 stammen. Auf dem Etikett findet sich neben der Unterschrift Rabenhorsts die Anmerkung „in stagnis et lente fluentibus Spreae: Lübbenau" (DUNGER 1981: 12).

Sambucus nigra L. – Schwarzer Holunder H/–/↔
VN: Flieder, Wilder Flieder; baz, bez, żiwy baz (Strauch)/bazowki, bazymki, bezowki, bezyny, bezynki (Früchte).
v – Auf nährstoffreichen, frischen Böden im gestörten Erlen-Eschen-Wald, in Ruderalgesellschaften, in lichten Gehölzen, auf Ödland und auf Gehöften.
Anm.: Früher auch der Früchte wegen auf Gehöften gepflanzt; dort zurückgehend. Die Art nutzt das reichliche Stickstoffangebot, wuchert daher besonders auf Jauche- und Gülleflächen sowie in der Nähe von Tierproduktionsanlagen, aber auch auf aufgelassenen Grünlandflächen, auf denen bei Wasserentzug durch Mineralisation Nährstoffe freigesetzt werden.

Sambucus racemosa L. – Trauben-Holunder N/–/↗
s – In Erlenwäldern und verschiedenen Forsten.
BR: Gr. Wasserburg: ca. 1,5 km SO Ortslage in einem Fichtenforst in Abt. 1124 (= Jg. 46) (GOOSSENS 1995); Krausnick: alte Wasserburger Straße, am Rand eines Kiefernforstes (1993 KU); Schlepzig: Buchenhain (SCAMONI 1954).
RG: Pretschen: in einem Kiefernforst 1,5 km SSW Ortslage am Weg nach Kuschkow (2008 IL & PE); Kaden: Moorbereiche unter der Stromleitung in Richtung Neuendorf b. Lübben (2000 KA).

Sanguisorba minor SCOP. subsp. *balearica* (NYMAN) MUÑOZ GARM. et E/×/–
NAVARRO ARANDA – Kleiner Wiesenknopf
[Syn.: *S. minor* SCOP. subsp. *polygama* (WALDST. et KIT.) HOLUB, *S. muricata* (SPACH) GREMLI]
VN: Pimpinelle; jabrik.
ss – In ehem. Grasansaaten an Straßen und auf Dämmen.
BR: Schlepzig: Ortslage bei Gaststätte Künzel (1992 H-KU 861/3).
HA: Lübben: 1 km SO am Norddamm (1949 BI in BI 1957).
Anm.: Aufgrund der FO-Angabe „Norddamm" ist der Ursprung in einer Grasansaat auch für den Lübbener Nachweis sehr wahrscheinlich. Gelegentlich in Gärten als Gewürzpflanze („Pimpinelle") kultiviert. Hierauf bezieht sich mit großer Wahrscheinlichkeit auch der niedersorbische/wendische VN.

Sanguisorba minor SCOP. subsp. *minor* – Kleiner Wiesenknopf H/3/–
ss – Eichenwald auf trockenem Standort.
RG: Schönwalde: 1 km N Bhf. (2008 H-IL).

Sanguisorba

H/2/↘ ***Sanguisorba officinalis*** L. – Großer Wiesenknopf
VN: – ; jabrik.
ss – In Pfeifengras-Wiesen und an wechselfeuchten Wiesenrändern.
BR: Leibsch: an der Straße nach Neu Lübbenau (KU in KL 1999); Hartmannsdorf: Wiesen zwischen Lehnigksberg und Bahn (KB in KL 1977); Lübben: an der Straße unweit Forsthaus Börnichen (1957 BI); 1 km NNO Pfaffenberge (KB 1977; IL in KL 1985b); zwischen Alt Zauche und Lübbenau: im Bereich Mutnitza x Lugkfließ; im Bereich Mittelkanal x Bürgergraben (1952 BI); Alt Zauche: S bei der Mutnitza (1953~Müller-Stoll et al. 1992c, 1955 Freitag in Müller-Stoll et al. 1962); Lübbenauer Spreewald (Passarge 1955a); Leipe: SO bei der Hauptspree (1952~Müller-Stoll et al. 1992c).

H/3/◆? ***Sanicula europaea*** L. – Wald-Sanikel
VN: – ; wšych ranow zele, hustrowjece zele.
†* – Im Ahorn-Eschen-Wald.
BR: Schlepzig: Buchenhain im Jg. 132 (1952 Scamoni in Kartei BI; Scamoni 1954); im Jg. 133 und 134 (1952/53 BI); Buchenhain (= Pfuhl) (Fick in AS 1864; 1981 IL).
Anm.: Von Braun (1994) und Goossens (1995) für den Buchenhain nicht mehr aufgeführt. Die der Literatur entnommenen niedersorbischen VN (Moller 1582, Mucke 1926/28) gehen vermutlich auf als Arzneipflanzen kultivierte Gartenvorkommen zurück.

Kv/–/↔ ***Saponaria officinalis*** L. – Echtes Seifenkraut
VN: – ; zejpowina, mydłowina.
v – In dörflichen Ruderalfluren an frischen Standorten, insbesondere an Friedhöfen.
Anm.: Gelegentlich ist an obigen Standorten auch die aus alter Gartenkultur verwilderte Sippe mit gefüllten, zumeist rosafarbenen Blüten anzutreffen (s. Abb.). In den Gärten ist diese jedoch nur noch selten als Zierpflanze vorhanden.

Saponaria officinalis

Saxifraga granulata L. – Knöllchen-Steinbrech   H/V/↘
v – Auf kurzrasigen, ungedüngten Frischwiesen und in Rainen.
Anm.: Auch wenn die als Magerkeitszeiger geltende Art aktuell noch als verbreitet eingestuft wird, ist seit den 1970er Jahren ein deutlicher Rückgangstrend zu beobachten. Im Unterspreewald ist die Art von je her nicht häufig.

> *Saxifraga hirculus* L. – Moor-Steinbrech
> Die Angabe bei Lübben (vor 1923 Wolff in W<small>IESNER</small> 1920–1938) ist anzuzweifeln. Für die Art gab es in der Umgebung von Lübben sicherlich potentielle Standorte, z. B. bei Wiesenau bzw. im Briesener Luch. Da jedoch weder E. Fick, von dem aus der weiträumigen Lübbener Umgebung zahlreiche Angaben aus den 1860er Jahren vorliegen (vgl. AS 1861/62, 1864, 1866, 1879), die Art fand, noch W<small>OLFF</small> (1929, 1930) oder W<small>IESNER</small> (1925) in ihren Publikationen auf diese äußerst bemerkenswerte Sippe der Moorstandorte eingingen, bleiben Zweifel an der Richtigkeit der Angabe.

Saxifraga tridactylites L. – Dreifinger-Steinbrech   H/–/↗
s – In Trockenrasen und an trockenen Ruderalstellen auf basenreichen Böden, an Bahnanlagen, an Wald- und Straßenrändern, in Ortschaften und auf Äckern.
BR: Gr. Lubolz: NO an den Waldrändern (JE in JE & KU 1994); Wiesen am Bugk (BI 1957; 1992 JE); Hartmannsdorf: Wiese am S-Ende des Sommerdammes (BI 1957); Treppendorf: in der Ortslage (JE in KL 1989a); Ragow: in der Ortslage (JE in KL 1989a, 1991 H-JE); Kl. Beuchow: Straßenränder (JE in KL 1985b); Leipe: Roggenfeld an der Gaststätte (JE in KL 1985b).
RG: Schönwalde: am Bhf. (JE in JE & KU 1994, H-JE); N Bhf. (1989, 1997 IL in KL 1999); ehem. Deponie O Ortslage (1983, 1991 JE); Ackerrand am Schweinebusch (1965 IL); Gr. Lubolz: Ackerrandfurche 0,3 km O Weg nach Rickshausen (1964 IL); Niewitz: Winterroggenfeld W Ortslage (1966 IL).
Anm.: Von KR (1955b) für den Oberspreewald nicht genannt. In den letzten 20 Jahren hat sich die Art im UG, wie vielerorts in Brandenburg, an Bahnanlagen ausgebreitet, wogegen von anlehmigen, etwas basisch beeinflussten Ackerstandorten keine Nachweise aus jüngster Zeit vorliegen.

Scabiosa canescens W<small>ALDST</small>. et K<small>IT</small>. – Graue Skabiose   H/2/↘
ss – In Trockenrasen auf Moränenkuppen.
RG: Krugau: Kiesgrube am Abhang des Marienberges (1950 BI in BI 1957; 2009 Borries & PE); am Forsthaus 2,5 km S Krugau (1950 BI in BI 1957); Byhlener Weinberg (KB 1977).

Scabiosa

HA: *bei Duben; *zwischen Schlepzig und Gr. Leuthen (RH 1839).

Anm.: Die von Mōń & Šwjela (1907) aus dem Oberspreewald von *S.* spec. angeführten und von Mucke (1926/1928) übernommenen, unter „Scabiose" bzw. „Feldscabiose" geführten niedersorbischen/wendischen VN „pupawa, bublin, buglin" beziehen sich aufgrund gleichlautender VN mit großer Wahrscheinlichkeit auf die im UG deutlich häufigere *Knautia arvensis*. Hierfür spricht auch das Synonym *S. arvensis* L. für die Acker-Witwenblume. Die HA „zwischen Schlepzig und Gr. Leuthen" könnte sich auf den Marienberg bei Krugau beziehen.

Scabiosa canescens

E/(2)/◆   ***Scabiosa columbaria*** L. – Tauben-Scabiose
(†) – Bahnanlage.
BR: Lübben: Bahnübergang Luckauer Str. (o.J. BI in BI 1967).

N/2/–   ***Scabiosa ochroleuca*** L. – Gelbe Scabiose
ss – In Trockenrasen, am Straßenrand.
BR: Lübben: an der Bahn Nähe Bahnübergang an der Luckauer Straße (1951 BI in BI 1957, 2008 H-IL).
RG: Dürrenhofe: an der Straße nach Lübben-Börnichen (1973 Löwa).

H/2/◆   ***Scheuchzeria palustris*** L. – Blasenbinse, Blumenbinse
† – Zwischenmoor.
BR: Krausnick: Luchsee (1964 Großer in Fischer et al. 1982 bzw. in Weiß 1999); Straupitz: Moorgebiete zwischen Straupitz und Mühlendorf (Pietsch 1965).

Anm.: Bei Pietsch (1965) wird Mühlendorf fälschlicherweise als Mühlrose angegeben. In jüngster Zeit noch knapp außerhalb des UG aus dem Langen Luch bei Butzen gemeldet (Baumann & Rätzel in KL 2004).

H/–/↔   ***Schoenoplectus lacustris*** (L.) Palla – Gewöhnliche Teichsimse
VN: – ; syśo, syśe.
z – In Röhrichten schwach eutropher Seen, Teiche und Gräben.

Scleranthus

Schoenoplectus tabernaemontani (C. C. Gmel.) Palla – Salz-Teichsimse H?/–/↗
z – In Röhrichtgesellschaften von Teichen, Gräben und Feuchtsenken, Viehweiden.
BR: Alt Schadow: Zeltplatz am O-Ufer des Neuendorfer Sees; Seeufer beim Bad-Süd O Gr. Raatsch; Seeufer Gr. Raatsch; Boesin-Luch (KU 1998); Neuendorf am See: Wiesen N Kietz (1976 IL); Krausnick: Feuchtsenke an der Wasserburger Spree ca. 1 km O des Ortes (1992 KU); Lübbenau: Kleines Gehege 0,5 km O Barzlin an mehreren Stellen (PE in KL 2004); Byhleguhre: Zufluss Rheinsches Luch (1992 JE, det. KN); O-Ufer Byhleguhrer See (2003 Kabus).
RG: Schönwalde: 2,5 km NNW und 0,5 km SO Ortslage (IL & J. Illig in KL 1977); S- und O-Ufer Kl. Leiner See (JE in KL 1989a); am Briesener See (2003 KA; 2009 Borries & PE); Caminchen: Graben 0,9 km N Ortslage (2004 Schönefeld).
Anm.: Von RH (1839: 14) mit dem Hinweis „scheint sehr selten" zu sein lediglich von zwei FO aus dem Luckauer Raum angegeben; von KR (1955b) für den Oberspreewald nicht genannt. Ob ursprünglich im UG?

Schoenoplectus tabernaemontani

Scilla siberica Haw. – Sibirischer Blaustern Kv/–/↗
VN: Blaues Bliehmchen; – .
v – Parkanlagen und Friedhöfe, Waldränder und Gebüsche in Siedlungsnähe.
Anm.: Es existieren z. T. sehr individuenreiche, fest eingebürgerte Populationen in Parkanlagen, wie z. B. im Park Werben (KR 2009b). In Gärten ist die Art häufig in Kultur und wird über Gartenabfälle verschleppt.

Scirpus sylvaticus L. – Wald-Simse H/–/↔
v – Auf nicht zu nährstoffarmen Nasswiesen und deren Brachen.

Scleranthus annuus L. – Einjähriger Knäuel H/–/↘
VN: – ; żiwy kólej.
v – In Segetalgesellschaften auf nährstoffarmen, trockenen Sandböden sowie in lückigen Sand-Trockenrasen.
Anm.: Auch wenn die Art aktuell noch als verbreitet eingestuft wird, ist seit den 1970er Jahren ein deutlicher Rückgangstrend insbesondere auf den armen Sandäckern zu beobachten.

Scleranthus

H/−/− **Scleranthus x intermedius** Kitt. − Bastard-Knäuel
(*S. annuus* x *S. perennis*)
ss − In Sandtrockenrasen.
RG: Treppendorf: ca. 1 km N Ortslage (2001 KU, conf. 2008 M. Ristow, H-KU 0325/intermedius4); Neuendorf b. Lübben: am Bhf. (2008 IL & PE, det. KU, conf. 2008 M. Ristow, H-PE).
Anm.: Die Sippe ist höchstwahrscheinlich häufiger − s. Anm. bei *S. perennis*.

H/−/↘ **Scleranthus perennis** L. − Ausdauernder Knäuel
z − In Sandtrockenrasen.
Anm.: Ein Teil der als S. perennis angesprochenen Pflanzen ist mit hoher Wahrscheinlichkeit *S. x intermedius* zuzuordnen. Letzterem ist bisher zu wenig Aufmerksamkeit geschenkt worden. Von KR (1955b: 97) wird S. perennis noch als für den Oberspreewald „häufig in Silbergrasfluren, Borstgrasrasen und sandigen Äckern" angegeben, wobei mit letztgenanntem Biotop sicherlich kurzzeitige Auflassungsstadien gemeint waren.

H/D/? **Scleranthus polycarpos** L. − Triften-Knäuel
z? − In nährstoffarmen Sandtrockenrasen.
Anm.: Die Art wird wohl wegen der nicht leicht vollziehbaren Unterscheidung von *S. annuus* teilweise auch nicht erkannt. Ältere Angaben liegen aus dem UG nicht vor.

H/#/♦ **Scolochloa festucacea** agg. − Artengruppe Gewöhnliches Schwingelschilf
† − Im Röhricht der Spree, im Erlenbruchwald.
BR: Lübben: Rest eines Erlenbruchwaldes O der Hauptspree S der Stadt (1955 Arndt & KR in KR 1977); Leipe: Fließ N Ortslage (KR 1955b); Fehrow: an der Spree bei der Ortslage (KR 1955b).
Anm.: Ob die obigen Funde zu *Scolochloa festucacea* (Willd.) Link oder zu der erst vor wenigen Jahren beschriebenen, ebenfalls zum Aggregat gehörenden *S. marchica* Düvel, Ristow et Scholz (vgl. Düvel et al. 2001) zu stellen sind, kann − da Herbarbelege fehlen − nicht beurteilt werden. Δ B: ?4049/4, ?4150/2, ?4151/1.

H/2/↘ **Scorzonera humilis** L. − Niedrige Schwarzwurzel
VN: Schlangenwurz, Johanniswurz; jańske korjenje.
ss − Lichte Kiefernforste und Kiefern-Eichen-Wälder.
BR: Alt Schadow: SO-Ufer Godnasee (1993 KU; 2007 Herrmann, Sonnenberg & Duwe); Neu Schadow: SO in der Forst Kl. Wasserburg Jg. 13 und 14 (KL 1966); Neu Lübbenau: O in der Forst Jg. 21 (KL 1966); Köthen: Blaubeer-Kiefern-Wald am Schibingsee (1951 BI in BI 1957; 1992 Wollenberg & Sonnenberg); Krausnicker Berge (BI 1954).
RG: Schönwalde: Wald nach Gr. Lubolz zu (Pflanz in KL 1977).

Securigera

HA: Lübben (RH 1837); Unterspreewald beim Forsthaus (RH 1839; Fick in AS 1864).
Anm.: Der in der Verbreitungskarte bei KL (1987) enthaltene Fundpunkt beim Briesener See geht vermutlich auf einen Übertragungsfehler aus der Stetigkeitstabelle bei Passarge (1955, Tab. 9) zurück. Der ebenfalls bei KL (1987) enthaltene Fundpunkt bei Werben konnte nicht geklärt werden.

Scrophularia nodosa L. – Knotige Braunwurz H/–/↔
VN: Teufelsdreck, Buschkraut, Schreckkraut; cartowy gowno, skažowe zele.
v – In frischen bis mäßig feuchten Laubwäldern, an Gräben und in Gebüschen, seltener in Hochstaudenfluren feuchter Standorte.

Scrophularia umbrosa Dumort. – Geflügelte Braunwurz H/V/?
s – In sickerfeuchten Erlenwaldgesellschaften und in Uferröhrichten von fließenden und stehenden Gewässern.
BR: Köthen: N-Ufer Köthener See (1992 JE); NO-Ufer Köthener See im Uferröhricht (2008 PE); Schlepzig: Buchenhain (Braun 1994); Lübbenau: Erlenwald unmittelbar W Lehder Fließ im Bereich S-Abschnitt Gurkengraben (PE in KL 2004); Boblitz: Nähe Buschbrücke (1990 JE).
HA: Lübben: Ellerborn (Wiesner 1920–1938; KR 1955b).
Anm.: Die für Ellerborn in Wiesner (1920–1938) aufgeführte und als *S. aquatica* (ohne Autor) notierte Sippe ist aus heutiger taxonomischer Sicht, da *S. auriculata* L. im Land Brandenburg nicht nachgewiesen ist, zu *S. umbrosa* zu stellen.

Scutellaria galericulata L. – Sumpf-Helmkraut H/–/↔
VN: – ; nocnikojske zele.
v – In Erlenwäldern, in Großseggenrieden, an Graben- und Fließufern.

Scutellaria hastifolia L. – Spießblättriges Helmkraut H/2/–
ss – Im beschatteten Ufergebüsch.
BR: Neuendorf am See: Uferbereich des Sees 0,5 km SO Koplin (KU 1998, H-KU 1768/3; 2004 H-PE).

Securigera varia (L.) Lassen – Bunte Kronwicke N/–/↔
[**Syn.:** *Coronilla varia* L.]
s – In Trockenrasen an Bahndämmen und Hängen, an Straßenböschungen, besonders auf etwas anlehmigem Boden.
BR: Alt Schadow: Insel am Spreewehr (KU 1998); Neu Lübbenau: Straße nach Kuschkow (KL 1965); Pretschen: O-Hang des Weinbergs (KL 1968); N-Hang des Weinbergs (2008 PE); Schlepzig: Wussegk (PE in KL 2004); Lübben: N-Hang der Pfaffenberge (2002 KA); am Bahndamm und an der

Chaussee nach Neuendorf b. Lübben (IL & J. ILLIG 1971); Umgebung des Schlossturmes (1961 BI); N-Ufer Byhleguhrer See (1953 BI); Vetschau: Bhf. (JE 1975).

RG: Krugau: Marienberg (1999 KA); Schönwalde: Bahnlinie in Richtung Brand (1972 KB); Treppendorf: ehem. Lehmgrube 1 km SSW Ortslage (1974 KB; 2001 KA); Ziegelei Hirschland (JE in KL 1980); Lübben: am Waldrand der Berliner Chaussee (1956 BI); am (ehem.) Bahndamm in Richtung Radensdorf (KR 1955b); ca. 0,3 km NW der Stadt S der Bahnstrecke nach Lubolz (2008 KU); Byhlen: alte Bahntrasse bei Jg. 38 (1974 KB).

HA: Lübben; Treppendorf (RH 1839); Burg: am Schlossberg (RH 1837, 1839; HOLLA 1861/62); Neuendorf b. Lübben: an der Lübbener Chaussee (Bohnstedt in TAUBERT 1885); Treppendorf: Lehmgrube am Lübbener Weg (1948 BI).

Anm.: Die Angabe in KL (1968) wurde fälschlicherweise für die Pretschener Mühlenberge veröffentlicht.

Securigera varia

H/−/↔ ***Sedum acre*** L. − Scharfer Mauerpfeffer
VN: − ; zejpowina, huchacowy kał.
v − In Trockenrasen, auf Mauern, an Wegen und Bahnböschungen; auf sandig-kiesigem Boden und Schotter.

Kv/−/↔ ***Sedum album*** L. − Weiße Fetthenne
ss − In lückigen Trockenrasen der Ortslagen und in deren Nähe.
BR: Köthen: Friedhof (1991 H-KU 1025/1); Lübbenau: Güterbahnhof (1981 JE); Burg (Dorf): am kleinen Sportplatz (1975 JE); wenig SO Ortslage (1977 JE).
Anm.: Gelegentlich auch in Gärten und auf Friedhöfen kultiviert. Δ F.

E/−/− ***Sedum hispanicum*** L. − Spanische Fetthenne
ss − Sandtrockenrasen am Rand eines Kiefernforstes.
BR: Krausnick: ca. 0,5 km SW des W Ortsteiles (2006 KU).
Anm.: Möglicherweise mit in der Nähe abgelagerten Gartenabfällen ausgebracht.

Sedum

Sedum maximum (L.) Hoffm. – Große Fetthenne H/–/↔
[**Syn.:** *S. telephium* L. subsp. *maximum* (L.) Rouy et Camus]
VN: Fette Henne; huchacowy kał, huchacowe wušy, rozchódnik, rozkornik, tucna kura.
z – An wärmebegünstigten Standorten auf nicht zu armen Sanden in lichten, trockenen Kiefernforsten sowie in lückigen Trockenrasen.
Anm.: Die in Müller-Stoll et al. (1992d) für eine Moränenkuppe des Spreewaldes bzw. in Lienenbecker (1993) für den Neu Zaucher Weinberg als *S. telephium* L. angegebene Sippe bezieht sich sicherlich auf hiesiges Taxon.

Sedum pallidum M. Bieb. – Bleiche Fetthenne E/×/◊
(†) – Auf Beeten.
HA: Lübbenau: Schlossgarten (AS 1882).
Anm.: AS (1882: 16) vermerkt hierzu: „ ... eine Pflanze des nördlichen Orients, welche neuerdings vielfach als Zierpflanze cultiviert wird, (hat) sich auf Beeten im Lübbenauer Schlossgarten nach den Beobachtungen des Herrn W. Freschke seit mehreren Jahren als unvertilgbares Unkraut angesiedelt ... und reichlich durch Aussaat vermehrt". Spätere Angaben fehlen.

Sedum rupestre

Sedum rupestre L. – Felsen-Fetthenne, Tripmadam Kv/(3)/↔
[**Syn.:** *S. reflexum* L.]
z – Auf trockenen Kiesböden in Siedlungsnähe.
Anm.: Die Art ist nicht selten in Steingärten und auf Friedhöfen in Kultur. Δ F.

Sedum sexangulare L. – Milder Mauerpfeffer H/–/↔
[**Syn.:** *S. mite* Gilib.]
v – In Trockenrasen, Pionierfluren und an sandigen Ruderalstellen.
Anm.: Bei KR (1955b) fehlt die Art; wohl unter *S. acre* subsummiert?

Sedum spurium M. Bieb. – Kaukasus-Fetthenne Kv/–/↔
VN: Eismyrte; – .
z – Auf lockeren, humosen Sandböden, v. a. in der Nähe von Friedhöfen.
Anm.: Oft größere Bestände ausbildend. Als bodendeckende Zierpflanze nicht selten in Vorgärten und auf Gräbern gepflanzt.

Sedum

H/0/◊   ***Sedum villosum*** L. – Behaarte Fetthenne
† – Torfsümpfe.
HA: Krausnick (Fick in AS 1864); in Byhlen (Busch in AS 1860b); am Byhleguhrer See, dort zwischen 1899 und 1929 ausgestorben (Wolff 1929).

H/3/↘   ***Selinum carvifolia*** (L.) L. – Kümmel-Silge
v – In ungedüngten, wechselfeuchten bis frischen Wiesen.
<small>**Anm.:** Heute ist die Art – im Gegensatz zu früher – meist nur noch mit geringen Individuenzahlen in den Wiesen vorhanden. Der Rückgang ist v. a. eine Folge von Hydromelioration, Düngung und Wiesenumbruch.</small>

H/#/↘   ***Senecio aquaticus*** agg. – Artengruppe Wasser-Greiskraut
z – Auf wechselfeuchten Wiesen mineralkräftiger Standorte.
BR: Neuendorf am See: Neuendorfer Wiesen (Rettschlag 1970); Wiesen an der Wasserburger Spree S Ortslage (2002 KA); Pretschen: 2,5 km SW Ortslage im Tal der Pretschener Spree (1965 KL); Neu Schadow: Morgenwiesen ca. 1 bis 2 km S Ortslage (1965 KL); Köthen: 0,5 km SO Ortslage (KU in JE & KU 1994); 0,9 km OSO Ortsmitte am S-Ufer des Köthener Sees (1994 JE; 2006 Heinrich); Neu Lübbenau: Ortslage Richtung Hohenbrück (1995 KU); Lübben: Wiesenweg zwischen katholischer Kirche und Ostbahn (1960 BI); Eichkanal (heute W-Abschnitt des Nordumfluters), 1. Schleuse von Lübben aus rechts (1956 BI); Spreewiesen am Kreissportplatz (1957 BI); N Gubener Vorstadt (JE in

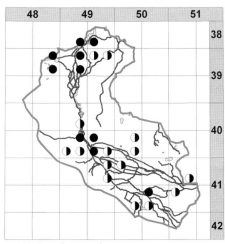

VK 41: *Senecio aquaticus* agg.

JE & KU 1994); Spreewiesen O Steinkirchen (als *S. erraticus* 1972 IL in KL 1999, rev. 1989 K.-F. Günther & M. Ristow, H-IL; JE in JE & KU 1994, vgl. auch IL in IL & PE 1997); N Sporthalle, am verlandeten Teich (1993 JE); im Südpolder in Richtung Ragow (Müller-Stoll et al. 1992c); Alt Zauche: an der Mutnitza (1955 Freitag in Müller-Stoll et al. 1962); Oberspreewald: mehrere FO in den Bereichen Boblitz – Raddusch und Radensdorf – Alt

Zauche – Neu Zauche (1952-56~Müller-Stoll et al. 1992c); bei Burg (KR 1960); Burg: 2. Kolonie (1993 Blumrich); Naundorf: N Brahmower Landgraben (1975 JE); Fehrow; Naundorf (KR 1955b); Werben: Zoßna (1950 KR).
RG: Duben: Wiesen in Richtung Neuendorf (als *S. erraticus* 1972 IL in KL 1999, rev. 1989 K.-F. Günther & M. Ristow, H-IL, vgl. auch IL in IL & PE 1997).

Anm.: Die in der Literatur als *Senecio aquaticus* Hill publizierten Angaben werden aufgrund der Abgrenzungsprobleme zu *S. erraticus* (s. dort) zu *S. aquaticus* agg. gestellt. Diese und die *S. erraticus*-Funde sind in der VK 41 zusammengefasst. Auffallend ist das weitgehende Fehlen aktueller Nachweise im Oberspreewald.

Senecio erraticus Bertol. – Spreizblättriges Greiskraut   H/3/?
s – Auf wechselfeuchten Wiesen mineralkräftiger Standorte.
BR: Neuendorf am See: Neuendorfer Seewiesen 0,4 km NO Koplin (PE in KL 2006); Leibsch-Damm: Grünland 1,2 km NO Damm (PE in KL 2004, H-PE); Leibsch: Grünland 1 km SSO (= Tussatz) (PE in KL 2004, H-PE); Neu Lübbenau: Grünland 0,6 km NW Spreewehr (PE in KL 2004); Lübben: 0,6 km S Deichsiedlung (PE in KL 2004, H-PE); ca. 3 km SO im Bereich Kockrowsberg (JE & Seitz 1996).

Anm.: Die Abgrenzung der Arten des *S. aquaticus*-Aggregates gibt aufgrund der Variabilität der dafür herangezogenen Merkmale immer wieder Anlass zu Diskussionen. Hinzu kommt, dass Verbiss oder Mahd bestimmungsrelevante Merkmale, wie Blattform und/oder Form des Blütenstandes, unbrauchbar werden lassen. Gegenwärtig wird der Standpunkt vertreten, dass im Land Brandenburg *S. erraticus* gegenüber *S. aquaticus* die stärker verbreitete Sippe darstellt (Ristow mdl. 2008).

Senecio erucifolius L. – Raukenblättriges Greiskraut   H/2/◆
† – wechselfeuchte Wiesen.
BR: Lübben: Spreewiesen O-Seite 0,5 – 0,8 km N Wiesenau (1973 KB).

Anm.: Da die Standortbedingungen der von JE in JE & KU (1994) bzw. in KL (1989) aufgeführten vier *Senecio erucifolius*-Funde nicht mit den Ansprüchen dieser Art übereinstimmen, außerdem eine teilweise FO-Gleichheit mit *S. aquaticus* agg.-Angaben aus dem UG vorhanden ist und der vom Lübben-Steinkirchener FO vorhandene Herbarbeleg (H-JE) zu *S. aquaticus* agg. gehört, erscheinen diese Mitteilungen zweifelhaft. Gleiches gilt für die in KR (1955b: 114) ohne die Nennung exakter FO-Angaben getroffene Aussage: „Selten in trockenen Wiesen und an Wegrainen". Die obige Angabe nördlich Wiesenau ist nicht durch einen Herbarbeleg abgesichert. Deshalb bleiben – trotz bejahender Nachfrage (KB mdl. 2009) und den früheren, vor der Anlage der Fischteiche existierenden Vorkommen von Arten partiell ähnlicher Standortansprüche in diesem Bereich – Restzweifel bestehen. Δ B ?4049/4.

Senecio

N/–/– ***Senecio inaequidens*** DC. – Schmalblättriges Greiskraut
ss – An Straßenrändern.
BR: Schönwalde: am Bahnhof (2008 IL).
RG: Duben: im Bereich der Autobahnraststätte Berstetal (seit 2002 KU); an der Autobahn W Kaden (2004 IL).
Anm.: Die wahrscheinlich von Norden her entlang der Autobahn (A13) in das UG eingewanderte Adventivpflanze wurde erstmals in unmittelbarer Nähe des UG an der Chaussee südlich Freiwalde beim ehem. Gasthaus Schäfer am Straßenrand gefunden (1999 H-KU 1917/inaequidens4). Eine weitere Ausbreitung im UG ist zu erwarten.

Senecio inaequidens

H/–/↗ ***Senecio jacobaea*** L. – Jakobs-Greiskraut
z – In mäßig trockenen Frischwiesen und Trockenrasen, im Straßensaum.
BR: Lübben: am ehem. Vorwerk Wiesenau an der Bahn (1993 JE); hinter der Gr. Amtsmühle am Norddamm (1952 BI); Alt Zauche: Wiese an der Mutnitza x Lugkfließ (1952 BI); Kuppe S Ortslage (1953~MÜLLER-STOLL et al. 1992d); Neu Zaucher Weinberg (1990 JE; HAMSCH 2000); Raddusch: SW-Hang Schwarzer Berg (2008 PE); zwischen Raddusch und Vetschauer Chaussee im Straßensaum (2008 PE); Burg: am Bismarckturm (2008 PE); Burg: an der Chaussee nach Schmogrow (KR 1954); Guhrow: 0,3 km W Ortslage (2008 KU); kleines Eichen-Birken-Wäldchen auf kleiner Anhöhe 3 km NNW Ortslage (2008 KU).
RG: Treppendorf: an der Berste (1949 BI; 1996 JE); Lehmgrube am Weg nach Lübben (2001 PE); Byhleguhre: NO der Welsnitz (2008 PE).
Anm.: Angrenzend an das UG früher auch bei Vetschau: Wiesen bei der Brandtemühle festgestellt (TREICHEL 1876b). Die Vorkommen der Art nahmen in den letzten Jahren zu; im Nordteil des UG aber noch fehlend.

N?/–/– ***Senecio ovatus*** (P. GARTN., B. MEY. et SCHERB.) WILLD. – Fuchssches Greiskraut
[**Syn.:** *S. fuchsii* C. C. GMEL.]
ss – In Laubmischwäldern.
BR: Schlepzig: Buchenhain (1953 BI); am Wussegk (1991 JE); Brahmow: Park (1990 JE).

Senecio

Anm.: Die Vorkommen gingen möglicherweise aus Einschleppungen mit Gehölzen hervor. Die in JENTSCH (1982) bez. dieser Sippe erfolgte Verweisung auf den FO Ragow (RH 1839) ist nicht korrekt (vgl. KU et al. 2001). Die Fundnotiz in BEISSNER (1909) aus dem Spreegebiet zwischen Burg und Leipe erscheint aufgrund des Fehlens des FO in den Florenwerken von RH (1839), AS (1864) und KR (1955b) bzw. im Artikel von DECKER (1937) sowie der Nichtauflistung der Sippe in den Vegetationsaufnahmen von PASSARGE (1956) sehr zweifelhaft (vgl. KU et al. 2001). Gleiches gilt auch für die Angabe von *S. nemorensis* agg. durch FRANZ (1800).

Senecio paludosus L. – Sumpf-Greiskraut   H/3/↗

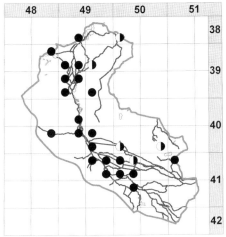

v – In Hochstaudenfluren an Ufern und im Erlenwald sowie in Großseggengesellschaften.

Anm.: Von KR (1955b) aus dem Oberspreewald als zerstreut im Lübbenauer und Lübbener Spreewald angegeben. Die Art hat sich durch Wiesenauflassung und durch Unterlassung der Ufermahd in den letzten zwei Jahrzehnten ausgebreitet. Heutige Verbreitungsschwerpunkte befinden sich im Westlichen Oberspreewald und im Unterspreewald (VK 42).

VK 42: *Senecio paludosus*

Senecio sarracenicus L. – Fluss-Greiskraut   E?/(2)/◇
[Syn.: *S. fluviatilis* WALLR.]
(†) – Auf sumpfigem Boden.
HA: In der Nachbarschaft des Spreewaldes (RH 1837); „am Spreewalde selten, bei Ragow, in der Gegend von Straupitz" (RH 1839: 221).
Anm.: Da von den bei RH (1837, 1839) aufgeführten Angaben keine Herbarbelege vorliegen (vgl. DUNGER 1981), die beiden Orte außerhalb des ostdeutschen Areals liegen (vgl. BENKERT et al. 1996) und keine späteren Nachweise der Sippe im UG erfolgten, bleiben Restzweifel an der Richtigkeit der Angaben bestehen. Möglich wären jedoch auch Verwilderungen aus Gartenkultur (vgl. WAGENITZ 1987). Die von JE & SEITZ (1996) aufgeführten Angaben aus der BI-Fundkartei sind als Fehlbestimmungen von *S. paludosus* zu werten (vgl. auch KU et al. 2001). Sie wurden bereits von BI handschriftlich revidiert. JE & SEITZ (1996) hatten dies offenbar übersehen.

Senecio

H/−/↔ **Senecio sylvaticus** L. – Wald-Greiskraut
VN: – ; cerwjeny worant, žołty worant, žołty torant.
z – Auf gestörten Standorten in und an Kiefernforsten sowie in Mischwäldern, besonders auf Kahlschlägen.

N/−/↔ **Senecio vernalis** WALDST. et KIT. – Frühlings-Greiskraut
v – Auf offenen, sandigen Ruderalstellen, an Wegen und Dämmen, auf Ackerbrachen und an Waldrändern.
Anm.: Von AS (1879) noch nicht aus dem UG aufgeführt, von KR (1955b) jedoch bereits als häufig in Sandtrockenrasen vorkommend angegeben.

H?/−/↔ **Senecio viscosus** L. – Klebriges Greiskraut
v – Auf mäßig trockenen Ruderalstellen, an Bahnanlagen, in lichten Kiefernforsten und in Schlagfluren.

H/−/↔ **Senecio vulgaris** L. – Gewöhnliches Greiskraut
VN: Gänsetod, Gänsesterbe, Gänsegift, Kuhscheiße; guseca smjerś, śćěŕ, śćěrbak, śćěrbok, sćerbak, sćerbok, sćer, sćyr, sćerbowe zele, pupawa.
v – Auf frischen, nährstoffreichen Böden in Gärten, auf Äckern, Ruderalstellen und Waldschlägen.

H/2/↓ **Serratula tinctoria** L. – Färber-Scharte
ss – Im Grünland wechselfeuchter bis wechseltrockener, basenreicher Standorte, am Wegrand.
BR: Lübben: Lehnigksberg N am Wegrand (JE in JE & KU 1994); Alt Zauche: Wiesen rechts an der 1. Schleuse bei Bukoitza (1956 BI); an der Mutnitza S Ortslage (1953~MÜLLER-STOLL et al. 1992c, 1955 Freitag in MÜLLER-STOLL et al. 1962); Radensdorf: S Ortslage (KR 1955b); im Bereich Mutnitza x Lugk-Fließ und Bürgerfließ x Mittelkanal (1952 BI); Byhleguhre: Wiesen am O-Ufer des Byhleguhrer Sees (2006 KA & Rätzel); Lübbenauer Spreewald (PASSARGE 1955a).
Anm.: Verluste sind v. a. infolge der Überführung der ehem. Pfeifengras-Wiesen in Intensivgrünland zu verzeichnen.

H/2/◆? **Seseli annuum** L. – Steppen-Sesel
†* – In Trockenrasen.
BR: Zerkwitz: Mühlberg (1992 JE).
HA: *Krugau (RH 1839).
Anm.: Die Angaben in KR (1955b: 106) „Lübben: Burglehn und Acker um den Postfunk zerstreut" sind anzuzweifeln, da an den FO typische Begleitarten fehlen. Gleiches gilt für die in PASSARGE (1955a) unter *Selinum annuum* STEUD. enthaltenen Angaben (vgl. KU et al. 2001).

Setaria italica (L.) P. Beauv. – Kolbenhirse   E/×/–
VN: Vogelhirse, Berr; ber, carne pšoso.
s – Auf Müllplätzen, Kompostlagerplatz.
BR: Krausnick: Müllplatz (KU 1994); Lübben: Deponie Ratsvorwerk (1982 JE; 1988 Otto, Herbar GLM 33977); Kunersdorf: 0,3 km W der Ortslage bei Kompostablagerungen (2008 KU).
RG: Zerkwitz: Müllplatz (1984 JE).
Anm.: In den 1970–80er Jahren vielerorts noch kleinflächig als Vogelfutter angebaut. In den letzten 20 Jahren nur unbeständig wohl aus Vogelfutterresten oder Trockensträußen auflaufend (s. o.). Δ F.

Setaria pumila (Poir.) Roem. et Schult. – Fuchsrote Borstenhirse   H/–/↔
VN: – ; rogawa.
z – Auf mineralkräftigen, sandigen bis lehmigen Böden auf Äckern und an Wegrändern.

Setaria verticillata (L.) P. Beauv. – Kletten-Borstenhirse   E/–/–
ss – Auf Brachland, an Straßenrändern, auf Bahngelände.
BR: Lübbenau: Lange Straße; Bhf.; Lübbenau-Stottoff (1984 JE).
Anm.: Auch wenig außerhalb des UG in Göritz: Müllplatz (1982 JE) nachgewiesen.

Setaria viridis (L.) P. Beauv. – Grüne Borstenhirse   H/–/↔
VN: Hierzekraut; rogawa, jagłowina, jagowina, rolna kósawa.
v – Auf feuchten bis trockenen Äckern und in Gärten, auch an Wegrändern und auf Müllplätzen.

Sherardia arvensis L. – Ackerröte   H/2/◆
† – Auf etwas kalkhaltigen Äckern.
RG: Schönwalde: am Weg nach Waldow/Brand (1969, 1973 H-IL).
HA: *Vetschau (vor 1923 Wolff in Wiesner 1920–1938).

Silaum silaus (L.) Schinz et Thell. – Silau, Rossfenchel   H/2/↘
s – In Pfeifengras-Wiesen.
BR: Westlicher Oberspreewald (KR 1955b); Alt Zauche: am Luch und S der Ortslage (1991 JE); Leipe: N Ortslage (1990 JE).
RG: Schönwalde: Wiesen 1 km S Ortslage (1985 IL); Niewitz: Wiesen N der Ortslage in Richtung Rickshausen (1985 IL).
Anm.: Obwohl nur wenige, zumeist neuere Funde vorliegen, ist aufgrund der Intensivierung der Grünlandnutzung seit der zweiten Hälfte des 20. Jahrhunderts von einem Bestandsrückgang auszugehen.

Silene

H/2/◇ **_Silene chlorantha_** (WILLD.) EHRH. – Grünblütiges Leimkraut
† – Auf trockenen, sonnigen Hügeln, Kiefernwald.
HA: Biebersdorf (RH 1839); Lübben: hinter dem Vorwerk (Fick in AS 1864).
Anm.: Bei der Angabe vom Lübbener Vorwerk könnte es sich um das Vorwerk Wiesenau oder Vorwerk Frauenberg gehandelt haben (vgl. Anm. zu _Luzula pallescens_). Δ B: ?3948/4.

E?/(0)/◆ **_Silene dichotoma_** EHRH. – Gabel-Leimkraut
(†) – Auf Äckern.
BR: Lübben: Felder um den Postfunk (1950 BI).
RG: Treppendorf: Kastanienallee (1957 BI).
Anm.: Die Art wurde vermutlich mit Klee oder Luzerne vorübergehend eingeschleppt.

H/–/↔ **_Silene dioica_** (L.) CLAIRV. – Rote Lichtnelke
[**Syn.:** _Melandrium rubrum_ (WEIGEL) GARCKE]
VN: – ; wětšnik.
ss – Auf frischen bis wechselfeuchten Wiesen, auch im Erlen-Eschen-Wald.
BR: Krausnick: Kriegbusch (GROßER et al. 1967); Alt Zauche: im Bereich Schützenhaus (1992 JE); Leipe: beim Ort (1992 JE); Burg: Waldschlösschen (1995 JE).
HA: Im Spreewald (RH 1839).
Anm.: Von KR (1955b) ohne Nennung von FO als sehr selten im Erlen-Eschen-Wald des Oberspreewaldes vorkommend angegeben. Auch in naturnahen Gärten selten zu finden.

E/(1)/◆ **_Silene gallica_** L. – Französisches Leimkraut
(†) – Auf Äckern, in einer Zweizahnflur auf Grabenaushub.
BR: Neu Lübbenau: 0,3 km SO Kirche auf einem Sonnenblumenfeld (KL 1966, H-KL); Lübben: am Vorflutkanal (1955 KR); Lübbenauer Spreewald (PASSARGE 1955a).
HA: Lübben (Fick in AS 1864).
Anm.: Die Biotopangaben beziehen sich auf den Neu Lübbenauer und den jüngeren Lübbener Nachweis, da in den anderen Literaturquellen keine diesbezüglichen Ausführungen vorhanden sind.

H/–/↔ **_Silene latifolia_** POIR. – Weiße Lichtnelke
[**Syn.:** _S. alba_ (MILL.) E. H. L. KRAUSE, _S. pratensis_ (RAFN) GODR.]
VN: Taubenkropf, Weiße Kuckel; běly kukol, kukol, běly kukel, pupajca.
v – An frischen Ruderalstellen innerhalb der Siedlungen, an Wegen und auf Ackerbrachen.

Silene

Silene noctiflora L. – Acker-Lichtnelke H/2/♦?
†* – Auf etwas kalkhaltigen Äckern.
BR: Kuschkow: Maisfeld 1,2 km NW Ortslage (KL 1966); Schmogrow und Guhrow (1986 JE).
RG: Kuschkow: Acker am O-Ortsrand (KL 1968); Treppendorf (IL & J. Illig in KL 1980); Schönwalde: Acker NW Ortslage (IL in KL 1985b, H-IL) und W Ortslage (BI 1957; IL in KL 1985b).

Silene nutans L. – Nickendes Leimkraut H/V/↘
s – In lichten Kiefernforsten und Mischwäldern, besonders an wärmeexponierten Böschungen und Abhängen, auch am Rande von Verkehrswegen.
BR: Pretschen: Sandhügel am NW-Fuß des Weinberges (1973 KB); Köthen: Hang am S-Ufer Pichersee (1953 BI; 1972 KB); O-Ufer Pichersee (1992 H-JE); Nähe Schwanensee (1972 KB; 1994 KU in KL 1999); Schibingsee (o.J. BI in BI 1967); Kuschkow: 2,1 km WNW auf einem Hügel im Tal der Pretschener Spree (1965 KL); Lübben: Pfaffenberge (1951 BI; 2004 PE); Ragow: N Ortslage an der Chaussee (KR 1955b; 2008 H-PE); N-Ufer Byhleguhrer See (1952 BI).
RG: Krugau: am Marienberg (1950 BI; 2009 Borries & PE); Byhlen: Sandtrockenrasen O Byhlener See (1976 KL); Abhang am Weinberg, Weg zur Quelle (1953 BI); alte Bahntrasse zwischen Rauhem See und Gr. Zehmesee (1974 KB).
HA: *Duben; Straupitz (RH 1839); Schlepzig: Buchenhain (AS 1879).

Silene otites (L.) WIB. – Ohrlöffel-Leimkraut H/3/↘
s – In Trockenrasen, in lückigen Kiefernforsten/Kiefernwäldern.
BR: Lübben: 3 km S an der Chaussee (1983 JE).
RG: Schönwalde: Dünendurchbruch an der Bahnlinie N Ortslage (1973 KB); Treppendorf: Sandplatz am Kinderheim (1952 BI in BI 1957; 1958 BI); 0,5 km W Ortslage (1952 Passarge in KR 1968b); Lübben: ca. 0,5 km NW der Stadt S der Bahnstrecke nach Lubolz (2004 KU); Dünengelände W Lübben (Arndt in MÜLLER-STOLL & KR 1960); W der Bundesstraße nach Neuendorf beim Langen Rücken Nähe Steinkirchener Weinberg (2001 IL); Lehne 0,5 km NW des Steinkirchener Weinberges (2002 IL); Neuendorf b. Lübben: 1 km NO Ortslage O der Bundesstraße (1948 BI in BI 1957; IL & J. Illig in KL 1974; 2001 hier nicht mehr gefunden IL).
HA: *Lübbenau (vor 1896 Peck, Herbar GLM 16578).
Anm.: Im zentralen Spreewald – mit Ausnahme der HA – fehlend. Und auch die HA befand sich – standörtlich bedingt – vermutlich eher südlich Lübbenau irgendwo zwischen Krimnitz und Gr. Klessow oder wenig außerhalb des UG. Δ B: ?3948/4.

H/–/↔ ***Silene vulgaris*** (Moench) Garcke – Taubenkropf-Leimkraut
VN: – ; patawy, serpyle, tśiwale, běły kukol, běły kukel.
z – An Wegen und in subruderalen Trockenrasen auf mäßig trockenen und mäßig nährstoffreichen Böden.

H/–/↔ ***Sinapis arvensis*** L. – Acker-Senf
VN: Gorkatz, Gurkatz; górcyc, górcyca, górkac, rěpnik, žonopnik.
z – Auf nicht zu trockenen, basenreichen Äckern und auf Ruderalgelände.

N/–/↔ ***Sisymbrium altissimum*** L. – Hohe Rauke
v – In Ruderalgesellschaften auf sandigen, sommerwarmen Böden, besonders an Wegrändern, Eisenbahndämmen und auf Schuttplätzen.
Anm.: Von RH (1839) noch nicht aufgeführt, wird die Art bereits von KR (1955b) als häufig im Oberspreewald vorkommend bezeichnet. Zur Einbürgerungsgeschichte in Brandenburg siehe Graebner (1909).

N/–/↑ ***Sisymbrium loeselii*** L. – Loesels Rauke
v – In Ruderalgesellschaften an Wegen, Bahnanlagen und auf Industriegelände.
Anm.: Die Art wird weder von RH (1839) noch von KR (1955b) aufgeführt. Von Buhl (1964) ein Jahr zuvor wenig außerhalb des UG am Gröditscher Bhf. gefunden. Zur Einbürgerungsgeschichte in Brandenburg siehe Graebner (1909).

H/–/↘ ***Sisymbrium officinale*** (L.) Scop. – Wege-Rauke
v – An frischen bis mäßig trockenen Ruderalstellen auf nährstoffreichen Sanden, v. a. in Ortslagen.
Anm.: Der Rückgang ist v. a. durch die Verstädterung der Dörfer verursacht.

E/–/– ***Sisymbrium volgense*** M. Bieb. ex E. Fourn. – Wolga-Rauke
s – An Bahnanlagen und auf Müllplätzen, mäßig trockener Wegrand.
BR: Lübbenau-Stennewitz: in der Ortslage (1993 H-JE); Lübbenau: Bhf. (JE in KL 1985b); Kl. Beuchow: Müllplatz (JE in KL 1985b); Vetschau: Bhf. (1982 JE).

H/–/↔ ***Sium latifolium*** L. – Breitblättriger Merk
VN: – ; śćerpelina, śćěpjelina, tśepjelina, wódny měrik.
v – In Röhrichten, besonders an Fließgewässern.

H/–/↔ ***Solanum dulcamara*** L. – Bittersüßer Nachtschatten
VN: Bittersüß, Wilder Wein; wjelkowe woko, wódna ronica, gusorowe wino, ronico, gójac.

Solidago

v – Auf nährstoffreichen Standorten in Erlenbrüchen, in Schleiergesellschaften, Weidengebüschen und Schilf-Röhrichten der Seen.

Solanum nigrum L. em. MILL. – Schwarzer Nachtschatten   H/−/↘

VN: – ; (w)reginowe zele, regine, ronica, ronico, carna ronica, ronine zele, gójac, psowy jězyk.

z – In nährstoffreichen Ruderalfluren, auf Hackfruchtäckern und in Gärten.

Anm.: Die Verluste resultieren v. a. aus dem Rückgang des Hackkulturanbaus und der Umwandlung der dörflichen Nutzgärten in monotone, oft von Rasen, Koniferen und anderen Gehölzen geprägten „Grünanlagen". Schwerpunkte der Vorkommen sind heute die Ruderalfluren.

Solanum physalifolium RUSBY – Argentinischer Nachtschatten   E/×/−

[Syn.: *S. nitidibaccatum* BITTER]

ss – Mülldeponie.

BR: Lübben: Ratsvorwerk (1988 Otto, Herbar GLM 33907).

Solanum villosum MILL. – Gelbbeeriger Nachtschatten   E/×/◇

(†) – Auf Äckern.

HA: *Kl. Leine (RH 1839).

Solidago canadensis L. s. l. – Kanadische Goldrute   N/−/↗

VN: – ; měrik.

v – In Ruderalgesellschaften an Wegen, auf Ackerbrachen, Ödland und an Ufern.

Anm.: Partiell, v. a. auf den Ackerbrachen, hat die Sippe in den letzten 20 Jahren eine Ausbreitung erfahren. Auch heute noch hin und wieder, z. T. in niedrigwüchsigen Sorten, in Gärten zu finden. Zum taxonomischen Rang der Sippe vgl. Anm. in RISTOW et al. (2006).

Solidago gigantea AITON – Riesen-Goldrute   N/−/↗

z – An Wegen und in Staudenfluren feuchter bis frischer Standorte, an Gebüschrändern.

Anm.: Von KR (1955b) wird aus dem Oberspreewald lediglich die HA aus Burg (v. Schulenburg in AS 1879) aufgeführt.

Solidago virgaurea L. – Gewöhnliche Goldrute   H/−/↔

VN: – ; wšych gojcow zele.

z – Auf leicht versauerten, mäßig nährstoffreichen Sanden in lichten Wäldern und Magerrasen.

H/–/↘ **Sonchus arvensis** L. – Acker-Gänsedistel
VN: Saudistel, Milchdistel, Mlaz, Malat, Malats, Melats, Malatsch, Mlatsch, Latsch; mlac, mljač.
z – Auf Äckern und Brachland, auch in Ruderalfluren auf frischem Boden.
Anm.: Von KR (1955b) für den Oberspreewald noch als verbreitet in Hackfrucht- und Getreideunkrautgesellschaften angegeben. Nachweise der subsp. *uliginosus* (M. BIEB.) NYMAN liegen aus dem UG bisher nicht vor.

H/–/↘ **Sonchus asper** (L.) HILL – Raue Gänsedistel
VN: siehe *S. arvensis*, außer mljač.
z – Auf nährstoffreichen, lehmigen Äckern und in Gärten.
Anm.: Von KR (1955b) für den Oberspreewald noch als häufig in Hackfruchtunkrautgesellschaften angegeben.

H/–/↘ **Sonchus oleraceus** L. – Kohl-Gänsedistel
VN: siehe *S. arvensis*, außer mljač.
v – Auf lehmig-tonigen, frischen bis feuchten Böden in Hackfruchtkulturen und auf Ruderalstellen.

H/–/↔ **Sonchus palustris** L. – Sumpf-Gänsedistel
ss – In ufernahen Hochstaudenfluren.
BR: Alt Schadow: W Langes Luch (KU 1998); Gr. Wasserburg: am Puhlstrom wenig N des Unteren Puhlstromwehres (SCHMIDT & KRÜGER 2001); Unterspreewald: in Erlenwäldern (SCAMONI 1954); Ragow: NO an der Spree (1975 JE).
RG: Lübben: Waldwiese beim Forsthaus Ellerborn (1954 BI); bei Kl. Leine (1995 JE).
Anm.: Eine Fundmeldung von BEISSNER (1909) aus dem Oberspreewald (zw. Burg und Leipe?) erscheint zweifelhaft, da aus diesem Raum keine weiteren Daten vorliegen (vgl. KU et al. 2001).

H/–/↔ **Sorbus aucuparia** L. – Gewöhnliche Eberesche
VN: Ebreschke, Äbrischke, Embrischchene; herebina, jerebina, erebina, erebinka, jerjebina, jerebinka, ebryški, ebruški.
v – In Eichenmischwäldern und in deren Ersatzgesellschaften.
Anm.: Stellenweise an Straßen auch gepflanzt.

E/×/– **Sorghum halepense** (L.) PERS. – Wilde Mohrenhirse
ss – An Umschlagplätzen und auf einer Mülldeponie.
BR: Lübben: Güterbhf. (JE in KL 1985b); Ratsvorwerk (1988 Otto, Herbar GLM 33901).

Sparganium emersum Rehmann – Einfacher Igelkolben H/V/↔
VN: – ; šnorki, bublinki.
v – Vor allem flutend am Grunde der Fließgewässer wachsend, aber auch in Röhrichten der schwach eutrophen Fließe und Gräben.

Sparganium erectum L. em. Rchb. – Ästiger Igelkolben H/#/↔
VN: – ; rypotka, rypawa, bublinki.
v – In Röhrichtgesellschaften der Gräben und Flussufer, auch in nassen Erlenbrüchen.
Anm.: Zur Bewertung der subspezifischen Taxa existieren zu wenige Informationen. Vermutlich gehören viele Bestände des UG zur subsp. *erectum*. Für *S. erectum* subsp. *oocarpum* (Čelak.) Domin liegen zwei Nachweise vor: Boblitz: Untere Boblitzer Kahnfahrt an der Buschbrücke (1991 H-JE), Guhrow: ca. 3 km NNW an Hauptspree Nähe Wehr VI des Nordumfluters (2008 H-KU 2788/2, conf. 2008 M. Ristow). Die Angabe des erst wenige Male in Brandenburg nachgewiesenen *S. erectum* subsp. *neglectum* (Beeby) K. Richt. aus dem Oberspreewald in KR (1960) muss, da keine Herbarbelege vorliegen, angezweifelt werden. Im Rahmen des GRPS (2003) wurde die Sippe im UG trotz entsprechender Nachsuche nicht gefunden.

Sparganium natans L. – Zwerg-Igelkolben H/2/↘
[**Syn.:** *S. minimum* Wallr.]
s – In ehem. Torfstichen und in Wiesenmoorgräben nährstoffarmer Standorte.
BR: Alt Schadow: Graben im Langen Luch (KU 1998, H-KU 2789/3); Krausnick: Luchsee (1970 Pietsch in Pietsch 1975); Alt Zauche: Graben bei der Ortslage (Pietsch 1979).
RG: Dürrenhofer Moor (IL in KL 1985b; 1993 H-KU 2789/2); Niewitz: Torfstiche 0,8 km SO Ortslage (1951 BI in BI 1957); O-Ufer Briesener See am Graben (1958 BI); Briesener Luch (BI 1957; 2001 H-PE; 2004 IL); Caminchen: O der Ortslage (1977 IL, 1977 JE); Byhlen-Butzen: im Ressener Fließ (KA in KL 2002).
Anm.: Im zentralen Spreewald fehlt die Art.

Spergula arvensis L. – Acker-Spörgel H/–/↘
VN: Golonka, Golonke, Gulanke, Gulenke, Gullinka, Juling, Knetrich, Knörig, Knötrich, Knötrig, Kullej, Kullenz, Spark, Spergel, Spörgel; gólena, gólona, gólonka, gólenka, gólonawka.
z – Auf sandig-lehmigen Äckern und auf Brachland.
Anm.: *S. arvensis* ist Bestandteil von Segetalgesellschaften. Die Art wurde außerdem im Spreewald und in der Niederlausitz bis Mitte des 20. Jahrhunderts als Grünfutterpflanze bzw. zur Gründüngung ausgebracht (Barsickow 1933, KR 1955b, 1992, 1997b). Danach ging der An-

bau rapide zurück. Aktuelle Kultivierungsflächen befinden sich im Raum S Pretschen, wo die Sippe Bestandteil von Gemengeansaaten ist (2008 IL & PE). Hierin kamen sowohl Pflanzen der subsp. *arvensis* als auch der subsp. *sativa* (WEIHE) O. SCHWARZ vor (2008 H-PE).

H/−/↔   **Spergula morisonii** BOREAU − Frühlings-Spörgel
v − In der Silbergras-Flur und in lichten Kiefernforsten/Kiefernwäldern, hier und da auch auf Sandäckern.

H/−/↔   **Spergularia rubra** (L.) J. PRESL et C. PRESL − Rote Schuppenmiere
v − An sandigen, verdichteten Wegen, in Trittrasen und Pflasterfugen, in Zwergbinsengesellschaften, seltener auch auf krumenfeuchten, wechselfrischen Sandäckern.

H/−/↔   **Spirodela polyrhiza** (L.) SCHLEID. − Vielwurzlige Teichlinse
VN: siehe *Lemna gibba*.
v − In Teichlinsendecken stehender und schwach fließender Gewässer, auch in Stillwasserbereichen größerer Fließgewässer.

Stachys germanica L. − Deutscher Ziest
Früher wenig außerhalb des UG im Trockenrasen am Burgwall Gr. Beuchow nachgewiesen (RH 1836b, 1839; 1842 Peck, Herbar GLM 20513).

H/−/↔   **Stachys palustris** L. − Sumpf-Ziest
VN: Knicker, Knickatz, Knackwurzel, Weiße Wurzel; żyść, cyść, żyś, knikac, knykac, knykawa, knykotanie.
v − Auf wechselnassen, nährstoffreichen Böden in Hochstaudenfluren, im Röhricht der Gräben, in krautreichen Seggenwiesen, seltener in Erlenwäldern und im Erlen-Eschen-Wald sowie auch auf nassen Äckern.

Stachys palustris

H/3/◇   **Stachys recta** L. − Aufrechter Ziest
VN: − ; cyść.
† − (ohne Angabe).
HA: Lübbenau (BURKHARDT 1836; Burkhardt in HOLLA 1861/62).
Anm.: Der auch für *Stachys palustris* verwendete VN geht auf die Arzneikräuterliste von MOLLER (1582) zurück (vgl. KR 2003a). Nach ZAUNICK et al. (1930) wurde *St. recta* im 16. Jahrhundert in den Gärten der Lausitzen kultiviert. Δ F.

Stachys sylvatica L. – Wald-Ziest H/–/↔
z – Im Erlen-Eschen- und im Eichen-Hainbuchen-Wald, seltener in den entsprechenden Forstersatzgesellschaften.

Stellaria alsine GRIMM – Bach-Sternmiere H/V/–
[Syn.: *S. uliginosa* MURRAY]
s? – An quelligen Stellen in Erlenbrüchen und im Erlen-Eschen-Wald, auf sickerfeuchten Wiesen und bodenverdichteten Stellen feuchter Waldwege.
BR: Krausnick: ca. 2 km SO am Erlenwaldrand Nähe Pumpwerk (2000 IL); Schlepzig: S-Teil Unterspreewald (BRAUN 1994); Lübben: 1 km SO Petkansberg im NSG „Börnichen" (1986 KB); Unterspreewald (SCAMONI 1954; SCAMONI 1955/56).
RG: Briesener Luch (2001 IL & PE).

Stellaria aquatica (L.) SCOP. – Wasserdarm H/–/↔
[Syn.: *Myosoton aquaticum* (L.) MOENCH]
VN: Musch; muš.
v – Auf nassen, nährstoffreichen Böden in Laubwäldern, Gebüschen, Ufersäumen und auf Wiesen.

Stellaria crassifolia EHRH. – Dickblättrige Sternmiere H/0/◊
† – Torfsümpfe.
HA: Bei Byhlen (Busch in AS 1879).

Stellaria graminea L. – Gras-Sternmiere H/–/↔
v – Auf frischen bis mäßig frischen Wiesen und in Säumen.

> ***Stellaria holostea*** L. – Echte Sternmiere
> Δ B: ?3949/1, ?3949/2, ?4048/2; ?4149/2. Nach HERRMANN (in litt. 2009) entstammen diese Daten den für die floristische Kartierung in Ostdeutschland verwendeten Anstreichlisten. Die exakten Fundangaben konnten nicht geklärt werden. KR (1955b) führt die Sippe nicht auf.

Stellaria media (L.) VILL. – Vogel-Sternmiere, Vogelmiere H/–/↔
VN: Musch, Miere; muš, muś, myš, běly myš, wódnik.
v – Auf frischen, lockeren, nährstoffreichen Böden in Hackfruchtkulturen, in Gärten und diversen Ruderalgesellschaften.

Stellaria nemorum L. – Hain-Sternmiere H/–/↔
s – Im Erlen-Eschen-Wald und in anderen Laubwäldern in der Nähe von Fließen.

Stellaria

BR: Krausnick: O Ortslage im Erlen-Eschen-Wald im Jg. 130 (Goossens 1995); Schlepzig: Buchenhain (o.J. BI in BI 1967); Lübben: Hain (Treichel 1876a; 1952 BI); Ellerborn (1992 JE); Burg Kauper: in der Nähe des Gasthauses Eiche (KR 1955b; 2000 KA); Stradower Park (1992 JE).
RG: Byhleguhre: Welsnitz (Hamsch 2002).
HA: Im Spreewald (RH 1839).

H/−/↔ *Stellaria pallida* (Dumort.) Crép. − Bleiche Sternmiere
v − Auf mäßig trockenen, sandigen Rasenflächen und Ruderalstellen, vielerorts in Siedlungen.
Anm.: Bei KR (1955b) ist die Art nicht aufgeführt; sie wurde sicherlich unter *S. media* subsummiert.

H/3/↔ *Stellaria palustris* (Roth) Hoffm. − Sumpf-Sternmiere, Graugrüne Sternmiere
v − In Nass- und Feuchtwiesen und in deren Brachen, an Grabenrändern.

H/2/↘
(Abb. 39)

Stratiotes aloides L. − Krebsschere
VN: Sichelkraut, Distel, Grabendistel; ścipalica.
z − In Altwässern größerer Fließgewässer und in periodisch fließenden Gräben, in Torfstichen.

Anm.: Im Bereich der höhergelegenen RG sowie im Burger Spreewald weitestgehend fehlend (VK 43). Die Bestände der Krebsschere schwankten in den letzten 50 Jahren erheblich, meist verursacht durch Wasserstandsänderungen und Bootsverkehr. Der Rückgang in den Altwässern oberhalb des Neuendorfer Sees als Folge der Meliorationen und Sukzession bzw. Eutrophierung wurde − bezogen auf das UG − seit Mitte der 1980er Jahre durch eine Ausbreitung in den Gräben der Stauabsenkung Nord im Oberspreewald z. T. ausgeglichen. Seit 1990 findet

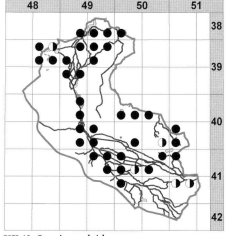

VK 43: *Stratiotes aloides*

jedoch ein weiterer Rückgang durch Grabenräumungen statt. Die größten Bestände befinden sich momentan in der Stauabsenkung Nord und in den Altwässern der Krummen Spree unterhalb des Neuendorfer Sees.

Symphytum

Succisa pratensis MOENCH – Gewöhnlicher Teufelsabbiss H/2/↓
VN: Blaue Husarenkneepe, -kneppe, -knöpfe, Franzosenkneppe, Blaue Kneppchen, Knopp- (Abb. 79)
chenblume; babine zele, babuški, módre bugliny, cartowy wótkusk, wótkus, módracki.
z – In armen Pfeifengras-Wiesen, Kleinseggenrieden und Feuchtwiesen, an Waldsäumen.
Anm.: Der starke Bestandseinbruch (VK 44) ist auf die großflächigen meliorativen Wiesenumbrüche in den 1970er und 1980er Jahren zurückzuführen. Die heute noch vorhandenen Standorte sind zumeist als Fragmente der genannten Lebensräume aufzufassen. Nutzungsauflassung und Beweidung sind gegenwärtig die wichtigsten Beeinträchtigungsfaktoren.

Succisa pratensis

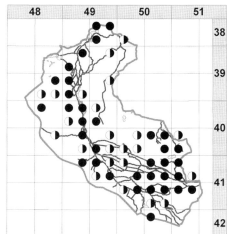
VK 44: *Succisa pratensis*

Symphoricarpos albus (L.) S. F. BLAKE – Weiße Schneebeere Kv/−/↔
VN: Knallerbse; – .
z – An Zäunen, Grundstücks- und Waldrändern.
Anm.: Als Zierpflanze auch als Hecke innerhalb der Ortschaften gepflanzt. Diese sind Ausgangspunkt für die Verwilderungen.

Symphytum officinale L. – Gewöhnlicher Beinwell H/−/↔
VN: Schwarzwurzel; kósćiwadło, kósćiwadlo, chósiwało, kósćelnisćo, kósćelnišćo, konfaj.
v – Auf kräftigen, wechselfeuchten Böden im Erlen-Eschen-Wald, in Ufer-Staudenfluren und auf feuchten Wiesen.
Anm.: Die Pflanze einschließlich Wurzel wurde früher in Lehde zerstampft an Schweine verfüttert.

Syringa

Kv/−/↔ **Syringa vulgaris** L. − Gewöhnlicher Flieder
VN: − ; turkojski baz, turkojski bez, módry baz, baz, bez.
z − Straßen- und Waldränder, Ruderalstellen in der Nähe von Wohngrundstücken und Gärten.
Anm.: Nicht selten betreffen die Verwilderungen die alten Primitivsorten, während in Gärten, Grünanlagen etc. heute oftmals neuere Zuchtsorten mit gefüllten Blüten gepflanzt sind.

H/−/↔ **Tanacetum vulgare** L. − Rainfarn
VN: Johanniskraut, Brandkraut, Gelber Dorant, Wurmkraut, Knoppkraut, Pferdeschafgarbe, Pferdekamille, Rotwiza; torant, dorant, doran, żołty dorant, rotwica, rotcyca, rocyca, hogńece zele.
v − Auf frischen bis mäßig trockenen Standorten in staudenreichen Ruderalfluren an Wegen, auf vernachlässigten Wiesen und Dauerbrachen.

Taraxacum F. H. Wigg. − Kuhblume
Die Bestimmung der apomiktischen Sippen dieser Gattung ist sehr schwierig, weshalb der Kenntnisstand zu ihrem Vorkommen im UG oftmals nur sehr unzureichend ist. Deshalb können bei den einzelnen Taxa nur selten genauere Angaben zur Häufigkeit und Bestandsentwicklung im UG gemacht werden. Unabhängig davon gehören wenige der im UG nachgewiesenen Sippen zu den in Brandenburg in irgendeinem Grade gefährdeten Arten, während für die meisten Taxa gesichert ist, dass sie ungefährdet sind. Um dies deutlich werden zu lassen, ist die hier vorliegende Form der Darstellung trotz der zahlreichen Unsicherheiten gewählt worden. Dadurch werden auch die Schwerpunkte für den diesbezüglichen Artenschutz aufgezeigt. Zur besseren Übersicht werden die Arten den einzelnen, oftmals auch ökologisch unterschiedlichen Sektionen zugeordnet. Hierbei erfolgt dann z. T. eine Gesamtbewertung für die Arten der betreffenden Sektion hinsichtlich des Vorkommens im UG und der besiedelten Standorte. Die VN: Putterblume, Butterblume, Butterstaude, Pusteblume, Malatz, Löwenzahn, Hundeblume; mlac, grypkate łopjeńko, jaśćerowe zele gelten für alle *Taraxacum*-Arten.

Taraxacum sect. **Celtica** A. J. Richards − Moor-Kuhblumen-Gruppe
Anm.: Aus dieser Sektion liegt für das UG eine Fundmeldung vor.

H/1/− **Taraxacum nordstedtii** Dahlst.
ss − Wechselfeuchte Mähwiese.
RG: Byhlen: ca. 100 m SW Byhlener Weinberg (1996 F. Müller in Uhlemann 2003, det. I. Uhlemann, Herbar DR 000460, H-Rätzel).

Anm.: Von dieser konkurrenzschwachen, auf frischen bis feuchten, extensiv bewirtschafteten, leicht gestörten Weiden, Magerrasen bzw. Nasswiesen vorkommenden Art gibt es nur wenige aktuelle Nachweise aus Brandenburg (UHLEMANN 2003). Am FO existierten ca. 30–50 Pflanzen, die bei Auflassung der Mahd hochgradig gefährdet sind (RÄTZEL 2008).

Taraxacum sect. *Erythrosperma* (H. LINDB.) DAHLST. – Schwielen-Kuhblumen-Gruppe

[**Syn.**: *T. laevigatum* agg.]

z – Trockene, zumeist besonnte, oft leicht ruderalisierte Weg- und Straßenränder sowie Ränder lichter Kiefernforsten.

Anm.: Fast alle der unten genannten Sippen dieser Sektion (excl. *T. proximum*) gelten als mehr oder weniger konkurrenzschwach. Sie verschwinden recht schnell bei einer verstärkten Eutrophierung der Standorte und fortschreitender Sukzession. Die Angabe aus KR (1955b: 116) „An der Chaussee von Ragow nach Krimnitz" bezieht sich offensichtlich auf das Aggregat. Zu folgenden Kleinarten liegen FO-Angaben aus dem UG vor:

Taraxacum disseminatum G. E. HAGLUND H/–/–
ss? – Trockener Wegrand.
BR: Kuschkow: am Friedhof (1992 H-JE, det. M. Ristow).

Taraxacum lacistophyllum (DAHLST.) RAUNK. H/–/–
s? – Leicht bis mäßig ruderal beeinflusste, z. T. wohl leicht aufgebaste Sandtrockenrasen, trockene, besonnte Weg- und Straßenränder.
BR: Kuschkow: am und O des Friedhofs; Gr. Lubolz: zwischen Schafbrücke und Bugk N der Ortslage (1992 H-JE, det. M. Ristow & KU); Hohenbrück: Heidecken (KU 1998; UHLEMANN 2003, det. I. Uhlemann, H-KU 2124/lacist1).
RG: Lübben: Straßen- und Forstwegränder im Bereich des Dünenzugs an der Straße Richtung Biebersdorf (1998 H-Rätzel).

Taraxacum maricum VAŠUT, KIRSCHNER et ŠTĚPÁNEK H?/×/–
ss? – Leicht bis mäßig ruderal beeinflusste, z. T. wohl leicht aufgebaste Sandtrockenrasen.
RG: Lübben: Straßen- und Forstwegränder im Bereich des Dünenzugs an der Straße Richtung Biebersdorf (1998 H-Rätzel).
Anm.: Hierbei handelt es sich um einen der wenigen Nachweise dieser Art in Deutschland (vgl. UHLEMANN 2003; JÄGER & WERNER 2005).

Taraxacum linguatifrons MARKL. H/G/–
ss? – Sandiger Kiefernforst-Wegrand.

BR: Alt Schadow: Nähe Kessel des Neuendorfer Sees (KU 1998, det. 1997 I. Uhlemann, H-KU 2124/ling1, Herbar DR 001412).
Anm.: Die Angaben in KALLEN et al. (2003) bzw. UHLEMANN (2003) beziehen sich auf diesen Fund.

H/–/–   ***Taraxacum parnassicum*** DAHLST.
ss? – Straßenrand.
BR: Stradow: Dorfstraße (1992 H-JE, det M. Ristow).

H/–/–   ***Taraxacum plumbeum*** DAHLST.
ss? – Leicht bis mäßig ruderal beeinflusste, z. T. wohl leicht aufgebaste Sandtrockenrasen.
RG: Lübben: Straßen- und Forstwegränder im Bereich des Dünenzugs an der Straße Richtung Biebersdorf (1998 H-Rätzel).

H/–/–   ***Taraxacum proximum*** (DAHLST.) RAUNK.
ss? – Trockener Waldrand, Straßenrand.
BR: Alt Schadow: Krieg (KU 1998, det. 1997 I. Uhlemann, H-KU 2124/prox1); Lübben: Parkplatz am Schloss, Pflasterfugen (2004 H-Rätzel).

H/–/–   ***Taraxacum scanicum*** DAHLST.
s? – Leicht bis mäßig ruderal beeinflusste, z. T. wohl leicht aufgebaste Sandtrockenrasen, trockene Waldränder und besonnte Weg- und Straßenränder.
BR: Hohenbrück: Heidecken; Neuendorf am See: Kietz (KU 1998, det. 1996 I. Uhlemann, H-KU 2124/scanicum1 + 2); Lübben: Parkplatz am Schloss, Pflasterfugen (2004 H-Rätzel).
RG: Lübben: Straßen- und Forstwegränder im Bereich des Dünenzugs an der Straße Richtung Biebersdorf (1998 H-Rätzel).

Taraxacum sect. ***Hamata*** H. ØLLG. – Haken-Kuhblumen-Gruppe
[**Syn.:** *T. officinale* auct. p. p.]
Anm.: Aus dieser Sektion liegen für das UG zwei Fundmeldungen vor.

H/–/–   ***Taraxacum hamatiforme*** DAHLST.
ss? – Fließgewässerrandzone, gemähte Fläche/Anlage.
BR: Lübben: Ortszentrum im Umfeld zwischen Schloss und Kahnhafen (2004 H-Rätzel).

H/D/–   ***Taraxacum hamatum*** RAUNK.
ss? – Feuchtwiese.

BR: Alt Schadow: Krieg (KU 1998, det. 1995 I. Uhlemann, H-KU 2124/hamatum2).

Taraxacum sect. *Palustria* (H. LINDB.) DAHLST. – Sumpf-Kuhblumen-Gruppe
[**Syn.:** *T. palustre* agg.]

Für dieses Taxon liegen Fundmeldungen aus dem Lübbenauer Spreewald (PASSARGE 1955a) bzw. dem Briesener See (PASSARGE 1955b) vor. Obwohl zahlreiche Biotope des UG für die Sippen dieser Sektion als potentielle Standorte geeignet erscheinen oder mit sehr großer Wahrscheinlichkeit zumindest historisch vorhanden waren und aus angrenzenden Gebieten (Luckauer Raum, Schwielochsee-Gebiet) aktuelle Funde von Kleinarten der Sektion vorliegen, fehlen aus dem UG entsprechende Nachweise gänzlich (RÄTZEL 2008). Obige Angaben sind aufgrund des Fehlens von Herbarbelegen nicht überprüfbar. Evtl. handelte es sich um Arten aus der heute im Spreewald mehrfach nachgewiesenen *T. subalpinum*-Gruppe.

Taraxacum subalpinum-Gruppe – Hudziok-Kuhblumen-Gruppe
z – Wechselfeuchtes Grünland auf mittleren bis kräftigen Standorten.
Anm.: Von der zwischen den Sektionen *Palustria* und *Ruderalia* vermittelnden Gruppe wurden bislang zwei Sippen nachgewiesen.

Taraxacum copidophyllum DAHLST.   H/–/–
ss? – Fließgewässerrandzone, gemähte Fläche/Anlage.
BR: Lübben: Ortszentrum im Umfeld zwischen Schloss und Kahnhafen (2004 H-Rätzel).

Taraxacum subalpinum HUDZIOK   H/V/–
z? – Feuchtwiesen.
BR: mehrfach in der Umgebung des Neuendorfer Sees (KU 1998, conf. 1995 I. Uhlemann, H-KU 2124/subalpinum1 + 2); Leibsch: Wiese 0,5 km NNW Ortslage Nähe Umflutkanal (1996 KU); Köthen: NO Gr. Wehrigsee („Altes Dorf") (1996 KU); Krausnick: südwestl. Ortsausgang (1996 KU); ca. 2 km NO Nähe Sommerdamm (1996 KU); Lübben: Feuchtwiese ca. 3 km SO zwischen Albrechtskanal und Nordumfluter (1996 Seitz); im Raum Burg (1996 Seitz).

Taraxacum subalpinum

Taraxacum sect. ***Ruderalia*** KIRSCHNER, H. ØLLG. et ŠTĚPÁNEK – Wiesen-Kuhblumen-Gruppe
[**Syn.**: *T. officinale* auct. p. p.]
v – Auf stickstoffreichen, wechselfeuchten und frischen Grünlandstandorten und in Ruderalfluren.
Anm.: Durch zunehmende Beweidung und Überdüngung sind zahlreiche Sippen dieser Sektion vielerorts in Ausbreitung begriffen. Fettwiesen werden im Frühjahr von den vielen Blütenkörben oft völlig gelb gefärbt. Zu folgenden Kleinarten liegen FO-Angaben aus dem UG vor.

H/–/– ***Taraxacum acervatulum*** RAIL.
ss? – In den Anlagen.
BR: Lübben: Ortszentrum im Umfeld zwischen Schloss und Kahnhafen (2004 H-Rätzel).

H/–/– ***Taraxacum alatum*** H. LINDB.
ss? – Weg- und Straßenränder, ruderale Frischwiese, in Grünanlagen.
BR: Hohenbrück: Heidecken; vor der Alten Spree (KU 1998, det. 1996 I. Uhlemann, H-KU 2124/alatum1+2); Lübben: Ortszentrum im Umfeld zwischen Schloss und Kahnhafen (2004 H-Rätzel).

H/–/– ***Taraxacum cordatum*** PALMGREN
ss? – Fließgewässerrandzone, gemähte Fläche/Anlage.
BR: Lübben: Ortszentrum im Umfeld zwischen Schloss und Kahnhafen (2004 H-Rätzel).

H/–/– ***Taraxacum ekmanii*** DAHLST.
s? – Weg- und Straßenränder, Störstelle in Frischwiese, in Grünanlagen.
BR: Hohenbrück: Heidecken (KU 1998, det. 1995 I. Uhlemann, H-KU 2124/ekmanii1); Alt Schadow: Kriegluch (KU 1998, det. 1995 I. Uhlemann, H-KU 2124/ekmanii2+3); Lübben: Ortszentrum im Umfeld zwischen Schloss und Kahnhafen (2004 H-Rätzel).

H/–/– ***Taraxacum elegantius*** KIRSCHNER, H. ØLLG. et ŠTĚPÁNEK
ss? – Fließgewässerrandzone, gemähte Fläche/Anlage.
BR: Lübben: Ortszentrum im Umfeld zwischen Schloss und Kahnhafen (2004 H-Rätzel).

H/D/– ***Taraxacum ochrochlorum*** G. E. HAGLUND ex RAIL.
ss? – In Grünanlagen.
BR: Lübben: Ortszentrum im Umfeld zwischen Schloss und Kahnhafen (2004 H-Rätzel).

Taraxacum ostenfeldii Raunk. H?/×/–
ss? – Ruderaler Wegrand.
BR: Neuendorf am See: Kietz (KU 1998, det. 1996 I. Uhlemann, H-KU 2124/ ostenfeldii1).

Taraxacum sertatum Kirschner, H. Øllg. et Štěpánek H/–/–
ss? – In Grünanlagen.
BR: Lübben: Ortszentrum im Umfeld zwischen Schloss und Kahnhafen (2004 H-Rätzel).

Taxus baccata L. – Gewöhnliche Eibe Kv/(0)/↔
VN: Daksbom; śis, ćis.
z – In Wäldern und Gebüschen der Ortslagen und ihrer Ränder, v. a. in der Nähe von Friedhöfen.
Anm.: Wildvorkommen existieren im UG nicht. Die Art wird zumeist in Park- und Grünanlagen sowie auf Friedhöfen, seltener auch in Gärten und auf Gehöften gepflanzt und verwildert davon ausgehend. Wiesner (1926b) gibt für Burg auf dem ehem. Pfarrgrundstück einen Eibenbaum mit einer Höhe von 9,70 m und einem Stammumfang von 2,52 m an. Δ F.

Teesdalia nudicaulis (L.) R. Brown – Bauernsenf H/–/↘
VN: – ; kupkatka tšawa.
v – Trockenrasen auf nährstoffarmen Sanden, zumeist an Rändern der Kiefernforste, seltener auf Sandäckern.
Anm.: Die FO konzentrieren sich auf die Randbereiche des UG. Die Vorkommen in Sandäckern sind zurückgegangen.

Tephroseris palustris (L.) Fourr. – Moor-Aschenkraut, Moor-Greiskraut E/(D)/◆
[**Syn.:** *Senecio congestus* (R. Br.) DC.]
(†) – Seeufer.
RG: Byhlener See (1977 JE).

Teucrium chamaedrys L. – Edel-Gamander E?/×/–
ss – Bahntrassenrand.
BR: Kl. Lubolz: 1,6 km SO Ortslage N der Bahn am Rand des Wundstreifens (2007 H-KA 20070819001).
Anm.: Der Standort lässt eine Verschleppung über den Eisenbahnverkehr oder Schottermaterial vermuten.

Teucrium scordium L. – Lauch-Gamander H/3/↘
VN: – ; pólske kobolikowe zele.

z – In lückigen Großseggenwiesen und Röhrichtgesellschaften sowie in Hochstaudenfluren nasser Standorte.

Anm.: Nach KR (1955b) war die Art im Oberspreewald in den 1950er Jahren noch ziemlich häufig. Der Rückgang setzte infolge Melioration und Verbuschung der Wiesen ein.

H/V/↘ *Thalictrum flavum* L. – Gelbe Wiesenraute

VN: Johanniskraut; boža rěc.

z – In wechselfeuchtem Grünland, in Großseggengesellschaften und in deren Auflassungsstadien.

Anm.: Die nur innerhalb der Spreeniederung vorkommende Art wird bei Einstellung der Wiesenpflege zunächst gefördert, erliegt aber nach Aufkommen von Gehölzen der Sukzession.

H/#/◇ *Thalictrum minus* L. – Kleine Wiesenraute

† – (ohne Angabe).

HA: *Lübbenau (BURKHARDT 1827b).

Thalictrum flavum

Anm.: Entgegen der Aussage in KU et al. (2001) geht die Angabe vom MTBQ 4149/1 in BENKERT et al. (1996) nicht auf eine Gartenverwilderung zurück, sondern betrifft außerhalb des UG gelegene, indigene Vorkommen bei Hindenberg und Alteno/Groß-Radden. Eine Aufsammlung aus Raddusch: Schwarzer Berg (1992 H-JE, det. 2008 R. Hand) gehört zu der in Brandenburg nicht seltenen Nominatsippe *Th. minus* subsp. *minus*. Das Fehlen typischer Begleitarten am Radduscher FO lässt eine Verschleppung oder eine Verwilderung aus Gartenabfällen vermuten. Zur HA vgl. Anm. bei *Silene otites*.

H/–/↔ *Thelypteris palustris* SCHOTT – Sumpffarn

VN: siehe *Athyrium filix-femina*.

v – In Erlenbruchwäldern, an den Rändern von Moorgewässern, im Schilf-Röhricht, auch in armen Schlankseggen-Wiesen.

Anm.: Die Art wird durch unregelmäßige Mahd bzw. Nutzungsauflassung der Nasswiesen begünstigt.

H/1/↗ *Thesium ebracteatum* HAYNE – Vorblattloses Vermeinkraut
(Abb. 109) **ss** – In lückigen, subruderalen Trockenrasen, in lichten Vorwäldern, an Wegrändern und in einer Ackerbrache.

RG: Schönwalde: Nähe Bhf. (IL & J. Illig in KL 1974; IL & KB in KB 1975, H-IL; 2009 Borries & PE).

HA: *Duben (RH 1836b, 1839).

Anm.: Die Bewertung der Bestandsentwicklung im UG (Tendenz) bezieht sich auf eine in den letzten Jahren erfreulicherweise zu verzeichnende, flächenhafte Ausbreitung der Art am Schönwalder Wuchsort.

Thesium linophyllon L. – Mittleres Vermeinkraut H/2/◊
† – (ohne Angabe).
RG: *Schönwalde: in der „Luckauer Haide" NW des Ortes (RH 1839).

Thlaspi arvense L. – Acker-Hellerkraut H/–/↔
VN: – ; tularje.
z – Auf Acker- und Gartenland, auch in frischen Ruderalfluren, zumeist auf etwas lehmhaltigen, stickstoffreichen Böden.

Thlaspi caerulescens J. Presl et C. Presl – Gebirgs-Hellerkraut N?/2/–
[**Syn.:** *T. alpestre* (L.) L. non Jacq., *Noccaea caerulescens* (J. Presl et C. Presl) F. K. Mey.]
ss – Spreedamm, Straßenböschung.
BR: bei Fehrow/Striesow (Wiesner 1920–1938; Wiesner 1939; KR 1955b; 2009 PE).
Anm.: Als Art der Gebirgs- und Flusstalwiesen wohl mit Hochwässern aus der Oberlausitz dorthin verfrachtet. Das aktuelle Vorkommen befindet sich ca. 200 m westlich der Straße Fehrow-Striesow. Wenig außerhalb des UG in der Ortslage Kiekebusch b. Cottbus existiert ein weiteres Vorkommen (2009 KU).

Thlaspi perfoliatum L. – Durchwachsenblättriges Hellerkraut E/×/♦
(†) – An Dämmen.
BR: Lübben: Dammweg hinter der Großen Amtsmühle, vor dem Pumpwerk (1950 BI); Bukoitza, am Dammweg (KR 1955b); Dammweg in Höhe Alt Zauche (1950 BI).
Anm.: Wohl mit Grassaat vorübergehend eingeschleppt.

Thymus pulegioides L. – Arznei-Thymian H/V/–
ss – In trockenen Magerrasen auf nicht zu armen Sandböden.
BR: Pretschen: Sandtrockenrasen am W-Hangfuß des Weinberges (1965 KL); Lübben: am Bahndamm 1,4 km NO Haltepunkt Hartmannsdorf (PE in KL 2004); Burg: am Damm der ehem. Spreewaldbahn NO des Bismarckturmes (Hammel in JE & KU 1994).

Thymus serpyllum L. – Sand-Thymian H/V/↔
VN: – ; tymjan, timjan, plonak, plonack, babina duška, płonušk, kwendel.
v – Trockenrasen an Waldwegen, Lichtungen in sandigen Kiefernforsten.

Tilia

H/D/↔ **_Tilia cordata_** MILL. – Winter-Linde
VN: – ; lipa.
z – Im reichen Stieleichen-Hainbuchen- und Erlen-Eschen-Wald.
Anm.: Vorkommen existieren sowohl im Unter- als auch im Oberspreewald. Die Art wird auch als Straßenbaum gepflanzt. Nach KR (1955b) wurden die Linden im Oberspreewald im 18. Jahrhundert durch Bastgewinnung zurückgedrängt (vgl. FRANZ 1800). Der Ortsname Leipe leitet sich vom niedersorbischen Wort „Lipa = Linde" ab (KR 1969).

Kv?/D/↔ **_Tilia platyphyllos_** SCOP. – Sommer-Linde
VN: siehe _T. cordata_.
s – Im Ahorn-Eschen-Wald.
BR: Schlepzig: Buchenhain Jg. 134 (1952 Scamoni in Kartei BI); Buchenhain im Bereich der Jg. 132 und 133 (BRAUN 1994; GOOSSENS 1995); Unterspreewald (SCAMONI 1954).
RG: Abhang des Byhlener Weinberges (1953 BI).
Anm.: Obwohl bereits GRAEBNER (1909) das Indigenat der Art in Brandenburg – trotz des oftmaligen Vorkommens weitab von menschlichen Siedlungen – für nicht gegeben ansieht, führt A. Scamoni in BENKERT (1978) an, dass der weitab vom mitteldeutschen Verbreitungsgebiet liegende Bestand im Buchenhain (vgl. MEUSEL & BUHL 1962) das einzige sichere spontane Vorkommen in Brandenburg sei. Nach Meinung des einst im Revier tätigen Försters W. Nuglisch ist das Indigenat jedoch anzuzweifeln (vgl. auch KU et al. 2001). KR (1955a) führt unter den im Jahre 1783 bei der Waldrevision im Unterspreewald aufgelisteten Baumarten Linden nicht auf.

H/–/↔ **_Torilis japonica_** (HOUTT.) DC. – Gewöhnlicher Klettenkerbel
v – Auf frischen, nährstoffreichen Böden, an Wegen und Waldrändern sowie in lückigen Ruderalfluren.

N/–/↑ **_Tragopogon dubius_** SCOP. – Großer Bocksbart
v – In ruderal beeinflussten Trockenrasen an sonnigen Stellen, an Wegrändern, in Säumen sowie an Bahnanlagen.
Anm.: Von AS (1879) wird die Art noch nicht aus dem UG angegeben. Der damals einzige FO in der Niederlausitz befand sich in Neuzelle. Auch vor gut 50 Jahren vermutlich im UG kaum vorhanden, bezeichnet KR (1955b) das Vorkommen der Art im Oberspreewald doch als sehr selten.

H/–/↗? **_Tragopogon pratensis_** L. subsp. **_pratensis_** – Wiesen-Bocksbart
z – In mäßig trockenen, nährstoffreichen Rasen an Wegen und auf Frischwiesen.
Anm.: Obwohl RH (1839: durch das ganze Gebiet) und AS (1864: meist häufig) die Art nicht als selten vorkommend angeben, wird von KR (1955b) lediglich ein Nachweis aus dem Ober-

spreewald (Damm bei Boblitz) aufgeführt (übersehen?). Gelegentlich wurden im UG Populationen mit Exemplaren beobachtet, bei denen die Zungenblüten deutlich kürzer als die Hüllblätter waren. Inwieweit diese zur subsp. *pratensis* oder zur subsp. *minor* (MILL.) WAHLENB. zu stellen sind, bedarf weiterer Beobachtung.

Trapa natans L. – Gewöhnliche Wassernuss H/1/↔?

VN: Kobernuss, Nusskraut; knapak, wódny wórjech.

s – In beruhigten Seebuchten und in Altwässern.

BR: mehrfach im Bereich des Neuendorfer Sees (Krause in AS 1864, SCHUBERT 1936, HOLZ 1939, BI 1957; KR 1968a; RETTSCHLAG 1970; KU 1998; 2004 PE).

RG: Alt Schadow: 2,5 km O im südl. Altarm der Krummen Spree (2004 H-PE); Plattkow: 1,2 km NNW im nördl. Altarm der Krummen Spree (2004 PE).

Anm.: Die Vorkommen sind auf die Buchten des spreedurchflossenen, recht flachen, im Sommer sich schnell aufwärmenden Neuendorfer Sees und auf die Altarme der östlich davon gelegenen Krummen Spree beschränkt (VK 45). Bei AS (1864) wird der Neuendorfer See noch unter seinem alten Namen „Prahmsee", benannt nach den darauf verkehrenden Lastkähnen, geführt. Die reichen *Trapa*-Bestände im Kessel des Neuendorfer Sees wurden bereits am 14.05.1938 als Naturdenkmal unter Schutz gestellt (ANONYM 1938). KR (1968a) gibt an, dass die Wassernuss im Neuendorfer See seinerzeit noch reichlich vertreten war. Von RETTSCHLAG (1970) wird *Trapa natans* noch als in drei großen Beständen vorkommend und als bestandsbildende Art der Schwimmblattzone bezeichnet. Gleichzeitig zeigt er aber bereits das Schwinden der Bestände auf. „1994 wurde leider mit 15 Pflanzen bei insgesamt 66 Rosetten der Tiefpunkt der Bestandsentwicklung erreicht" (KU 1995: 72). Verluste waren auf schlechte Wasserqualität, Bootsverkehr und Verbiss durch Schwäne zurückzuführen. Seit Mitte der 1990er Jahre sind eine Verbesserung der Wasserqualität und eine deutliche Zunahme der *Trapa*-Bestände zu verzeichnen.

Nach BERGER (1866), einer sehr zweifelhaften Quelle (vgl. KU et al. 2001), soll die Wassernuss auch im Oberspreewald vorgekommen sein (vgl. auch KR 1955b).

Trapa natans

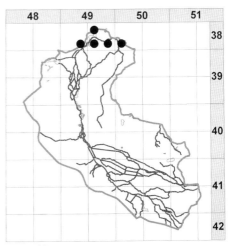

VK 45: *Trapa natans*

Trichophorum

Trichophorum cespitosum (L.) Hartmann – Rasige Haarsimse
Die Art wird von Franz (1800) für den Oberspreewald genannt. Obwohl RH (1839: 13) die Sippe für die Lausitzen als häufig „auf sumpfigen Wiesen, Torfboden und ähnlichen Orten" vorkommend charakterisiert – eine Angabe die schon von AS (1864) und AS & Graebner (1898/99) angezweifelt wird –, ist die Mitteilung in Franz (1800) wenig glaubwürdig. In Brandenburg ist die Art hauptsächlich aus der nordwestlichen Prignitz belegt. Aus dem Fläming gibt es zwei ältere, schon lange nicht mehr bestätigte Nachweise (Müller-Stoll et al. 1962, Benkert et al. 1996). Wohl auch deshalb findet die Angabe aus Franz (1800) in KR (1955b) keine Erwähnung.

H/3/♦ *Trientalis europaea* L. – Europäischer Siebenstern
† – Bodensaure Wälder.
BR: Lübben: Ellerborn (1950er Jahre BI in Müller-Stoll et al. o.J.).
Anm.: Die Angabe soll auf einen nicht publizierten Nachweis durch BI zurückgehen (vgl. auch Müller-Stoll et al. 1962; KL 1987; KU et al. 2001). Ein Eintrag im Fundbuch bzw. in der Kartei BI existiert jedoch nicht.

E/×/– *Trifolium alexandrinum* L. – Alexandriner-Klee
ss – Perserkleeansaaten.
BR: Straupitz: 0,5 km NO (1983 JE); Mühlendorf: 0,5 km NO der Straupitzer Buschmühle (1983 H-JE).

H/3/↘ *Trifolium alpestre* L. – Hügel-Klee
ss – In Trockenwäldern und -säumen auf basisch beeinflussten Sandböden, an Wegen.
BR: Schlepzig: Buchenhain an der Chaussee (1951 BI; 1971 Jage); Lübben: Lehnigksberg (JE in JE & KU 1994); Burg: am Schlossberg (KR 1955b).
RG: Krugau: am Marienberg (1950 BI; 2009 Borries & PE); Byhlen: Bahntrasse zwischen Rauhem See und Gr. Zehmesee (1974 KB); O-Ufer des Byhlener Sees (1977 JE).
HA: Schönwalde: am Weg nach Gr. Lubolz (RH 1839).

H/–/↔ *Trifolium arvense* L. – Hasen-Klee
VN: Mauseklee, Katzenpfötchen; kwěsina, kwisina.
v – In bodensauren Sandfluren und in Ackerbrachen.
Anm.: Eine zwischenzeitliche Ausbreitung der Sippe erfolgte in den 1990er Jahren v. a. durch Brachlegung trockener Äcker.

H/3/♦? *Trifolium aureum* Pollich – Gold-Klee
†* – Magerrasen.

BR: Hohenbrück: nach Alt Schadow zu, ca. 150 m SW Pkt. 45,5 am Straßenrand (KL 1966); Lübben-Steinkirchen: an der Kirche (1995 JE); bei Guhrow (1975 JE).
RG: Treppendorf: Kiesgrube N des Ortes (IL & KG in KL 1989a; 1992 JE); Biebersdorf: Wiesenrand S an der Ortslage (1992 JE).

Trifolium campestre SCHREB. – Feld-Klee H/–/↔
v – In Trockenrasen an Weg- und Wiesenrändern sowie in lückigen Ruderalfluren auf frischen bis mäßig trockenen Böden.

Trifolium dubium SIBTH. – Kleiner Klee H/–/↔
VN: Gelbklee; kwěsina, kwišina, žołta kwišina.
v – In kurzrasigen Frischwiesen, an Wegrändern und in Rainen.

Trifolium fragiferum L. – Erdbeer-Klee H/3/↘
s – In feuchten Trittrasen, auf Weiden, an Wiesenwegen, in Lehmgruben.
BR: Neu Lübbenau: O Ortslage (KL 1966; Bruisch in JE & KU 1994); 1 km SW (JE in JE & KU 1994); Krausnick: Wiese am Karpfenteich (KU in JE & KU 1994); Kl. Lubolz: Wiesenweg zum Unterspreewald (1950 BI); Gr. Lubolz: Wiesenweg in Richtung Forsthaus Hartmannsdorf (1950 BI); Hartmannsdorf: am Franzosenloch N Ortslage (KA & KU 2003, H-KA 20020722117); Lübben: an der Str. nach Lubolz (1993 JE); Schuttplatz am Strandcafe (1960 BI); Wiesenwege zwischen Lübben-Steinkirchen und Ellerborn (1953 BI); Wiesen an der Bahn bei Ellerborn (1950 BI); Müschen (KR 1955b).
RG: Freiwalde: häufig auf Wiesen N der Ortslage (IL & J. ILLIG 1971), später deutlich weniger, vgl. Angabe aus Schönwalde: 0,5 km W bis NW Ortslage (IL in KL 1985b).
HA: Lübben: alte Hirschland-Ziegeleigrube an der Luckauer Str. (1949 BI); Wiesen bei Burglehn (1949 BI).

Trifolium hybridum L. – Schweden-Klee Kv/–/↔?
VN: – ; kwěsina, kwišina, rožowa kwišina.
z – In Feuchtwiesen und -weiden sowie an Wegrändern.
Anm.: Die Art ist Bestandteil von Wiesenansaatmischungen.

Trifolium medium L. – Mittlerer Klee, Zickzack-Klee H/–/?
z – Auf basisch beeinflussten, anlehmigen bis lehmigen Böden in wärmebegünstigten Saumgesellschaften und lichten Gehölzen.
BR: Pretschen: am Mühlenberg (1986 JE); Krausnick: am Stall S der Ortslage (1992 JE); Straße nach Schlepzig im Buchenhain (1994 KU); Vorwald

Trifolium

4 km SSO Ortslage am SW-Rand des Kriegbusches (2005 KA); Straupitz: am Fuße des Weinberges (KR 1955b); Byttna (2004 KA); Burg (Dorf): am Bismarckturm (2002 KA); Raddusch: Schwarzer Berg (1992 JE); Vetschau: Güterbahnhof (1973 JE).
RG: Schönwalde: 0,7 km NW Bhf. (1992 JE); an der Bahntrasse ca. 0,3 km NW Bhf. (2002 KA); Gr. Lubolz: am Bhf. (1992 JE); Treppendorf: Saum S der Lehmgrube 0,5 km S Ortslage (2001 PE); Lübben: alte Lehmgruben am S-Rand der Stadt

Trifolium medium

(1951 BI); Kl. Beuchow: am Berg NW des Ortes (1981 JE); Biebersdorf: an der Ziegelei (1985 JE).
HA: Treppendorf: Wiesen an der Berste (1948 BI).

H/2/↘ *Trifolium montanum* L. – Berg-Klee
(Abb. 110) **ss** – Trockenrasen auf sommerwarmen, kalkhaltigen Sandböden.
RG: Krugau: Kiesgrube am Marienberg (1954 BI; 2009 Borries & PE); Radensdorf: an der Chaussee nach Lübben (KR 1955b); Byhlen: Trockengebüsch O Byhlener See (1977 JE).

H?/–/↔ *Trifolium pratense* L. – Rot-Klee
VN – ; kwěsina, kwiśina, cerwjena kwěsina, cerwjena kwiśina.
v – In Feucht- und Frischwiesen auf nährstoffreichen Böden.
Anm.: Ein Großteil (oder alle?) der gegenwärtigen Vorkommen dürfte aus Ansaaten, v. a. Klee-Gras-Mischungen, hervorgegangen sein.

H/–/↗ *Trifolium repens* L. – Weiß-Klee
VN: Feiner Klee; kwěsina, kwiśina, běla kwěsina.
v – Auf nicht zu nassem, nährstoffreichem Grünland (v. a. Weiden), in Parkrasen sowie in Tritt- und Ruderalfluren.
Anm.: Die Art hat in den letzten Jahren infolge der zunehmenden Grünlandbeweidung eine Ausbreitung erfahren.

H/3/↘ *Triglochin palustre* L. – Sumpf-Dreizack
z – Auf Moorböden in lückigen, kurzrasigen, oft etwas trittbeeinflussten Feuchtwiesen.

BR: Alt Schadow: S-Ufer Godnasee (2003 KA); Neu Lübbenau: Feuchtwiesen am NO Ortsrand (KL 1966); Köthen: W-Ufer Gr. Wehrigsee (o.J.~JE & KB 1992; 2008 PE); Krausnick: unterhalb vom Weinberg (= Sapitzka) (1993 H-KU 2211/3); Schlepzig: Grünland 0,2 km und 1,3 km S Ortslage (1994 Schwiegk); Hartmannsdorf: Wiesen S und W des Forsthauses (1950 BI); Lübben: Börnichener Niederung (1993 JE); Alt Zauche: an den Teichen (= Torfstiche) (KR 1955b); am Byhleguhrer See (1952 BI; 1992 H-KN; Leber & KA in KL 2005).
RG: Treppendorf: Berstewiesen unterhalb des Kirchhofes (1950 BI; 1988 JE); Caminchen: Torfstich O der Ortslage (1977 IL & JE); Straupitz: Niederung 0,5 km NO Ortslage (2004 Schönefeld); Laasow: Niederung 1,4 km SSW Ortslage (2004 Schönefeld); Butzen: am Rauhen See (2000 KA).
HA: Boblitz; Werben (WIESNER 1920–1938).

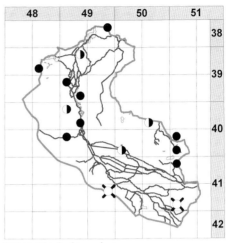
VK 46: *Triglochin palustre*

Anm.: Bereits von KR (1955b) wird die Art als im zentralen (Ober)Spreewald fehlend angegeben (VK 46).

Tripleurospermum perforatum (MÉRAT) M. LAÍNZ – Falsche Strandkamille, Geruchlose Kamille   H?/–/↔

[Syn.: *T. maritimum* subsp. *inodorum* (L.) HYL. ex VAAR., *Matricaria inodora* L., *M. maritima* L. subsp. *inodora* (L.) SOÓ]
VN: – ; žabjeńc, žiwa rymańka.
v – Auf frischen, nährstoffreichen Böden in Segetal- und Ruderalgesellschaften, insbesondere auf Brachen und an Wegen.

Trisetum flavescens (L.) P. BEAUV. – Goldhafer   H?/3/↘
s – In nährstoffreichen Frischwiesen (v. a. Glatthafer-Wiesen) und an Wegrändern auf anlehmigem Boden.
BR: Kuschkow: ca. 2,5 km NW im Tal der Pretschener Spree (1964 KL); Krausnick: Wiese W Sapitzka (1994 KU in KL 1999); Lübben: beim Forsthaus Ellerborn (1953~MÜLLER-STOLL et al. 1992d); Lübbenau: Kalkofen N der Altstadt (1991 JE in KL 1999); Lübbenauer Spreewald (PASSARGE 1955a); Boblitz: im Sommerpolder O Ortslage (1991 JE); Göritz: Wiesen und am Wegrand 0,5 km N Ortslage (1991 JE in KL 1999, H-JE); Burg (Dorf): an der

Str. nach Müschen (KR 1954); im nördlichen Teil von Burg Kolonie (KR 1954); zwischen Müschen und Paulicks Mühle (1953~Müller-Stoll et al. 1992d; zwischen Märkischheide und Babow (KR 1954; 1991 JE in KL 1999); zwischen Müschen und Werben (1953~Müller-Stoll et al. 1992d).
RG: Treppendorf (1991 JE in KL 1999); Lübben: Wiesen an der Kastanienallee (1953 BI); Wiesen an der Berste (1953 BI); Laasow: Wiesen auf altem Teichgelände in Richtung Sacrow (1955 BI).
HA: Gr. Lubolz (RH 1836b, 1839); Werben (Wiesner 1920–1938).
Anm.: Nach KR (1955b) kam die Art im Oberspreewald zerstreut vor, war jedoch vielfach nur angesät und verschwand auf ungeeigneten Böden wieder recht schnell.

H/1/◊   *Tuberaria guttata* (L.) Fourr. – Sandröschen
† – Auf trockenem Sandboden.
HA: „bei Krausnick auf dem hohen Berge nach der Wasserburger Forst zu" (= ? Wehlaberg) (RH 1839: 145).

H/–/↔   *Tussilago farfara* L. – Huflattich
VN: Hufeblätter; njewjasele łopjeno, njewjasołe łopjeńko, njewjasele, kłoban, kłobanowe zele.
v – In Ruderalfluren meist auf etwas lehmhaltigem, basisch beeinflusstem Boden an Weg-, Wiesen- und Ackerrändern, oft auf Pionierstandorten, auch in Abgrabungen und in Faulschlamm-Absatzbecken.

H/–/↔   *Typha angustifolia* L. – Schmalblättriger Rohrkolben
VN: Bumskeulen, Bumskaulen, Rohrbumzen, Rohrpimpen, Schimpstängel, Bambus, Bambusrohr, Rogosch, Rogusch, Bumpauen, Buschauen (Bužauen), Böttcherschilf; rogož, rogoš, mjeńša rogoš, roguž, bušawa, bušaŕ, bušak, buchawa, buchawka, bunkac, pukawa.
v – In Röhrichtgesellschaften, besonders in den etwas nährstoffärmeren Teichen, Altwässern und Kleingewässern.

H/–/↔   *Typha latifolia* L. – Breitblättriger Rohrkolben
VN: siehe *T. angustifolia*, außer wětša rogoš statt mjeńša rogoš.
v – Auf nährstoffreichem Schlamm in Röhrichtgesellschaften von Seen, Altwässern und Gräben mit geringer oder fehlender Wasserbewegung.

H/3/↔   *Ulmus glabra* Huds. em. Moss – Berg-Ulme
ss – Laubwälder auf mineralkräftigen Standorten.
BR: Köthen: Randkanal Nähe Köthener See (Schmidt & Krüger 2001); Schlepzig: Buchenhain (Scamoni 1954; Goossens 1995); Krausnick: Kriegbusch (Grosser et al. 1967); Lübben: vereinzelt im Kl. Hain (KR 1955b); Alt Zauche: Mutnitza unterhalb Neue Polenzoa (Schmidt & Krüger 2001).

Anm.: Nach MEUSEL & BUHL (1962) stellen die vereinzelt im Fläming, im Baruther Urstromtal und im Unterspreewald als indigen angesehenen *U. glabra*-Vorkommen eine lockere Verbindung zum im baltischen Raum vorhandenen Teilareal her. Δ B: ?4050/3.

Ulmus laevis PALL. – Flatter-Ulme H/V/↔
VN: Rüster; wěz.
v – Vor allem im Erlen-Eschen-Wald, aber auch in Erlenbruchwäldern und im Stieleichen-Hainbuchen-Wald.

Ulmus minor MILL. em. RICHENS – Feld-Ulme Kv/(3)/↔
VN: – ; łom.
z? – In Gebüschgesellschaften, besonders innerhalb von Siedlungen, aber auch in Feldgehölzen und Parkanlagen.
Anm.: Nach KR (1955b) von Natur aus im Oberspreewald fehlend; nach MEUSEL & BUHL (1962) auch für den Unterspreewald zutreffend. Meist nur strauchartig wachsend und sich über Wurzelbrut vermehrend.

Urtica dioica L. – Große Brennnessel H/–/↗
VN: – ; kopśiwa, kopśiwy, pokśiwa, kopśina, wjelika kopśiwa, hoblinc, hoblinca, hoblinajca, linjace, linjawa.
v – Auf feuchten, stickstoffreichen Böden im Brennnessel-Erlen-Wald, im Erlen-Eschen-Wald und im Röhricht, aber auch in stickstoffreichen Ruderalfluren im Grünland, an Wegrändern und auf Abfallplätzen.
Anm.: Die Ausbreitung der Art erfolgte infolge erhöhten Stickstoff-Angebotes durch Vererdung organischer Böden sowie durch Überdüngung sowohl in der Agrarlandschaft als auch im siedlungsnahen Raum; stellenweise treten Massenentwicklungen auf.

> *Urtica kioviensis* ROGOW. – Röhricht-Brennnessel
> Nach KONZACK et al. (1968) soll die nicht genau lokalisierte Fundangabe aus dem Oberspreewald (KR 1960) auf eine mündliche Mitteilung von B. Zólyomi an KR zurückgehen. Dies muss angezweifelt werden, da ZOLYOMI (1936) keine derartige Angabe publizierte, keine Belege existieren und die Art seither auch nicht nachgewiesen wurde.

Urtica subinermis (R. UECHTR.) HAND et BUTTLER – Hohlzahn-Brennnessel H/–/–
[**Syn.:** *U. dioica* L. var. *subinermis* R. UECHTR., *U. galeopsifolia* auct. ss. GELTMAN]
ss – Wechselfeuchte Grünlandbrache.
RG: Byhleguhre: N-Rand der Welsnitz (2008 H-PE, det. 2008 M. Ristow).
HA: Unterspreewald (AS 1866, 1879).
Anm.: Die v. a. in Uferröhrichten vorkommende *U. subinermis* ist in Brandenburg über einen langen Zeitraum zu wenig beachtet worden. Sie ist momentan fast nur in den Stromtälern nach-

gewiesen (Ristow et al. 2006). Mit weiteren Vorkommen im UG ist zu rechnen. Die Biotopangabe bezieht sich auf den Byhleguhrer FO. Die Nomenklatur folgt Buttler & Hand (2007).

H/V/↘ **Urtica urens** L. – Kleine Brennnessel
VN: Putennessel, Zagaize, Wilde Brennnessel; žagajca, žagawica, žagalicka, žagajce kopśiwy, cagajca, mała kopśiwa.
v – Auf humosen, lockeren, stickstoffreichen Böden auf Höfen, in Gärten und Hackfruchtkulturen sowie in Ruderalgesellschaften.
Anm.: Früher auch auf Dorfangern und noch häufiger auf Höfen anzutreffen.

H/3/? **Utricularia australis** R. Br. – Südlicher Wasserschlauch
ss? – In ehem. Torfstichen und in Wiesengräben, vorwiegend über Torfschlamm.
BR: Alt Schadow: Langes Luch (KB 1984); Hohenbrück: ehem. Torfstich ca. 1,5 km NO (KU 1998, H-KU 1737/2); Krausnick: Lichtesee (IL & J. Illig in KL 1977); Burg: Südumfluter unterhalb der Bastianschleuse (1976–1979 Heym in litt. 2008, vgl. Heym 1982); Briesen: Nordgraben zwischen Briesen und der Spree (1976–1979 Heym in litt. 2008, vgl. Heym 1982).
Anm.: Aufgrund der Abgrenzungsprobleme zu *U. vulgaris* (vgl. Ausführungen in Casper 1967, 1968) kann eine partielle Fehlansprache bei obigen Fundangaben nicht vollständig ausgeschlossen werden.

H/2/↘? **Utricularia intermedia** Hayne – Mittlerer Wasserschlauch
ss – In dystrophen Moorgewässern.
BR: Krausnick: Luchsee (1970 Pietsch in Pietsch 1975); Lichtesee (1999 KA).
RG: NW-Teil Dürrenhofer Moor (1970 IL); Briesensee: Wiesengraben in Richtung Lübben (1960 Pietsch in Pietsch 1974); Briesener Luch (2001 H-PE; KA in KL 2002).
HA: Straupitz (RH 1839).
Anm.: Die in KR (1955b) publizierte Angabe aus Berger (1866) ist zu streichen (vgl. KU et al. 2001).

H/2/↘ **Utricularia minor** L. – Kleiner Wasserschlauch
s – In Flachwasserbereichen von Torfstichen, Moorseen, Sandgruben und Gräben.
BR: Krausnick: Luchsee (1951 BI in BI 1957; 1993 KU); Lichtesee (IL & J. Illig in KL 1977; 2003 KA).
RG: Schönwalde: Sandgrube am Bhf. (IL & J. Illig in KL 1980); Treppendorf: Kiesgrube N des Ortes (IL & J. Illig in KL 1980; 1999 KA); Lübben: nasse Sandgrube im W-Teil der Majoransheide am Bhf. (Fischer in Benkert 1976); Briesensee: Wiesengraben in Richtung Lübben (1960 Pietsch in

PIETSCH 1974); Briesener See (KR in MÜLLER-STOLL et al. 1962; IL in KL 1985b); Butzen: Verlandungsbereiche am Rauhen See (KA in KL 2002).
Anm.: Wie die noch seltenere *U. intermedia* im zentralen Spreewald völlig fehlend.

Utricularia stygia G. THOR – Dunkler Wasserschlauch   H/2/–
ss – In Moor-Schlenken.
RG: Dürrenhofer Moor (IL & KG in KL 1989a; IL in KL 2002, als *U. ochroleuca* R. W. HARTM.).
Anm.: Zur umstrittenen Taxonomie und zum Vorkommen der Sippen aus dem Artenpaar *U. stygia*/*U. ochroleuca* in Brandenburg vgl. die Anm. in RISTOW et al. (2006). Δ B: ?4050/1.

Utricularia vulgaris L. – Gewöhnlicher Wasserschlauch   H/3/?

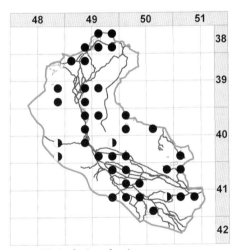

VK 47: *Utricularia vulgaris* agg.

s? – Moorgewässer, Gräben, Torfstich.
BR: Alt Schadow: Kl. Luch (2009 IL & KG); Alt Zauche: Gräben N der Ortslage (1992 H-KN); Teiche (= Torfstiche) (1995 H-JE); Burg: Nähe Bismarckturm (1962 Rindt in CASPER 1968).
RG: Dürrenhofer Moor (1986 Otto, Herbar GLM 31814).
Anm.: Aufgrund der Abgrenzungsschwierigkeiten der Sippe zu *U. australis* und dem Fehlen von Herbarbelegen werden alle anderen *U. vulgaris*-Angaben dem Aggregat zugewiesen (VK 47, s. u.).

Utricularia vulgaris agg. – Artengruppe Gewöhnlicher Wasserschlauch   H/#/↘?
v – Auf Torfschlamm in Seen, Torfstichen, Tümpeln, Fließen und Gräben.
Anm.: In den Niederungen weit verbreitet, in den RG auf Moore und Torfstiche beschränkt (VK 47).

Vaccinium x *intermedium* RUTHE – Bastard-Heidelbeere   H/D/–
(*V. myrtillus* x *V. vitis-idaea*)
ss – Im Beerstrauch-Kiefern-Forst.
BR: Krausnick: 1,5 km SSW Ortslage (JE in JE & KU 1994); Schlepzig: 1,7 km S Ortslage in Abt. 194 (= Jg. 94) (JE in JE & KU 1994).
RG: Schönwalde: 1 km NO Bhf. (2004 H-IL).

Vaccinium

Anm.: Bei der Schlepziger Angabe ist die publizierte Forstabteilung entsprechend zu korrigieren.

H/−/↔ **Vaccinium myrtillus** L. – Heidelbeere, Blaubeere

VN: Baschine (Bažine), Berzine, Berschine (Beržine); carnice, carne jagody, cerne jagody, módre jagody, módrice.

v – An frischen Stellen im Kiefern- sowie im Kiefern-Traubeneichen-Wald, in bodensauren Eichenwäldern.

Anm.: Die Vorkommen konzentrieren sich auf die bewaldeten Standorte der höhergelegenen Randbereiche. Im zentralen Unterspreewald kommt die Art gelegentlich auf grundwasserferneren, bewaldeten Kuppen vor; in den Niederungen des Westlichen Oberspreewaldes und Burger Spreewaldes fehlt sie dagegen. (VK 48).

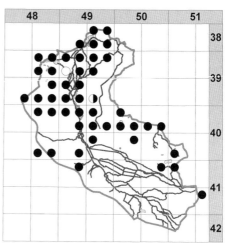

VK 48: *Vaccinium myrtillus*

H/3/↘ **Vaccinium oxycoccus** L. – Gewöhnliche Moosbeere
(Abb. 95) [Syn.: *Oxycoccus palustris* Pers.]

VN: Kranichbeere; žorawa, žorawina, žorawine parle.

z – In Zwischenmooren und vermoorten Senken.

BR: Hohenbrück: kleine Moorfläche 0,75 km O Ortslage (1966 KL); Köthen: Moorsenke S Schibingsee (1994 JE); Krausnick: Luchsee (1951 BI; 1995 H-PE; 2007 Heinrich); Lichtesee (1985 KU; 2006 Kabus); Moorsenke SW Lichtesee (1994 JE); Schlepzig: bei Petkansberg (1993 KA); Lübben: alter Graben am Waldrand 1,1 km SO ehem. Vorwerk Wiesenau (2007 Heinrich); Straupitz: Dutzendsee (KR 1955b, 1974 KB); in einer Senke NO Straupitz (1990 JE); Byhleguhre: N-Ufer Byhleguhrer See (2005 Heinrich); Byhlen: W-Ufer Byhlener See (1974 KB); Skops Luch W Byhlen (1992 KN).

RG: Dürrenhofer Moor (1973 KB; 1998 KU); Niewitz: Moor (1951 BI); Neuendorf b. Lübben: Moore in Richtung Kaden (1950 BI); Briesensee: „Steinbrüche 1 und 2" 1,5 km N Ortslage (1999 KA); Briesener Luch (1998 KU; 2003 KA); Kl. Leine: Moorfläche an der Südspitze des Klein Leiner Sees (1998 KA); Neu Zauche: Tümpel O des Weges nach Caminchen (2001 KA); Straupitz: Niederung 0,5 km NO Ortslage (2004 Schönefeld); Byhle-

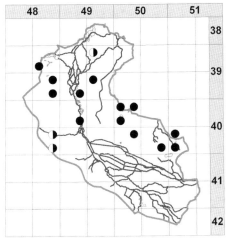

VK 49: *Vaccinium oxycoccus*

guhre: Moor O des alten Pferdebahndammes (2004 KA); Butzen: W-Ufer Rauher See (2002 KA).
HA: Oberspreewald (FRANZ 1800); *Duben (RH 1839); Kaden (Fick in AS 1864); Straupitz: am Gr. Dutzendsee (Lucas in AS 1860b); Straupitz (vor 1923 Wolff in WIESNER 1920–1938).
Anm.: Der Rückgang ist durch Entwässerung der Standorte verursacht. Die Angabe von FRANZ (1800) bezieht sich vermutlich auf die Vorkommen im Straupitzer Raum, sind doch aus dem Westlichen Oberspreewald und dem Burger Raum keine potentiellen Standorte bekannt, worauf bereits KR (1955b) hinweist (vgl. auch VK 49).

Vaccinium vitis-idaea L. – Preiselbeere H/–/↔

VN: –; cerwjene jagody, pogarsliny, pogjarzliny, pygjasliny, pydgjarsliny, porgrasliny, krozła, krozla.

z – In mäßig trockenen, nährstoffarmen Kiefernforsten.

Valeriana dioica L. – Kleiner Baldrian H/3/↓

z – In nassen Magerwiesen, am Rand von Erlenbrüchen, besonders auf Torfböden.
BR: Neu Schadow: Morgenwiesen 2 km S und SO Ortslage (1965 KL); Köthen: am Karpichteich (1994 KU; 2006 Heinrich); ca. 0,5 km SW Ortslage (1993 KU); 0,9 km OSO Ortsmitte am S-Ufer des Köthener Sees (2006 Heinrich); am Kl. Wehrigsee (2009 IL & KG); Krausnick: am Meiereisee (2004 Heinrich & Lohmann); Gr. Lubolz: Waldrand an den Kriegbuschwiesen (2005 KA); Hartmannsdorf: Spreewiesen N des Dorfes (1954 BI); Wiesen am S-Ende des Sommerdammes (1955 BI); Lübben: Sumpfwiese am Weg von Ellerborn nach Neuendorf (1954 BI); Spreewiesen hinter dem Sportplatz (1954 BI); Spreewiesen innerhalb der Deiche bis Wendenfürst (1954 BI); Ragow: Waldstück zwischen Eisenbahn und Spreedamm (1951 BI); Oberspreewald: zahlreiche FO (1952-56~MÜLLER-STOLL et al. 1992b, c); Alt Zauche: südl. des Ortes (FREITAG 1955); Lübbenau: O des Gurkengrabens N der Stadt (2001 PE); Lübbenauer Spreewald (PASSARGE 1955a); Lehde: mehrfach im Bereich NW Dolzke (2001 PE); Leipe:

am Rohrkanal (1996 JE); Graben am Erlenbruchrand S Durchstichkanal in Richtung Lehde (2001 PE); 0,35 km NNW Dubkowmühle (2002 PE); Straupitz: am Gr. Dutzendsee (2004 KA); Byhleguhre: Wiese und Luch am O-Ufer des Byhleguhrer Sees (2004 KA); Saccasne: W des Ortes (1999 JE); Burg Kolonie: S Barthels Fließ (1993 H-JE).

RG: Straupitz: am Koboldsee in Richtung Laasow (2000 KA); Byhlen: am Neuen Teich (1993 JE); Verlandungsbereiche des Rauhen Sees und weiter südlich (2000 KA).

HA: Spreewald (BURKHARDT 1827a); Burg (Lehmann in HOLLA 1861/62); Treppendorf: Ziegeleigruben am Feldweg nach Lübben (1948 BI).

Anm.: Seit Mitte des 20. Jahrhunderts ist insbesondere in den Nasswiesen ein starker Rückgang der Art zu beobachten. KR (1955b) schätzte die Art für den Oberspreewald noch als zerstreut bis stellenweise häufig vorkommend ein.

H/V/? *Valeriana officinalis* L. – Echter Arznei-Baldrian
VN: – ; bandrija, baldrija, pomocnik.
z – In Hochstaudenfluren am Rande von Feuchtwiesen und Gebüschen.
Anm.: KR (1955b) fügt der bereits von AS (1879) aus Burg mitgeteilten Fundangabe keine weitere hinzu. Dies lässt vermuten, dass es sich bei der von ihm als häufig im Oberspreewald vorkommend eingeschätzten *V. sambucifolia* um ein Konglomerat beider Arten handelt. PASSARGE (1955, 1956) gibt beide Arten aus dem Oberspreewald an. Inwieweit der von MOLLER (1582) eingebrachte VN „pomocnik" auf *V. officinalis* s. str. oder *V. officinalis* agg. zutrifft, ist unklar.

H/3/↔? *Valeriana sambucifolia* J. C. MIKAN ex POHL – Holunderblättriger Arznei-Baldrian
VN: – ; bandrija, baldrija.
z – Im Erlen-Eschen-Wald, in Gebüschen und Uferstaudenfluren.
Anm.: Vgl. Anm. bei *V. officinalis* s. str.

H/2/– *Valerianella dentata* (L.) POLLICH – Gezähntes Rapünzchen
ss – Auf lehmigen, basisch beeinflussten Böden auf Äckern.
RG: Gr. Lubolz: Acker an der Bahn 2,5 km NW des Ortes (IL & J. Illig in KL 1977, H-IL); Treppendorf: Lehmacker 0,7 km S Ortslage bei der ehem. Lehmgrube (1992 H-JE, rev. 1998 M. Ristow; 2001 PE).
Anm.: 1992 wurden von JE am Treppendorfer FO auch Exemplare der var. *eriosperma* (WALLR.) JANCHEN gefunden.

H/–/↔ *Valerianella locusta* (L.) LATERR. em. BETCKE – Gemeines Rapünzchen
z – Auf etwas lehmhaltigen Äckern und an Wegrändern, auch in mäßig trockenen, lückigen, ruderal beeinflussten Rasen.
Anm.: Als Salatpflanze in der var. *oleracea* (SCHLTR.) BREISTR. auch in Gärten kultiviert.

Verbascum

Valerianella rimosa BASTARD – Gefurchtes Rapünzchen
Die Angabe aus Treppendorf: Lehmacker 0,7 km S Ortslage bei der ehem. Lehmgrube (1992 JE in JE & KU 1994 bzw. 1992 JE in KL 1999) beruht auf einer Fehlbestimmung von *V. dentata* (s. o.).

Verbascum blattaria L. – Motten-Königskerze   E/×/–
ss – Auf einer Gleisanlage.
BR: Lübben: 0,9 km NNW ehem. Vorwerk Wiesenau im Bereich der Bahntrasse von Lübben nach Börnichen (2008 H-PE).
Anm.: Die Art wurde in den Lausitzen bis etwa um 1800 als Ungeziefermittel in Gärten kultiviert (ZAUNICK et al. 1930). Bereits RH (1839) führt nur noch wenige Ruderalvorkommen auf Schutt aus dem Luckauer Raum an. Δ F.

Verbascum densiflorum BERTOL. – Großblütige Königskerze   H/–/↔
VN: – ; pólski żołty pušel.
z – Auf gestörten Stellen an Wegen, Bahnanlagen, Böschungen und in lückigen Rasenflächen im Bereich stark besonnter, mineralkräftiger Sandböden.

Verbascum lychnitis L. – Mehlige Königskerze   H/–/↘
z – Auf Störstellen an Wegen, Bahnanlagen und Böschungen, auf stark besonnten, mineralkräftigen Sandböden, gelegentlich auch auf Bauschutt.
Anm.: Die von KR (1955b) noch als häufig im Oberspreewald vorkommend eingeschätzte Art hat offenbar Bestandsverluste hinnehmen müssen.

Verbascum nigrum L. – Schwarze Königskerze   H/–/↘
VN: – ; žarlija, šarlija, žiwy tubak.
v – Auf mäßig trockenen bis frischen Böden in lückigen, ruderal beeinflussten Rasen an Wegen, Böschungen und an Zäunen, v. a. im Bereich der Ortslagen.
Anm.: Obwohl von den Autoren noch als verbreitet vorkommend eingestuft, hat die von KR (1955b) als ziemlich häufig im Oberspreewald vorkommend bezeichnete Art seither Verluste hinnehmen müssen. Ursachen hierfür sind sowohl das allmähliche Verschwinden von ehemals in den Dörfern reichlich vorhandenen potentiellen Standorten, wie nährstoffreiche, wenig oder nicht gepflegte Stellen auf Höfen und in den Ortslagen, als auch das Fehlen der noch von KR (1955b) erwähnten Vorkommen auf Kahlschlägen im Erlen-Eschen-Wald.

Verbascum phlomoides L. – Windblumen-Königskerze   N?/–/↗?
s – Weg- und Straßenränder, mäßig trockene Ruderalstellen.
BR: Hohenbrück: Heidecken (KU 1998, det. 1995 H. Jage); bei Alt Zauche (1982 JE).

RG: Biebersdorf: an der Chaussee nach Krugau (1950 BI); Waldweg zwischen Kl. Lubolz und Treppendorf (1951 BI; 1989 JE).

Anm.: Gelegentliche Verwechslungen mit der häufiger im UG vorkommenden *V. densiflorum* können nicht ganz ausgeschlossen werden. Die von RH (1839) aus der westlichen Niederlausitz nur aus Neuzelle angegebene Art wird auch von AS (1864, 1879) und KR (1955b) für das UG nicht genannt.

H/−/↘? ***Verbascum thapsus*** L. – Kleinblütige Königskerze

z – In ruderalen, lückigen, wärmebegünstigten Staudenfluren auf etwas lehmhaltigen Kies- und Sandböden.

H/2/↘ ***Verbena officinalis*** L. – Echtes Eisenkraut

VN: Eiserkraut; posuš, posušk, spórizń, spóriz.

s – Auf stickstoffreichen, etwas lehmhaltigen, frischen Böden in dörflichen Ruderalfluren.

BR: Alt Schadow: SW des Ortes Nähe Spreeausfluss aus dem Neuendorfer See (KU in JE & KU 1994); Schlepzig: an der Dorfstr.; an der Kirche; Str. nach Börnichen (1955 BI); Lübben: im Spreewerk (JE in JE & KU 1994); Wußwerk (1978 JE); Boblitz: Ortslage (1978 JE; JE in JE & KU 1994); im Bereich 2. Freiheitskanal x Südumfluter (2001 PE).

RG: Niewitz: alte Ziegeleigrube (1950 BI).

Anm.: Das Kraut wurde früher auch zum Gurkeneinlegen verwendet (RH 1839). Die von RH (1839: 167) noch „auf Schutt, an Wegen, in Dörfern durch das ganze Gebiet" vorkommend bezeichnete Art (siehe auch das Vorhandensein mehrerer VN), wird von KR (1955b: 108) bereits für den Oberspreewald als „ziemlich selten, (je)doch meist gesellig in den Unkrautgesellschaften der Dorfanger" angegeben. Heute i. d. R. nur noch als Einzelpflanzen oder in individuenarmen Trupps vorkommend; gelegentlich auch außerhalb der Ortslagen verschleppt.

H/V/↔? ***Veronica agrestis*** L. – Acker-Ehrenpreis

s – Auf frischen, zumeist nährstoffreichen, nicht zu sauren Böden in Hackfruchtkulturen und in Gärten, an Wegrändern.

BR: Neu Schadow: Acker W Ortslage (1965 KL); Acker O Friedhof (1965 KL); Leibsch: Damm S Umflutkanal (1994 JE & Gleichmann); Schlepzig: an der Dorfstraße (1992 H-KU 1659/2); Hartmannsdorf: Acker am Eingang zum Dorfe (1955 BI); Kl. Lubolz: Rübenfeld am Weg nach Lübben (1954 BI); Oberspreewald: mehrere, nicht lokalisierte FO (1950er Jahre~Müller-Stoll et al. 1992d); Lübbenau: Wotschofska 2,5 km WNW am Neuen Kanal und 3 km WNW am Luchgraben (Passarge 1959); Wußwerk: Nähe Dorfteich (1971 JE); Alt Zauche: Acker N Ortslage (1971 JE); Raddusch: Feldrand am Dorf (1992 JE); Stradow: Feldrand am Dorf (1992 JE).

RG: Kuschkow: Acker am östl. Ortsausgang S der Str. (1964 KL); Byhlen: Feld am Weg nach Pintschens Quelle (2002 KA).
HA: Schlepzig: am Weg zum Buchenhain (Schultz in TREICHEL 1876a); Hartmannsdorf: Äcker am Weg zum Forsthaus (1949 BI).

Veronica anagallis-aquatica L. – Blauer Wasser-Ehrenpreis   H/V/↔?
z – Auf Sand oder Schlamm im Röhricht mäßig nährstoffreicher Fließe und Gräben, Seeufer.
BR: Hohenbrück: Strand des Neuendorfer Sees bei Heidecken; Jänickens Graben nördlich des Ortes (KU 1998); Leibsch: Graben 1,4 km SSW Ortslage (2002 PE); Krausnick: ca. 3,5 km SSO Ortslage (1992 KU); Schlepzig: Spree zwischen Schlepzig und Petkansberg (1992 JE); Hartmannsdorf: Spree unterhalb des Hartmannsdorfer Wehres (SCHMIDT & KRÜGER 2001); S-Rand des Unterspreewaldes in Fließgewässern (2002 PE); Lübben: Wiesengräben bei Ellerborn (1949 BI; 1990 JE); Lübbenau: im Gurkengraben (2001 PE); Hauptspree 250 m unterhalb Zufluss Dorotheengraben (2001 PE); Burg Kauper: Hotel Eiche am Wehr 34 (1993 JE).
RG: Kl. Leine: Ufer des Barbassees (2000 KA); Byhlen: am Ressener Fließ in Richtung Butzen (2001 KA).
HA: Treppendorf: Ziegeleigruben am Feldweg in Richtung Lübben (1948 BI).
Anm.: Von KR (1955b) – ohne Nennung von Fundorten – lediglich als selten im Bachröhricht des Oberspreewaldes vorkommend angegeben.

Veronica arvensis L. – Feld-Ehrenpreis   H/–/↔
v – Auf sandig-lehmigen, nährstoffreichen Äckern, auf Störstellen in Frischwiesen und in lückigen, trockenen Rasen, auf Lagerplätzen und an Wegen.
Anm.: Von KR (1955b) nicht angegeben, vgl. Anm. zu *V. praecox*.

Veronica beccabunga L. – Bachbungen-Ehrenpreis   H/V/↔?
VN: Wolfsohr; wjelkowe wucho, wjelkowe wyko, pótocnik.
z – In Bachröhrichten auf sickerfeuchten Standorten, an Gräben.

Veronica catenata PENELL – Roter Wasser-Ehrenpreis   H/3/?
s – Im Röhricht nährstoffreicher Fließe und Gräben.
BR: Pretschen: Spreedurchfluss (1991 JE in KL 1999); Gr. Lubolz: an der Schafbrücke (1993 H-KU 1674/3; 2009 Borries & PE); Alt Zauche: W-Rand des Luchs (1994 H-JE); O-Ufer Byhleguhrer See (1999 KA).
RG: Briesener See: Graben vom See in Richtung Briesener Luch; Kl. Leine: Ufer und Moor des Barbassees (1999 KA).
Anm.: Früher im UG von *V. anagallis-aquatica* nicht unterschieden.

H/–/↔ **Veronica chamaedrys** L. – Gamander-Ehrenpreis
VN: Gewitterblume, Männertreu; upacmac, hupacmac, módre zele, żewjeś bóloścow.
v – In Frischwiesen, an Rainen und an Wegrändern, auch im Eichen-Hainbuchen-Wald.

H/3/↓ **Veronica dillenii** CRANTZ – Dillenius-Ehrenpreis
z – Auf sandigen, nicht zu mineralarmen, basisch beeinflussten Böden in lückigen Sandtrockenrasen, seltener an Ackerrändern.
BR: Alt Schadow: NW Nähe Zeltplatz (KU 1998); Neu Schadow: Bergstraße (1992 KU); Acker SO Ortslage (IL in KL 1999); Hohenbrück: mehrfach im Bereich Heidecken (KU 1998); Köthen: wenig SW Ortsausgang in Richtung Märk. Buchholz (1993 KU); Gr. Wasserburg: 1 km SSW (1993 KU); Krausnick: mehrfach im Umfeld der Ortslage (1991–1993 KU; 1995 Seitz; 2008 PE); Schlepzig: alte Straße nach Dürrenhofe (1992 KU); Wussegk (2002 PE); Gr. Lubolz: Nähe Schafbrücke (1992 H-JE); Kl. Lubolz: Acker N der Straße nach Lübben (2000 KA); Lübben: Pfaffenberge (2002 KU & KA); Wiesenau (1992 JE); Neu Zaucher Weinberg (1991 JE; IL in KL 2006); Burg: ehem. Forsthaus Eiche (1991 JE).

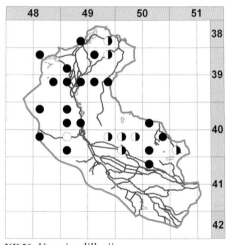

VK 50: *Veronica dillenii*

RG: Lübben: ca. 0,5 km NW der Stadt S der Bahnstrecke nach Lubolz (2004 KU); Schönwalde: Trift N Bhf. (1993 KU); Niewitz: 1 km W Ortslage (2004 IL); Neuendorf b. Lübben: 150 m SSW des Steinkirchener Weinberges (IL, KA & PE in KL 2002); Straupitz: Ackerrand W der Straße nach Laasow (2001 KA).

Anm.: Früher in den Randbereichen des UG mehrfach in der Lämmersalat- und der Sandmohn-Gesellschaft nachgewiesen (PASSARGE 1959; KL 1967). Heute auf Äckern weitgehend fehlend. Seit 1970 erfolgte ein starker Rückgang infolge der Intensivierung der Landnutzung. Deshalb werden hier nur Angaben nach 1990 aufgelistet. Von KR (1955b) offenbar nicht von *V. verna* differenziert (s. u.). Im Westlichen Oberspreewald und im Burger Spreewald – edaphisch bedingt – weitgehend fehlend (VK 50).

Veronica hederifolia agg. – Artengruppe Efeu-Ehrenpreis H/#/↔
VN: – ; muž, muš, módry muš.
v – In Segetalgesellschaften, Ruderalfluren, Wäldern, Gebüschen und Säumen auf frischen, nährstoffreichen Böden.
Anm.: Eine getrennte Bewertung der beiden zum Aggregat gehörenden und im UG vorkommenden Arten *V. hederifolia* L. und *V. sublobata* M. A. Fisch. ist aufgrund der unzureichenden Datenlage momentan nicht möglich.

Veronica officinalis L. – Wald-Ehrenpreis H/–/↔
VN: – ; żewjeś bóloścow.
v – Auf bodensauren, frischen bis mäßig trockenen Standorten in Wäldern und Forsten, auf Waldschlägen und an Waldwegen, auch in der Schafschwingel-Flur und in Fragmenten von Borstgrasrasen.

Veronica persica Poir. – Persischer Ehrenpreis N/–/↑
z – Auf frischen, etwas anlehmigen Böden in Gärten und auf Äckern.
Anm.: Der 1805 erstmals in Deutschland nachgewiesene Neophyt (Jäger & Werner 2005) wird von Treichel (1876a, b) und AS (1879) noch nicht für den Spreewald aufgeführt. Obwohl von KR (1955b) und Passarge (1959) aus dem Oberspreewald nicht genannt, muss er zu dieser Zeit bereits im UG vorgekommen sein, wird er doch von Müller-Stoll et al. (1992d) in einer in den 1950er Jahren angefertigten Vegetationsaufnahme aus der Kamillen-Flur (Alchemillo-Matricarietum) des Oberspreewaldes aufgelistet. Für den damaligen Bezirk Cottbus gibt sie bereits Arndt (1954b) an. Zur Einwanderung in Brandenburg siehe Graebner (1909).

Veronica polita Fr. – Glanz-Ehrenpreis H/V/–
ss – Auf lehmhaltigen, nährstoffreichen Äckern.
RG: Treppendorf: an der ehem. Lehmgrube (1992 JE in KL 1999).

> *Veronica praecox* All. – Früher Ehrenpreis
> Die zahlreichen, auf das UG bezogenen Angaben für diese Art in KR (1955b; 1968b); Scamoni (1955/56); Müller-Stoll et al. (1992d) und Benkert et al. (1996) basieren wahrscheinlich auf Verwechslungen mit *Veronica arvensis* (vgl. KU et al. 2001).

Veronica prostrata L. – Niederliegender Ehrenpreis H/3/◊
† – An sonnigen trockenen Hügeln.
HA: Krausnick (RH 1839).

Veronica scutellata L. – Schild-Ehrenpreis H/–/↔
v – Auf mäßig nährstoffreichen Moor- und Schlickböden, vor allem in Großseggenwiesen und -sümpfen und an Grabenrändern.

Anm.: Die var. *pilosa* VAHL wurde bislang nur bei Hohenbrück im Schlangenluch und im Boesin-Luch nachgewiesen (KU 1998, H-KU 1671/2 + 3).

H/–/↔ **Veronica serpyllifolia** L. – Quendel-Ehrenpreis
z – In kurzrasigen, frischen Wiesen, Scher- und Trittrasen, auf Waldwegen oft in schattiger Lage auf verdichteten Böden.

H/2/◆ **Veronica teucrium** L. – Großer Ehrenpreis
† – Lehmgrube.
BR: Lübben: alte Lehmgrube am S-Rand der Stadt (1950 BI).
Anm.: Neuerdings auch als Zierpflanze in Gärten kultiviert.

H/–/↔ **Veronica triphyllos** L. – Dreiteiliger Ehrenpreis
v – Äcker auf mäßig nährstoffreichen Sandböden.

H/3/↔ **Veronica verna** L. – Frühlings-Ehrenpreis
z – Auf sandigen Böden in lückigen Trockenrasen, Pionierfluren und an Wegrändern.
Anm.: Von KR (1955b) als zerstreut vorkommend in Acker-Unkrautgesellschaften des Oberspreewaldes angegeben; offenbar dabei von *V. dillenii* nicht differenziert (s. o.). Aktuelle Nachweise in Segetalgesellschaften fehlen im UG.

H/V/↔ **Viburnum opulus** L. – Gewöhnlicher Schneeball
VN: Wilder Schneeball, Wasserholunder, Pfeifenstrauch, Schneeball, Wasserahorn; kalina, galina, kjanina (Strauch)/kalinka, galinka (Frucht).
z – Im Erlen-Eschen-Wald, auch an Wegen und Gräben.
Anm.: Die Kultursippe 'Roseum' mit mehr oder weniger kugeligen Blütenständen, die aus durchweg großen, sterilen Blüten bestehen, findet sich als beliebter Zierstrauch seit alters her an vielen Spreewald-Gehöften; sie wird auch in Gärten und Anlagen gepflanzt.

Viburnum opulus

H/–/↔ **Vicia angustifolia** L. subsp. **angustifolia** – Schmalblättrige Wicke
z – In Sandtrockenrasen, an Wald- und Wegrändern.

Vicia

Vicia angustifolia L. subsp. ***segetalis*** (THUILL.) CORB. – Schmalblättrige Wicke H/–/↔?
v – In Segetalfluren, an Feld- und Wegrändern und auf Ruderalgelände.
Anm.: Bei KR (1955b) unter *V. sativa* subsp. *angustifolia* als häufig in Getreideunkrautgesellschaften vorkommend angeführt.

Vicia cassubica L. – Kassuben-Wicke H/V/↔
z – An Wegen, Säumen und auf ehem. Weinbergen sowie in lichten Eichenwäldern.
Anm.: Die FO konzentrieren sich auf den Nordteil des UG. Aus dem Südteil liegen nur Fundmeldungen vom Byhlener (1954 BI; 1978 JE) und Neu Zaucher Weinberg (1977 Hölzer in BENKERT et al. o.J.; 1983 KB) sowie aus dem Bereich Burg Kolonie (1991 JE) vor.

Vicia cracca L. – Vogel-Wicke H/–/↔
VN: – ; sock, sockowina, fogolnica, wójkowina.
v – In Frischwiesen, Säumen und lückigen Ruderalfluren.

> *Vicia dasycarpa* TEN. – Falsche Vogel-Wicke
> [**Syn.:** *V. villosa* ROTH subsp. *varia* (HOST) CORB.]
> Die Mitteilung eines Fundes an der Straße von Hohenbrück nach Alt Schadow (KL 1968) beruht auf einer Fehlbestimmung (KL).

Vicia grandiflora SCOP. – Großblütige Wicke N/–/↑
z – In Äckern und Ackerbrachen, im Grünland, an Wegrändern sowie auf Ruderalgelände.
BR: Neu Lübbenau: Wegrand O Ortszentrum (1965 KL); Lübbenau: Neuer Friedhof, sehr zahlreich (JE in KL 1989a); Straupitz: nahe dem Schloss (2009 Raabe); Burg: im Bereich Kauper und Dorf verbreitet in Äckern, im Grünland sowie an Wegen (PE in KL 2004); an der Willischza (JE in KL 1985b; 1993 H-JE).
RG: Zerkwitz: (JE & IL in KL 1985b).
Anm.: Mit Saatgut eingeschleppt und am Wuchsort z. T. große Bestände bildend. Von KR (1955b) aus dem Oberspreewald nicht angegeben.

Vicia hirsuta (L.) GRAY – Behaarte Wicke H/–/↔?
VN: – ; drobny sock.
v – In lückigen Trockenrasen, an Wegen und in Säumen, an Feldrändern.
Anm.: Von KR (1955b) noch als häufig in Getreideunkrautgesellschaften vorkommend angegeben. Heute dort nur noch sporadisch.

Vicia

H/−/↔ **_Vicia lathyroides_** L. − Platterbsen-Wicke
z − In lückigen Trockenrasen auf nicht zu armen Sandböden.
Anm.: Von KR (1955b) aus dem Oberspreewald nicht angegeben, wohl übersehen?

Vicia parviflora Cav. − Zierliche Wicke
[**Syn.**: _V. tenuissima_ auct.]
Die in Benkert et al. (1996) enthaltene MTBQ-Angabe 4149/2 konnte nicht geklärt werden.

Kv/×/◊ **_Vicia sativa_** L. − Futter-Wicke
VN: − ; wójka, wuka, wejka, wejcyśćo, wika.
† − (ohne Angabe).
HA: Treppendorf: am Langen Rücken häufig angebaut und oft verwildert (1949 BI).
Anm.: Als Kulturpflanze ist die Art nahezu verschwunden. In den letzten Jahren wurde sie lediglich je einmal bei Alt Schadow: Acker auf dem Gr. Raatsch (1995 H-KU 1163/2) und bei Pretschen: Acker S Ortslage (2008 IL & PE), im Gemenge angebaut, angetroffen. Verwilderungen waren jedoch nicht zu beobachten. Die vielen Angaben aus verschiedenen Segetalgesellschaften in KL (1970) beziehen sich mit großer Wahrscheinlichkeit auf _Vicia angustifolia_ subsp. _segetalis_ (KL). Gleiches gilt für die Auflistung aus der Sandmohn-Gesellschaft (Papaveretum argemone) bei Passarge (1959). Δ F.

H/−/− **_Vicia sepium_** L. − Zaun-Wicke
VN: − ; pólski sock.
ss − In Frischwiesen, Parkanlagen und in Säumen.
BR: Alt Schadow: N Raatsches Luch (KU 1998, H-KU 1161/2); Lübben: N der Stadt an der Hartmannsdorfer Heide (1992 JE); Papitz: Park (1984 JE).

H/V/♦ **_Vicia tenuifolia_** Roth − Feinblättrige Wicke
† − Im Gebüsch, an Wegrändern und in Säumen.
RG: zwischen Neuenendorf b. Lübben und Terpt: Gebüsch auf den Dorfwiesen (= ? Terpter Wiesen) (1950 BI).
HA: „am untern Spreewalde" (RH 1839: 203); Lübben: alte Lehmgrube am Stadtrand an der Luckauer Str. in Richtung Treppendorf (1949 BI).
Anm.: Der von Mōn & Šwjela (1907) für _V. tenuifolia_ aufgeführte niedersorbische VN „drobny sock" beruht vermutlich auf einer Verwechslung mit einer anderen _Vicia_-Sippe (ob _V. tetrasperma_?). _Vicia tenuifolia_ fehlt in der Niederlausitz weitgehend (vgl. Benkert et al. 1996).

H/−/↔ **_Vicia tetrasperma_** (L.) Schreb. − Viersamige Wicke
v − An Weg- und Feldrändern, in Trockenrasen und Säumen.
Anm.: Von KR (1955b) nicht aufgeführt.

Vicia villosa ROTH – Zottel-Wicke N/–/↗
z – Auf mäßig trockenen, mineralkräftigen Standorten an Feld- und Wegrändern, auch in Segetalgesellschaften und an Ruderalstellen.
Anm.: Bis in die 2. Hälfte des 20. Jahrhunderts als Bestandteil des Landsberger Gemenges in den Randbereichen des UG als Feldkultur gebaut und davon ausgehend auch verwildert. Von KR (1955b) aus dem Oberspreewald lediglich bei Müschen, im Landsberger Gemenge angebaut, angegeben.

Vinca minor L. – Kleines Immergrün Kv/–/↗
VN: Wintergrün; barwjeńk, barwjońk, berwjońk, berwjuńk, barwěnk, barwenc, barwank, barwanki.
z – In Ortslagen und an deren Rändern.
Anm.: Oftmals als Bodendecker in Parkanlagen, Gärten und auf Friedhöfen in verschiedenen Sorten angepflanzt. Hiervon ausgehend verwildert und z. T. fest etabliert. Von KR (1955b) für den Oberspreewald noch nicht aufgeführt, durch SCHULENBURG (1934a) aber bereits Ende der 1870er Jahre als Zierpflanze aus dem Burger Raum dokumentiert.

Vincetoxicum hirundinaria MEDIK. – Weiße Schwalbenwurz H/3/◇
[**Syn.**: *Cynanchum vincetoxicum* (L.) PERS.]
† – (ohne Angabe).
BR: Neu Zaucher Weinberg (WOLFF 1929).
Anm.: Von KR (1955b) wird bezugnehmend auf WOLFF (1929) irrtümlich (?) der Straupitzer Weinberg genannt. 1952 hat er die Art bereits nicht mehr gefunden.

Viola arvensis MURRAY – Acker-Stiefmütterchen H/–/↔
VN: – ; žiwa syrotka, žiwa matuška, matyška.
v – Auf Äckern, Brachen, an Wegen und in Ruderalfluren.

Viola* x *bavarica SCHRANK – Bastard-Veilchen H/–/↔
(*V. reichenbachiana* x *V. riviniana*)
z – In frischen, mäßig anspruchsvollen Laubwäldern.

Viola canina L. – Hunds-Veilchen H/V/↘
VN: – ; matuška, fijałka, fijołka, figele, figelki, pśemetowe zele, pśimjetowe zele, módre figelgeny.
z – Auf nährstoffarmen, aber leicht humosen, sauren Sandböden in Magerrasen, an Wald- und Wegrändern.
Anm.: Eine von RH (1846) als *V. canina apetala montana* L. aus dem Spreewald angegebene Sippe konnte nicht interpretiert werden. Die u. a. von KR (1955b) und MÜLLER-STOLL et al. (1992d) aus dem Oberspreewald angeführten, häufigen Vorkommen in Rotschwingel-Wiesen und trockenen Molinieten, in denen sie als Trennart ausgewiesen war, existieren infolge der

Viola

Wiesenumbrüche und Neueinsaaten, die im Rahmen der Intensivierung der landwirtschaftlichen Flächennutzung vollzogen wurden, schon lange nicht mehr. Die VN „matuška, fijałka, figele, figelki" werden im niedersorbischen Sprachgebrauch allgemein für Veilchen, „matuška" auch für Stiefmütterchen, verwendet. Exakte Erhebungen aus dem UG liegen für *V. canina*, *V. odorata* und *V.* spec. vor.

Kv/−/↗? **Viola odorata** L. − März-Veilchen
VN: − ; matuška, fijałka, fijołka, figele, figelki, fajlcheny.
v − Auf frischen, nährstoffreichen Böden im Bereich der Ortslagen, in Säumen, an Zäunen und Wegen sowie in der Nähe von Friedhöfen bzw. in Parkanlagen.
Anm.: Beliebte Zierpflanze in den Gärten. Hiervon ausgehend verwildert und fest etabliert. Von KR (1955b) nur aus Gärten angegeben, ob übersehen?

H/V/↘ **Viola palustris** L. − Sumpf-Veilchen
v − In nassen, nährstoffarmen, sauren Flachmooren, in Feuchtsenken, am Rand von Mooren, Torfstichen und Wiesengräben.
Anm.: Die Bestandsdichten der Art sind durch Entwässerung der Standorte rückläufig.

H/V/↘? **Viola reichenbachiana** Jord. ex Boreau − Wald-Veilchen
z − Auf frischen, nährstoffreichen, humosen Lehmböden im anspruchsvollen, krautreichen Erlen-Eschen- und Eichen-Hainbuchen-Wald sowie in Parkanlagen.
Anm.: Verwechslungen mit *Viola* x *bavarica* sind nicht völlig auszuschließen.

H/−/↔ **Viola riviniana** Rchb. − Hain-Veilchen
v − In frischen Laubwäldern, auch in Kiefern-(Misch-)Forsten und in Parkanlagen.
Anm.: Weniger anspruchsvoll als die vorige Art. Verwechslungen mit *Viola* x *bavarica* sind nicht völlig auszuschließen.

H/2/◆ **Viola rupestris** F. W. Schmidt − Sand-Veilchen
† − In Kiefernforsten/Kiefernwäldern und Trockenrasen auf kalkhaltigen Böden.
BR: Schönwalde − Bugk: Umgebung des Waldgrabens (1955 BI).
RG: Schönwalde: 4 km N und mehrfach an der Bahnböschung NW Bhf. (IL & J. Illig in KL 1974).

H/2/↘ (Abb. 55) **Viola stagnina** Kit. ex Schult. − Gräben-Veilchen
[**Syn.:** *V. persicifolia* Schreb.]

Viscum

v – Ungedüngte, wechselfeuchte Wiesen, insbesondere Rasenschmielen-Wiesen und reichere Ausbildungen der Großseggenwiesen.

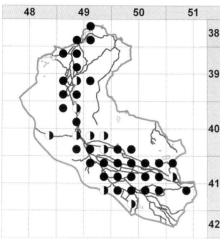

Anm.: Die Vorkommen konzentrieren sich auf die Niederungsbereiche des Ober- und Unterspreewaldes (VK 51). Durch Melioration, zunehmende Weidenutzung und einsetzende Sukzession infolge der Aufgabe der Grünlandnutzung befindet sich die Art im Rückgang. Größere Bestände existieren noch im Gebiet W und NW Leipe. Die Vorkommen im UG besitzen bez. des bundesweiten Schutzes dieser Art eine große Bedeutung (PE 2005, vgl. auch Kap. 4.5).

VK 51: *Viola stagnina*

Viola suavis M. Bieb. – Blaues Veilchen Kv/–/–
[**Syn.:** *V. sepincola* Jord.]
ss? – In Säumen.
BR: Lübben: Erlenforst S Forsthaus Ellerborn W der Chaussee (1996 Seitz & Haubold).
RG: Kl. Beuchow: N im bachbegleitenden Gehölz (JE in KL 1985b).
Anm.: Vermutlich ist die Sippe bisher zu wenig beachtet worden. Wahrscheinlich gehört ein Teil der *V. odorata*-Angaben aus dem UG hier her.

Viola tricolor L. – Wildes Stiefmütterchen H/–/↘
VN: – ; žiwa syrotka, žiwa matuška, matyška.
z – Auf zumeist trockenen, nicht zu armen, sandigen Böden an Wegen, auf Äckern und Brachen, in Magerrasen, an Waldrändern und auf Kahlschlägen.
Anm.: Von KR (1955b) noch als ziemlich häufig im Oberspreewald vorkommend eingeschätzt; mit einer Konzentration auf die RG.

Viscum album L. – Laubholz-Mistel H/–/↗
VN: – ; jemjelica, jemjelina, hemelina, jerjoł, jemjoł, mjedlina.
z – Auf diversen Laubholzarten, insbesondere auf Pappel und Birke, schmarotzend.
Anm.: KR (1955b) führt für den Oberspreewald die Art nicht auf, ob übersehen?

Viscum

H/–/↔ **Viscum laxum** BOISS. et REUT. – Kiefern-Mistel
VN: – ; jemjelica, jemjelina, hemelina, jerjoł, jemjoł, chòjcowe jagodki, mjedlina.
v – Auf *Pinus sylvestris* schmarotzend.

H?/–/↗ **Vulpia myuros** (L.) C. C. GMEL. – Mäuseschwanz-Federschwingel
z – Auf sandigen, trockenen Sandblößen, an Wegrändern und Bahnanlagen.
Anm.: Von RH (1839) wird die Art lediglich von zwei FO in der Niederlausitz außerhalb des UG angegeben. Obwohl AS (1864) das Vorkommen in der Provinz Brandenburg als sehr zerstreut einschätzt, nennt er in AS (1879) keine Funde aus dem UG. Auch von KR (1955b) noch nicht aus dem Oberspreewald angeführt. Seither hat sich die Art v. a. in den Randbereichen des UG ausgebreitet. Die jährlichen Bestandsschwankungen sind witterungsbedingt. Nach Herbizidanwendung an Straßen wurden gelegentlich Massenbestände beobachtet.

N/3/↑
(Abb. 88) **Wolffia arrhiza** (L.) HORKEL ex WIMM. – Zwergwasserlinse
z – In Wasserlinsengesellschaften flacher, nährstoffreicher, oft sommerwarmer Altwässer und Gräben.
Anm.: Durch Wasservögel sich ausbreitend; sich vegetativ vermehrend. Die Statuseinstufung erfolgt als Neophyt, da die Art – trotz einer guten botanischen Bearbeitung des UG in den 1950er Jahren – erst 1963 nachgewiesen wurde (JÄGER 1965). Seither hat sich die Anzahl der FO mit einer Konzentration im Unterspreewald deutlich erhöht. Zum Vorkommen und zur Vergesellschaftung der Pflanze im UG siehe auch JE (1979).

H/1/◊ **Xanthium strumarium** L. – Gewöhnliche Spitzklette
VN: – ; badack, mały badack.
† – (ohne Angabe).
HA: Lübbenau (BURKHARDT 1836); Ragow (Fick in HOLLA 1861/62); Lübben-Steinkirchen (MÜLLER 1876).
Anm.: Pollen der Art wurden in mittelalterlichem Material von Tornow (außerhalb des UG ca. 4 km SO Gr. Beuchow) nachgewiesen (LANGE 1969; LANGE et al. 1978).

H/3/? **Zannichellia palustris** L. – Sumpf-Teichfaden
ss – In Gräben und Flachwasserbereichen von Seen.
BR: Neuendorfer See: bei Alt Schadow (IL & J. Illig in KL 1974); Hohenbrücker Bucht (KU 1995; 1998); Burg: Mutnitza ca. 1 km OSO Eiche (SCHMIDT & KRÜGER 2001); Raddusch: Graben 0,5 km NO Ortslage am Weg nach Burg (JE in JE & KU 1994); Stradower Teiche (1977 Heym); zwischen Babow und Müschen (Heym in KL 1977); Brahmow: Graben N der Ortslage (1978 JE).

Abies

4.3 Spezieller Teil – Kulturpflanzen

Nachfolgend werden zahlreiche der im UG kultivierten Sippen in einer Liste erfasst und mit Angaben zum Vorkommen im Spreewald versehen. Sie erhebt keinen Anspruch auf Vollständigkeit. Bei den Kv-Taxa und Arten, die im UG als Wild- wie auch als Kulturpflanzen vorkommen, erfolgt ein Hinweis auf Kap. 4.2. Zu einigen Sippen werden volkstümliche Pflanzennamen bzw. andere interessante Details mitgeteilt. Infolge starker züchterischer Beeinflussung, u. a. durch Hybridisierung, sind gelegentliche Fehlansprachen einzelner Taxa nicht völlig auszuschließen.

Abies concolor (GORD. et GLEND.) LINDL. ex HILDEBR. – Kolorado-Tanne, Grau-Tanne
Gelegentlich in Vorgärten und Anlagen gepflanzt.

Abies grandis (DOUGLAS ex D. DON) LINDL. – Küsten-Tanne, Riesen-Tanne
Gelegentlich in Vorgärten und Anlagen gepflanzt.

Acer campestre L. – Feld-Ahorn, s. Kap. 4.2

Acer negundo L. – Eschen-Ahorn, s. Kap. 4.2

Acer platanoides L. – Spitz-Ahorn, s. Kap. 4.2

Acer pseudoplatanus L. – Berg-Ahorn, s. Kap. 4.2

Acer saccharinum L. – Silber-Ahorn
Wenig angepflanzt, z. B. Burg am Hotel Bleiche, Vetschau am Schloss, am Langen Rücken bei Treppendorf.

Acer tataricum L. s. l. – Tatarischer Steppen-Ahorn
Hier und da in Anlagen und Gehölzstreifen angepflanzt.

Achillea filipendulina LAM. – Goldteller-Schafgarbe
Hier und da als Zierpflanze in Gärten kultiviert.

Achillea millefolium L. – Gewöhnliche Schafgarbe, s. Kap. 4.2

Achillea nobilis L. – Edel-Schafgarbe
Die kontinentalen Trockenrasen entstammende Pflanze ist seit dem 16. Jahrhundert als Heilpflanze in Deutschland gebräuchlich, heute jedoch im UG nur noch selten als Rabattenpflanze anzutreffen. Δ F.

Achillea

Achillea ptarmica L. – Sumpf-Schafgarbe, s. Kap. 4.2

Aconitum napellus L. – Blauer Eisenhut
VN: Pantoffelblume; cartowa parnochta, pantochlicka, pantoflicka, crjejki.
Als auffällige Zierpflanze vereinzelt in Vorgärten angepflanzt. Δ F.

Acorus calamus L. – Kalmus, s. Kap. 4.2

Adonis annua L. em. HUDS. – Herbst-Adonisröschen
[Syn.: *A. autumnalis* L.]
Die bereits Ende des 16. Jahrhunderts zuweilen in den Gärten der Lausitzen kultivierte Sippe wurde von E. Fick auf dem Ragower Weinberg verwildert vorgefunden (vgl. BÜTTNER 1884). Δ F.

Aesculus* x *carnea HAYNE – Rotblühende Rosskastanie
Wenig gepflanzt, z. B. im Schlosspark Lübbenau.

Aesculus hippocastanum L. – Gewöhnliche Rosskastanie
VN: Kastanie; kastanija, kostanija.
Häufig an Straßen und in Parkanlagen angepflanzt, davon ausgehend gelegentlich verwildert.

Ageratum houstonianum MILL. – Leberbalsam
Noch vor 20 Jahren häufig als Zierpflanze in Gärten und auf Friedhöfen angepflanzt.

Agrostemma githago L. – Korn-Rade, s. Kap. 4.2

Ailanthus altissima (MILL.) SWINGLE – Drüsiger Götterbaum
Nicht häufig in Vorgärten und Anlagen angepflanzt.

Alcea rosea L. – Stockrose
VN: Malve; nazymska roža, twarožki.
Vielfach in Gärten in mehreren Farben, z. T. auch mit gefüllten Blüten, anzutreffen. Δ M.

Allium ascalonicum auct. non STRAND – Schalotte, Aschlauch
Hier und da als Würzpflanze angebaut.

Allium cepa L. – Küchen-Zwiebel
VN: Zwibbel, Bolle; cybula, běła cybula, cybulka.

Amaranthus

Häufig angebautes Gemüse; Zwiebelanbau in Lübbenau 1488 erstmalig erwähnt (FAH-LISCH 1928). Δ F, Δ M.

Allium fistulosum L. – Winter-Zwiebel
VN: Schluppenzwiebel; cybula.
Hier und da in Gärten und auf Feldern kultiviert.

Allium porrum L. – Porree
VN: – ; porej, pura, borej.
Häufig in Gärten und auf Feldern angebaut. Δ F, Δ M.

Allium fistulosum

Allium sativum L. – Knoblauch
VN: – ; kobołk, kobełk, kobok.
Gelegentlich in Gärten und seltener auf Feldern angebaut. Δ F, Δ M.

Allium schoenoprasum L. – Schnittlauch
VN: – , kobołk, cybliśk, zelena cybula, šnitloch.
Häufig angebautes Gemüse. Verwilderungen treten gelegentlich auf. Δ F.

Allium ursinum L. – Bär-Lauch
Gelegentlich in Gärten kultiviert und selten verwildert, z. B. Gr. Lubolz: bei Bugk (2008 KA). Δ F.

Alnus incana (L.) MOENCH – Grau-Erle
Im Spreewald an wenigen Stellen, z. B. Raddusch am Kossateich (1993 JE), als Forstkultur gepflanzt. Bereits im ersten Drittel des 19. Jahrhunderts kultiviert (RH 1837).

Althaea officinalis L. – Echter Eibisch, s. Kap. 4.2

Alyssum saxatile L. – Felsen-Steinkraut
Häufig in Ziergärten auf trockenem Boden, manchmal auch verwildert auf Schutt und in Ruderalfluren.

Amaranthus caudatus L. – Garten-Amarant, Garten-Fuchsschwanz
VN: Fuchsschwanz; turkojska pšenica, turkojske pšoso, lišćiny hogon, lišćina hopuš, liščyna hopuš, liśćina hopyš, bĕr, kónjecy hogon, cerwjeny kwĕtk.
Hier und da in Gärten kultiviert, selten adventiv auftretend, z. B. Krausnick: Müllplatz (1987 KU in KU 1994). Δ F.

Amaranthus

Amaranthus cruentus L. – Rispiger Amarant
Heute kaum als Zierpflanze – zuweilen mit buntem Laub – in Gärten kultiviert, selten auch adventiv auftretend, z. B. Krausnick: Müllplatz (1987 KU in KU 1994).

Amelanchier lamarckii F. G. Schroed. – Kupfer-Felsenbirne
In neuerer Zeit in Parkanlagen, Vorgärten und an anderen Orten gepflanzt.

Amelanchier spicata (Lam.) K. Koch – Ährige Felsenbirne, s. Kap. 4.2

Ammobium alatum R. Br. – Papierknöpfchen
VN: Papierblume; jelenjecy rog.
In Gärten gelegentlich als Zierpflanze für Trockensträuße angebaut.

Ammophila arenaria (L.) Link – Gewöhnlicher Strandhafer
Die Angabe „Dürrenhofe hinter dem Marienberg bei Lübben" (= Marienberg b. Krugau) (RH 1836a: 623) geht mit Sicherheit auf Ansaat oder Anpflanzung zur Sandbefestigung zurück. Siehe auch Kap. 4.2.

Amorpha fruticosa L. – Scheinindigo
Vereinzelt an Wegen und in Grünanlagen angepflanzt.

Anacyclus pyrethrum (L.) Link – Römischer Bertram
Alte Kulturpflanze, seit langem nicht mehr beobachtet. Δ F, Δ M.

Anethum graveolens L. – Dill
VN: Dille; dyla, dilla.
Häufig in Gärten und auf Feldern angebaut, dort auch an Wegrändern vorkommend, adventiv gelegentlich auf Müllplätzen. Δ F, Δ M.

Angelica archangelica L. – Echte Engelwurz, s. Kap. 4.2

Anthriscus cerefolium (L.) Hoffm. – Garten-Kerbel
VN: – ; mokśina zele.
Früher ziemlich häufig in Kultur, heute selten in Gärten angebaut. Δ F, Δ M.

Antirrhinum majus L. – Großes Löwenmaul
VN: – ; lawowa guba.
In Gärten ziemlich häufig kultiviert. Δ F.

Apium graveolens L. – Echter Sellerie
VN: – ; měrik, domacny měrik, zelerija, zelerij, zelrij.

In Gärten verbreitetes Gemüse. Als Wildart im Gebiet fraglich, eine Angabe: Duben (Grassmann in AS 1864) lag vermutlich außerhalb des UG. Δ F, Δ M.

Aquilegia x *cultorum* BERGMANNS – Akelei-Hybriden
In Gärten und Anlagen häufige Zierpflanze, auch verwildernd.

Aquilegia vulgaris L. – Gewöhnliche Akelei
VN: Glockenblume; zwónki, módre zwónki, módra rožka, akeleja.
In Gärten kultiviert und davon ausgehend verwildernd. Im UG vielerorts noch alte Sorten in den Gärten vorhanden. Δ F, Δ M.

Arabis caucasica WILLD. ex D. F. K. SCHLTDL. – Garten-Gänsekresse
Beliebte Zierpflanze, zumeist auf trockenen Böden.

Aristolochia clematitis L. – Gewöhnliche Osterluzei, s. Kap. 4.2

Aristolochia macrophylla LAM. – Pfeifenwinde
[**Syn.:** *A. durior* HILL, *A. sipho* L'HÉR.]
Nicht häufig als Kletterpflanze in Hausgärten gepflanzt, z. B. in Lübbenau und Burg. In FONTANE (1881) wurde die Sippe für das Forsthaus Eiche erwähnt.

Armeria maritima L. – Gewöhnliche Grasnelke, s. Kap. 4.2

Armoracia rusticana P. GAERTN., B. MEY. et SCHERB. – Meerrettich, s. Kap. 4.2

Artemisia abrotanum L. – Eberraute
VN: Eberreis; bóže drjowko, bóže drjowo.
Als Heil- und Duftpflanze früher nicht selten angepflanzt und gelegentlich verwildert, z. B. Lübben: Steinkirchener Weinberg (Fick in AS 1864), Burg: an der Schmiede (1922 Wiesner); heute kaum noch in Kultur anzutreffen. Δ F, Δ M.

Artemisia absinthium L. – Wermut, s. Kap. 4.2

Artemisia dracunculus L. – Estragon
VN: – ; estragon.
In Gärten gelegentlich als Würzpflanze kultiviert und dort beständig, selten in Ruderalfluren und auf Mülldalden, z. B. Lübben: Frauenberg (1992 JE), Krausnick: Müllplatz (KU 1994). Δ F.

Aruncus dioicus (WALTER) FERNALD – Wald-Geißbart
Nicht häufig an frischen Standorten in Gärten angepflanzt.

Asarum

Asarum europaeum L. – Haselwurz
Sehr selten, bisher nur im Park von Brahmow (1992 JE), dort wohl gepflanzt. Δ F, Δ M.

Asparagus officinalis L. – Gemüse-Spargel, s. Kap. 4.2

Asplenium scolopendrium L. – Hirschzunge
[**Syn.**: *Phyllitis scolopendrium* (L.) NEWMAN]
Vereinzelt als Zierpflanze in verschiedenen Sorten kultiviert. Früher bereits aus dem Lübbenauer Schlossgarten angegeben (RH 1836a, BOLLE 1876). Δ F, Δ M.

Aster amellus L. – Berg-Aster
Gelegentlich in Gärten kultiviert, neuerdings in mehreren Sorten vorkommend. Δ M.

Aster dumosus-Hybriden – Kissen-Aster-Hybriden
Oft in Gärten und Anlagen gepflanzt, gelegentlich noch alte Sorten in Kultur.

Aster laevis agg. – Artengruppe Kahle Aster, s. Kap. 4.2

Aster lanceolatus agg. – Artengruppe Lanzett-Aster, s. Kap. 4.2

Aster novae-angliae L. – Raublatt-Aster
Häufige Zierpflanze der Gärten, zuweilen verwildert. In den letzten zwei Jahrzehnten werden in den Gärten zunehmend weitere *Aster*-Sippen mit zumeist kräftigen Blütenfarben kultiviert.

Aster novi-belgii agg. – Artengruppe Neubelgien-Aster, s. Kap. 4.2

Astilbe x *arendsii* ARENDS – Bastard-Astilbe
Nicht häufig in Vorgärten und Anlagen auf frischen Böden anzutreffen.

Atriplex hortensis L. – Garten-Melde
VN: – ; lobeda, obeda, łoboda, oboda, lobyda, pšawa łoboda, pšawa hoboda, plapawa.
Früher als Gemüsepflanze genutzt, selten verschleppt, z. B. Bieberdorf (RH in AS 1864), Neuendorf am See: NO der Ortslage adventiv am Straßenrand (KU 1998). Gelegentlich als Zierpflanze kultiviert, z. B. Krausnick: ehem. LPG-Gelände (KU 1994) und Burg (1993 JE). Δ F.

Aubrieta deltoidea (L.) DC. – Blaukissen
Ziemlich häufig in mehreren Sorten als Polsterpflanze in Vor- und Steingärten angepflanzt.

Avena sativa L. – Saat-Hafer
VN: – ; hows, wows, ows.
Seit der Römischen Kaiserzeit, verstärkt seit der slawischen Besiedlung (IL 1998), als Futterpflanze – heute mit geringem Flächenanteil – angebaut. Δ F.

Bassia scoparia (L.) A. J. Scott subsp. *scoparia* – Sommerzypresse, s. Kap. 4.2

Begonia x *semperflorens cultorum* Krauss – Eisblatt-Begonie
[**Syn.:** B. Semperflorens-Cultorum-Gruppe]
VN: Eisblume; – .
Ziemlich häufig auf Friedhöfen, seltener in Gärten und öffentlichen Grünanlagen, angepflanzt.

Bellis perennis L. – Tausendschönchen, s. Kap. 4.2

Berberis thunbergii DC. – Thunberg-Berberitze
Gelegentlich in Anlagen vorhanden, meist als Hecke gezogen.

Berberis vulgaris L. – Gewöhnliche Berberitze
Nicht selten in Gärten und Anlagen gepflanzt, auch verwildernd. Δ F.

Bergenia crassifolia (L.) Fritsch – Bergenie
Diese Art, verwandte Sippen und verschiedene Hybriden werden heute als frühblühende Zierpflanzen häufig in Gärten und Grünanlagen verwendet.

Beta vulgaris L. – Beta-Rübe
VN: Strünke, Beesken, Beeskel; głub, glub, głum, glum, gum, małgot, domacny małgot, małgot, bejzaki, pysak, cerwjeny głub.
In verschiedenen Sippen angebaut: Rote Rübe, Mangold (Δ M), Runkel-Rübe, Zucker-Rübe. Beide Letztgenannten mit abnehmender Bedeutung. Δ F.

Bistorta affinis (D. Don) Greene – Teppich-Wiesenknöterich
Gelegentlich als anspruchsloser Bodendecker in Gärten zu finden.

Borago officinalis L. – Borretsch
VN: Gurkenkraut; poklete zele, górkowe zele.
In Gärten nicht selten kultiviert, gelegentliche Verwilderungen in der Nähe von Gärten und auf Müllplätzen, dort unbeständig. Früher zum Haltbarmachen eingelegter Gurken verwendet. Δ F, Δ M.

Brassica napus L. – Raps, Kohlrübe
VN: – ; řepik, řepnik, raps (Raps)/řepa, kulawa, kolawa, kóława (Kohlrübe).
Raps ist eine im Feldbau verbreitete Kulturart, Kohlrübe heute dagegen seltener. Raps an Weg-, Straßen- und Feldrändern vorübergehend verschleppt. Δ F, Δ M (jeweils Kohlrübe).

Brassica oleracea L. – Gemüse-Kohl
VN: – ; kał (Kohl), sydrojty kał, běły kał (Weiß-Kohl), huchacowy kał, zeleny kał (Grün-Kohl), pupkaty kał (Rosen-Kohl), cerwjeny kał, módry kał (Rot-Kohl), kwětkowy kał, kwětny kał (Blumen-Kohl), ropkaty kał, kužeraty kał, kružlaty kał (Wirsing-Kohl).
In mehreren Sippen [Markstamm-Kohl, Grün-Kohl (Δ F), Rosen-Kohl, Wirsing-Kohl (Δ F), Weiß-Kohl (Δ F, Δ M), Rot-Kohl (Δ F, Δ M), Kohlrabi, Blumen-Kohl] angebaut und selten vorübergehend auf Äckern und auf Müllplätzen verwildert. FRANKE (1594) führt außerdem den Braun-Kohl auf. Zu Weiß-Kohl bemerkt AS (1864: 47): „einen besonders großartigen Anbau betreiben die Bewohner von Burg im Ober-Spreewald".

Brassica rapa L. – Rübsen, Weißrübe, Stoppelrübe, Wasserrübe
VN: – ; řepa, řepka (Wasserrübe).
Gelegentlich als Futter- und Gründüngungspflanze im Anbau sowie selten und unbeständig an Straßenrändern verwildernd. Δ M.
Anm.: Als „Wasserrübe" bis Mitte der 1950er Jahre sehr häufig in der Roggenstoppelflur eingesät und im Herbst als Futter für Milchrinder verwendet.

Brunnera macrophylla (ADAMS) I. M. JOHNST. – Großblättriges Kaukasusvergissmeinnicht
In Gärten und Anlagen gelegentlich kultivierter Frühjahrsblüher.

Buddleja davidii FRANCH. – Gewöhnlicher Sommerflieder
Ziemlich häufig als Zierstrauch in Gärten und Anlagen gepflanzt. Verwilderungen sind bisher nicht bekannt.

Buxus sempervirens L. – Europäischer Buchsbaum
VN: – ; humarzlikowe zele, bužbom, bušbom, buksbom.
Häufig in Gärten, zuweilen als Beeteinfassung verwendet. Stattliche Einzelexemplare und Hecken gibt es auf Friedhöfen und in alten Gärten. Δ F.

Calendula officinalis L. – Garten-Ringelblume
VN: Butterblume, Goldblume, Ringelrose; nochan, nochana, nochanka, nuchanka, nochatka, knochac, knochanka, butrauki.

Häufig seit dem Mittelalter als Zier- und Heilpflanze in den Gärten kultiviert, zuweilen noch alte Sorten mit ungefüllten Blüten vorhanden. Mitunter auch mit Gartenabfällen verschleppt und kurzfristig verwildernd. Δ F, Δ M.

Callistephus chinensis (L.) NEES – Sommeraster
VN: Aster; kólaso, kólasko, słyńicka, talariki, talaritki, talaricki, tolariki, kwěty, kwětki, asterka, aster.
Beliebte Schnittblume, in vielen Sorten in Gärten kultiviert.

Calystegia pulchra BRUMMIT et HEYWOOD – Schöne Zaunwinde
Selten als Zierpflanze an Zäunen vorkommend, z. B. in Burg und Lübben, mitunter auch auf Müllplätzen verwildert, z. B. wenig außerhalb des UG in Groß Lübbenau (1988 JE).

Camelina sativa (L.) CRANTZ – Saat-Leindotter, s. Kap. 4.2

Campanula carpatica JACQ. – Karpaten-Glockenblume
Als Zierpflanze in Gärten hier und da kultiviert.

Campanula glomerata L. – Knäuel-Glockenblume
Nicht seltene Zierpflanze in Gärten und zuweilen mit Gartenabfällen in die Feld- und Waldflur gebracht. Wildvorkommen im UG sind nicht bekannt. Δ F.

Campanula medium L. – Marien-Glockenblume
Vereinzelt in Bauerngärten, jedoch mit rückläufigem Trend.

Campanula persicifolia L. – Pfirsichblättrige Glockenblume, s. Kap. 4.2

Campanula portenschlagiana SCHULT. – Zwerg-Glockenblume
Dauerhafte, blütenreiche Polsterpflanze in Gärten und Anlagen, hier und da vorkommend.

Campanula rapunculoides L. – Acker-Glockenblume, s. Kap. 4.2

Campanula trachelium L. – Nesselblättrige Glockenblume, s. Kap. 4.2

Campsis radicans (L.) SEEM. ex BUREAU – Trompetenwinde
Prachtvolle Kletterpflanze. Im UG nur selten gepflanzt, z. B. in Lübbenau an einem Gebäude am Markt drei, mehrere Jahrzehnte alte Exemplare. Einige starke Individuen werden von BOLLE (1876) aus dem Lübbenauer Schlosspark angegeben.

Canna indica L. – Westindisches Blumenrohr
In Gärten und Grünanlagen, auch als Hybriden, häufig kultiviert.

Capsicum

Capsicum annuum L. – Paprika, Spanischer Pfeffer
VN: – ; paprika.
In Folienzelten und Gewächshäusern angebaut. Einige Sippen als Zierpflanzen kultiviert.
In FRANKE (1594) als „Türkischpfeffer" aufgeführt.

Caragana arborescens LAM. – Gewöhnlicher Erbsenstrauch
Nicht selten als Zierstrauch in Gärten und Anlagen angepflanzt.

Carex pendula HUDS. – Hänge-Segge, s. Kap. 4.2

Carthamus tinctorius L. – Färber-Saflor
VN: Safran; žapran, zapran, šabran, barwa.
KR (1955b: 115) schreibt zum Vorkommen der Art im UG: „Nicht selten in kleinen Beeten in Bauerngärten angebaut. Die Blütenblätter werden getrocknet, zerstoßen und als Safranersatz benutzt zur Färbung des Quarkes". Derzeit nur noch sehr selten im Siedlungsraum Burg vorhanden. Δ F.

Carum carvi L. – Wiesen-Kümmel, s. Kap. 4.2

Castanea sativa MILL. – Ess-Kastanie
Spärlich und meist einzeln angepflanzt, z. B. Pretschen: Weinberg, Lübben: Spielberg, früher auch Neu Zaucher Weinberg. Δ F.

Carthamus tinctorius

Catalpa bignonioides WALTER – Trompetenbaum
Gelegentlich in Privatgärten und öffentlichen Anlagen gepflanzter Zierbaum.

Celastrus scandens L. – Baumwürger
Im Straupitzer Schlosspark vorkommend, bereits von KR (1955b) aufgeführt.

Celosia argentea L. – Hahnenkamm, Brandschopf, Celosie
Gelegentlich in Gärten in verschiedenen Sorten ausgepflanzt. Δ F, Δ M.

Centaurea cyanus L. – Kornblume, s. Kap. 4.2

Centaurea dealbata WILLD. – Zweifarbige Flockenblume
Gelegentlich in Gärten als Zierpflanze kultiviert.

Centaurea montana L. – Berg-Flockenblume
Vereinzelt in Gärten als Schmuckstaude kultiviert. Δ F.

Cerastium biebersteinii DC. – Bieberstein-Hornkraut
Ziemlich häufig in Gärten und auf Friedhöfen angepflanzt, von dort gelegentlich an trockenen Ruderalstellen verwildernd.

Cerastium tomentosum L. – Filziges Hornkraut, s. Kap. 4.2

Chaenomeles japonica (THUNB.) LINDL. ex SPACH – Japanische Scheinquitte
Diese Art, *Ch. speciosa* (SWEET) NAKAI sowie die Hybride aus beiden Arten sind gelegentlich in Anlagen und Gärten gepflanzt.

Chamaecyparis lawsoniana (A. MURRAY) PARL. – Lawsons Scheinzypresse
Zahlreich auf Friedhöfen und in Vorgärten in verschiedenen Sorten, oft als Hecke, gepflanzt.

Chamaecyparis obtusa (SIEBOLD et ZUCC.) ENDL. – Feuer-Scheinzypresse
In Gärten und Anlagen in verschiedenen Sorten gepflanzt, z. B. Alter Friedhof Lübbenau.

Chamaecyparis pisifera (SIEBOLD et ZUCC.) ENDL. – Erbsenfrüchtige Scheinzypresse
Gelegentlich in Vorgärten und auf Friedhöfen angepflanzt.

Chamaecytisus purpureus (SCOP.) LINK – Purpur-Zwergginster
Hier und da neuerdings in Vorgärten anzutreffen.

Chamaemelum nobile (L.) ALL. – Echte Römische Kamille
[**Syn.:** *Anthemis nobilis* L.]
Seit dem 16. Jahrhundert als magenstärkende Heilpflanze auch in den Lausitzen gebräuchlich, heute eher eine seltene Zierpflanze, meist mit gefüllten Blüten.

Chenopodium foliosum ASCH. – Durchblätterter Erdbeerspinat
Die Art wird im Arznei- und Gewürzpflanzengarten Burg angebaut und hat sich dort, ausgehend von der Kulturfläche, an mehreren Stellen des Gartens angesiedelt (2000 Jage).

Chionodoxa luciliae BOISS. – Echte Sternhyazinthe, Schneestolz
[**Syn.:** *Scilla luciliae* (BOISS.) SPETA]
Vereinzelt seit etwa 1880 in Gärten kultivierte Zierpflanze, im UG selten verwildert an Wegen und in Parkanlagen vorkommend, dort jedoch recht beständig, z. B. Lübben: im Hain und in Burg (Dorf) (1991 JE).

Chrysanthemum

Chrysanthemum* x *grandiflorum (RAMAT.) KITAM. – Garten-Chrysantheme
[**Syn.:** *Ch.* x *indicum* hort., *Dendranthema* x *indicum* hort.]
VN: Winteraster, Chrysantheme (großblütige Formen); – .
Häufig und in mehreren Formen in Gärten sowie in gärtnerischen Kulturen, z. T. unter Glas, gezogen. Beliebte Schnittblume, in zahlreichen Sorten im Handel.

Cicerbita macrophylla (WILLD.) WALLR. – Großblättriger Milchlattich, s. Kap. 4.2

Cichorium intybus L. var. ***foliosum*** HEGI – Chikoree, s. Kap. 4.2

Clarkia amoena (LEHM.) A. NELSON et MACBRYDE – Mandelröschen, Sommerazalee
Seit dem 19. Jahrhundert beliebte Vorgartenpflanze, heute nur noch gelegentlich in mehreren Sorten kultiviert.

Clematis vitalba L. – Gewöhnliche Waldrebe, s. Kap. 4.2

Clematis viticella L. – Italienische Waldrebe
Selten als Kletterpflanze in den Ortslagen anzutreffen. Zahlreiche weitere *Clematis*-Sippen sind in den Ortslagen angepflanzt.

Cnicus benedictus L. – Benediktenkraut
VN: – ; bóźy woset.
Seit dem Mittelalter als Heilpflanze angebaut. Aktuelle Vorkommen in Hausgärten sind nicht bekannt. Δ F, Δ M.

Colchicum autumnale L. – Herbst-Zeitlose
Außer dieser werden weitere *Colchicum*-Arten und -Hybriden als Zierpflanzen in Gärten kultiviert, insbesondere *C. speciosum* STEV. Δ F.

Colutea arborescens L. – Gewöhnlicher Blasenstrauch
Als Ziergehölz gelegentlich in Gärten und Grünanlagen sowie in Windschutzhecken gepflanzt, auch verwildernd. Δ F.

Commelina communis L. – Kommeline
VN: Schlingschlangpflanze; – .
Früher häufig, heute gelegentlich in Gärten anzutreffen, selten an Wegen, auf Äckern und Müllplätzen adventiv auftretend. Erstnennung einer Verwilderung bei Wußwerk durch PASSARGE (1959). In jüngster Zeit aus der Mode gekommen und aus vielen Gärten verschwunden.

Consolida ajacis (L.) Schur – Garten-Rittersporn
VN: – ; żydowa broda, kozyna broda, kaplank, pantochlicka, pantoflicka, cyganki.
Früher häufig, heute vereinzelt in Gärten kultiviert; auch auf Müllplätzen vorgefunden, z. B. in Krausnick (1994 KU) und zwischen Babow und Müschen (1997 JE). Δ F.

Consolida regalis Gray – Acker-Rittersporn, s. Kap. 4.2

Convallaria majalis L. – Gewöhnliches Maiglöckchen, s. Kap. 4.2

Coreopsis grandiflora T. M. Hogg ex Sweet – Großblumiges Mädchenauge
Häufig in Gärten als Zierpflanze anzutreffen, Verwilderungen sind selten. Verwechslungen mit *C. lanceolata* sind möglich.

Coreopsis tinctoria Nutt. – Färber-Mädchenauge
VN: – ; żołta nalechenka, żołta nalchenka, żyźanka.
Hier und da als Sommerblume in Gärten kultiviert.

Coriandrum sativum L. – Koriander
VN: – ; korbian, koriander.
Heute in den Gärten weitgehend fehlend, gelegentlich auch auf Müllplätzen unbeständig verwildert. Δ F, Δ M.

Cornus alba agg. – Artengruppe Weißer Hartriegel, s. Kap. 4.2

Cornus mas L. – Kornelkirsche
VN: – ; drěn, drjon.
Vereinzelt als Ziergehölz angepflanzt. Stattliche Exemplare befinden sich u. a. im Schlosspark Lübbenau.

Coriandrum sativum

Corydalis cava (L.) Schweigg. et Körte – Hohler Lerchensporn
Hier und da in Gärten kultiviert. Die in Benkert et al. (1996) enthaltene MTBQ-Angabe: 4151/3 geht auf Gartenverwilderungen zurück (vgl. KU et al. 2001). Δ M.

Corydalis solida (L.) Clairv. – Gefingerter Lerchensporn
Gelegentlich als Zierpflanze in Gärten kultiviert.

Corylus avellana L. – Gewöhnliche Hasel, s. Kap. 4.2

Corylus

Corylus colurna L. – Baum-Hasel
Hier und da in Ortschaften angepflanzt. Schon von TREICHEL (1876a) für den Lübbenauer Schlosspark genannt.

Corylus maxima MILL. – Lamberts-Hasel
VN: – ; lěśćina, lěśćinka, lěska, worjěškowy keŕ (Strauch)/worjěšk (Frucht)/wurlišk (männl. Blüte).
Vereinzelt in Klein- und Hausgärten angepflanzt. Δ F.

Cosmos bipinnatus CAV. – Schmuckkörbchen, Kosmée
VN: Stemchen; – .
Häufig in Gärten kultiviert; gelegentlich vorübergehend verwildert (Müllplätze).

Cotinus coggygria SCOP. – Gewöhnlicher Perückenstrauch
In Vorgärten hier und da angepflanzt.

Cotoneaster spp. – Zwergmispel
Zahlreiche *Cotoneaster*-Sippen werden in Vorgärten und Anlagen angepflanzt. Verwilderungen existieren gelegentlich in Ortsrandlagen.

Crataegus pedicellata SARG. – Scharlach-Weißdorn
[**Syn.:** *C. coccinea* L.]
Gelegentlich angepflanzt in Parkanlagen, z. B. im Schlosspark Lübbenau; verwildert bei Byhleguhre (1986 Otto H-GLM 31484).

Crataegus* x *media BECHST. – Rotdorn
Hybridkomplex. Hier und da in Ortslagen gepflanzt.

Crocosmia* x *crocosmiiflora (LEMOINE ex E. MORREN) N. E. BR. – Garten-Montbretie
Vereinzelt als Zierpflanze in Gärten kultiviert und als Schnittblume verwendet.

Crocus flavus WESTON – Gold-Krokus
Häufig in Gärten und auf Rasenflächen anzutreffen; vermag sich fest anzusiedeln.

Crocus tommasinianus HERB. – Dalmatiner Krokus
Hier und da in Gärten und Anlagen vorkommend.

Crocus vernus HILL – Echter Frühlings-Krokus
[**Syn.:** *C. napolitanus* MORD.LAUN. et LOUIS]
Häufig in Gärten und Rasenflächen; vermag sich fest anzusiedeln. In Gärten werden mitunter weitere Krokus-Arten wie *C. chrysanthus* (HERB.) HERB. und *C. biflorus* MILL. sowie verschiedene Hybriden kultiviert.

Cytisus

Cucumis sativus L. – Gurke
VN: –.; górka.
Häufig angebautes Gemüse in Gärten und auf Feldern, heutige „Charakterpflanze des Spreewaldes". Erste Belege sind aus frühslawischer Zeit vorhanden (LANGE 1973). Δ F.

Cucurbita maxima (DUCHESNE) DUCHESNE ex POIR. – Riesen-Kürbis (Abb. 118)
VN: Kürbs, Kirbs; banja.
Häufig in Gärten und auch großflächig auf Feldern angebaut, insbesondere auf Horstäckern um Lehde und Leipe. Zur Erntezeit werden in vielen Dörfern des Oberspreewaldes noch heute die Früchte an den Gehöften zum Verkauf aufgeschichtet. Δ F.

Cucurbita pepo L. – Garten-Kürbis
VN: – ; banja.
Häufig angebaute Pflanze, sowohl zur Ernährung (Tafel-Kürbis und Zucchini) als auch zum Schmuck [Zier-Kürbis (*C. pepo* convar. *microcarpina* GREBENŠČ. s. l.)]. In neuerer Zeit werden mancherorts zahlreiche Zier-Kürbissorten aber auch weitere nahe verwandte Sippen, wie der Turban-Kürbis [*C. maxima* convar. *turbaniformis* (ROEM.) ALEF.], der Patisson (*C. pepo* convar. *patissonina* GREBENŠČ.), der Flaschenkürbis [*Lagenaria siceraria* (MOLINA) STANDL.] und die Haargurke (*Sicyos angulatus* L.), der Früchte wegen angezogen und diese zum Verkauf angeboten. Letztere wird vereinzelt auch zur Begrünung von Zäunen, Spalieren etc. genutzt.

Cuminum cyminum L. – Kreuzkümmel
VN: – ; kostrewka, kustrewka.
Seit dem Mittelalter in der Niederlausitz als Würzpflanze angebaut (KR 1992), im Spreewald seit dem 19. Jahrhundert nicht mehr in Gebrauch. Δ F.

Cydonia oblonga MILL. – Echte Quitte
VN: – ; kwjada, kwitula.
Geschätzter, aber nicht häufig gepflanzter Obstbaum, z. B. Garten am Schloss Lübbenau. Δ F.

Cynara cardunculus L. – Gemüse-Artischocke
Früher besonders bei Lübbenau kultiviert (RH 1839), heute kaum noch angebaut (Lehde, 2006 IL).

Cytisus x *praecox* BEAN – Elfenbein-Ginster
Erst seit wenigen Jahrzehnten in Gärten und Anlagen vereinzelt kultiviert.

Cytisus scoparius (L.) LINK – Besenginster, s. Kap. 4.2

Dahlia

Dahlia coccinea CAV. – Scharlach-Dahlie
Selten in Gärten und Anlagen anzutreffen.

Dahlia x *hortensis* GUILLAUMIN – Garten-Dahlie
VN: Georgine, Jeragine (Ball- und Pompon-Dahlien), Dahlie; jerjegina, herjegina, eregina, jeorgina, gerogina, georgina.
Beliebte und in zahlreichen Sorten kultivierte Zierpflanze. Alte Landsorten sind v. a. bei den Ball-Dahlien gelegentlich noch zu sehen.

Dahlia pinnata CAV. – Großfiedrige Dahlie
Früher häufig, ob heute noch als reine Art kultiviert? Vgl. *D.* x *hortensis*.

Daphne mezereum L. – Gewöhnlicher Seidelbast
Seit dem Mittelalter in den Gärten der Niederlausitz mit rosa und weißen Blüten angepflanzt, im Spreewald jedoch nur selten anzutreffen (KR in litt. 2008). Δ F, Δ M.

Datura stramonium L. – Weißer Stechapfel, s. Kap. 4.2

Daucus carota L. subsp. *sativus* (HOFFM.) SCHÜBL. et G. MARTENS – Garten-Möhre
VN: Mohrrübe, Mohrriebe; marchwej, marchwjej, marchej, marchij.
Seit slawischer Zeit im Spreewald häufig auf Feldern und in Gärten in mehreren Sorten angebaut (LANGE 1971). Δ F.

Delphinium x *cultorum* VOSS – Stauden-Rittersporn
VN: – ; żydowa broda, kozyna broda, kaplank, pantochlicka, pantoflicka.
In Gärten als attraktive Zierpflanze häufig kultiviert.

Deutzia scabra THUNB. – Raue Deutzie
VN: Weißes Mandelbäumchen; – .
Diese und andere *Deutzia*-Sippen werden neuerdings gelegentlich in Gärten und Anlagen angepflanzt.

Dianthus barbatus L. – Bart-Nelke
VN: Kateisernelke, Karteisernelke, Kasteisernelke, Kaisernelke; kula, nawlik, pupkaty nalchenk, nelka, kajzernelka.
Häufig in Gärten kultiviert, seit langer Zeit beliebte Schnittblume, seltener auch mit Gartenabfällen verschleppt und kurzzeitig verwildernd. Δ F.

Dianthus caryophyllus L. – Garten-Nelke
VN: – ; nalchenk, nalchen, nalichenk, nalechenka, nelka.

Doronicum

Früher eine nicht seltene Zierpflanze, die sowohl in Gärten als auch industriemäßig in Gewächshäusern herangezogen wurde. Heute nur noch vereinzelt anzutreffen. FRANKE (1594) gibt für die Lausitzen bereits 13 verschiedene Sorten an. Δ F, Δ M.

Dianthus chinensis L. – Chinesische Nelke
VN: – ; zmilna nalechenka.
Als reichblütige, farbenfrohe Zierpflanze heute verbreitet, meist als Hybridsorten.

Dianthus gratianopolitanus VILL. – Pfingst-Nelke
Nicht selten in verschiedenen Sorten in Steingärten und auf Friedhöfen gepflanzt.

Dianthus plumarius L. – Feder-Nelke
VN: Weiße Nelke; swědrack, fědrack.
Selten in Gärten und auf Friedhöfen gepflanzt.

Dicentra eximia (KER GAWL.) TORR. – Zwerg-Herzblume
Gelegentlich in Ziergärten kultiviert.

Dicentra spectabilis L. – Tränendes Herz, Zweifarbige Herzblume
[**Syn.:** *Lamprocapnos spectabilis* (L.) LEM.]
VN: Männerherz, Herzblatt, Gebrochenes Herz, Blutendes Herz; muskeca wutšoba, hutšoby, hutšobki, zwónki.
Beliebte Gartenpflanze, erst seit etwa 100 Jahren im UG.

Dictamnus albus L. – Diptam
VN: – ; diptam, diptan.
Vereinzelt in Gärten als Zierpflanze gezogen. Δ F, Δ M.

Digitalis purpurea L. – Roter Fingerhut, s. Kap. 4.2

Dipsacus fullonum L. – Wilde Karde, s. Kap. 4.2

Doronicum columnae TEN. – Herzblättrige Gämswurz
Rabattenzierpflanze des Frühsommers, zerstreut.

Doronicum orientale HOFFM. – Kaukasus-Gämswurz
VN: Gelbe Margerite, Osterblume, Gelbe Blume; – .
Häufig in verschiedenen Sorten in Gärten als beliebte Frühjahrsblume angepflanzt. Verwilderungen sind selten, z. B. Krausnick: am Forsthaus Meierei im Erlengebüsch (1992 H-JE).

Digitalis purpurea

Doronicum

Doronicum pardalianches L. – Kriechende Gämswurz
Selten anzutreffende hochwüchsige Staude, oft durch unterirdische Ausläufer bestandsbildend, auch an Zäunen verwildernd.

Dracocephalum moldavicum L. – Türkischer Drachenkopf
Früher gelegentlich in Gärten als Teepflanze gebaut (vgl. auch KR 1992), selten, z. B. in Lübben, aus Gärten vorübergehend verwildert (1954 BI). Δ F.

Echinacea purpurea (L.) MOENCH – Roter Igelkopf
In Gärten als Zierpflanze kultiviert.

Echinocystis lobata (MICHX.) TORR. et A. GRAY – Gelappte Stachelgurke
Selten an Zäunen kultiviert oder geduldet mit potentieller Tendenz zur Verwilderung, z. B. Alt Schadow: Zeltplatz-Nord (KU 1998), Lübbenau: Gartenanlagen N der Stadt und Vetschau (1991 JE).

Echinops ritro L. – Blaue Kugeldistel
Vereinzelt in Gärten gezogen.

Echinops sphaerocephalus L. – Drüsige Kugeldistel, s. Kap. 4.2

Eranthis hyemalis (L.) SALISB. – Winterling, s. Kap. 4.2

Eremurus robustus (REGEL) REGEL – Riesen-Steppenkerze, Kleopatranadel
Diese und nahe verwandte Arten bzw. Hybriden sind seit etwa zwei Jahrzehnten in Gartenkultur zu finden.

Erica carnea L. – Schnee-Heide
Häufig auf Friedhöfen und in Gärten angepflanzt.

Erigeron annuus (L.) PERS. – Einjähriges Berufkraut, Einjähriger Feinstrahl, s. Kap. 4.2

Erigeron speciosus (LINDL.) DC. – Ansehnliches Berufkraut
Hier und da in mehreren Farbsorten als Schmuckstaude in Gärten kultiviert.

Eryngium planum L. – Flachblättrige Mannstreu
Vereinzelt in Gärten als Schmuckstaude und für Trockensträuße angepflanzt.

Erysimum cheiri (L.) CRANTZ – Goldlack
[**Syn.**: *Cheiranthus cheiri* L.]
VN: Lack; figjel, figele, żołte negelgeny.

Als beliebte und robuste Bauerngartenpflanze noch recht häufig in mehreren Farben und Sorten angepflanzt. Δ F, Δ M.

Eschscholzia californica CHAM. – Kalifornischer Kappenmohn
Gelegentlich als Sommerblume in Gärten gezogen, selten auf Müllplätzen vorübergehend verwildernd.

Euonymus fortunei (TURCZ.) HAND.-MAZZ. – Kletter-Spindelstrauch
Nicht häufig kultiviert. In Lübbenau wird das Wohnhaus der Gärtnerei „Vater" durch ein vor Jahrzehnten angepflanztes Exemplar umrankt.

Eschscholzia californica

Euphorbia lathyris L. – Kreuzblättrige Wolfsmilch
VN: – ; kokotowe mloko, wjelkowe mloko, koccyne mloko, śiskac.
Gelegentlich in Gärten kultiviert und selten in Gartennähe und auf Müllplätzen adventiv auftretend; bevorzugt nährstoffreiche, bindige Böden. Δ F, Δ M.

Euphorbia epithymoides L. – Vielfarbige Wolfsmilch
[**Syn.:** *E. polychroma* A. KERN.]
Als Zierstaude in Gärten und Anlagen zu finden.

Euphorbia marginata PURSH – Weißrandige Wolfsmilch
VN: Edelweiß, Gartenedelweiß; – .
Vielfach als Sommerblume in Gärten kultiviert.

Euphorbia myrsinites L. – Walzen-Wolfsmilch
Als Blattschmuckpflanze der Steingärten vereinzelt in Liebhabergärten anzutreffen.

Fagopyrum esculentum MOENCH – Echter Buchweizen
VN: Heidekorn, Pschusnitza, Heedekorn, Eedekorn, Heednisch; pšusnica, hejdyša, hejda.
Seit slawischer Zeit ackerbaulich auf zumeist leichten Böden genutzt (IL 1999a). Im östlichen RG bis 1960 häufig als „Körnerfrucht" im Anbau (HANELT 1981), um

Fagopyrum esculentum

Fallopia

1980 ist dieser fast erloschen (JE 1991/92). Anfang der 1990er Jahre erlebte der Anbau in den RG des Spreewaldes eine kurzzeitige Belebung. Δ F.

Fallopia baldschuanica (REGEL) HOLUB – Schling-Flügelknöterich
[**Syn.:** *F. aubertii* (L. HENRY) HOLUB]
Häufige Kletterpflanze an Gebäuden, Mauern und Pergolen.

Fallopia japonica (HOUTT.) RONSE DECR. – Japanischer Flügelknöterich, s. Kap. 4.2

Fallopia sachalinensis (F. SCHMIDT) RONSE DECR. – Sachalin-Flügelknöterich, s. Kap. 4.2

Festuca glauca VILL. – Blau-Schwingel
Nicht selten in Vorgärten (v. a. in Steingärten) als Zierpflanze kultiviert.

Foeniculum vulgare MILL. – Fenchel
VN: – ; kopśica, kopr.
Früher häufig, heute deutlich seltener als Heil- und Würzpflanze kultiviert. Δ F, Δ M.

Forsythia x *intermedia* ZABEL – Goldglöckchen, Garten-Forsythie
Häufig in mehreren Sorten angepflanzt. Seit etwa 100 Jahren beliebter Zierstrauch (KR 2003b).

Fragaria vesca L. subsp. *vesca* f. *semperflorens* (DUCHESNE) STAUDT – Monats-Erdbeere
Gelegentlich in Nutzgärten gezogen.

Fragaria x *ananassa* (DUCHESNE) GUEDÈS – Garten-Erdbeere
VN: Erdbeere; słynjaška, słynica, słunica, sułnica, slynjaška, slynica, słynco, seńc, syńc, słońcna jagoda, erdbery.
Häufig in verschiedenen Sorten in Gärten angebaut. Besonders beliebt ist die in Luckenwalde gezüchtete Sorte 'Senga Sengana'.

Fraxinus ornus L. – Blumen-Esche
Selten in Siedlungen gepflanzt, z. B. auf dem ADAC-Gelände in der Lübbenauer Neustadt.

Fritillaria imperialis L. – Kaiserkrone
Typisches Element der Oberspreewälder Hausgärten; meist rot, aber auch gelb blühend. Behauptet sich auf tiefgründigen Böden auch ohne Pflege über lange Zeit. Für die Lausitzen erstmals von GROSSER (1714) erwähnt.

Fritillaria meleagris L. – Gewöhnliche Schachblume
Selten in Vorgärten kultiviert.

Fuchsia x *hybrida* Voss – Fuchsien-Hybriden
VN: Ohrringele; zwónkile.
Ziemlich häufig als Schmuckpflanze in Kübeln, Pflanzschalen und Rabatten in Vorgärten, auf Terrassen und auf Friedhöfen kultiviert.

Gaillardia x *grandiflora* Van Houtte – Großblumige Kokardenblume
Sehr robuste und häufig kultivierte Gartenpflanze. Gelegentlich auch auf Ödland und in Ruderalfluren verwildert und sich dort mehrere Jahre haltend. In diese Beurteilung eingeschlossen ist auch die nicht leicht zu differenzierende *G. aristata* Pursh.

Galanthus nivalis L. – Kleines Schneeglöckchen s. Kap. 4.2

Galega officinalis L. – Echte Geißraute
Ursprünglich als Arzneipflanze bis in das 18. Jahrhundert in Gärten angebaut (KR 1992), heute offenbar fehlend. Aus dem Spreewald ist eine Verwilderung aus Lübben (1949 BI in JE 1982a) angegeben. Im Umfeld des Spreewaldes nur noch in Groß Beuchow nachgewiesen (IL in Kl 1985b). Δ F.

Galium odoratum (L.) Scop. – Waldmeister s. Kap. 4.2

Gazania-Hybriden – Gazanie, Mittagsgold
Selten als Zierpflanze in verschiedenen Sorten in Gärten und Rabatten angepflanzt; erst in den letzten 20 Jahren mit zunehmender Beliebtheit.

Geranium macrorrhizum L. – Felsen-Storchschnabel, Duft-Storchschnabel
Neuerdings nicht selten in Gärten und Grünanlagen als Bodendecker angepflanzt.

Geranium x *magnificum* Hyl. – Pracht-Storchschnabel
Häufige Zierpflanzenart in Gärten und Grünanlagen.

Geranium phaeum L. – Brauner Storchschnabel
Selten in naturnahen Gärten in Kultur.

Geranium platypetalum Fisch. et C. A. Mey. – Breitkronblättriger Storchschnabel
Gelegentlich als Zierpflanze in Gärten kultiviert.

Geranium pyrenaicum Burm. f. – Pyrenäen-Storchschnabel, s. Kap. 4.2

Geranium

Geranium sanguineum L. – Blutroter Storchschnabel, s. Kap. 4.2

Geum coccineum Sibth. et Sm. – Rote-Nelkenwurz
Als Zierpflanze in verschiedenen Sorten, z. T. mit gefüllten Blüten, kultiviert.

Gladiolus x *hortulanus* Bailey – Garten-Gladiole
VN: – ; mjac.
Häufig in Gärten anzutreffen; beliebte Schnittblume.

Glebionis coronaria (L.) Spach – Kronen-Wucherblume
[**Syn.:** *Chrysanthemum coronarium* L.]
Als Sommerblume gelegentlich in Gärten kultiviert. Ehemals beliebte Zierpflanze, auch mit gefüllten Blüten vorhanden. Δ F.

Geranium sanguineum

Gleditsia triacanthos L. – Christusdorn, Lederhülsenbaum
Vereinzelt in Wohngebieten und Parkanlagen angepflanzt.

Gypsophila elegans M. Bieb. – Ansehnliches Gipskraut
Gelegentlich als Zierpflanze in Gärten kultiviert.

Gypsophila paniculata L. – Rispiges Gipskraut
VN: Brautkraut; njewjesćine zele, šlewjernicka.
Häufig als Zierpflanze in Gärten kultiviert; gern als Füllmaterial in Blumensträußen verwendet.

Hedera helix L. – Gewöhnlicher Efeu, s. Kap. 4.2

Helenium autumnale L. – Gewöhnliche Sonnenbraut
[**Syn.:** *H. grandiflorum* Nutt.]
Häufig in Gärten angepflanzt; eine beliebte Schmuckstaude. Heute existieren oft Kreuzungen mit anderen *Helenium*-Arten, insbesondere mit *H. flexuosum* Raf., in verschiedenfarbigen Sorten.

Helianthus annuus L. – Einjährige Sonnenblume
VN: – ; słyncko, słynco, slynco.
Oft feldmäßig als Futter- und Ölpflanze angebaut, aber auch in mehreren Sorten als Zierpflanze in Gärten beliebt. Gelegentliche Verwilderungen sind unbeständig. Δ F.

Helianthus decapetalus L. – Zehnstrahlige Sonnenblume
Hier und da als Zierpflanze in Gärten kultiviert.

Helianthus pauciflorus NUTT. – Wenigblütige Sonnenblume
[Syn.: *H. rigidus* (CASS.) DESF.]
Gelegentlich in Gärten kultiviert.

Helianthus salicifolius A. DIETR. – Weidenblättrige Sonnenblume
Als attraktive Zierstaude nicht häufig in Vorgärten gepflanzt; auch in gefüllten Sorten vorhanden.

Helianthus x *laetiflorus* PERS. – Blühfreudige Sonnenblume
Gelegentlich als Zierpflanze in Gärten kultiviert, selten und unbeständig verwildernd, z. B. Zerkwitz: Müllplatz (1982 H-JE), Boblitz: Ortslage an der Straße (1982 JE).

Helianthus tuberosus L. s. l. – Topinambur, s. Kap. 4.2

Helichrysum bracteatum (VENT.) WILLD. – Garten-Strohblume
VN: – ; papjerjanka, słomjana kwětka, słomjanka, słomjany strusk, rjagotawka.
Oft als Zierpflanze kultiviert; gern für Trockensträuße verwendet.

Heliopsis helianthoides (L.) SWEET – Garten-Sonnenauge
Noch vor 20 Jahren häufig als Zierpflanze kultiviert, heute etwas seltener.

Helleborus niger L. – Christrose, Schwarze Nieswurz
Gelegentlich in Vorgärten als Schmuckstaude angepflanzt. Δ M.

Hemerocallis fulva (L.) L. – Gelbrote Taglilie, s. Kap. 4.2

Hemerocallis lilioasphodelus L. – Gelbe Taglilie
[Syn.: *H. flava* L.]
Selten in Vorgärten anzutreffen. Neben dieser, seit dem 16. Jahrhundert als Zierpflanze in Deutschland kultivierten Art (KR 2003b), werden seit dem 19. Jahrhundert vielfach Hybriden aus verschiedenen ostasiatischen *Hemerocallis*-Arten angepflanzt.

Hepatica nobilis SCHREB. – Gewöhnliches Leberblümchen, s. Kap. 4.2

Heracleum mantegazzianum SOMMIER et LEVIER – Riesen-Bärenklau
Selten als Solitärstaude in Gärten und Grünanlagen gepflanzt. Ein Eindringen in die natürliche Vegetation ist bisher nicht beobachtet worden.

Hesperis

Hesperis matronalis L. – Gewöhnliche Nachtviole, s. Kap. 4.2

Heuchera sanguinea ENGELM. – Echtes Purpurglöckchen
Gelegentlich in Gärten als Zierpflanze kultiviert. Heute werden oftmals Kreuzungen mit anderen *Heuchera*-Arten im Handel angeboten.

Hieracium aurantiacum L. – Orangerotes Habichtskraut
VN: – ; pupajca.
Hier und da als Zierpflanze in Gärten kultiviert, selten auch verwildernd, z. B. in Straupitz (1991 JE).

Hippophaë rhamnoides L. – Sanddorn
Gelegentlich in Gärten gepflanzt.

Hordeum vulgare L. em. ALEF. – Saat-Gerste
Im intensiven Feldbau weit verbreitete Kulturart. Seit der Bronzezeit in der Niederlausitz belegt (IL 1999a). Angebaut als Sommer- und Wintergerste, wobei die zweizeilige Gerste [*H. vulgare* convar. *distichon* (L.) ALEF.] und die mehrzeilige Gerste (*H. vulgare* convar. *vulgare*), letztere seit der Römischen Kaiserzeit (IL 1999a), im UG im Anbau sind. Δ F, Δ M.

Hosta lancifolia (THUNB.) ENGL. – Lanzen-Funkie
[**Syn.:** *H. japonica* (THUNB.) ASCH. et GRAEBN.]
Robuste Zierpflanze in verschiedenfarbigen Sorten mit geringen Pflegeansprüchen. Sie ist Bestandteil der Spreewaldgärten, jedoch nicht häufig.

Hosta plantaginea (LAM.) ASCH. – Lilien-Funkie
[**Syn.:** *H. subcordata* SPRENG.]
Nicht überall vorhanden, aber dennoch fester Bestandteil der Spreewaldgärten. Robuste, leicht zu kultivierende Zierpflanze.

Hosta sieboldiana ENGL. – Blaublatt-Funkie
[**Syn.:** *H. glauca* (SIEBOLD) STEARN]
Gelegentlich in Gärten in verschiedenen Sorten zu finden.

Hosta ventricosa STEARN – Glocken-Funkie
Funkien sind aktuell Modepflanzen, wobei *H. ventricosa* im UG zu den bereits seit längerem, in verschiedenen Sorten kultivierten Sippen gehört.

Hyacinthoides hispanica (MILL.) ROTHM. – Spanisches Hasenglöckchen
[**Syn.:** *Scilla hispanica* MILL.]
Gelegentlich als Zierpflanze in Gärten und Grünanlagen zu finden.

Hyacinthus orientalis L. – Garten-Hyazinthe
Häufig und in verschiedenen Sorten in Vorgärten kultiviert, auch als Zimmerpflanze vorgetrieben. Erstangabe für die Lausitzen bei GROSSER (1714).

Hydrangea macrophylla (THUNB. ex MURRAY) SER. – Garten-Hortensie
VN: Rodensie, Radensie; kula.
Beliebter Blütenstrauch; gedeiht besonders gut in den Gärten der feuchten Niederung des inneren Spreewaldes.

Hypericum calycinum L. – Immergrünes Johanniskraut
Nicht sehr häufig in Vorgärten und Anlagen als Zierpflanze kultiviert.

Hyssopus officinalis L. – Gewöhnlicher Ysop
VN: – ; isopka, yzopica, hizopica, hizop.
Vereinzelt angebaute Würzpflanze. Von RH (1839) für die Lausitzen noch als häufig gepflanzt und z. T. auch verwildert angegeben; eine offizinelle Nutzung erfolgte noch während des 19. Jahrhunderts. Δ F, Δ M.

Iberis amara L. – Bittere Schleifenblume
Typische Art der Rabatten und Einfassungen. Im Umfeld von Gartenanlagen und Friedhöfen bisweilen unbeständig verwildernd.

Iberis umbellata L. – Doldige Schleifenblume
Als Sommerblume gelegentlich in Bauerngärten kultiviert, selten auf Müllplätzen und an Wegen unbeständig verwildernd.

Iberis sempervirens L. – Immergrüne Schleifenblume
Ziemlich häufig als ausdauernde Zierpflanze in Gärten vorhanden.

Ilex aquifolium L. – Europäische Stechpalme
VN: – ; chrast.
Zunehmend als Ziergehölz in etwas geschützten Lagen, v. a. in Vorgärten, angepflanzt. Bislang nur eine Verwilderung beobachtet: Lübben: im Hain (2002 KU).

Impatiens balsamina L. – Garten-Springkraut, Garten-Balsamine
Heute nur noch gelegentlich in Gärten ausgesät. Bis 1960 vielerorts, besonders um Burg, auch beetweise zur Samengewinnung für den Verkauf angebaut. Δ M.

Impatiens glandulifera ROYLE – Drüsiges Springkraut, s. Kap. 4.2

Inula helenium L. – Echter Alant
VN: Omanswurzel; łoman, homan.
Heute kaum noch als Zierpflanze vorhanden; früher hier und da als Heilpflanze in Kultur. Die im Mittelmeergebiet beheimatete Art wird von RH (1839) für Lehde und Burg Kolonie genannt. Vereinzelt wurden unbeständige Verwilderungen beobachtet, z. B. Lübbenau: S des Bhf. (1985 JE). Δ F, Δ M.

Ipomoea purpurea ROTH – Purpur-Prunkwinde, Purpur-Trichterwinde
[**Syn.:** *Pharbitis purpurea* (ROTH) BOJER]
VN: – ; barlińske dundawy.
Als einjährige Zierpflanze gelegentlich an Gartenzäunen gezogen.

Ipomoea tricolor CAV. – Himmelblaue Prunkwinde
Vereinzelt als einjährige Kletterpflanze in Gärten kultiviert.

Iris germanica L. – Deutsche Schwertlilie
VN: Lilie; leluja.
In zahlreichen Sorten in Gärten angepflanzt und im siedlungsnahen Raum gelegentlich verwildernd. Δ F, Δ M.

Iris graminea L. – Gras-Schwertlilie, Pflaumen-Iris
Heute selten in Gärten kultiviert. Δ F.

Iris pumila L. – Zwerg-Schwertlilie, Zwerg-Iris
Hier und da als Frühjahrsblume in verschiedenen Sorten in Vorgärten zu finden. Δ M.

Iris sibirica L. – Sibirische Schwertlilie, s. Kap. 4.2

Iris variegata L. – Bunte Schwertlilie
Nicht selten als Zierpflanze in Vorgärten gepflanzt.

Ismelia carinata (SCHOUSB.) SCH. BIP. – Bunte Wucherblume
[**Syn.:** *Chrysanthemum carinatum* SCHOUSB.]
Nicht häufig als Sommerblume in Gärten kultiviert.

Jasminum nudiflorum LINDL. – Winter-Jasmin
Selten an Mauern und Spalieren gepflanzter, prächtiger Winter- und Vorfrühlingsblüher.

Jovibarba globifera (L.) J. PARN. subsp. *globifera* – Sprossende Fransenhauswurz
[**Syn.:** *Sempervivum soboliferum* SIMS.]
Gelegentlich in Steingärten, seltener auf Mauern anzutreffen.

Juglans regia L. – Echte Walnuss
VN: Nussbaum; wórjechowy bom, wórješyna, wórješnina (Baum)/wórjech, jański wórjech (Frucht)/wurlišk (männl. Blüte).
Häufiger Hausbaum der Gehöfte, auch in Gärten gepflanzt. Gelegentlich sind im Bereich der Ortslagen außerhalb der Gärten Jungpflanzen anzutreffen. Δ F.

Juniperus communis L. – Gewöhnlicher Wacholder, s. Kap. 4.2

Juniperus horizontalis MOENCH – Kriech-Wachholder
Häufig in Anlagen und auf Friedhöfen gepflanzt.

Juniperus* x *pfitzeriana (SPÄTH) P. A. SCHMIDT – Chinesischer Wacholder
Häufig in Gärten und auf Friedhöfen vorhanden.

Juniperus sabina L. – Sadebaum
VN: – ; cerkwine zele, cerkwinowe zele.
Hier und da in Vorgärten, auf Friedhöfen und in anderen öffentlichen Anlagen gepflanzt. Δ F.

Juniperus virginiana L. – Virginischer Wacholder
Vereinzelt auf Friedhöfen und in Vorgärten angepflanzt. Schon von TREICHEL (1876a) aus dem Lübbenauer Schlosspark angegeben.

Kerria japonica (L.) DC. – Japanisches Goldröschen, Ranunkelstrauch
VN: Gelbe Röschen; – .
Häufig in Gärten gepflanzt, meist mit gefüllten Blüten. Im ländlichen Raum oft noch Pflanzen mit einfachen Blüten vorhanden.

Kolkwitzia amabilis GRAEBN. – Kolkwitzie
Ein in Parks, öffentlichen Grünanlagen und Privatgärten hin und wieder, v. a. in neuerer Zeit anzutreffender Strauch. Zur Einbürgerungsgeschichte incl. der Beziehung zu dem nahe am UG liegenden Ort Kolkwitz vgl. KR (1997).

Laburnum anagyroides MEDIK. – Gewöhnlicher Goldregen
[**Syn.:** *L. vulgare* BERCHT. et J. PRESL.]
VN: – ; żołta akacyja.
Gelegentlich in Gärten und öffentlichen Anlagen gepflanzt. In jüngster Zeit der Giftigkeit wegen mancherorts beseitigt.

Lactuca sativa L. – Grüner Salat
VN: Salat, Sallat; salat.

Lagenaria

Weit verbreitetes Gemüse. Als Kopfsalat unter Folie und im Freiland gezogen, als Schnittsalat meist nur für den Eigenbedarf angebaut. Δ F, Δ M.

Lagenaria siceraria (MOLINA) STANDL. – Flaschenkürbis, s. *Cucurbita pepo*

Lamium argentatum (SMEJKAL) HENKER ex G. H. LOOS – Silberblättrige Goldnessel, s. Kap. 4.2

Larix decidua MILL. – Europäische Lärche
Gelegentlich und zumeist nur kleinflächig gepflanzter Forstbaum für frische, nicht zu nährstoffreiche Böden. Δ F.

Larix kaempferi (LAMB.) CARRIÉRE – Japanische Lärche
Kaum gepflanzter Forstbaum aus den Hochgebirgen Japans, z. B. im Revier Köthen. Auch in Gärten und öffentlichen Anlagen vereinzelt verwendet.

Lathyrus latifolius L. – Breitblättrige Platterbse, s. Kap. 4.2

Lathyrus odoratus L. – Duftende Platterbse
VN: Wicke; grošyca, wejka, pyšna wejka, spańska wejka.
Kaum noch als Zierpflanze in Kultur, meist am Gartenzaun gezogen. Heute oft durch *L. latifolius* ersetzt.

Lathyrus sativus L. – Saat-Platterbse
VN: Kickerlinge; – .
Alte Futter- und Nahrungspflanze. Seit dem 19. Jahrhundert ist sie nicht mehr im Anbau. In den Lausitzen wurden die Samen gegessen (Kicherlinge, Kicherlinsen) (vgl. KR 1999). Δ F.

Lathyrus vernus (L.) BERNH. – Frühlings-Platterbse, s. Kap. 4.2

Lavandula angustifolia MILL. – Echter Lavendel
VN: – ; lawendel, špejka, špejkanardy.
Nicht selten als Zier- und Duftpflanze in Gärten und Anlagen kultiviert. Oft als Beeteinfassung und in größeren Zierpflanzenbeeten anzutreffen. Früher fehlte sie kaum in einem Hausgarten; sie diente u. a. als Mottenmittel. Δ F, Δ M.

Lavatera trimestris L. – Sommer-Strauchmalve, Garten-Strauchmalve
Seit etwa 1980 zunehmend in Gärten kultiviert.

Lens culinaris MEDIK. – Linse
VN: – ; sok.
In der Niederlausitz seit der Bronzezeit belegt (IL 1999a). Im 18. Jahrhundert wurde sie in der Niederlausitz vorwiegend in den Haus- und Feldgärten angebaut (KR 1992), nach 1945 nur noch gelegentlich kultiviert; seit Jahrzehnten nicht mehr im Anbau. Δ F.

Lepidium sativum L. – Garten-Kresse
VN: – ; krjasa, krasa, kresa, pjerprica, peprica.
In Kleingärten gelegentlich angebaut. Verwilderungen in Gartennähe und auf Schuttplätzen sind selten und unbeständig. Δ F, Δ M.

Leucanthemum maximum (RAMOND) DC. – Garten-Margerite
[**Syn.**: *Chrysanthemum maximum* RAMOND]
Häufig in mehreren Sorten in Gärten kultiviert; beliebte großblütige Zierstaude.

Leucanthemum vulgare agg. – Artengruppe Wiesen-Margerite, s. Kap. 4.2

Leucojum aestivum L. – Sommer-Knotenblume, s. Kap. 4.2

Leucojum vernum L. – Märzenbecher
VN: Märzglöckchen; – .
Heute nicht mehr so oft wie früher in Gärten kultiviert. Zuweilen in Grasgärten auf tiefgründigen Böden verwildernd. Δ F.

Levisticum officinale W. D. J. KOCH – Garten-Liebstöckel
VN: – , łyštok, lištok, listok, libštok.
Früher ziemlich häufig, heute seltener in Gärten kultiviert. Δ F, Δ M.

Leymus arenarius (L.) HOCHST. – Gewöhnlicher Strandroggen, s. Kap. 4.2

Ligustrum vulgare L. – Gewöhnlicher Liguster, s. Kap. 4.2

Lilium bulbiferum L. – Feuer-Lilie
VN: Nasenfärber; cerwjena leluja.
In Gärten häufige Zierpflanze. Besonders in der subsp. *croceum* (CHAIX) PERS., seltener in der subsp. *bulbiferum* kultiviert. Δ F, Δ M.

Lilium candidum L. – Madonnen-Lilie, Weiße Lilie
VN: – ; běła leluja, liluja.
Früher sowohl eine häufige Bauerngartenpflanze als auch auf Friedhöfen anzutreffen, in Kirchen wichtiger Altarschmuck. Heute nur noch vereinzelt zu finden. Δ F, Δ M.

Lilium

Lilium davidii DUCH. ex ELWES – David-Lilie, Chinesischer Türkenbund
Hier und da als Zierpflanze kultiviert.

Lilium lancifolium THUNB. – Tiger-Lilie
[**Syn.:** *L. tigrinum* KER GAWL.]
Gelegentlich in Gärten in verschiedenen Sorten kultiviert.

Lilium martagon L. – Türkenbund-Lilie
Vereinzelt in Gärten anzutreffen. Δ F, Δ M.

Lilium regale E. H. WILSON – Königs-Lilie
Hier und da in Gärten kultiviert.

Limonium sinuatum (L.) MILL. – Geflügelter Strandflieder
Gelegentlich als Zierpflanze für Trockensträuße in verschiedenen Sorten in Gärten angebaut.

Linum usitatissimum L. – Saat-Lein
VN: Flachs, Lein; lan, lank, len, lenk.
Die Art ist seit der Römischen Kaiserzeit in der Niederlausitz in Kultur (IL 1999a). Sie war einst für den Spreewald eine typische Öl- und Faserpflanze. Heute ist der Saat-Lein als Feldfrucht gelegentlich anzutreffen sowie selten und unbeständig auf Ruderalstellen vorkommend. Bis 1950 wurde er häufig kultiviert, um 1960 wurde der Anbau jedoch weitgehend eingestellt. Seit Beginn der 1990er Jahre vollzog sich wieder eine Ausweitung der Öl-Lein-Flächen. Die Ölpressung erfolgt heute noch in der historischen Mühle von Straupitz. Die Verarbeitung von Faser-Lein endete um 1960. Zum Leinanbau in der Niederlausitz vgl. JE (2006). Δ F.

Linum usitatissimum

Liriodendron tulipifera L. – Tulpenbaum
Nur vereinzelt angepflanzter Zierbaum aus Nordamerika.

Lobelia erinus L. – Blaue Lobelie, Männertreu
Vielerorts in Gärten und auf Friedhöfen sowie in Blumenkästen zu finden; beliebte Zierpflanze.

Lobularia maritima (L.) Desv. – Strand-Silberkraut
Häufig als Zierpflanze für Beeteinfassungen und zur Bodenbedeckung in Gärten vorhanden.

Lolium multiflorum Lam. – Vielblütiges Weidelgras, s. Kap. 4.2

Lonicera caprifolium L. – Wohlriechendes Geißblatt, Garten-Geißblatt
VN: – ; luboś, dwojka luboś, cartowe parnochty.
Seltener Zierstrauch zur Lauben- und Mauerbegrünung. Im 19. Jahrhundert häufiger (RH 1839). Weitere rankende *Lonicera*-Sippen, u. a. *L.* x *heckrottii* Rehder und *L.* x *tellmanniana* Magyar ex Späth, finden sich gelegentlich in den Gärten.

Lonicera tatarica L. – Tataren-Heckenkirsche
Häufig in Grünanlagen, insbesondere in städtischen Gebieten, angepflanzt.

Lonicera xylosteum L. – Rote Heckenkirsche
Hier und da in Grünanlagen gepflanzt.

Lunaria annua L. – Einjähriges Silberblatt, s. Kap. 4.2

Lunaria rediviva L. – Ausdauerndes Silberblatt
In Gärten kaum gepflanzt. Die Art wurde bisher nur im Lübbener Hain in der Nähe des Friedhofes verwildert angetroffen (1999 KU). Δ F.

Lupinus angustifolius L. – Blaue Lupine
In jüngerer Zeit im Feldbau häufiger als Futter und zur Gründüngung angebaut. Auch in Rasenansaaten auftretend, z. B. am Weg zwischen Leipe und Waldschlösschen (1993 JE). Δ F.

Lupinus luteus L. – Gelbe Lupine
VN: – ; żołta lupina, łupina, lupina, lupin, klej.
Bis Ende des 20. Jahrhunderts großflächig auf sandigen Böden als Futterpflanze oder zur Gründüngung angebaut; seither abnehmende Bedeutung. Gelegentlich an Straßen- und Wegrändern unbeständig vorkommend. Δ F.

Lupinus polyphyllus Lindl. – Vielblättrige Lupine
VN: – ; lupine, klej.
Häufige Zierpflanze der Gärten. Hier und da wurden in lichten Wäldern, an rasigen Böschungen und auf Wildäckern Verwilderungen beobachtet.

Lychnis

Lychnis chalcedonica L. – Brennende Liebe
Hier und da als Zierpflanze in Gärten kultiviert. Δ F.

Lychnis coronaria (L.) Desr. – Vexiernelke, Kronen-Lichtnelke
[Syn.: *Silene coronaria* (L.) Clairv.]
VN: Samtnelke; sómótki.
Gelegentlich als Zierpflanze in Gärten vorhanden; in den Ortslagen gelegentlich auch außerhalb der Gärten anzutreffen. Δ F.

Lychnis viscaria L. – Pechnelke
[Syn.: *Silene viscaria* (L.) Borkh.]
VN: – ; bóśenki, bóśonk, bóśonka.
Vereinzelt als Zierpflanze in Gärten kultiviert. Wildvorkommen existieren nicht.

Lycium barbarum L. – Gewöhnlicher Bocksdorn, s. Kap. 4.2

Lycopersicon esculentum Mill. – Speise-Tomate
VN: – ; tomata.
In Haus- und Erwerbsgärten ein weit verbreitetes Gemüse; in verschiedenen Sorten kultiviert. Vereinzelt und unbeständig auch auf Müllplätzen verwildernd.

Lysimachia nummularia L. – Pfennig-Gilbweiderich, Pfennigkraut, s. Kap. 4.2

Lysimachia punctata L. – Drüsiger Gilbweiderich
Nicht selten in Gärten kultiviert (Abb. 119).

Lysimachia punctata

Macleaya cordata (Willd.) R. Br. – Weißer Federmohn
Gelegentlich als dekorative Schmuckpflanze in Vorgärten vorhanden; selten mit Gartenabfällen in Ortsnähe und auf Müllplätzen verschleppt.

Magnolia stellata (Siebold et Zucc.) Maxim. – Stern-Magnolie
Vereinzelt in Gärten und Anlagen gepflanzt.

Magnolia x soulangeana Soul.-Bod. – Pracht-Magnolie
Als Zierbaum gelegentlich anzutreffen, oft zu stattlichen Exemplaren heranwachsend, z. B. Radduscher Buschmühle (1908 gepflanzt).

Mahonia aquifolium (Pursh) Nutt. – Gewöhnliche Mahonie, s. Kap. 4.2

Metasequoia

Majorana hortensis MOENCH – Majoran
VN: Mairan, Mairon; majran, majron, merjan, mejeran, měran, měrjan, plowki, płowki.
„In der Niederlausitz bei Lübbenau im Grossen gebaut" (AS & GRAEBNER 1898/99: 590). Ein feldmäßiger Anbau zum Verkauf, worauf auch der Flurname „Majoransheide" bei Lübben hinweist, existierte noch bis 1945. Heute gelegentlich in Gärten kultiviert. Δ F, Δ M.

Malope trifida CAV. – Spanische Sommermalve
Gelegentlich in Gärten als Zierpflanze kultiviert.

Malus domestica BORKH. – Kultur-Apfel
VN: – ; jabłucyna, jabłukowy bom, jabłon, jabłonk, jabłonsk (Baum)/jabłuko, jabuko, jabłuško (Frucht).
Weit verbreitet in den Gärten und auf Obstwiesen an den Gehöften. Alte, als Hochstamm kultivierte Sorten werden seltener. Siehe auch *M. sylvestris* in Kap. 4.2.

Malva sylvestris L. – Wilde Malve, Große Käsepappel, s. Kap. 4.2

Malva verticillata L. – Quirl-Malve, s. Kap. 4.2

Matricaria recutita L. – Echte Kamille, s. Kap. 4.2

Matteuccia struthiopteris (L.) TOD. – Straußenfarn, s. Kap. 4.2

Matthiola incana (L.) R. BR. – Garten-Levkoje
Altbewährte und beliebte Zierpflanze; nur noch wenig in Gärten kultiviert. Δ F.

Medicago × varia MARTYN – Bastard-Luzerne, s. Kap. 4.2

Melissa officinalis L. – Zitronen-Melisse
VN: – ; pcoline zele, melisa, rójownik.
Gelegentlich in Gärten kultiviert. Δ F, Δ M.

Mentha × piperita agg. – Hybridgruppe Pfeffer-Minze
In Gärten häufig angebaut. Die Angabe zur Verwilderung bei Lübbenau durch JE (1982a) ist nicht korrekt (vgl. auch RH 1839, KU et al. 2001). In den Gärten werden noch weitere, oft hybridogene Sippen, u. a. die sog. „Krause Minze", kultiviert.

Mentha spicata agg. – Artengruppe Grüne Minze, s. Kap. 4.2

Metasequoia glyptostroboides HU et W. C. CHENG – Urwelt-Mammutbaum
Vereinzelt in Ortslagen gepflanzter Baum, z. B. in Lübbenau.

Mirabilis

Mirabilis jalapa L. – Wunderblume
Hier und da als verschiedenfarbige Zierpflanze in Vorgärten zu finden. Δ F.

Miscanthus sacchariflorus (Maxim.) Hack. – Silberfahnengras, Großes Stielblütengras
Als dekorative Zierpflanze in Gärten gepflanzt und gelegentlich auf Müllplätzen verwildernd angetroffen (Ragow, Zerkwitz, JE in KL 1985b).

Miscanthus sinensis (Thunb.) Andersson – Chinaschilf, Japanisches Stielblütengras
Als dekorative Zierpflanze in Gärten gepflanzt, selten an Wegrändern verwildernd beobachtet (Lübbenau: Gärten bei der Neustadt, 1991 JE).

Monarda didyma L. – Scharlach-Monarde, Indianernessel
Gelegentlich als Zierpflanze in Gärten kultiviert.

Morus alba L. – Weiße Maulbeere
VN: – ; mólowe bom, jagodowy bom.
Als Hecke oder Baumreihe, v. a. in der Nähe von Friedhöfen und ehem. Schulgebäuden, gepflanzt. Bis etwa 1955 als Futterpflanze für die versuchsweise durchgeführte Seidenraupenzucht genutzt (vgl. auch KU 2004).

Morus nigra L. – Schwarze Maulbeere
VN: – ; mólowe bom, jagodowy bom.
Vereinzelte Anpflanzungen als Obstbaum in den Ortslagen (vgl. auch KU 2004). Δ F.

Morus alba

Muscari armeniacum Leichtlin ex Baker – Armenische Traubenhyacinthe, s. Kap. 4.2

Muscari botryoides (L.) Mill. – Kleine Traubenhyacinthe
Gelegentlich als Frühblüher in Gärten kultiviert.

Muscari neglectum Guss. ex Ten. – Weinbergs-Traubenhyacinthe
[**Syn.:** *M. racemosum* (L.) Lam. et DC.]
Heute kaum noch zu finden, ehemals häufiger in Gärten vorhanden.

Myosotis sylvatica Ehrh. ex Hoffm. – Wald-Vergissmeinnicht, s. Kap. 4.2

Narcissus poeticus L. – Weiße Narzisse, Dichter-Narzisse
VN: Narzisse; běla łucna rožka, sylna łucna rožka.

Häufig als Zierpflanze in Gärten kultiviert, gelegentlich auch über Gartenabfälle verschleppt. Δ M.

Narcissus pseudonarcissus L. – Osterglocke, Gelbe Narzisse
VN: Osterglocke, Osterblume, Gelbe Tulpe; jatšowne zwónki.
Häufig als Zierpflanze in verschiedenen Sorten in Gärten kultiviert, selten auch über Gartenabfälle verschleppt. Δ F.

Nemesia-Hybriden – Garten-Nemesie
Gelegentlich als Zierpflanze in Gärten vorhanden; erst seit einigen Jahrzehnten kultiviert.

Nicandra physalodes (L.) P. GAERTN. – Giftbeere, s. Kap. 4.2

Nicotiana rustica L. – Bauern-Tabak, s. Kap. 4.2

Nicotiana tabacum L. – Virginischer Tabak
VN: – ; tubak.
Früher häufiger, heute kaum noch im Anbau, vgl. auch KR (1992). Δ F.

Nigella damascena L. – Damascener Schwarzkümmel
VN: Judenbart, Braut im Haar, Gretchen im Grünen; żydowa broda.
Kaum noch anzutreffende Zierpflanze; früher häufiger in Kultur. Δ F.

Ocimum basilicum L. – Basilikum
VN: Brasilka, Bresilke; brazilka, brazylka, bazilija.
Gelegentlich in Gärten kultiviert; wichtige Spreewälder Würzpflanze. Fehlte früher kaum in einem Garten. Durch die „Mediterrane Welle" in den letzten 15 Jahren wieder etwas häufiger geworden. Δ F, Δ M.

Oenothera glacioviana MICHELI – Rotkelchige Nachtkerze, s. Kap. 4.2

Oenothera missouriensis SIMS – Ausdauernde Nachtkerze
Hier und da als Zierstaude in Gärten und Anlagen angepflanzt.

Omphalodes verna MOENCH – Frühlings-Gedenkemein
Gelegentlich als Zierpflanze in Gärten kultiviert.

Onopordum acanthium L. – Gewöhnliche Eselsdistel, s. Kap. 4.2

Origanum vulgare L. – Gewöhnlicher Dost, s. Kap. 4.2

Ornithogalum

Ornithogalum boucheanum (KUNTH) ASCH. – Bouchés Milchstern
In Spreewaldgärten hier und da vorhanden, z. B. in Lübbenau-Stennewitz, Straupitz, Treppendorf (alle JE), sehr selten verwildert, z. B. Lübben: Spreeufer am Schlossgarten (1960 BI in SCHOLZ & SUKOPP 1965).

Ornithogalum nutans L. – Nickender Milchstern, s. Kap. 4.2

Ornithogalum umbellatum agg. – Artengruppe Dolden-Milchstern, s. Kap. 4.2

Ornithopus sativus BROT. – Serradella
VN: Hühnerpfötchenkraut; rójownik, škobrjenkowe nožki, škowrjonkowe nožki, sardela, zeradela.
Seit Mitte des 19. Jahrhunderts in den diluvialen Sandgebieten Norddeutschlands, so auch in den Lausitzen, als Futterpflanze und zur Gründüngung angebaut (HEGI 1924, SCHULTE 1937). Heute nur noch gelegentlich und dann v. a. kleinflächig in den Randbereichen des UG anzutreffen.

Oxalis tetraphylla CAV. – Glücksklee
[**Syn.:** *O. deppei* LODD. ex SWEET]
Hier und da als Zierpflanze in Vorgärten in Kultur.

Oxybaphus nyctagineus (MICHX.) SWEET – Nacht-Wunderblume
Aus Nordamerika stammende Zierpflanze; früher in Kultur und selten verwildert: Ragower Weinberg (Lucas in AS 1864).

Paeonia lactiflora PALL. – Edel-Päonie, Chinesische Pfingstrose
Als Zierpflanze in zahlreichen Sorten in Gärten angepflanzt.

Paeonia officinalis L. – Garten-Pfingstrose
VN: Tulpe, Pfingstrose; jańska roža, swětkowna leluja, leluja, tulpa, tułpa, kralojska roža, swětkojska roža.
Beliebte und robuste Bauerngartenpflanze. In den Gärten des UG kommen meist Sippen mit gefüllten Blüten vor. Früher häufiger in Vorgärten gepflanzt; heute durch vorgenannte Art zurückgedrängt. Δ F, Δ M.

Panicum capillare L. – Haarästige Rispenhirse, s. Kap. 4.2

Panicum miliaceum L. – Gewöhnliche Rispenhirse, s. Kap. 4.2

Papaver orientale L. – Orientalischer Mohn
VN: Türkenmohn; – .
Hier und da in Gärten als Zierpflanze kultiviert.

Phacelia

Papaver somniferum L. – Schlaf-Mohn
VN: Gartenmohn; mak, jański mak, makowina, makowica, makojca, jańska makojca.
Bis gegen Ende der 1980er Jahre häufig für den häuslichen Bedarf angebaut und selten, insbesondere auf Müllplätzen, unbeständig verwildert. Aufgrund des bestehenden Betäubungsmittelgesetzes ist der Anbau zum Erliegen gekommen, so dass ephemere Vorkommen seither nahezu fehlen. Formen mit gefüllten und schlitzblättrigen Blüten wurden früher gelegentlich als Zierpflanzen in Gärten kultiviert.

Parthenocissus quinquefolia (L.) PLANCH. s. l. – Fünfblättrige Zaunrebe, Wilder Wein, s. Kap. 4.2

Pastinaca sativa L. – Gewöhnlicher Pastinak, s. Kap. 4.2

Pelargonium peltatum-Hybriden – Hänge-Pelargonie
Beliebte Zierpflanzen für das Fensterbrett und den Balkon.

Pelargonium zonale-Hybriden – Zonal-Pelargonie
VN: Geranien; muškota, miškota, myškota.
Häufig als Zierpflanze in Blumenkästen und Kübeln gehalten. Im Sommer meist in den Garten gestellt. Seltener werden auch *Pelargonium grandiflorum*-Hybriden kultiviert.

Persicaria orientalis (L.) VILM. – Orient-Knöterich
[**Syn.:** *Polygonum orientale* L.]
Als Zierpflanze kaum noch in Kultur, z. B. in Burg (Dorf) (1992 JE).

Petroselinum crispum (MILL.) A. W. HILL – Garten-Petersilie
VN: – ; peterzylija, peterzilija, paterzylija, petercylija, pjatercylija, peterzylka.
Eine allerorts in Hausgärten kultivierte Gewürzpflanze. Δ F, Δ M.

Peucedanum ostruthium (L.) W. D. J. KOCH – Meisterwurz
VN: – ; jěruš.
Früher als Würzpflanze kultiviert, jetzt verschwunden. Δ M.

Phacelia tanacetifolia BENTH. – Rainfarn-Phacelie
VN: Bienendistel; – .
Hier und da als Futterpflanze, zur Gründüngung und als Bienennahrung angebaut, auch unbeständig an Wegrändern und auf Ruderalgelände verwildernd.

Phacelia tanacetifolia

Phalaris

Phalaris arundinacea L. 'Variegata' – Gewöhnliches Bandgras, s. Kap. 4.2

Phaseolus coccineus L. – Feuer-Bohne
VN: – ; šwoby, bruki.
Beliebte Zier- und (seltener) Nutzpflanze in Gärten. Meist an Zäunen, Spalieren und Gartenlauben zu finden.

Phaseolus vulgaris L. subsp. *vulgaris* – Garten-Bohne
VN:–; šmykac, šmikac, šnibob, šnibol, tšuki, brucki, bruckajte, pyšne zernka; yckate šmykacy, na tyckach šmykac, kołkany šnibol (Stangen-Bohne)/krotki šmykac, njetyckate šmykac, krickate šmykac, niżki šmykac (Busch-Bohne). Vielerorts in den Gärten angebaute Gemüsepflanze, v. a. in der var. *nanus* (Jusl.) Asch. – Busch-Bohne, seltener in der var. *vulgaris* – Stangen-Bohne. Δ F.

Philadelphus coronarius L. – Gewöhnlicher Pfeifenstrauch
VN: Jasmin; – .
Häufig in Parkanlagen und Gärten angepflanzter Zierstrauch.

Phlox drummondii Hook. – Einjähriger Phlox, Sommer-Phlox
Ziemlich häufig in mehreren Sorten als einjährige Sommerblume in Gärten kultiviert.

Phlox paniculata L. – Hoher Stauden-Phlox
Eine häufig, in mehreren Sorten in Gärten kultivierte Staude. Gelegentlich sind noch alte Primitiv-Sorten mit lockeren Blütenständen und sich nacheinander öffnenden Blüten anzutreffen.

Phlox subulata L. – Moos-Phlox
VN: – ; muškota.
Ziemlich häufig als Polsterpflanze in Gärten gezogen.

Physalis alkekengi L. – Blasenkirsche
VN: Lampions, Laternen; cerwjene ronico.
Gelegentlich in Bauerngärten als Zier- und Trockenstraußblume zumeist in der var. *franchetii* (Mast.) Makino kultiviert. Von dort herkommend selten über Gartenabfall in Ortsnähe verwildernd. Δ F, Δ M.

Physostegia virginiana (L.) Benth. – Gelenkblume
Erst in jüngster Zeit in purpurrötlich und weiß blühenden Sorten verstärkt in Gärten gepflanzt.

Phytolacca esculenta van Houtte – Asiatische Kermesbeere, s. Kap. 4.2
[**Syn.:** *Ph. acinosa* Roxb.]

Picea abies (L.) H. Karst. – Gewöhnliche Fichte
VN: Tanne; škrjok, škrjek, šmrjok.
Verschiedentlich in Forstkulturen bzw. in Gärten und Anlagen gepflanzt. Das nächste natürliche Vorkommen befindet sich im NSG „Tannenwald" bei Fehrow unmittelbar O des UG. Dabei handelt es sich um den nördlichsten Vorposten der im herzynisch-sudetisch-karpatischen Florengebiet vorkommenden „Niederlausitzer Tieflandsfichte" (Großer in Müller-Stoll 1955, Großer 1956).

Picea omorica (Pančić) Purk. – Serbische Fichte, Omorika-Fichte
Vereinzelt an Gehöften und in Parkanlagen, gelegentlich auch forstlich angepflanzt. Rauchresistenter, schlanker Forst- und Zierbaum.

Picea pungens Engelm. – Stech-Fichte
VN: Blautanne, Edeltanne; běły škrjok, módry škrjok.
Häufig seit Ende des 19. Jahrhunderts in Gärten und Anlagen meist in Sippen mit blau-grünen Nadeln angepflanzter Zierbaum aus den Rocky Mountains. In den Vorgärten mitunter überhand nehmend; für den Spreewald unpassend.

Picea sitchensis (Bong.) Carrière – Sitka-Fichte
Gelegentlich als Forstbaum angebaut, z. B. nördlich Boblitz, vereinzelt auch in Gärten und Anlagen zu finden.

Pimpinella anisum L. – Anis
VN: – ; słotke zerno, anis.
Heute kaum noch in Gärten angebaut. Δ F, Δ M.

Pinus banksiana Lamb. – Banks-Kiefer
Bei Lübben kleinflächig als Forstbaum auf mageren Sandböden gepflanzt.

Pinus mugo Turra – Krummholz-Kiefer
Gelegentlich in Anlagen und Vorgärten gepflanzt.

Pinus nigra J. F. Arnold – Schwarz-Kiefer
Vereinzelt oder in Gruppen in Anlagen und Gärten, aber auch kleinflächig als Forstbaum gepflanzt.

Pinus rigida Mill. – Pech-Kiefer
Selten angepflanzt, z. B. Lübben: W auf den Dünen am alten Exerzierplatz und an der Straße nach Treppendorf; an der Straße zwischen Babow und Milkersdorf.

Pinus strobus L. – Weymouths-Kiefer
VN: – ; żyźana chójca.
Gelegentlich als Forstbaum genutzt. Die gepflanzten Bestände sind fast ohne Unterwuchs. Auch im öffentlichen Grün und in Gärten vorhanden; viele Parkanlagen enthalten Einzelexemplare.

Pisum sativum L. subsp. *sativum* – Futter-Erbse, Garten-Erbse
VN: Peluschke (Futter-Erbse); groch, włoski groch.
Häufig in Hausgärten, aber auch im Feldbau, in mehreren Convarietäten der subsp. *sativum* kultiviert:
convar. *axiphium* ALEF. – Zucker-Erbse,
convar. *medullare* ALEF. – Mark-Erbse,
convar. *sativum* – Schal-Erbse und
convar. *speciosum* (DIERB.) ALEF. – Futter-Erbse.
In der Niederlausitz seit der Bronzezeit belegt (IL 1999a). Δ F.

Platanus x *hispanica* MILL. ex MÜNCHH. – Ahornblättrige Platane
Hier und da als Straßen- und Parkbaum gepflanzt; meist als Solitär in Städten und Dörfern anzutreffen. Die Art wurde schon von RH (1839) für Lübbenau angegeben.

Polemonium caeruleum L. – Blaue Himmelsleiter
Alte, heute aber seltene Zierpflanze der Gärten. Δ F.

Polygonatum x *hybridum* BRÜGGER – Garten-Weißwurz
VN: Veredeltes Maiglöckchen, Japanisches Maiglöckchen; – .
Ziemlich häufige, attraktive Zierpflanze in Bauerngärten. Die Pflanze wurde früher für Hochzeitssträuße verwendet.

Populus alba L. – Silber-Pappel
Gelegentlich in Parkanlagen und am Straßenrand vorkommend. Δ F.

Populus x *canadensis* MOENCH – Bastard-Schwarz-Pappel, Kanadische Pappel
[Syn.: *P.* x *euramericana* (DODE) GUINIER]
VN: Weißpappel; topoł, topol, topel.
Häufig gepflanzt an Fließen, Kanälen und Wegen, aber auch flächig in Forstkulturen angebaut. Seit 1950 wurde der Flurholzanbau mit Pappeln verstärkt betrieben; viele Bestände sind heute windbruchgefährdet bzw. gerodet.
Zu dieser Sippe gehört ein umfangreicher Sortenkomplex, von dem einige Kultivare auch im Spreewald gepflanzt wurden. Hier einzuordnen ist die von JOACHIM (1954) als „*Populus euramericana* f. *gelrica*-Spreewald" beschriebene „Spreewald-Pappel". Sie wird vermutlich seit der 2. Hälfte des 19. Jh im Spreewald gepflanzt und zeichnet sich durch ein sehr

rasches Wachstum und eine weiße Rinde aus. Sie wird im Spreewald auch „Weißpappel" genannt.

Populus* x *canescens (AITON) SM. – Grau-Pappel
Innerhalb von Siedlungen und an Fließen gepflanzt, z. B. am Südumfluter bei Raddusch.

Portulaca oleracea L. – Gemüse-Portulak, s. Kap. 4.2

Potentilla fruticosa L. – Strauch-Fingerkraut
Ziemlich häufig gepflanzter Zierstrauch, vor allem in öffentlichen Grünanlagen, an Straßen und Plätzen, aber auch in Vorgärten.

Potentilla recta L. – Aufrechtes Fingerkraut, s. Kap. 4.2

Primula denticulata SM. – Kugel-Primel
Hier und da als Zierpflanze in Gärten kultiviert.

Primula-Elatior-Hybriden – Hohe Schlüsselblume-Hybriden
VN: – ; klucyki, pětšowy kluc.
Gelegentlich in Ziergärten vorhanden, meist mit gelben, aber auch weißen, roten und braunen Blüten. Selten an Wegen und in Gärten verwildernd. Einige Trupps (? *P.* x *media* PETERM.) wachsen seit längerem im Buchenhain bei Schlepzig am Gestellweg zwischen den Jg. 133 und 134 (1992 H-JE).

Primula-Juliae-Hybriden – Teppich-Primel-Hybriden
Häufig in Vorgärten und Anlagen sowie auf Friedhöfen gepflanzt.

Primula* x *pubescens JACQ. – Garten-Aurikel
VN: Riekel, Riekelchen; – .
Gelegentlich in mehreren Sippen in Vorgärten kultiviert; früher war sie häufiger anzutreffen.

Prunus armeniaca L. – Aprikose
[Syn.: *Armeniaca vulgaris* LAM.]
Hier und da angepflanzt. Die Früchte reifen im Gebiet nur in warmen Sommern aus. Δ F.

Prunus avium (L.) L. – Vogel-Kirsche, Süß-Kirsche
VN: – ; wišnina, wišnjowy bom (Baum); weršnja, wišnja, wišyna (Frucht)/samopašne wišnje (Vogel-Kirsche).
Als Kultursippen [subsp. *juliana* (L.) SCHÜBL. et G. MARTENS – Herz-Kirsche und subsp. *duracina* (L.) SCHÜBL. et G. MARTENS – Knorpel-Kirsche] häufig in Gärten, aber auch an Straßenrändern gepflanzt. Gelegentlich auch außerhalb der Gärten anzutreffen.

Prunus

Prunus cerasifera EHRH. – Kirsch-Pflaume, Myrobalane, s. Kap. 4.2

Prunus cerasus L. – Sauer-Kirsche
VN: – ; kisała wišnja.
In Gärten und an Wegen gepflanztes Gehölz mit partieller Verwilderungstendenz. Die subsp. *acida* (DUMORT) DOSTÁ, die sog. Schattenmorelle, wird in mehreren Sorten kultiviert; die subsp. *cerasus* (Baum-Weichsel, Glas-Kirsche) ist im Gebiet nur in Kultur vorhanden. Δ F.

Prunus domestica L. – Pflaume, Zwetschge
VN: Plapawa; sluwka, sliwa, slěwka, slowka, sluwcyna, slěwcyna, slěwkowy bom, jajowa sliwka, wjelike tenki.
Als Obstbaum in Gärten und an Wegen kultiviert und bei älteren Anpflanzungen davon ausgehend verwildernd. Δ F. Im UG werden kultiviert:
subsp. *domestica* – Pflaume, Zwetschge,
subsp. *pomariorum* (BOUTIGNY) H. L. WERNECK – Spilling (heute selten),
subsp. *italica* (BORKH.) GAMS – Edel-Pflaume,
subsp. *syriaca* (Borkh.) JANCH. ex MANSF. – Mirabelle.

Prunus domestica L. subsp. *insititia* (L.) BONNIER et LAYENS – Hafer-Pflaume, Krieche, s. Kap. 4.2

Prunus persica (L.) BATSCH – Pfirsich
[**Syn.:** *Persica vulgaris* MILL.]
VN: – ; rjaschen, rjašen, rjasšen, rjaski, rjasken, rjacken, krjacchen.
Häufig in Hausgärten gepflanzt; in ungünstigen Lagen des Spreewaldes frostgefährdet. Δ F.

Prunus serotina EHRH. – Späte Traubenkirsche, s. Kap. 4.2

Prunus spinosa L. – Gewöhnliche Schlehe, Schwarzdorn, s. Kap. 4.2

Prunus triloba LINDL. – Mandelbäumchen
Hier und da in Gärten als Ziergehölz gepflanzt.

Pseudofumaria lutea (L.) BORKH. – Gelber Scheinerdrauch, Gelber Lerchensporn, s. Kap. 4.2

Pseudolysimachion longifolium (L.) OPIZ – Langblättriger Blauweiderich, s. Kap. 4.2

Pseudotsuga menziesii (MIRBEL) FRANCO – Douglasie
Als Forstbaum sowie in Parkanlagen und in Gärten als Zierbaum gepflanzt. Ein besonders stattliches Exemplar von ca. 25 m Höhe befindet sich in Burg.

Ptelea trifoliata L. – Dreiblättriger Lederstrauch, Kleeulme
Vereinzelt in Grünanlagen angepflanzt.

Pulmonaria spec. – Lungenkraut
Gelegentlich in Vorgärten angepflanzt, kaum verwildernd, z. B. Lübben: Hain (1981 Willmann, 2002 KU).); Schlosspark Lübbenau (1996 Seitz). Eine sichere Artansprache ist bei *Pulmonaria*-Sippen sehr erschwert. Nach HEINEL (2002) handelt es sich bei der *P. „saccharata"* der Gärtner oftmals um Abkömmlinge von *P. officinalis* L.

Pyracantha coccinea M. J. ROEM. – Feuerdorn
Häufiger Zierstrauch mit roten oder gelben Früchten in Gärten und Anlagen.

Pyrus communis L. s. l. – Kultur-Birne, s. Kap. 4.2

Quercus palustris MÜNCHH. – Sumpf-Eiche
Selten und meist einzeln in Parkanlagen vorkommend, in größerer Anzahl auch zu Beginn des 20. Jahrhunderts an Ufern, z. B. in der Nähe der Polenzschänke und in den Gräflich Lynarschen Wäldern, angepflanzt. TREICHEL (1876a) gibt die Art aus dem Schlosspark Lübbenau an, dort heute noch vorhanden.

Quercus phellos L. – Weiden-Eiche
Früher im Schlosspark Lübbenau (TREICHEL 1876a).

Quercus rubra L. – Rot-Eiche, s. Kap. 4.2

Ranunculus acris L. – Scharfer Hahnenfuß, s. Kap. 4.2

Ranunculus repens L. – Kriechender Hahnenfuß (Abb. 120), s. Kap. 4.2

Raphanus sativus L. – Radieschen, Rettich
VN: – ; rjatkej, rjatchen, radiski, radischeny.
Es befinden sich im Anbau:
convar. *sativus* – Gemüse-Rettich: als Radieschen häufig in Gärten und Gewächshäusern (Δ M), als Rettich seltener in Hausgärten kultiviert. Δ F, Δ M.
convar. *oleifer* (STOKES) ALEF. – Öl-Rettich, selten als Grünfutterpflanze auf Feldern.

Reseda odorata L. – Garten-Resede
VN: – ; nuchanka.
Gelegentlich in Blumenrabatten und Gärten kultiviert, früher häufiger.

Rheum rhabarbarum L. – Gewöhnlicher Rhabarber
VN: – ; rabarber, rabarbor.
In Gärten nicht selten kultiviert. Noch in der 2. Hälfte des 20. Jahrhunderts häufiger und oft feldmäßig zur Saftgewinnung angebaut.

Rhodiola rosea L. – Rosenwurz
[**Syn.**: *Sedum rosea* (L.) Scop.]
Im 16. Jahrhundert fand die Wurzel eine offizinelle Verwendung; aktuell eine seltene Zierpflanze. Δ F.

Rhododendron catawbiense Michx. – Catawba-Rhododendron
Häufig in mehreren Sorten sowie in zahlreichen Catawbiense-Hybriden in Park- und Grünanlagen sowie in Gärten gepflanzt.

Rhododendron luteum Sweet – Pontische Azalee
[**Syn.**: *Azalea pontica* L.]
Die Art ist eine der Eltern der sog. Genter-Hybriden. Diese – ob auch *Rh. luteum* selbst ? – sind gelegentlich in Park- und Grünanlagen anzutreffen.

Rhus hirta (L.) Sudw. – Essigbaum
[**Syn.**: *Rh. typhina* L.]
Zunehmend als Zierbaum angepflanzt. Kleinräumige Ausbreitung in Ortslagen über Stockausschläge und Wurzelbrut ist zu beobachten.

Ribes alpinum L. – Alpen-Johannisbeere
Nicht selten als Zierstrauch in Grünanlagen und Gärten vorhanden. Wildvorkommen sind im UG nicht bekannt; selten auch außerhalb der Gärten in Ortsrandlagen anzutreffen.

Ribes aureum Pursh – Gold-Johannisbeere
Gelegentlich als Zierstrauch in Anlagen und Gärten gepflanzt; eine Nutzung erfolgt auch als Veredlungsunterlage.

Ribes nigrum L. – Schwarze Johannisbeere, s. Kap. 4.2

Ribes rubrum L. – Rote Johannisbeere, s. Kap. 4.2

Ribes sanguineum Pursh – Blut-Johannisbeere
Nicht selten als Zierstrauch in Hausgärten und Grünanlagen gepflanzt.

Ribes uva-crispa L. – Stachelbeere, s. Kap. 4.2

Ricinus communis L. – Wunderbaum, Rizinus
Hier und da als dekorative Schmuckpflanze in mehreren Sorten in Vorgärten kultiviert, einst auch als Heilpflanze in Hausgärten aus Samen gezogen. Δ F.

Robinia hispida L. – Borstige Robinie
Eine nicht häufige Kultursippe mit großen, zartrosa Blüten. Bereits von TREICHEL (1876a) aus Lehde: An der Schenke angegeben.

Rosa x *alba* L. – Weiße Rose
VN: – ; roža, běla roža.
Alte, im UG kaum noch vorhandene Gartenrose, z. B. Klein Lubolz: auf dem Friedhof (1994 IL in SEITZ et al. 2004), Vetschau: Thälmannstraße in einem Garten (1978 u. 1988 JE in SEITZ et al. 2004), Vetschau: Garten NO Stadtlage (1995 IL in SEITZ et al. 2004). Δ F.

Rosa x *centifolia* L. – Hundertblättrige Rose
VN: – ; roža, rožyca, kwiśroža.
Früher in der Niederlausitz als Zierstrauch überall in den Gärten (KR 1992). Heute fast verschwunden; noch in Lehde (1970–2002 JE in SEITZ et al. 2004) nachgewiesen.

Rosa x *damascena* MILL. – Portland-Rose
Früher in der Ortslage von Lübbenau (BOLLE 1876).

Rosa foetida J. HERRM. – Gelbe Rose, Fuchs-Rose (Abb. 121)
[Syn.: *R. lutea* MILL.]
VN: – ; zolta roža.
Vereinzelt in Gärten zu finden, z. B. Burg Kolonie (1970-95 JE in SEITZ et al. 2004), Raddusch: im Dorfe (1996 JE in SEITZ et al. 2004), Babow (1993 JE in SEITZ et al. 2004), heute meist in der Form mit gefüllten Blüten.
R. foetida 'Bicolor', die Kapuziner-Rose, wuchs bis etwa 1995 in einem Vorgarten in Schlepzig (KR in litt. 2008). Aus Schlepzig wurde sie bereits von BOLLE (1876) und TREICHEL (1876) erwähnt.

Rosa gallica L. – Essig-Rose
Ehemals häufigste Gartenrose, zuletzt nur noch sehr selten in Gärten und auf Friedhöfen, z. B. Boblitz: Friedhof (1992 KR & JE, 1995 JE in SEITZ et al. 2004), Krausnick: Kirchhof (1992 KR). Alte, bereits seit dem frühen Mittelalter in Mitteleuropa kultivierte

Rosa

Gartenrose. Seit dem Aufkommen der auf *Rosa chinensis* JACQ. zurückgehenden modischen Gartenrosen starker Rückgang (vgl. KR 1992). Δ F.

Rosa majalis J. HERRM. – Zimt-Rose, s. Kap. 4.2

Rosa multiflora THUNB. ex MURRAY – Vielblütige Rose
VN: – ; rožka.
Hier und da in Hecken und Grünanlagen gepflanzt.

Rosa rugosa THUNB. – Kartoffel-Rose
Häufiger Zierstrauch, in Anlagen, Hecken und Gärten gepflanzt, gelegentlich mit Verwilderungstendenz.

Rosa spinosissima L. – Pimpinell-Rose
[**Syn.:** R. *pimpinellifolia* L.]
Kaum noch als Zierstrauch in Gärten vorhanden, z. B. Raddusch: Dorfstraße, Boblitz: Dorfstraße (1995 JE in SEITZ et al. 2004).

Rosa villosa L. – Apfel-Rose
VN: – ; roža.
Aus alter Kultur stammender Zierstrauch: Lehde: Rand des Gehöftes Fitkow (1991 JE in SEITZ et al. 2004).

Rubus allegheniensis PORTER – Allegheny-Brombeere, s. Kap. 4.2

Rubus armeniacus FOCKE – Armenische Brombeere, s. Kap. 4.2

Rubus idaeus L. – Himbeere, s. Kap. 4.2

Rubus laciniatus WILLD. – Schlitzblättrige Brombeere, s. Kap. 4.2

Rudbeckia hirta L. – Rauhaariger Sonnenhut
Gelegentlich als einjährige Sommerblume in Gärten kultiviert.

Rudbeckia laciniata L. – Schlitzblättriger Sonnenhut, s. Kap. 4.2

Rudbeckia nitida NUTT. – Glänzender Sonnenhut
In neuerer Zeit hier und da als stattliche Staude in den Gärten anzutreffen.

Rumex patientia L. – Garten-Ampfer, s. Kap. 4.2

Ruta graveolens L. – Wein-Raute
VN: – ; ruta, rutka.
Früher häufig, heute kaum noch in Bauerngärten anzutreffen. Δ F, Δ M.

Sagina subulata (Sw.) C. Presl – Pfriemen-Mastkraut
Hier und da als Polsterstaude in Gärten und auf Gräbern gepflanzt.

Salix acutifolia Willd. – Spitzblättrige Weide
Gepflanzt, z. B. Lübben: an der Kleinen Amtsmühle an der Spree (1950 BI), Krausnick: am Löschteich (1991 KU, dort 2004 beseitigt).

Salix alba L. – Silber-Weide, s. Kap. 4.2

Salix daphnoides Vill. – Reif-Weide
Gelegentlich in Anpflanzungen zu finden.

Salix eriocephala Michx. – Herzblättrige Weide, Amerikaner-Weide
[**Syn.:** *S. cordata* H. L. Mühl. non Michx.]
Nur an wenigen Orten in Kulturen angepflanzt, z. B. Krausnick: alte Weidenhegerwiese am Gänsedamm (1994 JE). Der aus dem östlichen Mittelamerika stammende Strauch wird seit etwa 100 Jahren im Gebiet angebaut (KR 1988).

Salix x *smithiana* Willd. – Kübler-Weide, s. Kap. 4.2

Salvia farinacea Benth. – Mehl-Salbei
In neuerer Zeit gelegentlich in Blumenrabatten angepflanzt.

Salvia nemorosa L. – Steppen-Salbei, s. Kap. 4.2

Salvia officinalis L. – Echter Salbei
VN: – ; žalbija, šera žalbija.
Hier und da als Heil- und Würzpflanze in Hausgärten kultiviert, war früher häufiger. Δ F, Δ M.

Salvia sclarea L. – Muskateller-Salbei
VN: – ; šarlija.
Bis Mitte des 19. Jahrhunderts als Offizinalpflanze in den Lausitzen angebaut, heute nur noch gelegentlich in Gärten kultiviert. Δ F, Δ M.

Salvia splendens SELLO ex ROEM. et SCHULT. – Glänzender Salbei
Vereinzelt als attraktive Schmuckpflanze in Gärten und Anlagen, auch in Blumenkästen, gepflanzt.

Sanguisorba minor Scop. subsp. ***balearica*** (NYMAN) MUÑOZ GARM. et NAVARRO ARANDA – Kleiner Wiesenknopf, s. Kap. 4.2

Santolina chamaecyparissius L. – Graues Heiligenkraut
Die im Mittelalter als Heilpflanze genutzte Art ist im UG in neuerer Zeit – v. a. in Blumenkübeln und in Steingärten des feingliedrigen, grauen Laubes wegen – nur noch als Zierpflanze anzutreffen. Δ F, Δ M.

Saponaria officinalis L. – Echtes Seifenkraut, s. Kap. 4.2

Satureja hortensis L. – Garten-Bohnenkraut
VN: Pfefferkraut, Pfeffakraut, Bohnenkraut, Küchenkraut; pepricka, pericka, pjepjericka, pjerprica, pepiricka.
In Gärten noch recht häufig als Würzpflanze angebaut. Δ F.

Satureja montana L. – Winter-Bohnenkraut
Neuerdings häufiger in Gärten gepflanzt.

Saxifraga-Arendsii-Hybriden – Kissen-Steinbrech-Hybriden
Häufig in Steingärten kultiviert.

Saxifraga* x *urbium D. A. WEBB – Porzellanblümchen
Hier und da in Vorgärten zu finden.

Scabiosa atropurpurea L. – Purpur-Scabiose
Als Sommerblume gelegentlich in Gärten und Anlagen kultiviert, selten auch auf Ödland vorübergehend verwildernd, z. B. Lübbenau-Stennewitz: an der Bahn (1984 H-JE, 1991 JE).

Scabiosa caucasica M. BIEB. – Kaukasus-Scabiose
Gelegentlich in Gärten angepflanzt.

Scilla amoena L. – Schöner Blaustern
Früher hier und da in Gärten kultiviert (KR 1992a), heute im UG verschwunden.

Scilla bifolia L. – Zweiblättriger Blaustern
Vereinzelt in Gärten gepflanzt.

Sempervivum

Scilla siberica HAW. – Sibirischer Blaustern, s. Kap. 4.2

Scorzonera hispanica L. – Garten-Schwarzwurzel
VN: – ; carne korjenje.
Hier und da als Wurzelgemüse in Gärten kultiviert. In der zweiten Hälfte des 20. Jahrhunderts vorübergehend auch feldmäßig angebaut. Δ F.

Secale cereale L. – Saat-Roggen
VN: Korn; żyto, jańske żyto, ryž, rež (Winterroggen)/jarica (Sommerroggen).
Verbreitet auf mäßig trockenen Standorten als Wintergetreide feldmäßig im Anbau. Sommerroggen befindet sich heute kaum noch in Kultur. Δ F.

Scorzonera hispanica

Sedum album L. – Weiße Fetthenne, s. Kap. 4.2

Sedum hybridum L. – Sibirische Fetthenne
Nicht selten als Bodendecker auf Friedhöfen, in Steingärten und Rabatten gepflanzt.

Sedum kamtschaticum FISCH. et C. A. MEY. – Kamtschatka-Fetthenne
Gelegentlich als Bodendecker auf Friedhöfen, in Steingärten und als Beeteinfassung genutzt.

Sedum pallidum M. BIEB. – Bleiche Fetthenne, s. Kap. 4.2

Sedum rupestre L. – Felsen-Fetthenne, Tripmadam, s. Kap. 4.2

Sedum spectabile BOREAU – Prächtige Fetthenne
VN: Fette Henne; – .
Gelegentlich als Zierpflanze in Gärten kultiviert.

Sedum spurium M. BIEB. – Kaukasus-Fetthenne, s. Kap. 4.2

Sedum telephium L. – Purpur-Fetthenne
Als Zierpflanze in Gärten und Anlagen kultiviert, z. B. die Sorte 'Herbstfreude'.

Sempervivum tectorum L. – Dach-Hauswurz
VN: Hauslaub, Hauslauch, Hauswuchs, Dachlaub, Steinrose; rozchodnik, rozchódnik, rozchlodnik, rozpordnik, rozkornik, roškornik, rozškodnik.
Häufige Zierpflanze in Vorgärten, Steingärten und auf Gräbern, selten mit Gartenab-

fällen verschleppt. Früher war sie zum Schutz vor Funkenflug und Blitzschlag häufig auf den Rohrdächern der Spreewaldgehöfte (KR 2009b) oder auf Torsäulen vorhanden, heute fast nur noch in Gartenkultur vorkommend. Ehemals als Heilpflanze bei Brand- und Quetschwunden verwendet (BERGER 1866, KR 2009b). Δ M.

Senecio cineraria DC. – Silber-Greiskraut
[Syn.: *S. bicolor* (WILLD.) TOD. subsp. *cineraria* (DC.) CHATER]
In neuerer Zeit nicht selten in Gärten und auf Friedhöfen angepflanzt.

Setaria italica (L.) P. BEAUV. – Kolbenhirse, s. Kap. 4.2

Sicyos angulatus L. – Haargurke, s. *Cucurbita pepo*

Silene armeria L. – Nelken-Leimkraut
VN: – ; bušańka.
Früher häufig, heute kaum noch kultiviert.

Silene dioica (L.) CLAIRV. – Rote Lichtnelke, s. Kap. 4.2

Silene pendula L. – Garten-Leimkraut
Vereinzelt in Gärten kultiviert, selten vorübergehend verwildernd, z. B. Müllplatz Krausnick (1985 KU, det. Gutte; KU 1994).

Silphium perfoliatum L. – Becherpflanze
Heute hier und da als Solitärstaude, früher auch als Futterpflanze in Gärten und auf hofnahen Feldern kultiviert, z. B. Neuendorf am See: Kietz (KU 1996b), Burg (1988 JE).

Silybum marianum (L.) GAERTN. – Gewöhnliche Mariendistel
Vereinzelt in Bauerngärten vorhanden, von dort auch auf Ruderalgelände und Müllplätze verschleppt, z. B. Müllplatz Krausnick (KU 1994). Früher häufiger kultiviert und als Zier- und Heilpflanze genutzt. Im Spreewald zerklopfte man die Samen und nahm sie mit Branntwein oder Wasser gegen Halsleiden ein (KR 1992). Δ F, Δ M.

Sinapis alba L. – Weißer Senf
VN: – ; žonop, žołty žonop, zemp, zenf.
Gelegentlich auf Äckern im Anbau; in Ruderalfluren und auf Müllplätzen auch unbeständig verwildernd. Δ F, Δ M.

Sium sisarum L. – Süßwurz
Früher hier und da bis ins 19. Jahrhundert in Gärten als Wurzelgemüse angebaut, z. B. Lübbenau (RH 1836b). Ob heute noch im UG? Δ F.

Solanum tuberosum L. – Kartoffel
VN: Knödel, Kneedel, Knudel, Knulle; knedla, knedela, knejdla, knejdl, knejl, knydl, knydel, knyl, knyle, knipel, knypjele, kulka.
Häufig in Gärten und auf Feldern anzutreffen. Seit Anfang des 18. Jahrhunderts ist sie im Anbau, zuerst in Gärten, später feldmäßig. Die nicht dem Flurzwang unterliegenden Felder im Oberspreewald haben die frühere Kultur der Kartoffel sehr begünstigt. Der feldmäßige Anbau ist in den letzten 20 Jahren zurückgegangen.

Solidago canadensis L. s. l. – Kanadische Goldrute, s. Kap. 4.2

Sorbaria sorbifolia (L.) A. Braun – Ebereschen-Fiederspiere
[**Syn.:** *Spiraea sorbifolia* L.]
Gelegentlich in Siedlungen kultiviert, vereinzelt mit Verwilderungstendenz.

Sorbus intermedia (Ehrh.) Pers. – Schwedische Mehlbeere
In Anlagen und an Straßen gepflanzt, auch durch Vögel verschleppt.

Sorbus torminalis (L.) Crantz – Elsbeere
VN: – ; brjok.
Vereinzelt in Siedlungen gepflanzt. Bemerkenswert ist der trotz fehlender Wildvorkommen vorhandene niedersorbische VN. Δ F.

Spinacia oleracea L. – Spinat
VN: – ; špinat.
Früher häufig, heute seltener in Gärten angebaut. Δ F.

Spiraea x *billardii* Hérincq – Bastard-Spierstrauch
[**Syn.:** *Sp. pseudosalicifolia* Silverside]
In Anlagen und Gärten gepflanzt, selten außerhalb der Ortslagen anzutreffen, z. B. N Neuendorf am See (KU 1998).

Spiraea media Fr. Schmidt – Karpaten-Spierstrauch
Gelegentlich in Gärten als Zierstrauch – oftmals als Hecke – angepflanzt.

Spiraea x *vanhouttei* (Briot) Zabel – Belgischer Spierstrauch
Die drei aufgeführten und weitere *Spiraea*-Sippen werden als blühfreudige Ziersträucher in Grünanlagen, Gärten, Hecken und Flurgehölzen angepflanzt; vereinzelt mit Verwilderungstendenz.

Stachys byzantina K. Koch – Woll-Ziest
Ziemlich häufig als Zierpflanze in Gärten angepflanzt.

Staphylea

Staphylea pinnata L. – Gewöhnliche Pimpernuss
Hier und da als Zierstrauch in Gärten, Hecken und Anlagen gepflanzt. Δ F.

Symphoricarpos albus (L.) S. F. BLAKE – Weiße Schneebeere, s. Kap. 4.2

Symphoricarpos orbiculatus MOENCH – Korallenbeere
Hier und da, in jüngster Zeit aber zunehmend in Gärten und Anlagen, v. a. als Hecke, angepflanzt.

Syringa x *chinensis* WILLD. – Chinesischer Flieder
Selten als Gartenstrauch kultiviert.

Syringa microphylla DIELS – Kleinblättriger Flieder
Gelegentlich in Grünanlagen und Gärten angepflanzt.

Syringa x *persica* L. – Persischer Flieder
Selten als Gartenstrauch kultiviert.

Syringa vulgaris L. – Gewöhnlicher Flieder, s. Kap. 4.2

Taxus baccata L. – Gewöhnliche Eibe, s. Kap. 4.2

Tagetes erecta L. – Aufrechte Studentenblume
VN: Studenten, Samtblume; somot, somotk, sómótk, somotka, somotroža, študenty.
Häufig in zunehmender Sortenzahl als Zierpflanze kultiviert, gelegentlich mit Gartenabfällen verschleppt und unbeständig verwildernd. Δ F.

Tagetes patula L. – Ausgebreitete Studentenblume
VN: siehe *T. erecta*.
Als sommerannuelle Zierpflanze häufig in Vorgärten, Anlagen und auf Friedhöfen zu finden. Gelegentlich mit Gartenabfällen verschleppt und unbeständig verwildernd. Δ F.

Tanacetum balsamita L. – Marienblatt, Balsamkraut
VN: Großer Salbei; lapata žalbija, turkojska žalbija, žonska mjetej.
Erloschene alte Heil- und Zierpflanze, früher „fast in allen Dorfgärten" der Lausitzen vorhanden (RH 1839). Δ F, Δ M.

Tanacetum coccineum (WILLD.) GRIERSON – Bunte Margerite
[**Syn.:** *Chrysanthemum coccineum* WILLD.]
Häufig als Zierpflanze in Gärten kultiviert.

Tanacetum parthenium (L.) Sch. Bip. – Mutterkraut
VN: Kamille, Echte Kamille; bóža martra, rymańka, rymańk, rumańk, roželnicowe zele.
Hier und da als Zierpflanze in Gärten kultiviert und an Zäunen, auf Höfen und in der dörflichen Ruderalflur unbeständig verwildernd. Von KR (1955b) für den Oberspreewald noch als häufig in Gärten vorkommend angegeben, ist sie heute seltener und in verschiedenen, meist gefülltblütigen Sorten anzutreffen. Die Art wurde in den Lausitzen bis in das 18. Jahrhundert hinein als „Herba Matricariae" zu medizinischen Zwecken angebaut. Δ F, Δ M.

Taxodium distichum (L.) Rich. ex Humb., Bonpl. et Kunth – Sumpfzypresse
Vereinzelt in Parkanlagen gepflanzt, z. B. Lübbenau: Schlossgarten – hier bereits von Treichel (1876a) aufgeführt – und Vetschau.

Thalictrum aquilegiifolium L. – Akelei-Wiesenraute
Vereinzelt als Zierpflanze in Gärten gepflanzt. Δ F.

Thladiantha dubia Bunge – Quetschgurke (Abb. 122)
VN: Wilde Gurke; – .
Gelegentlich an Zäunen und Mauern innerhalb der Ortslagen, selten auch auf Müllplätzen anzutreffen. In Boblitz seit ca. 100 Jahren vorkommend. Von BI aus Treppendorf: verwildert an der Bäckerei belegt (1954 H-BI in Herbar-B). Zum weiteren Vorkommen der Art im Spreewald vgl. JE (1984) bzw. JE in KL (1985b). In den Lübbenauer Schlossgarten (1982 H-JE) kam die Art vermutlich Ende des 19./Anfang des 20. Jahrhunderts aus einem botanischen Garten, von wo aus sie in die Umgebung gelangte. Im UG kommen nur männliche Pflanzen vor, die Vermehrung erfolgt nur vegetativ. Im Spreewald möglicherweise klimatisch bedingt bereits eingebürgert, in den übrigen Teilen Mitteleuropas zumeist nur ephemer (JE 1984).

Thuja occidentalis L. – Abendländischer Lebensbaum
VN: Lebensboom; żywjenski bom.
Häufig auf Friedhöfen, dort zumeist als Hecke, aber auch als Solitärbaum angepflanzt, ferner in Parkanlagen vorhanden.

Thuja orientalis L. – Morgenländischer Lebensbaum
Gelegentlich in Gärten, Anlagen und auf Friedhöfen anzutreffen.

Thymus vulgaris L. – Gewürz-Thymian
VN: Timmian; tymjan, timjan, włoski kwendel.
In Gärten früher häufig als Küchengewürz und zum Verkauf angebaut. Wird noch heute bei Hausschlachtungen verwendet. Δ M.

Tilia cordata MILL. − Winter-Linde, s. Kap. 4.2

Tilia x *euchlora* K. KOCH − Krim-Linde
Hier und da in Ortschaften als Alleebaum angepflanzt.

Tilia platyphyllos SCOP. − Sommer-Linde, s. Kap. 4.2

Tilia tomentosa MOENCH − Silber-Linde
An wenigen Orten als Straßenbaum gepflanzt. Eine etwa 90 Jahre alte Allee in der Lübbenauer Bahnhofstraße wurde im Jahre 2000 gefällt (JE).

Tilia x *vulgaris* HAYNE − Holländische Linde
Häufig gepflanzter robuster Straßenbaum.

Tolpis barbata (L.) GAERTN. − Tolpis
Vereinzelt als Zierpflanze in Gärten kultiviert.

Tradescantia virginiana hort. non L. − Garten-Tradeskantie, Dreimasterblume
[**Syn.**: *T.* x *andersoniana* W. LUDW. et ROHWER nomen nudum invalid.]
Ziemlich häufig in mehreren Sorten als Zierpflanze in Gärten vorhanden. Mit Gartenabfällen verschleppt und gelegentlich verwildernd. Die früher nicht selten kultivierten *T. virginiana* L.-Sorten in den Gärten mehr und mehr ersetzend (KR 2003b).

Trifolium hybridum L. − Schweden-Klee, s. Kap. 4.2

Trifolium incarnatum L. − Inkarnat-Klee
Früher als Bestandteil des Landsberger Gemenges feldmäßig als Futterpflanze auf nährstoffreichen, lehmigen Böden angebaut. Heute gelegentlich in Ansaatmischungen verwendet. Δ F.

Trifolium resupinatum L. − Perser-Klee
Meist kleinflächig als Zwischenfrucht (Grünfutter) angebaut, früher häufiger in Kultur.

Trigonella caerulea (L.) SER. − Schabzigerklee
[**Syn.**: *T. melilotus-caerulea* (L.) ASCH. et GRAEBN.]
VN: − ; mólowe zele.
Bereits im 19. Jahrhundert kaum noch in Gärten angebaut; die Pflanzen wurden zur Mottenbekämpfung zwischen die Wäsche gelegt, aber auch als Würzkraut verwendet (KR 1992). Ob heute noch im UG? Δ F, Δ M.

Triticum aestivum L. – Saat-Weizen
VN: – ; pšenica; nalětna pšenica (Sommerweizen)/nazymska pšenica (Winterweizen).
Im UG (Ragow) mindestens seit slawischer Zeit kultiviert (IL 1999). Aufgrund der im Gebiet dominierenden geringwertigen Böden erlangt der Weizenanbau im UG nur eine untergeordnete Bedeutung. Δ F, Δ M.

Triticum spelta L. – Dinkel
VN: – ; špjeńc, špjeńck, špelc.
Bereits für die spätslawische Zeit vom Rande des UG (Burgwall Gr. Lübbenau) belegt (IL 1999a). Heute gelegentlich in den Randgebieten im Zuge des „Bio-Booms" wieder feldmäßig kultiviert.

x *Triticosecale* blaringhemii A. CAMUS – Tritikale, Echter Rimpauweizen
(*Triticum aestivum* L. x *Secale cereale* L.)
Seit ca. 20 Jahren mit zunehmendem Umfang auf den nicht zu armen Böden angebaut.

Trollius europaeus L. – Trollblume
Vereinzelt als Zierpflanze in Gärten in großblütigen Sorten, auch als Hybriden (*T.* x *cultorum* BERGMANNS), auf frischen, kräftigen Standorten kultiviert. Δ F.

Tropaeolum majus L. – Große Kapuzinerkresse
VN: – ; škrjakac, škrjakacki, trompetki, trumpejtki.
Hier und da als Zierpflanze, seltener auch als Gemüsepflanze, in Vorgärten und auf Höfen kultiviert. Selten vorübergehend verwildernd, z. B. in Babow (1992 JE).

Tsuga canadensis (L.) CARRIÈRE – Kanadische Hemlocktanne
Vereinzelt als Zierbaum in Vorgärten und Parkanlagen gepflanzt.

Tulipa gesneriana L. – Garten-Tulpe
VN: – ; tulpa.
Häufig in vielen Zuchtformen in Gärten kultiviert und über Gartenabfälle in die freie Landschaft kommend, dort aber recht schnell verschwindend. Neben dieser alten (hybridogenen) Gartentulpe, die Mitte des 16. Jahrhunderts erstmals aus türkischen Gärten nach Europa kam (KR 2003b), werden heute gelegentlich auch mehrere zentralasiatische Wildtulpen und deren Auslesen sowie Hybriden in Gärten gezogen. Dazu gehört auch *T. forsteriana* HOOK. ex W. IRVING, die Stammart der häufig kultivierten Darwin-Hybriden.

Tulipa sylvestris L. – Wilde Tulpe
VN: – ; tulpa.
Selten in Gärten kultiviert, davon ausgehend mit Gartenabfällen verschleppt, Lübben: im Hain (1986 JE). Δ F.

Ulmus

Ulmus minor MILL. – Feld-Ulme, s. Kap. 4.2

Ursinia anethoides (DC.) N. E. BR. – Dillblättrige Ursinie
Als Sommerblume selten in Gärten kultiviert.

Valerianella locusta (L.) LATERR. em. BETCKE – Gemeines Rapünzchen, s. Kap. 4.2

Veratrum album L. – Weißer Germer
VN: – ; běly kichac, měšack.
Früher als Offizinalpflanze in den Lausitzen kultiviert. Δ F, Δ M.

Verbascum blattaria L. – Motten-Königskerze, s. Kap. 4.2

Verbascum phoeniceum L. – Purpur-Königskerze
Vereinzelt in Gärten als Zierpflanze mit verschiedenen Blütenfarben kultiviert. Δ F.

Verbena x *hybrida* GROENL. et RÜMPLER – Garten-Verbene
Hier und da in Gärten und Balkonkästen als Sommerblume vorhanden.

Veronica teucrium L. – Großer Ehrenpreis, s. Kap. 4.2

Viburnum lantana L. – Wolliger Schneeball
VN: – ; sněgula, sněgulka.
Hier und da als Zierstrauch in Gärten und Anlagen vorhanden.

Viburnum opulus L. cv. 'Roseum' – Gewöhnlicher Schneeball, s. Kap. 4.2

Viburnum opulus 'Roseum'

Vicia faba L. – Ackerbohne
VN: – ; bob, bobowka, bobownik.
Schon in der Bronzezeit in der Niederlausitz als Nahrungspflanze angebaut (IL 1999), heute nur noch selten als Futterpflanze. Δ F.

Vicia sativa L. – Futter-Wicke, s. Kap. 4.2

Vicia villosa ROTH – Zottel-Wicke, s. Kap. 4.2

Vinca major L. – Großes Immergrün
Gelegentlich in Vorgärten und Anlagen gepflanzt, des öfteren in Sorten mit gelb-panaschierten Blättern.

Vinca minor L. – Kleines Immergrün, s. Kap. 4.2

Viola odorata L. – März-Veilchen, s. Kap. 4.2

Viola suavis M. BIEB. – Blaues Veilchen, s. Kap. 4.2

Viola* x *wittrockiana GAMS – Garten-Stiefmütterchen
VN: Stiefmütterchen, Samtblume, Veilchen; syrotka, matuška, matyška, somotki.
Als eine der häufigsten Rabattenpflanzen vielerorts in Gärten und Anlagen sowie auf Friedhöfen gepflanzt. Gelegentlich – jedoch ohne feste Etablierung – aus Gartenabfällen auf Müllplätze und an ortsnahe Waldränder gelangend. Das Garten-Stiefmütterchen entstand erst im 19. Jahrhundert durch Kreuzung verschiedener Wildsippen (KR 2003b).

Vitis vinifera L. – Echter Weinstock, Weinrebe
VN: Wein; wino, winowa grana, grańka, grań.
Hier und da an Hauswänden kultiviert, vereinzelt noch sehr alte Reben vorhanden, z. B. Lübbenau: in der Dammstraße. Der Weinbau zwecks Weinkelterei auf wärmebegünstigten Hangstandorten („Weinbergen") ist um die Mitte des 19. Jahrhunderts im UG erloschen. Zum früheren Umfang des Weinbaus im Spreewald und der Niederlausitz vgl. KR (1967d). Δ F.

Waldsteinia ternata (STEPHAN) FRITSCH – Dreiblättrige Waldsteinie
Nicht häufige Zierstaude; selten mit Gartenabfällen verschleppt, z. B. Hohenbrück: Heidecken (KU 1998a).

Weigela florida (BUNGE) A. DC. – Rosenrote Weigelie
Mancherorts als Zierstrauch in mehreren Sorten in öffentlichen Grünanlagen und privaten Gärten gepflanzt.

Wisteria sinensis (SIMS) SWEET – Blauregen
Gelegentlich als zierendes Klettergehölz an Gebäuden gepflanzt. Zum Teil handelt es sich hierbei um sehr alte Exemplare.

Yucca filamentosa L. – Fädige Palmlilie
Nicht selten als dekorative Solitärstaude in Hausgärten und Anlagen gepflanzt.

Zea

Zea mays L. – Mais
VN: – ; turkojska pšenica, majs/bažula (Fruchtstand).
Seit Ende des 16. Jahrhunderts im Gebiet vorhanden, längere Zeit hindurch nur als Zierpflanze genutzt. Heute am Spreewaldrand als Futterpflanze zunehmend in feldmäßigem Anbau. Δ F.

Zinnia violacea Cav. – Garten-Zinnie
[**Syn.:** *Z. elegans* Jacq.]
VN: – ; ciljan, cyljan, cynia.
Häufig in Gärten in verschiedenen Sorten als Zierpflanze kultiviert.

4.4 Statistischer Überblick

Insgesamt 1.227 im UG wild wachsende Taxa werden im Kap. 4.2 aufgeführt (s. Tab. 10). Einbezogen hierin sind 73 verwilderte, zumeist fest eingebürgerte Kulturpflanzen (Kv). Eine Tradition einiger älterer Lokalfloren aufgreifend, sind in Kap. 4.3 insgesamt 596 Kultursippen aufgelistet. Sie befinden bzw. befanden sich im UG in Gärten, Parks, Anlagen, auf den Feldern, im Wald etc. in unterschiedlicher Häufigkeit in Kultur. Neben den in Tab. 10 ausgewiesenen 454 Sippen gehören dazu auch insgesamt 142 Arten, die im UG sowohl wild vorkommen, als auch kultiviert werden. Neben den Kv-Sippen betrifft dies 70 zumeist attraktive Wildarten bzw. daraus hervorgegangene Züchtungen. Als Beispiele seien *Bellis perennis, Campanula persicifolia, Carex pendula, Leucanthemum vulgare* agg. oder *Lysimachia nummularia* genannt. In die Kulturpflanzenübersicht (s. Kap. 4.3) sind oft auch die Sippen eingegliedert, bei denen trotz einzelner spontaner, vorwiegend über Gartenabfälle erfolgter Verschleppung bzw. daraus hervorgegangener, zumeist kurzzeitiger Verwilderung bisher keine Etablierung nachgewiesen ist. Weitgehend unberücksichtigt bleiben dagegen sog. Topfpflanzen, die in den Häusern, auf Balkonen, in Wintergärten oder in privaten Gewächshäusern von Pflanzenliebhabern anzutreffen sind. Aufgrund der Vielzahl der im UG kultivierten Arten und der v. a. in letzter Zeit zu beobachtenden raschen Einführung ständig neuer Sippen über den Pflanzenhandel besitzt die Übersicht im Kap. 4.3 keinen Anspruch auf Vollständigkeit.

Tab. 10: Anzahl bearbeiteter Sippen incl. der zweifelhaften bzw. fälschlich publizierten Taxa („Kleindruck"-Sippen).

	Sippenanzahl	(Zwischen) Summe
Wild vorkommende Pflanzen excl. Kv	1.154	
Verwilderte Kulturpflanzen (Kv)	73	1.227
Kulturpflanzen	454	1.681
„Kleindruck"-Sippen	58	1.739

Unter Beachtung der sowohl in Kap. 4.2 und 4.3 angeführten 142 Arten werden insgesamt 1.681 im UG erfasste Sippen separat aufgeführt. Außerdem sind im Kap. 4.2 weitere 58 in Kleindruck gestellte Taxa ausgewiesen. Dies sind zumeist Arten, bei denen trotz Literaturhinweisen ein Vorkommen im UG nicht eindeutig nachgewiesen ist bzw. fehlerhafte Veröffentlichungen vorliegen.

Da bei den Kulturpflanzen andere Bewertungskriterien als bei den wild wachsenden Arten zum Tragen kommen, konzentrieren sich die weiteren Ausführungen auf die wild wachsenden Sippen (n = 1.227). Hierbei werden die bei einzelnen Taxa hinsichtlich der Einschätzung verschiedener Parameter mit einem „?" gekennzeichneten Unsicherheiten, z. B. s?, nicht berücksichtigt, sondern dem jeweiligen Parameter zugeordnet.

Statistik

Status

Der überwiegende Teil (79 %) der im UG wild wachsenden Sippen ist – unter Einbindung der Archäophyten – heimisch (Abb. 50). Gut ein Fünftel der Flora (21 %) ist – bei unterschiedlichem Etablierungsgrad und Ursprung – nicht heimisch. Im Vergleich zum urbanen Großraum Berlin, bei dem dieser Anteil an der Gesamtflora 46 % ausmacht (PRASSE et al. 2001), ist dies im hiesigen UG als Ausdruck einer weniger starken anthropogenen Beeinflussung deutlich geringer.

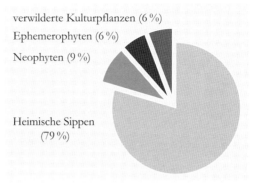

Abb. 50: Prozentuale Anteile der im UG wild wachsenden Sippen in Bezug auf deren Status.

Vorkommen

Von den 1.227 im UG wild wachsenden Sippen gelten lediglich 672 Taxa (= 55 %) als zerstreut oder verbreitet vorkommend (Tab. 11, Abb. 51); unter Vernachlässigung der heute nicht mehr nachgewiesenen 159 Taxa [ohne †, †* und (†)] erhöht sich ihr Anteil an den aktuell vorkommenden Sippen (n = 1.068) auf 63 %. Demnach ist über ein Drittel (396 Taxa = 37 %) der im UG aktuell vorhandenen Sippen nur von wenigen, in einigen Fällen auch nur einem einzigen FO seit 1980 belegt.

Unter den heute als verbreitet bzw. zerstreut vorkommend eingestuften Taxa befinden sich neben ebenfalls landes- und bundesweit häufigen Sippen auch eine Reihe von Arten, die früher im UG neben ihrer weiten Verbreitung auch hohe Populationsdichten aufwiesen, jedoch seither deutliche Verluste hinnehmen muss-

Tab. 11: Verteilung der im UG wild wachsenden Sippen hinsichtlich der Vorkommenseinstufung.

Vorkommens-grad	Anzahl	(Zwischen) Summe
† / †*	146	146
(†)	13	159
ss	238	397
s	158	555
z	328	883
v	344	1.227

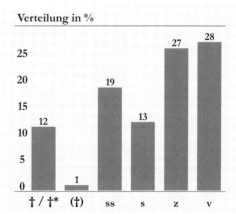

Abb. 51: Prozentuale Anteile der im UG wild wachsenden Sippen hinsichtlich der Vorkommenseinstufung.

Statistik

ten. Exemplarisch sei auf die Wiesenarten *Caltha palustris, Carex panicea, Succisa pratensis* und *Campanula patula* hingewiesen. Hieraus ergeben sich Konsequenzen für den floristischen Artenschutz (s. Kap. 4.5).

Ausgestorbene/verschollene Sippen

Von den 1.227 im UG wild wachsenden Sippen gelten – unter Berücksichtigung der †*-Arten – aktuell 146 Taxa (= 12 %) als verschollen oder ausgestorben (Abb. 51). Die heimischen Sippen stellen hierbei das Gros (Tab. 12). Die aktuell im UG nicht mehr nachgewiesenen Taxa fanden sich – entsprechend ihrer Hauptvorkommen im UG[4] – unter Einschluss der in Feuchtsenken vorkommenden Arten der Zwergbinsen-Gesellschaften früher v. a. auf Äckern sowie in Wäldern, im Grünland und in Trockenrasen (Abb. 52). Unter der Kategorie „Sonstige" sind Biotope mit geringeren Anteilen, wie Säume, Mauern, Heiden, Deiche, Kies- und Lehmgruben zusammengefasst. Unter den Ruderalarten befinden sich 7 Sippen, die eine enge Bindung zu den Siedlungsbereichen erkennen lassen, u. a. *Althaea officinalis, Malva pusilla, Marrubium vulgare* und *Nepeta cataria*.

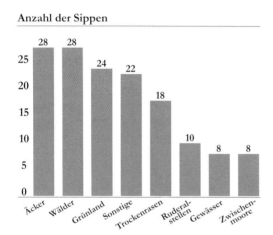

Abb. 52: Verteilung der im UG ausgestorbenen/verschollenen Sippen in Bezug auf deren Hauptlebensräume.

Tab. 12: Verteilung der im UG ausgestorbenen/verschollenen Sippen auf die jeweiligen Zeiträume und den entsprechenden Status.

Status/Zeitraum	Vor 1950	1950–1979	Seit 1980	Gesamt	Anteil
Heimisch	47	56	30	**133**	92 %
Neophyt	0	2	6	**8**	5 %
Verwilderte Kulturpflanze	3	1	1	**5**	3 %
Summe	**50**	**59**	**37**	**146**	**100 %**

---

4   Bei einigen Sippen wurden in den ausgewerteten, zumeist älteren Literaturquellen keine Angaben zu den besiedelten Biotopen gemacht („ohne Angabe"). Diese Taxa sind dem Biotop zugeordnet worden, das nach Ansicht der Autoren im UG für die entsprechende Sippe am wahrscheinlichsten erschien.

Statistik

Von 50 der ausgestorbenen Taxa liegen seit 1950 keine Fundmeldungen mehr vor (Tab. 12). Etwa die Hälfte dieser Angaben (24 Nennungen) geht auf RABENHORST (1839, 1840) und BURKHARDT (1827b, 1836) zurück. In den Zeiträumen von 1841 bis 1899 wurden 12 Sippen und von 1900 bis 1949 14 Sippen letztmalig für das UG genannt. 96 Taxa sind zwischen 1950 und heute ausgestorben/verschollen, unter diesen immerhin 37 Sippen nach 1979. Dies spiegelt die enormen landeskulturellen Veränderungen, die sich in den letzten 60 Jahren vollzogen haben, deutlich wider. Vor allem die Arten des Offenlandes, von denen exemplarisch auf *Bromus arvensis, B. secalinus, Carex dioica, Cirsium acaule, Eriophorum latifolium, Gentiana pneumonanthe, Illecebrum verticillatum, Liparis loeselii* und *Parnassia palustris* hingewiesen sei, sind davon betroffen. Eine besondere Erwähnung soll in diesem Zusammenhang auch *Apium inundatum* erfahren, das Mitte der 1980er Jahre am Caminchener Fundort letztmalig im Land Brandenburg gesehen wurde. Darüber hinaus sei angemerkt, dass 13 Ephemerophyten nur vor 1980 im UG registriert wurden.

Rote-Liste-Kategorie

Analysiert man die im UG aktuell wild wachsenden Sippen (n = 1.068) hinsichtlich ihrer Einstufung nach RISTOW et al. (2006), gelten 19 Taxa als in Brandenburg akut vom Aussterben bedroht (Tab. 13). Hierbei handelt es sich um Arten unterschiedlichster Biotope. Auffallend ist jedoch, dass sich darunter sowohl zahlreiche Arten genutzter Offenlandstandorte unterschiedlichen Feuchtegrades als auch der Zwischenmoore sowie nährstoffarmer Standorte (Magerrasen, nasse Ufer, Kiesgruben, Kiefernforste) befinden.

Die in Brandenburg als ausgestorben geltende und im UG aktuell festgestellte Segetalart *Camelina sativa* bedarf einer gesonderten Betrachtung. Sie war früher mit großer Sicherheit im UG heimisch und verschwand im 19./20. Jahrhundert u. a.

Tab. 13: Die im UG aktuell vorkommenden RL 1-Arten Brandenburgs und die von ihnen hauptsächlich besiedelten Biotoptypen/Lebensräume.

Art	Biotoptyp
Agrostemma githago	Acker
Alchemilla subcrenata	Frisch- und Feuchtwiesen
Antennaria dioica	Magerrasen, Kiefernforst-Rand
Carex flava s. str.	Nasswiesen
Catabrosa aquatica	Gräben
Diphasiastrum zeilleri	Kiefernforst
Eleocharis multicaulis	Zwischenmoore, Ufer
Eleocharis quinqueflora	Moorwiese
Hammarbya paludosa	Zwischenmoor
Hierochloë odorata s.str.	Wechselfeuchte Wiese
Littorella uniflora	Ufer
Neslia paniculata	Acker
Potamogeton x *angustifolius*	Gewässer
Pseudognaphalium luteo-album	Ufer, Kiesgruben
Pulsatilla pratensis	Magerrasen, Kiefernforst-Rand
Rhynchospora fusca	Zwischenmoore, Ufer
Taraxacum nordstedtii	Wechselfeuchte Wiese
Thesium ebracteatum	Magerrasen, Kiefernforst-Rand
Trapa natans	Gewässer

aufgrund der verbesserten Saatgutreinigung und des unterbliebenen Feldanbaus. Die neuerdings beobachtete verwilderte Population (s. Kap. 4.2) – die in einer großflächigen Kultivierung der Sippe ihren Ursprung hat – kann noch nicht als eingebürgert gelten.

Nicht einbezogen in die nachfolgende Analyse (Tab. 14) sind all die Arten, die in RISTOW et al. (2006) einen Rote-Liste-Status besitzen, im UG jedoch als nicht etabliert gelten. Hier ist der Rote-Liste-Status in Klammern gesetzt. Neben *Taxus baccata* [RL (0)], *Hieracium fallax* und *Iris sibirica* [jeweils RL (1)] betrifft das auch *Glebionis segetum* [RL (0)]. Bei dieser Segetalart ist – da aus dem 19. Jahrhundert keine Angaben aus dem UG vorliegen – nicht eindeutig klar, ob sie hier etabliert war. Darüber hinaus bezieht sich die spätere Lübbenauer Angabe auf ein adventives Vorkommen (s. Kap. 4.2).

Von den aktuell im UG nachgewiesenen, wild wachsenden Sippen (n = 1.068) gilt nach der Roten Liste für Brandenburg (RISTOW et al. 2006) – unter Einschluss der Kategorie R – knapp ein Viertel als gefährdet (241 Taxa = 23 %) (Tab. 14). Bezieht man auch die unter D und # geführten Taxa, unter denen sich ja ebenfalls gefährdete Arten befinden (können), sowie die Sippen der Vorwarnliste (V-Arten), die – landesweit betrachtet – oftmals bereits starke Verluste ihrer einstmals reichen Vorkommen hinnehmen mussten, in diese Betrachtung mit ein, so erhöht sich deren Anteil auf über ein Drittel (389 Taxa = 36 %).

Tab. 14: Anzahl der aktuell im UG wild wachsenden Arten in Bezug auf ihre Einschätzung in der aktuellen Roten Liste Brandenburgs (RISTOW et al. 2006) und ihrer Vorkommenseinstufung.

RL-Status	ss	s	z	v	Summe
0 (0)	1 (1)	0 (0)	0 (1)	0 (0)	1 (2)
1 (1)	15 (2)	4 (0)	0 (0)	0 (0)	19 (2)
2 (2)	49 (2)	28 (0)	10 (0)	1 (0)	88 (2)
3 (3)	17 (3)	44 (0)	42 (3)	10 (0)	113 (6)
G (G)	10 (2)	2 (0)	3 (0)	1 (0)	16 (2)
R (R)	3 (1)	0 (0)	1 (0)	0 (0)	4 (1)
Zwischensumme	95 (11)	78 (0)	56 (4)	12 (0)	241 (15)
D (D)	7 (1)	3 (0)	4 (1)	0 (0)	14 (2)
# (#)	2 (1)	2 (0)	8 (0)	3 (0)	15 (1)
V (V)	13 (2)	30 (0)	50 (1)	26 (1)	119 (4)
Zwischensumme	22 (4)	35 (0)	62 (2)	29 (1)	148 (7)
×	35	5	7	0	47
–	71	40	197	302	610
Zwischensumme	106	45	204	302	657
Gesamtsumme	238	158	328	344	1.068

Statistik

Viele der RL-Sippen (incl. D, #, V) haben im UG nur wenige Vorkommen und gehören deshalb hinsichtlich der Häufigkeit zu den sehr seltenen und seltenen Arten [230 (15) Taxa]. Ein Teil der RL-Arten [41 (1) v-Taxa, 118 (6) z-Taxa] ist im UG aber noch mit zahlreichen, z. T. auch individuenstarken Vorkommen vertreten (Tab. 14). Stellvertretend sei auf *Arnoseris minima* und *Viola stagnina* hingewiesen.

Nicht unerwähnt bleiben soll der Fakt, dass immerhin 151 Sippen (×-Arten bzw. ungefährdete Sippen) keiner der oben erwähnten, auf ganz Brandenburg bezogenen Rote-Liste-Kategorien angehören (RL 0- bis V-Sippen), im UG jedoch aktuell nur von einzelnen oder wenigen FO bekannt sind (ss- bzw. s-Arten). Dies entspricht immerhin 14 % der aktuell im UG wild wachsenden Taxa.

Tendenz

Ein Großteil (44 %) der im UG aktuell wild wachsenden Sippen (n = 1.068) zeigt – unabhängig von ihrem Vorkommensgrad – seit 1950 keine erkennbaren Bestandsveränderungen (Abb. 53). Dies betrifft vor allem heimische Arten (Abb. 54).

Insgesamt 121 Taxa (= 11 %) befinden sich in Ausbreitung (Abb. 53); darunter 9 Spezies (= 1 %) mit starker Zunahme. Von letzteren gilt lediglich *Nasturtium microphyllum* als indigen, während die anderen Arten neophytisch sind (*Cardamine hirsuta, Elodea nuttallii, Oxalis corniculata, Sisymbrium loeselii, Tragopogon dubius, Veronica persica, Vicia grandiflora, Wolffia arrhiza*). Außer den beiden Wasserpflanzen (*E. nuttallii, W. arrhiza*) besiedeln die anderen Taxa oftmals anthropogen beeinflusste, mehr oder weniger frische Ruderalstandorte der Ortslagen und ihrer näheren Umgebung.

Unter den sich im UG in Ausbreitung befindlichen 121 Sippen ist der Anteil der Neophyten recht hoch (54 Taxa = 45 %, Abb. 54); bei Einbeziehung der für das UG noch nicht etablierten, in jüngerer Zeit jedoch verstärkt auftretenden Arten *Amaranthus bouchonii, A. powelii* und *Onobrychis viciifolia* sowie der in Ausbreitung befindlichen verwilderten Kulturpflanzen (20 Sippen), die, wie z. B. *Lamium argentatum, Lathyrus latifolius, Quercus rubra, Rubus armeniacus* und *Vinca minor*, alle als etabliert einzuschätzen sind, erhöht sich deren Gesamtanteil auf 64 %.

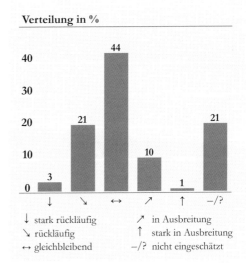

Abb. 53: Prozentuale Anteile der aktuell im UG wild wachsenden Sippen in Bezug auf die Tendenzstufen.

↓ stark rückläufig ↗ in Ausbreitung
↘ rückläufig ↑ stark in Ausbreitung
↔ gleichbleibend –/? nicht eingeschätzt

Statistik

Gut ein Drittel der sich in Ausbreitung befindlichen Sippen (44 Taxa) gilt als heimisch. Viele von ihnen, wie z. B. *Anthriscus sylvestris, Chelidonium majus, Epilobium hirsutum, Galium aparine* und *Urtica dioica*, profitieren von dem im Vergleich zu 1950 deutlich gestiegenen Nährstoff-, v. a. Stickstoffangebot. Andere Arten, wie z. B. *Bromus sterilis, Calamagrostis epigejos, Crepis capillaris, Juncus effusus, Rumex crispus* und *R. obtusifolius*, weisen u. a. auf ein Ansteigen gestörter Standorte hin. Nicht zu vergessen sind in diesem Zusammenhang Arten, die seit 1990 von der Auflassung ehemals genutzter Wiesen- und Ackerflächen profitiert haben (Bracheeffekt). Als Beispiele hierfür sei auf *Calamagrostis canescens, Carex acutiformis, Cirsium arvense, C. palustre, Filago arvensis, Phragmites australis* (partiell), *Salix cinerea, Senecio jacobaea* und *S. paludosus* verwiesen. Erfreulicherweise haben auch einige indigene Wasserpflanzenarten von der – in den letzten 20 Jahren zu verzeichnenden – Verbesserung der Wasserqualität bzw. einer weniger intensiven Gewässerunterhaltung profitiert, wie z. B. *Butomus umbellatus* und *Najas marina*. Hier einzuordnen ist auch die Erholung der *Trapa natans*-Bestände des Neuendorfer Sees. Eine positive Entwicklung hat bis 2009 ebenfalls die bei Schönwalde vorhandene *Thesium ebracteatum*-Population genommen.

Insgesamt 254 Taxa zeigen in den letzten knapp 60 Jahren im UG einen rückläufigen Trend (Abb. 54). Erwartungsgemäß betrifft dies v. a. heimische Sippen (243 Taxa). Von den im UG aktuell als zerstreut vorkommend eingestuften 328 Sippen (Tab. 14) betrifft dies ca. ein Drittel (111 Sippen = 34 %), so dass bei anhaltender Entwicklung zumindest für einen Teil von ihnen eine baldige Überführung in die Kategorie „selten" bzw. „sehr selten" zu befürchten ist. Auch landesweit gehören viele von ihnen zu den in der Roten Liste Brandenburgs (Ristow et al. 2006) als gefährdet (33 Taxa) bzw. in der Vorwarnstufe (31 Taxa) geführten Arten; mit *Arnoseris minima, Juncus filiformis, Lycopodium clavatum, Potamogeton alpinus, P. obtusifolius, P. trichoides, Stratiotes aloides* und *Succisa pratensis* betrifft dies sogar 8 Taxa, die landesweit als stark gefährdet eingeschätzt sind. Mit *Ballota nigra, Cynoglossum officinale, Diplotaxis muralis, Euphorbia peplus, Solanum nigrum* sind unter den rückläufigen

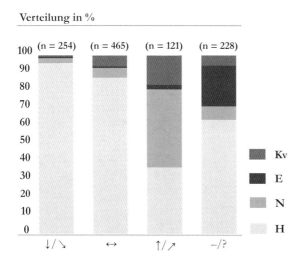

Abb. 54: Verteilung der aktuell im UG wild wachsenden Sippen in Bezug auf die Tendenzstufen und den Status.

Taxa auch einige nährstoffliebende Arten zu nennen, deren Verbreitungsschwerpunkt in den Ortslagen und an deren Rändern liegt. Sie werden bisher nicht in der Roten Liste Brandenburgs geführt, verdeutlichen aber im UG einen abnehmenden Trend, der sich auch in anderen Regionen Brandenburgs abzeichnet. Ähnliches ist ebenfalls bezüglich einiger im UG noch als verbreitet eingestufter Arten zu konstatieren, wie z. B. für *Fumaria officinalis, Lamium album, Sisymbrium officinale, Sonchus oleraceus* und *Verbascum nigrum*.

Bei 228 Sippen (= 21 %) kann die Tendenz nicht eingeschätzt werden (Abb. 53, 54), da sie entweder seit 1950 nur ephemer auftraten (53 Taxa) oder von den Autoren wegen der unzureichenden Datenlage keine Einschätzung vorgenommen werden konnte (175 Taxa).

4.5 Die Bedeutung des Untersuchungsgebietes für den floristischen Artenschutz

Die Bedeutung des UG für den floristischen Artenschutz (Tab. 15) basiert vor allem auf den standörtlichen Besonderheiten des Spreewaldes als einer großflächigen Niederungslandschaft. Demgegenüber sind aktuell große Teile der übrigen Niederlausitz stark geprägt durch den Braunkohlenbergbau und intensive Formen der landwirtschaftlichen Bodennutzung, die zu einem großflächigen und im Landesvergleich überdurchschnittlich tief gesunkenen Grundwasserstand geführt haben. Der Spreewald ist deshalb heute das Verbreitungszentrum von Pflanzenarten des Feuchtgrünlandes in der Niederlausitz. Hieraus ergibt sich der regionale Bezug für den floristischen Artenschutz, der sich dabei sowohl auf im UG und in der westlichen Niederlausitz tendenziell rückläufige Arten bezieht, als auch auf Spezies, die hier mehr oder weniger stabile Vorkommen besitzen, aber außerhalb des UG einen stark abnehmenden Trend zeigen. Deshalb kommt den Vorkommen im UG ein deutlich erhöhter Stellenwert zu. Regionalen Schutzbedarf haben zudem Arten, die in der westlichen Niederlausitz und im UG nie häufig vorkamen und auch heute selten sind.

Gesamtbrandenburgische Aspekte des Florenschutzes sind v. a. bei landesweit als „vom Aussterben bedrohten" und „stark gefährdeten" Arten gegeben, die auf das Land Brandenburg bezogen einen Verbreitungsschwerpunkt im UG besitzen. Die bundesweiten und europaweiten Aspekte sind äquivalent auf die Fläche Deutschlands bzw. Mitteleuropas zu beziehen, wobei *Leucojum aestivum* (Abb. 85) als verwilderte Kulturpflanze in diese Betrachtung mit einzubeziehen ist.

Eine besondere Beachtung verdient *Thesium ebracteatum* (Abb. 109). Diese sarmatisch-gemäßigt kontinental verbreitete Art ist heute eine der großen botanischen Seltenheiten Deutschlands. Aktuell sind bundesweit vier FO bekannt (HERRMANN mdl. 2009). Davon befinden sich drei im Land Brandenburg (Bredower Forst, Drehnaer Weinberg, Schönwalde/Spreewald), ferner ein FO in Niedersachsen (HERRMANN 2002). Ein weite-

Floristischer Artenschutz

res – erst 2005 entdecktes – Vorkommen an einem Lehmgrubenrand bei Fürstlich Drehna (Petrick & Illig 2005) konnte 2008 nicht mehr bestätigt werden.

Thesium ebracteatum war früher in der nordwestlichen Niederlausitz, im sonstigen norddeutschen Tiefland (Lüneburger Heide, Ems-Hunte Geest, Schleswig-Holsteinische Geest, Pommern, Havelland, Magdeburger Elbeniederung, Mittelmärkisches Plattenland, Thüringer Becken) sowie im Baruther Urstromtal bei Luckenwalde weiter verbreitet (Benkert 1978, Wagenitz 1981). Benkert (1978) listet immerhin noch 11 FO für den Zeitraum von 1947 bis 1976 auf. Der drastische Bestandsrückgang steht vermutlich in engem Zusammenhang mit dem Niedergang der Schafbeweidung auf den ehemals vorhandenen, großen heideartigen Hutungsbereichen im norddeutschen Tiefland. Die damit einsetzende Gehölzsukzession sowie die umfangreichen Aufforstungen auf den früher zur Hutung genutzten Flächen und möglicherweise auch die im 20. Jahrhundert zunehmenden Immissionserscheinungen entzogen der Art die notwendigen Lebensräume (Petrick & Illig 2005).

Obwohl am Schönwalder Wuchsort in den letzten Jahren eine flächenhafte Ausweitung der Species bei gleichzeitiger Vergrößerung der Individuenzahl beobachtet wurde, erscheint die Population aktuell durch einen möglichen Ausbau des Bahnkörpers der Linie Berlin–Cottbus gefährdet. Als Art des Anhanges II der FFH-Richtlinie gelten für *Thesium ebracteatum*-Vorkommen besondere Schutzvorschriften.

Erwähnt werden sollen auch *Viola stagnina* (Abb. 55) und *Arnoseris minima* (Abb. 83). Sie gehören im Land Brandenburg zu den stark gefährdeten Arten (RL 2). Im UG sind von beiden Sippen noch zahlreiche, z. T. individuenreiche Populationen vorhanden (s. Kap. 4.2, VK 4, 51). Hier besitzt das Biosphärenreservat Spreewald eine sowohl landes-, bei *Viola stagnina* sogar eine bundesweite Verantwortung hinsichtlich des floristischen Artenschutzes.

Abb. 55: *Viola stagnina* (bei Lehde, 2009).

Die Zusammenstellung in Tab. 15 folgt weitgehend Petrick (2005), der – basierend auf der Auswertung vorhandener Literaturquellen und der Kartierungsergebnisse zum GRPS – die Pflanzenarten ermittelt hat, deren Schutz eine regionale, landesweite oder auch bundesweite Bedeutung zukommt. Berücksichtigung finden dabei nur im UG nach 1979 nachgewiesene indigene Arten (mit Ausnahme von *Leucojum aestivum*).

Floristischer Artenschutz

Tab. 15: Bestände von Pflanzenarten des UG und deren Bedeutung für den floristischen Artenschutz auf unterschiedlichen Regionalskalen.

Art	Bedeutung für den floristischen Artenschutz
Europa	
Thesium ebracteatum	Mitteleuropäischer Verbreitungsschwerpunkt in Deutschland und Polen (aktuelle Verbreitung in Osteuropa unklar), im UG individuenreichste Population Deutschlands.
BRD	
Gypsophila fastigiata	Starker deutschlandweiter Rückgang, bundesweiter Verbreitungsschwerpunkt im Land Brandenburg.
Leucojum aestivum	Deutschlandweiter Verbreitungsschwerpunkt dieser Art im UG.
Littorella uniflora	Starker deutschlandweiter Rückgang; 2 aktuelle Vorkommen im UG.
Rhynchospora fusca	Starker deutschlandweiter Rückgang. Verbreitungsschwerpunkt in Südbrandenburg und Ostsachsen.
Trapa natans	Starker deutschlandweiter Rückgang, im Norden des UG ein Fundortkomplex.
Viola stagnina	Starker deutschlandweiter Rückgang. Innerhalb des Landes Brandenburg bedeutendste Vorkommen im Spreewald gemeinsam mit den Populationen im Elbtal und im Gebiet der Unteren Havel.
Brandenburg	
Carex flava s.str. *Eleocharis multicaulis* *Hierochloe odorata* s. str. *Potamogeton* x *angustifolius*	Landesweit vom Aussterben bedrohte Arten mit recht stabilen Vorkommen im UG.
Arnoseris minima *Cardamine parviflora* *Potamogeton acutifolius* *Potamogeton alpinus* *Potamogeton compressus* *Potamogeton friesii* *Ranunculus fluitans*	Im gesamten Land Brandenburg stark gefährdete Arten mit einem landesweiten Verbreitungsschwerpunkt im UG.

Floristischer Artenschutz

Art	Bedeutung für den floristischen Artenschutz
Niederlausitz	
Caltha palustris *Campanula patula* *Carex panicea* *Hottonia palustris* *Inula britannica* *Juncus filiformis* *Leersia oryzoides* *Ophioglossum vulgatum* *Potamogeton gramineus* *Ranunculus lingua* *Rhinanthus serotinus* *Silene otites* *Succisa pratensis* *Valeriana dioica* *Viola palustris*	Im UG und in der Niederlausitz zurückgehende Arten.
Potamogeton obtusifolius *Potamogeton trichoides* *Potentilla palustris* *Ranunculus circinatus* *Stratiotes aloides* *Veronica dillenii*	Im UG und in der Niederlausitz zurückgehende Arten; innerhalb der Niederlausitz jedoch mit deutlichem Verbreitungsschwerpunkt im UG.
Astragalus arenarius *Butomus umbellatus* *Carex vesicaria* *Ceratophyllum submersum* *Cicuta virosa* *Cnidium dubium* *Epilobium palustre* *Hydrocharis morsus-ranae* *Koeleria glauca* *Lathyrus palustris* *Myriophyllum verticillatum* *Nasturtium microphyllum* *Odontites vulgaris* *Pseudolysimachion longifolium* *Senecio paludosus* *Teucrium scordium* *Veronica scutellata* *Wolffia arrhiza*	Arten mit im UG mehr oder weniger stabilen Vorkommen. In der Niederlausitz außerhalb des UG dagegen stark zurückgehend, selten oder fehlend.

Floristischer Artenschutz

Art	Bedeutung für den floristischen Artenschutz
Bromus racemosus *Carex cespitosa* *Carex diandra* *Carex lepidocarpa* *Carex limosa* *Equisetum pratense* *Gagea spathacea* *Gratiola officinalis* *Hepatica nobilis* *Hieracium caespitosum* *Lathyrus vernus* *Orchis militaris* *Polygala comosa* *Potamogeton praelongus* *Rumex aquaticus* *Senecio erraticus*	Von jeher in der Niederlausitz nicht häufige oder nur sporadisch vorkommende Arten der Roten Liste Brandenburgs (Ristow et al. 2006) mit Vorkommen im UG.

Literatur

5. Literaturverzeichnis und Bildnachweis

5.1 Literaturverzeichnis

Verwendete Abkürzungen:

BSL: Biologische Studien Luckau

NfM: Niederlausitzer Floristische Mitteilungen

VBVB: Verhandlungen des Botanischen Vereins der Provinz Brandenburg

VBVBB: Verhandlungen des Botanischen Vereins von Berlin und Brandenburg

AELLEN, P. (1979): *Corispermum* L. – In: RECHINGER, K. H. (Hrsg.): Gustav Hegi, Illustrierte Flora von Mitteleuropa. – Bd. 3, Teil 2. – 2. Aufl. – Berlin, Hamburg, S. 716–723.

ANDREAE, H. (1956): Grundwasserabsenkungen und landeskulturelle Änderungen, an Beispielen aus dem Spreegebiet dargestellt. – Berlin.

ANDREAE, H. (1957/58): Die Spreeregulierung und ihre Folgen für die Landeskultur im Spreewald-Randgebiet. – Wiss. Z. Humboldt-Univ. Berlin, Math.-nat. R. 7: 377–384.

ANONYM (1938): In die Kreisnaturdenkmalsbücher wurden eingetragen. – Der märkische Naturschutz 38: 125.

ANONYM (1954): Den Landgemeinden im Unterspreewald Schlepzig, Gröditsch, Krausnick, Pretschen, Leibchel, Leibsch zur 950-Jahrfeier gewidmet. – Berlin.

ARNDT, A. (1925): Zur Vegetationsgeschichte der Niederlausitz. 1. Der Brand, 2. Die Kurze Heide. – Niederlaus. Mitt. 17: 42–60.

ARNDT, A. (1928): Zur Geschichte der *Calluna*-Heide in der Niederlausitz. – Naturschutz 9: 306–311.

ARNDT, A. (1939): Die Wiesen und Dauerweiden des unteren Berstetales in der westlichen Niederlausitz. – VBVB 79: 1–25.

ARNDT, A. (1942): Pflanzen und Pflanzengesellschaften der westlichen Niederlausitz. – Heimatwanderer 18/2: 1–2.

ARNDT, A. (1954a): Von einigen Gräsern der Spreewaldwiesen. – Heimatkalender Lübben 1954: 25–26.

ARNDT, A. (1954b): Die Natur im Bezirk Cottbus. – In: KRAUSCH, H.-D.: Natur und Naturschutz im Bezirk Cottbus. – Cottbus, S. 5–34.

ARNDT, A. (1955a): Kohldistelwiesen der Randgebiete des Oberspreewaldes. – Mitt. flor.-soz. Arbeitsgem. N. F. 5: 99–103.

ARNDT, A. (1955b): Beiträge zur Flora und Vegetation Brandenburgs. 1. Wandlungen der Ackerunkrautflora in der westlichen Niederlausitz. – Wiss. Z. Päd. Hochsch. Potsdam, Math.-nat. R. 1: 149–164.

Literatur

Arndt, A. (1957a): Das untere Berstetal, eine entwässerte Spreewaldlandschaft. – Märk. Heimat 2: 119–124.

Arndt, A. (1957b): Beiträge zur Flora von Luckau. – VBVB 83–97: 59.

Ascherson, P. (1859): Pflanzengeographische Studien über die Flora der Mark Brandenburg. – VBVB 1: 27–41.

Ascherson, P. (1860a): Die zweifelhaften Gefässpflanzen des Vereinsgebietes. – VBVB 2: 124–141.

Ascherson, P. (1860b): Die wichtigeren im Jahre 1860 entdeckten und bekannt gewordenen Fundorte in der Flora des Vereinsgebiets. – VBVB 2: 159–195.

Ascherson, P. (1861/62): Die wichtigeren bis zum Juni 1862 entdeckten und bekannt gewordenen Fundorte in der Flora des Vereinsgebiets. – VBVB 3/4: 244–282.

Ascherson, P. (1864): Flora der Provinz Brandenburg, der Altmark und des Herzogthums Magdeburg. – Berlin.

Ascherson, P. (1866): Die wichtigeren von 1862 bis August 1866 entdeckten und bekannt gewordenen Fundorte in der Flora des Vereinsgebiets. – VBVB 8: 105–177.

Ascherson, P. (1876): Zusatz zum Bericht über eine Exkursion von Vetschau nach Missen am 13. Juni 1876. – VBVB 18: XXX-XXXI.

Ascherson, P. (1879): Beiträge zur Flora der mittleren und westlichen Niederlausitz. – VBVB 21: 100–143.

Ascherson, P. (1882): Legt seltenere Pflanzen der Provinz Brandenburg vor. – VBVB 23: 16.

Ascherson, P. & P. Graebner (1898/99): Flora des nordostdeutschen Flachlandes (ausser Ostpreussen). – Berlin.

Barsickow, G. (1933): Die bäuerlichen Betriebsverhältnisse in der Niederlausitz unter besonderer Berücksichtigung des Spreewaldgebietes. – Arb. Landwirtschaftskammer Prov. Brandenburg Berlin 87: 1–65.

Beissner, L. (1909): Jahres-Versammlung zu Cottbus und Ausflüge vom 7.–13. August 1909. – Mitt. Dt. Dendrol. Ges. 18: 210–251.

Benkert, D. (1976): Floristische Neufunde aus Brandenburg und der Altmark. 2. Folge. – Gleditschia 4: 83–118.

Benkert, D. (1978): Die verschollenen und vom Aussterben bedrohten Blütenpflanzen und Farne der Bezirke Potsdam, Frankfurt, Cottbus und Berlin. – Gleditschia 6: 19–59.

Benkert, D. (1980): Floristische Neufunde aus Brandenburg und der Altmark. 3. Folge. – Gleditschia 8: 43–75.

Benkert, D. (1984): Die verschollenen und vom Aussterben bedrohten Blütenpflanzen und Farne der Bezirke Potsdam, Frankfurt, Cottbus und Berlin. Korrekturen und Ergänzungen I. – Gleditschia 11: 251–259.

Benkert, D. (1986): Bericht über die 16. Brandenburgische Floristentagung in Calau 1985. – Gleditschia 14: 351–354.

Benkert, D., Fukarek, F. & H. Korsch (Hrsg.) (1996): Verbreitungsatlas der Blütenpflanzen Ostdeutschlands. – Jena, Stuttgart, Lübeck, Ulm.

Literatur

Benkert, D. & G. Klemm (1993): Rote Liste Farn- und Blütenpflanzen Brandenburgs. – In: Ministerium für Umwelt, Naturschutz und Raumordnung des Landes Brandenburg (Hrsg.): Gefährdete Farn- und Blütenpflanzen, Algen und Pilze. Rote Liste. – Potsdam, S. 7–95.

Benkert, D. et al. (o.J.): Floristische Kartierung Brandenburgs. – (unveröff. Manuskript, Landesumweltamt Brandenburg).

Berger, R. I. (1866): Der Spreewald und seine Umgegend, Land, Wasser und Leute. – Cottbus.

Berghaus, H. (1856): Landbuch der Mark Brandenburg und des Markgrafthums Niederlausitz in der Mitte des 19.Jahrhunderts. – Bd. 3. – Brandenburg.

Bialucha, K. (1951): Schutz der Sommerknotenblume. – Mitt. Arbeitsgem. Natur- und Heimatfreunde 1: 12–13.

Bialucha, K. (1954): Vom Werden unserer Scholle. – In Anonym: Den Landgemeinden im Unterspreewald Schlepzig, Gröditsch, Krausnick, Pretschen, Leibchel, Leibsch zur 950-Jahrfeier gewidmet. – Berlin, S. 7–13.

Bialucha, K. (1955): Der Spreewald (Unser Kleines Wanderheft Nr. 46). – Leipzig.

Bialucha, K. (1957): Bemerkenswerte Pflanzen im Kreis Lübben. Sammelergebnisse 1946–1956. – VBVB 83–97: 53–58.

Bialucha, K. (1958): Vom Naturschutz im Kreise Lübben. – Heimatkalender Kreis Lübben 1958: 57–58.

Bialucha, K. (1967): Beiträge zur Flora des Kreises Lübben. – NfM 3: 18–26.

Bialucha, K. (1945–1961): Kartei und Fundbuch von K. Bialucha. – (enthält Fundangaben des Autors von 1945–1961 und einige Nachträge div. Finder ab 1973, aufbewahrt im Stadt- und Regionalmuseum der Stadt Lübben).

Böcker, R. (1991): Exkursion des Berliner Botanischen Vereins in die nordwestliche Niederlausitz. – BSL 20: 73-75.

Bohnstedt, R. (1889): Flora Luccaviensis. – Luckau.

Bolle, C. (1865): Eine Wasserpflanze mehr in der Mark. – VBVB 7: 1–15.

Bolle, C. (1876): Ein Nachmittag im Spreewald. – Monatsschr. Ver. Beförd. Gartenbau Kgl. Preuss. Staaten 19: 392–399.

Bolle, C. (1893): Der Fall der Königserle im Spreewald. – Brandenburgia 2: 23–24.

Bork, H.-R., Bork, H., Dalchow, C., Faust, B., Piorr, H.-P. & T. Schatz (1998): Landschaftsentwicklung in Mitteleuropa. – Gotha, Stuttgart.

Brande, A., Klimaschefski, A. & R. Poppschötz (2007): Spätpleistozän-holozäne Sedimentation und Vegetation im Oberspreewald (Brandenburg). – In.: Terra Praehistorica – Festschrift für Klaus-Dieter Jäger zum 70. Geburtstag. – Neue Ausgrabungen u. Funde in Thüringen, Sonderband. – Beitr. Ur- u. Frühgesch. Mitteleuropas 48: 52–68.

Braun, H. (1994): Vegetationskundliche Untersuchungen im Biosphärenreservat Spreewald (Brandenburg) als Grundlage für Pflege und Erhaltungsmaßnahmen. – Diplomarbeit, FU Berlin.

Literatur

BÜTTNER, R. (1884): Flora advena marchica. – VBVB 25: 1–59.

BUHL, A. (1964): Zur Flora von Beeskow und Umgebung. – Wiss. Z. Univ. Halle, Math.-nat. R. 13: 657–662.

BUHL, A., KNAPP, H. D. & H. MEUSEL (1974): Verbreitungskarten mitteldeutscher Leitpflanzen. 14. Reihe. – Hercynia N. F. 11: 89–171.

BUHR, C. (2008): Zum Vorkommen der Arten der Gattung *Pulsatilla* MILL. in Brandenburg und Berlin. – VBVBB 141: 45–115.

BURKART, M. (1995): *Juncus atratus* KROCKER in Nordostdeutschland. – VBVBB 128: 83–107.

BURKART, M. (2001): River corridor plants (Stromtalpflanzen) in Central European lowlands: a review of a poorly understood plant distribution pattern. – Global Ecology & Biography 10: 449–468.

BURKHARDT, C. F. (1827a): Prodomus Florae Lusatiae. – Abh. Naturforsch. Ges. Görlitz 1/1: 41–83.

BURKHARDT, C. F. (1827b): Prodomi Florae Lusatiae Continuatio. – Abh. Naturforsch. Ges. Görlitz 1/2: 61–82.

BURKHARDT, C. F. (1836): Prodomi Florae Lusatiae Continuatio. – Abh. Naturforsch. Ges. Görlitz 2/1: 1–38.

BUTTLER, K. P. & R. HAND (2007): Beiträge zur Fortschreibung der Florenliste Deutschlands (Pteridophyta, Spermatophyta). – Kochia 2: 43–49.

CASPER, S. J. (1967): Die Gattung *Utricularia* L. (Lentibulariaceae) in Mecklenburg, Brandenburg und Sachsen-Anhalt. – Limnologica 5: 367–396.

CASPER, S. J. (1968): Zur Bestimmung der *Utricularia*-Arten. – NfM 4: 2–5.

CASPER, S. J., JENTSCH, H. & P. GUTTE (1980): Beiträge zur Taxonomie und Chorologie europäischer Wasserpflanzen. 1. *Myriophyllum heterophyllum* bei Leipzig, Finsterwalde und Spremberg. – Hercynia N. F. 17: 365–374.

CLERMONT, A., HILGER, H. H. & E. ZIPPEL (2003): Verbreitung und Differenzierung der mitteleuropäischen Unterarten von *Buglossoides arvensis* (L.) I. M. JOHNST. (Boraginaceae). – Feddes Repert. 114: 58–70.

DECKER, P. (1937): Vegetationsverhältnisse in der Niederlausitz. – VBVB 77: 25–57.

DECKER, P. (o.J.): Vorarbeiten zu einer Flora der Niederlausitz und des Kreises Krossen (Florae Lusatiae Inferioris). – (unveröff. Manuskript).

DEUTSCHER WETTERDIENST (1999): Klimaatlas Bundesrepublik Deutschland, Teil 1. – Offenbach am Main.

DONATH, H. (1983): Die Libellen am Briesener See im Kreis Lübben. – Natur Landschaft Bez. Cottbus 5: 63–71.

DÜVEL, M., RISTOW, M. & H. SCHOLZ (2001): *Scolochloa marchica* sp. nova (Poaceae), ein neues Röhrichtgras aus Mitteleuropa. – Feddes Repert. 112: 331–341.

DUNGER, I. (1981): Herbarbelege Rabenhorst´s im Staatlichen Museum für Naturkunde in Görlitz. – BSL 10: 11–13.

Literatur

EBERT, R. (1999): Einige Bemerkungen zur Entstehung der Kolonistendörfer im Unterspreewald. – Lübbener Heimatkalender 2000: 58–71.

EICHLER, E. & H.-D. KRAUSCH (1973): Niedersorbische Pflanzennamen als Reliktwörter in deutschen Mundarten. – Lětopis A 20 (1): 66–96.

ERHARDT, W., GÖTZ, E., BÖDEKER, N. & S. SEYBOLD (2008): Zander, Handwörterbuch der Pflanzennamen. – 18. Aufl. – Stuttgart.

FAHLISCH, P. (1928): Chronik der Stadt Lübbenau im Spreewald. – Lübbenau.

FAẞKE, H. (1964): Die Vetschauer Mundart. – Bautzen (Schriftenr. Inst. f. sorb. Volksforschg. Bd. 19).

FAẞKE, H., JENTSCH, H. & S. MICHALK (1970): Sorbischer Sprachatlas. – Bd. III Floristische und faunistische Terminologie. – Bautzen.

FAẞKE, H., JENTSCH, H. & S. MICHALK (1976): Sorbischer Sprachatlas. – Bd. V Terminologie der Sachgebiete Küche und Garten. – Bautzen.

FISCHER, W. (1966): Floristische Beobachtungen aus dem Kreise Luckau. – NfM 2: 47–57.

FISCHER, W. (1967): Beitrag zur Kenntnis der Luckauer und Reichwalder Flora. – NfM 3: 27–30.

FISCHER, W. (1996): Die Stromtalpflanzen Brandenburgs. – Untere Havel, Naturkundl. Berichte 5: 4–13.

FISCHER, W. & D. BENKERT (1986): Floristische Neufunde aus Brandenburg und der Altmark. 4. Folge. – Gleditschia 14: 85–111.

FISCHER, W., GROẞER, K. H., MANSIK, K.-H. & U. WEGENER (1982): Die Naturschutzgebiete der Bezirke Potsdam, Frankfurt (Oder) und Cottbus sowie der Hauptstadt der DDR. – 3. Aufl. – Leipzig, Jena, Berlin. (Handbuch der Naturschutzgebiete der DDR. Bd. 2).

FISCHER, W. & J. PÖTSCH (1994): Botanische Wanderungen in deutschen Ländern. 2. Berlin und Brandenburg. – Leipzig, Jena, Berlin.

FONTANE, T. (1881): Wanderungen durch die Mark Brandenburg. – Bd. 4 (Spreeland), Teil 3. – Berlin.

FRANKE, J. (1594): Hortus Lusatiae. – Bautzen (Neu hrsg., gedeutet u. erklärt von ZAUNICK, R., WEIN, K. & M. MILITZER 1930, Bautzen).

FRANZ, C. F. (1800): Der Spreewald in physikalisch-statistischer Hinsicht. – Görlitz.

FREITAG, H. (1955): Die Bedeutung des Wasserfaktors für die Grünlandgesellschaften des Oberspreewaldes bei gleichzeitiger Untersuchung einiger bestandsklimatischer Fragen. – Examensarbeit, Päd. Hochsch. Potsdam.

FREITAG, H. (1957a): Floristische Beobachtungen in Südwest- und Südost-Brandenburg. – VBVB 83–97: 60.

FREITAG, H. (1957b): Die Grünlandgesellschaften des Oberspreewaldes und ihre Beziehungen zum Standort, insbesondere zum Wasserfaktor. – Dissertation, Päd. Hochsch. Potsdam.

FREITAG, H. & H.-D. KRAUSCH (1955): Vegetationskarte des Oberspreewaldes. – Jena (unveröff.).

GIRARD, H. (1885): Die norddeutsche Ebene insbesondere zwischen Elbe und Weichsel. – Berlin.

GOOSSENS, T. (1995): Veränderungen der Waldgesellschaften im Unterspreewald seit 1952. – Diplomarbeit, FU Berlin.

GRAEBNER, P. (1909): Die Pflanze. – In: FRIEDEL, E. & R. MIELKE (Hrsg.): Landeskunde der Provinz Brandenburg. – Bd. 1 Die Natur. – Berlin, S. 127–264.

GROSSER, K. H. (1955): Fichte und Tanne im Waldbild der Lausitz. – In: MÜLLER-STOLL, W. R. (Hrsg.): Die Pflanzenwelt Brandenburgs. – Kleinmachnow, S. 56–64.

GROSSER, K. H. (1956): Die Vegetationsverhältnisse an den Arealvorposten der Fichte im Lausitzer Flachland. – Arch. Forstwesen 5: 258–295.

GROSSER, K. H., FISCHER, W. & K. H. MANSIK (1967): Vegetationskundliche Grundlagen für die Erschließung und Pflege eines Systems von Waldreservaten. – Naturschutzarb. Berlin Brandenburg, Beiheft 3: 1–96.

GROSSER, K. H., ILLIG, H., JENTSCH, H., KLEMM, G., KRAUSCH, H.-D. & W. PIETSCH (1989): Gefährdete Pflanzengesellschaften der Niederlausitz. – Natur Landschaft Bez. Cottbus (Sonderheft).

GROSSER, S. (1714): Lausitzische Merckwürdigkeiten. – Leipzig, Bautzen.

GRPS (2003): s. ILLIG, H. et al. (2003).

GRUNDMANN, L. (Hrsg.) (1994): Burger und Lübbenauer Spreewald. – Weimar (Werte unserer Heimat Bd. 55).

HAMSCH, S. (1967): Der Floristische Arbeitskreis der Niederlausitz im Jahre 1966. – NfM 3: 62–63.

HAMSCH, S. (2000): Der Floristische Arbeitskreis der Niederlausitz in den Jahren 1998 und 1999. – VBVBB 133: 557–566.

HAMSCH, S. (2002): Der Floristische Arbeitskreis der Niederlausitz in den Jahren 2000 und 2001. – VBVBB 135: 287–297.

HANELT, P. (1981): Zur Geschichte des Anbaus von Buchweizen und Rispenhirse in der Lausitz. – Abh. Ber. Naturkundemus. Görlitz 55/4: 1–13.

HANSPACH, D. & H.-D. KRAUSCH (1987): Zur Verbreitung und Ökologie von *Luronium natans* (L.) RAF. in der DDR. – Limnologica 18: 167–175.

HEGI, G. (1924): Illustrierte Flora von Mitteleuropa. – Bd. IV, Teil 3. – München. (Nachdruck 1964).

HEINEL, E. (2002): Zur Problematik verwildernder *Pulmonaria*-Sippen. – Sächs. flor. Mitt. 7: 12–13.

HEINKEN, T. (2008): Vaccinio-Piceetea (H7). Beerstrauch-Nadelwälder - Teil 1: Dicrano-Pinion. Sand- und Silikat-Kiefernwälder. – Synopsis Pflanzenges. Deutschlands 10: 1–88.

HEINKEN, T. & E. ZIPPEL (1999): Die Sand-Kiefernwälder (*Dicrano-Pinion*) im norddeutschen Tiefland: syntaxonomische, standörtliche und geographische Gliederung. – Tuexenia 19: 55–106.

Literatur

Hermy, M., Honnay, O., Firbank, L., Grashof-Bokdam, C. & J. E. Lawesson (1999): An ecological comparison between ancient and other forest plant species of Europe, and the implications for forest conservation. – Biol. Conserv. 91: 9–22.

Herrmann, A. (2002): Vorblattloses Vermeinkraut (Vorblattloses Leinblatt) – *Thesium ebracteatum* (Hayne). – In: Beutler, H. & D. Beutler: Katalog der natürlichen Lebensräume und Arten der Anhänge I und II der FFH-Richtlinie in Brandenburg. – Naturschutz Landschaftspflege Brandenburg 11 (1/2): 168–169.

Herrmann, N. (2001): Die schmalblättrigen Dolden-Milchsterne aus dem *Ornithogalum umbellatum*-Aggregat in Ostdeutschland: Überblick über den aktuellen Bearbeitungs- und Erkenntnisstand. – Mitt. Flor. Kart. Sachsen-Anhalt 6: 49–60.

Heyer, E. (1962): Das Klima des Landes Brandenburg. – Abh. Meteorolog. Hydrolog. Dienst DDR 64: 1–60.

Heym, W.-D. (1982): Verbreitung und Phytomasseentwicklung höherer Wasserpflanzen in den Fließgewässern des Oberspreewaldes aus landeskultureller Sicht. – Natur Landschaft Bez. Cottbus 4: 65–76.

Heym, W.-D. (1983): Wasserpflanzengesellschaften in Fließgewässern des Oberspreewaldes. – Natur Landschaft Bez. Cottbus 5: 72–82.

Hiekel, I., Stache, G., Nowak, E. & J. Albrecht (2001): Gewässerrandstreifenprojekt Spreewald. – Natur und Landschaft 76: 432–441.

Hill, G. (1995): Der Zustand der Gewässer des Unterspreewaldes vor 40 Jahren aus biologisch-fischereilicher Sicht. – Fortschr. Fisch.wiss. 12: 23–53.

Hill, G. (2002): Entwicklung und Bedeutung der Forstwirtschaft im Spreewald. – Forstarchiv 73/3: 98–120.

Hoffmann, M. H. (1996): Die in Zentraleuropa verwilderten und kultivierten nordamerikanischen Astern.- Feddes Repert. 107: 163–188.

Hofmann, G. & U. Pommer (2005): Potentielle Natürliche Vegetation von Brandenburg und Berlin. – Eberswalder Forstl. Schriftenr. 24: 1–315.

Holz, P. (1939): Naturdenkmale, Natur- und Landschaftsschutzgebiete des Kreises Beeskow-Storkow. – Der märkische Naturschutz 40: 185–188 u. Tf. 21/22.

Holla, R. (1861/62): Flora der mittleren Niederlausitz. – VBVB 3/4: 39–90.

Hornik, M. (1876a): Jan Chojnan, jeho rukopis a delnjoserbske słowa w nim. – Časopis Maćicy Serbskeje 29: 21–49.

Hornik, M. (1876b): Delnjoserbske słowa z rukopisa Kř. W. Broniša. – Časopis Maćicy Serbskeje 29: 49–60.

Hroudová, M., Zákravský, P., Ducháček, M. & K. Marhold (2007): Taxonomy, distribution and ecology of *Bolboschoenus* in Europe. – Ann. Botan. Fennici 44: 81–102.

Illig, H. (1973): Die geschützten Pflanzen der Luckauer Flora 1. Die Bärlapp-Arten. – BSL 2: 5–14.

Illig, H. (1975): Zur Vegetation der Dorfteiche in der nordwestlichen Niederlausitz. – Gleditschia 3: 163–170.

Literatur

Illig, H. (1977): Die geschützten Pflanzenarten der Luckauer Flora V. Die Weiden-Arten. – BSL 6: 25–30.

Illig, H. (1980): Die geschützten Pflanzenarten der Luckauer Flora VIII. Die Pflanzen der Moorwiesen. – BSL 9: 20–26.

Illig, H. (1985): Die geschützten Pflanzenarten der Luckauer Flora XI. Die Gattung Kuhschelle (*Pulsatilla* Mill.). – BSL 14: 64–69.

Illig, H. (1987): Die geschützten Pflanzenarten der Luckauer Flora XII. Die Wintergrün-Arten. – BSL 16: 11–16.

Illig, H. (1998): Volkstümliche Pflanzennamen für Segetalarten in der Niederlausitz. – BSL 27: 47–57.

Illig, H. (1999a): Historische Aspekte des Segetalartenschutzes in der Niederlausitz. – Berlin.

Illig, H. (1999b): Die Arten der Gattung *Gagea* Salisbury – Standorte und Verbreitung in der nordwestlichen Niederlausitz. – VBVBB 132: 103–129.

Illig, H. (2003a): Botanischer Artenschutz – Erfassung und Bewertung von Vorkommen schutzwürdiger Gefäßpflanzen in Süd-Brandenburg. – VBVBB 136: 121–131.

Illig, H. (2003b): Zur aktuellen Verbreitung des Großen Algenfarns, *Azolla filiculoides* Lam., in Brandenburg. – VBVBB 136: 133–143.

Illig, H. & J. Illig (1968): Interessante Pflanzenfunde im Kreis Luckau 1965 bis 1967. – NfM 4: 38–43.

Illig, H. & J. Illig (1971): Interessante Pflanzenfunde im Kreis Luckau. – NfM 6: 48–61.

Illig, H., Illig, J. & A. Jahn (1965): Interessante Pflanzenfunde im Kreis Luckau 1960 bis 1964. – NfM 1: 46–48.

Illig, H., Illig, J. & M. Toman (1976): Zur Verbreitung, Soziologie und Taxonomie des Sandschwingels (*Festuca psammophila* (Hack.) Fritsch) in der nordwestlichen Niederlausitz. – Gleditschia 4: 55–73.

Illig, H., Kläge, H.-C., Ludloff, H. & W. Petrick (2003): Gewässerrandstreifenprojekt Spreewald – Pflege- und Entwicklungsplan. – Büro Siedlung und Landschaft Luckau (zitiert: Grps 2003).

Illig, H. & W. Petrick (1997): Bemerkenswerte Pflanzennachweise aus dem Gebiet der nordwestlichen Niederlausitz. – BSL 26: 53–64.

Illig, J. (1974): Verbreitung und Soziologie von *Astragalus arenarius* L. in der Niederlausitz. – NfM 7: 33–38.

Jäger, E. (1965): *Wolffia arrhiza* (L.) Wimm., gefunden im September 1963 bei Hartmannsdorf Kreis Lübben/Spreewald. – NfM 1: 40.

Jäger, E. J. & K. Werner (Hrsg.) (2005): Rothmaler, Exkursionsflora von Deutschland. – Bd. 4. – 10. Aufl. – München.

Jäger, E. J., Ebel, F., Hanelt, P. & G. K. Müller (Hrsg.) (2008): Rothmaler, Exkursionsflora von Deutschland. – Bd. 5. – Berlin, Heidelberg.

Jentsch, H. (1973): Interessante Pflanzenfunde aus dem Kreis Calau und angrenzenden Gebieten. – Abh. Ber. Naturkundemus. Görlitz 48/12: 1–8.

Literatur

Jentsch, H. (1975): Interessante Pflanzenfunde aus dem Kreis Calau und angrenzenden Gebieten (1. Nachtrag). – Abh. Ber. Naturkundemus. Görlitz 49/8: 19–24.

Jentsch, H. (1976): Interessante Pflanzenfunde aus dem Kreis Calau und angrenzenden Gebieten (2. Nachtrag). – Abh. Ber. Naturkundemus. Görlitz 50/16: 15–19.

Jentsch, H. (1978): Ein neuer Standort des Flutenden Sellerie (*Apium inundatum*) im Bezirk Cottbus. – Naturschutzarb. Berlin Brandenburg 14: 29–30.

Jentsch, H. (1979): Vorkommen und Vergesellschaftung von *Wolffia arrhiza* (L.) Horkel im Spreewald. – Gleditschia 7: 251–254.

Jentsch, H. (1982a): Die Neophyten der Niederlausitz. – NfM 10: 3–30.

Jentsch, H. (1982b): Die Zoßna bei Werben. – Naturschutzarb. Berlin Brandenburg 18: 47–50.

Jentsch, H. (1984): Zum Vorkommen von *Thladiantha dubia* Bunge im Spreewald. – Gleditschia 12: 83–84.

Jentsch, H. (1989): Spreewälder Meerrettich. – Natur Landschaft Bez. Cottbus 11: 70–80.

Jentsch, H. (1991/92): Der Buchweizen – eine fast vergessene Pflanze mit Zukunft. – Natur Landschaft Niederlausitz 13: 27–32.

Jentsch, H. (2006): Lausitzer Leinöl. – Natur Landschaft Niederlausitz 26: 20–26.

Jentsch, H. (2007): Zum Vorkommen der Beifußblättrigen Ambrosie (*Ambrosia artemisiifolia* L.) in der mittleren Niederlausitz. – BSL 36: 15–28.

Jentsch, H. & W. Klaeber (1992): Neumanns Landschaftsführer Spreewald. – Radebeul.

Jentsch, H. & H.-D. Krausch (1985): Geschichte und Vegetation der Welsnitz bei Byhleguhre Kreis Lübben. – NfM 11: 44–56.

Jentsch, H. & H.-D. Krausch (1989): Zur Ausbreitung und Soziologie von *Geranium pyrenaicum* Burm. fil. in der Niederlausitz. – NfM 13: 2–7.

Jentsch, H. & V. Kummer (1994): Floristische Neufunde aus dem Spreewald. – VBVB 127: 145–155.

Jentsch, H. & B. Seitz (1996): Stromtalpflanzen im Spreewald. – VBVB 129: 25–36.

Joachim, H. F. (1954): Beiträge zur Kenntnis von *Populus euamericana* forma *gelrica* Houtzagers. – Archiv Forstwesen 3: 23–36.

Juschus, O. (2000): Das Jungmoränenland südlich von Berlin. Untersuchungen zur jungquartären Landschaftsentwicklung zwischen Unterspreewald und Nuthe. – Dissertation, Humboldt-Universität Berlin.

Kabus, T., Berger, T., Brauner, O. & J. Meisel (2006): Ökosystemare Umweltbeobachtung (ÖUB) im Biosphärenreservat Spreewald 2005/2006. Ökosystemtyp Fließgewässer. – Seddiner See (unveröff. Manuskript).

Kabus, T. & T. Berger (2008): Ökosystemare Umweltbeobachtung (ÖUB) im Biosphärenreservat Spreewald 2007/2008. Ökosystemtyp Fließgewässer. – Seddiner See (unveröff. Manuskript).

Literatur

KALLEN, H. W., KALLEN, C., SACKWITZ, P. & H. ØLLGAARD (2003): Die Gattung *Taraxacum* WIGGERS (Asteraceae) in Norddeutschland – 1. Teil: Die Sektionen Naevosa, Celtica, Erythrosperma und Obliqua. – Bot. Rundbr. Mecklenburg-Vorpommern 37: 5–89.

KASPARZ, S. (2007): Exkursion am 13.05.2006 in den Unterspreewald. – In: KLEMM, G.: Der Floristische Arbeitskreis der Niederlausitz in den Jahren 2005 und 2006. – VBVBB 140: 196–197.

KASPARZ, S. & V. KUMMER (2003): Exkursionsbericht „Exkursion zu den Lübbener Pfaffenbergen und Hartmannsdorfer Wiesen" am 20.07.2002. – VBVBB 136: 393–396.

KLAEBER, W. (1974): Orchideenfunde aus Ostbrandenburg. – Gleditschia 2: 151–156.

KLAEBER, W. (1975): Floristische Neufunde aus Ostbrandenburg I. – Gleditschia 3: 171–184.

KLAEBER, W. (1977): Floristische Neufunde aus Ostbrandenburg II. – Gleditschia 5: 202–210.

KLAEBER, W. (1978): Floristische Neufunde aus Ostbrandenburg III. – Gleditschia 6: 85–98.

KLAEBER, W. (1980): Floristische Neufunde aus Ostbrandenburg IV. – Gleditschia 8: 77–84.

KLAEBER, W. (1983): Floristische Neufunde aus Ostbrandenburg V. – Gleditschia 10: 107–120.

KLAEBER, W. (1984): Floristische Neufunde aus Ostbrandenburg VI. – Gleditschia 12: 261–276.

KLAEBER, W. (1992): Floristische Neufunde aus Ostbrandenburg VII. – Gleditschia 20: 335–344.

KLÄGE, H.-C. (1999): Segetalarten und -gesellschaften der nordwestlichen Niederlausitz und die Naturschutzstrategie zu ihrer Erhaltung. – Diss. Botanicae 304: 1–142.

KLEBAHN, H. (1912–1914): Uredineae. – Kryptogamenflora der Mark Brandenburg Bd. 5a: 69–904. – Leipzig.

KLEMM, G. (1965): Bemerkenswerte Neufunde in den Kreisen Spremberg und Lübben. – NfM 1: 51–52.

KLEMM, G. (1966): Bemerkenswerte Neufunde in den Kreisen Spremberg und Lübben (1965). – NfM 2: 59–61.

KLEMM, G. (1967): Vegetationskundliche Untersuchungen im nordöstlichen Unterspreewald-Randgebiet zur Einschätzung möglicher Auswirkungen einer oberflächennahen Grundwasseranreicherung auf die Landeskultur. – Dissertation, Universität Halle/Wittenberg.

KLEMM, G. (1968): Bemerkenswerte Neufunde in den Kreisen Spremberg und Lübben (1966). – NfM 4: 44–45.

KLEMM, G. (1969): Die Pflanzengesellschaften des nordöstlichen Unterspreewald-Randgebietes. 1. Teil. – VBVB 106: 24–62.

KLEMM, G. (1970): Die Pflanzengesellschaften des nordöstlichen Unterspreewald-Randgebietes. 2. Teil. – VBVB 107: 3–28.

KLEMM, G. (1974): Floristische Neufunde im Gebiet der Niederlausitz. – NfM 7: 40–48.

KLEMM, G. (1977): Floristische Neufunde im Gebiet der Niederlausitz (II). – NfM 8: 39–52.

KLEMM, G. (1980): Floristische Neufunde im Gebiet der Niederlausitz (III). – NfM 9: 33–40.

KLEMM, G. (1982): Verbreitungskarten Niederlausitzer Pflanzen. 1. Reihe. – NfM 10: 31–53.

Literatur

Klemm, G. (1985a): Verbreitungskarten Niederlausitzer Pflanzen. 2. Reihe. – NfM 11: 2–33.

Klemm, G. (1985b): Floristische Neufunde im Gebiet der Niederlausitz (IV). – NfM 11: 33–44.

Klemm, G. (1986): Die Arten der Gattung *Alchemilla* L. in Brandenburg. Vorläufiger Kenntnisstand und Sammelaufruf. – Gleditschia 14: 259–275.

Klemm, G. (1987): Verbreitungskarten Niederlausitzer Pflanzen. 3. Reihe. – NfM 12: 2–47.

Klemm, G. (1989a): Floristische Neufunde im Gebiet der Niederlausitz (V). – NfM 13: 8–22.

Klemm, G. (1989b): *Carex pseudobrizoides* Clavaud in der Niederlausitz. – NfM 13: 23–32.

Klemm, G. (1999): Floristische Neufunde im Gebiet der Niederlausitz (VI). – VBVBB 132: 173–206.

Klemm, G. (2000): Bemerkenswerte Gefäßpflanzenfunde im Vereinsgebiet. – VBVBB 133: 271–306.

Klemm, G. (2002): Bemerkenswerte Gefäßpflanzenfunde im Vereinsgebiet (II). – VBVBB 135: 69–117.

Klemm, G. (2003): Der Floristische Arbeitskreis der Niederlausitz im Jahre 2002. – VBVBB 136: 411–419.

Klemm, G. (2004): Bemerkenswerte Gefäßpflanzenfunde im Vereinsgebiet (III). – VBVBB 137: 397–436.

Klemm, G. (2005): Der Floristische Arbeitskreis der Niederlausitz in den Jahren 2003 und 2004. – VBVBB 138: 169–181.

Klemm, G. (2006): Bemerkenswerte Gefäßpflanzenfunde im Vereinsgebiet IV. – VBVBB 139: 135–179.

Klemm, G., Illig, H. & H. Jentsch (1986): Wiederfunde verschollener Pflanzen in der Flora der Niederlausitz. – Natur Landschaft Bez. Cottbus 8: 3–15.

Klemm, G., Illig, H. & H. Jentsch (1989): Zur Neufassung der Listen gefährdeter Farn- und Blütenpflanzen für die Niederlausitz und den Bezirk Cottbus. – NfM 13: 37–47.

Klix, W. & H.-D. Krausch (1958): Das natürliche Vorkommen der Rotbuche in der Niederlausitz. – Wiss. Z. Päd. Hochsch. Potsdam, Math.-nat. R. 4: 5–27.

Köhler, S. (1934): Die Veränderungen der hydrographischen Verhältnisse im Spreewald im Wandel der Zeiten. – Coburg.

Konczak, P., Sukopp, H. & E. Weinert (1968): Zur Verbreitung und Vergesellschaftung von *Urtica kioviensis* Rogowitsch in Brandenburg. – VBVB 105: 108–116.

Kowarik, J. (1987): Kritische Anmerkungen zum theoretischen Konzept der potentiell natürlichen Vegetation mit Anregungen zu einer zeitgemäßen Modifikation. – Tuexenia 7: 53–67.

Krausch, H.-D. (1954): Die Wiesen des Oberspreewaldes. – Examensarbeit, Päd. Hochsch. Potsdam.

Krausch, H.-D. (1955a): Wälder und Wiesen im Spreewald in geschichtlicher Entwicklung, ein Beitrag zur Vegetations- und Wirtschaftsgeschichte der Niederlausitz. – Wiss. Z. Päd. Hochsch. Potsdam, Math.-nat. R. 1: 121–148.

Literatur

KRAUSCH, H.-D. (1955b): Flora des Oberspreewaldes. – Wiss. Z. Päd. Hochsch. Potsdam, Math.-nat. R. 2: 81–118.

KRAUSCH, H.-D. (1958): Volkstümliche Pflanzennamen aus dem Spreewald. – Heimatkalender Lübben 1958: 46–48.

KRAUSCH, H.-D. (1960): Die Pflanzenwelt des Spreewaldes. – Wittenberg.

KRAUSCH, H.-D. (1966): Volkstümliche Pflanzennamen aus der Niederlausitz. – NfM 2: 22–33.

KRAUSCH, H.-D. (1967a): Volkstümliche Pflanzennamen aus der Niederlausitz II. – NfM 3: 3–9.

KRAUSCH, H.-D. (1967b): Eine botanische Exkursion zu Teichgebieten bei Ruhland, Hoyerswerda und Altdöbern sowie in den Spreewald vom 11. bis 15.9.1963. – NfM 3: 37–44.

KRAUSCH, H.-D. (1967c): Karl Bialucha zum Gedächtnis. – NfM 3: 59–61.

KRAUSCH, H.-D. (1967d): Der frühere Weinbau in der Niederlausitz. – Jb. Brandenburg. Landesgesch. 18: 12–55.

KRAUSCH, H.-D. (1968a): Die Wassernuss in der Niederlausitz. – NfM 4: 8–17.

KRAUSCH, H.-D. (1968b): Die Sandtrockenrasen (Sedo-Scleranthetea) in Brandenburg. – Mitt. flor.-soz. Arbeitsgem. N. F. 13: 71–100.

KRAUSCH, H.-D. (1968c): Volkstümliche Pflanzennamen aus der Niederlausitz III. – NfM 4: 25–30.

KRAUSCH, H.-D. (1969): Geobotanische Exkursionen in die Niederlausitz, das Odertal, zum Plagefenn bei Chorin und in andere brandenburgische Landschaften. – Potsdam.

KRAUSCH, H.-D. (1974a): *Ludwigia palustris* (L.) in der Niederlausitz. – NfM 7: 23–32.

KRAUSCH, H.-D. (1974b): Aus der Geschichte der Floristik in der Niederlausitz. – NfM 7: 66–70.

KRAUSCH, H.-D. (1974c): Der Erdrauch in Volksbrauch und Volkssprache Brandenburgs. – Heimatkalender Kreis Zossen: 97–99.

KRAUSCH, H.-D. (1977): Zum Vorkommen von *Leucojum aestivum* L. im Baruther Urstromtal. – NfM 8: 20–28.

KRAUSCH, H.-D. (1978): Zur Veränderung der Vegetation in der Niederlausitz – Ursachen und Auswirkungen. – Naturschutzarb. Berlin Brandenburg 14: 14–19.

KRAUSCH, H.-D. (1988): Die Amerikaner-Weide. – Heimatkalender Stadt- und Landkreis Eisenhüttenstadt 6: 56–58.

KRAUSCH, H.-D. (1992a): Alte Nutz- und Zierpflanzen in der Niederlausitz. – VBVBB, Beih. 2: 1–100.

KRAUSCH, H.-D. (1992b): Die Flora. – In: LEHMANN, CH. (Hrsg.): Der Spreewald. – Bautzen, S. 90–101.

KRAUSCH, H.-D. (1996): Niedersorbische Pflanzennamen. – Serbska Pratyja 1996: 162–164.

KRAUSCH, H.-D. (1997a): Zur Abgrenzung der Spreewaldregion. – Niederlaus. Studien 28: 54–69.

Literatur

KRAUSCH, H.-D. (1997b): Heimische Pflanzen in Volkssprache und Brauchtum. Der Acker-Spörgel. – Heimatjahrbuch Teltow-Fläming 1997: 109–112.

KRAUSCH, H.-D. (1999): Die Saat-Platterbse (*Lathyrus sativus* L.), eine historische Kulturpflanze der Niederlausitz. – BSL 28: 38–45.

KRAUSCH, H.-D. (2003a): Die Pflanzen der Arzneikräuter-Liste von Albin Moller 1582. – VBVBB 136: 5–21.

KRAUSCH, H.-D. (2003b): „Kaiserkron und Päonien rot …" Entdeckung und Einführung unserer Gartenblumen. – München, Hamburg.

KRAUSCH, H.-D. (2008): Niedersorbische Pflanzennamen im Raum Burg (Spreewald). – STOG – Heimatkalender aus dem Spreewald 2008: 29–33.

KRAUSCH, H.-D. (2009a): Bauerngärten in Brandenburg. – Rangsdorf.

KRAUSCH, H.-D. (2009b): Bauerngärten im östlichen Oberspreewald. – STOG – Heimatkalender aus dem Spreewald 2009: 71–75.

KUBLICK, H. (1935): Die Siedlungspolitik Friedrich des Großen im Kreise Cottbus. – Dissertation, Universität Halle/Wittenberg.

KUMMER, V. (1993): Vielstengeliges Sumpfried (*Eleocharis multicaulis*) am Luchsee gefunden. – BSL 22: 100–101.

KUMMER, V. (1994): Notizen über einige Adventivpflanzenfunde auf dem Krausnicker Müllplatz. – BSL 23: 22–28.

KUMMER, V. (1995): Zur Wasserpflanzenvegetation des Neuendorfer Sees. – Lübbener Heimatkalender 1996: 70–76.

KUMMER, V. (1996a): Zum Vorkommen von *Asplenium viride* HUDS. in Berlin und Brandenburg. – VBVBB 129: 37–47.

KUMMER, V. (1996b): Exkursionsbericht „Neuendorfer See/Unterspreewald" am 31.08.1996. – VBVBB 129: 297–300.

KUMMER, V. (1997): Eine botanische Wanderung rund um den Neuendorfer See. – Lübbener Heimatkalender 1998: 58–65.

KUMMER, V. (1998): Flora und Vegetation im Bereich des Neuendorfer Sees (Biosphärenreservat Spreewald). – VBVBB, Beih. 4: 1–205.

KUMMER, V. (2001a): Vor 125 Jahren tagte der Botanische Verein der Provinz Brandenburg in Lübben. – Lübbener Heimatkalender 2002: 50–60.

KUMMER, V. (2001b): Exkursionsbericht „Exkursion zum Südufer des Dollgener Sees und zum Schwarzen Luch bei Groß Leuthen" am 05.08.2000. – VBVBB 134: 225–231.

KUMMER, V. (2004): Vom Seidenbau in Krausnick. – Lübbener Heimatkalender 2005: 56–67.

KUMMER, V. & H. JENTSCH (1997): *Elodea nuttallii* (PLANCH.) ST. JOHN nun auch in Brandenburg. – VBVBB 130: 185–197.

KUMMER, V., SEITZ, B. & H. JENTSCH (2001): Korrekturen und Nachträge als Vorarbeit zu einer Flora des Spreewaldes. – VBVBB 134: 79–111.

LANDESANSTALT FÜR GROSSSCHUTZGEBIETE (2001): Der Pflege- und Entwicklungsplan für das Biosphärenreservat Spreewald. – Eberswalde (Kurzfassung, zitiert als LAGS 2001).

LANGE, E. (1969): Ergebnisse botanischer Untersuchungen frühgeschichtlichen Materials aus Tornow (Kreis Calau). – NfM 5: 45–48.

LANGE, E. (1971): Botanische Beiträge zur mitteleuropäischen Siedlungsgeschichte. – Schriften Ur- und Frühgesch. 1: 1–182.

LANGE, E. (1973): Pollenanalytische Untersuchung in Ragow, Kr. Calau. – Z. Archäol. 7: 86–93.

LANGE, E., ILLIG, H., ILLIG, J. & G. WETZEL (1978): Beiträge zur Vegetations- und Siedlungsgeschichte der nordwestlichen Niederlausitz. – Abh. Ber. Naturkundemus. Görlitz 52/3: 1–80.

LEHMANN, R. (1979): Historisches Ortslexikon für die Niederlausitz. – Bd. 1. – Marburg.

LIED, H. (1953): Der Abfluss des Glogau-Baruth-Hamburger Urstromtals während des Brandenburger Stadiums der Weichsel-Eiszeit. – Petermanns Geogr. Mitt. 97: 89–96.

LIENENBECKER, H. (1993): Landschaftsökologische Exkursion in den Spreewald. Exkursionsbericht. – AG Vegetationskunde beim RP Detmold, Dez. 45 (unveröff. Manuskript).

LOHDE, G. (1933): Schützt unsere Sommertürchen!. – Lübbener Heimatkalender 1933: 86–87.

LOOS, G. H. (2007): Zur Kenntnis und Unterscheidung der verkannten Sauerklee-Art *Oxalis repens* THUNB. – Flor. Rundbr. 40: 41–47.

MARHOLD, K., HROUDOVÁ, M., DUCHÁCEK, M. & P. ZÁKRAVSKÝ (2004): The *Bolboschoenus maritimus* group (Cyperaceae) in Central Europe, including *B. laticarpus* spec. nov. – Phyton 44: 1–21.

MATTSCHENZ, G. (1926): Die landwirtschaftlichen Verhältnisse des Spreewaldes. – Potsdam.

MERBACH, J. F. (1833): Geschichte der Kreis-Stadt Calau im Markgrafenthume Niederlausitz. – Lübben.

METEOROLOGISCHER HYDROLOGISCHER DIENST DDR (Hrsg.) (1953): Klima-Atlas für das Gebiet der Deutschen Demokratischen Republik. – Berlin.

METEOROLOGISCHER HYDROLOGISCHER DIENST DDR (Hrsg.) (1955): Klimatologische Normalwerte für das Gebiet der Deutschen Demokratischen Republik (1901–1950). – Berlin.

METEOROLOGISCHER DIENST DDR (1987): Klimadaten der Deutschen Demokratischen Republik. Reihe B. Bd. 14 „Klimatologische Normalwerte 1951/80". – Potsdam.

MEUSEL, H. (1937): Verbreitungskarten mitteldeutscher Leitpflanzen, 1. Reihe. – Hercynia 1: 115–120.

MEUSEL, H. (1939): Verbreitungskarten mitteldeutscher Leitpflanzen, 3. Reihe. – Hercynia 3: 314–352.

MEUSEL, H. (1940): Verbreitungskarten mitteldeutscher Leitpflanzen, 5. Reihe. – Hercynia 5: 144–171.

MEUSEL, H. (1944): Verbreitungskarten mitteldeutscher Leitpflanzen, 6. Reihe. – Hercynia 7/8: 661–676.

MEUSEL, H. (1953/54): Verbreitungskarten mitteldeutscher Leitpflanzen, 7. Reihe. – Wiss. Z. Univ. Halle-Wittenberg, Math.-nat. R. 3: 11–49.

Literatur

Meusel, H. (1955): Verbreitungskarten mitteldeutscher Leitpflanzen, 8. Reihe. – Wiss. Z. Univ. Halle-Wittenberg, Math.-nat. R. 5: 297–333.

Meusel, H. (1960): Verbreitungskarten mitteldeutscher Leitpflanzen, 9. Reihe. – Wiss. Z. Univ. Halle-Wittenberg, Math.-nat. R. 9: 165–224.

Meusel, H. & A. Buhl (1962): Verbreitungskarten mitteldeutscher Leitpflanzen. 10. Reihe. – Wiss. Z. Univ. Halle-Wittenberg, Math. nat. R. 11: 1245–1317.

Meusel, H., Jäger, E. & E. Weinert (1965): Vergleichende Chorologie der zentraleuropäischen Flora. – Bd. 1. – Jena.

Möller, A. (1992): Der Dauerwaldgedanke – Sein Sinn und seine Bedeutung.– Stücken (Nachdruck der Erstausgabe von 1923).

Moller, A. (1582): Arzneikräuterliste. – In Krausch, H.-D. (2003a): Die Pflanzen der Arzneikräuter-Liste von Albin Moller 1582. – VBVBB 136: 5–21.

Móń, M. & B. Šwjela (1907): Dołnoserbske rostlinske mjenja. – Časopis Maćicy Serbskeje 60: 122–136.

Mucke, E. (1926/1928): Słownik dolnoserbskeje rěcy a jeje narěcow - Wörterbuch der niederwendischen Sprache und ihrer Dialekte. – Bd. 1-3. – Prag (Nachdruck Bautzen 2008).

Müller, R. (1876): Vorarbeiten zu einer Flora von Lübben. – Jahres-Bericht über den Zustand der Schulen zu Lübben in dem Schuljahre von Ostern 1875 bis Ostern 1876. – Lübben, S. 3–21.

Müller-Stoll, W. R. (Hrsg.) (1955): Die Pflanzenwelt Brandenburgs. – Kleinmachnow.

Müller-Stoll, W. R. & H.-D. Krausch (1957): Verbreitungskarten brandenburgischer Leitpflanzen. Erste Reihe. – Wiss. Z. Päd. Hochsch. Potsdam, Math. nat. R. 3: 63–92.

Müller-Stoll, W. R. & H.-D. Krausch (1959): Verbreitungskarten brandenburgischer Leitpflanzen. Zweite Reihe. – Wiss. Z. Päd. Hochsch. Potsdam, Math.-nat. R. 4: 105–150.

Müller-Stoll, W. R. & H.-D. Krausch (1960): Verbreitungskarten brandenburgischer Leitpflanzen. Dritte Reihe. – Wiss. Z. Pädag. Hochsch. Potsdam, Math.-nat. R. 5: 85–128.

Müller-Stoll, W. R., Fischer, W. & H.-D. Krausch (1962): Verbreitungskarten brandenburgischer Leitpflanzen. Vierte Reihe. – Wiss. Z. Päd. Hochsch. Potsdam, Math.-nat. R. 7: 95–150.

Müller-Stoll, W. R., Freitag, H. & H.-D. Krausch (1992a): Die Grünlandgesellschaften des Spreewald. 1. Röhrichte und verwandte Gesellschaften. – Gleditschia 20: 235–253.

Müller-Stoll, W. R., Freitag, H. & H.-D. Krausch (1992b): Die Grünlandgesellschaften des Spreewald. 2. Groß- und Kleinseggen-Rieder. – Gleditschia 20: 255–272.

Müller-Stoll, W. R., Freitag, H. & H.-D. Krausch (1992c): Die Grünlandgesellschaften des Spreewald. 3. Naturwiesen und gedüngte Feuchtwiesen. – Gleditschia 20: 273–302.

Müller-Stoll, W. R., Freitag, H. & H.-D. Krausch (1992d): Die Grünlandgesellschaften des Spreewald. 4. Frischwiesen, Weiden und Triften. – Gleditschia 20: 303–326.

Müller-Stoll, W. R., Freitag, H. & H.-D. Krausch (1993): Der Wasserhaushalt des Spreewaldes und die potentielle natürliche Vegetation. – Gleditschia 21: 77–97.

Literatur

MÜLLER-STOLL, W. R. et al. (o.J.): Kartei Pflanzengeographische Kartierung Brandenburgs. – (unveröff. Manuskript, Landesumweltamt Brandenburg).

NOGATZ, T. (2006): Zur Wiederentdeckung von *Chenopodium urbicum* L. (Straßen-Gänsefuß, Stadt-Gänsefuß) im Land Brandenburg. – VBVBB 139: 41–57.

NOWAK, E. (2002): Die Wälder des Spreewaldes – Rückblick, Zustand und Ausblick. – In: LANDESANSTALT F. GROSSSCHUTZGEBIETE (Hrsg.): Spreewald-Report I: 41–55.

PASSARGE, H. (1955a): Die Pflanzengesellschaften der Wiesenlandschaft des Lübbenauer Spreewaldes. – Feddes Repert., Beih. 135: 194–231.

PASSARGE, H. (1955b): Die Ufervegetation des Briesener Sees. – Mitt. flor.-soz. Arbeitsgem. N. F. 5: 91–98.

PASSARGE, H. (1956): Die Wälder des Oberspreewaldes. – Arch. Forstwesen 5: 46–95.

PASSARGE, H. (1957): Über Wasserpflanzen- und Kleinröhrichtgesellschaften des Oberspreewaldes. – Abh. Ber. Naturkundemus. Görlitz 35: 143–152.

PASSARGE, H. (1959): Über die Ackervegetation im nordwestlichen Oberspreewald. – Abh. Ber. Naturkundemus. Görlitz 36/1: 15–35.

PASSARGE, H. (1964): Über Pflanzengesellschaften der Moore im Lieberoser Endmoränengebiet. – Abh. Ber. Naturkundemus. Görlitz 39/1: 1–26.

PETRICK, W. (1999): Bemerkenswerte Pflanzennachweise aus dem Gebiet der nordwestlichen Niederlausitz (Teil II – 1998/99). – BSL 28: 86–93.

PETRICK, W. (2001): Bemerkenswerte Pflanzennachweise in der nordwestlichen Niederlausitz (Teil III – 1999/2000). – BSL 30: 48–55.

PETRICK, W. (2005): Ausgewählte Ergebnisse der floristischen Erhebungen im Gebiet des Gewässerrandstreifenprojektes Spreewald. – Natur Landschaft Niederlausitz 25: 102–120.

PETRICK, W. & H. ILLIG (2005): Bemerkenswerte Pflanzennachweise aus dem Gebiet der nordwestlichen Niederlausitz (Teil IV – 2001–2005). – BSL 34: 67–83.

PIESKER, O. (1965): Das Vorkommen der Sommerknotenblume (*Leucojum aestivum* L.) im Unterspreewald. – Naturschutzarb. Berlin Brandenburg 1: 25–26.

PIETSCH, W. (1963): Vegetationskundliche Studien über die Zwergbinsen- und Strandlingsgesellschaften in der Nieder- und Oberlausitz. – Abh. Ber. Naturkundemus. Görlitz 38/2: 1–80.

PIETSCH, W. (1965): Floristische Beobachtungen in der Niederlausitz. – NfM 1: 41–44.

PIETSCH, W. (1974): Zur Verbreitung und Soziologie des Pillenfarns (*Pilularia globulifera* L.) in der Lausitz. – NfM 7: 11–22.

PIETSCH, W. (1975): Zur Soziologie und Ökologie der Kleinwasserschlauch-Gesellschaften Brandenburgs. – Gleditschia 3: 147–162.

PIETSCH, W. (1978): Zur Soziologie, Ökologie und Bioindikation der *Eleocharis multicaulis*-Bestände der Lausitz. – Gleditschia 6: 209–264.

PIETSCH, W. (1979): Zur Bioindikation einiger Vertreter des atlantischen Florenelementes in der Altmark und der Lausitz. – Doc. Phytosoc. N. S. 4: 827–840.

PIETSCH, W. & H. JENTSCH (1984): Zur Soziologie und Ökologie von *Myriophyllum heterophyllum* MICH. in Mitteleuropa. – Gleditschia 12: 303–335.

PIETSCH, W. & W. R. MÜLLER-STOLL (1974): Übersicht über die im brandenburgischen Gebiet vorkommenden Zwergbinsengesellschaften (Isoëto-Nanojuncetea). – VBVB 109–111: 56–95.

POTONIÉ, H. (1878): Bericht über seltene Pflanzenfunde zwischen Lübbenau und Alt Zauche. – VBVB 20: 116.

PRASSE, R., RISTOW, M., KLEMM, G., MACHATZI, B., RAUS, T., SCHOLZ, H., STOHR, G., SUKOPP, H. & F. ZIMMERMANN (2001): Liste der wildwachsenden Gefäßpflanzen des Landes Berlin mit Roter Liste. – Berlin.

RABENHORST, L. (1836a): Filices Lusatiae inferioris. – Linnaea 10: 208–216.

RABENHORST, L. (1836b): Specielle Uebersicht der in der Niederlausitz, insbesondere in der westlichen, wildwachsenden und häufig kultivirten Pflanzen. – Linnaea 10: 619–640.

RABENHORST, L. (1837): Specielle Uebersicht der in der Niederlausitz, insbesondere in der westlichen, wildwachsenden und häufig kultivirten Pflanzen (Schluss). – Linnaea 11: 221–247.

RABENHORST, L. (1839): Flora Lusatica. – Bd. 1. – Leipzig.

RABENHORST, L. (1840): Flora Lusatica. – Bd. 2. – Leipzig.

RABENHORST, L. (1846): Vorläufige, ergänzende und berichtigende Notizen zu meiner Flora Lusatica, mit Berücksichtigung der Nachbarfloren. – Bot. Centralbl. f. Deutschland 1: 189–195, 237–249, 325–335, 341–349, 365–371, 381–393.

RÄTZEL, S. (2008): Zur Situation der Sumpf-Löwenzähne in Brandenburg. – (unveröff. Manuskript).

RAUPRECHT, E. (2000): Die neuen Dörfer der Preußenkönige. Burg-Kauper und Burg-Kolonie. – Cottbus.

RAUSCHERT, S. (1972): Verbreitungskarten mitteldeutscher Leitpflanzen, 13. Reihe. – Wiss. Z. Univ. Halle-Wittenberg, Math.-nat. R. 21/2: 7–68.

REICHERT, H. (2005): Vorläufiger Bestimmungsschlüssel zur Unterscheidung von *Euphorbia esula*, *Euphorbia pseudovirgata* und *Euphorbia virgata* (*waldsteinii*). – (http://www.flora-deutschlands.de/*Euphorbia*-Schluessel01.pdf.).

RETTSCHLAG, W. (1970): Die Wasser- und Sumpfpflanzengesellschaften des Neuendorfer Sees (Kreis Lübben). – Diplomarbeit, Päd. Hochsch. Potsdam.

RISTOW, M. (2000): Anmerkungen zum Verwandtschaftskreis des *Ornithogalum umbellatum* L. in Brandenburg. – VBVBB 133: 567–570.

RISTOW, M., BURKART, M. & R. PRASSE (1996): Zum Vorkommen der Bleichen Hainsimse, *Luzula pallidula* KIRSCHNER (syn. *L. pallescens* auct.), in Brandenburg. – VBVBB 129: 63–78.

RISTOW, M., HERRMANN, A., ILLIG, H., KLEMM, G., KUMMER, V., KLÄGE, H.-C., MACHATZI, B., RÄTZEL, S., SCHWARZ, R. & F. ZIMMERMANN (2006): Liste und Rote Liste der etablierten Gefäßpflanzen Brandenburgs. – Naturschutz Landschaftspflege Brandenburg 15/4, Beilage, Potsdam, S. 1–163.

Rocha, F. (1955): Pěsni, wulicowańka a godanja. – Berlin.

Rupp, P. (1991): Die Bythna bei Straupitz. – Lübbener Heimatkalender 1992: 71–72.

Ruthe, B. (1827): Flora der Mark Brandenburg und der Niederlausitz. – Berlin.

Ruthe, B. (1834): Flora der Mark Brandenburg und der Niederlausitz. – 2. Aufl. – Berlin.

Scamoni, A. (1954): Die Waldvegetation des Unterspreewaldes. – Arch. Forstwesen 3: 122– 162, 230–260.

Scamoni, A. (1955/56): Die Wiesen, Grasfluren und Heiden des Unterspreewaldes (Eine vegetationskundliche Studie). – Wiss. Z. Humboldt-Univ. Berlin, Math.-nat. R. 5: 253–267.

Scamoni, A. (o.J.): Die Wiesen und Wälder des Unterspreewaldes. – (unveröff. Manuskript).

Schaffrath, J. (2001): Vorkommen und spontane Ausbreitung der Rotesche (*Fraxinus pennsylvanica* Marshall) in Ost-Brandenburg. – Naturschutz Landschaftspflege Brandenburg 10: 134–139.

Scharfenberg, K. (1977): Beiträge zur Kenntnis der Sippenstruktur der Gattung *Dactylorhiza* Necker ex Nevski in den Bezirken Cottbus, Potsdam, Frankfurt (Oder) und Neubrandenburg. – Gleditschia 5: 65–127.

Schaumann, F. & T. Heinken (2002): Endozoochorous seed dispersal by martens (*Martes foina, M. martes*) in two woodland habitats. – Flora 197: 370–378.

Schmidt, D. & G. Krüger (2001): Ökosystemare Umweltbeobachtung im Biosphärenreservat „Spreewald". Teilbericht 2001. Vegetationskundliche Erfassung der Probestellen. – Eggersdorf b. Müncheberg (unveröff. Manuskript).

Schmidt, P. A. (2006): Mitteilungen und Bestimmungshinweise zu Gehölzen in Sachsen 4. – Sächs. flor. Mitt. 10: 3–11.

Schölzel, J. (1989): Historisches Ortslexikon für Brandenburg. Teil IX. Beeskow-Storkow. – Weimar.

Scholz, E. (1962): Die naturräumliche Gliederung Brandenburgs. – Potsdam.

Scholz, H. (2008): Die Gattung *Bromus* (Poaceae) in Mitteleuropa. Synopse und tabellarischer Bestimmungsschlüssel. – Kochia 3: 1–18.

Scholz, H. & H. Sukopp (1960): Zweites Verzeichnis von Neufunden höherer Pflanzen aus der Mark Brandenburg und angrenzenden Gebieten. – VBVB 98–100: 23–49.

Scholz, H. & H. Sukopp (1965): Drittes Verzeichnis von Neufunden höherer Pflanzen aus der Mark Brandenburg und angrenzenden Gebieten. – VBVB 102: 3–40.

Scholz, H. & H. Sukopp (1967): Viertes Verzeichnis von Neufunden höherer Pflanzen aus der Mark Brandenburg und angrenzenden Gebieten. – VBVB 104: 27–47.

Schubert (1936): Botanische Beobachtungen aus den Jahren 1933 und 1934. – VBVB 76: 98.

Schulenburg, W. von (1880): Wendische Volkssagen und Gebräuche aus dem Spreewald. – Leipzig.

Schulenburg, W. von (1886): Das Spreewaldhaus. – Z. f. Ethnologie 18: 123–144.

Schulenburg, W. von (1934a): Wendisches Volkstum in Sage, Brauch und Sitte. – 2. Aufl. – Berlin (Nachdruck Bautzen 1988).

Schulenburg, W. von (1934b): Wendische Volkssagen und Gebräuche aus dem Spreewald. – 2. Aufl. – Berlin.

Schulte, W. (1937): Über die pflanzengeographischen Verhältnisse der sogenannten Lausitzer Heide. – Berliner Geogr. Arb. 14: 1–55.

Seitz, B. & H. Jentsch (1999): Rückgang von Farn- und Blütenpflanzen im Biosphärenreservat Spreewald - ein Beispiel für die Auswirkungen von Lebensraumveränderungen in Brandenburger Großschutzgebieten seit dem 19. Jahrhundert. – Naturschutz Landschaftspflege Brandenburg 8: 13–24.

Seitz, B., Ristow, M., Klemm, G., Rätzel, S., Schulze, G. & M. Hoffmann (2004): Zur Verbreitung der Wildrosen und verwilderten Kulturrosen in Berlin und Brandenburg. – VBVBB 137: 137–267.

Sonnenberg, H. (1996): Bericht über die 27. Brandenburgische Botanikertagung vom 28. bis 30. Juni 1996 in Beeskow. – VBVBB 129: 269–277.

Starosta, M. (1999): Dolnoserbsko-nimski słownik/Niedersorbisch-deutsches Wörterbuch. – Bautzen.

Stohr, G. (1981): Beiträge zur *Rubus*-Flora von Brandenburg. I. Ostbrandenburg. 1. Subgenera *Cylactis* (Raf.) Focke, *Anoplobatus* Focke, *Idaeobatus* Focke und *Rubus* Sectio *Eufruticosi* H. E. Weber. – Gleditschia 9: 109–172.

Stohr, G. (1984): Beiträge zur *Rubus*-Flora von Brandenburg. I. Ostbrandenburg. 2. Subgenus *Rubus* Sectio *Corylifolii* Lindley und Sectio *Caesii* Lejeune & Courtois. – Gleditschia 12: 25–68.

Stohr, G. (1989): Floristische Notizen über die *Rubus*-Sippen in Brandenburg und benachbarten Gebieten. – Gleditschia 17: 27–63.

Stohr, G. & S. Knöfel (1984): Beiträge zur Brombeerflora (*Rubus* L.) in der Niederlausitz (Teil 1). – BSL 13: 22–31.

Stohr, G. & S. Knöfel (1985): Beiträge zur Brombeerflora (*Rubus* L.) in der Niederlausitz (Teil 2). – BSL 14: 48–56.

Straus, A. (1936): Funde aus der Neumark und der übrigen Provinz. – VBVB 76: 105–106.

Straus, A. (1955): Naturkundliche Wanderungen im Wald- und Seengebiet um Klein Köris. – Potsdam.

Succow, M. (1983): Drei Moorquerprofile aus der nordwestlichen Niederlausitz. – BSL 12: 3–6.

Sukopp, H. (1957): Verzeichnis von Neufunden höherer Pflanzen aus der Mark Brandenburg und angrenzenden Gebieten. – VBVB 83-97: 31–40.

Šwjela, B. (1902): Zběrka dolnoserbskich słow, kotaréž se w Zwahrowem słowniku njenamakaju. – Časopis Maćicy Serbskeje 55: 52–63.

Šwjela, B. (1953): Deutsch-niedersorbisches Taschenwörterbuch. – Bautzen (bearb. v. A. Mitaš).

Taubert, P. (1885): Beiträge zur Flora der Nieder-Lausitz. II. – VBVB 27: 128–177.

Thomasius, H. (1996): Geschichte, Theorie und Praxis des Dauerwaldes.– Haldensleben.

Literatur

TREICHEL, A. (1876a): Bericht über die vierundzwanzigste (achtzehnte Frühjahrs-) Hauptversammlung des Botanischen Vereins der Provinz Brandenburg zu Lübben in der Lausitz am 11. und 12. Juni 1876. – VBVB 18: VII–XXVI.

TREICHEL, A. (1876b): Bericht über eine Exkursion von Vetschau nach Missen am 13. Juni 1876. – VBVB 18: XXVII–XXX.

UHLEMANN, I. (2003): Die Gattung *Taraxacum* (Asteraceae) im östlichen Deutschland – Eine vorläufige Zusammenfassung. – Mitt. Flor. Kartierung Sachsen-Anhalt, Sonderheft, 136 S.

ULBRICH, E. (1918): Die nördliche Niederlausitz. – VBVB 60: 56–106.

ULBRICH, E. (1937): Der Herbstausflug des Botanischen Vereins der Provinz Brandenburg nach Oderin am 4. Oktober 1936. – VBVB 77: 133–137.

VECKENSTEDT, E. (1880): Wendische Sagen, Märchen und abergläubische Gebräuche. – Graz.

VENT, W. & D. BENKERT (1984): Verbreitungskarten brandenburgischer Pflanzenarten. 2. Reihe. Stromtalpflanzen (1.). – Gleditschia 12: 213–238.

VÖTT, A. (2000): Ökosystemveränderungen im Unterspreewald durch Bergbau und Meliorationsmaßnahmen: Ergebnisse einer angewandten ökosystemaren Umweltbeobachtung. – Marburger Geogr. Schr. 136: 1–288.

WAGENITZ, G. (1981): *Thesium ebracteatum* HAYNE – In: CONERT, H. J., HAMANN, U., SCHULTZE-MOTEL, W. & G. WAGENITZ (Hrsg.): Gustav Hegi, Illustrierte Flora von Mitteleuropa. – Bd. 3, Teil 1. – 3. Aufl. – Berlin, Hamburg: S. 339.

WAGENITZ, G. (1987): *Senecio sarracenicus* L. – In: CONERT, H. J., HAMANN, U., SCHULTZE-MOTEL, W. & G. WAGENITZ (Hrsg.): Gustav Hegi, Illustrierte Flora von Mitteleuropa. – Bd. 6, Teil 4.– 2. Aufl. – Berlin, Hamburg, S. 757–758.

WAGNER, D. (1982): Über eine Bilsenkrautvergiftung im Jahre 1838. – BSL 11: 11–15.

WALDENBURG, I. (1934): Die floristische Stellung der Mark Brandenburg. – VBVB 75: 1–80.

WEBER, H. E. (1995): *Rubus*. – In: CONERT, H. J., JÄGER, E. J., KADEREIT, J. W., SCHULTZE-MOTEL, W., WAGENITZ, G. & H. E. WEBER (Hrsg.): Gustav Hegi, Illustrierte Flora von Mitteleuropa. – Bd. 4, Teil 2A. – 3. Aufl. – Berlin, Oxford (u. a.), S. 284–595.

WEIß, S. (1999): Vegetationskundliche Untersuchung des NSG „Luchsee". – unveröff. Praktikumsbericht, FH Eberswalde FB Landschaftsnutzung und Naturschutz, 35 S.

WIESNER, G. (1924): Naturdenkmäler und Naturdenkmalpflege. 4. Die Florentineneiche bei Straupitz und ihre Schwestern. – Heimatbeilage Lausitzer Landeszeitung 18.

WIESNER, G. (1925): Ergänzung zu dem Aufsatz „Naturschutz". – Heimatbeilage Lausitzer Landeszeitung 57.

WIESNER, G. (1926a): Der Batzlin bei Lübbenau. – Die Mark 22: 88.

WIESNER, G. (1926b): Ein seltener Eibenbaum (*Taxus*) in Burg. – Heimatbeilage Lausitzer Landeszeitung 92.

WIESNER, G. (1928): Eingewanderte Pflanzen. – Heimatkalender Kreis Luckau 18: 84–85.

WIESNER, G. (1939): Die Pflanzendecke des Kreises Cottbus auf landschaftlicher Grundlage. – Sonderdruck aus dem Cottbuser Anzeiger Nr. 226, 227, 228, 230, 232, 235, 237, 241, 243.

Literatur

Wiesner, G. (1920–1938): Tagebuch mit handschriftlichen Fundortaufzeichnungen. – (Im Besitz von H. Jentsch).

Wiegleb, G. & Z. Kaplan (1998): An account of the species of *Potamogeton* L. (Potamogetonaceae). – Folia Geobot. 33: 241–316.

Wisskirchen, R. & H. Haeupler (1998): Standardliste der Farn- und Blütenpflanzen Deutschlands. – Stuttgart.

Woithe, F. (2001): Frühe Veränderungen der Landschaft durch den Menschen. Geoökologische Untersuchungen im Tagebauvorfeld Jänschwalde. – Arbeitsber. Bodendenkmalpflege Brandenburg 8: 121–128.

Wolff, G. (1929): Die Flora des Spreewaldes und seiner Umgebung und ihre Veränderung innerhalb der letzten 50 Jahre. – Lübbener Kreiskalender 1929: 32–34.

Wolff, G. (1930a): Die Ursachen der stetig fortschreitenden Versumpfung der Seen meiner Heimat Straupitz. – Lübbener Kreiskalender 1930: 58–61.

Wolff, G. (1930b): Unsere einheimischen Schmarotzerpflanzen und ihre Lebensbedingungen. – Kreiskalender Cottbus, Calau, Spremberg 1930: 67–70.

Wolff, P. & H. Jentsch (1992): *Lemna turionifera* Landolt, eine neue Wasserlinsenart im Spreewald und ihr soziologischer Anschluss. – VBVBB 125: 37–52.

Wulf, M. (1997): Plant species as indicators of ancient woodland in northwestern Germany. – J. Veget. Science 8: 635–642.

Wulf, M. (2004): Auswirkungen des Landschaftswandels auf die Verbreitungsmuster von Waldpflanzen. Konsequenzen für den Naturschutz. – Diss. Botanicae 392: 1–306.

Zaunick, R. (1930): Johannes Franke (1545–1617) sein Leben und sein Wirken. – In: Franke, J. (1594): Hortus Lusatiae. – Bautzen (Neu hrsg., gedeutet u. erklärt von Zaunick, R., Wein, K. & M. Militzer), S. 7–86.

Zaunick, R., Wein, K. & M. Militzer (1930): siehe Franke (1594).

Zander, M. (2000): Untersuchungen zur Identifizierung ausgewählter Vertreter der Gattung *Salix* L. im NO-deutschen Tiefland, unter besonderer Berücksichtigung des *Salix-repens*-Komplexes. – Mitt. flor. Kart. Sachsen-Anhalt 5: 3–137.

Zimmermann, F. (2005): Das Europäische Vogelschutzgebiet (SPA) Spreewald und Lieberoser Endmoräne. – Naturschutz Landschaftspflege Brandenburg 14: 152–155.

Zimmermann, F., Gelbrecht, J. & H. Beutler (2002): Naturschutz im Bereich der Spreeniederung. – In: Köhler, J., Gelbrecht, J. & M. Pusch (Hrsg.): Die Spree. Zustand, Probleme, Entwicklungsmöglichkeiten. – Stuttgart, S. 220–229.

Zólyomi, B. (1936): *Urtica kioviensis* Rogowitsch neu für die deutsche Flora. – VBVB 76: 152–156.

Zwahr, J. G. (1847): Niederlausitz-Wendisch-Deutsches Handwörterbuch. – Spremberg (Nachdruck Bautzen 1989).

Bildnachweis

5.2 Bildnachweis

Die in Kap. 4.2 und 4.3 eingefügten, nicht nummerierten und hier mit der entsprechenden Seitenzahl angeführten Pflanzenabbildungen stammen – mit Ausnahme der mit einem Asteriscus (*) gekennzeichneten – aus dem UG.

Bielagk, U.: Abb. 57;

Borries, J.: Titelfoto; Abb. 10, 11, 12, 14, 16, 17, 31, 32, 34, 35, 37, 38, 39, 41, 42, 44, 56, 58, 59, 60, 67, 68, 70, 71, 73, 74, 75, 79, 80, 81, 84, 85, 86, 87, 92, 93, 94, 95, 99, 100, 102, 104, 106, 107, 108, 111, 112, 116, 117; Seite 103, 113*, 122, 148, 155, 187, 207*, 231*, 233*, 244, 254*, 263, 268, 306, 308, 332, 334, 335, 355, 362, 407u;

Butzeck, St.: Abb. 62;

Hegewald, R.: Abb. 55;

Heinrich, I.: Abb. 15, 78, 82, 91, 98, 101, 103, 115; Seite 121, 189, 211, 222, 248, 274, 303, 382;

Hiekel, I.: Abb. 19, 22, 23, 27, 69;

Illig, H.: Abb. 61, 64, 65, 66, 90, 97, 109; Seite 105*;

Illig, J.: Abb. 29, 33;

Jentsch, H.: Abb. 47, 63, 72, 77, 88, 105, 113, 114, 122; Seite 119, 137, 216;

Kasparz, S.: Abb. 110; Seite 151;

Krausch, H.-D.: Abb. 6, 25, 30, 36, 43, 48, 118, 119, 120, 121; Seite 125, 321, 391, 422, 437, 444;

Kummer, V.: Abb. 46, 76, 83, 89, 96; Seite 130, 164, 173, 176, 177, 197*, 228, 247*, 290*, 338*, 339*, 342*, 352, 359, 365, 368*, 401*, 410*, 420*, 425*;

Leber, S.: Seite 135, 157, 193, 218, 240, 272, 398, 405, 407o, 418;

Nakonzer, F.: Abb. 28;

Reimer, A.: Abb. 24;

Weingardt, A.: Abb. 18.

6. Abbildungsteil

Abb. 56: Der Unterspreewald besitzt den größten zusammenhängenden Laubwaldbereich des Untersuchungsgebietes. Dazu gehört auch die Forst Groß Wasserburg, bestehend aus einem Mosaik von Erlen-, Erlen-Eschen-, Eichen-Hainbuchen- und Buchenwäldern (2008).

Abb. 57: Die Mäander der „Krummen Spree" sind heute noch als landschaftsprägende Altwässer vorhanden, so im Spreetal zwischen der Schwenower Forst und der Ortschaft Plattkow (2005).

Abb. 58: Das Spreetal südlich Lübben mit den beiden geradlinig verlaufenden Hauptfließgewässern „Hauptspree" und „Burg-Lübbener Kanal" (2008).

Abb. 59: In den letzten 100 Jahren sind große Bereiche des Oberspreewaldes grundlegend umgestaltet worden. Die ursprünglich kleinteilige Spreewaldlandschaft ist in den meliorierten Polder- und Stauabsenkungsgebieten großräumigen, z. T. intensiv genutzten Landwirtschaftsflächen gewichen. Wiedervernässungen im Kleinen Gehege und im Polder Kockrowsberg dienen Renaturierungszielen (2006).

Abb. 60: Typisch für den sog. „Hochwald" bei Neu Zauche ist der durch die Rabattenbewirtschaftung bedingte, weitgehend geschlossene, einschichtige, gleichaltrige Erlenbestand (1994).

Abb. 61: Die Landschaft zwischen Lübbenau und Leipe ist geprägt durch ein überwiegend kleinstrukturiertes Mosaik von Gehölzen mit darin eingebetteten Grünlandflächen und kleinen Horstäckern. Dazu gehören auch artenreiche, zeitweise von *Lychnis flos-cuculi* farblich dominierte Feuchtwiesen (Lehde, 2000).

Abb. 62: Ein spreewaldtypisches Gehöft in Burg Kauper (2006).

Abb. 63: Die Nutzungsauflassung löst auf Nassstandorten zumeist in kurzer Zeit eine Gehölzsukzession aus, wie hier mit *Salix cinerea* im Bereich des sog. „Ballonick" (1995).

Abb. 64: Die Sanderflächen südwestlich der Krausnicker Berge – der sog. „Brand" – sind auf den nährstoffärmsten, trockenen Standorten durch flechtenreiche Kiefernbestockungen gekennzeichnet (2008).

Abb. 65: Der Marienberg bei Krugau zeichnet sich durch die Vorkommen einiger subkontinental verbreiteter Arten aus, im Vordergrund ein *Brachypodium pinnatum*-Bestand (2005).

Abb. 66: Der am Fuße der Krausnicker Berge in einem Gletscherzungenbecken gelegene Luchsee gehört mit seinen Verlandungszonen zu den größten und ökologisch wertvollsten Moorseen im Land Brandenburg (2008).

Abb. 67: Der am Nordrand der Krausnicker Berge gelegene Große Wehrigsee mit einem *Nymphaea alba*-Bestand (1996).

Abbildungen 68 und 69

Abb. 68: Das am Nordrand des Unterspreewaldes gelegene Niederungsgrünland bei Neuendorf am See mit der Spree und der von Westen her einmündenden Wasserburger Spree zwischen Leibsch und dem Neuendorfer See (im Hintergrund) (2008).

Abb. 69: Die im Jahr 2009 durch das Hochwasser überfluteten Spreewiesen zwischen Leibsch und dem Neuendorfer See (links oben).

Abb. 70: Der Schwertlilien-Typ des Erlenbruchwaldes (Irido-Alnetum) ist im Untersuchungsgebiet eine verbreitete Pflanzengesellschaft auf bewaldeten Nassstandorten (westlich Schlepzig, 2005).

Abb. 71: Auf mineralkräftigen Talsanden des inneren Unterspreewaldes wächst ein von Scamoni (1954) beschriebener und nur auf dieses Gebiet beschränkter „Buchen-Stieleichen-Wald" (Buchenhain, 2009).

Abb. 72: Die Gesellschaft der Roten Wasserlinse (*Lemna turionifera*-Gesellschaft), an der neben der namengebenden Art oft auch *Lemna minor* und *Spirodela polyrhiza* beteiligt sind, besiedelt wärmebegünstigte, meist stehende Flachgewässer (nordöstlich Leipe, 1992).

Abb. 73: Die neophytische, erstmals im Jahr 2001 im Spreewald nachgewiesene *Azolla filiculoides* in einem Graben nahe der Deichsiedlung Lübben (2009).

Abb. 74: Das früher bei den Landwirten als Futter sehr geschätzte Wasserschwaden-Ried (Glycerietum maximae) wird heute nur noch selten genutzt (Kleines Gehege, 2008).

Abb. 75: Das Schlankseggen-Ried (Caricetum gracilis) ist eine im feuchten Wirtschaftsgrünland des Spreewaldes und in deren Auflassungsstadien weit verbreitete Pflanzengesellschaft (am Großen Fließ südlich Radensdorf, 2007).

Abbildungen 76 und 77

Abb. 76: Staudenreiche Ausbildungen der Engelwurz-Kohldistel-Wiese (Angelico-Cirsietum oleracei) – u. a. mit *Geranium palustre* wie hier in der sog. „Sapitzka" unterhalb des Krausnicker Weinberges – sind heute im UG selten (1993).

Abb. 77: *Caltha palustris* gehörte einst in den nassen Wiesen vor allem um Lübbenau, Lehde und Leipe sowie bei Schlepzig zu den typischen Arten. Heute sind derartige Blühaspekte nur noch selten zu erleben (Winterstaugebiet zwischen Lübbenau und Lehde, 1992).

Abb. 78: Vom *Cardamine pratensis*-Blühaspekt geprägte Nasswiese westlich von Burg (2007).

Abb. 79: Binsen-Pfeifengras-Wiesen (Junco-Molinietum caeruleae) dominierten einst große Bereiche der heutigen Poldergebiete des Oberspreewaldes, sind aber aktuell auf Reliktvorkommen beschränkt (von Burg in Richtung Leipe, 2008).

Abb. 80: In den Frischwiesen der Niederungsränder und -kuppen ist *Leucanthemum vulgare* agg. ein steter Begleiter, geht jedoch mit der Ausweitung der Grünlandbeweidung immer mehr zurück (Horst nördlich Straupitzer Buschmühle, 2009).

Abb. 81: Die zunehmende Beweidung der Niederungsgrünlandflächen hat eine Begünstigung von Verdichtungs- und Eutrophierungszeigern zur Folge, wie z. B. *Juncus effusus* und *Trifolium repens* (südöstlich Leibsch, 2008).

Abb. 82: Kleinbäuerlich genutztes Getreidefeld mit *Papaver rhoeas*- und *Centaurea cyanus*-Aspekt (Lübben-Steinkirchen, 2007).

Abb. 83: Die Lämmersalat-Flur (Teesdalio-Arnoseridetum minimae), einst auf den sandigen Äckern in den Randbereichen der Spreeniederung weit verbreitet, ist heute nur noch hier und da zu finden (Groß Wasserburg, 1993).

Abbildungen 84 und 85

Abb. 84: *Calla palustris* (südlich Gröditsch, 2008).

Abb. 85: *Leucojum aestivum* (Lübben, 2009).

Abbildungen 86 und 87

Abb. 86: *Anemone ranunculoides* (Lübben, 2008).

Abb. 87: *Hepatica nobilis* (Buchenhain, 2009).

Abb. 88: *Wolffia arrhiza* mit *Lemna minor* und *Spirodela polyrhiza* (nördlich Hartmannsdorf, 1979).

Abb. 89: *Potamogeton* x *angustifolius* (Neuendorfer See, 1994).

Abbildungen 90 bis 92

Abb. 90: *Epipactis palustris* (Neuendorf am See, 1978).

Abb. 91: *Lysimachia thyrsiflora* (Eschenfließ bei Leipe, 2009).

Abb. 92: *Potentilla palustris* (südlich Gröditsch, 1999).

Abbildungen 93 und 94

Abb. 93: *Ledum palustre*-Bestand (Luchsee, 2000).

Abb. 94: *Drosera intermedia* (Briesensee, 2002).

Abb. 95: *Vaccinium oxycoccus* (Luchsee, 1999).

Abb. 96: *Lycopodiella inundata* (Groß Wasserburg, 1997).

Abbildungen 97 und 98

Abb. 97: *Ludwigia palustris* (Neuendorfer See b. Alt Schadow, 2000).

Abb. 98: *Pseudolysimachion longifolium* (Hauptspree nördlich Lübben, 2009).

Abbildungen 99 und 100

Abb. 99: *Dactylorhiza majalis* (östlich Byhleguhrer See, 2007).

Abb. 100: *Inula britannica* (östlich Leipe, 2008).

Abbildungen 101 bis 104

Abb. 101: *Hierochloë odorata* agg.
(südöstlich Lübben Nähe Albrechtkanal, 2008).

Abb. 102: *Cynosurus cristatus*
(östlich Byhleguhrer See, 2009).

Abb. 103: *Rhinanthus serotinus*
(südlich Lübben, 2005).

Abb. 104: *Polygala comosa*
(südsüdöstlich Forsthaus Meierei, 2009).

Abbildungen 105 und 106

Abb. 105: *Pulsatilla pratensis* subsp. *nigricans* (nördlich Schönwalde, 1975).

Abb. 106: *Gypsophila fastigiata* (nördlich Groß Lubolz, 2009).

Abbildungen 107 bis 110

Abb. 107: *Rosa inodora* (Marienberg bei Krugau, 2009).

Abb. 108: *Peucedanum cervaria* (Marienberg bei Krugau, 2009).

Abb. 109: *Thesium ebracteatum* (Schönwalde, 2008).

Abb. 110: *Trifolium montanum* (Marienberg bei Krugau, 2005).

Abb. 111: *Astragalus arenarius* (Lübben, 2009).

Abb. 112: *Asplenium ruta-muraria* (Lübben, 2009).

Abb. 113: *Asplenium viride* (Alt Schadow, 1994).

Abbildungen 114 bis 116

Abb. 114: *Gagea villosa* (Lübbenau, 1992).

Abb. 115: *Consolida regalis* (Lübben-Steinkirchen, 2007).

Abb. 116: *Linaria spartea* nordnordwestlich Krausnick (2009).

Abb. 117: Farbenprächtiger Bauerngarten (Lehde, 2009).

Abb. 118: *Cucurbita maxima* (Burg Kauper, 1982).

Abb. 119: *Lysimachia punctata* vor einem Bauernhaus (Lehde, 1995).

Abb. 120: *Ranunculus repens* 'Flore Pleno' (Lübbenau, 1991).

Abbildungen 121 und 122

Abb. 121: *Rosa foetida* 'Bicolor' (Schlepzig, 1978).

Abb. 122: *Thladiantha dubia* (Lübbenau, 1995).

Fundorte

7. Register

7.1 Fundortregister

Nr. = Nummer in Übersichtskarte (auf beiliegender CD)

Ort	MTBQ	Nr.	Ort	MTBQ	Nr.
A-Graben-Nord	4049/3	–	(ehem.) Biebersdorfer Wiesen	4049/1	63
	4049/4		Bleiche (Burg)	4150/4	142
Albrechtkanal	4049/4	–	Boblitz	4149/4	–
Alt Schadow	3849/4	–	Boesin-Luch (Alt Schadow)	3849/4	13
Alt Zauche	4050/3	–	Börnichen	4049/2	–
Alt Zaucher Spree	4049/4	–	Brahmow	4151/3	–
	4050/3			4251/1	
Alter Teich b. Byhlen	4051/3	113	Brahmower Landgraben	4150/4	–
Amalienhof	3849/4	–		4251/1	
(Alt Schadow)			Brandspitze	3948/4	38
Babow	4250/2	–	(Schönwalde)		
Badesee b. Suschow	4150/4	139	Brasinsky-Luch	3849/4	–
Badeteich b. Boblitz	4150/3	135	Briesen b. Werben	4151/3	–
Ballonick (Alt Zauche)	4050/3	100	Briesener Luch	4050/1	73
Barbassee (Kl. Leine)	4050/1	72	Briesener See	4050/1	–
Barzlin (Lübbenau)	4149/2	121	Briesensee	4050/1	–
Berste	4048/4	–	Brückenplatz (Lübben)	4049/3	86
	4049/3		Buchenhain (Schlepzig)	3949/3	49
Berstedreieck (Lübben)	4049/3	83	Bückchen	3950/1	–
Bhf. Börnichen (Lübben)	4049/2	68	Budaricks Graben	4151/1	–
(ehem.) Bhf. Byhlen	4051/3	111		4151/3	
(Spreewaldbahn)			Bugk (Gr. Lubolz)	4048/2	56
(ehem.) Bhf. Neu Zauche	4050/4	102	Bugkgraben	4048/1	–
(Spreewaldbahn)				4048/2	
(ehem.) Bhf. Radensdorf	4049/4	98		4049/1	
(Spreewaldbahn)			Bukowina (Pretschen)	3949/2	34
(ehem.) Bhf. Straupitz	4050/4	105	Bürgerfließ	4149/2	–
(Spreewaldbahn)				4150/1	
Biebersdorf	4049/2	–	Burg (Dorf)	4150/4	–
Biebersdorfer Forst	3949/4	54	Burg Kauper	4150/2	–
	3950/3		Burg Kolonie	4150/4	–
	4049/2		Burglehn (Lübben)	4049/3	87
	4050/1		Burglehn b. Alt Zauche	4050/3	–

513

Fundorte

Ort	MTBQ	Nr.
Burg-Lübbener Kanal	4049/3	–
	4049/4	
	4149/2	
	4150/1	
	4150/2	
Buschgraben	4048/2	–
	4049/1	
Butzen	4051/3	–
Byhleguhre	4151/1	–
Byhleguhrer See	4050/4	–
	4051/3	
	4150/2	
	4151/1	
Byhlen	4051/3	–
Byhlener See	4051/3	–
Byhlener Weinberg	4051/3	–
Byttna (Straupitz)	4050/4	106
Caminchen	4050/1	–
Dahme-Umflutkanal	3949/1	–
Deponie Ratsvorwerk (Lübben)	4049/4	97
Dolzke (Lehde)	4149/2	–
Duben	4148/2	–
Dubkowmühle (Leipe)	4150/3	–
Dürrenhofe	3949/4	–
Dürrenhofer Moor	3949/4	53
Eiche (Burg Kauper)	4150/2	–
Ellerborn (Lübben)	4049/3	94
Erlkönig (Burg Kolonie)	4150/2	128
Fehrow	4151/1	–
Filowe-Wiesen (Burg)	4150/1	125
Fleißdorf	4150/4	–
Forst Börnichen (Lübben)	4049/2	69
Forst Börnichen (Neu Lübbenau)	3949/2	33
Forst Kl. Wasserburg (Gr. Wasserburg)	3949/1	29
Forst Kl. Wasserburg (Köthen)	3948/2	27

Ort	MTBQ	Nr.
Forst Kl. Wasserburg (Neu Schadow)	3949/1	31
Forsthaus Börnichen (Lübben)	4049/2	–
Forsthaus Brand (Krausnick)	3948/4	–
Forsthaus Buchenhain (Schlepzig)	3949/3	–
Forsthaus Ellerborn (Lübben)	4049/3	–
Forsthaus Hartmannsdorf	4049/1	61
Forsthaus Meierei (Krausnick)	3949/3	–
Forsthaus Schützenhaus (Alt Zauche)	4150/1	–
Franzosenloch (Hartmannsdorf)	4049/1	62
Frauenberg (Lübben)	4049/1	82
	4049/3	
Fremawiesen (Hartmannsdorf)	4049/1	60
Godnasee (Alt Schadow)	3849/4	–
Göritz	4150/3	–
Gr. Beuchow	4149/1	–
	4149/3	
Gr. Bossische (Neuendorf am See)	3849/3	4
	3849/4	
Gr. Dutzendsee	4050/4	–
Gr. Fließ (Mutnitza)	4049/4	–
	4149/2	
	4150/1	
	4150/2	
	4151/1	
Gr. Grund (Gr. Wasserburg)	3949/1	28
Gr. Klessow	4149/4	–
Gr. Lübbenau	4149/4	–
Gr. Lubolz	4048/2	–
	4049/1	
Gr. Luch (Alt Schadow)	3849/4	–
Gr. Raatsch (Alt Schadow)	3849/4	12
Gr. Wasserburg	3949/1	–
Gr. Wehrigsee (Köthen)	3948/2	–

Fundorte

Ort	MTBQ	Nr.
Greifenhainer Fließ	4150/4	–
	4250/2	
Gröditsch	3949/2	–
	3950/1	
Guhrow	4151/3	–
Hahnsberg (Krausnick)	3949/3	45
Hain (Lübben)	4049/3	85
Hartmannsdorf	4049/1	–
Hartmannsdorfer Heide	4049/1	–
Hauptspree	4049	–
	4149	
	4150	
	4151	
Heidecken (Hohenbrück)	3849/3	22
Hirschwinkel (Neuendorf am See)	3849/4	3
Hochwald (= Neu Zaucher Spreewald)	4050/3	–
	4150/1	
	4150/2	
Hohenbrück	3949/1	–
Horst (Burg Kauper)	4150/2	131
Inselteich (Schlepzig)	3949/3	–
Jänickens Graben	3849/3	–
	3949/1	
	3949/2	
Josinsky-Luch (Alt Schadow)	3849/4	–
Kabelgraben	4048/2	–
	4049/1	
Kaden	4048/4	–
Kannomühle (Alt Zauche)	4150/1	–
Karpfenteich (Krausnick)	3948/4	41
Karpichteich (Köthen)	3948/2	26
Kessel des Neuendorfer Sees (Alt Schadow)	3849/4	2
Kiesgrube (Neuendorf b. Lübben)	4049/3	93
Kiesgrube (Treppendorf)	4049/3	80
Kiesgrube (Wußwerk)	4050/3	101
Klausch-Plonitz (Byhlen)	4051/3	115

Ort	MTBQ	Nr.
Kl. Beuchow	4149/1	–
	4149/2	
Kl. Dutzendsee (Straupitz)	4050/4	107
Kl. Gehege (Lübbenau)	4149/2	122
Kl. Klessow	4149/4	–
Kl. Leine	4050/1	–
Kl. Leiner See	4050/1	74
Kl. Lubolz	4048/2	–
	4049/1	
Kl. Luch (Alt Schadow)	3849/4	11
Kl. Wehrigsee (Köthen)	3948/2	23
Kockrowsberg (Lübben)	4049/4	96
Kolonieschänke (Burg)	4150/4	141
Koplin (Neuendorf am See)	3849/3	–
Kopliner Wiesen (Neuendorf am See)	3849/4	19
Kossateich (Raddusch)	4150/3	–
Köthen	3948/2	–
Köthener See	3948/2	–
Krausnick	3948/4	–
	3949/3	
Krausnicker Berge	3948/2	–
Krausnicker Weinberg	3949/3	–
Krieg (Alt Schadow)	3849/4	6
Kriegbusch (Krausnick)	3949/3	46
Kriegbuschwiesen (Gr. Lubolz)	4049/1	57
Kriegluch (Alt Schadow)	3849/4	7
Krieschow-Vorwerk	4250/2	–
Krimnitz	4149/2	–
Krimnitzer Kahnfahrt	4149/2	–
Krugau	3949/4	–
Krügers Graben (Hohenbrück)	3849/4	16
Krumme Spree (O Alt Schadow)	3849/4	10
Kunersdorf	4251/1	–
Kuschkow	3949/2	–
Laasow	4050/4	–

Fundorte

Ort	MTBQ	Nr.
Landgraben	3949/2	–
	3949/4	
	3950/1	
	4049/2	
Langer Rücken (Treppendorf)	4049/3	–
Langes Luch (Alt Schadow)	3849/4	14
Lax Luch (Lübben)	4049/1	66
Lehde	4149/2	–
Lehder Fließ	4149/2	–
	4150/1	
Lehmgrube am Weg nach Neuendorf b. Lübben	4049/3	79
Lehmgrube b. Niewitz	4048/4	75
Lehmgrube SO Treppendorf	4049/3	90
Lehmgruben b. Lübben an der Luckauer Str.	4049/3	89
Lehnigksberg (Lübben)	4049/1	–
Leibsch	3949/1	–
Leibsch-Damm	3949/1	–
Leipe	4150/1	–
Lichtesee (Krausnick)	3948/4	39
Lübben	4049	–
Lübbenau	4149/2	–
Lübbener Weinberg	4049/3	84
Lübben-Steinkirchen	4049/3	–
Luch (Bückchen)	3950/1	35
Luchsee (Krausnick)	3948/4	
Luckauer Stadtheide (Schönwalde)	3948/4	37
Lugkteich (Schlepzig)	3949/3	51
Marienberg (Krugau)	3949/4	–
Marienberge (Briesen b. Werben)	4151/4	145
Märkischheide	4250/2	–
Martinkanal	4049/4	–
	4050/3	
Meierei (Krausnick)	3949/3	–
Meiereisee (Krausnick)	3948/4	42
	3949/3	
Milkersdorf	4251/1	–

Ort	MTBQ	Nr.
Mittelkanal	4149/2	–
	4150/1	
	4150/2	
Mittelsee (Köthen)	3948/2	–
Mühlberg b. Zerkwitz	4149/2	120
Mühlenberg (Byhleguhre)	4150/2	–
Mühlendorf	4150/2	–
Mühlenwinkel (Neuendorf am See)	3849/3	21
Müllplatz b. Gr. Lübbenau	4149/4	134
Müllplatz b. Krausnick	3948/4	40
Müllplatz b. Zerkwitz	4149/2	119
Müschen	4150/4	
Mutnitza siehe Gr. Fließ		
Naundorf	4150/4	
Neu Lübbenau	3949/1	
Neu Schadow	3949/2	
Neu Zauche	4050/4	
Neu Zaucher Weinberg	4050/4	103
Neue Schenke (Krausnick)	3948/4	36
Neue Spree	4150/1	
	4150/2	
	4150/4	
Neuendorf am See	3849/3	
Neuendorf b. Lübben	4049/3	
Neuendorfer See	3849/3	
	3849/4	
Neuer Teich (Byhlen)	4051/3	114
Niewitz	4048/4	
Nonegewässer (Lübben)	4049/1	64
Nordgraben	4151/3	
Nordumfluter	4049/4	
	4050/3	
	4150/1	
	4150/2	
	4151/1	
	4151/3	
Nuggel (Alt Schadow)	3849/4	8
Ochsenecke (Burg)	4150/2	127
Papitz	4251/1	

Fundorte

Ort	MTBQ	Nr.
Pauck (Schlepzig)	3949/3	52
Paulicks Mühle (Müschen)	4150/4	140
Petkansberg (Schlepzig)	3949/3	
Pfaffenberge (Lübben)	4049/1	
Pichersee (Köthen)	3948/2	
Pintschens Quelle (Byhlen)	4051/3	112
Polenzschänke (Burg Kauper)	4150/1	
Pretschen	3949/2	
Pretschener Mühlenberge	3949/2	
Pretschener Spree	3850/3	
	3950/1	
	3949/1	
	3949/2	
Pretschener Weinberg	3949/2	
Priorgraben (Milkersdorf)	4250/2	146
Puhl (= Pfuhl) (Schlepzig)	3949/3	48
Puhlstrom	3949/1	
	3949/3	
Pumpstation am Sommer-damm (Krausnick)	3949/3	47
Raddusch	4150/3	
Radduscher Buschmühle	4150/3	
Radduscher Kaupen	4150/3	
Radensdorf	4049/4	
Ragow	4149/1	
Ragower Kahnfahrt	4149/1	
	4149/2	
Ragower Strauch	4149/2	118
Ragower Weinberg	4149/1	
Randkanal	3949/1	
Ratsvorwerk	4049/4	
Rauher See (Butzen)	4051/3	116
(ehem.) Reinholzsche Ziegelei (Neuendorf b. Lübben)	4049/3	92
Rheinsches Luch (Byhleguhre)	4051/3	110
Riebocka (Ragow)	4049/3	95
Rickshausen (Niewitz)	4048/2	
Ruben	4151/3	
	4251/1	
Saccasne	4151/1	
Sacrow	4050/2	
	4050/4	
Schafbrücke (Gr. Lubolz)	4049/1	58
Schenkerdamm (Krausnick)	3949/3	43
Schibingsee (Köthen)	3948/2	24
Schlangenluch (Hohenbrück)	3849/4	17
Schlepzig	3949/3	
Schloßberg (Burg)	4150/4	143
Schloßpark Lübbenau	4149/2	123
Schmogrow	4151/1	
Schönwalde	4048/2	
Schuppawiesen (Gr. Lubolz)	4048/2	
Schwanensee (Köthen)	3948/2	
Schwarzer Berg (Raddusch)	4150/3	136
Schweinebusch (Schönwalde)	4048/2	55
Skops Luch (Byhlen)	4051/3	109
Söllna (Hohenbrück)	3849/4	18
Sommerdamm (Krausnick)	4049/1	59
Spielberg (Lübben)	4049/3	81
Spree	3849	
	3949	
	4049	
	4151	
Spreewehr (Alt Schadow)	3849/4	9
Spreewerk (Lübben)	4049/2	67
Stauabsenkung Nord (zwischen Barzlin und Polenzschänke)	4149/2 / 4150/1	124
Stauabsenkung Süd (zwischen Leipe und Südumfluter)	4150/1 / 4150/3	–
Stauensfließ x Hauptspree (Burg Kolonie)	4150/3	137
Steinbruch 3 (Briesensee)	4050/1	71
Steinbrüche 1 u. 2 (Briesensee)	4050/1	70
Steinkirchener Weinberg (Lübben)	4049/3	91
Stradow	4150/3	–
Stradower Mühle	4150/3	138

Fundorte

Ort	MTBQ	Nr.
Stradower Teiche	4150/3	–
	4150/4	
Straupitz	4050/4	–
Straupitzer Buschmühle (Burg Kauper)	4150/2	130
Straupitzer Weinberg	4050/4	104
Striesow	4151/4	–
Südbahnhof Lübben	4049/3	88
Südumfluter	4149/2	–
	4150/3	
	4150/4	
	4151/3	
Suschow	4150/4	–
Terpter Wiesen	4149/1	117
Texaswiesen (Krausnick)	3949/3	44
Torfstich b. Hohenbrück	3849/4	15
Torfstiche b. Alt Zauche	4050/3	99
Torfstiche b. Kaden	4048/4	78
Torfstiche b. Niewitz	4048/4	77
Treppendorf	4049/3	–
Triftsee (Köthen)	3948/2	25
Tschinka (Alt Schadow)	3849/4	1
Tussatz (= Tuschatz) (Leibsch)	3949/1	30
Untere Boblitzer Kahnfahrt	4150/1	–
Vetschau	4250/1	–
	4250/2	
(ehem.) Vorwerk Wiesenau (Lübben)	4049/1	65
Waldow	4050/2	–

Ort	MTBQ	Nr.
Waldschlößchen (Burg)	4150/2	126
Wallaberg (Biebersdorf)	4049/2	–
Wasserburger Spree	3849/3	–
	3949/1	
	3949/3	
	4049/1	
Wehlaberg (Krausnick)	3948/2	–
Welsnitz (Byhleguhre)	4151/1	133
Wendenkönig (Burg Kauper)	4150/2	129
Werben	4151/3	–
Wiesenteich (Stradow)	4150/3	–
	4150/4	
Willischza (Burg)	4150/2	132
Wittmannsdorf	3950/1	–
Wolfs Luch (Byhlen)	4051/3	108
Wotschofska (Lübbenau)	4150/1	–
Wudritz	4149/1	–
Wussegk (Schlepzig)	3949/3	50
Wußwerk	4050/3	–
Wutscherogge (Neuendorf am See)	3849/4	–
Zeltplatz b. Alt Schadow	3849/4	5
Zeltplatz b. Neuendorf am See	3849/4	20
Zerkwitz	4149/2	–
Zerkwitzer Kahnfahrt	4149/2	–
(alte) Ziegelei b. Niewitz	4048/4	76
Zirnitz-Wiesen (Neu Lübbenau)	3949/1	32
Zoßna (Werben)	4151/3	144

Synonyme

7.2 Wichtige Synonyme der wissenschaftlichen Pflanzennamen

Synonym	Verwendeter wissenschaftlicher Name
Adonis autumnalis L.	*Adonis annua* L. em. Huds.
Agropyron repens (L.) P. Beauv.	*Elytrigia repens* (L.) Desv. ex Nevski
Agrostis coarctata Ehrh. ex Hoffm.	*Agrostis vinealis* Schreb.
Agrostis stricta J. F. Gmel.	*Agrostis vinealis* Schreb.
Agrostis tenuis Sibth.	*Agrostis capillaris* L.
Allium lusitanicum Lam.	*Allium senescens* L. subsp. *montanum* (Fr.) Holub
Allium montanum F. W. Schmidt	*Allium senescens* L. subsp. *montanum* (Fr.) Holub
Amaranthus lividus L.	*Amaranthus blitum* L.
Ambrosia coronopifolia Torr. et A. Gray	*Ambrosia psilostachya* DC.
Anagallis minima (L.) E. H. L. Krause	*Centunculus minimus* L.
Anthemis nobilis L.	*Chamaemelum nobile* (L.) All.
Anthoxanthum puelii Lecoq et Lamotte	*Anthoxanthum aristatum* Boiss.
Aphanes inexspectata W. Lippert	*Aphanes australis* Rydb.
Aphanes microcarpa Rothm. p. p. typo excluso	*Aphanes australis* Rydb.
Arabis arenosa (L.) Scop.	*Cardaminopsis arenosa* (L.) Hayek
Aristolochia durior Hill	*Aristolochia macrophylla* Lam.
Aristolochia sipho L'Hér.	*Aristolochia macrophylla* Lam.
Armeniaca vulgaris Lam.	*Prunus armeniaca* L.
Armoracia lapathifolia Usteri	*Armoracia rusticana* P. Gaertn., B. Mey. et Scherb.
Aspidium oreopteris (Ehrh.) Swartz	*Lastrea limbosperma* (All.) Heywood
Aster tradescantii auct.	*Aster parviflorus* Nees
Atriplex hastata auct. non L.	*Atriplex prostrata* Boucher ex DC.
Atriplex nitens Schkuhr	*Atriplex sagittata* Borkh.
Avenella flexuosa (L.) Drejer	*Deschampsia flexuosa* (L.) Trin.
Avenochloa pubescens (Huds.) Holub	*Helictotrichon pubescens* (Huds.) Pilg.
Avenula pubescens (Huds.) Dumort.	*Helictotrichon pubescens* (Huds.) Pilg.
Calamagrostis neglecta auct.	*Calamagrostis stricta* (Timm) Koeler
Calamintha acinos (L.) Clairv.	*Acinos arvensis* (Lam.) Dandy
Cannabis ruderalis Janisch.	*Cannabis sativa* L. subsp. *spontanea* (Vavilov) Serebr.
Carex gracilis Curtis	*Carex acuta* L.
Carex leporina auct. non L.	*Carex ovalis* Gooden.
Carex oederi auct. non Retz.	*Carex viridula* Michx.
Carex serotina Mérat	*Carex viridula* Michx.
Cerastium fontanum Baumg. subsp. *vulgare* (Hartm.) Greuter et Burdet	*Cerastium holosteoides* Fr. em. Hyl.
Cerastium pallens F. W. Schultz	*Cerastium glutinosum* Fr.

Synonyme

Synonym	Verwendeter wissenschaftlicher Name
Chamomilla recutita (L.) RAUSCHERT	*Matricaria recutita* L.
Chamomilla suaveolens (PURSH) RYDB.	*Matricaria discoidea* DC.
Cheiranthus cheiri L.	*Erysimum cheiri* (L.) CRANTZ
Chrysanthemum carinatum SCHOUSB.	*Ismelia carinata* (SCHOUSB.) SCH. BIP.
Chrysanthemum coccineum WILLD.	*Tanacetum coccineum* (WILLD.) GRIERSON
Chrysanthemum coronarium L.	*Glebionis coronaria* (L.) SPACH
Chrysanthemum x *indicum* hort.	*Chrysanthemum* x *grandiflorum* (RAMAT.) KITAM.
Chrysanthemum maximum RAMOND	*Leucanthemum maximum* (RAMOND) DC.
Chrysanthemum segetum L.	*Glebionis segetum* (L.) FOURR.
Cirsium setosum M. BIEB.	*Cirsium arvense* (L.) SCOP. var. *mite* WIMM. et GRAB.
Comarum palustre L.	*Potentilla palustris* (L.) SCOP.
Corispermum hyssopifolium auct. non L.	*Corispermum leptopterum* (ASCH.) ILJIN
Coronilla varia L.	*Securigera varia* (L.) LASSEN
Corydalis fabacea (RETZ.) PERS.	*Corydalis intermedia* (L.) MÉRAT
Corydalis lutea (L.) DC.	*Pseudofumaria lutea* (L.) BORKH.
Crataegus coccinea L.	*Crataegus pedicellata* SARG.
Crocus napolitanus MORD.LAUN. et LOUIS	*Crocus vernus* HILL
Cynanchum vincetoxicum (L.) PERS.	*Vincetoxicum hirundinaria* MEDIK.
Dactylis aschersoniana GRAEBN.	*Dactylis polygama* HORV.
Dendranthema x *indicum* hort.	*Chrysanthemum* x *grandiflorum* (RAMAT.) KITAM.
Diphasium chamaecyparissus (A. BRAUN) Á. et D. LÖVE	*Diphasiastrum tristachyum* (PURSH) HOLUB
Dipsacus sylvestris HUDS.	*Dipsacus fullonum* L.
Drosera anglica HUDS.	*Drosera longifolia* L.
Elymus arenarius L.	*Leymus arenarius* (L.) HOCHST.
Elymus caninus (L.) L.	*Roegneria canina* (L.) NEVSKI
Elymus repens (L.) GOULD	*Elytrigia repens* (L.) DESV. ex NEVSKI
Epilobium adenocaulon HAUSSKN.	*Epilobium ciliatum* RAFIN.
Epilobium adnatum GRISEB.	*Epilobium tetragonum* L.
Epilobium tetragonum L. subsp. *lamyi* (F. W. SCHULTZ) NYMAN	*Epilobium lamyi* F. W. SCHULTZ
Erigeron canadensis L.	*Conyza canadensis* (L.) CRONQUIST
Euphorbia polychroma A. KERN.	*Euphorbia epithymoides* L.
Euphrasia pratensis FR.	*Euphrasia officinalis* L. subsp. *rostkoviana* (HAYNE) F. TOWNS.
Euphrasia rostkoviana HAYNE	*Euphrasia officinalis* L. subsp. *rostkoviana* (HAYNE) F. TOWNS.
Fallopia aubertii (L. HENRY) HOLUB	*Fallopia baldschuanica* (REGEL) HOLUB
Festuca sylvatica (POLLICH) VILL.	*Festuca altissima* ALL.
Festuca tenuifolia SIBTH.	*Festuca filiformis* POURR.

Synonyme

Synonym	Verwendeter wissenschaftlicher Name
Festuca trachyphylla (HACK.) KRAJINA non HACK. ex DRUCE	*Festuca brevipila* R. TRACEY
Filipendula hexapetala GILIB.	*Filipendula vulgaris* MOENCH
Gagea arvensis (PERS.) DUMORT.	*Gagea villosa* (M. BIEB.) SWEET
Galeobdolon luteum HUDS.	*Lamium galeobdolon* (L.) L.
Galium harcynicum WEIGEL	*Galium saxatile* L.
Gnaphalium luteoalbum L.	*Pseudognaphalium luteoalbum* (L.) HILLIARD et B. L. BURTT
Helenium grandiflorum NUTT.	*Helenium autumnale* L.
Helianthus rigidus (CASS.) DESF.	*Helianthus pauciflorus* NUTT.
Hemerocallis flava L.	*Hemerocallis lilioasphodelus* L.
Hieracium pratense TAUSCH	*Hieracium caespitosum* DUMORT.
Hosta japonica (THUNB.) ASCH. et GRAEBN.	*Hosta lancifolia* (THUNB.) ENGL.
Hosta subcordata SPRENG.	*Hosta plantaginea* (LAM.) ASCH.
Hosta glauca (SIEBOLD) STEARN	*Hosta sieboldiana* ENGL.
Isnardia palustris L.	*Ludwigia palustris* (L.) ELLIOTT
Juncus alpinus VILL.	*Juncus alpinoarticulatus* CHAIX in VILL.
Kochia scoparia (L.) SCHRAD. var. *densiflora* TURCZ. ex MOQ.	*Bassia scoparia* (L.) A. J. SCOTT subsp. *densiflora* (TURCZ. ex B. D. JACKS.) CIRUJANO et VELAYOS
Laburnum vulgare BERCHT. et J. PRESL	*Laburnum anagyroides* MEDIK.
Lathyrus montanus BERNH.	*Lathyrus linifolius* (REICHARD) BÄSSLER
Lembotropis nigricans (L.) GRISEB.	*Cytisus nigricans* L.
Leontodon nudicaulis auct.	*Leontodon saxatilis* LAM.
Leontodon taraxacoides (VILL.) MÉRAT	*Leontodon saxatilis* LAM.
Lilium tigrinum KER GAWL.	*Lilium lancifolium* THUNB.
Lithospermum arvense L.	*Buglossoides arvensis* (L.) I. M. JOHNST.
Lotus uliginosus SCHKUHR	*Lotus pedunculatus* CAV.
Luzula albida (HOFFM.) DC.	*Luzula luzuloides* (LAM.) DANDY et WILMOTT
Luzula pallidula KIRSCHNER	*Luzula pallescens* SW.
Lycium halimifolium MILL.	*Lycium barbarum* L.
Malaxis paludosa (L.) SW.	*Hammarbya paludosa* (L.) KUNTZE
Malva crispa (L.) L.	*Malva verticillata* L.
Matricaria inodora L.	*Tripleurospermum perforatum* (MÉRAT) M. LAÍNZ
Matricaria maritima L. subsp. *inodora* (L.) SOÓ	*Tripleurospermum perforatum* (MÉRAT) M. LAÍNZ
Melandrium rubrum (WEIGEL) GARCKE	*Silene dioica* (L.) CLAIRV.
Microrrhinum minus (L.) FOURR.	*Chaenorhinum minus* (L.) LANGE
Muscari racemosum (L.) LAM. et DC.	*Muscari neglectum* GUSS. ex TEN.
Myosotis cespitosa SCHULTZ	*Myosotis laxa* LEHM.
Myosotis palustris (L.) L. em. RCHB.	*Myosotis scorpioides* L.

Synonyme

Synonym	Verwendeter wissenschaftlicher Name
Myosotis versicolor (Pers.) Sm.	*Myosotis discolor* Pers.
Myosoton aquaticum (L.) Moench	*Stellaria aquatica* (L.) Scop.
Noccaea caerulescens (J. Presl et C. Presl) F. K. Mey.	*Thlaspi caerulescens* J. Presl et C. Presl
Nonea pulla DC.	*Nonea erecta* Bernh.
Oenothera canovertex Hudziok	*Oenothera canovirens* E. S. Steele
Oenothera chicaginensis De Vries ex Renner	*Oenothera pycnocarpa* G. F. Atk. et Bartlett
Oenothera erythrosepala Borbás	*Oenothera glazioviana* Micheli
Oenothera nissensis Rostański	*Oenothera victorinii* R. R. Gates
Oenothera renneri H. Scholz	*Oenothera canovirens* E. S. Steele
Oenothera silesiaca Renner	*Oenothera subterminalis* R. R. Gates
Oenothera turoviensis Rostański	*Oenothera royfraseri* R. R. Gates
Orchis incarnata L.	*Dactylorhiza incarnata* (L.) Soó
Orchis latifolia L. p. p.	*Dactylorhiza majalis* (Rchb.) P. F. Hunt et Summerh.
Oxalis debilis Humb., Bonpl. et Kunth var. *corymbosa* (DC.) Lourteig	*Oxalis corymbosa* DC.
Oxalis deppei Lodd. ex Sweet	*Oxalis tetraphylla* Cav.
Oxalis europaea Jord.	*Oxalis stricta* L.
Oxalis fontana Bunge	*Oxalis stricta* L.
Oxycoccus palustris Pers.	*Vaccinium oxycoccus* L.
Parietaria erecta Mert. et W. D. J. Koch	*Parietaria officinalis* L.
Persica vulgaris Mill.	*Prunus persica* (L.) Batsch
Persicaria dubia (A. Braun) Fourr.	*Persicaria mitis* (Schrank) Assenov
Phalaris arundinacea L. var. *picta* L.	*Phalaris arundinacea* L. 'Variegata'
Pharbitis purpurea (Roth) Bojer	*Ipomoea purpurea* Roth
Phleum bertolonii DC.	*Phleum nodosum* L.
Phyllitis scolopendrium (L.) Newman	*Asplenium scolopendrium* L.
Phytolacca acinosa Roxb.	*Phytolacca esculenta* van Houtte
Plantago indica L.	*Plantago arenaria* Waldst. et Kit.
Poa humilis Ehrh. ex Hoffm.	*Poa pratensis* L. subsp. *irrigata* (Lindmann) Lindb. fil.
Poa subcaerulea Smith	*Poa pratensis* L. subsp. *irrigata* (Lindmann) Lindb. fil.
Polygonum amphibium L.	*Persicaria amphibia* (L.) Delarbre
Polygonum bistorta L.	*Bistorta officinalis* Delarbre
Polygonum cuspidatum Siebold et Zucc.	*Fallopia japonica* (Houtt.) Ronse Decr.
Polygonum hydropiper L.	*Persicaria hydropiper* (L.) Delarbre
Polygonum lapathifolium L.	*Persicaria lapathifolia* (L.) Delarbre
Polygonum minus Huds.	*Persicaria minor* (Huds.) Opiz

Synonyme

Synonym	Verwendeter wissenschaftlicher Name
Polygonum mite SCHRANK	*Persicaria mitis* (SCHRANK) ASSENOV
Polygonum orientale L.	*Persicaria orientalis* (L.) VILM.
Polygonum persicaria L.	*Persicaria maculosa* GRAY
Polygonum sachalinense F. SCHMIDT	*Fallopia sachalinensis* (F. SCHMIDT) RONSE DECR.
Populus x *euramericana* (DODE) GUINIER	*Populus* x *canadensis* MOENCH
Potamogeton mucronatus SCHRAD. ex SOND.	*Potamogeton friesii* RUPR.
Potamogeton x *zizii* W. D. J. KOCH ex ROTH	*Potamogeton* x *angustifolius* J. PRESL
Potentilla cinerea CHAIX ex VILL. subsp. *incana* (P. GAERTN., B. MEY. et SCHERB.) ASCH.	*Potentilla incana* P. GAERTN., B. MEY. et SCHERB.
Potentilla tabernaemontani ASCH.	*Potentilla neumanniana* RCHB.
Psyllium arenarium (WALDST. et KIT.) MIRB.	*Plantago arenaria* WALDST. et KIT.
Pyrola secunda L.	*Orthilia secunda* (L.) HOUSE
Reynoutria japonica HOUTT.	*Fallopia japonica* (HOUTT.) RONSE DECR.
Reynoutria sachalinensis (F. SCHMIDT) NAKAI	*Fallopia sachalinensis* (F. SCHMIDT) RONSE DECR.
Rhinanthus angustifolius C. C. GMEL. sensu SOÓ et auct.	*Rhinanthus serotinus* (SCHÖNH.) OBORNY
Rhus typhina L.	*Rhus hirta* (L.) SUDW.
Rosa lutea MILL.	*Rosa foetida* J. HERRM.
Rosa pimpinellifolia L.	*Rosa spinosissima* L.
Salix argentea SM.	*Salix repens* L. subsp. *dunensis* ROUY
Salix cordata H. L. MÜHL. non MICHX.	*Salix eriocephala* MICHX.
Salsola kali subsp. *iberica* (SENNEN et PAU) RILKE	*Salsola kali* subsp. *ruthenica* (ILJIN) SOÓ
Sarothamnus scoparius (L.) W. D. J. KOCH	*Cytisus scoparius* (L.) LINK
Scilla hispanica MILL.	*Hyacinthoides hispanica* (MILL.) ROTHM.
Scilla luciliae (BOISS.) SPETA	*Chionodoxa luciliae* BOISS.
Sedum mite GILIB.	*Sedum sexangulare* L.
Sedum reflexum L.	*Sedum rupestre* L.
Sedum telephium L. subsp. *maximum* (L.) ROUY et CAMUS	*Sedum maximum* (L.) HOFFM.
Sempervivum soboliferum SIMS.	*Jovibarba globifera* (L.) J. PARN. subsp. *globifera*
Senecio bicolor (WILLD.) TOD. subsp. *cineraria* (DC.) CHATER	*Senecio cineraria* DC.
Senecio congestus (R. BR.) DC.	*Tephroseris palustris* (L.) FOURR.
Senecio fluviatilis WALLR.	*Senecio sarracenicus* L.
Senecio fuchsii C. C. GMEL.	*Senecio ovatus* (P. GAERTN., B. MEY. et SCHERB.) WILLD.
Silene alba (MILL.) E. H. L. KRAUSE	*Silene latifolia* POIRET
Silene coronaria (L.) CLAIRV.	*Lychnis coronaria* (L.) DESR.
Silene flos-cuculi (L.) CLAIRV.	*Lychnis flos-cuculi* L.

Synonyme

Synonym	**Verwendeter wissenschaftlicher Name**
Silene pratensis (RAFN) GODR.	*Silene latifolia* POIRET
Silene viscaria (L.) BORKH.	*Lychnis viscaria* L.
Solanum nitidibaccatum BITTER	*Solanum physalifolium* RUSBY
Sparganium minimum WALLR.	*Sparganium natans* L.
Spiraea pseudosalicifolia SILVERSIDE	*Spiraea* x *billardii* HÉRINCQ
Spiraea sorbifolia L.	*Sorbaria sorbifolia* (L.) A. BRAUN
Stellaria uliginosa MURRAY	*Stellaria alsine* GRIMM
Stenactis annua (L.) NEES	*Erigeron annuus* (L.) PERS.
Taraxacum laevigatum agg.	*Taraxacum* sect. *Erythrosperma* (H. LINDB.) DAHLST.
Taraxacum officinale auct. p. p.	*Taraxacum* sect. *Hamata* H. ØLLG. et sect. *Ruderalia* KIRSCHNER, H. ØLLG. et ŠTĚPÁNEK
Taraxacum palustre agg.	*Taraxacum* sect. *Palustria* (H. LINDB.) DAHLST.
Thrincia hirta ROTH	*Leontodon saxatilis* LAM.
Thlaspi alpestre (L.) L. non JACQ.	*Thlaspi caerulescens* J. PRESL et C. PRESL
Trigonella melilotus-caerulea (L.) ASCH. et GRAEBN.	*Trigonella caerulea* (L.) SER.
Tripleurospermum maritimum (L.) W. D. J. KOCH subsp. *inodorum* (L.) HYL. ex VAAR.	*Tripleurospermum perforatum* (MÉRAT) M. LAÍNZ
Tunica prolifera (L.) SCOP.	*Petrorhagia prolifera* (L.) P. W. BALL et HEYWOOD
Turritis glabra L.	*Arabis glabra* (L.) BERNH.
Urtica dioica L. var. *subinermis* R. UECHTR.	*Urtica subinermis* (R. UECHTR.) HAND et BUTTLER
Urtica galeopsifolia auct. ss. GELTMAN	*Urtica subinermis* (R. UECHTR.) HAND et BUTTLER
Veronica longifolia L.	*Pseudolysimachion longifolium* (L.) OPIZ
Veronica spicata L.	*Pseudolysimachion spicatum* (L.) OPIZ
Vicia tenuissima auct.	*Vicia parviflora* CAV.
Vicia villosa ROTH subsp. *varia* (HOST) CORB.	*Vicia dasycarpa* TEN.
Viola persicifolia SCHREB.	*Viola stagnina* KIT. ex SCHULT.
Viola sepincola JORD.	*Viola suavis* M. BIEB.
Zinnia elegans JACQ.	*Zinnia violacea* CAV.

7.3 Register der deutschen und wissenschaftlichen Gattungsnamen

Die folgende Auflistung enthält keine Volksnamen (VN), sondern die im Buch verwendeten deutschen und wissenschaftlichen Gattungsnamen. Die Kennzeichnung durch **w** und **k** weist lediglich auf die Auflistung in den Kap. 4.2 bzw. 4.3 hin, bedeutet jedoch nicht, dass mit **k** gekennzeichnete Sippen im UG ausschließlich als Kulturpflanze auftreten.

w Sippe im Kap. 4.2 (Wildpflanzen) enthalten
k Sippe im Kap. 4.3 (Kulturpflanzen) enthalten

	Deutscher Gattungsname	Wissenschaftl. Gattungsname		Deutscher Gattungsname	Wissenschaftl. Gattungsname
w	Ackerbeere	*Rubus*	k	Balsamkraut	*Tanacetum*
k	Ackerbohne	*Vicia*	k	Bandgras	*Phalaris*
w	Ackerfrauenmantel	*Aphanes*	w, k	Bärenklau	*Heracleum*
w	Ackerröte	*Sherardia*	w	Bärenschote	*Astragalus*
w	Adlerfarn	*Pteridium*	w	Bärentraube	*Arctostaphylos*
k	Adonisröschen	*Adonis*	w	Bärlapp	*Lycopodium*
w, k	Ahorn	*Acer*	k	Basilikum	*Ocimum*
k	Akelei	*Aquilegia*	w	Bauernsenf	*Teesdalia*
w, k	Alant	*Inula*	k	Baumwürger	*Celastrus*
w	Algenfarn	*Azolla*	k	Becherpflanze	*Silphium*
w, k	Amarant	*Amaranthus*	k	Begonie	*Begonia*
w	Ambrosie	*Ambrosia*	w	Beifuß	*Artemisia*
w, k	Ampfer	*Rumex*	w	Beinwell	*Symphytum*
w	Amsinckie	*Amsinckia*	k	Benediktenkraut	*Cnicus*
w	Andorn	*Marrubium*	k	Berberitze	*Berberis*
k	Anis	*Pimpinella*	k	Bergenie	*Bergenia*
w, k	Apfel	*Malus*	w	Bergfarn	*Lastrea*
k	Aprikose	*Prunus*	w	Berle	*Berula*
w	Arnika	*Arnica*	k	Bertram	*Anacyclus*
k	Artischocke	*Cynara*	w	Berufkraut	*Conyza*
w	Aschenkraut	*Tephroseris*	w, k	Berufkraut	*Erigeron*
k	Aschlauch	*Allium*	w, k	Besenginster	*Cytisus*
w, k	Aster	*Aster*	w	Besenrauke	*Descurainia*
k	Astilbe	*Astilbe*	w	Betonie	*Betonica*
w	Augentrost	*Euphrasia*	w	Bibernelle	*Pimpinella*
w	Baldrian	*Valeriana*	w	Bilsenkraut	*Hyoscyamus*
k	Balsamine	*Impatiens*	w	Bingelkraut	*Mercurialis*

Gattungsnamen

	Deutscher Gattungsname	Wissenschaftl. Gattungsname		Deutscher Gattungsname	Wissenschaftl. Gattungsname
w	Binse	*Juncus*	k	Chikoree	*Cichorium*
w	Birke	*Betula*	k	Chinaschilf	*Miscanthus*
w, k	Birne	*Pyrus*	k	Christrose	*Helleborus*
w	Birngrün	*Orthilia*	k	Christusdorn	*Gleditsia*
w	Bitterkraut	*Picris*	k	Chrysantheme	*Chrysanthemum*
w	Blasenbinse	*Scheuchzeria*	k	Dahlie	*Dahlia*
w	Blasenfarn	*Cystopteris*	k	Deutzie	*Deutzia*
k	Blasenkirsche	*Physalis*	k	Dill	*Anethum*
k	Blasenstrauch	*Colutea*	k	Dinkel	*Triticum*
k	Blaukissen	*Aubrieta*	k	Diptam	*Dictamnus*
k	Blauregen	*Wisteria*	w	Distel	*Carduus*
w, k	Blaustern	*Scilla*	k	Donarsbart	*Jovibarba*
w, k	Blauweiderich	*Pseudolysimachion*	w	Doppelsame	*Diplotaxis*
w	Blumenbinse	*Scheuchzeria*	w	Dornfarn	*Dryopteris*
k	Blumenrohr	*Canna*	w, k	Dost	*Origanum*
w	Blutauge	*Potentilla*	w	Dotterblume	*Caltha*
w	Blutweiderich	*Lythrum*	k	Douglasie	*Pseudotsuga*
w	Blutwurz	*Potentilla*	k	Drachenkopf	*Dracocephalum*
w	Bocksbart	*Tragopogon*	w	Dreizack	*Triglochin*
w, k	Bocksdorn	*Lycium*	w	Dreizahn	*Danthonia*
k	Bohne	*Phaseolus*	w	Eberesche	*Sorbus*
k	Bohnenkraut	*Satureja*	k	Eberraute	*Artemisia*
k	Borretsch	*Borago*	w, k	Efeu	*Hedera*
w	Borstenhirse	*Setaria*	w, k	Ehrenpreis	*Veronica*
w	Borstgras	*Nardus*	w, k	Eibe	*Taxus*
k	Brandschopf	*Celosia*	w, k	Eibisch	*Althaea*
w	Braunelle	*Prunella*	w, k	Eiche	*Quercus*
w	Braunwurz	*Scrophularia*	w	Eichenfarn	*Gymnocarpium*
w	Brenndolde	*Cnidium*	w	Einbeere	*Paris*
k	Brennende Liebe	*Lychnis*	k	Eisenhut	*Aconitum*
w	Brennnessel	*Urtica*	w	Eisenkraut	*Verbena*
w, k	Brombeere	*Rubus*	k	Elsbeere	*Sorbus*
w	Bruchkraut	*Herniaria*	w, k	Engelwurz	*Angelica*
w	Brunnenkresse	*Nasturtium*	w	Enzian	*Gentiana*
w	Buche	*Fagus*	k	Erbse	*Pisum*
w	Buchenfarn	*Phegopteris*	k	Erbsenstrauch	*Caragana*
k	Buchsbaum	*Buxus*	w, k	Erdbeere	*Fragaria*
w, k	Buchweizen	*Fagopyrum*	w, k	Erdbeerspinat	*Chenopodium*
k	Celosie	*Celosia*	w	Erdrauch	*Fumaria*

Gattungsnamen

	Deutscher Gattungsname	Wissenschaftl. Gattungsname		Deutscher Gattungsname	Wissenschaftl. Gattungsname
w, k	Erle	*Alnus*	w	Frauenfarn	*Athyrium*
w, k	Esche	*Fraxinus*	w	Frauenmantel	*Alchemilla*
w, k	Eselsdistel	*Onopordum*	w	Froschbiß	*Hydrocharis*
w	Esparsette	*Onobrychis*	w	Froschkraut	*Luronium*
k	Essigbaum	*Rhus*	w	Froschlöffel	*Alisma*
k	Estragon	*Artemisia*	w	Fuchsbeere	*Rubus*
w	Färberscharte	*Serratula*	k	Fuchsien	*Fuchsia*
w	Faulbaum	*Frangula*	w	Fuchsschwanz	*Alopecurus*
k	Federmohn	*Macleaya*	w, k	Fuchsschwanz	*Amaranthus*
w	Federschwingel	*Vulpia*	k	Funkie	*Hosta*
w, k	Feinstrahl	*Erigeron*	w	Gamander	*Teucrium*
w	Feldlöwenmaul	*Misopates*	k	Gämswurz	*Doronicum*
w, k	Felsenbirne	*Amelanchier*	w	Gänseblümchen	*Bellis*
w	Felsennelke	*Petrorhagia*	w	Gänsedistel	*Sonchus*
k	Fenchel	*Foeniculum*	w	Gänsefuß	*Chenopodium*
w	Ferkelkraut	*Hypochaeris*	w, k	Gänsekresse	*Arabis*
w, k	Fetthenne	*Sedum*	w	Gauchheil	*Anagallis*
w	Fettkraut	*Pinguicula*	k	Gazanie	*Gazania*
k	Feuerdorn	*Pyracantha*	k	Gedenkemein	*Omphalodes*
k	Fichte	*Picea*	k	Geißbart	*Aruncus*
w	Fichtenspargel	*Monotropa*	w, k	Geißblatt	*Lonicera*
w	Fieberklee	*Menyanthes*	w	Geißklee	*Cytisus*
k	Fiederspiere	*Sorbaria*	k	Geißraute	*Galega*
w	Filzkraut	*Filago*	k	Gelenkblume	*Physostegia*
w	Fingerhirse	*Digitaria*	k	Germer	*Veratrum*
w, k	Fingerhut	*Digitalis*	w, k	Gerste	*Hordeum*
w, k	Fingerkraut	*Potentilla*	w	Giersch	*Aegopodium*
w	Finkensame	*Neslia*	w, k	Giftbeere	*Nicandra*
w	Flachbärlapp	*Diphasiastrum*	w, k	Gilbweiderich	*Lysimachia*
k	Flaschenkürbis	*Lagenaria*	k	Ginster	*Cytisus*
w	Flattergras	*Milium*	w	Ginster	*Genista*
w	Flaumhafer	*Helictotrichon*	w, k	Gipskraut	*Gypsophila*
w, k	Flieder	*Syringa*	k	Gladiole	*Gladiolus*
w, k	Flockenblume	*Centaurea*	w	Glanzgras	*Phalaris*
w	Flohkraut	*Pulicaria*	w	Glanzkraut	*Liparis*
w	Flohsame	*Plantago*	w	Glaskraut	*Parietaria*
w, k	Flügelknöterich	*Fallopia*	w	Glatthafer	*Arrhenatherum*
k	Forsythie	*Forsythia*	w, k	Glockenblume	*Campanula*
k	Fransenhauswurz	*Jovibarba*	k	Glücksklee	*Oxalis*

Gattungsnamen

	Deutscher Gattungsname	Wissenschaftl. Gattungsname		Deutscher Gattungsname	Wissenschaftl. Gattungsname
w	Golddistel	*Carlina*	w	Hauhechel	*Ononis*
k	Goldglöckchen	*Forsythia*	k	Hauswurz	*Sempervivum*
w	Goldhafer	*Trisetum*	k	Heckenkirsche	*Lonicera*
k	Goldlack	*Erysimum*	w	Hederich	*Raphanus*
w, k	Goldnessel	*Lamium*	w, k	Heide	*Erica*
k	Goldregen	*Laburnum*	w	Heidekraut	*Calluna*
k	Goldröschen	*Kerria*	w	Heidelbeere	*Vaccinium*
w, k	Goldrute	*Solidago*	k	Heiligenkraut	*Santolina*
w	Goldstern	*Gagea*	w	Heilziest	*Betonica*
k	Götterbaum	*Ailanthus*	w	Hellerkraut	*Thlaspi*
w	Gottesgnadenkraut	*Gratiola*	w	Helmkraut	*Scutellaria*
w	Graslilie	*Anthericum*	k	Hemlocktanne	*Tsuga*
w, k	Grasnelke	*Armeria*	w	Herzblatt	*Parnassia*
w	Graukresse	*Berteroa*	k	Herzblume	*Dicentra*
w	Grausenf	*Hirschfeldia*	w	Herzgespann	*Leonurus*
w, k	Greiskraut	*Senecio*	w	Heusenkraut	*Ludwigia*
w	Greiskraut	*Tephroseris*	w	Hexenkraut	*Circaea*
w	Gundermann	*Glechoma*	w, k	Himbeere	*Rubus*
w	Günsel	*Ajuga*	k	Himmelsleiter	*Polemonium*
k	Gurke	*Cucumis*	w	Hirschsprung	*Corrigiola*
w	Guter Heinrich	*Chenopodium*	k	Hirschzunge	*Asplenium*
k	Haargurke	*Sicyos*	w	Hirtentäschel	*Capsella*
w	Haarsimse	*Trichophorum*	w	Hohlzahn	*Galeopsis*
w	Haarstrang	*Peucedanum*	w	Holunder	*Sambucus*
w, k	Habichtskraut	*Hieracium*	w	Honiggras	*Holcus*
w, k	Hafer	*Avena*	w	Hopfen	*Humulus*
w	Haferschmiele	*Aira*	w	Hopfenklee	*Medicago*
w, k	Hahnenfuß	*Ranunculus*	w	Hornblatt	*Ceratophyllum*
k	Hahnenkamm	*Celosia*	w	Hornklee	*Lotus*
w	Hainbuche	*Carpinus*	w, k	Hornkraut	*Cerastium*
w	Hainsimse	*Luzula*	k	Hortensie	*Hydrangea*
w	Händelwurz	*Gymnadenia*	w	Hufeisenklee	*Hippocrepis*
w	Hanf	*Cannabis*	w	Huflattich	*Tussilago*
w, k	Hartriegel	*Cornus*	w	Hühnerhirse	*Echinochloa*
w, k	Hasel	*Corylus*	w	Hundskamille	*Anthemis*
w	Haselblattbrombeere	*Rubus*	w	Hundspetersilie	*Aethusa*
w	Haselnuss	*Corylus*	w	Hundsquecke	*Roegneria*
w	Haselwurz	*Asarum*	w	Hundszahngras	*Cynodon*
k	Hasenglöckchen	*Hyacinthoides*	w	Hundszunge	*Cynoglossum*

Gattungsnamen

	Deutscher Gattungsname	Wissenschaftl. Gattungsname		Deutscher Gattungsname	Wissenschaftl. Gattungsname
w	Hungerblümchen	*Erophila*	k	Kleopatranadel	*Eremurus*
k	Hyazinthe	*Hyacinthus*	w	Klette	*Arctium*
w	Igelkolben	*Sparganium*	w	Klettenkerbel	*Torilis*
k	Igelkopf	*Echinacea*	w	Knabenkraut	*Dactylorhiza*
w	Igelsame	*Lappula*	w	Knabenkraut	*Orchis*
w, k	Immergrün	*Vinca*	w	Knäuel	*Scleranthus*
k	Indianernessel	*Monarda*	w	Knaulgras	*Dactylis*
k	Iris	*Iris*	k	Knoblauch	*Allium*
k	Jasmin	*Jasminum*	w	Knoblauchsrauke	*Alliaria*
w, k	Johannisbeere	*Ribes*	w	Knopfkraut	*Galinsoga*
w, k	Johanniskraut	*Hypericum*	w	Knorpellattich	*Chondrilla*
k	Kaiserkrone	*Fritillaria*	w	Knorpelmiere	*Illecebrum*
w	Kälberkropf	*Chaerophyllum*	w, k	Knotenblume	*Leucojum*
w, k	Kalmus	*Acorus*	w, k	Knöterich	*Persicaria*
w, k	Kamille	*Matricaria*	k	Kohl	*Brassica*
w	Kamille	*Tripleurospermum*	k	Kohlrübe	*Brassica*
w	Kammgras	*Cynosurus*	k	Kokardenblume	*Gaillardia*
w	Kanariengras	*Phalaris*	w, k	Kolbenhirse	*Setaria*
k	Kappenmohn	*Eschscholzia*	k	Kolkwitzie	*Kolkwitzia*
k	Kapuzinerkresse	*Tropaeolum*	k	Kommeline	*Commelina*
w, k	Karde	*Dipsacus*	w	Königsfarn	*Osmunda*
k	Kartoffel	*Solanum*	w, k	Königskerze	*Verbascum*
w	Käsepappel	*Malva*	k	Korallenbeere	*Symphoricarpos*
k	Kastanie	*Castanea*	k	Koriander	*Coriandrum*
w	Katzenminze	*Nepeta*	w, k	Kornblume	*Centaurea*
w	Katzenpfötchen	*Antennaria*	k	Kornelkirsche	*Cornus*
w	Katzenschwanz	*Leonurus*	k	Kosmée	*Cosmos*
k	Kaukasusvergissmeinnicht	*Brunnera*	w	Krähenfuß	*Coronopus*
			w	Kratzbeere	*Rubus*
w, k	Kerbel	*Anthriscus*	w	Kratzdistel	*Cirsium*
w, k	Kermesbeere	*Phytolacca*	w	Krebsschere	*Stratiotes*
w, k	Kiefer	*Pinus*	w, k	Kresse	*Lepidium*
k	Kirsche	*Prunus*	w	Kreuzblümchen	*Polygala*
w, k	Kirschpflaume	*Prunus*	w	Kreuzdorn	*Rhamnus*
w	Klappertopf	*Rhinanthus*	k	Kreuzkümmel	*Cuminum*
w	Klebkraut	*Galium*	w, k	Krieche	*Prunus*
w, k	Klee	*Trifolium*	k	Krokus	*Crocus*
k	Kleeulme	*Ptelea*	w	Kronwicke	*Securigera*
w	Kleinling	*Centunculus*	w	Krummhals	*Anchusa*

Gattungsnamen

	Deutscher Gattungsname	Wissenschaftl. Gattungsname		Deutscher Gattungsname	Wissenschaftl. Gattungsname
w, k	Kugeldistel	*Echinops*	w	Löwenzahn	*Leontodon*
w	Kuhblume	*Taraxacum*	w, k	Lungenkraut	*Pulmonaria*
w	Kuhschelle	*Pulsatilla*	k	Lupine	*Lupinus*
w, k	Kümmel	*Carum*	w, k	Luzerne	*Medicago*
k	Kürbis	*Cucurbita*	k	Mädchenauge	*Coreopsis*
w	Labkraut	*Galium*	w	Mädesüß	*Filipendula*
w	Laichkraut	*Potamogeton*	k	Magnolie	*Magnolia*
w	Lämmersalat	*Arnoseris*	w, k	Mahonie	*Mahonia*
k	Lärche	*Larix*	w, k	Maiglöckchen	*Convallaria*
w	Lattich	*Lactuca*	k	Mais	*Zea*
w, k	Lauch	*Allium*	k	Majoran	*Majorana*
w	Läusekraut	*Pedicularis*	w, k	Malve	*Malva*
k	Lavendel	*Lavandula*	k	Mammutbaum	*Metasequoia*
k	Lebensbaum	*Thuja*	k	Mandelbäumchen	*Prunus*
k	Leberbalsam	*Ageratum*	k	Mandelröschen	*Clarkia*
w, k	Leberblümchen	*Hepatica*	k	Männertreu	*Lobelia*
k	Lederhülsenbaum	*Gleditsia*	k	Mannstreu	*Eryngium*
k	Lederstrauch	*Ptelea*	w, k	Margerite	*Leucanthemum*
w, k	Leimkraut	*Silene*	k	Margerite	*Tanacetum*
w, k	Lein	*Linum*	k	Marienblatt	*Tanacetum*
w	Lein	*Radiola*	k	Mariendistel	*Silybum*
w, k	Leindotter	*Camelina*	w	Mariengras	*Hierochloë*
w	Leinkraut	*Linaria*	k	Märzenbecher	*Leucojum*
w, k	Lerchensporn	*Corydalis*	w, k	Mastkraut	*Sagina*
w, k	Lerchensporn	*Pseudofumaria*	w	Mauerlattich	*Mycelis*
k	Levkoje	*Matthiola*	w	Mauerpfeffer	*Sedum*
w, k	Lichtnelke	*Lychnis*	w	Mauerraute	*Asplenium*
w, k	Lichtnelke	*Silene*	k	Maulbeere	*Morus*
w	Liebesgras	*Eragrostis*	w	Mäuseschwänzchen	*Myosurus*
k	Liebstöckel	*Levisticum*	w, k	Meerrettich	*Armoracia*
w	Lieschgras	*Phleum*	k	Mehlbeere	*Sorbus*
w, k	Liguster	*Ligustrum*	k	Meisterwurz	*Peucedanum*
k	Lilie	*Lilium*	w, k	Melde	*Atriplex*
w, k	Linde	*Tilia*	k	Melisse	*Melissa*
k	Linse	*Lens*	w	Merk	*Berula*
k	Lobelie	*Lobelia*	w	Merk	*Sium*
w	Löffelkraut	*Cochlearia*	w	Miere	*Minuartia*
w	Lolch	*Lolium*	w, k	Milchlattich	*Cicerbita*
k	Löwenmaul	*Antirrhinum*	w, k	Milchstern	*Ornithogalum*

Gattungsnamen

	Deutscher Gattungsname	Wissenschaftl. Gattungsname		Deutscher Gattungsname	Wissenschaftl. Gattungsname
w	Milzkraut	*Chrysosplenium*	k	Päonie	*Paeonia*
w, k	Minze	*Mentha*	k	Papierknöpfchen	*Ammobium*
w	Mistel	*Viscum*	w, k	Pappel	*Populus*
k	Mittagsgold	*Gazania*	k	Paprika	*Capsicum*
w, k	Mohn	*Papaver*	w, k	Pastinak	*Pastinaca*
w, k	Möhre	*Daucus*	k	Pechnelke	*Lychnis*
w	Mohrenhirse	*Sorghum*	k	Pelargonie	*Pelargonium*
k	Monarde	*Monarda*	w	Perlgras	*Melica*
w	Mönchskraut	*Nonea*	k	Perückenstrauch	*Cotinus*
k	Montbretie	*Crocosmia*	w	Pestwurz	*Petasites*
w	Moorbärlapp	*Lycopodiella*	k	Petersilie	*Petroselinum*
w	Moosauge	*Moneses*	w	Pfaffenhütchen	*Euonymus*
w	Moosbeere	*Vaccinium*	w	Pfeifengras	*Molinia*
w	Moosglöckchen	*Linnaea*	k	Pfeifenstrauch	*Philadelphus*
w	Mooswurz	*Goodyera*	k	Pfeifenwinde	*Aristolochia*
w	Moschuskraut	*Adoxa*	w	Pfeilkraut	*Sagittaria*
w	Mummel	*Nuphar*	w	Pfeilkresse	*Cardaria*
k	Mutterkraut	*Tanacetum*	w, k	Pfennigkraut	*Lysimachia*
w, k	Myrobalane	*Prunus*	k	Pfingstrose	*Paeonia*
w	Nabelmiere	*Moehringia*	k	Pfirsich	*Prunus*
w, k	Nachtkerze	*Oenothera*	w, k	Pflaume	*Prunus*
w	Nachtschatten	*Solanum*	k	Phacelie	*Phacelia*
w, k	Nachtviole	*Hesperis*	k	Phlox	*Phlox*
k	Narzisse	*Narcissus*	w	Pillenfarn	*Pilularia*
w	Natternkopf	*Echium*	k	Pimpernuß	*Staphylea*
w	Natternzunge	*Ophioglossum*	w	Pippau	*Crepis*
w, k	Nelke	*Dianthus*	k	Platane	*Platanus*
w, k	Nelkenwurz	*Geum*	w, k	Platterbse	*Lathyrus*
k	Nemesie	*Nemesia*	k	Porree	*Allium*
w	Nestwurz	*Neottia*	w	Porst	*Ledum*
w	Netzblatt	*Goodyera*	w, k	Portulak	*Portulaca*
k	Nieswurz	*Helleborus*	k	Porzellanblümchen	*Saxifraga*
w	Nixkraut	*Najas*	w	Preiselbeere	*Vaccinium*
w	Ochsenzunge	*Anchusa*	k	Primel	*Primula*
w	Odermennig	*Agrimonia*	k	Prunkwinde	*Ipomoea*
w	Orant	*Chaenorhinum*	k	Purpurglöckchen	*Heuchera*
k	Osterglocke	*Narcissus*	w	Quecke	*Elytrigia*
w, k	Osterluzei	*Aristolochia*	w	Queckenreis	*Leersia*
k	Palmlilie	*Yucca*	w	Quellgras	*Catabrosa*

Gattungsnamen

	Deutscher Gattungsname	Wissenschaftl. Gattungsname		Deutscher Gattungsname	Wissenschaftl. Gattungsname
w	Quellkraut	*Montia*	w	Rosmarinheide	*Andromeda*
w	Quellried	*Blysmus*	w	Rossfenchel	*Silaum*
k	Quetschgurke	*Thladiantha*	k	Rosskastanie	*Aesculus*
k	Quitte	*Cydonia*	k	Rotdorn	*Crataegus*
w, k	Rade	*Agrostemma*	k	Rübe	*Beta*
k	Radieschen	*Raphanus*	k	Rübsen	*Brassica*
w	Radmelde	*Bassia*	w	Ruchgras	*Anthoxanthum*
w	Rainfarn	*Tanacetum*	w	Ruhrkraut	*Gnaphalium*
w	Rainkohl	*Lapsana*	w	Ruprechtsfarn	*Gymnocarpium*
w	Ramtillkraut	*Guizotia*	k	Sadebaum	*Juniperus*
k	Ranunkelstrauch	*Kerria*	k	Saflor	*Carthamus*
k	Raps	*Brassica*	k	Salat	*Lactuca*
w, k	Rapünzchen	*Valerianella*	w, k	Salbei	*Salvia*
w	Rauke	*Eruca*	w	Salomonssiegel	*Polygonatum*
w	Rauke	*Sisymbrium*	w	Salzkraut	*Salsola*
k	Raute	*Ruta*	w	Salzschwaden	*Puccinellia*
w	Rautenfarn	*Botrychium*	w	Samtpappel	*Abutilon*
w	Reiherschnabel	*Erodium*	k	Sanddorn	*Hippophaë*
w	Reitgras	*Calamagrostis*	w	Sandglöckchen	*Jasione*
w, k	Resede	*Reseda*	w	Sandkraut	*Arenaria*
k	Rettich	*Raphanus*	w	Sandröschen	*Tuberaria*
k	Rhabarber	*Rheum*	w	Sanikel	*Sanicula*
k	Rhododendron	*Rhododendron*	w	Sauerampfer	*Rumex*
k	Rimpauweizen	x *Triticosecale*	w	Sauerklee	*Oxalis*
k	Ringelblume	*Calendula*	k	Scabiose	*Scabiosa*
w	Rippenfarn	*Blechnum*	k	Schabzigerklee	*Trigonella*
w	Rispenfarn	*Osmunda*	k	Schachblume	*Fritillaria*
w	Rispengras	*Poa*	w	Schachtelhalm	*Equisetum*
w, k	Rispenhirse	*Panicum*	w, k	Schafgarbe	*Achillea*
w	Rispenkraut	*Iva*	k	Schalotte	*Allium*
w, k	Rittersporn	*Consolida*	w	Scharbockskraut	*Ranunculus*
k	Rittersporn	*Delphinium*	w	Schattenblümchen	*Maianthemum*
k	Rizinus	*Ricinus*	w	Schaumkraut	*Cardamine*
w, k	Robinie	*Robinia*	w	Schaumkresse	*Cardaminopsis*
k	Roggen	*Secale*	w	Scheinakazie	*Robinia*
w	Rohrkolben	*Typha*	w, k	Scheinerdrauch	*Pseudofumaria*
k	Römische Kamille	*Chamaemelum*	w	Scheinindigo	*Amorpha*
w, k	Rose	*Rosa*	k	Scheinquitte	*Chaenomeles*
w	Rosenwurz	*Rhodiola*	w	Scheinruhrkraut	*Pseudognaphalium*

Gattungsnamen

	Deutscher Gattungsname	Wissenschaftl. Gattungsname		Deutscher Gattungsname	Wissenschaftl. Gattungsname
k	Scheinzypresse	*Chamaecyparis*	w	Seide	*Cuscuta*
w	Schierling	*Conium*	k	Seidelbast	*Daphne*
w	Schilf	*Phragmites*	w, k	Seifenkraut	*Saponaria*
w	Schillergras	*Koeleria*	w, k	Sellerie	*Apium*
w	Schlammling	*Limosella*	w, k	Senf	*Sinapis*
w	Schlangenäuglein	*Asperugo*	k	Serradella	*Ornithopus*
w	Schlangenwurz	*Calla*	w	Sesel	*Seseli*
w, k	Schlehe	*Prunus*	w	Sichelmöhre	*Falcaria*
k	Schleifenblume	*Iberis*	w	Siebenstern	*Trientalis*
w	Schmalwand	*Arabidopsis*	w	Siegmarswurz	*Malva*
w	Schmiele	*Deschampsia*	w	Siegwurz	*Gladiolus*
k	Schmuckkörbchen	*Cosmos*	w	Silau	*Silaum*
w	Schnabelried	*Rhynchospora*	w, k	Silberblatt	*Lunaria*
w	Schneckenklee	*Medicago*	k	Silberfahnengras	*Miscanthus*
w, k	Schneeball	*Viburnum*	w	Silbergras	*Corynephorus*
w, k	Schneebeere	*Symphoricarpos*	k	Silberkraut	*Lobularia*
w, k	Schneeglöckchen	*Galanthus*	w	Silge	*Selinum*
k	Schneestolz	*Chionodoxa*	w	Simse	*Scirpus*
w	Schneide	*Cladium*	w	Skabiose	*Scabiosa*
k	Schnittlauch	*Allium*	k	Sommeraster	*Callistephus*
w	Schöllkraut	*Chelidonium*	k	Sommerazalee	*Clarkia*
w	Schöterich	*Erysimum*	k	Sommerflieder	*Buddleja*
w	Schuppenmiere	*Spergularia*	k	Sommermalve	*Malope*
w	Schuppensimse	*Isolepis*	w, k	Sommerzypresse	*Bassia*
w	Schuppenwurz	*Lathraea*	k	Sonnenauge	*Heliopsis*
w	Schwaden	*Glyceria*	k	Sonnenblume	*Helianthus*
w	Schwalbenwurz	*Vincetoxicum*	k	Sonnenbraut	*Helenium*
w	Schwanenblume	*Butomus*	w, k	Sonnenhut	*Rudbeckia*
w, k	Schwarzdorn	*Prunus*	w	Sonnenröschen	*Helianthemum*
w, k	Schwarzkümmel	*Nigella*	w	Sonnentau	*Drosera*
w	Schwarznessel	*Ballota*	k	Spanischer Pfeffer	*Capsicum*
w, k	Schwarzwurzel	*Scorzonera*	w, k	Spargel	*Asparagus*
w	Schweinsohr	*Calla*	k	Spierstrauch	*Spiraea*
w, k	Schwertlilie	*Iris*	k	Spinat	*Spinacia*
w	Schwimmfarn	*Salvinia*	k	Spindelstrauch	*Euonymus*
w, k	Schwingel	*Festuca*	w	Spitzklette	*Xanthium*
w	Schwingelschilf	*Scolochloa*	w	Spörgel	*Spergula*
w	Seerose	*Nymphaea*	w, k	Springkraut	*Impatiens*
w, k	Segge	*Carex*	w	Spurre	*Holosteum*

Gattungsnamen

	Deutscher Gattungsname	Wissenschaftl. Gattungsname		Deutscher Gattungsname	Wissenschaftl. Gattungsname
w, k	Stachelbeere	*Ribes*	w, k	Tabak	*Nicotiana*
k	Stachelgurke	*Echinocystis*	w, k	Taglilie	*Hemerocallis*
k	Statice	*Limonium*	k	Tanne	*Abies*
w, k	Stechapfel	*Datura*	w	Tännel	*Elatine*
k	Stechpalme	*Ilex*	w	Tännelkraut	*Kickxia*
w	Steinbeere	*Rubus*	w	Tannenwedel	*Hippuris*
w, k	Steinbrech	*Saxifraga*	w	Taubenkropf	*Cucubalus*
w	Steinklee	*Melilotus*	w	Taubnessel	*Lamium*
w, k	Steinkraut	*Alyssum*	w	Tausendblatt	*Myriophyllum*
w	Steinquendel	*Acinos*	w	Tausendgüldenkraut	*Centaurium*
w	Steinsame	*Buglossoides*	k	Tausendschönchen	*Bellis*
w	Steinsame	*Lithospermum*	w	Teichfaden	*Zannichellia*
w	Stendelwurz	*Epipactis*	w	Teichlinse	*Spirodela*
k	Steppenkerze	*Eremurus*	w	Teichrose	*Nuphar*
k	Sternhyazinthe	*Chionodoxa*	w	Teichsimse	*Schoenoplectus*
w	Sternmiere	*Stellaria*	w	Tellerkraut	*Claytonia*
w, k	Stiefmütterchen	*Viola*	w	Teufelsabbiss	*Succisa*
k	Stielblütengras	*Miscanthus*	w	Teufelsklaue	*Huperzia*
k	Stockrose	*Alcea*	w	Teufelskralle	*Phyteuma*
k	Stoppelrübe	*Brassica*	w, k	Thymian	*Thymus*
w, k	Storchschnabel	*Geranium*	w	Tollkirsche	*Atropa*
k	Strandflieder	*Limonium*	k	Tolpis	*Tolpis*
w, k	Strandhafer	*Ammophila*	k	Tomate	*Lycopersicon*
w	Strandkamille	*Tripleurospermum*	w, k	Topinambur	*Helianthus*
w	Strandling	*Littorella*	k	Tradeskantie	*Tradescantia*
w, k	Strandroggen	*Leymus*	w	Tragant	*Astragalus*
w	Strandsimse	*Bolboschoenus*	k	Tränendes Herz	*Dicentra*
k	Strauchmalve	*Lavatera*	w, k	Traubenhyacinthe	*Muscari*
w, k	Straußenfarn	*Matteuccia*	w, k	Traubenkirsche	*Prunus*
w	Straußgras	*Agrostis*	w	Trespe	*Bromus*
w	Streifenfarn	*Asplenium*	k	Trichterwinde	*Ipomoea*
w, k	Strohblume	*Helichrysum*	w, k	Tripmadam	*Sedum*
k	Studentenblume	*Tagetes*	k	Triticale	x *Triticosecale*
w	Sumpffarn	*Thelypteris*	k	Trollblume	*Trollius*
w	Sumpfkresse	*Rorippa*	k	Trompetenbaum	*Catalpa*
w	Sumpfquendel	*Peplis*	k	Trompetenwinde	*Campsis*
w	Sumpfsimse	*Eleocharis*	k	Tulpe	*Tulipa*
k	Sumpfzypresse	*Taxodium*	k	Tulpenbaum	*Liriodendron*
k	Süßwurz	*Sium*	w	Tüpfelfarn	*Polypodium*

Gattungsnamen

	Deutscher Gattungsname	Wissenschaftl. Gattungsname		Deutscher Gattungsname	Wissenschaftl. Gattungsname
w	Turmkraut	*Arabis*	w, k	Weide	*Salix*
w, k	Ulme	*Ulmus*	w, k	Weidelgras	*Lolium*
k	Ursinie	*Ursinia*	w	Weidenröschen	*Epilobium*
w, k	Veilchen	*Viola*	k	Weigelie	*Weigela*
k	Verbene	*Verbena*	w, k	Wein	*Parthenocissus*
w, k	Vergissmeinnicht	*Myosotis*	k	Weinrebe	*Vitis*
w	Vermeinkraut	*Thesium*	k	Weinstock	*Vitis*
k	Vexiernelke	*Lychnis*	w, k	Weißdorn	*Crataegus*
w	Vogelfuß	*Ornithopus*	k	Weißrübe	*Brassica*
w	Vogelknöterich	*Polygonum*	w, k	Weißwurz	*Polygonatum*
w	Vogelmiere	*Stellaria*	k	Weizen	*Triticum*
w, k	Wacholder	*Juniperus*	w, k	Wermut	*Artemisia*
w	Wachtelweizen	*Melampyrum*	w, k	Wicke	*Vicia*
w	Waldhyazinthe	*Platanthera*	w	Wiesenhafer	*Helictotrichon*
w, k	Waldmeister	*Galium*	w, k	Wiesenknopf	*Sanguisorba*
w, k	Waldrebe	*Clematis*	w, k	Wiesenknöterich	*Bistorta*
k	Waldsteinie	*Waldsteinia*	w, k	Wiesenraute	*Thalictrum*
w	Waldvögelein	*Cephalanthera*	w	Winde	*Convolvulus*
k	Walnuß	*Juglans*	w	Windhalm	*Apera*
w	Wanzensame	*Corispermum*	w	Windröschen	*Anemone*
w	Wasserdarm	*Stellaria*	w	Windsbock	*Rapistrum*
w	Wasserdost	*Eupatorium*	w	Wintergrün	*Moneses*
w	Wasserfeder	*Hottonia*	w	Wintergrün	*Pyrola*
w	Wasserfenchel	*Oenanthe*	w	Winterkresse	*Barbarea*
w	Wasserlinse	*Lemna*	w	Winterlieb	*Chimaphila*
w	Wassermelone	*Citrullus*	w, k	Winterling	*Eranthis*
w	Wassernabel	*Hydrocotyle*	w	Wirbeldost	*Clinopodium*
w	Wassernuß	*Trapa*	w	Witwenblume	*Knautia*
w	Wasserpest	*Elodea*	w, k	Wolfsmilch	*Euphorbia*
w	Wasserpfeffer	*Persicaria*	w	Wolfstrapp	*Lycopus*
w	Wasserprimel	*Hottonia*	w	Wollgras	*Eriophorum*
k	Wasserrübe	*Brassica*	w, k	Wucherblume	*Glebionis*
w	Wasserschierling	*Cicuta*	k	Wucherblume	*Ismelia*
w	Wasserschlauch	*Utricularia*	k	Wunderbaum	*Ricinus*
w	Wasserstern	*Callitriche*	k	Wunderblume	*Mirabilis*
w	Wau	*Reseda*	k	Wunderblume	*Oxybaphus*
w	Wegerich	*Plantago*	w	Wundklee	*Anthyllis*
w	Wegwarte	*Cichorium*	w	Wurmfarn	*Dryopteris*
w	Weichwurz	*Hammarbya*	k	Ysop	*Hyssopus*

Gattungsnamen

	Deutscher Gattungsname	Wissenschaftl. Gattungsname
w	Zahntrost	*Odontites*
k	Zaunrebe	*Parthenocissus*
w	Zaunrübe	*Bryonia*
w, k	Zaunwinde	*Calystegia*
k	Zeitlose	*Colchicum*
w, k	Ziest	*Stachys*
w	Zimbelkraut	*Cymbalaria*
k	Zinnie	*Zinnia*
w	Zittergras	*Briza*
w	Zweiblatt	*Listera*
w	Zweizahn	*Bidens*
w	Zwenke	*Brachypodium*
w	Zwergflachs	*Radiola*
w	Zwerggauchheil	*Centunculus*
k	Zwergginster	*Chamaecytisus*
k	Zwergmispel	*Cotoneaster*
w	Zwergwasserlinse	*Wolffia*
k	Zwetschge	*Prunus*
k	Zwiebel	*Allium*
w	Zypergras	*Cyperus*

Notizen

Notizen

Notizen

Notizen

Notizen

Notizen

Notizen

Notizen